(2000105)

El Primer Mestizaje

La clave para entender
el pasado mesoamericano

Christian Duverger

EL PRIMER MESTIZAJE

LA CLAVE PARA ENTENDER
EL PASADO MESOAMERICANO

Consejo Nacional para la Cultura y las Artes

Instituto Nacional de Antropología e Historia

taurus historia

EL PRIMER MESTIZAJE. LA CLAVE PARA ENTENDER EL PASADO MESOAMERICANO
D. R. © Christian Duverger, 2007

D. R. © Santillana Ediciones Generales, S.A. de C.V., 2007
Av. Universidad 767, Col. del Valle
México, 03100, D.F. Teléfono 54 20 75 30
www.editorialtaurus.com.mx

D. R. © Consejo Nacional para la Cultura y las Artes, 2007
Dirección General de Publicaciones
Av. Paseo de la Reforma núm. 175, Col. Cuauhtémoc,
C.P. 06500, México, D.F.
www.conaculta.gob.mx

D. R. © Instituto Nacional de Antropología e Historia, 2007
Córdoba núm. 45, Colonia Roma, Delegación Cuauhtémoc,
C.P. 06700, México, D.F.
www.inah.gob.mx

D. R. © Universidad Nacional Autónoma de México
Ciudad Universitaria, 04510, México, D.F.
Dirección General de Publicaciones y Fomento Editorial
www.libros.unam.mx

Primera edición: octubre de 2007
ISBN: 970-770-856-8
     978-970-770-856-3
ISBN **Conaculta**: 970-35-1365-4
     978-970-35-1365-9
ISBN **UNAM**: 978-970-32-4789-9

D. R. © Diseño de cubierta: Almeida/Real
D. R. © Diseño de interiores: Luis Almeida y Ricardo Real

Impreso en México

Todos los derechos reservados. Esta publicación no puede ser reproducida, ni en todo ni en parte, ni registrada o transmitida por un sistema de recuperación de información, en ninguna forma ni por ningún medio, sea mecánico, fotoquímico, electrónico, magnético, electroóptico, por fotocopia o cualquier otro, sin el permiso previo, por escrito, de la editorial.

PORTADILLA: Ofrenda 4 de La Venta, Tabasco. Horizonte olmeca.

Para Joëlle

Mapa físico de México y Centroamérica

ÍNDICE

Introducción 15

PRIMERA PARTE
Hacia una Mesoamérica Mestiza

1 GEOGRAFÍA DE UN ÁREA CULTURAL 23
   Las zonas tropicales 24
   El Altiplano 26
   La sierra 29
   Las planicies del norte .30
   Las islas caribeñas 32

2 UNIDAD Y HETEROGENEIDAD 37
   Los factores de la heterogeneidad:
   el mapa étnico de Mesoamérica 38
   El factor de unidad: la nahuatlidad 45

3 EL SUSTRATO COMÚN DE MESOAMÉRICA 53
   El calendario de 260 días 54
   La escritura glífica 63
   Las ofrendas a la tierra .75
   El sacrificio humano 81
   El politeísmo 97
   El sistema dualista de pensamiento 104
   Un espacio-tiempo simbólico 121
   Territorio y centros ceremoniales 126
   El viaje al más allá 131
   Un arte político-religioso 135
   La organización material 142

4 LA PERIFERIA Y EL EXTERIOR DE MESOAMÉRICA 151
   El Norte 151
   La cabeza de puente de Sudamérica 156
   Las islas caribeñas 161

SEGUNDA PARTE
HACIA UNA CRONOLOGÍA AUTÓCTONA

5 ESTUDIO CRÍTICO DEL PROBLEMA CRONOLÓGICO 173
    Los mayas y la definición del clásico 173
    La periodización en cuestión .178
    **La ilusión cronológica: las especificidades
    de una historia arqueológica** .182

6 LOS ORÍGENES 193
    **Los primeros cazadores-recolectores
    (40 000 a 7 000 a.C.)** 193
    Los paleosedentarios (7 000 a 1 200 a.C.) 197

7 LA ÉPOCA I: EL HORIZONTE OLMECA (1 200 A 500 a.C.) . .209
    El horizonte olmeca: ensayo de interpretación 211
    **La civilización madre: el aporte olmeca a
    la mesoamericanidad** 226
    Los componentes no nahuas del horizonte olmeca 270
    Las fronteras de Mesoamérica .279

8 LA ÉPOCA II: LOS FLORECIMIENTOS
    REGIONALES (500 a.C. A 200 d.C.) 287
    Características generales 287
    Los estilos locales 295
    El área mesoamericana en la Época II 341

9 LA ÉPOCA III: LA MESOAMÉRICA BIPOLAR (SIGLOS III AL IX) . . . 353
    EL MUNDO DE INFLUENCIA NAHUA 354
    Teotihuacan, capital nahua 355
    El dominio nahua sobre el Altiplano Central 381
    El dominio nahua sobre las tierras calientes 397
    La influencia nahua en territorio maya 422

    EL MUNDO MAYA 427
    El marco geocronológico 429

La originalidad maya 437
Los rasgos mesoamericanos incorporados 453
Certidumbres e incertidumbres 458
La diversidad estilística 464

EL OCCIDENTE MEXICANO 485
Una situación de aislamiento 485
Especificidades culturales 489
Los nahuas en el Occidente 500
El fin de las culturas del Occidente mexicano 502

10 LA ÉPOCA IV: EL HORIZONTE TOLTECA (SIGLOS IX AL XIII) 505
La dinámica de la toltequización 505
Los marcadores de la toltequidad 517
El imaginario tolteca: la edad de oro y
el mito de Quetzalcoatl 535

11 LA ÉPOCA V: EL HORIZONTE AZTECA
(DEL SIGLO XIV A LA CONQUISTA) 545
EL MOVIMIENTO DE NAHUATLIZACIÓN DE MESOAMÉRICA:
LA CULMINACIÓN 546
La cuenca de México, polo de reorganización
del poder nahua 547
La mexicanización de Mesoamérica 560

EL MUNDO AZTECA 598
El simbolismo del Templo Mayor 598
La enseñanza de las fuentes escritas:
miradas etnohistóricas 620

12 EL SIGLO XVI: EL SEGUNDO MESTIZAJE 641
La Conquista 641
Del tesoro de Motecuzoma a los objetos de contacto 650
Los manuscritos pictográficos 661
El arte cristiano indígena 667

CONCLUSIÓN 676

ANEXOS 681
ADVERTENCIA 681
NOTAS 682
GLOSARIO 685
ÍNDICE DE ILUSTRACIONES 696
BIBLIOGRAFÍA 714
ÍNDICE TOPONÍMICO 729
ÍNDICE DE MAPAS 741

1. "Bailador". Detalle de un cajete policromo procedente de Coamiles, Nayarit. Época V.

INTRODUCCIÓN

Con su toque un poco esotérico, el término Mesoamérica, que significa literalmente "América Media", fue forjado a mediados del siglo pasado como un concepto tentativo para designar el conjunto de las culturas prehispánicas establecidas en un territorio que abarca toda la parte meridional de México, situada aproximadamente al sur del paralelo 21, así como Guatemala, Belice, Honduras, El Salvador, Nicaragua y el norte de Costa Rica. Poco a poco, la palabra comenzó a utilizarse por ser cómoda, pero sin que se cristalizara un acuerdo general entre los especialistas sobre su contenido. Hoy consideramos que, sesenta años después, es demasiado tarde para cambiar este nombre de apariencia falsamente geográfica que se volvió popularmente aceptado; aunque el debate sobre el pasado prehispánico de México queda abierto y necesita aclaración.

A decir verdad, existen dos versiones paralelas de la historia precolombina de México y de Centroamérica: una es una vulgata, producto de cierta visión romántica del mundo indígena; otra es un discurso erudito que no nos ahorra la descripción del menor tiesto de cerámica. La primera insiste en el misterio de las pirámides súbitamente abandonadas en la selva, se detiene en la sangre que corre sobre las piedras de sacrificios o en el saber impresionante de los sacerdotes-astrónomos que observan el movimiento de las Pléyades en las noches sin luna. El México antiguo tiene el misterio de las civilizaciones que, en la autarquía de un continente separado de todos los

Nota: ver la advertencia sobre la acentuación de las palabras nahuas en la página 681.

demás mundos, han florecido resguardadas de las miradas europeas y se han desvanecido en el momento del contacto. En este modo mágico de esquivar la observación, hay una especie de desafío que atrae e intriga. Pero, ante este pasado enigmático, a veces nos desalentamos al ver lo maltrecha que resulta nuestra legítima curiosidad. Se percibe de modo confuso que esta historia "literaria" está repleta de ideas preconcebidas, interpretaciones antiguas y postulados del siglo XIX totalmente superados; pero, ¿cómo separar el buen grano de la paja?

La otra versión, con una sequedad implacable, escruta hasta el menor testigo material: unas partículas de polvo recogidas en la excavación, develan pólenes bajo el haz de los microscopios; unos modestos huecos de postes permiten reconstruir los planos de antiguas casas de agricultores; unos pedazos de carbón de madera se convierten en fechas y firman la ocupación de un sitio como la rúbrica de un cronista. Se aprecia la alta tecnicidad de esta arqueología moderna; sin embargo, ¿cómo hilar esas microhistorias regionales que a menudo parecen contradecirse mutuamente?, ¿cómo apasionarse por esas prolíficas tipologías cerámicas que entrecruzan como sin motivo los nombres barrocos de sus secuencias?

El lector atento quisiera entender el fondo de las cosas, pero se enfrenta con una historia biselada, a veces cargada de aproximaciones falsas o demasiado generales, a veces resguardada en un registro ultra especializado. Este libro nació de esta laguna. Al revés que muchos otros, su objeto no es simplemente hacer el balance del estado de los conocimientos, realizando una actualización formal de los datos disponibles. Esta vez, la apuesta resulta un poco distinta, en la medida en que las informaciones arqueológicas y etnohistóricas recopiladas durante estos últimos cuarenta años han vuelto caducos en gran medida los antiguos esquemas explicativos, los datos científicos actuales se han vuelto incompatibles con cualquier visión tradicional del México precolombino.

Además, por su lado, los marcos de pensamiento del siglo XIX que determinaron en gran parte esta visión tradicional definitivamente han perdido su pertinencia. Estamos entonces en la obligación de replantear completamente la problemática del espacio y del tiempo en Mesoamérica. Por

---

PÁGINA ANTERIOR. 2. Aprehensión de un cautivo. Detalle en mosaico de turquesa, Cueva Cheve, La Cañada, Oaxaca. Época V.

ejemplo, en muchas ocasiones, se ha descrito el territorio prehispánico de México como si fuera un "mosaico de culturas". Este acercamiento está fechado. Es claramente una proyección del concepto europeo de Estado-nación que ha estructurado la división territorial de Europa en la segunda mitad del siglo XIX, alrededor de una ecuación triple: un territorio, un pueblo, un idioma. Hoy, ya no parece posible proseguir manejando este tipo de concepto nacionalista, importado en otra época desde fuera. El respeto de la realidad autóctona induce a otra perspectiva: la de una ocupación pluriétnica del territorio mesoamericano. En cuanto a la cronología actualmente en uso, también necesita revisión. El marco de referencia tripartita, polarizado en la noción de "Clásico", procede de una comparación con la antigua cultura griega, presunta madre de la cultura europea. Podemos entender que los primeros investigadores de lo prehispánico en el siglo XIX hayan usado este enfoque occidentalocentrista, pues era la mentalidad de la época. Sin embargo es mucho más difícil entender por qué tendríamos que conservar hoy este uso impropio por esencia, por ser completamente extranjero a la realidad prehispánica. Por eso, no entraré en la división Preclásico-Clásico-Posclásico y buscaré otra periodización, simbólicamente más neutra y funcionalmente más respetuosa de la dinámica histórica mesoamericana.

Esta obra marca, pues, una ruptura. Para volver comprensibles en el tiempo los fenómenos culturales mesoamericanos, tuve que renunciar a unas certidumbres al parecer bien establecidas y a la vez sugerir hipótesis inéditas. No por un afán de singularidad, sino por necesidad, con el fin de restituirle una coherencia global a nuestro saber.

Este libro, concebido como una búsqueda de la identidad mesoamericana, reúne dos acercamientos generalmente disociados: uno temático y otro diacrónico. Ambos persiguen en el fondo una misma realidad desde distintos ángulos: confrontan la evidente unidad de Mesoamérica y el abanico de sus variaciones espacio-temporales. Para entender bien el fenómeno mesoamericano, es tan necesario apreciar su continuidad como detallar sus evoluciones en el tiempo, con sus fracturas históricas, sus interacciones marcadas por rivalidades entre tierras calientes y altiplanos, los desplazamientos de su centro de gravedad y sus ajustes fronterizos. La descripción conceptual existe para enfatizar las permanencias, mientras que la perspectiva cronológica da una idea de las transformaciones que se suceden durante cerca de tres mil años. Estamos aquí mucho más allá de una cuestión formal.

Los dos ángulos de estudio que yuxtapone esta obra no constituyen un artificio de presentación, sino que dependen de una postura filosófica. Sin su dimensión diacrónica, el estudio de Mesoamérica podría desembocar en una inmovilidad inaceptable. Y de modo simétrico, sin el peso de su capital cultural, Mesoamérica podría dar la impresión de abrazar una historia errática y carente de sentido. Ambas perspectivas, muy complementarias, parecen indispensables entonces para describir con precisión el periodo precortesiano.

Libro de reflexión que articula epistemología crítica y datos arqueológicos, el presente trabajo es también un libro de síntesis, arraigado en treinta años de práctica de campo. Aquí concurren e interactúan todas las disciplinas científicas relacionadas con el pasado precolombino.

El conocimiento directo de los sitios, de los informes de excavación y de los objetos de museo, así como el dominio de la materia prima arqueológica conforman una condición necesaria, pero no suficiente, para lograr entender la lógica propia de la civilización mesoamericana. Anteriormente se postulaba una ruptura marcada entre la prehistoria —prehispánica— y la historia —hispánica—. Esta frontera cronológica mantenía al arqueólogo en la soledad de sus vestigios mudos al impedirle el acceso al mundo bien documentado del escrito. Hoy ha cambiado la perspectiva. El periodo prehispánico nos aparece completamente histórico: el mundo mesoamericano tiene su escritura, su memoria sedimentada, su alto grado de civilización, sus artistas y sus poetas. Por otra parte, la ruptura introducida por la Conquista no ha borrado por completo la realidad cultural autóctona. En este sentido, los textos escritos durante el siglo XVI en las principales lenguas vernáculas, aunque con el alfabeto latino, funcionan como fuentes muy provechosas para acceder a los modos de representación mesoamericanos. Podemos agregar que varios grupos indígenas han mantenido hasta hoy su lengua, su cosmovisión y parte de sus creencias antiguas. Por eso, a lo largo de mis investigaciones, se verificó la fecundidad de una metodología transdisciplinaria que asocia arqueología, iconología, etnohistoria, antropología cultural y lingüística.

Permítaseme agradecer a todos los que ayudaron a la realización de este libro que retoma ideas anteriormente presentadas bajo la portada de una publicación de arte de difusión limitada. Numerosos museos e instituciones científicas me facilitaron generosamente el acceso a la información y me apoyaron.

Así que quisiera expresar mi particular gratitud a Sergio Raúl Arroyo, Luciano Cedillo y Alfonso de Maria y Campos, sucesivos directores generales del Instituto Nacional de Antropología e Historia (INAH); a Moisés Rosas y Mario Pérez Campa, sucesivos secretarios técnicos del INAH, así como a Francisco Ortiz Pedraza, director de la Escuela Nacional de Antropología e Historia (ENAH). Un caluroso agradecimiento va a Luis Ignacio Sáinz, secretario administrativo del INAH por el apoyo decisivo que brindó a la presente coedición.

También me gustaría destacar el constante apoyo que me proporcionaron Rosa Brambila, profesora investigadora de la Dirección de Etnohistoria del INAH; Fernando López Aguilar, profesor de la División de Posgrado de la ENAH; Caterina Magni, directora de conferencias de la Universidad París IV; Otto Schöndube, del Museo Regional de Antropología e Historia de Guadalajara; Gabriela Zepeda, del Centro Regional INAH de Tepic; Bertina Olmedo, del Departamento de Etnohistoria del Museo Nacional de Antropología de la ciudad de México; Ramón Carrasco, director del proyecto Calakmul, así como el grupo de investigadores de Teotihuacan, María Elena Ruiz, Jesús Torres y Sergio Gómez.

Evidentemente, no puedo ocultar el papel de mis amigos de siempre, Gerardo Estrada, Alberto Ruy Sánchez y Magui, José Luís Martínez, Daniel Lévine y Eduardo Matos.

Finalmente, quiero manifestar mi afectuoso agradecimiento a Marisol Schulz, directora editorial de Taurus, por haberme ofrecido su amistosa y dinámica confianza. Este libro debe mucho a la dedicación de mi editora Marcela González Durán, quien llevó a cabo su elegante realización con su sonriente energía y apasionado profesionalismo. Quiero también agradecer por su eficiencia y disponibilidad a María Teresa García, directora del Centro INAH del Estado de México, que aceptó dar al texto una relectura arqueológica; a Luis Almeida, destacado diseñador que supo dar vida a la iconografía, y a Michel Zabé, artista apasionado cuyo talento sabe descifrar maravillosamente la magia de los objetos prehispánicos. Para concluir, deseo dar las gracias por su valiosa aportación a la publicación de este libro a Conaculta, a través de Sergio Vela, su director general, a Vicente Herrasti, director de publicaciones, y a José Luis Trueba, director editorial, así como a la UNAM a través de la Dirección General de Publicaciones y Fomento Editorial. Me queda el placer último de agradecer a mi mujer, que siempre ha compartido mi pasión mexicana, metiéndose con entusiasmo en la captura de este texto de un millón de caracteres.

PRIMERA PARTE

Hacia una Mesoamérica Mestiza

1

GEOGRAFÍA DE UN ÁREA CULTURAL

El México actual, Centroamérica y las Antillas conforman un amplio territorio de alrededor de 2 750 000 km² que se extiende del paralelo 32 al paralelo 7 norte. Es una zona fundamentalmente tropical cuya división climática está determinada por un factor primordial: la altura. Las distancias en sí no constituyen un elemento de cambio. En la costa del Guanacaste en Costa Rica, sorprende encontrar paisajes comparables a los de Jalisco, en México, a 2 000 km de distancia. Asimismo, los 3 900 km que separan el puerto mexicano de Veracruz de la isla caribeña de Barbados no marcan entre ambos polos disparidad climática alguna: uno se siente en el mismo entorno. En cambio, escalar las faldas de la Sierra Madre y pasar del nivel del mar a 1 500 m de altura revela una metamorfosis radical en el paisaje: de la exuberancia tropical se pasa bruscamente a unos horizontes huidizos y una vegetación escasa; al calor húmedo se oponen la transparencia del aire y la frescura del viento; la atmósfera es de una naturaleza realmente distinta y, así, cualquier itinerario vertical brinda novedad y cambio.

Por eso, para entender el carácter de una región, es indispensable referirse a su altura. Por debajo de los 600 m, las tierras dependen de un régimen tropical. Por encima de los 900, constituyen un sistema de altiplano. Entre ambos extremos, unos cuantos sitios de piedemonte reservan transiciones atípicas. Hacia los 2 700 m, empiezan las tierras frías con heladas nocturnas. Hacia los 4 800 m aparecen las nieves permanentes, como las que cubren la punta de los grandes volcanes mexicanos. Seguir estos distintos niveles permite describir mejor el ecosistema mesoamericano y caribeño.

Las zonas tropicales

Las zonas de clima tropical corresponden a los litorales del Atlántico, el Pacífico y el mar Caribe, al arco de las islas caribeñas (Antillas Menores y Mayores) y a las tierras bajas de la península de Yucatán y del Petén guatemalteco. En conjunto, son zonas lluviosas y cálidas, sin alternancia en las estaciones. La oscilación térmica es débil: la temperatura promedio del mes más caliente se asemeja a la del mes más frío. A lo largo del año, sólo varía el régimen de las precipitaciones. La temporada de lluvias en principio es veraniega y se extiende desde mayo hasta octubre. En Yucatán y Honduras, las lluvias duran hasta diciembre. Sobre el frente caribeño de Nicaragua, Costa Rica y Panamá, muy expuesto a los vientos del Este, las precipitaciones son constantes casi todo el año. La costa del Pacífico, en cambio, es mucho menos húmeda.

4. Marismas de San Blas, Nayarit.
PÁGINA ANTERIOR 3. Árbol brotando de la figura de Cipactli, Códice Borgia, lám. 51.

Sería engañoso intentar reconstituir el paisaje tropical prehispánico a partir del que conocemos hoy. ¿Acaso puede uno imaginarse una isla caribeña sin una palmera ni un plátano, ni el verde tierno de los campos de caña, ni la sombra bienhechora de un árbol del pan o el resplandor de un framboyán? Sin embargo, hay que tratar de hacerlo. En realidad, la isla de Santo Domingo, donde desembarcó Cristóbal Colón en 1492, no debía de parecerse mucho a la actual. El paisaje de la América tropical fue completamente remodelado durante cinco siglos. Primero, con la importación de nuevas especies vegetales, ya fuera para fines industriales, como el caso de la caña de azúcar, el plátano o el café, ya fuera para fines meramente estéticos, como la variedad de árboles decorativos y de flores ornamentales. Después, con un uso del suelo radicalmente distinto: la mayor parte de las playas nacieron con el turismo, mediante la eliminación de los manglares costeros. Desde luego que las zonas de pastoreo extensivo no existían en la época prehispánica; los espacios conquistados sobre la vegetación selvática se reservaban para la vivienda y los cultivos domésticos. A la inversa, la inmensa selva virgen del Petén, que podría parecer un vestigio intacto de selva primaria, no tenía la misma configuración en la época maya, ¡donde las zonas taladas superaban a los espacios arbolados! Las regiones costeras, a su vez, eran mucho más pantanosas que ahora, pero no por ello se consideraban más inhóspitas. Los habitantes de aquellas comarcas habían aprendido a construir terrenos de cultivo en terrazas al extraer limos y lodos del fondo de los pantanos, y explotaban sin medida el importante capital haliéutico disponible (peces, conchas, crustáceos, reptiles marinos).

El caso de la península de Yucatán es un poco distinto. Se trata, en efecto, de una amplia placa caliza de origen coralino que presenta la particularidad de no beneficiarse con la red hidrográfica superficial; en cambio, posee importantes mantos de aguas subterráneas al alcance de los hombres por medio de pozos naturales abiertos en la piedra caliza, llamados localmente cenotes o chenes (del maya *dzonot* y *chen*: pozo). Alrededor de esos cenotes se concentró de modo natural la actividad humana.

En el mundo prehispánico, las tierras tropicales aparecen como paraísos terrestres. Todo crece en ellas, desde la delicada vainilla fecundada por los colibríes hasta el tabaco embriagador de los sahumerios sagrados; las plantas alimenticias se desarrollan sin preocuparse de las estaciones y la selva abriga esencias preciadas como el árbol del caucho (*Castilla elastica*), el árbol de copal o el cacao. Esas tierras generosas han constituido, por cierto, una suerte de vivero mitológico para los habitantes del altiplano. La selva tropical abriga en particular al temido y reverenciado jaguar (*Felis onca*), que inspiró un complejo simbolismo sacrificial; en los estuarios y las marismas, vive el cocodrilo, cuyo chapuzón primordial engendró el desenvolvimiento del tiempo; también en esos territorios se cazan el famoso quetzal o los loros de colores cuyas plumas preciosas les sirven de adorno a todos los dignatarios del mundo prehispánico; ahí prolifera el peligroso crótalo que engendrará la figura legendaria de la Serpiente Emplumada.

Por definición, en Mesoamérica, el mundo tropical se abre sobre el mar, por tanto, su vocación siempre fue la de un lugar de intercambio, de paso y de contactos, por la importancia de los circuitos comerciales que, por lo menos desde 1000 a. C., se establecieron por vía marítima en toda la zona.

El Altiplano

El Altiplano constituye el sistema geográfico dominante en México y en Centroamérica, sobre todo por la importancia de la actividad humana asociada con él. La frontera septentrional de esta zona se establece un poco por debajo del trópico, según una línea este-oeste de un millar de kilómetros que va desde Poza Rica hasta Tepic, pasando por Guanajuato y Guadalajara. Más al norte, se extienden estepas desérticas que corresponden a otro ecosistema. El Altiplano, que conforma el centro de México, sólo baja fugazmente sobre la estrecha depresión del Istmo de Tehuantepec y sube de inmediato hacia Chiapas para continuar al sur de Guatemala y sobre casi toda la extensión de Centroamérica.

Estas tierras altas tienen importantes variaciones de temperatura entre el día y la noche. De hecho, la nocturna es la que más varía con la altura, ya que los días casi siempre son calientes. Hasta 1 600 m, dichas temperaturas todavía son compatibles con el crecimiento de ciertas plantas tropicales. Más arriba, el termómetro cae casi cada noche por debajo de los 10 °C. Hacia los 2 700 m, está la zona de las heladas nocturnas casi cotidianas como la región de Toluca o la de Pachuca (centro de México).

El Altiplano también sufre variaciones climáticas de temporal: el invierno es seco y más bien fresco, el verano caliente y lluvioso. Así, los cultivos, como el maíz, el frijol, la calabaza y el jitomate están sometidos a un ciclo de cultivo anual: incluso si se pueden prolongar las siembras, es imposible cosechar entre enero y marzo, pues el clima tiende a volverse semiárido. Así, los antiguos pueblos de agricultores han tenido que planear la conservación de los alimentos para evitar las hambrunas periódicas, que, sin embargo, no eran escasas.

Los paisajes del Altiplano están marcados por una vegetación rasa en la que destacan las siluetas de los sauces y los ahuehuetes que crecen en bosquecillos dispersos a lo largo de los ríos y los ojos de agua. Sin embargo, la planta emblemática de las tierras altas sigue siendo el famoso maguey (*Agave atrovirens*). El agave, que a veces se confunde —equivocadamente— con un cacto, pertenece en realidad a la familia de la *amarilis*. Sus largas hojas bordeadas de espinas proporcionan una fibra textil muy empleada durante la época prehispánica y la Colonia. Pero esta planta se conoce sobre todo porque durante milenios embriagó a los indígenas del Altiplano Central. La planta florece sólo una vez, entre los siete y los veinte años de edad, según el terreno; entonces alza hacia el cielo una poderosa asta floral

5. Paisaje de la Cuenca de México con los volcanes.

de varios metros de altura, con umbelas de color amarillo pálido; si el hombre secciona entonces el tallo floral desde su base, puede cosechar, a veces durante seis meses, varios litros diarios de una savia lechosa y dulce que, al fermentarse, produce alcohol y se hace pulque, el cual consumían mucho los aztecas y aún hoy se aprecia en el campo mexicano.

En las tierras altas, la caza no abunda tanto como en las tierras bajas tropicales. Sin embargo, hay conejos, liebres y venados (*cariacú*), así como perdices y patos. No existe un animal que simbolice específicamente ese medio: de hecho, las águilas y los zopilotes, el venado de cola blanca y el coyote están repartidos en toda la superficie mesoamericana y ocupan todas las secciones climáticas.

El Altiplano conforma un territorio abierto, y aun si el relieve no es uniformemente llano, el conjunto de las tierras altas de México y de Centroamérica obedece a una lógica de continuidad territorial; ahí las comuni-

6. Maguey en la cercanía de Teotihuacan.

caciones siempre fueron fáciles y naturales. Quizá la existencia de una fuerte presión demográfica desde tiempos muy antiguos no sea casual. México, Guadalajara, Puebla, Oaxaca, Guatemala, Tegucigalpa, San Salvador y San José de Costa Rica son sin excepción metrópolis del Altiplano.

La sierra

Así como el Altiplano es un territorio abierto, la sierra conforma un mundo cerrado, hostil a la comunicación y volcado sobre sí mismo. El sistema orográfico mexicano está constituido fundamentalmente por dos cordilleras que siguen de modo global la dirección de las líneas costeras. La Sierra Madre Occidental corre a lo largo del Pacífico, la Sierra Madre Oriental a lo largo del Atlántico. En el lado del Pacífico, la montaña se levanta como una muralla difícil de cruzar, ya que su pendiente muy pronunciada apenas deja una estrecha franja litoral. En el lado del Golfo de México, la pendiente es más suave y la zona costera más extendida. Por su configuración y su situación, ambas cordilleras, cuya altura rebasa los 3 000 m, enmarcan el Altiplano Central y lo separan de los océanos. Ambos plegamientos se reúnen en Oaxaca y se desvanecen a la altura del Istmo de Tehuantepec. Al este del Istmo, el racimo montañoso se reconstituye bajo la forma de una cordillera con un eje paralelo, a grandes rasgos, al Pacífico, y con un carácter volcánico marcado. En realidad, la cordillera centroamericana es un sistema orográfico más parecido a un conjunto de altiplanos accidentados que a una verdadera cordillera.

El mundo de la Sierra Madre es un universo austero y atormentado. Al pasar con dificultad de un desfiladero a una escarpadura, de un precipicio a un cañón, el viajero actual experimenta una sensación bastante vertiginosa de encierro y de sofoco, como si no hubiera ninguna vía de salida aparente para huir del dominio de la sierra. Se puede verificar históricamente que las montañas mexicanas, difíciles de penetrar, han servido de abrigo a unos pueblos que no salían mucho de ellas y que desarrollaron culturas que permanecieron al margen de las grandes corrientes de la civilización. Los hombres sólo llegan a las cimas porque están cubiertas de pinares. A menor altura, el pino vive junto con una especie local de roble con hojas brillantes. En las tierras frías, las coníferas reinan a solas hasta los 3 800 m; después el bosque se degrada y abre paso a una delgada vegetación herbácea. La explotación de los bosques altos es muy antigua, pero los pueblos prehispánicos temían a esos lugares y no los habitaban. Tal parece que hubieran asociado conceptualmente a la sierra con el bosque, pues éste tiene una imagen negativa por la desvalorización del universo montañoso.

Por su parte, el escenario volcánico que tan a menudo delimita los horizontes mesoamericanos es de otro tipo. El volcán se integra al entorno del Altiplano, del cual constituye un elemento característico. Los volcanes —con frecuencia activos— hacen las veces de puntos culminantes en la mayoría de las comarcas de la zona; mencionemos, por ejemplo, el Tajomulco (4 220 m) en Guatemala, el Irazú (3 432 m) en Costa Rica y desde luego todos los volcanes del corredor de fuego que atraviesa México del Pacífico al Atlántico, del Nevado de Colima (4 265 m) al Pico de Orizaba (5 700 m) pasando por el Popocatépetl (5 452 m). Su cono nevado, por muy familiar que resulte, rematado a veces por las nubes aéreas producidas por el cálido aliento del volcán, ha suscitado una angustia milenaria: el hombre conoce el tributo que periódicamente ha de pagarles a las fuerzas de la naturaleza. En todos los mitos prehispánicos está presente el recuerdo de erupciones mortíferas, de cataclismos, de lluvias de fuego, de temblores. De hecho, la actividad volcánica jamás ha dejado de manifestarse: el Izalco (1 870 m) nació en El Salvador en 1770, el Paricutín en Michoacán en 1943, y la lista de sismos destructivos es una letanía tan triste como repetitiva. Es posible pensar que la fuerte conciencia de la precariedad del mundo que impregna la mentalidad indígena haya nacido de esta intimidad con los volcanes que, en casi toda Mesoamérica, dominan a los hombres desde lo alto de su cráter.

Las planicies del norte

El paralelo 21 puede considerarse más o menos como el límite septentrional del Altiplano templado. En efecto, más al norte, el paisaje se convierte en una planicie erizada de arbustos espinosos, cada vez más árida a medida que se aleja uno del trópico. Ahí los innumerables cactos son dueños del lugar: el nopal con sus anchas raquetas, la enorme y esférica biznaga, los candelabros arborescentes que alcanzan una altura de quince metros y de los que se dice que pueden vivir varios siglos. También abundan las mimosáceas espinosas y el izote, cuya silueta hirsuta simboliza por sí sola a las planicies septentrionales. Esta frontera norte es esencialmente climática. Desde un punto de vista estrictamente morfológico, es fuerte la continuidad territorial. Las planicies del norte son tierras de altura como el altiplano: Zacatecas está a 2 500 m, Durango y San Luis Potosí a 1 900 m, Saltillo a 1 600 m y Chihuahua a más de 1 400 m. Las inmensas extensiones cubiertas de arbustos espinosos ocupan cuencas orientadas de norte a sur o de noroeste a sureste, separadas entre sí por pequeñas cordilleras estrechas y abruptas. Dichas cuencas comunican con el Altiplano Central y desembocan en el Bajío, depresión orientada de este a oeste, ocupada por el valle del río Lerma y una sucesión de lagos (Chapala, Cuitzeo, Acámbaro). Pero, la desaparición de las características tropicales y la presencia de las montañas que detienen en sus cimas a las masas de aire marítimo y aumentan los efectos de la continentalidad se conjugan para convertir a esta región septentrional en una zona escalonada de lo semiárido a lo desértico (desierto de Altar).

La ocupación del suelo siempre fue distinta de la que se observa en las altiplanicies centrales. En la época prehispánica, los nómadas cazadores, llamados chichimecas, recorrían esas tierras; sin ignorar las técnicas agrícolas y capaces de permanecer de modo episódico sobre cierto territorio, esos grupos humanos poseían sin embargo una cultura fundada en la predación y en la migración. Aquel norte, mitificado por la mayoría de los grupos indígenas de México, fungió como depósito poblacional para toda Mesoamérica. Se le considera como la tierra de origen,

7. Biznaga. Originaria de la zona norte del país y figura emblemática de la zona chichimeca.

pero también como un lugar primitivo, escenario de un modo de vida anterior a la vida sedentaria.

Después de la Conquista, la colonización española fue lenta y delicada, debido a la arraigada rebeldía de los indios. La montaña, con sus filones de oro y de plata, primero fue objeto de codicia para los españoles. Así, en el desierto, varias ciudades mineras crecieron: Durango, Zacatecas, Sombrerete y Parral. Más tarde, aquellos espacios pedregosos y vacíos, ardientes en verano, pero fríos en invierno, pobres en materia orgánica y poco propicios para la agricultura, encontraron su vocación en la ganadería extensiva: en esas tierras del norte se constituyeron las inmensas haciendas que le dieron cuerpo a un México legendario, hecho de cabalgatas, sombreros y revolucionarios de color subido como Pancho Villa, originario de Chihuahua.

Las mismas costas padecen los efectos de la resequedad del ambiente. Incluso si hay aquí y allá, oasis nacidos de las aguas que bajan de la Sierra Madre, las llanuras costeras de Sonora, Sinaloa y Tamaulipas tienen una vegetación de planicie. Los campos de algodón que hay ahí sólo existen hoy gracias a una irrigación que explota intensivamente las capas freáticas. El litoral de Baja California, a menudo rocoso, es aún más árido, lo cual explica la casi completa desocupación de la península durante la época colonial, con la excepción de las misiones jesuitas.

Cabe señalar que la actual frontera que separa a Estados Unidos y a México no corresponde a una realidad geográfica ni a un dato cultural antiguo. Hay que recordar que Texas, Nuevo México y la Alta California pertenecieron al territorio mexicano hasta 1845-1848. Geográficamente hablando, el suroeste americano es una extensión del ecosistema del norte mexicano: el Mar de Cortés es la prolongación meridional —invadida por las aguas— de la gran cuenca de la dársena californiana, y el cañón del Colorado presenta muchas semejanzas con las barrancas de la sierra tarahumara. Por lo demás, los mismos grupos indígenas, de un lado al otro del río Grande, recorrían esas inmensas planicies.

Las islas caribeñas

Las islas caribeñas forman un arco que, al este, nace mar adentro en la desembocadura del Orinoco (Venezuela) y termina al oeste, cerca de las costas de Yucatán. Unos 3 000 km separan a Cancún de Barbados, la isla situada más al oriente. Se distingue por tradición a las Antillas Menores que, según un eje sur-norte, van de Trinidad hasta las Islas Vírgenes, de las Antillas Mayores que incluyen a Puerto Rico, Haití, Jamaica y Cuba; el archipiélago de las Bahamas forma una entidad aparte, más al norte.

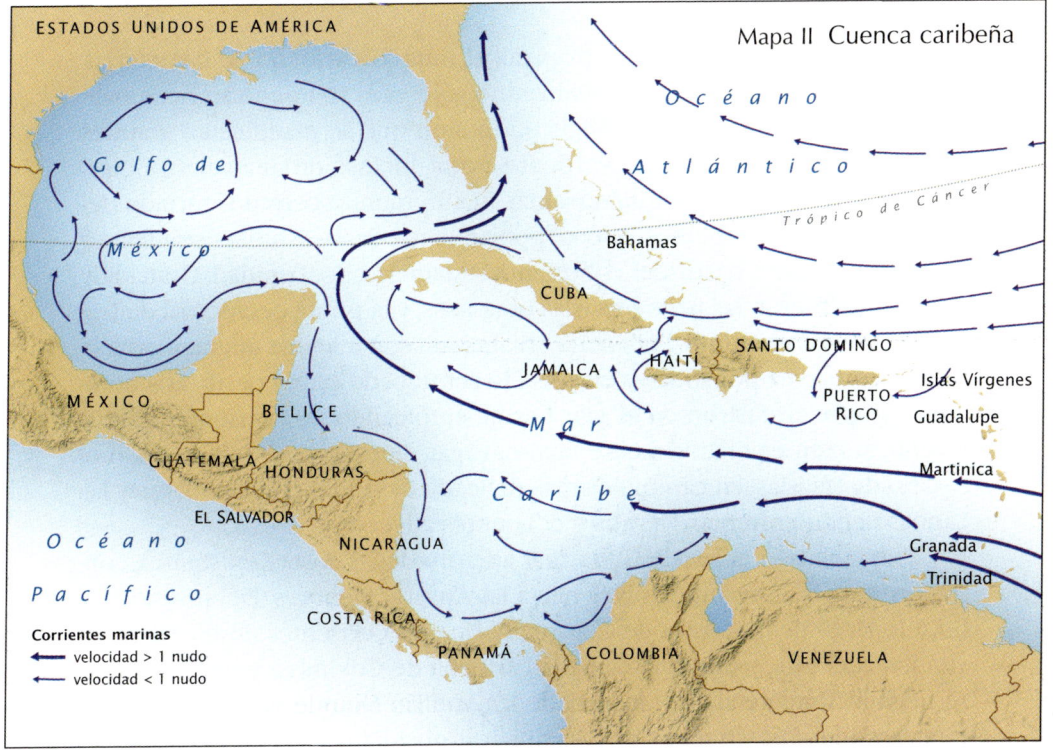

Mapa II Cuenca caribeña

El régimen de los vientos es el de los alisios que soplan casi sin cesar del este o el noreste. Las costas de barlovento reciben más humedad, pero en las islas de baja altura esta ventaja se reduce, pues el viento tiende a limitar el crecimiento de la vegetación.

La cuenca caribeña se ve afectada sistemáticamente por tornados y ciclones, que nacen de una elevación excesiva de la temperatura del agua y pueden producirse de septiembre a noviembre. La violencia de esos fenómenos meteorológicos, a menudo acompañados de lluvias torrenciales e inundaciones, explica numerosas destrucciones de sitios arqueológicos y de obras de arte.

En el interior del sistema tropical, el mundo caribeño se caracteriza por una gran variedad de microclimas: no sólo cada isla tiene su personalidad, por su superficie y su configuración, sino que se manifiestan grandes diferencias ecológicas de una vertiente a otra, incluso de una caleta a otra.

Empero, el mundo antillano jamás fue un mundo cerrado, cortado del resto de América. Sabemos que el poblamiento de las Antillas se efectuó progresivamente a partir del continente sudamericano. Trinidad, Granada y San Vicente fueron las primeras islas ocupadas, y la punta occidental de Cuba fue poblada al último. Pero sería erróneo imaginarse una migración efectuada de una vez por todas y en un solo sentido, de este a oeste. Los hombres siempre circularon en el mar Caribe empleando las corrientes para ir y venir. Si bien es relativamente fácil navegar de este a oeste, siguiendo el rosario de las islas, en cambio es más delicado desandar el camino, pues las canoas deben enfrentar vientos y corrientes adversos.

Sin embargo, al sur de Cuba, mar adentro de las costas, existe una contracorriente que permite volver hacia las Antillas Menores. Del mismo modo, a lo largo de las costas de Centroamérica, las corrientes dominantes llevan hacia el este, y desde la fachada caribeña de Colombia y de Venezuela, se llega fácilmente al arco insular de las Antillas. Así que no sorprende encontrar jade costarricense en Martinica u obsidiana mexicana en Puerto Rico: la cuenca caribeña en su conjunto estaba interconectada mucho antes de la llegada de Cristóbal Colón. Además, si efectivamente se utilizaron las posibilidades de navegación en el Caribe, seguramente se desarrolló en paralelo la navegación costera tanto a lo largo de la costa del Golfo como en la costa del Pacífico.

8. Sitio maya de Tulum frente al mar Caribe.

De este bosquejo geográfico, se puede deducir que el área mesoamericana no tiene fronteras naturales. La zona norteña es un ecosistema abierto que autoriza la libre circulación de los grupos nómadas hacia el sur. De igual manera, el paso costarricense es un corredor abierto, que no presenta ninguna dificultad para atravesarlo. Hasta el mar ayuda a ofrecer oportunidades de contactos costeros a larga distancia. Lo que significa que para atribuir fronteras al área mesoamericana tendremos que buscar alguna definición cultural.

En contraparte, la observación geográfica nos enseña que Mesoamérica alberga dos mundos: el de las tierras calientes y el del Altiplano. Estos dos ámbitos, muy distintos, están ligados por una compleja relación de competencia y de complementariedad. Veremos que en esta realidad residen muchos elementos de comprensión de lo que fue la dinámica mesoamericana.

2

UNIDAD Y HETEROGENEIDAD

Siempre se ha observado que las civilizaciones precolombinas de una gran parte de México y de Centroamérica presentaban una especie de parecido familiar: los indígenas de esta región participan del mismo universo de creencias y de ritos, y poseen el mismo caudal de saber; comparten un cierto modo de vida —sedentario— y cierto tipo de organización social y política. Aquí reside la diferencia entre estos pueblos mesoamericanos y sus vecinos de Norteamérica y de Sudamérica. Sin embargo, a pesar de esta fuerte impresión de unidad, el observador atento se sorprende al descubrir una extrema heterogeneidad en el interior de Mesoamérica; heterogeneidad de orden lingüístico, artístico y cultural. ¿Qué hay en común entre ese delicado jade maya finamente cincelado y esa gigantesca cabeza olmeca esculpida en basalto?, ¿entre los templos en pendiente de Tikal y las redondas yácatas de Michoacán?, ¿entre esas estelas de Monte Albán cubiertas con vigorosos jeroglíficos y esos brillantes frescos que adornan los muros de Cacaxtla?

Precisamente con motivo de esta ambigüedad fundamental, en que diferencias y semejanzas parecen contradecirse sin motivo aparente, Mesoamérica aparece como incomprensible. ¿Qué lector no renunció algún día a captar el sentido de la historia precolombina de México, atomizada en mil y una culturas con nombres tan extraños como exóticos? Sin embargo, sí existe una lógica mesoamericana, que proviene de una dialéctica de la unidad y de la heterogeneidad. Esta complejidad es la que deseo examinar aquí, no para reducirla, sino para explicarla.

Los factores de la heterogeneidad: el mapa étnico de Mesoamérica

No se puede cuestionar que Mesoamérica, en el momento de la llegada de los españoles, contaba con más de doscientas lenguas y dialectos distintos. Esto no significa desde luego que se presentara como un mosaico de doscientas culturas totalmente disímiles. Grupos de lenguas distintas a menudo compartieron una cultura común en el México antiguo. La lengua, por lo tanto, es sólo un indicio entre otros de la pertenencia cultural; empero, a menudo revela un origen étnico, y el análisis de las grandes líneas del mapa lingüístico de Mesoamérica ilumina de modo singular la prehistoria de los grupos humanos que han tenido descendencia en esta región.

En una primera aproximación, se pueden distinguir cuatro componentes principales: la familia otomangue, la familia macromaya, la familia utoazteca y un conjunto de grupos residuales caracterizados por su débil dispersión geográfica.

El filo otomangue

Éste representa con mucha probabilidad el grupo más antiguo en México. Al inicio del siglo XVI —primer momento en que se puede "cartografiar" la distribución de los grupos indígenas—, el filo otomangue se divide ciertamente en varias lenguas diferenciadas y geográficamente distintas, pero se percibe claramente que esos otomangues, en un momento dado de una remota antigüedad, ocuparon todo el Altiplano mexicano de manera uniforme.

La situación poshispánica es la siguiente: al noreste, se encuentran los pames y los jonaces, que permanecieron nómadas o seminómadas, en la orilla de Mesoamérica. Al centro se encuentran los otomíes, el grupo numéricamente más importante: ocupan el corazón del Altiplano Central, es decir, el Valle de México, la región de Tula, los estados de Hidalgo y de Querétaro, pero también están presentes en la región de los volcanes (Popocatépetl) y en una parte de la tierra caliente de Morelos. También parecen haber tenido puntos de anclaje en el estado de Jalisco, en el oeste. A gran altura, en

PÁGINA ANTERIOR 9. Cabeza humana de madera, El Manatí, Veracruz, horizonte olmeca Época 1.

las tierras frías del norte de la Ciudad de México, viven los mazahuas y los matlatzincas. Al sureste de la Ciudad de México, el estado de Oaxaca abriga a los mixtecos y a los zapotecos: en el origen se trató del mismo grupo que se fraccionó de modo curioso según un eje norte-sur; la parte occidental de Oaxaca habla mixteco, la parte oriental, zapoteco. Si se mira con mayor detalle, las cosas son más complejas, pues la morfología muy montañosa de esta región contribuyó a crear aislamientos favorables a la emergencia de lenguas que se diferenciaron a partir del tronco otomangue sobre microterritorios reducidos a veces a unos cuantos valles. Entre esas lenguas raras de Oaxaca, citemos el chinanteco, el amuzgo, el trique, el mazateco, el popoloca, el chocho, el ixcateco, etc. El otomangue también está presente más al este, en Centroamérica: a todo lo largo de la costa del Pacífico, de El Salvador a Costa Rica, se encuentran grupos llamados mangues o chorotegas, que de hecho son de origen otomí. Es interesante señalar que la presencia de los mangues en la península de Nicoya marca el límite sur de Mesoamérica.

¿Puede fecharse la llegada de los otomangues a México? En teoría, existe una disciplina, la glotocronología, que se dedica precisamente a medir el tiempo que preside la separación de lenguas derivadas de un tronco común. El procedimiento, en lo esencial, se funda en la lexicoestadística: se compara un vocabulario diagnóstico en dos lenguas o se contabiliza el porcentaje de raíces comunes; en función del grado de variación, se estima la fecha de diferenciación de ambos idiomas. Así, por ejemplo, Mauricio Swadesh[1] estima que el mixteco se separó del zapoteco hace alrededor de 3 600 años. Desde esta perspectiva, la separación del otomí-pame de las lenguas oaxaqueñas sería aún más antigua y se calcula en cinco mil años. Naturalmente, conviene admitir los datos glotocronológicos con mucha prudencia: se trata todavía de una ciencia que anda a tientas, y su presupuesto mecanicista es cuestionable. El procedimiento glotocronológico postula, en efecto, una velocidad evolutiva de las lenguas constante en el tiempo, lo cual desde luego es una hipótesis meramente teórica. En realidad, ignoramos todo de los contextos que condicionan la evolución de una lengua, así como a la inversa, ignoramos todo lo concerniente a los factores que determinan la resistencia de tal o cual idioma. Pero podemos observar que el ritmo evolutivo es eminentemente variable: en quinientos años, entre el siglo XVI y la actualidad, el español prácticamente no ha evolucionado, ¡mientras que el francés se ha transformado por completo!

No es menos cierto que el estudio lingüístico sugiere varias pistas. Con motivo de los caracteres morfológicos de las lenguas de esta familia, y por el alto grado de diferenciación del filo, el poblamiento otomangue aparece como extremadamente antiguo. Yo me inclinaría por situarlo cuando menos al inicio del proceso de sedentarización, que comenzó en el año 8 000 a.C. Los otomangues son los autóctonos del centro de México. Por lo demás, la gran continuidad territorial que los caracteriza indica que este grupo fue poco propenso históricamente a expandirse y diseminarse. Hay aquí un elemento importante que ayuda a entender la naturaleza de la sedimentación histórica de Mesoamérica.

El filo macromaya

El filo macromaya —que lingüísticamente no tiene nada que ver con el anterior— comprende el maya, el mixe-zoque y el totonaco. El estudio de la distribución geográfica de esta familia es bastante esclarecedor. El maya ocupa la península de Yucatán y las tierras altas de Guatemala, y penetra un poco en El Salvador y en Honduras: la actual implantación de la lengua corresponde grosso modo a su extensión prehispánica. En contacto inmediato, aunque más al oeste, se encuentra el grupo mixe-zoque, que ocupa todo el interior del istmo. Más al oeste todavía, aunque esta vez a orillas del océano Atlántico, se localizan los totonacos. En el siglo XVI, éstos ya se habían desprendido geográficamente de los zoques, pero se puede pensar que en un principio ambos grupos fueron vecinos. Finalmente, al norte de los totonacos, se encuentran los huastecos, que los lingüistas clasifican, a pesar de su estatuto de parientes alejados, como miembros plenos de la familia maya.

Da la impresión de que esta constelación de tribus mayenses es de origen tropical y caribeño sin descartar una procedencia más lejana, como un origen amazónico. Los protomayas, que colonizaron en fechas muy antiguas las tierras bajas de la península de Yucatán, entonces no ocupadas por los otomangues que permanecían en las tierras altas, se extendieron poco a poco hacia el oeste, a lo largo de la costa atlántica. Con el tiempo, el zoque del istmo se diferenció del maya de Yucatán, y después el totonaco se diferenció del zoque. ¿Por qué el huasteco, que es más occidental todavía, permaneció en esas condiciones más maya que el totonaco? Hay varias explicaciones; se argumenta desde un fenómeno de resistencia lingüística hasta una migración por vía marítima posterior al asentamiento del grupo totonaco. Sin embargo, la especificidad de los huastecos —con la que a veces se tiende a hipertrofiar el carácter maya— no pone en tela de juicio el esquema general del poblamiento macromaya, que debió de efectuarse de este a oeste a partir de la fachada caribeña de Yucatán. Se trata de un poblamiento antiguo, de carácter fundamentalmente sedentario, que se caracteriza por una continuidad territorial excepcional. Se puede presumir que la separación de los mayas y de los zoques es muy antigua, pues el mismo grupo maya conoce una diferenciación interna bastante perceptible, que implica un tiempo de evolución in situ: los especialistas distinguen alrededor de 25 lenguas mayas repartidas en una decena de subgrupos que pertenecen a cuatro matrices: yucateca, quiché, tzotz y mam. Todas las diferenciaciones se operaron a partir de un protoyucateco que al parecer es la lengua original. Observemos finalmente que, a la inversa de una idea preconcebida, los mayas jamás ejercieron el menor control sobre la costa del Pacífico, por lo menos durante la historia mesoamericana; los límites más meridionales de la expansión maya son las tierras altas que dominan el Pacífico, pero la banda costera tropical, de unos 60 km de ancho aparentemente, siempre permaneció en manos de otras etnias: nahuas, otomangues e incluso chibchas. Hay que entender, entonces, el mundo macromaya como un mundo distribuido alrededor del Caribe y del Atlántico y con una preferencia histórica por las tierras calientes.

Etnias diversas

Se puede clasificar en un tercer grupo a las muy diversas etnias cuyo punto común es ser minoritarias en Mesoamérica. Al ocupar territorios restringidos o excéntricos, no desempeñaron un papel histórico en la constitución del área cultural mesoamericana, pero sí participaron en su evolución.

Mencionemos, para citar sólo algunas etnias, a los tlapanecos de Guerrero, de lengua hokana (siux), que legarían su dios Xipe Totec a los aztecas, a los lencas de Honduras y El Salvador, de lengua chibcha, que al llegar de Sudamérica adoptaron las costumbres y las creencias mesoamericanas,

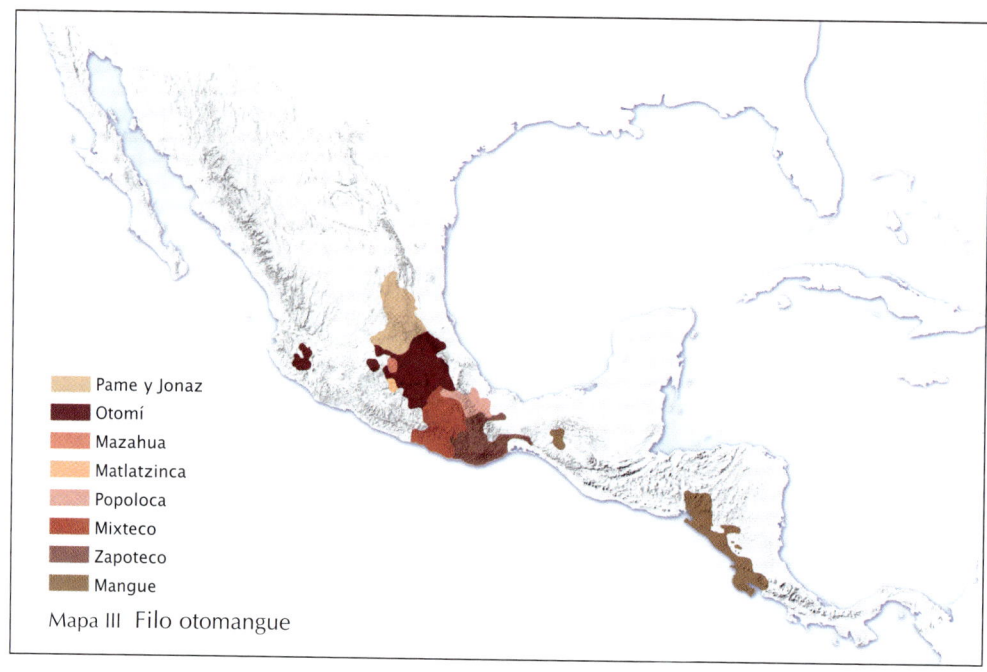

Mapa III Filo otomangue

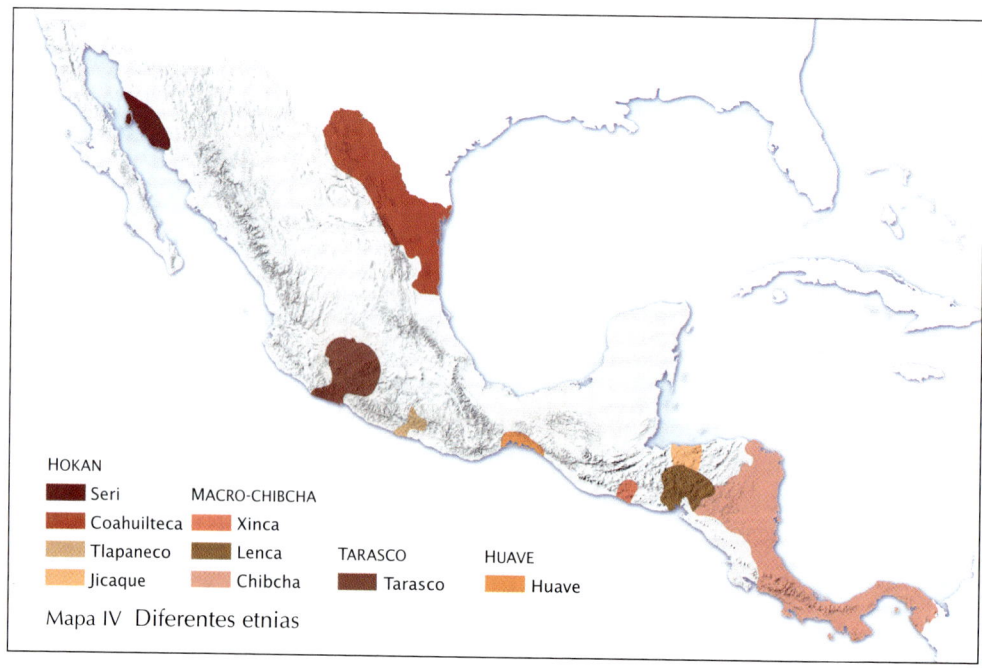

Mapa IV Diferentes etnias

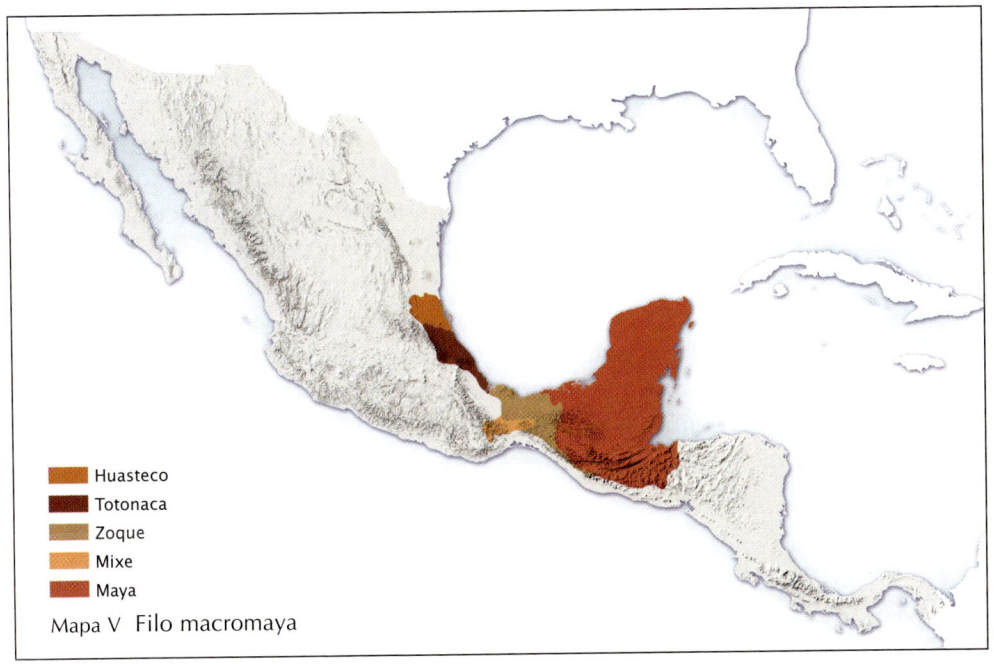

Mapa V Filo macromaya

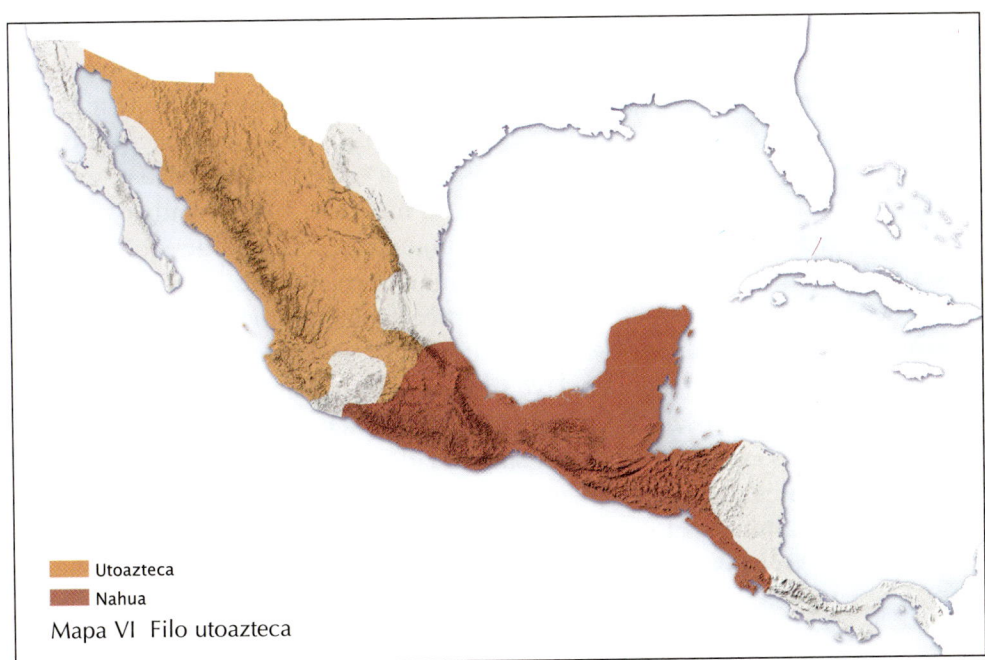

Mapa VI Filo utoazteca

y también los huaves, grupo "fósil" que ocupa la costa del Istmo y que representa por sí solo a una familia lingüística.

Sin embargo, un grupo más numeroso y más poderoso intriga muchísimo: el de los tarascos o purépechas. Éstos ocupan el actual estado de Michoacán, que corresponde en líneas generales a su territorio prehispánico. Este pueblo habla una lengua extraña que a veces tiene entonaciones del vasco y no presenta ninguna semejanza, aun lejana, con cualquier otra lengua mesoamericana. Los lingüistas, que no querían dejar huérfano a este idioma, le encontraron cierto parentesco con el quechua, la lengua de los incas peruanos, así como con el zuñi de Norteamérica. ¿Se trata entonces de una retaguardia abandonada de la gran migración quechua o de un grupo instalado de modo más tardío, que habría subido desde Perú por vía marítima? El misterio continúa, pero es seguro que los tarascos son de origen extranjero en el contexto mesoamericano.

El filo utoazteca

El filo utoazteca, a la inversa de todos los anteriores, se caracteriza por una extrema dispersión. En efecto, su territorio se extiende desde el Gran Lago Salado (Utah) hasta Costa Rica. A mi parecer, esta inmensa familia se puede dividir en dos grupos: un grupo norteño y un grupo meridional. El norteño, en el momento de la Conquista, abarcaba más de un centenar de lenguas distintas, como el shoshón, el comanche, el hopi, el pima, el pápago, el cahita, el tarahumara, el cora, el guachichil, etc. La extrema diversidad de este grupo utoazteca norteño parece ligada a su modo de vida nómada o seminómada; cada tribu sólo comprendía un número restringido de individuos y vivía en formación nuclear en un aislamiento relativo. Esta situación debió de favorecer la diversificación lingüística. En lo que toca a México, este grupo norteño ocupa toda la costa del Pacífico, con excepción de la península de Baja California y del enclave seri, entre Guaymas e Isla Tiburón. Gobierna por completo en la Sierra Madre Occidental y en las planicies del norte, hasta las estribaciones de la Sierra Madre Oriental, ocupada a su vez por poblaciones de origen hokano (Coahuila). Su frontera meridional está muy bien delimitada: al centro de México, está en contacto con el grupo otomí y con los tarascos; al oeste, el río Grande de Santiago sirve como demarcación. En otros términos, este grupo utoazteca norteño se encuentra muy claramente confinado a orillas del Altiplano Central.

El contraste entre el grupo norteño y el grupo meridional es enorme. Al centenar de lenguas habladas en el norte, le responde la impresionante unidad del náhuatl. Del lago de Chapala al lago Nicaragua, desde Acapulco hasta Veracruz, sólo se habla una lengua utoazteca, el náhuatl, cuyas distintas formas consisten en variantes dialectales (náhuat, nahua, náhuatl, mexicanero, pipil, nicarao). ¿Cómo explicar esta unidad, excepcional desde cualquier punto de vista? Existe un esquema adoptado de manera común: al ser el náhuatl la lengua de los aztecas, se volvió del modo más natural la lengua franca de su "imperio" y, como tal, se habló en toda Mesoamérica. Por mi parte, sugeriría otra aproximación. Me parece que con los nahuas se observa la inversión del fenómeno de fragmentación lingüística descrito por los glotocronologistas. Las poblaciones utoaztecas del norte, por el contrario, se habrían "nahuatlizado" al sedentarizarse en el Altiplano Central. La matriz nahua del Altiplano Central habría funcionado como motor de una integración cultural, y habría inducido un complejo proceso que se podría designar como de acrecimiento; los antiguos nómadas utoaztecas llegados del norte, al optar por el sedentarismo en el Altiplano Central, adoptaron al mismo tiempo una lengua única, el nahua, tronco común que aumentó con el tiempo al nutrirse con los sucesivos aportes del norte. La omnipresencia de los nahuas, que con frecuencia se sobreponen a otras etnias, podría complicar aún más el mapa etnolingüístico de Mesoamérica. No es así. A mi modo de ver, esta omnipresencia da la clave para entender la historia prehispánica, al ponernos sobre las huellas del factor de unidad que le sirvió de cemento cultural a Mesoamérica.

El factor de unidad: la nahuatlidad

La antigüedad de los nahuas

No deja de sorprender la coincidencia entre el área de dispersión de la lengua nahua y el área cultural mesoamericana. La frontera norte de Mesoamérica se definía a menudo como el límite entre los pueblos nómadas que los antiguos mexicanos llamaban chichimecas, y las poblaciones sedentarias urbanizadas del centro de México. Esto es cierto. Pero esa frontera es también la que separa a los utoaztecas norteños de los nahuas. Si no se admite que existe un vínculo entre nahuatlidad, sedentarismo y mesoamericanidad, ¿cómo entender que no haya en Mesoamérica otros utoaztecas que los nahuas, mientras que hay más de un centenar de grupos diferentes en el mundo chichimeca que colinda con ellos? Del mismo modo, la frontera sur de Mesoamérica puede trazarse con criterios lingüísticos: corresponde a los límites de la extensión nahua en Honduras, El Salvador, Nicaragua y Costa Rica. Más allá, virtualmente no hay más rastros de la familia utoazteca, ni en Centroamérica ni en Sudamérica. Esta adecuación de la nahuatlidad y de la mesoamericanidad parece depender de la comprobación más evidente.

Ahora bien, se contradice con una idea sólidamente establecida. En los trabajos especializados, los nahuas siempre aparecen como un grupo tardío que habría entrado en el centro de México hacia 800 o 900 d.C., fecha atribuida a las primeras migraciones toltecas. Es evidente que si los nahuas llegaron a México en aquella época, en ningún caso pueden ser los fundadores de Mesoamérica, ¡que entonces ya tiene cerca de dos mil quinientos años de historia! En este caso, el problema consiste en que se confundió a los toltecas con los nahuas. Que toltecas y aztecas sean actores del último periodo y hayan llegado tardíamente a tierras mexicanas, nadie lo niega, pero que la presencia nahua comience con la llegada de los toltecas es insostenible.

El filo utoazteca se encuentra en el norte desde por lo menos cinco mil años antes de la Conquista. Incluso, si se duda de la pertinencia de las medidas lingüísticas, conviene concederle a esta familia una antigüedad compatible con su extrema diversidad interna. En todo caso, se le puede admitir la misma amplitud cronológica que la atribuida a los otomangues o a los macromayas. Así, habría que aceptar que los utoaztecas, concentrados en la ribera derecha del río Santiago, renunciaron a cruzar esa frontera durante casi cuatro mil quinientos años. Y de repente, hacia 800-900 d.C., un grupo habría decidido —o logrado— bajar más al sur. Entre varias decenas de candidatos, sólo uno lo habría conseguido: el grupo nahua que, en el intervalo de seis o siete siglos, se habría encontrado en posibilidad de colonizar y de dominar al conjunto mesoamericano. Esta historia me parece totalmente improbable.

No hay elemento alguno que nos permita postular la hermeticidad de la frontera norte de Mesoamérica que, de ningún modo, es geomorfológica. El Altiplano Central y las planicies del norte se comunican sin obstáculos. Cómo y ¿por qué Mesoamérica habría permanecido hermética hasta el siglo IX de nuestra era ante las migraciones utoaztecas?, ¿por qué serían los nahuas los únicos en penetrar en territorio mesoamericano?

Ante la imposibilidad de responder estas preguntas en términos lógicos, uno se ve llevado a proponer otra lectura de la historia de los nahuas. Partiendo de la idea de que coinciden Mesoamérica y la presencia nahua, parece consecuente fechar esta presencia al principio de la historia de Mesoamérica, es decir hacia 1200 a.C. En efecto, considero a los nahuas como los fundadores de Mesoamérica y como los principales actores de su evolución a todo lo largo de sus cerca de tres mil años de historia. Esta idea —que violenta la tradición académica— nació del estudio de la frontera noroeste de Mesoamérica, concretamente del territorio que hoy corresponde al centro del estado de Jalisco. Con la ayuda de la información arqueológica y de los primeros textos españoles de principios del siglo XVI, se puede reconstruir con claridad el proceso de aculturación que prevaleció en esa zona. Se ve perfectamente que las tribus utoaztecas de tipo nómada (tecuex, cazcán, coca, zacateca, etc.) se nahuatlizan al sedentarizarse en las ciudades establecidas entre Tepic y Chapala. La nahuatlización cumple una función aglutinadora y homogeneizante en todos los utoaztecas de origen chichimeca. Creo que aquí tenemos la explicación de un fenómeno que debió de funcionar durante unos tres milenios y que da cuenta del "monopolio" nahua en Mesoamérica. Mientras que siempre se describen mecanismos de fragmentación y de dispersión cultural, aquí en cambio tenemos un ejemplo de atracción gravitacional y centrípeta: las diversidades utoaztecas se disuelven en el mundo nahua.

Planteo aquí una objeción de orden lingüístico. Precisamente porque contradice los modelos evolucionistas empleados por los lexicoestadísticos, la hipótesis de una gran antigüedad de la lengua puede parecer difícil de aceptar: ¿cómo podría una lengua mantenerse idéntica durante tres mil años? La objeción es pertinente. Desde un estricto punto de vista lingüístico, la fijeza absoluta es insostenible. Pero entendámonos. Yo no postulo que la lengua nahua no haya conocido ninguna modificación fonológica, gramatical o léxica durante toda la historia precortesiana. No deseo sugerir que en la época olmeca se hablaba una lengua semejante en todo a la que los conquistadores escucharon en boca del emperador Motecuzoma y los poetas de su corte. Si uno quiere, puede emplear la noción de protonahua para las épocas más antiguas. Pero, para mí, hay un hecho que no cambia: en 1500 a.C. existía en Mesoamérica una lengua utoazteca cuya vocación era federar los demás aportes utoaztecas, y ésta, que llamo nahua, evolucionó como koiné utoazteca, es decir, en el interior del marco de la unicidad.

Es evidente que lo que aquí nos interesa no es tanto la lengua en sí como los hombres que la hablaban y la cultura que trasmitían. Desde este punto de vista, podemos observar dos cosas que contribuyen a hacer comprensible a Mesoamérica.

10. Códice Boturini, lam. 4. Migración de los aztecas en tierra chichimeca.

La dialéctica del nomadismo y el sedentarismo

Los nahuas ocupan una posición absolutamente original en el contexto mesoamericano, ya que son los únicos que participan de los dos sistemas culturales que se yuxtaponen ahí: el nomadismo y el sedentarismo. Ambos estados parecen depender de visiones culturales que se excluyen mutuamente y, de hecho, el norte de México es una tierra abierta en donde la regla es el movimiento y la circulación de los grupos, mientras que Mesoamérica es un área de sedentarismo, donde los autóctonos reivindican sistemáticamente la posesión del territorio. Ahora bien, de modo paradójico, los nahuas están incorporados a ambos medios ambientes. Por su pasado de migrantes chichimecas, tienen una cultura e incluso una actitud mental de nómadas. Pero,

como mesoamericanos, dominan por entero las reglas del sedentarismo, así tenga que prevalecer la razón del más fuerte. En el fondo, los nahuas oscilan entre dos polos: cuando son nómadas, sólo desean volverse sedentarios, pues esto representa para ellos a la vez un estatuto superior y una garantía de estabilidad existencial, quizá incluso de riqueza; mas, cuando han accedido a ese estatuto de sedentarios, sólo buscan irse de nuevo, ir más lejos, proseguir su camino, fundar otra ciudad. Como si experimentaran una secreta nostalgia de los tiempos de migración o una indecible pulsión, producto de un atavismo lejano. La historia muestra que la trayectoria de los nahuas en Mesoamérica obedece a una propensión excepcional a la diseminación. Todas las ciudades nahuas fueron fundadas por fisiparidad, al desprenderse un grupo de la estructura madre para instalarse más lejos, un proceso repetido de modo indefinido. A veces, la escisión genera ciudades gemelas como México y Tlatelolco, a veces los emigrantes optan por una separación más radical, como fue el caso de los habitantes de Cholula, que colonizaron la costa pacífica de Honduras y de Nicaragua.

Queda claro que los nahuas son los únicos mesoamericanos que tienen esta doble aptitud para el sedentarismo y el nomadismo. Un hecho más notable aún es que conservaron de modo duradero, en un marco uniformemente sedentario, sus tendencias al nomadismo. A mi juicio, aquí pudo operar el fenómeno de acrecimiento descrito más arriba: al absorber los nahuas sin cesar a nuevos inmigrantes utoaztecas aún seminómadas, alimentaron sin interrupción su capital cultural chichimeca.

Mesoamérica, mundo pluriétnico

Otra característica propia de los nahuas es su notable capacidad de imponerse a otros pueblos. Los nahuas no son originarios del centro de México. Cuando penetran ahí por vez primera, ya encuentran todas las tierras ocupadas, o al menos reivindicadas por las poblaciones otomangues o mayenses. Para ellos, la opción es clara: o prosiguen su migración hacia regiones más al sur en busca de tierras hipotéticamente vírgenes o permanecen en México y se funden con el paisaje. Eligen la segunda solución. A la inversa de una idea que a veces circula de modo más o menos claro, los nahuas nunca —según sabemos— libraron guerras de exterminio para sustituir a la población previa. Siempre se instalaron al margen de las poblaciones existentes antes de afirmar sus posiciones. Y si muy a menudo ejercieron un dominio territorial, lo hicieron sometiendo a los autóctonos, nunca eliminándolos.

Por eso, es difícil elaborar un mapa de la distribución de la lengua nahua en Mesoamérica. Por una parte, prácticamente no hay un lugar en el que los nahuas sean los únicos; por otra parte, con la excepción de microterritorios controlados desde el exterior y quizá de la zona de influencia tarasca, los nahuas están presentes en toda Mesoamérica, como lo confirma la toponimia sólidamente establecida de Culiacán (Sinaloa) a Guanacaste (Costa Rica). Quizá sería más juicioso dibujar varios mapas correspondientes a varias formas de ocupación territorial. El primero indicaría las zonas donde la dominación política de los nahuas se combina con una mayoría demográfica: hacia 1500 d.C., sería el caso del Valle de México, las tierras calientes de Cuernavaca, la región de los volcanes, Xicalanco y Nayarit. Otro mapa indicaría los lugares donde se encuentran como minoría dominante: la región otomí al norte de México, las regiones totonaca y huasteca de la costa atlántica, así como el corredor del Pacífico centroamericano. Otro, en fin, podría delimitar las zonas donde los nahuas son minoría influyente, como Oaxaca o el mundo maya.

De esta situación, se desprende que Mesoamérica no es un universo en el que las etnias hayan vivido yuxtapuestas, separadas por barreras culturales o fronteras geográficas. Los nahuas no sólo sirvieron como agentes de unión entre mundos heterogéneos, sino que han arraigado la plurietnicidad en Mesoamérica. Como un injerto nuevo sobre una base antigua, los nahuas lograron justificar su presencia; transformaron un estado de hecho en norma cultural. Gracias a ellos, el México prehispánico se convertiría en ese crisol cultural que hoy se llama Mesoamérica: los particularismos locales no fueron aniquilados, sino engastados en el molde del pensamiento nahua sobrepuesto a las tradiciones ancestrales.

3

EL SUSTRATO COMÚN DE MESOAMÉRICA

La nahuatlidad le confiere a Mesoamérica una unidad territorial y una continuidad cronológica al mismo tiempo. Se puede considerar que la integración de las múltiples especificidades étnicas se hizo en y por medio de la nahuatlidad, según una evolución que podría resumir el esquema de la página siguiente.

Al inicio del horizonte olmeca (1200 a.C.), la parte del componente nahua todavía es reducida; pero, con el tiempo, no deja de crecer hasta que logra un primer pico hacia el año 600, con el apogeo de Teotihuacan. Después de dos siglos de reflujos, el movimiento se reanuda y se acelera, y en el momento de la Conquista, los nahuas se encuentran en una situación de marcada dominación cultural. Naturalmente, el esquema no traduce la desaparición de los rasgos no nahuas a lo largo del tiempo. No se trata de explicar la historia mesoamericana por la eliminación demográfica de ciertas etnias. No es el caso, de ningún modo. La idea de la representación gráfica de la página siguiente, medianamente empírica, es traducir un fenómeno de coalescencia y mostrar cómo el componente nahua creció y se enriqueció con rasgos no nahuas, al absorberlos, integrarlos y fusionarlos para crear una base cultural común.

Cuando uno intenta definir Mesoamérica, se refiere en general a la definición que Paul Kirchhoff elaboró en 1943 al reunir un cierto número de criterios materiales.[1] Ésta, en forma de lista, permanece vigente: es verdad que los indígenas mesoamericanos tienen en común el consumo de maíz, de frijoles y de cacao, el empleo de algodón y fibras de agave para sus ropas, la siembra con coa, que no emplean la rueda, cuyo principio, sin embargo,

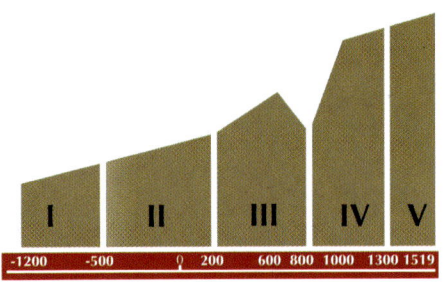

Diagrama de la nahuatlidad.

conocen; la adoración de varios dioses, la vida en sociedades altamente estratificadas, etc. Sin embargo, la totalidad de las características seleccionadas por Kirchhoff, una vez sumadas, no dan cuenta del espíritu mesoamericano, no captan su originalidad intrínseca. Al ser Mesoamérica una entidad fundamentalmente cultural, conviene proponer primero una definición cultural intentando describir sus elementos comunes y permanentes.

Desde luego, esta base común puede detallarse bajo la forma de una enumeración de rasgos culturales. Pero, más allá de este necesario recuento, hay que insistir en la dimensión esencialmente "espiritual" de la mesoamericanidad, que es un modo de pensar el mundo. Si hubiera que resumir la actitud mesoamericana ante la existencia, se podría decir que la idea que los hombres se hacen del mundo es más importante que la realidad; su visión está extremadamente codificada por la religión y la ideología, y la representación mesoamericana del universo es simbólica antes que naturalista. Incluso se podría decir que es explícitamente no naturalista. Pero, ¿acaso no estamos en el centro mismo del principio de toda civilización: subordinar la naturaleza a la cultura?

El calendario de 260 días

Hasta donde se puede juzgar, este sorprendente "calendario" no es una herencia paleolítica, sino una creación mesoamericana, íntimamente ligada al sistema social y religioso que se instaura en el segundo milenio a.C. La palabra "calendario" es adecuada en cierto modo, pues el mecanismo en cuestión corresponde efectivamente a una cuenta del tiempo. Sin embargo, es imposible reducirlo a un mero calendario, pues también permite leer los

---

PAGINA ANTERIOR. 11. Mascarón de estuco del dios solar Kinich Ahau, Kohunlich. Época III.

destinos y darles un nombre a los individuos. Finalmente, como éste se expresa por medio de números y signos, establece una convención glífica que engendró el sistema de escritura mesoamericano. Este curioso calendario de 260 días, que sólo existe en Mesoamérica, concentra así una buena parte de la identidad de los pueblos precortesianos. Se compone de trece números que, asociados a veinte signos, ofrecen 260 combinaciones. Cada día se identifica con un binomio número-signo, y estos binomios se reúnen en veinte grupos de trece (trecenas). La serie de 260 días se repite indefinidamente y se desarrolla de manera paralela al calendario solar de 365 días.

Este calendario de 260 días se llama *tonalpohualli* entre los nahuas, *piye* entre los zapotecos y *tzolkin* entre los mayas (los mayistas del siglo XX forjaron esta última denominación). Es común a todas las etnias mesoamericanas y su composición parece haber sido prácticamente idéntica durante los tres últimos milenios de la era precolombina. Sigue aquí la lista de signos del tonalpohualli azteca, seguida de la del tzolkin empleado por los mayas yucatecos al principio del siglo XVI.

		NAHUA	MAYA
1	cocodrilo	cipactli	imix
2	viento	eecatl	ik
3	casa	calli	akbal
4	lagartija	cuetzpalin	kan
5	serpiente	coatl	chicchan
6	muerte	miquiztli	cimi
7	ciervo	mazatl	manik
8	conejo	tochtli	lamat
9	agua	atl	muluc
10	perro	itzcuintli	oc
11	mono	ozomatli	chuen
12	hierba seca	malinalli	eb
13	caña	acatl	ben
14	jaguar	ocelotl	ix
15	águila	cuautli	men
16	zopilote	cozcaquauhtli	cib
17	movimiento	ollin	caban
18	pedernal	tecpatl	etznab
19	lluvia	quiauitl	cauac
20	flor	xochitl	ahau

12. Los veinte signos del tonalpohualli nahua.

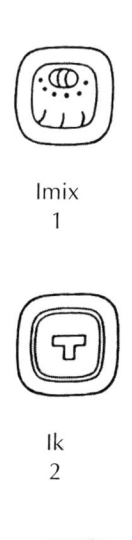  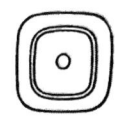  

| Imix | Chicchan | Muluc | Ben | Caban |
| 1 | 5 | 9 | 13 | 17 |

    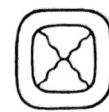

| Ik | Cimi | Oc | Ix | Edznab |
| 2 | 6 | 10 | 14 | 18 |

| Akbal | Manik | Chuen | Men | Cauac |
| 3 | 7 | 11 | 15 | 19 |

 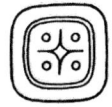   

| Kan | Lamat | Eb | Cib | Ahau |
| 4 | 8 | 12 | 16 | 20 |

13. Los veinte signos del tzolkin maya.

La comparación término con término, sin mostrar una identidad absoluta, revela, sin embargo, una fuerte analogía estructural. Aunque sea delicado analizar la lista de los nombres yucatecos, pues los mayas no dieron la clave del vocabulario esotérico que empleaban para ese calendario ritual, se observa que sólo dos signos parecen divergir: *akbal*, en lugar de casa, evoca la idea de noche o de oscuridad, y *ahau* significa "señor", que no es el equivalente exacto de la idea de flor.

De modo paralelo, si se procede a estudiar todos los glifos mesoamericanos en relación con el calendario de 260 días, se puede notar, pese al aspecto sibilino de varios glifos mayas, cierta permanencia en la codificación gráfica. Tomemos el ejemplo del primer signo, *cipactli*, cocodrilo. Desde el momento en que captamos su imagen, es decir, en el estado actual de la información, hacia 500 a.C. en Monte Albán, aparece bajo una forma muy especial: de su nariz sale una voluta, su ojo tiene la forma de un glifo en U y sólo aparece representada la parte superior de la mandíbula. Ahora bien, lo mismo sucede en los manuscritos del siglo XVI de nuestra era. Sabemos, por los textos coloniales, que esta convención gráfica está ligada a un corpus de mitos que relatan las hazañas del cocodrilo, cuyo chapuzón inicial, al principio de los tiempos, desencadenó el desarrollo del calendario ritual; su lomo y su mandíbula superior simbolizan a la tierra que emergió entonces del caos. Por lo tanto, se puede pensar que la permanencia del grafismo de este signo a lo largo de los siglos corresponde a una norma mítica bien establecida en Mesoamérica.

De la misma manera, si uno se dedica a seguir la evolución del glifo bastante misterioso del décimosegundo signo, *malinalli*, que los aztecas traducen como "hierba seca", sorprende la continuidad de un símbolo que en definitiva es muy poco naturalista. Está compuesto por una mandíbula humana y una especie de mata vegetal. Más vale confesar que el significado preciso del signo aún permanece oscuro. Pero el glifo elaborado con estos dos elementos tan específicos se reproducirá con fidelidad durante siglos. Que sea en la estela 1 de El Baúl (200 a.C.), en la placa de Leyde, que es el objeto maya con la fecha más antigua (siglo IV d.C.) o en el *Códice Borbónico* pintado en la primera mitad del siglo XVI, el signo permanece perfectamente identificable.

¿Cuál es, entonces, el origen de este calendario de 260 días? El hecho de que incluya entre los veinte signos al cocodrilo, al mono y al jaguar,

3 • EL SUSTRATO COMÚN DE MESOAMÉRICA

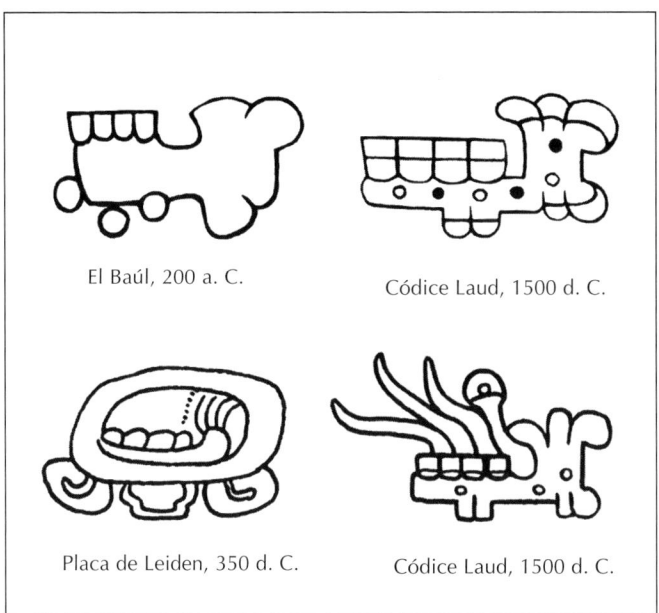

14. Permanencia del glifo malinalli.

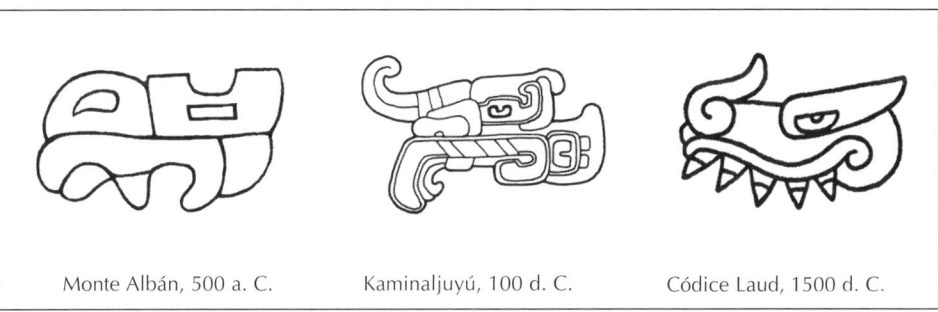

15. Permanencia del glifo cipactli.

animales tropicales por excelencia, hace pensar que fue concebido en tierra caliente y no en el Altiplano. A pesar de que no exista una prueba arqueológica actual, nada se opone a que los olmecas de la costa lo hayan elaborado hacia 1200 a.C. Se han formulado numerosas hipótesis para explicar la elección de un ciclo de 260 días, duración que carece de toda correspondencia astronómica o biológica evidente, a pesar de que se le puede comparar con la duración de la gestación humana. Por mi parte, estaría tentado a considerar que los mesoamericanos, en un momento dado, pasaron de una serie "natural" de trece a una serie "artificial" de veinte. En efecto, en el tonalpohualli se observa algo que se asemeja un poco a unas repeticiones; ciertos signos parecen haber sido desdoblados: el águila y el zopilote, la muerte y la hierba seca, la lagartija y la serpiente, el agua y la lluvia, el cuchillo de pedernal y la flor, símbolo lúdico, asociados ambos al sacrificio humano. También es notable que el conejo y el venado tengan glifos muy semejantes. La hipótesis más lógica es que existió originalmente una serie de trece signos que quizá correspondían con el nombre de los trece meses lunares de veintiocho días. Luego, se desdoblaron siete signos para formar una serie de veinte [6 + (7 x 2)]. Esta nueva serie de signos se acopló entonces a la antigua serie de trece, esta vez reducida a números, para formar el tonalpohualli. De este modo, Mesoamérica, al mezclar lo nuevo con lo antiguo, entraba en la lógica de la artificialidad al inaugurar un ciclo fuera de la naturaleza.

Vale preguntarse por qué los inventores del calendario de 260 días no lo establecieron conservando los trece signos antiguos combinados con una serie de veinte números. ¿Por qué, en el fondo, veinte grupos de trece y no trece veintenas? Efectivamente, hay que tener presente que la instauración del tonalpohualli —que en sí es una revolución— obedece a dos objetivos mutuamente complementarios: atomizar el tiempo convirtiendo al día en la unidad de referencia absoluta de la cronología, y eliminar el antiguo calendario lunar de los autóctonos, basado en la observación de ciclos naturales, que correspondía a otro acercamiento conceptual. Por eso, el calendario de 260 días se asoció paralelamente a un calendario solar reestructurado, con "meses" de veinte días. El uso de trecenas en el tonalpohualli permitía así establecer una clara distinción entre los periodos del calendario de 260 días y los del calendario solar.

De hecho, el año solar instaurado al mismo tiempo que el tonalpohualli es un año de 365 días, dividido en dieciocho "meses" de veinte días, a los cuales se añaden cinco días epagómenos. Aquí también, sabemos que los dieciocho meses se obtuvieron desdoblando cinco de los trece meses del antiguo calendario lunar, pues permanecen vestigios. En la lista de las fiestas mexicas, se observa por ejemplo una "Pequeña Fiesta de los Señores" (*Tecuihuitontli*) y una "Gran Fiesta de los Señores" (*Huey tecuihuitl*), así como una "Pequeña Vigilia" (*Tozoztontli*) y una "Gran Vigilia" (*Huey tozoztli*); en Texcoco; con la misma idea se encuentran la grande y la pequeña "Fiesta del *Pachtli*" (*Hueypachtli* y *Pachtontli*), y la grande y la pequeña "Fiesta de los Muertos" (*Hueymicaihuitl* y *Micaihuitontli*). Por su parte, incluso en su versión reformada de veinte días, el mes nunca dejará de llamarse luna o lunación (*meztli* en náhuatl, *u* en maya). En cuanto al año venusino, éste equivalía a 584 días solares. Cinco años venusinos correspondían exactamente a ocho años solares. Esta correlación era objeto de festividades especiales en toda Mesoamérica.

Los tres cómputos —ritual, solar y venusino— se utilizaban simultáneamente. La correlación entre el tonalpohualli y el ciclo solar intervenía al cabo de 18 980 días, o sea, después de 52 años solares y de 73 ciclos de 260 días. Entonces, los medidores volvían a cero y los días recuperaban los nombres que habían tenido 52 años atrás. En efecto, cada día se identificaba a la vez por su binomio tomado del tonalpohualli y por su lugar en el calendario solar, lo cual autorizaba 18 980 combinaciones posibles. El fin del periodo de 52 años marcaba el agotamiento de los signos y, por lo menos entre los nahuas, era vivido como un verdadero fin del mundo. La triple correlación, en que coincidían los tres calendarios, sólo ocurría cada 104 años, que correspondían entonces a 65 años venusinos y a 146 ciclos de 260 días.

La instauración del tonalpohualli, acompañado de esta arquitectura calendárica extremadamente elaborada, marca el principio del periodo culturalmente asignable a Mesoamérica. Esta reforma calendárica denota una fuerte voluntad de ruptura, que se manifiesta con la eliminación del calendario autóctono fundado en la observación de la luna y el ritmo del ciclo femenino. Pero, al mismo tiempo, en el interior de ese cuadro revolucionario, se percibe cierto deseo de captar la herencia del pasado: la nueva cuenta de los días emplea de nuevo ciertos nombres antiguos y quizá ciertos signos. En este sentido, el perfil de los inventores del calendario de 260 días corresponde bastante a los nahuas: numéricamente minoritarios pero culturalmente dominantes, imponen su visión del mundo sin, por ello, hacer tabla rasa del pasado, a fin de tomar en cuenta a la mayoría indígena.

La reforma operada hacia el 1200 a.C. sin duda va más allá de un simple ajuste calendárico. Los 260 binomios de la cuenta de los días también sirven para asignarles a los humanos su propio destino. El sistema requiere la mediación de un sacerdote especializado. Éste posee un ejemplar del "libro de los destinos", que no es sino la transcripción de los veinte grupos de trece del tonalpohualli representados con las múltiples influencias divinas que determinan cada uno de los días. Cuando nace un niño, recibe un nombre tomado del tonalpohualli. En el México antiguo, los individuos se llaman, por ejemplo, 5 flor o 7 serpiente, o también 2 caña, 3 jaguar o 13 casa. Este binomio concentra todos los determinismos anclados en el signo, el número y la posición calendárica. Su atribución ceremonial, durante una especie de bautizo, permite fijar el destino del niño. Así, el signo águila predispone para la guerra, el conejo es el signo de los agricultores —y de los bebedores—, la flor determina aptitudes artísticas, etc. En Mesoamérica, uno es lo que uno nace. A decir verdad, hay pocas escapatorias en el engranaje de la predestinación; el único juego posible es del orden de tres o cuatro días y consiste, para el sacerdote, en diferir la fecha de la atribución del nombre para esperar un signo más favorable.

Se entiende que las huellas más antiguas de escritura en Mesoamérica estén vinculadas con los signos del calendario de 260 días, ya que ambos corren parejos. Pero no hay que equivocarse e interpretar todas las fechas que aparecen en las estelas y los monumentos como informaciones de carácter cronológico. Muchas tienen un valor onomástico, y como detrás de cada nombre propio hay un destino (*tonalli* en náhuatl), esas fechas también remiten a un contexto simbólico en que lo religioso ocupa un lugar importante.

La escritura glífica

El debate sobre la escritura

Todas las civilizaciones mesoamericanas son civilizaciones con escritura. Detrás de esta afirmación simple se oculta en realidad la conclusión de un debate centenario. Lo que hoy parece un hecho no siempre lo fue. Es manifiesto que algunos autores tuvieron escrúpulos para considerar a los no mayas como dueños de una escritura; hablaron de preescritura, de casi escritura, de semiescritura, emplearon perífrasis como "sistema iconográfico complejo". Otras tantas prudencias que podrían parecer sofismas. Lo que está en juego es simplemente un modo de percibir la escritura. Jamás se planteó una discusión en el caso de los mayas, ya que su escritura, basada en glifos distribuidos en columnas, evocaba en su aspecto externo modelos conocidos en el Viejo Mundo. En cuanto a las demás culturas, se abrió el debate, pues las escrituras en cuestión no se parecían a las convenciones ya catalogadas, conocidas y analizadas. Poco a poco, la antropología acabó por hacer que prevaleciera la idea de que Mesoamérica había engendrado una convención escritural propia, y que por lo tanto era inútil hacer una comparación con los otros sistemas.

Para poder entender algo en la escritura mesoamericana, conviene rechazar categóricamente el acercamiento desarrollista de la escuela anglosajona, que vincula modo de escritura y nivel de desarrollo social, y coloca en la cúspide de una pretendida jerarquía el fonetismo y la organización de tipo estatal. De esta visión totalmente occidentalocentrista se desprende la idea de que sólo hay escritura si hay transcripción de una lengua hablada. Ahora bien, el fonetismo, lejos de constituir un adelanto, respondió a dos situaciones coyunturales precisas: nació en el marco de lenguas que ofrecían una reserva suficiente de palabras monosilábicas, que permitían asociar un sonido y un signo; señaló una fuerte voluntad etnocéntrica, ya que el código escrito sólo puede entenderse si también se conoce la lengua que transcribe. Por lo tanto, el fonetismo, en relación con los sistemas ideográficos, es una regresión en términos de universalidad. Es evidente que la trascripción de un sonido tiene un espectro de comunicación más estrecho que un signo legible en cualquier lengua. El fonetismo, históricamente, se empleó precisamente para restringir la comunicación imponiéndole al lector el uso de una lengua determinada: por lo tanto no es falso, en este sentido, decir que fonetismo y "nacionalismo" tienen una estrecha vinculación.

Ahora bien, ¿cuál es el contexto mesoamericano? Todos los indicios tienden a indicar que las civilizaciones prehispánicas que nacen después de 1200 a.C. son sociedades altamente complejas, estratificadas, demográficamente desarrolladas, urbanizadas alrededor de centros ceremoniales; en pocas palabras, civilizaciones hechas y derechas. Sin embargo, la escritura que caracteriza a Mesoamérica no es en nada comparable con las de China, Egipto o Mesopotamia. Combina, de manera original, signos (glifos) y figuración.

16. Ejemplo de glifo complejo, Tetitla, Teotihuacan.

Por ello, el sistema de escritura mesoamericano está fuertemente iconizado y, para algunos, pudo no aparecer como un verdadero sistema de escritura. Es totalmente correcto decir que en el México antiguo no se advierte ninguna tentación fonética, incluso si, como veremos más adelante, la discusión queda abierta en lo que se refiere a los mayas.

Este rechazo a la solución fonética se entiende por dos motivos de fondo. Existen primero limitaciones mecánicas ligadas a la morfología de las lenguas habladas en Mesoamérica. Todo el linaje de las lenguas otomangues depende de una fonología extremadamente complicada y cuenta con lenguas tonales, en las que las palabras cambian de sentido dependiendo de su pronunciación. Todavía hoy, la notación de las lenguas otomangues plantea a los lingüistas múltiples problemas y reclama una codificación ultra sofisticada. El otomí, el zapoteco o el mixteco no son, por lo tanto, candidatos naturales a la transcripción fonética. Por lo demás, la lengua nahua es una lengua aglutinante en la que las palabras no forman entidades sonoras independientes, sino que se juntan entre sí para formar largos fraseos. Por otra parte, un sabio sistema de prefijos y de sufijos que se unen con las raíces da sin cesar a las palabras su sentido preciso. ¿Cómo deslizarse, en este contexto, hacia la transcripción fonética? Sólo algunas lenguas mayas, ricas en monosílabos, han podido ofrecer la posibilidad técnica de recurrir a los fonogramas.

El otro motivo que explica que la escritura mesoamericana le haya dado la espalda al fonetismo se debe al carácter pluriétnico del México antiguo. En ninguna parte, en las épocas que aquí nos interesan, un solo pueblo ha monopolizado un mismo territorio, tan sólo porque los nahuas siempre se han asentado en tierras ya ocupadas por otros. La lengua nunca funcionó como arma de exclusión y, si se buscó, los intentos resultaron estériles. El mosaico de las lenguas mesoamericanas está ahí para mostrarlo. El fonetismo, que es una estrategia de dominación lingüística, parece contradecir el modus vivendi característico de Mesoamérica y el espíritu de su civilización, fundado en la sedimentación cultural. Por lo tanto, la escritura mesoamericana expresará de preferencia el pensamiento antes que transcribir la lengua.

Sistema pictográfico e iconización

Veamos con más detalle cómo funciona este sistema. En la base, emplea un cierto número de pictogramas. Su principio es sencillo: el dibujo representa a la cosa. Naturalmente, este principio se adapta a diversas convenciones, sobre todo a estilización, referencia simbólica, representación de la parte por el todo. Así, el signo "jaguar" del calendario de 260 días puede representarse con una figura completa, una cabeza felina o simplemente una oreja del animal. El glifo maya para el noveno signo del tzolkin, "agua" es una placa de jade: la convención descansa en el parentesco simbólico entre el jade y el agua. Para designar a una ciudad, los escribas aztecas, mixtecos o zapotecos emplean el glifo de una montaña estilizada.

A menudo, ese pictograma posee una dimensión ideográfica en la medida en que traduce, más allá de la cosa representada, una idea o un concepto. En los códices aztecas, una rodela asociada con flechas expresa la idea de guerra; un templo en llamas es sinónimo de derrota. Desde los albores de la escritura mesoamericana, una huella de pasos humanos evoca el desplazamiento, la caminata, el viaje. Una voluta horizontal que emerge de la boca de un personaje significa "palabra" y conlleva la idea de poder. Esta vírgula califica al individuo designado de este modo como un soberano, un jefe o un dios; es el *tlatoani* de los nahuas, "el que habla", "el dueño de la palabra".

Un símbolo más esotérico —dos olas entrelazadas: una roja y otra amarilla— evoca la sangre y el fuego, es decir la guerra sagrada y el sacrificio humano. Conocido como *atl tlachinolli*, "el agua, el fuego", este concepto ha recibido varias traducciones gráficas: a veces se han yuxtapuesto dos

17. Estelas 12 y 13 de Monte Albán, Oaxaca, circa 500 a.C.

pictogramas de contenido naturalístico, tal como una vasija de agua y unas volutas de humo. Más frecuentemente, el binomio recibió una escritura metafórica, asociando el signo del jade (círculo) para el agua y el signo de la turquesa (quincunce) para el fuego. Esas representaciones se pueden combinar, a través de una gran paleta de soluciones icónicas, con el valor simbólico de las cifras 2 y 3, el 2 para designar al agua y el 3, al fuego. Por último, a la antípoda de la abstracción numeral, existe la posibilidad de antropomorfizar el concepto: entonces, en el lugar del signo del agua y del fuego, encontraremos las figuras asociadas del dios del agua y del dios del fuego. Hay que observar que esas figuras pueden presentarse por separado o sobrepuestas en una sola figura divina de carácter mixto.

El destino normal de un glifo —pictográfico o ideográfico— es asociarse con elementos figurativos: personajes humanos o animales en una escenificación más o menos elaborada. Los glifos que se identifican con mayor facilidad son los calendáricos, los nombres de personas y los topónimos. Su disposición no obedece a reglas absolutas, a menudo están agrupados y dispuestos en columnas verticales, pero esos conjuntos o bloques glíficos pueden ser colocados, en el caso de una estela por ejemplo, lo mismo arriba que abajo o a los lados, a veces incluso sobre el pecho o las piernas de los personajes. Con mucha frecuencia, los glifos tienen una autonomía gráfica, y dan la impresión de flotar junto a los personajes; es el caso particular de los códices del siglo XV. Casi sólo en los *tonalamatl*, calendarios empleados para leer los destinos, el orden de los signos estaba fijado de una vez por todas. Aun así hay que observar que, a pesar de esta limitación, se utilizaban varias disposiciones: líneas horizontales, columnas, bustrófedon, etc. En Mesoamérica, cualquier texto está impregnado de una libertad gráfica intrínseca, que crea una impresión de gran variedad estilística y oculta su carácter escritural a la mirada inexperta.

Es verdad que existen algunos casos en que aparentemente los glifos se emplearon solos, sin asociarlos con escenas figurativas; se pueden citar algunas estelas (estelas 12 y 13 de Monte Albán), algunos paneles esculpidos mayas (Templo de las Inscripciones de Palenque, Templo de las Inscripciones de Tikal) y, sobre todo, escaleras jeroglíficas, como las de Copán, Edzná, Dos Pilas o Naranjo. Ahí, los elementos escritos ya no están asociados a elementos figurativos en dos dimensiones, sino a un conjunto arquitectónico monumental de tres dimensiones. Sin embargo, éstos son

18. Lápida de Zaachila, Oaxaca. Época III.

casos particulares, la norma mesoamericana sigue siendo la combinación de los elementos glíficos con escenas figurativas.

Se puede observar que el glifo siempre tiende a ser iconizado, es decir, integrado al dibujo o a la escultura. Entonces ya no aparece como un elemento individualizado de una escritura autónoma, sino como un componente gráfico de una obra artística. Naturalmente, no por ello deja de ser legible: fundido en la trama figurativa, no se vuelve un simple elemento decorativo, sino que permanece como elemento de escritura. Este empleo de la escritura iconizada es muy frecuente en Mesoamérica, en todas las épocas y en todas las regiones: aquí, un bloque glífico que consigna una genealogía sirve de trono a un soberano maya; sobre un códice mixteco, un detalle de la vestimenta da el nombre de un personaje. Los glifos pueden disimularse en los motivos textiles de un taparrabo, en los arabescos de un tocado de plumas o en los elementos de un paisaje y pueden transformarse en orejeras, pectorales, cetros y escudos.

En algunos casos, este juego gráfico con los glifos ha evolucionado hacia una total iconización de la escritura. Dicho de otro modo, los glifos escriturales han sido tratados como figuración integral, lo cual disimula, ante la mirada occidental, la naturaleza escritural de ciertos frescos. El caso de Teotihuacan es esclarecedor desde este punto de vista. Si algunos negaron la existencia de la escritura en Teotihuacan, fue por la elección artística de los escribas-pintores que llevaron la iconización de los glifos hasta la figuración más elaborada. Los topónimos se vuelven verdaderos paisajes, el símbolo de la guerra sagrada (*atl tlachinolli*) se convierte en ondas impetuosas entrelazadas y los personajes suntuosamente ataviados inscriben en sus ropas sus nombres y/o sus funciones, lo cual en otros estilos, cabría en unos cuantos glifos compactos. Pero, no nos engañemos, esta manera "hiperrealista" de traducir lo simbólico corresponde con un modo de tratar la escritura autorizado por su carácter glífico inicial. Hay una verdadera continuidad entre la extrema estilización convencional y la extrema figuración seudonaturalista. El signo es imagen y participa de ésta.

Los mismos mayas, a quienes generalmente se les concede el empleo de una "verdadera" escritura y no de una escritura-dibujo, se dejaron tentar por la iconización del glifo. En Copán, en Quiriguá, en Yaxchilán, existieron escuelas de escribas que explotaron con brío esta posibilidad ofrecida por el carácter gráfico de la escritura mesoamericana: en lugar de emplear el

19. Ejemplo de la plasticidad que autoriza la escritura maya. Aquí vemos nueve formas del mismo glifo llamado baktun (significa periodo de cuatrocientos años). El sentido del glifo no cambia bajo su forma abstracta, columna de la izquierda, o bajo sus formas iconizadas, a la derecha.

glifo tradicional (estilizado), los escultores representaron "figuras enteras", criaturas mitad humanas, mitad animales, de aspecto a menudo fantástico, que algunos autores llamaron inapropiadamente "grotescos". Así, el glifo que nota el periodo de veinte años, *katun*, se metamorfosea en un perico barroco, y el glifo del año en un mono malicioso. En el mismo espíritu, los signos numéricos empleados habitualmente (un punto para el uno, una barra para el cinco) pueden sustituirse por perfiles humanos. Como un número puede ser un dios, se puede pasar del signo convencional a la efigie de la divinidad protectora sin ruptura semántica.

Funciones de la escritura

No es fácil determinar cuáles fueron las funciones de la escritura mesoamericana en la medida en que el arqueólogo está obligado a trabajar sobre vestigios que no necesariamente representan una muestra fiel de todos los usos de la escritura. Por ejemplo, está claro que la escritura grabada en piedra se conservó mejor que la pintada en estuco, corteza o piel. Las huellas arqueológicas de escritura más antiguas no son forzosamente las huellas más antiguas. Muchas estelas nos han llegado lisas, cuando inicialmente tenían escrito en un soporte perecedero. Los libros precolombinos que poseemos hoy (una pequeña docena en total) son tardíos y todos datan de la época inmediatamente anterior a la Conquista; esto no significa que no los haya habido en épocas mucho más antiguas. Sin embargo, si se reúnen todos los testimonios arqueológicos y etnohistóricos, se puede presumir que hubo a la vez un uso esotérico y un uso público de la escritura.

Acerca del calendario de 260 días, vimos que el sistema de predestinación implica el uso de libros, especie de almanaques sagrados llamados *tonalamatl* en náhuatl. Su uso estaba reservado para los sacerdotes encargados de descifrar los signos del destino y de darles un nombre a los niños. Si el calendario de 260 días se implantó hacia 1200 a.C., la escritura debió de existir necesariamente en aquella época, para permitir la trascripción de ese complejo andamiaje astronómico y religioso, imposible de administrar de otro modo. Otros manuscritos tenían que quedarse en las manos de los sacerdotes: los que narraban la gesta de los dioses, que consignaban los mitos y revelaban los arcanos de los símbolos religiosos. Éstos, por cierto, se subordinaban al calendario de 260 días, como lo atestiguan, para las épocas recientes, el *Códice Borgia* (nahua) y el *Códice de Dresden* (maya).

Pero junto con esta escritura sagrada, empleada por una clase religiosa restringida, existía un uso público y monumental de la escritura, con un contenido un poco distinto. Aun si ciertas inscripciones hablan manifiestamente de los dioses y se refieren a la religión, toda una gama de monumentos (pirámides, templos, estelas) da un mensaje bastante claramente político, y describe los méritos de los soberanos, exalta sus conquistas, celebra tal o cual alianza, como si se hubiera desarrollado una especie de culto de la identidad de la ciudad a través de la persona —mitificada— del soberano. Desde luego, se desea saber si el pueblo podía acceder a ese mensaje ideológico,

20. Códice de Dresden, manuscrito maya pintado sobre papel indígena en los inicios del siglo XVI.

o si se trataba simplemente de una autocelebración narcisista de los grupos que detentaban el poder. Una de las sugerencias propuestas por los mexicanistas es que la iconización de la escritura que hemos mencionado habría respondido precisamente al deseo de los gobernantes mesoamericanos, en términos de hacer accesible el sentido global de los monumentos erigidos con fines políticos, sin por ello revelar el mecanismo de la escritura simbólica e ideográfica reservada a una elite culta. Desde esta perspectiva, la mayoría de los habitantes de las ciudades antiguas sólo habría podido entender lo meramente figurativo. En otras palabras, ¡se les destinaba la historieta, pero no los subtítulos! La hipótesis no carece de pertinencia.

Es indispensable considerar esta dimensión política de los monumentos con escritura. En efecto, con demasiada frecuencia, los arqueólogos estimaron que eran inscripciones "históricas" y creyeron que podrían fechar los acontecimientos representados (acceso al poder, conquistas, etc.) con una precisión "a la occidental". En realidad, las escenas representadas en las estelas, las fachadas o los tableros de los templos son muy convencionales; incluso algunas son ficticias, en la medida en que corresponden a cánones académicos y a una manera de expresar la identidad de la ciudad. Su contenido oscila entre la propaganda probada y la figura de estilo impuesta.

En el mismo espíritu, se puede decir que, generalmente, los libros históricos estaban cargados de simbolismo y de ideología. Si se extrapola a partir de los datos recogidos después de la Conquista, los libros mesoamericanos que pertenecían a este género literario describían la migración de las tribus y la fundación de las ciudades, así como las luchas para conquistar y/o ampliar sus territorios. Se trata manifiestamente de una historia reivindicada, artificialmente construida y legitimada por medio del arraigo en el mito. Por lo tanto, siempre hay que colocarla de nuevo en el contexto mesoamericano dominado por un tipo de codificación cerrada.

Añadamos que las crónicas coloniales (siglo XVI) atestiguan el uso judicial de la escritura entre los aztecas, que tenían una escribanía en el recinto del "palacio real" de México. Incluso existe la huella de un uso "periodístico" de la escritura pictográfica: Sahagún, en efecto, narra que la llegada de Cortés a Veracruz en 1519 fue objeto de un verdadero reportaje que incluía pinturas de las carabelas, de los caballos y de los perros de los españoles, y que le entregaron en secreto al emperador Motecuzoma. Con base en ese soporte, el Consejo del soberano examinó por la noche las medidas de urgencias que tendría que adoptar.

Las ofrendas a la tierra

El acto de enterrar ofrendas en el seno de los centros ceremoniales fue una práctica constante en Mesoamérica y debe considerarse como una de sus características culturales más notables. Los primeros campesinos sedentarios parecen haber ignorado dicha práctica, que inicia de un modo espectacular con los olmecas. En La Venta (Tabasco), los arqueólogos han descubierto, en ese centro ceremonial cuyos primeros vestigios datan de 1000 a. C., unas enormes fosas de unos 2 500 metros cúbicos, colmadas con toneladas de losas de serpentina y arcillas de color. En otros casos, los depósitos abrigan un mosaico de adoquines de piedra verde que se recortan sobre un fondo de arcilla amarilla y forman un motivo, interpretado en general como una "máscara de jaguar estilizada" (acerca de las otras posibles interpretaciones, véase p. 237). Aquí, son hachas pulidas y dispuestas formando un dibujo en forma de T, cuidadosamente enterradas; allá, son figurillas de piedra dura colocadas de pie, clavadas en la arena, en un nicho excavado en el suelo para este fin. Todas estas ofrendas tienen un punto en común: obedecen a una geografía sagrada. Depositadas en puntos precisos del centro ceremonial, marcan los ángulos, el centro, los ejes de las plazas y de los monumentos principales. Los olmecas de La Venta obran así como mesoamericanos, y se inscriben en una tradición que ya no se interrumpirá. Después de ellos, los mayas, los zapotecos, los totonacos, los aztecas y todos los demás pueblos del México antiguo recurrirán a la ofrenda dedicatoria y consagratoria. El Templo Mayor de México, el gran templo de los aztecas, contenía no menos de 86 ofrendas en su interior.[2]

¿A qué idea maestra corresponde entonces la práctica de la ofrenda enterrada para la posteridad, oculta en la tierra a la mirada de los hombres? No tenemos la respuesta exacta, pero se piensa, desde luego, en alguna ofrenda para los dioses ctónicos, depositarios de los principios de la fecundidad. Esta lectura en primer grado puede ser correcta, pero me parece que es posible ir un poco más lejos. Más allá de una relación —divina— con la tierra en sí, se puede observar, detrás de la práctica de la ofrenda enterrada,

21. Ofrenda 58 del Templo Mayor de Tenochtitlan.

una relación —política— con un territorio. Y yo me sentiría tentado de integrar nuevamente este uso al contexto de la dialéctica del nomadismo y el sedentarismo. La noción de centro ceremonial, con su función cosmizadora y organizadora del territorio, pudo haber nacido entre los nómadas destinados a sedentarizarse. Por los textos del siglo XVI, conocemos el modo en que los chichimecas, es decir, los nómadas de las planicies septentrionales, cosmizaban el territorio en el que se detenían: lanzaban una flecha hacia los cuatro horizontes para trazar los ejes del mundo; de este modo, inscribían su asentamiento en la intersección de esos ejes cósmicos; la tribu estaba en el centro del mundo, el cual se desplazaba hacia la tribu, a merced de sus andanzas. El proceso se desplegaba en un espacio indefinidamente abierto, totalmente aéreo, liberado de cualquier límite. Cuando el azar de los movimientos poblacionales llevó a las tribus de origen norteño y de cultura chichimeca al sur del paralelo 20, lo cual aparentemente sucedió alrededor del año 1500 a.C., esos nómadas no pudieron seguirlo siendo en un medio sedentario, y para fundirse en el paisaje, tuvieron que sedentarizarse a su vez. Así que tuvieron que marcar su territorio no ya en un espacio abstracto, sino sellando una especie de alianza con la tierra. Las ofrendas enterradas expresan al mismo tiempo una relación de pertenencia y un reconocimiento de lo ctónico como valor religioso. Manifiestan el arraigo del grupo en un lugar fijo y determinado, y materializan el homenaje de los hombres a esta tierra que deben domesticar, al no pertenecerles históricamente.

Un fenómeno notable es que esas ofrendas subterráneas, riquezas sacrificadas destinadas a permanecer ocultas, siempre poseen un marcador visible, que de modo paradójico tiene la función de señalarles a los vivos la existencia de las ofrendas enterradas. Originalmente, ese marcador territorial es un simple túmulo, un montón de tierra que señala la ofrenda. Después, ese túmulo se convierte poco a poco en una verdadera construcción; primero se emplea adobe para los cimientos, mientras que en el núcleo se amontonan en desorden tierra y piedras. Conviene señalar de paso que la forma paralelepipédica del adobe es un rasgo puramente mesoamericano. En una segunda época, las partes exteriores se cubren con piedra, primero con cantos rodados del lecho de los ríos y mamposteados con estuco (Abaj Takalik, Izapa); después, las partes inferiores reciben un enchapado de losas rectangulares (Monte Albán, Dainzú, Cerro de las Mesas); luego, el revestimiento se convierte en un verdadero ensamblaje de sillares (Tikal, Teotihuacan). Y entonces, surge la arquitectura: el túmulo se ha vuelto pirámide.

Es posible seguir la evolución de las formas. El túmulo inicial, al cobrar volumen, se vuelve tronco cónico, y luego tronco cónico con gradas (Cuicuilco). La estructura, circular, se hace rectangular. Del encuentro entre la base rectangular y el perfil de gradas nace la pirámide mesoamericana que, a partir de la era cristiana, dominará la arquitectura ceremonial. Bien parece que se inicia entonces una carrera a la monumentalidad. Cada ciudad intenta afirmar su supremacía con las dimensiones de su pirámide principal. La gran pirámide de Teotihuacan y el Templo Mayor de México culminaban a 60 metros de altura. Los arquitectos mayas no dudan en concebir pirámides de pendientes impresionantes. Y el uso de la crestería —especie de ornamento colocado en el techo de los santuarios situados en la cúspide de las pirámides mayas— bien parece haber respondido al deseo de hacer unos edificios ceremoniales lo más altos posible.

Esta importancia que los mesoamericanos le daban a la verticalidad y a la exterioridad a veces hizo que los europeos se equivocaran y no captaran la finalidad de esos monumentos: desprovistos de un valor intrínseco, en realidad sólo forman el contrapunto celeste de las ofrendas enterradas en su seno. No hay que invertir el orden de las precedencias: la ofrenda siempre es primero, y la pirámide nace de la ofrenda. Nunca se produce lo contrario. La ofrenda sacraliza el lugar y autoriza la erección de la pirámide, que a partir de entonces podrá manifestar esa sacralidad.

Este marcaje del territorio corresponde a dos objetivos: es un rito de apropiación que transforma el caos en cosmos, es decir, la tierra de los demás en un espacio regido por las leyes propias del grupo, y, desde luego, es una manifestación de poder, una afirmación de potencia. En la práctica, los mesoamericanos no se conformaron con depositar una ofrenda en un lugar determinado y levantar ahí una pirámide. Razonaron en términos más complejos y concibieron la sacralización del territorio a partir de centros ceremoniales que comprendían centenares de ofrendas y un gran número de edificios dispuestos según unos planos precisos. Un centro ceremonial mesoamericano es indisociable de la práctica de las ofrendas enterradas. Estas últimas constituyen su razón de ser y su legitimidad. Un sitio privado de sus ofrendas dedicatorias estaría pura y simplemente "desactivado". Por cierto, es interesante notar que, de cuando en cuando, se dan saqueos de este tipo. Las excavaciones de la Ofrenda 4 de La Venta mostraron que se había practicado un hoyo vertical en la época prehispánica, exactamente arriba del centro del depósito, trastornando las capas de arcilla amontonadas intencionalmente durante el enterramiento inicial, pero sin alcanzar la ofrenda misma. ¿Se apoderaron los "saqueadores" de objetos depositados arriba de la Ofrenda 4 o renunciaron deliberadamente a seguir excavando? Las excavaciones realizadas desde 1992 por Eduardo Matos en Teotihuacan, en la parte suroeste del sitio que permaneció arqueológicamente virgen, revelaron huellas de una infracción sistemática. En el centro de los patios, al pie de las escaleras que llevan a las subestructuras, en el interior de ciertas salas, el suelo estucado fue perforado y se dibujaron los contornos de enormes cráteres. Todo indica que se trata de un saqueo prehispánico que apuntaba explícitamente a las ofrendas enterradas. ¿Acaso se cometió con la intención de destruir, o por el contrario, con el objeto de salvaguardar la herencia del sitio abandonado, al transferir a otro lugar la memoria viva, es decir, el contenido de las ofrendas? Se desconoce a los autores de este vandalismo religioso, pero la consecuencia de sus actos queda bien clara: al apropiarse de las ofrendas de Teotihuacan, "mataban" el centro ceremonial y erradicaban su poderío.

Notemos, para concluir, que existe un lenguaje de la ofrenda. Nunca se reduce a un amontonamiento heteróclito de objetos reunidos de modo aleatorio: por su contenido, siempre significa algo; corresponde a normas

22. Huesos de jaguar en un cajete cubiertos con cinabrio. Ofrenda encontrada en Palenque, Chiapas. Cultura maya. Época III.

perfectamente codificadas. Por desgracia, este terreno ha sido poco estudiado, pues la arqueología americanista se dedicó, hasta los años sesenta, sobre todo a estudiar piezas individualizadas, consideradas en sí mismas como objetos de arte. Casi siempre se descuidaron todas las relaciones de los objetos entre sí, su lugar en los depósitos y la distribución de éstos en relación con los monumentos. No siempre es fácil recuperar a posteriori la información en su globalidad. Ahora bien, una ofrenda no es un tesoro enterrado, sino una parte del alma del sitio, un elemento estructurante de su identidad.

A varias generaciones de arqueólogos se les ha escapado irremediablemente esta realidad.

Sin entrar en el detalle de los usos y costumbres regionales, se pueden identificar algunas constantes en la práctica de la ofrenda. Ésta asocia, en la mayoría de los casos, objetos de piedra dura, objetos de cerámica y un elemento sacrificial cuya naturaleza, humana o animal, puede variar. Los objetos siempre son valiosos por su carácter simbólico, pero no son necesariamente nuevos cuando son enterrados; por el contrario, su valor y sentido puede deberse a la vida que tuvieron antes, entre las manos de los hombres. Hoy se piensa que muchos objetos de ofrendas provenían de tributos y que eran marcas de sometimiento, de juramento de fidelidad o de alianza. A veces, los objetos enterrados eran verdaderas antigüedades. ¿Acaso no se encontraron, en las ofrendas del Templo Mayor, unas máscaras que provenían de Teotihuacan, con unos mil años de antigüedad, e incluso una máscara olmeca de por lo menos dos mil años?

La dimensión sacrificial de la ofrenda a la tierra se tomó poco en cuenta para las épocas antiguas. En efecto, hasta fechas recientes, se creía que la práctica del sacrificio humano estaba reservada a los nahuas llamados "posclásicos", es decir, posteriores al año 900. Así, numerosas ofrendas que incluían restos humanos se clasificaron equivocadamente como "enterramientos". Unos depósitos sacrificiales, no obstante perfectamente identificables, como amontonamientos de fémures y húmeros, provenientes de muslos o de brazos cortados en el cuerpo de los sacrificados, recibieron el nombre barroco de "enterramientos secundarios". Hoy en día, al aceptarse como mesoamericana la idea de sacrificio humano, el vínculo entre la ofrenda y la sangre es evidente. Se puede pensar que posiblemente no hubo centro ceremonial alguno fundado sin sangre, humana o animal. Conviene entonces distinguir categóricamente entre ofrenda e inhumación. Incluso si las prácticas funerarias también dan lugar a ofrendas de alimentos o de bebida y a veces requieren de monumentos son fundamentalmente de otra naturaleza, y no pueden ni deben confundirse con las ofrendas destinadas a la consagración de un territorio.

El sacrificio humano

23. Representación de sacrificio humano, El Tajín, Veracruz. Época IV.

El curso de la historia mesoamericana conoció ciertamente una derivación artificial. La antigua costumbre de sacrificar vidas humanas, inicialmente reservada a situaciones excepcionales, como la fundación de ciudades o la toma de poder de unos soberanos, se banalizó poco a poco, al grado de volverse un componente obligado en cada fiesta religiosa o en cada acontecimiento político. El punto culminante de la desmesura artificial parecen haberlo alcanzado los aztecas en 1487, durante la inauguración del Templo Mayor de México, en el primer año del reinado del emperador Ahuizotl. Algunas crónicas hablan de ochenta mil cautivos sacrificados en esta única ocasión, otros reducen esta cifra a veinte mil.[3] De cualquier modo, dichas cifras son impresionantes. Y si bien existe, fuera de los medios científicos, una escuela de pensamiento negacionista que no admite la realidad del sacrificio humano en la América precolombina, hay que aceptar que el sacrificio humano cumple en

Mesoamérica una función esencial en la economía general de la sociedad, la organización del poder, las representaciones filosóficas y… para la inspiración de los artistas.

La forma típica del sacrificio mesoamericano es la muerte por arrancamiento del corazón. La escena no cambia. Después de una preparación lúdica agotadora, la víctima, un prisionero de guerra en la mayoría de los casos, es extendida de espaldas sobre la piedra de sacrificios, con los miembros inmovilizados por cuatro acólitos del sacerdote sacrificador. Este último, armado con un cuchillo de pedernal o de obsidiana, realiza una incisión en la región subtorácica del cautivo y le abre el pecho. Introduce la mano para apoderarse del corazón. Se arranca el órgano que aún palpita. Luego, con el cuchillo de piedra, el sacerdote corta la vena aorta y la vena cava. El corazón es elevado hacia el sol y depositado en un recipiente específico, mientras el cuerpo inerte se vacía de su sangre, que inunda el santuario y los escalones de la pirámide. Después del sacrificio, a veces se le quitaba la cabeza a la víctima. Los nahuas las ensartaban y las reunían sobre unas plataformas próximas a los santuarios principales. Después, los cuerpos de los sacrificados se cortaban en pedazos, y se consumían o se enterraban en cuevas con ofrendas.

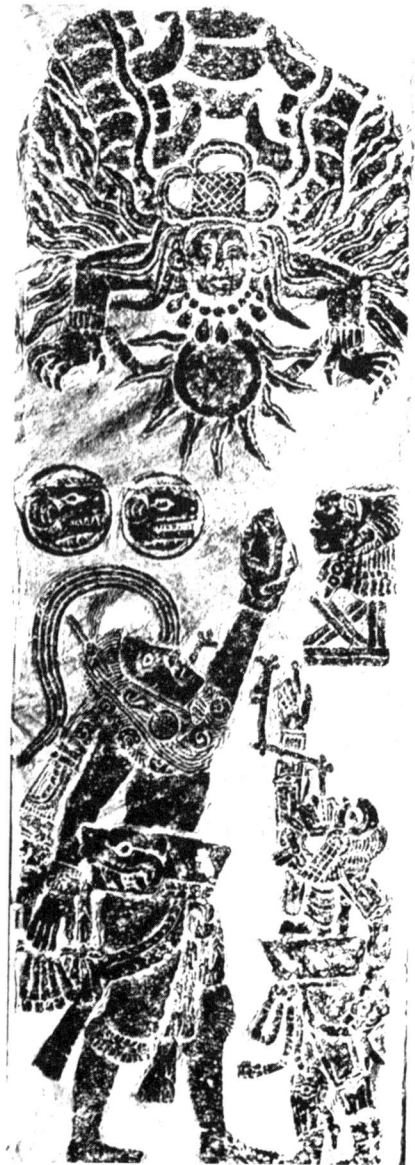

24. Monumento 3 de Bilbao, Santa Lucía Cotzumalhuapa, Guatemala. Época III.
PÁGINA OPUESTA. 25. Detalle de la Estela 11 de Piedras Negras, Guatemala. Época III.

Aunque dominante, esta forma de sacrificio, que les pareció particularmente bárbara a los primeros conquistadores, no era la única que se practicaba. En Mesoamérica también se conoció el sacrificio por decapitación y el sacrificio con flechamiento, aparentemente de origen norteño.

Toda Mesoamérica tiene una tradición sacrificial y, al parecer, desde siempre. El monumento esculpido más antiguo del valle de Oaxaca, el Monumento 3 de San José Mogote, atribuible al siglo V a.C., representa a todas luces a un hombre sacrificado por arrancamiento del corazón. De su pecho escapan volutas y chorros de sangre. En el Museo del Hombre de París, existe una figurilla de cerámica de estilo "preclásico" más o menos contemporánea de la pieza anterior, procedente de Xalitla, en el estado de Guerrero. El personaje presenta una incisión longitudinal a nivel del pecho y del epigastrio. El artista, poco hábil a fin de cuentas, hipertrofió sin embargo los labios de la herida, con la intención manifiesta de convertirla en el elemento simbólico central del objeto. Sólo se puede pensar en una evocación del sacrificio humano. Asignable al mismo horizonte cronológico, la Estela 21 de

26. Estela 21 de Izapa, Chiapas. Época II.

Izapa (Chiapas) muestra claramente un sacrificio por decapitación. Otras representaciones explícitas atestiguan la vitalidad de la práctica sacrificial en las épocas siguientes. Entre los numerosos documentos, citemos los bajorrelieves de El Tajín (Veracruz), la Estela 11 de Piedras Negras (Guatemala), del siglo VIII d.C., las pinturas murales de Bonampak con escenas de tortura y que muestran la cabeza de un decapitado que rueda sobre el suelo, los bajorrelieves del juego de pelota de Chichén Itzá, los códices mixtecos y nahuas en que abundan pechos abiertos que apuntan hacia el cielo. En verdad, la lista de las piezas probatorias es muy larga.

Si nadie cuestiona ya la realidad del sacrificio humano entre los mayas, su evidencia pudo parecer discutible en el caso de Teotihuacan y más aún entre los olmecas. El fenómeno se debe a que ambas civilizaciones optaron por representaciones estilísticas no naturalistas, sino alegóricas. Aunque no representen el sacrificio humano de manera realista, lo evocan sin embargo ampliamente en el nivel simbólico, por lo cual hay que dirigirse hacia el simbolismo sacrificial que, de todas formas, es clave para entender el arte prehispánico mesoamericano.

El simbolismo sacrificial

Recordemos que el sacrificio humano es una respuesta organizada por los mesoamericanos para contrarrestar el fenómeno de la disipación energética. La energía cósmica se percibe, no como una fuente inagotable, sino como una reserva destinada a terminarse, por lo cual, el devenir natural de todo movimiento es sucumbir en la inmovilidad. El mundo está así condenado a desaparecer, víctima del ineluctable agotamiento de sus fuerzas vivas. Para evitar que se degrade la dinámica del mundo, conviene restaurar la energía cósmica, simbolizada por el sol. El sol mesoamericano no es el astro dador de beneficios que imaginó el Viejo Mundo. En el México precolombino, es un predador voraz, un brasero consumidor que necesita alimentarse sin cesar para no apagarse. La energía tomada de los hombres sacrificados está disponible para alimentar al sol. La metáfora alimenticia no es fortuita. Para sobrevivir, el sol necesita beber y comer; de ahí nace el simbolismo de la ofrenda sacrificial. El sol bebe la sangre de las víctimas inmoladas y devora su corazón.

En Mesoamérica, el sol, figura principal de la energía, siempre se concibió en términos duales: a la vez diurno y nocturno, celeste y telúrico, masculino y femenino, luminoso y oscuro. Para los antiguos mexicanos, el día y la noche son las dos facetas de una misma entidad. Por lo tanto, a veces hay que marcar distancias para interpretar ciertas representaciones precolombinas. Así, ¡el monstruo terrestre representado por las fauces abiertas de un cocodrilo con las mandíbulas separadas a 180° es una representación solar! Evoca el Tlaltecutli de los aztecas, es decir, la cara femenina y ctónica del astro diurno.

En la línea directa de esta concepción dualista, el sol recibió dos encarnaciones animales de la mayor importancia simbólica: el águila y el jaguar. Naturalmente, se trata de los dos mayores predadores del México antiguo, y son referencias explícitas de la voracidad energética del cosmos. El águila se asocia con el sol diurno, es decir con el mundo celeste, luminoso, vertical y masculino, mientras que el jaguar es una figura del sol nocturno, ligado a la tierra, a la oscuridad, a la horizontalidad y al mundo femenino. La combinación tierra-madre-oscuridad se cristaliza con frecuencia en la imagen de la cueva, a la vez matriz y caverna original, morada simbólica del jaguar. Stricto sensu, en el marco del paralelismo de los símbolos, el águila, celeste, se asocia más bien con el alimento sólido y el jaguar, telúrico, con el alimento líquido, a imagen de la tierra que absorbe las lluvias fecundantes. Veremos, pues, que el águila devorará de preferencia los corazones humanos y el jaguar beberá la sangre de los sacrificados. En la práctica, ambos símbolos se confunden a veces bajo la forma del corazón sangrante, y águilas y jaguares se alimentan con él de modo prácticamente idéntico.

Según las épocas y los estilos regionales, el glifo del corazón sangrante se traza de distintas maneras. Es frecuente que se exprese de modo convencional con un motivo trebolado (Monte Albán, Teotihuacan, Tula). A veces el dibujo es más realista, con un corazón estilizado del que fluyen tres gotas de sangre (Xochicalco). Los aztecas lo representaban como un corazón florecido, con la triple protuberancia del glifo de la flor, y lo designan como "la tuna del águila", el fruto de los cactos que evoca a la vez el corazón, por su forma, y la sangre, por su pulpa roja.

La flor es otro símbolo sacrificial. De manera general, tiene una connotación lúdica. Pero el juego, fuera de cualquier utilidad social, es un gasto gratuito, un mero desperdicio, una mera dilapidación. Para los antiguos mexicanos, es portador de muerte. Por afinidad conceptual, los nahuas designan metafóricamente al sacrificio humano como la muerte florida, la flor letal o la muerte-juego.[4] Aun si no se puede afirmar que todas las representaciones de flores en el arte precortesiano estén ligadas con el sacrificio, sin embargo casi todas remiten a éste a través del juego y de su relación consustancial con la muerte.

Desde luego, la sangre es parte integrante del simbolismo sacrificial. Tiene unas representaciones realistas y otras metafóricas. Las realistas se asocian con el agua; los glifos de la sangre y del agua son casi idénticos. El de la sangre está formado por una corriente ondulada rematada por pequeños círculos, que son otras tantas gotas de agua. Es preciso compararlo con el glifo de la lluvia, en el que la gota de agua se adhiere a la punta de una

27. Orejeras de jade, Palenque, Chiapas. Cultura maya. Época III.

especie de listón vertical, y con el glifo del agua corriente, en el que las gotas de agua circulares adheridas al agua ondulada alternan con conchas estilizadas de forma ovalada. Esta semejanza glífica traduce una proximidad semántica: la sangre del sacrificio abreva al sol de energía, como el agua abreva a la tierra y le proporciona su fuerza germinativa.

La representación metafórica asocia la sangre y el jade. En toda Mesoamérica existe una veneración casi mística por la piedra verde, usualmente llamada jade, después de que los conquistadores la llamaron "piedra de ijada", por sus presuntas virtudes curativas. El término jade abarca en realidad a una gran variedad de minerales (jadeíta, nefrita...), que tienen en común una gran dureza y un color que puede variar del blanco lechoso al azul claro. En Mesoamérica, el jade es, sin lugar a dudas, un símbolo de la sangre sacrificial, llamada de modo explícito por los aztecas *chalchiuatl*, "el agua de jade", que se puede traducir por "el agua preciosa". Desde luego, por su color, la primera dimensión simbólica de la piedra verde reside en su relación con el agua, pero habida cuenta de la afinidad simbólica entre el agua y la

29. Jaguar emplumado bebiendo sangre sacrificial, Conjunto de los Jaguares, Teotihuacan. Época III.
PÁGINA ANTERIOR. 28. Detalle de un huehuetl (tambor de madera vertical), Teotenango, Época V.

sangre, los mesoamericanos concibieron una asociación ternaria agua-sangre-jade, en que los colores rojo y verde son intercambiables. Esto se comprueba fácilmente al observar que el glifo del jade es simplemente un círculo, o de modo más preciso, un anillo que reproduce fielmente la imagen de la gota de agua y/o de sangre.

También acerca del simbolismo agua-sangre-jade, hay que señalar que al parecer se sobrepone otro parámetro: el número tres, siempre vinculado con el fuego (recordémonos los *tenamaztli*, las tres piedras del fogón). En apariencia, el glifo específico de la sangre sacrificial solicita una combinación ternaria. Por ejemplo, en la sangre del decapitado de la Estela 21 de Izapa, se distinguen tres pequeños discos de jade. El jugador de pelota del gran terreno de Chichén Itzá, también decapitado, lleva el mismo glifo: los tres pequeños discos de jade parecen designarlo como sacrificado. Más aún, está marcado tres veces con este signo: en la cintura, en la rodilla y sobre la "palma" que tiene frente al pecho. De su cabeza cortada manan tres hilos de sangre.

Por otra parte, el corazón de los sacrificados a menudo lleva tres volutas (Monumento 3 de San José Mogote) y el glifo corazón sangrante es un motivo trebolado. Si se interpretan los tres discos de jade como una evocación de la sangre sacrificial, entonces hay que reinterpretar en el contexto del sacrificio humano numerosas figuraciones en que el jade se veía como una joya o un simple adorno.

En el mismo orden de ideas, añadiremos para terminar el símbolo llamado de la guerra sagrada o de la guerra florida, es decir de la guerra destinada a tomar cautivos para los altares. El símbolo se compone de las ondas entrelazadas del agua y del fuego. Si el fuego es el símbolo de la victoria ante el adversario, el agua de jade es desde luego una alegoría sacrificial.

En mi opinión, conviene colocar de nuevo al arte teotihuacano en el contexto en que prevalece lo simbólico. Es verdad que se advierte poca violencia patente: los sacrificadores son poco representados y solamente en unos murales la sangre brota abiertamente. Pero, acaso ¿es sensato seguir viendo en los muros del "Palacio de los jaguares" a unos "felinos músicos que tocan unas conchas"? No se puede ignorar que los jaguares están bebiendo sangre: del recipiente marcado con los tres círculos del jade sacrificial, brotan tres gotas de sangre que sólo con un buen aplomo occidental se pueden interpretar como notas musicales. No son unas anodinas conchas las que aparecen en el lomo de los felinos, sino unos corazones humanos perfectamente reconocibles. En Mesoamérica, nada es más natural que un jaguar que bebe sangre humana, es la imagen alegórica del sol nocturno que se abreva con el "agua preciosa". Y el símbolo del felino bebedor de sangre es tanto más evidente cuanto que es el compañero del felino devorador de corazones de Atetelco. Ahí, los corazones sangrantes están representados con el motivo trebolado arriba descrito. ¿Cómo afirmar que Teotihuacan ignoró el sacrificio humano?, si cuando menos celebró sus símbolos.

Con el mismo espíritu, se pueden interpretar ciertas representaciones olmecas como alegorías sacrificiales. La más explícita es, en mi opinión, el relieve 4 de Chalcatzingo (Morelos), donde se ven dos jaguares con una garra encima del pecho de un hombre tendido sobre la espalda. Si nos atenemos a la lectura tradicional, se trataría de una escena de "dominación". Por desgracia, en Mesoamérica no se conoce ningún rito de dominación aparte de las escenas de victoria guerrera. Habría otra interpretación de tipo mitológico: el Relieve 4 de Chalcatzingo podría representar un episodio del mito de los cuatro soles, o sea el sol de jaguar, es decir, la destrucción de un mundo donde los hombres acabaron devorados por jaguares. Si esta lectura fuera la correcta, se confirmaría la nahuatlidad de los olmecas de Chalcatzingo, pues este mito de los cuatro soles pertenece propiamente al

30. Relieve 4 de Chalcatzingo, Morelos. Época I.

corpus de los mitos nahuas. Pero la hipótesis sacrificial aparece aún con más fuerza: la posición de los hombres flexionados hacia atrás, con el pecho apuntando al cielo, es la de los sacrificados; y, como para darle un toque de realismo a esta alegoría, el escultor dejó vacío el lugar del corazón de aquellos hombres, lo cual sugiere que la pata del jaguar acaba de abrir esos pechos huecos. Una estela descubierta en el mismo sitio, en 1992, retoma el tema del jaguar con las garras de fuera sobre un hombre tendido; ¡encima del animal caen tres gotas de lluvia de una espiral doble, como un triple hilo de sangre sacrificial!

Además de interpretar monumentos figurativos olmecas, uno se puede incluso preguntar si el jade, omnipresente en las ofrendas de la primera época, no será en sí mismo una evocación de la sangre sacrificial, una especie de equivalente simbólico que apuntaría a perennizar el sacrificio dedicatorio inicial. Así se explicaría la veneración mesoamericana por el jade. Si durante tres mil años, las fronteras del área de circulación de esta piedra coinciden de modo exacto con las de Mesoamérica, es a todas luces porque en esta área el jade es considerado como una materialización de la sangre sacrificial.

Implicaciones sociales y religiosas del sacrificio

El sacrificio humano en Mesoamérica no es un epifenómeno. No es un acto poco frecuente y marginal que se podría asignar a cualquier dimensión "folclórica" de las civilizaciones precolombinas. Por el contrario, el sacrificio es un acto fundador del orden sociorreligioso. De él depende cierta relación con la muerte; de él se deriva cierta codificación de la guerra y, finalmente, él estructura el sistema de poder.

Omnipresencia de la muerte

Este rasgo no deja de sorprender al ojo occidental. No hay sitio arqueológico en el que la imagen de la muerte no aparezca en forma repetitiva y obsesiva. Cráneos que adornan frisos y bajorrelieves de los templos, calaveras clavadas en la pared de las pirámides, altares esculpidos en forma de

31. Piedra de Motecuzoma I. Cultura mexica. Templo Mayor de Tenochtitlan. Época V.

cráneo, divinidades de la muerte representadas en estelas y en tableros, innumerables estatuas con atributos macabros... Parece que la muerte se celebra por doquier. Los glifos mismos comprenden numerosos signos fúnebres: osamentas entrecruzadas, mandíbulas descarnadas, cráneos con las órbitas vacías. Esta proliferación del tema de la muerte, combinada con todos los estilos, no es ajena a la existencia del sacrificio humano. En efecto, el uso sacrificial ha modelado una concepción específica de la muerte: los mesoamericanos, en lugar de verla como un hecho dramático, incontrolable o desesperante, la conciben en términos positivos; es un medio, si no para crear vida, al menos para mantenerla. No debe olvidarse que el sacrificio transmuta la muerte en vida. Por lo tanto, no es un fin, sino un medio; el sacrificio es una técnica de sobrevivencia que busca arrancarle a la muerte su poder nefasto; la muerte sacrificial se opone a la muerte natural en la medida en que se administra para salvar a los vivos. Entonces, la multitud de representaciones de la muerte no expresa ni un culto mórbido dirigido a los poderes destructivos, ni un himno a la ruina, ni una celebración enfermiza del más allá; traduce, bajo la forma de un desafío angustioso, la esperanza que depositan los hombres en su propia capacidad de dominar las amenazas que pesan sobre el mundo, al exorcizar a la muerte con la muerte. En el fondo, se podría decir que los mesoamericanos mantienen una relación de intimidad positiva con la muerte.

La guerra-juego

Desde el momento en que una sociedad practica el sacrificio humano, se ve llevada a darle un giro lúdico a la guerra. Los combates obedecen a un objetivo mayor: tomar cautivos y llevarlos vivos para que puedan servir de víctimas ceremoniales. En Mesoamérica, por lo tanto, la guerra no es para matarse o, en todo caso, lo menos posible. Desde luego, esto puede ocurrir, y los textos antiguos hablan de guerreros muertos en el combate. Pero eso, es accidental y marginal. Todos los esfuerzos de los asaltantes se dirigen a la captura del adversario. Todos los actores asumían por completo el principio del sacrificio, por lo que indudablemente había pocas conductas suicidas en el campo de batalla. El valor de un guerrero se juzgaba por el número de sus capturas; entre los aztecas, era preciso haber tomado por lo menos dos cautivos para ser integrado a la clase de los guerreros valientes (*tequiua*); se puede pensar que ésa era la norma mesoamericana. La cúspide en la jerarquía estaba ocupada por los "caballeros águila" y los "caballeros jaguar" que vemos representados desde los olmecas hasta los aztecas. Encontramos aquí el vínculo con el sol predador: el guerrero es un acólito del sol, pues ofrece el cautivo destinado al sacrificio. La mayoría de los guerreros llevaban el cabello reunido en un copete sobre la cabeza: los adversarios intentaban cogerse mutuamente por este mechón. Dejarse sujetar por el cabello era señal de derrota. Por tradición, los cautivos se representan en Mesoamérica tomados por el pelo. A veces también se les representa con los brazos atados detrás de la espalda.

El aspecto convencional de la guerra precortesiana aparece claramente si se analizan los trajes de combate; los escudos redondos de armadura de mimbre son sobre todo las insignias del grado; las prendas de protección de algodón parecen a menudo trajes de ceremonia. El curso de la batalla era una espantosa pelea que estallaba en una multitud de enfrentamientos cuerpo a cuerpo, en medio de los gritos de guerra, el sonido de los caracoles y el ruido de los tambores. Los enfrentamientos terminaban tan brutalmente como habían comenzado, como tras el silbido de algún árbitro. En este contexto, se entiende que fuera grande la sorpresa de los conquistadores al ver combatir a los indígenas. Las ideas europeas de estrategia, astucia y guerra de exterminio nunca se dieron en Mesoamérica. Todos los pueblos, por un acuerdo más o menos tácito, le pagaban su tributo al sacrificio y organizaban combates entre ciudades, un poco a la manera de torneos sagrados con el fin de intercambiar cautivos.

Sacerdotes y guerreros: el reparto del poder

Algunas veces se ha hablado de civilización teocrática en relación con los mayas y Teotihuacan, y de civilización militarista en relación con los toltecas y los aztecas. No cabe duda de que se trata de un error de perspectiva, pero en ambos casos, sólo es falso a medias, ya que todas las culturas mesoamericanas fueron teocrático-militaristas o, si se prefiere, militar-teocráticas.

El poder precortesiano es diárquico y el sacrificio consolida en gran medida esta dualidad. Sacerdotes y soldados —cuyas divergencias culturales se pueden imaginar— desempeñan, sin embargo, papeles complementarios cuando asumen el sacrificio. La guerra proporciona los cautivos y provee las víctimas para los altares; la fiesta, con su estuche de ritos, confiere su legitimidad, su dimensión religiosa y su eficacia pública al acto sacrificial. Los guerreros entregan los cautivos a los sacerdotes, que se encargan de la solemne ejecución en el marco de un engranaje festivo que no le deja ningún respiro al clero. Tan pronto concluye una celebración principia otra, según la inexorable dictadura de los calendarios.

Esta intimidad de los sacerdotes mesoamericanos con la sangre, ese control que ejercen sobre la administración de la muerte, les confiere una especie de parentesco místico con los militares. Están asociados en una obra común y, por este hecho, comparten el ejercicio del poder. Si bien hoy se tiende a ver a los dinastas bajo los rasgos de representantes de la casta militar, no hay que renunciar a ser prudentes. Las cartas están mucho más biseladas de lo que parecen a primera vista. Se sabe, por ejemplo, que el último emperador azteca, Motecuzoma, fue educado en un colegio de sacerdotes; todos los soberanos mayas llevan títulos que se consideran como religiosos; durante las migraciones chichimecas, los guías de la tribu eran chamanes, pero en el mito azteca, el dios Huitzilopochtli es a la vez guerrero y chamán. La verdad es que los mesoamericanos indudablemente conocieron un equilibrio de poderes entre sacerdotes y guerreros, y que el soberano probablemente participaba de ambas dignidades. De esta especificidad, resulta que los sacerdotes mesoamericanos siempre parecen un poco guerreros, y los guerreros demasiado religiosos para ser soldados.

32. Serpiente Emplumada, Altar O, Copán, Honduras. Cultura maya. Época III.

El politeísmo

Todos los pueblos mesoamericanos, sin distinción, han practicado un politeísmo ilimitado. En el México antiguo, existen dioses para todo: para el juego, para la caza, para el amor, para la guerra, para las cosechas, para el parto, para los viajes. Existe un dios protector de los tambores, otro que vela en especial por la joven espiga de maíz, otro sobre las fases de la luna. Hay dioses tutelares para todas las corporaciones: orfebres, tejedores de palma, salineros, músicos, escribas, negociantes, brujos, militares. Hay unos dioses para vivir y otros para morir, dioses visibles y dioses impalpables, sonrientes y severos. Algunas figuras del panteón están hechas a semejanza de los hombres; otras son más ambiguas por sus rasgos animales, como la serpiente emplumada, el perro guardián de los Infiernos, el dios del viento con pico de pato, el Bebedor Nocturno, que no es sino un murciélago-vampiro; también están los dioses conejos que reinan sobre la ebriedad, el "Colibrí de la Izquierda", que guía a los aztecas durante su migración, el misterioso bebé jaguar de los olmecas, el mono jugador de pelota, el Viejo Coyote que baila al son de unas conchas, etcétera.

Por lo tanto, no es fácil orientarse. El mundo de las divinidades precortesianas es un universo de una complejidad fuera de lo común, pues no se mata jamás a ningún dios. Los vencedores adoptan a los dioses de los vencidos y éstos a los de los vencedores. Y nada impide tomar prestado un dios de los vecinos. Así, varios milenios han sedimentado un panteón abundante, rico en sobreposiciones, duplicaciones y dobles usos. Sin embargo, se pueden esbozar algunas líneas principales en la organización del panteón mesoamericano.

Las primeras poblaciones agrícolas aportaron al sustrato común varias figuras arquetípicas de las que se desprenden dos grandes ancestros que fungen como pareja primordial. El "Dios Viejo", continuamente representado desde la Antigüedad a la Conquista con los rasgos de un anciano arrugado de nariz aguileña, es un dios del fuego, pero del fuego telúrico, el fuego de los volcanes. Su mujer, también arrugada y desdentada, es una diosa de la tierra y la fecundidad vegetal. El agua, principio vital, se celebra bajo la forma de divinidades animales: serpiente, sapo y, en tierra tropical, cocodrilo. La lluvia es objeto de un culto que asocia a las nubes con la cima de las montañas. Finalmente, la luna, íntimamente ligada con el agua, pertenece indiscutiblemente a ese panteón primitivo muy poco sideral. Aunque la luna sea un astro, siempre permanecerá, en la imaginación autóctona, vinculada con la tierra, la mujer y la fecundidad. Asociada simbólicamente con el caracol marino cuyo interior evoca al sexo femenino, se percibe como un amplio recipiente que contiene todas las aguas potables y todas las bebidas embriagantes apreciadas por los hombres. Por cierto que la luna lleva en su disco la imagen de un conejo, signo típico de la embriaguez. La asociación conceptual luna-mujer-conejo, origen del antiguo ritmo calendárico de

Representaciones solares, cultura mexica. Época V.
34. Cuauhxicalli de Berlín. 35. Piedra de los cuatro soles.
PÁGINA ANTERIOR. 33. Veneración a la cabeza prehispánica del Dios Viejo Huehueteotl, El Baúl, Guatemala. Época II.

veintiocho días (revolución lunar-ciclo menstrual-tiempo de gestación del conejo), pertenece a la época arcaica premesoamericana.

En la letanía de los dioses mesoamericanos, también se pueden identificar los de origen norteño que los nahuas se llevaron: se trata de todos los dioses astrales. El culto al sol, presente en Mesoamérica bajo una forma hipertrofiada, no es ni de origen otomí ni de origen maya; forma parte del patrimonio cultural norteño que fue difundido por los inmigrantes nahuas, lo mismo que la veneración de las estrellas, las constelaciones y el planeta Venus. Esos dioses astrales son de otra naturaleza que los dioses autóctonos; mucho más abstractos, representan fuerzas más inmateriales y menos especializadas. Es lógico que el culto al sol de los chichimecas del norte de México haya podido parecer a los primeros evangelizadores una prefiguración de la religión del dios único de los cristianos. Hay que decir que esta tradición no practica la antropomorfización de los dioses, venerados bajo formas simbólicas y no figurativas: bolas de plumas, piedras preciosas, varas de madera, cuchillos de obsidiana, etc. Estas mismas representaciones del dios se ocultaban ante la mirada de los fieles; para ello, se envolvían en varias capas de telas que formaban un paquete sagrado, fácilmente transportable sobre las espaldas de un sacerdote durante las fases migratorias.

Es importante tener presente estos aspectos cuando se visita un sitio o un museo. Las representaciones de los dioses que se pueden observar ahí no corresponden a la totalidad del panteón, sino simplemente a una pequeña parte, aquella cuya tradición ha fijado las imágenes. No hay que olvidar que junto a esos dioses antropozoomorfos, había otros que los arqueólogos en general no pudieron o no supieron reconocer como tales. Este espejo de obsidiana quizá sea la representación de Tezcatlipoca, "el Espejo Humeante", dios nahua de la brujería; esta perla de turquesa quizá sea Xiuhtecuhtli en persona, el dios del fuego cósmico...

Si bien en general los dioses no mueren con el choque y el mestizaje cultural, a veces sufren interesantes metamorfosis. Se puede describir el guión evolutivo más frecuente como un proceso de astralización de los antiguos dioses agrícolas y telúricos. A partir del siglo IX de nuestra era, bajo la presión de los toltecas, las viejas divinidades heredadas de la noche de los tiempos recibieron una "nueva carrocería", un "nuevo look", cuando se les impuso una dimensión estelar o simplemente celeste. Por ejemplo, el jaguar olmeca, tan profundamente ligado al mundo subterráneo, ¡se ve asociado con la Osa Mayor! Sin embargo, el caso más célebre es el de Quetzalcoatl. En el origen, es una divinidad animal, fundamentalmente acuática. La serpiente tiene una relación mitológica y simbólica con el agua y los cultivos. Por lo tanto, ¡nada predestinaba a la serpiente emplumada a volverse una estrella del mundo celeste! Ahora bien, los toltecas encontraron el modo de identificar a Quetzalcoatl con el planeta Venus. Para ello, tuvieron que imaginar una variante del mito en que el rey-sacerdote de Tula en el exilio, llegado a orillas del Atlántico después de una huida hacia el este, hizo levantar una hoguera para inmolarse. Mientras que su cuerpo se consumía en el autosacrificio, se vieron pájaros de colores revoloteando arriba del fuego, y

36. Xipe Totec, "Nuestro Señor el Desollado", cerámica polícroma. Nayarit. Época V.

su corazón se elevó hacia el cielo para convertirse en la estrella del amanecer, es decir Venus, el astro misterioso cuyas fases evocan el ciclo del nacimiento, de la muerte y del renacimiento. En sus periodos de ocultamiento, Venus a veces aparece como estrella de la noche y a veces como estrella de la mañana. La metamorfosis de Quetzalcoatl es un ejemplo sorprendente de la astralización de las figuras divinas en la antigüedad mexicana.

Otro aporte notable es el de los pueblos minoritarios que legaron sus dioses regionales al panteón común de Mesoamérica. En realidad, es difícil dar cuenta de él por completo, pues el origen étnico de ciertos dioses tendía a esfumarse con el tiempo. Pero existen casos perfectamente identificados de legados culturales exógenos. El ejemplo más espectacular es quizá el de Xipe Totec, "Nuestro Señor el Desollado", que es originalmente un dios tribal tlapaneco. El grupo llamado tlapaneco o yopi ocupa la vertiente pacífica del México central, entre Acapulco y Pinotepa Nacional. Es una

37. Tlazolteotl. Detalle del Códice Borgia. Época V.

etnia que pertenece al ramo hohokam (emparentado con los siux), representado en México sólo en unos cuantos enclaves. Se hubiera pensado que con motivo de su posición minoritaria en el contexto mesoamericano, los tlapanecos se habrían visto forzados al encierro, a replegarse sobre sí mismos, a marginarse, un poco como fósiles prisioneros de su ganga. De ningún modo, exportaron a toda Mesoamérica, de Nayarit a El Salvador, el culto de su dios predilecto. Un culto inquietante, porque se traduce con un rito de desollamiento humano. Unos sacerdotes y unos simples ciudadanos que deseaban hacer un voto o una mortificación, ¡se cubrían con la piel aún tibia de los sacrificados y llevaban esta sorprendente túnica durante cuarenta días! Xipe Totec, cuyo sentido en el culto inicial permanece oscuro, fue tratado primero como un dios de renovación de la naturaleza, y luego de la introducción de la metalurgia en la costa del Pacífico, se convirtió en el dios protector de los orfebres.

Otro ejemplo de difusión de rasgos culturales inicialmente marginales son los cultos eróticos que fueron exportados por los pueblos de las tierras calientes de la costa del Golfo hacia las tierras altas del México central. El erotismo en Mesoamérica es, en su origen, una especialidad tropical que corresponde a un contexto de languidez en que hombres y mujeres viven casi desnudos y cultivan su apariencia exterior, en particular con el empleo de tatuajes. La atmósfera tradicional del Altiplano Central, por el contrario, es de retraimiento, de pudor, de reserva hacia el sexo. Sin embargo, los huastecos y los totonacos lograrán imponer a sus diosas eróticas en la Ciudad de México, las cuales estarán representadas entre los aztecas con la personalidad de Tlazolteotl, cuyo nombre significa "diosa de la basura", y cuyo carácter protector del acto sexual aparece explícitamente marcado.

Así que los dioses circulan en Mesoamérica. Aun cuando son figuras tribales emblemáticas, no permanecen en el estrecho límite de un pueblo o una región. El dios murciélago, antepasado totémico de un grupo maya que heredaron los actuales tzotziles, fue adoptado por los zapotecos de Oaxaca, y de ahí pasó a México. Otontecutli, el "Señor otomí", se fundió con la figura del dios del fuego y así lo celebraron los nahuas. Si el panteón precortesiano a veces da la impresión de ser movedizo y fluctuante, es porque se reestructura sin cesar, habida cuenta de la necesidad de racionalizar a posteriori el cambio de sitio de las divinidades en el interior del área mesoamericana. El sincretismo exacerbado que caracteriza el mundo de los dioses precolombinos de México es entonces la contraparte natural del politeísmo ilimitado al que se adhirieron todos los pueblos mesoamericanos.

El sistema dualista de pensamiento

38. Hombre con tocado de ave, Palenque, Chiapas. Cultura maya. Época III.

El espíritu mesoamericano está marcado por un pensamiento dualista que se advierte tanto en la religión y la política como en las creencias populares o los comportamientos cotidianos. Por pensamiento dualista, hay que entender la capacidad que tienen los indígenas de pensar los contrarios bajo una modalidad única. Lo que parece depender de géneros que se excluyen mutuamente y que percibimos como parejas de oposiciones (por ejemplo, la vida y la muerte, lo masculino y lo femenino, la luz y las tinieblas) en Mesoamérica se encuentra englobado en el interior de un mismo concepto, en el que los contrarios se complementan mutuamente. De otro modo, se podría decir que los mesoamericanos siempre concibieron la unidad bajo una forma desdoblada. Para entender el mundo prehispánico, conviene entonces acostumbrarse a este tipo de pensamiento, que se encuentra en las antípodas de nuestra lógica excluyente, producto de nuestra tradición cultural aristotélica.

Este sistema de pensamiento dualista corresponde a la vez a una disposición natural del espíritu indígena y a una dicotomía cultural nacida de la superposición de los nahuas y los autóctonos. Si bien es obviamente imposible determinar lo que corresponde a lo innato y lo que corresponde a lo cultural, es claro, sin embargo, que la mesoamericanización, es decir, el proceso de fusión cultural entre los nahuas y los antiguos ocupantes del territorio sólo fue posible porque existía entre los autóctonos una capacidad previa de pensar el mundo y las cosas en términos duales. La extraordinaria aptitud para el sincretismo que se puede observar en Mesoamérica proviene en gran parte de la estructura de pensamiento dualista de los indígenas.

No se trata por supuesto de pasar revista a todas las manifestaciones de esta forma de pensamiento, pues esto equivaldría un poco a escribir un tratado completo de filosofía añadido a una gruesa crónica de la vida cotidiana. De modo un poco arbitrario, sólo tomaré aquí cuatro casos que valen como ejemplos.

El nahualismo

Con este término, forjado a partir de una palabra nahua intraducible, se designa la capacidad de un ser humano de revestirse con un aspecto animal. En teoría, todo individuo, desde que nace, está vinculado con un animal, que es su doble. En la práctica, el conocimiento de la naturaleza de dicho doble se les reserva a unos cuantos seres a quienes les es revelado, y que adquieren con ello un poder y un prestigio importantes. La palabra *nahualli* designa por lo tanto a la vez la encarnación animal de un hombre y al hombre que tiene el poder de encarnarse en ese animal. El que se haya clasificado al nahualismo en la sección "brujería" del pensamiento occidental es un error manifiesto o, en todo caso, una aproximación azarosa.

Lo que hay en el fondo de la creencia del nahualismo es una concepción fluida de las categorías existenciales, la afirmación de que se puede ser hombre y animal a la vez. A diferencia del tótem de las poblaciones norte y sudamericanas, que tiene un valor colectivo (le es común a un grupo), el nahualli mesoamericano es estrictamente individual. Es una manifestación del ser particular del hombre. Así, existen nahualli prestigiosos como el

39. Guerrero águila, Teotihuacan, Época III.

40. Guerrero jaguar, Estela 2 de Monte Albán, Época III.

jaguar y el águila, y de aspectos animales más modestos como el tlacuache, el armadillo, el guajolote o el perro. Sucede con el nahualli lo mismo que con la personalidad: los individuos vinculados con el fuego por su signo de nacimiento tendrán una doble mariposa o colibrí; los que están bajo el signo de la lluvia tendrán el nahualli sapo, cocodrilo o serpiente; los borrachos se convertirán en conejos, los cazadores eméritos en venados. Así, los mesoamericanos, hombres o mujeres, podían ser murciélagos, pumas, pecaríes, hormigueros, osos, tecolotes, quetzales, tortugas, nutrias o abejas, siendo las posibilidades tan variadas como el mismo género animal.

El nahualismo ha recibido un gran número de traducciones en el arte prehispánico. Su primera forma es poco legible para nosotros ya que se representa sólo el aspecto animal. Uno tiene la impresión de estar ante un coyote, un jaguar, un cocodrilo, pero en realidad se está ante el nahualli de un dios o un soberano; por ejemplo, existen representaciones aztecas de crótalos que no serían sino esculturas de animales si el glifo 1 caña (*ce acatl*) no apareciera discretamente bajo el cuerpo de la serpiente; ahora bien, este glifo corresponde al nombre del calendario del dios Quetzalcoatl, y de ese modo da la identidad del personaje representado. Del mismo modo, este coyote de piel lanuda no es sino Coyotlinahual, el dios tutelar de los plumajeros. Aquella nutria, bastante común por lo demás, es en realidad la imagen del soberano mexicano Ahuizotl.

Muchas escenas clasificadas en la categoría de "alegoría", en la que sólo aparecen animales, podrían tener un doble sentido. Tomemos un ejemplo: el nahual de los grandes sacerdotes, en el mundo maya, es un jaguar (*balam*); este doble animal constituye su título y designa su función; cuando un fresco o un bajorrelieve escenifica a un jaguar, ¿acaso hay que conformarse con verlo como un símbolo del sol nocturno, o hay que "reencarnar" la evocación y descubrir en ella, más allá de los rasgos felinos, el rostro de un gran sacerdote?

El segundo tipo de representación del nahualli se entiende de modo más directo: el hombre y su doble se representan juntos, bajo la figura de una creatura antropo-zoomorfa. Generalmente, un rostro humano emerge de las fauces abiertas de un animal o del pico de un pájaro. A veces sucede lo contrario, el hombre lleva una máscara y una piel de animal. O bien, caso más raro, una cabeza animal se asocia con un cuerpo humano. Esta temática, ya presente entre los olmecas, se encuentra sin variaciones entre los aztecas tres mil años después. Tenemos, por lo tanto, un rasgo cultural fundador, universalmente distribuido en Mesoamérica. Existe una multitud de representaciones del nahualli, en todas las épocas y en todas las regiones, de Colima a Nicaragua, en donde las estatuas de la isla Zapatera explotan el tema de manera obsesiva.

Si la plasticidad y la interdependencia de los reinos humano y animal configuran un hecho cultural bien establecido, hay una cuestión que se discute más: ¿puede el nahualli pertenecer al reino vegetal, incluso al reino mineral? ¿Puede el hombre ser caña y cuchillo de obsidiana como es perico o lagartija? Parece que no: lo propio del hombre mesoamericano es tener un compañero animal. La capacidad de metamorfosis en un ser inanimado parece un privilegio reservado a los dioses. En efecto, éstos no tienen ningún problema para ser flor de algodón, árbol de cacao o fragmento de pedernal. Los frescos de Cacaxtla (Tlaxcala) también muestran espigas de maíz antropomorfizadas; las excavaciones del Templo Mayor permitieron extraer numerosos cuchillos de sacrificio de jaspe o de pedernal transformados en rostros humanos con incrustaciones de nácar y de obsidiana; sobre las estelas mayas, una plétora de rostros divinos minúsculos emergen de lanzas, varas de mando, adornos de jade o tocados con plumas preciosas. Otro poderoso argumento que milita en favor de la apariencia vegetal de los dioses es que en la estatuaria existen representaciones de calabazas, de cactos o de bayas de cacao. Ahora bien, no se puede considerar que esos objetos hayan sido realizados por placer; el arte, en Mesoamérica, siempre tiene una función sociorreligiosa. También hay que dejar de lado la interpretación obsoleta de la "magia": en nombre de la virtud imitativa, ¡los hombres habrían esculpido calabazas para asegurar su reproducción! En realidad, esos objetos de estilo naturalista son representaciones divinas; como prueba de ello, existen por ejemplo mitos nahuas en que ciertos dioses se metamorfosean en árboles o en cactos.[6]

En última instancia, un dios puede revestir cualquier forma: ser un hombre, una montaña, una nube, un espejo de pirita, una planta de tabaco, etc. La fluidez existencial conduce a cierto panteísmo. Pero ya no estamos en el terreno del nahualismo, idea típicamente mesoamericana que designa exclusivamente la íntima paridad hombre-animal.

El juego de pelota

Todos los autores se han puesto de acuerdo para incluir al juego de pelota entre los rasgos culturales fundadores de Mesoamérica. Sin embargo, no siempre se entendió el sentido del juego de pelota, a menudo desprendido de su contexto. Observemos en primer lugar que no se trata en modo alguno de un deporte, con la carga profana que implica la palabra. El juego de pelota mesoamericano es indiscutiblemente un rito y los terrenos de juego, siempre integrados en el corazón de los centros ceremoniales, se colocan entre los principales edificios religiosos, al igual que las pirámides y los templos. El juego de pelota mesoamericano tiene una esencia cósmica: es una escenificación del movimiento solar y, por extensión, del movimiento del universo; dicho movimiento se representa con

41. Juego de pelota de Yagul, Oaxaca.

la ayuda de una pelota de hule endurecido, fabricada con la savia de una especie de higuera (*Castilla elastica*) que crece en las tierras tropicales bajas. Hay que observar que el náhuatl posee una sola y misma palabra (*ollin*) para designar el hule y la noción de movimiento. Desde luego, fue la capacidad de rebote del hule lo que les fascinó a los mesoamericanos, y les sugirió un parentesco simbólico con el movimiento cósmico; en cuanto a la forma esférica de la pelota, evoca por supuesto al astro diurno.

El juego conoció, durante milenios y según las regiones, múltiples reglas. Existe un juego con la mano, otro en que sólo se emplean las caderas y los codos, otro más en que los jugadores utilizan un bate. Del mismo modo, los arqueólogos han identificado varios tipos de terrenos: hay unos con el aspecto de un simple camino excavado en el suelo; otros poseen banquetas mampostadas para que la pelota rebote a la altura de la cintura; los muros laterales pueden ser inclinados o verticales. En general, los terrenos de juego tienen la forma de una I mayúscula, con zonas terminales perpendiculares al camino del juego; en todo caso, ése es el esquema que más predomina en las épocas más recientes. Los muros laterales pueden o no poseer "marcadores" sobre la línea media; puede tratarse de cabezas de aves, como en Copán, o de voluminosos anillos de piedra, como en Chichén Itzá o Xochicalco. Estos anillos funcionaban un poco como metas y los jugadores tenían que esforzarse para que la pelota pasara por su centro. En Teotihuacan, las "metas" son un disco lleno, esculpido, colocado sobre un poste de piedra cilíndrica muy elaborado. Lo que a veces es llamado "Estela de La Ventilla" es en realidad un marcador de juego de pelota.

Pero detrás de cierta diversidad formal, se advierte una significación común. Los partidos requieren siempre dos equipos que, con arrojo y violencia, se lanzan una pelota cuya trayectoria simboliza el curso solar. Indudablemente hay un campo del cielo y un campo de la tierra, un campo de la luz y un campo de las tinieblas, un campo del águila y un campo del jaguar. Sobre el terreno del juego, una cancha dividida en dos partes iguales y marcada en su centro por un disco de piedra, se proyectan todas las dicotomías simbólicas, sociales y religiosas, encarnadas por ambos equipos. El objetivo es que esta oposición se reabsorba en el movimiento de la pelota. La finalidad del juego no es la victoria de un equipo, sino el mantenimiento del mundo con la perpetuación del movimiento. Cada rebote de la pelota era un nuevo impulso dado al cosmos y, por lo tanto, proporcionaba una prórroga ante el inevitable término.

Mucho se ha glosado sobre el sacrificio humano que remataba cada partido de pelota. ¿A quién se mataba: al "capitán" del equipo vencido o al vencedor? La pregunta carece de sentido. Todo juego concluye con un sacrificio y todo sacrificio va precedido de un juego. El juego de pelota, el famoso *tlachtli* de los aztecas, al igual que el de todos los demás mesoamericanos, no es en el fondo sino una forma, entre otras, del juego presacrificial. El juego de pelota concluía por lo tanto con un sacrificio humano porque, como vimos, la función de éste consistía en estimular la regeneración energética. La muerte ceremonial llevada al terreno al final de cada partido remataba lógicamente la obra del rito lúdico. Por lo demás, para los mayas, la sangre y el hule eran uno solo, les daban el mismo nombre: *kik*. Pero es verosímil que los sacrificados, como en la mayoría de los casos, fueran prisioneros de guerra.

El saber

En el terreno del saber, el espíritu mágico siempre se opuso al espíritu lógico, como la creencia a la ciencia. En efecto, se trata de dos actitudes radicalmente distintas que, en teoría, se excluyen mutuamente. Pero ése no es el caso en Mesoamérica, donde coexisten ambos modos de pensamiento. Uno se percata claramente de ello al estudiar los conocimientos médicos, aritméticos o astronómicos de los indígenas.

La medicina mesoamericana tiene dos escuelas: una de tradición chamánica, otra que descansa en un saber empírico y que emplea la farmacopea local. No es imposible que la corriente chamánica sea de origen nahua, pero nada se opone tampoco a que sea autóctona y que ya existiera en la época arcaica. ¿Qué es un chamán? Si bien este término está tomado de las culturas siberianas, se aplica comúnmente a la realidad amerindia, pues toda la América precolombina conoció el chamanismo, que heredó de su pasado asiático y ártico. Un chamán es un sacerdote curandero especializado en el cuidado de ciertos tipos de enfermedades y que, para lograr el restablecimiento de sus pacientes, recurre a una cura a base de psicotrópicos y manipulaciones mágicas. La enfermedad más frecuente tratada por el chamán es la pérdida del alma. Después de un *shock*, una emoción, un accidente, una falta o un hechizo, el hombre —según la creencia prehispánica— puede perder su alma o su fuerza vital; entonces se debilita, sufre de languidez o de fiebre, pierde toda su actividad y debe recostarse. En ese momento interviene el chamán, cuya primera preocupación es encontrar el alma perdida. Para lograrlo, tiene que bajar a los Infiernos y subir a los Cielos. Para ser guiado en esa búsqueda, absorbe sustancias alucinógenas. En México, según el diagnóstico, los "brujos" consumen tabaco, peyote, ololiuhqui (semillas de *Rivea corymbosa*), datura o colorines cargados de mescalina (*Erythrina coraloides*). Si lo permite su estado, a veces el paciente comparte el trance del chamán. Después del viaje al otro mundo y de la recuperación del alma, el terapeuta, que se encuentra en estado alterado, realiza encantamientos, libaciones y ofrendas. También puede recurrir a manipulaciones para extraer del cuerpo enfermo una sustancia extraña a la que se achaca la responsabilidad de los trastornos: papel, fragmento de pedernal, pedazo de cuerda, pluma de ave, pedazo de madera, etc. La cura sobreviene normalmente poco después del tratamiento.

Esta medicina, que se funda en el impacto psicológico y en el condicionamiento cultural, siempre ha pervivido junto con otra medicina, materialista, hecha de saber pragmático y que persigue una eficacia objetiva. Por ejemplo, en Mesoamérica, los curanderos saben tratar las fracturas, lavar y vendar las heridas o realizar ciertas intervenciones obstétricas. En particular, saben curar con plantas de manera excelente; para convencerse de ello, basta mirar la crónica de Francisco Hernández, médico de Felipe II quien, en el siglo XVI, catalogó las plantas medicinales conocidas por los indígenas de México.[6] Recordemos, para la historia secundaria, que los mesoamericanos ya conocían la aspirina, o para ser más exactos, el principio activo de nuestra aspirina moderna, el ácido salicílico, que extraían de la corteza del sauce, y que apreciaban las virtudes cicatrizantes del *Myroxylon balsamum* que llegaría al Viejo Mundo después de la Conquista con el nombre de... ¡"bálsamo del Perú"! Desde luego, esta misma farmacopea está repleta de creencias populares, ajenas al terreno estricto de la ciencia, y siempre alguien podrá jactarse de ciertas recetas a base de pene de perro rostizado y de carne de crótalo. Pero el espíritu de esta medicina, fundamentalmente racional, en las antípodas de la cura chamánica, se basa sin lugar a dudas en un saber sedimentado, producto de la experimentación. Los febrífugos, los calmantes gástricos, los eméticos, los diuréticos de los mesoamericanos eran medicaciones perfectamente eficaces.

La aritmética, como la astronomía, se cuenta entre las ciencias que los occidentales aceptaron reconocer en las civilizaciones precortesianas. Incluso algunos autores les dieron a los mayas el crédito del descubrimiento del cero y del valor posicional de los números. En verdad, es un visión parcial de la realidad. Por un lado, sí existe en Mesoamérica un empleo aritmético de los números, pero éstos llevan al mismo tiempo un contenido simbólico totalmente ajeno a la aritmética pura. El hecho mismo de disponer de un sistema aritmético y de utilizarlo de manera no aritmética pertenece al dualismo fundamental que logra fusionar lo que normalmente no se mezcla.

En concreto, el sistema mesoamericano es vigesimal, es decir, de base veinte: su unidad de cuenta es la veintena. Los números están anotados por puntos que valen uno y barras que valen cinco. ¿Acaso se conoce realmente el principio del valor posicional de número? En verdad existen pocas pruebas. Los mayas lo emplearon de modo aproximado para registrar las fechas en la "cuenta larga". En este sistema, se cuenta el número de los días transcurridos desde una fecha de origen convencional. Los mayas lo anotaban como sigue: arriba de la columna, aparecía el número de periodos de cuatrocientos años, siendo que el año se consideraba de 360 días; abajo, la cifra correspondía al número de periodos de veinte años; abajo, venía el número de los

42. Glifos tomados de la Estela E de Quiriguá, Guatemala. Corresponden a los cinco niveles de las inscripciones cronológicas: baktun, katun, tun, uinal y kin. (de arriba a abajo).

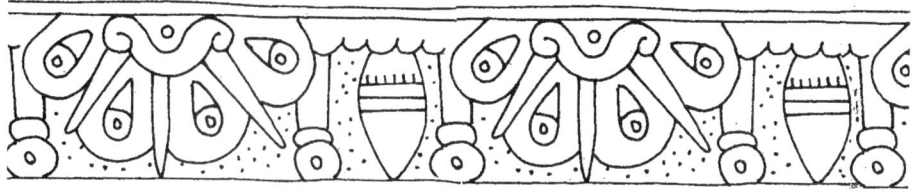

43. Motivo de la banda celeste donde estrellas alternan con cuchillos de sacrificio. Mitla, Oaxaca. Época V.

años, y abajo de éste, el número de meses. Aquí el sistema dejaba de ser vigesimal, pues el calendario sólo tenía 18 meses. Finalmente, en la quinta posición, debajo de la columna, estaba anotado el número de días. Por ejemplo, para transcribir el número de días 173 921, los mayas anotaban 1.4.3.2.1, o sea, 1 x 400 años (144 000 días) + 4 x 20 años (28 800 días) + 3 años (1 080 días) + 2 x 20 días (40 días) + 1 día. Naturalmente, esta técnica de escritura numérica obliga a disponer de un cero para indicar la ausencia de unidad en ciertas posiciones. Así, para anotar 144 000 días, se escribe 1.0.0.0.0. Los mayas decidieron representar al cero con una especie de flor con cuatro pétalos, cortada verticalmente en dos partes.

Otros ejemplos de cómputo aritmético aparecen en manuscritos precolombinos de la última época. Pero sus convenciones no se han descifrado y la interpretación de esos documentos permanece incierta. Sin embargo, nadie niega que aplican una técnica de numeración elaborada. La aritmética mesoamericana, sin embargo, se combina con una numerología simbólica bastante desconcertante para el espíritu occidental. En efecto, además de números, las cifras expresan conceptos. Por ejemplo, el 2 es la cifra del agua y también del origen, pues todo origen se percibe como ya desdoblado. El 3 está asociado con el fuego cósmico y doméstico (siempre hay tres piedras alrededor del fogón) y como vimos, con la sangre sacrificial. El 4, ligado a las cuatro esquinas del universo, es la cifra de la estabilidad, mientras que el 5 pertenece al centro y expresa la inestabilidad, el exceso, la ebriedad. El 9 es una referencia al mundo subterráneo, a la noche, al lugar de los muertos, mientras que el 13 es el número de la luz y del mundo celeste. El 20 es el símbolo de la plenitud y el 400 el del infinito. Este juego complejo de los valores numéricos, fuera del campo de la aritmética, llevó a los mesoamericanos a preferir en ocasiones el mensaje simbólico, a expensas de la exactitud matemática. Así, no siempre hay que tomar las computaciones prehispánicas al pie de la letra; su contenido es a menudo metafórico.

La astronomía mesoamericana oscila de manera paralela entre el saber puro, nacido de la observación de los astros, y la construcción artificial desprendida de cualquier referencia a la vida cósmica. Aun si esto ha de atemperar los entusiasmos y decepcionar a los incondicionales de la astronomía precolombina, conviene poner las cosas en perspectiva. Precisemos para empezar que todos los mesoamericanos, sin excepción, observaron los astros y manifestaron una afición por la astronomía; por otra parte, todos compartieron los mismos conocimientos relativos a los ciclos siderales. Por lo tanto, con el estado actual de los conocimientos, es rigurosamente imposible otorgarle medallas a tal o cual grupo étnico por sus cualidades de descubridor; los mayas, por ejemplo, no tienen mayor mérito astronómico que los otomíes, los zapotecos y los nahuas. Dicho esto, ¿cuál es la naturaleza exacta del saber astronómico de los mesoamericanos?

No cabe duda de que entendieron que el cielo estaba organizado y que el desplazamiento aparente de los cuerpos celestes correspondía a ciclos regulares y medibles. Captaron que existía un ritmo del mundo, con su sucesión de estaciones y de fenómenos astronómicos, y supieron analizarlo y codificarlo. Con medios rudimentarios —varas y quizá hilos cruzados que permitían medir los ángulos de observación—, identificaron con precisión el tiempo de revolución del sol, de la luna y del planeta Venus, considerado como una estrella. En este último caso, es claro que entendieron el principio de las fases venusinas: durante 240 días, el astro es la estrella de la mañana, desaparece 90 días en conjunción superior, reaparece como estrella de la tarde por 240 días y desaparece de nuevo 14 días en conjunción inferior. Este ciclo de 584 días es un valor medio, pues la revolución sinódica del planeta varía en efecto entre 580 y 587 días, en el interior de una serie constante de cinco valores. Como todos los pueblos del mundo, los mesoamericanos proyectaron en el cielo figuras animales, vegetales y geométricas, y las asociaron con el dibujo de las constelaciones. En México, las constelaciones se llaman Escorpión, Serpiente, Jaguar, Palo de fuego, Cascabeles (las Pléyades), Tortuga (Géminis)... La estrella polar se conocía perfectamente y era utilizada de manera habitual por los viajeros.

Tan paradójico como parezca, la precisión de estos conocimientos, afinados por siglos y siglos de observación no fue explotada directamente. Los mesoamericanos prefirieron construir un calendario más abstracto, basado en las correlaciones entre los distintos cómputos, de estructura más aritmética que astronómica. Por ejemplo, sorprende que hayan preferido el año de 360 días (18 meses de 20 días) al año de 365 días en la cuenta larga maya o en la cuenta de los katun (ciclos de 20 años). En cuanto al ciclo calendárico de 52 años empleado por los aztecas y los mixtecos, éste tiene trece días de retraso en relación con el ciclo astronómico; el desfase inducido, en relación con el movimiento natural del cosmos, es entonces de 260 días por milenio, lo cual es considerable. Pero las elecciones mesoamericanas siempre privilegiaron lo artificial, lo construido, lo cultural, por encima de lo natural. Y el calendario no se aparta de la regla: es a la vez astronómico y no astronómico. Forjado en los movimientos cósmicos, crea en definitiva un orden simbólico distinto del orden natural. Para los mesoamericanos, la conciencia de la artificialidad es compatible con el conocimiento del orden natural. Es una de las manifestaciones de su pensamiento dualista, tan característico.

Por lo tanto, parece inútil empecinarse en ver como observatorio astronómico el primer alineamiento de estelas que aparece ante nuestra vista, o interpretar la menor espiral grabada sobre una roca como la conmemoración de un eclipse. La escuela de arqueología astronómica tiene sus defensores. En efecto, existen hechos que revelan la intencionalidad de tal o cual orientación. Pero es un exceso atribuirles cualquier obsesión astronómica a los arquitectos precortesianos. Es claro que las interpretaciones astronómicas del manuscrito maya llamado *Códice de Dresden*, hechas a principios del siglo pasado por Förstemann,[7] Thomas,[8] Bowditch[9] y Teeple[10] influyeron fuertemente en nuestra percepción de las cosas. Pero ahora, esas lecturas astronómicas han sido completamente replanteadas y los especialistas descubren de nuevo algo simbólico ahí donde se había creído vislumbrar una precisión astronómica pura. La cosmología mesoamericana tiene su lógica propia, que no adopta nuestros criterios occidentales: los cielos, que son trece, se enciman entre sí, la luna está llena de agua y las estrellas son astros de hielo.

El poder

El poder mesoamericano se expresa de dos maneras: la del consenso y la de la autoridad suprema detentada por el soberano. Al parecer, ambos principios de organización del poder siempre existieron simultáneamente. Es difícil decir si estamos ante dos tradiciones históricas inicialmente diferenciadas que habrían acabado por fundirse o si las dos formas identificables son las dos facetas —complementarias— de un poder concebido de manera dual.

Nada se ha entendido peor que la naturaleza del poder en Mesoamérica. Con suma frecuencia, los esquemas occidentales se han plasmado sin escrúpulos sobre la realidad precortesiana. Se han manejado las nociones

44. Estela de Santa Lucía Cotzumalhuapa, Guatemala.
Dos personajes agarran dos serpientes cuyos cuerpos se entremezclan para dibujar el motivo de la estera, símbolo del poder.

de monarquía, imperio, Estado, reino, sin las distancias necesarias. Y, sobre todo, se ha intentado utilizar la historia prehispánica para justificar teorías evolucionistas altamente improbables: así es como las sociedades llamadas "preclásicas" (1500 a.C. a 200 a.C.) han sido juzgadas como "arcaicas" y "preestatales", las cuales definirían un estadio evolutivo llamado "democracia tribal" o "sociedad campesina igualitaria"; después seguiría la era de las sociedades desarrolladas y estatales, con una evolución de lo "teocrático" a lo "militarista". La idea según la cual los tiempos antiguos serían más "democráticos" que los periodos más recientes carece de fundamento científico.

45. Águila erguida sobre un glifo toponímico que podría ser el de Tenochtitlan. Mural de Atetelco.

La verdad es que durante el periodo mesoamericano, consenso y poder autoritario están íntimamente mezclados. El rasgo común de ambos modos de expresión del poder reside ciertamente en la relación con la palabra. El poder está en la palabra. El soberano es el que habla (los nahuas dicen *tlatoani*), el que decide y ordena, pero también el que sabe hablar, el que sabe convencer y ganarse el consenso de los demás con su talento oratorio.

En toda Mesoamérica, salvo en el mundo maya que, en eso, se distingue, el soberano siempre está representado con el atributo de la palabra por medio de una vírgula que emerge de su boca. Esta vírgula puede estar adornada con plumas preciosas o flores, que expresan la calidad de dicha palabra. Algunos autores tradujeron tlatoani por "dictador". Aun si el juego de palabras es tentador, la traducción resulta totalmente inapropiada, pues la función de jefe está en las antípodas del ejercicio solitario del poder. El jefe supremo, el soberano, siempre es un árbitro que pondera y federa los deseos del grupo. Si se quiere a toda costa establecer

46. Coyote emplumado sentado sobre el mismo glifo. Pintura mural de Atetelco, Teotihuacan.

una comparación con la situación moderna, se podría describir el papel del soberano precortesiano con los rasgos de un diplomático que desempeñaría a la vez funciones honoríficas y ejecutorias: una especie de presidente y secretario general de una asamblea de notables.

En efecto, el soberano, depositario legal del poder, no obtiene su legitimidad de una elección formal, sino de su capacidad de coordinarse siempre con las opiniones de su Consejo. Si el soberano decidiera contradecir la voluntad de una fracción de su Consejo, lo destituirían pronto, es decir, sería eliminado físicamente, según la costumbre mesoamericana: no respetar el consenso casi siempre se paga con muerte violenta, envenenamiento o estrangulación. Igual que muchos otros, el soberano azteca Tizoc lo padeció de modo cruel: sólo pudo permanecer cuatro años en el trono. El soberano tiene que respetar la palabra maestra del consenso.

El Consejo, que por lo tanto es la verdadera estructura de poder en toda Mesoamérica, es un lugar de deliberación. No es propiamente una asamblea de ancianos ni un órgano democrático en el sentido moderno del término, pues no funciona según la regla de la mayoría, sino según la regla de la aceptación de todos. Sin embargo, es representativo de las distintas categorías sociales: en él, sacerdotes y guerreros sesionan, en principio, de modo igualitario, y los barrios, que siempre fueron muy importantes para el equilibrio de la ciudad, están representados en él. Naturalmente, en el Consejo participan los parientes cercanos del soberano, para evitar guerras fratricidas fuera del marco legal del ejercicio del poder. Hay integración para una mejor canalización.

Esta curiosa sobreposición de la colegialidad y de la encarnación individualizada del poder parece haber dejado huellas en el México actual, en el que a veces se observa con sorpresa un culto por la palabra y un gusto inagotable por la discusión política, que corren a la par con una sorprendente capacidad de sumisión a la persona que representa a la autoridad.

Añadiré, para complementar la descripción del soberano mesoamericano, que él mismo encarna una dualidad. Es a la vez jefe militar y gran sacerdote. De este modo simboliza la unión de dos castas, rivales pero asociadas en el ejercicio del poder: los sacerdotes y los guerreros. Así que no sorprende mucho ver a los jefes mayas representados en las estelas con trajes de guerra, pero con una "barra ceremonial" serpentiforme en los brazos, que los consagra como actores religiosos. En el mismo orden de ideas, en México, el soberano azteca, jefe militar por excelencia, estaba flanqueado de un "viceemperador" que llevaba el título de *ciuacoatl*, "serpiente-mujer", formándose así una pareja suprema en la que se encarnaba y se reabsorbía el principio de dualidad.

Un espacio-tiempo simbólico

El espacio en Mesoamérica no es homogéneo ni cuantitativamente neutro, está penetrado por influencias complejas asociadas con los cuatro puntos cardinales, según el principio de una discontinuidad absoluta: no hay superposiciones de territorio entre los cuatro orientes. Por ejemplo, el paso del este al norte se efectúa de modo brusco, sin transición: no hay noreste en la rosa de los vientos prehispánica, ya que no existe ninguna dirección intermedia. De modo bastante curioso, el tiempo es el que le da su ser, su existencia al espacio, es decir, su contenido simbólico. En otros términos, el espacio y el tiempo están ligados por medio del calendario de 260 días, que asegura la rotación de las cualidades del espacio.

A pesar de que haya generado un sistema excepcionalmente complicado con motivo del ajuste de los calendarios ritual, solar y venusino, el principio inicial es bastante sencillo: cada signo del calendario de 260 días está asociado con una dirección del universo según un movimiento de rotación inmutable este, norte, oeste, sur. Así, el primer signo, *cipactli / imix*, está asignado al este, el segundo, *ehecatl / ik* al norte, el tercero al oeste, el cuarto al sur, el quinto al este y así sucesivamente, de manera indefinida. En virtud de este principio, una fecha siempre se vincula con una dirección del universo, y el calendario permite expresar nociones geográficas que en realidad forman una topografía simbólica muy original, característica del espíritu mesoamericano.

Los signos del este son el cocodrilo, la serpiente, el agua, la caña y el movimiento. Es natural que los cuatro primeros signos estén asociados con el agua, ya que el oriente se percibe como el lado acuático del universo. El este comprende la idea de fecundidad vegetal que en México se expresa como la exuberancia tropical. También se incluye el lugar del movimiento en esta serie de signos, pues el movimiento proviene del símbolo de la pelota de hule, siendo ésta la savia de un árbol de los bosques tropicales húmedos. El este también se considera como el lugar de la cultura, del conocimiento y de la sabiduría; está relacionado con el mundo de los sacerdotes, con los libros (pictográficos) y con la música. Desde luego, es el lado del levante y de la estrella del amanecer (Venus); por lo tanto, el este es prometedor y tiene muchas posibilidades de desarrollo: es el espacio natural de la juventud, la fuerza, el dinamismo. Notemos finalmente

que coincide con el lado masculino del cosmos, en oposición al oeste que es el lado de las mujeres.

Los signos del norte son el viento, la muerte, el perro, el jaguar y el pedernal. Es marcado el contraste con los signos del este, a los que suceden. Así como el este es floreciente, fecundo, cálido y acogedor, el norte es árido, frío, desértico y opresivo. Es la vertiente nocturna del universo, que se confunde con las entrañas de la tierra y el mundo subterráneo. Igual que los nahuas —que a todas luces son los autores de esta cosmografía calendárica— colocan al norte el infierno y la morada de los muertos, el espacio septentrional mantiene una relación preferencial con la muerte. El perro tiene su lugar en este contexto, pues acompaña al difunto en su periplo infernal y le hace cruzar el río del infierno que lo lleva a la nada. El pedernal, representado bajo la forma de un cuchillo sacrificial, también tiene un vínculo con la muerte sagrada. En cuanto al jaguar, el habitante de las cuevas, ya lo describimos como la cara nocturna del sol; por lo tanto, está presente naturalmente del lado negro del cosmos. El viento se asocia más bien con el norte por su carácter frío: en el México actual, todos los vientos fríos se llaman nortes, ¡cualquiera que sea su dirección real!

Naturalmente, se puede pensar que las planicies desoladas del norte de México, salpicadas de cactos, sirvieron de modelo para la representación mesoamericana del mundo septentrional, pero reducir la imagen del norte a una proyección geográfica sería un procedimiento equivocado. El norte es un concepto que abarca las ideas de muerte, de noche, de frío, de subterráneo, de aridez; también es el signo de la guerra y del sacrificio humano.

Los signos del oeste son la casa, el venado, el mono, el águila y la lluvia. El espacio occidental es lo simétrico invertido del espacio oriental. Asociado con el sol poniente, el oeste conlleva la idea de declinación y vejez. Vertiente femenina del cosmos, abriga muy en especial a las viejas diosas madres, a las diosas terrestres y a las diosas del acto sexual. Es por cierto esta dimensión erótica la que explica la presencia del mono entre los signos occidentales; en efecto, el mono se considera como una criatura lúbrica. El oeste está asociado con el ciclo de la vegetación, pero remite al ecosistema

---

PÁGINA ANTERIOR. 47. Parte de un tonalpohualli (calendario sagrado). Códice Borgia, lámina 7. La columna izquierda corresponde a los signos vinculados al sur, la siguiente al oeste, la otra al norte y la última, a la derecha, al este.

de las tierras altas templadas, que reciben una lluvia delgada y fría, cuyos árboles pierden sus hojas, y que tienen cambio de estaciones. El fuego que en ellas se celebra es el del fogón doméstico, siempre mantenido por las mujeres. El oeste dibuja un mundo de medios tonos, muy discreto y comedido, opuesto a la exuberancia del este.

Los signos del sur son el conejo, la lagartija, la hierba seca, el zopilote y la flor. El espacio meridional constituye un polo simétricamente opuesto al norte. El sur es celeste, diurno, luminoso y caliente; se asocia naturalmente con el sol del mediodía. Sin embargo, al mismo tiempo es la expresión del mundo lunar con su cortejo de símbolos: la luna, astro repleto de bebida alcoholizada, el conejo, la embriaguez, el agave de enormes hojas carnosas y espinosas. En el espacio meridional se puede ver la referencia a un mundo agrícola, antiguo, arcaico. De los tres signos vegetales del calendario adivinatorio, dos pertenecen al sur, y el conejo es el signo de los agricultores por excelencia. Pero la superposición de la luna y del sol cenital que caracteriza al sur lo convierte más bien en un universo sincrético, de manifestaciones contrastadas. La coloración simbólica meridional siempre es difícil de decodificar, incluso si, a fin de cuentas, es más bien una referencia a la autoctonía.

Hay que evitar a toda costa un contrasentido: tomar las alusiones a los puntos cardinales como verdaderas indicaciones geográficas. ¿Cuántos errores no se han cometido por querer leer ciertos textos al pie de la letra? Lo propio de Mesoamérica es que posee una "geografía" simbólica y abstracta que remite a cualidades espaciales y no a lugares precisos; los puntos cardinales expresan conceptos y no orientaciones concretas. Por este motivo, su significación simbólica es la misma en toda Mesoamérica. Se trata de una creencia tan común como el calendario de 260 días, ya que se deriva de éste; por lo tanto, se encuentra uniformemente extendida. Si los polos de referencia hubieran correspondido a indicaciones topográficas reales, cada pueblo les habría atribuido un sentido distinto a las direcciones del universo: la gente de la costa del Pacífico habría asociado, por ejemplo, el Altiplano Central con el este, mientras que los ocupantes de la costa del Golfo, lo habrían asociado con el oeste. Una relatividad generalizada se habría instaurado en esa materia. Pero no es el caso.

Se puede observar, por lo demás, que las cuatro direcciones del universo no se constituyeron a partir de la geografía mexicana, sino a partir de un esquema mental dualista que cruza dos ejes forjados en oposiciones bipolares, el eje norte-sur y el eje este-oeste.

NORTE	SUR
Noche	Día
Frío	Caliente
Subterráneo	Celeste
Muerte	Vida
Nadir	Cénit
Derecha	Izquierda
Nahuas	Autóctonos
Migración	Sedentarismo
Desértico	Agrícola

ESTE	OESTE
Levante	Poniente
Estrella de la mañana	Estrella de la noche
Hombre	Mujer
Clima tropical	Clima templado
Continuo	Discontinuo
Fertilidad perpetua	Fertilidad de temporada
Crecimiento	Declinación
Juventud	Vejez
Tierras bajas	Altiplanicies

Es claro que se trata de una cosmografía más conceptual que naturalista. De esto resulta que las fechas-emblema que expresan una dirección del universo deben entenderse en referencia al conjunto de este simbolismo ideal y no en relación con un significado reducido a lo topográfico. Del mismo modo, esta concepción mesoamericana de la organización del espacio prohíbe cualquier interpretación ingenua de la toponimia. Cuando una ciudad se llama "lugar del venado", todo permite creer que esta designación connota un vínculo con el poniente del universo. La toponimia mesoamericana no es arbitraria, ni se inspira en un realismo cualquiera; obedece a las reglas bastante abstractas de la cosmología simbólica.

Hay que observar que esta estructuración del espacio-tiempo es independiente de cualquier noción de color. Al revés de lo que se podría pensar, la distribución de los colores en función de los puntos cardinales es una variable cultural y no una constante mesoamericana. Cada pueblo, quizá incluso cada ciudad, ha promulgado su propia codificación de los colores al introducir en ella su marca distintiva. Así que resulta inútil buscar un código universal del significado de los colores en el México prehispánico: no lo hay.

Territorio y centros ceremoniales

Los centros ceremoniales fundan la organización del territorio mesoamericano. Determinan en primer lugar la existencia de las ciudades. El urbanismo mesoamericano —que no es un mito— es una extensión del espacio organizado que caracteriza a los centros ceremoniales. El lugar central que le sirve de corazón al espacio sagrado también le sirve de corazón a la ciudad que lo rodea. Y la orientación del centro ceremonial determina por lo general la orientación de los grandes ejes de la aglomeración y la distribución de los barrios. Claro que hay excepciones, y se pueden encontrar lugares que aparentemente sólo fueron sitios ceremoniales, al estar claramente las zonas de habitación en la periferia. El ejemplo de Monte Albán (Oaxaca) surge de inmediato, así como el de Coamiles (Nayarit). En ambos casos, se trata de colinas aisladas, remodeladas por la mano del hombre a fin de transformarlas en una gigantesca pirámide. En cierto modo son casos límite, en que la hipertrofia del centro ceremonial expulsa a la ciudad, la empuja hacia el exterior en lugar de ser, en su seno, su matriz nutricia. Sin embargo, por regla general, una ciudad y un centro ceremonial se asocian alrededor de un mismo punto focal.

Una de las vocaciones de un centro ceremonial es orientar el espacio, "cosmificar" la tierra de los alrededores al transmitir, por un efecto de contaminación, su propia orientación al espacio circunvecino. Los constructores no se impusieron reglas absolutas para orientar un centro ceremonial, pero casi siempre el ordenamiento de los edificios define un eje norte-sur y un eje este-oeste, en el entendido de que no se requiere ninguna precisión de tipo astronómico. Lo importante es que se crucen los ejes del mundo sobre la plaza central para estructurar el espacio que, sin sus cualidades culturales, sería inhabitable.

La ciudad, con su centro ceremonial, siempre fue la única entidad política del mundo mesoamericano. Cualquier hombre se identifica siempre por la ciudad donde vive. No hay nombre tribal; el etnocentrismo natural de los pueblos amerindios hace que prácticamente todos se autodesignen como "los hombres". Por otra parte, la pluralidad étnica de Mesoamérca no permite asociar una etnia y un territorio. Así, la ciudad es la que crea la identidad: ser mexica significa habitar en México; ser zapoteco es ser originario de Zapotlán, etcétera.

Mesoamérica conoció una gran variedad de modalidades en las relaciones entre ciudades: de la alianza a la confederación, del satélite a la colonia, del sojuzgamiento forzado al pacto interesado, las ciudades componían una nebulosa cambiante en que las uniones se hacían y se deshacían a merced de los acontecimientos. Las guerras y los matrimonios entre gobernantes tejían movedizas redes de alianzas, siempre listas para recomponerse. En el centro ceremonial de cada ciudad se inscribía la geografía política del momento: si tal ciudad estaba aliada con tal otra, los arquitectos construían templos que, más allá de las distancias, se miraban mutuamente. ¿Acaso la alianza cambiaba de naturaleza? Se construían otros templos o se remodelaban los antiguos para dirigirlos hacia el nuevo polo de poder. El centro ceremonial no sólo es un lugar sagrado con sus monumentos colocados sobre las ofrendas que arraigan la legitimidad de la ciudad, sino que también es un lugar político que refleja la imagen del poder establecido y el estatuto exterior de la ciudad.

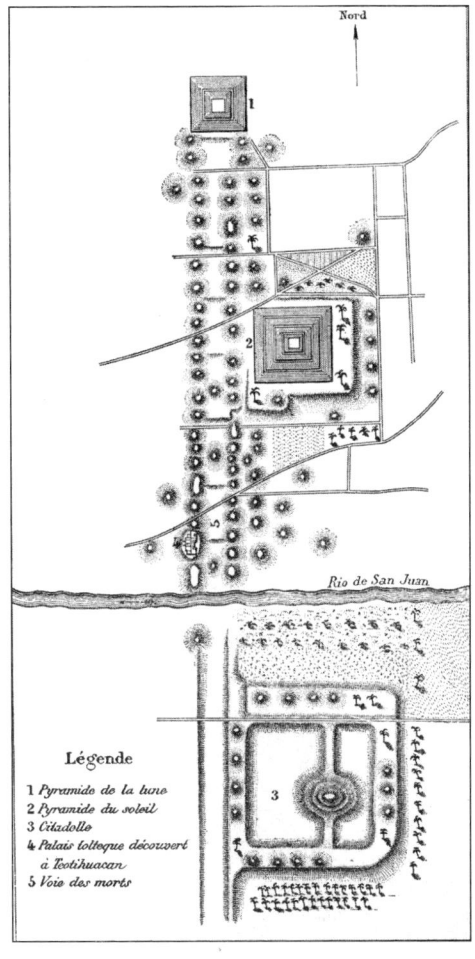

48. Mapa de Teotihuacan realizado por Désiré Charnay en 1880.

Como marcador espacial, un centro ceremonial está construido para ser visto. Sus pirámides suben hacia el cielo para manifestar el poder de sus dioses... y las capacidades de sus constructores; cuanto más imponente es una pirámide, tanto más fuerte es la gloria de la ciudad. Su plaza central, que debe acoger a las grandes manifestaciones religiosas y políticas, tendrá una

3 • EL SUSTRATO COMÚN DE MESOAMÉRICA

49. Centro ceremonial maya de Toniná, Chiapas. Época III.

superficie acorde con la cifra de la población citadina. Alrededor de esta plaza principal están reunidos los edificios más importantes, todos erigidos sobre plataformas o en la cúspide de las pirámides. La mayoría son templos. Pero otros indudablemente son edificios que abrigan el poder político. Sacerdotes y guerreros comparten el uso del centro ceremonial, pues constituyen las dos facetas del poder de la ciudad. Las estelas dispuestas al pie de las gradas, sobre las plazas y las explanadas, son monumentos con una vocación claramente política: componen una especie de galería de retratos de los soberanos y los dignatarios que tuvieron cargos en la administración pública.

Al revés de una idea preconcebida que nos llega de la época romántica, las ciudades precortesianas no fueron ciudades-hongo edificadas por civilizaciones relámpago, surgidas milagrosamente de la nada y brutalmente abandonadas bajo la presión de invasiones bárbaras que destruían todo a su paso. Las ciudades mesoamericanas ofrecen, por el contrario, impresionantes ejemplos de sedimentación histórica: los principales centros ceremoniales se han ampliado y remodelado sin cesar, a lo largo de los años, y los nuevos edificios siempre se erigieron encima de los antiguos. La imagen bárbara de unos mesoamericanos saqueando y asolando las ciudades que conquistan carece de fundamento; por el contrario, en Mesoamérica hay un culto de la continuidad en la ocupación de los sitios, que hace que se recubra el pasado para conservarlo mejor. Las excavaciones del Templo Mayor de México revelaron de modo admirable las estructuras embonadas que corresponden a los distintos estados de la gran pirámide. Durante una reparación que emprendieron los aztecas en el siglo XV, las estatuas llamadas "portaestandartes" que se hallaban ante las escaleras se extendieron simplemente a lo largo de los escalones, y el edificio fue recubierto con una nueva escalera que conducía a un santuario más elevado. Ésta es la lógica conservadora de la sacralidad del centro ceremonial que opera en todas partes sin excepción: la gran pirámide de Cholula, con 60 m de alto y 475 de ancho —su basamento ocupa sobre unas 20 ha—, es producto del apilamiento milenario de santuarios piramidales que encajan unos dentro de otros. En Tikal, en tierras mayas, la Acrópolis norte supera por doce metros a la plaza central porque abriga los basamentos de los templos levantados durante mil años de historia.

En toda Mesoamérica, el centro ceremonial es la traducción arquitectónica de la identidad de la ciudad, que se proyecta en él; ahí honra a sus dioses y a sus amos y conserva su pasado enterrado, con un sentido sagrado de la historia que hace que la arqueología del mundo precortesiano no sea una ciencia vana.

El viaje al más allá

Mesoamérica concibió varios más allá y practicó diversos tipos de funerales. Los arqueólogos descubrieron toda clase de enterramientos: simples o múltiples, fosas, cámaras mamposteadas, sarcófagos, urnas, hipogeos, tumbas de tiro vertical, con o sin monumento exterior (montículo o pirámide). Los cuerpos de los difuntos se extendieron sobre la espalda o el costado, o colocados en posición flexionada, con las piernas dobladas sobre el pecho. Además de la inhumación de los cuerpos, los antiguos mesoamericanos también practicaron la cremación, por lo que una variedad muy grande

51 y 52. Máscara funeraria de piedra verde, Teotihuacan. Época III. Vista de perfil y de frente
PÁGINA ANTERIOR. 50. Representación de la muerte, detalle de un templo de Palenque. Época III.

parece presidir las costumbres funerarias. No conocemos con exactitud todos los factores que determinan el tipo de entierro, pero sabemos que interviene el rango social del individuo: no se entierra a un dignatario igual que a un simple ciudadano. La naturaleza de la muerte también desempeña un papel: un ahogado no tiene el mismo destino que un guerrero muerto en combate; una mujer muerta en el parto tampoco comparte el mismo que una mujer víctima de un paro cardiaco o de una enfermedad infecciosa. Sin embargo, se conoce muy poco el papel de la etnicidad: aparte de las tumbas de tiro que caracterizan al Occidente mexicano, es difícil atribuirle un tipo de sepultura a un grupo cultural particular; la pluralidad de los tipos de entierro parece ser la regla en todas las épocas y en todas las regiones de Mesoamérica.

Sin embargo, estas distintas actitudes hacia los difuntos revelan un rasgo común: la idea de un viaje post mórtem. El difunto nunca permanece en el lugar en que lo inhuman; su tumba es el punto de partida de un viaje que debe efectuar en el más allá. Según las creencias vigentes en vísperas de la Conquista española, existen tres destinos posibles: el viaje celeste, el viaje infernal y el viaje hacia el paraíso terrestre. El viaje celeste está reservado para quienes murieron en el campo de batalla o sobre la piedra de sacrificios; las mujeres muertas en el parto tienen el mismo destino. Con motivo de la bipartición del cosmos, los hombres tienen la misión de acompañar al sol en su curso ascendente, del este al cénit, las mujeres en su curso descendente, del cénit al occidente.

El viaje infernal es una peregrinación subterránea que lleva al extremo norte, llamado Mictlan por los nahuas. Para llegar al cabo de ese camino de tinieblas, el difunto debe enfrentar una serie de pruebas: atravesar nueve desiertos, cruzar nueve montañas escarpadas, resistir un viento helado, desafiar a una lagartija en el juego de pelota y, finalmente, atravesar los nueve ríos del infierno sobre el lomo de un perro.

El viaje hacia el paraíso terrestre, llamado Tlalocan por los aztecas, se efectúa dirigiéndose hacia el este, hacia el oriente mítico, el lugar del agua, de la abundancia, de la exuberancia vegetal y de la eterna fecundidad. Es un paraíso de verdura, un lugar donde todo crece de modo natural, sin esfuerzo y sin trabajo, un lugar lleno de flores olorosas y de aves tropicales de canto melodioso. Está reservado para los que ha distinguido Tlaloc, el dios del agua: los ahogados, los hidrópicos, los pustulosos y los que mueren de fiebres de origen acuático.

Estos viajes tenían una duración simbólica de cuatro años, transcurrido este plazo, el destino de los difuntos difería según el rumbo tomado. En el infierno norteño, las almas se disipaban después de cruzar el río y el ser volvía a la nada al reintegrarse al origen. En el paraíso terrestre, la ociosa felicidad era eterna. En el caso de un destino solar, el difunto que había llegado al final de su camino adquiría un estado intermedio entre la eternidad y el no ser: sobrevivía temporalmente al reencarnarse en mariposa o en colibrí.

No hay duda de que detrás de estas creencias se encuentra en filigrana la huella de dos tradiciones culturales. El verde paraíso de Tlaloc, el dios de la lluvia es, sin lugar a dudas, una fantasía de agricultores: ¿quiénes más podrían asociar la felicidad con la perpetua fecundidad vegetal? Esta concepción del más allá tiene quizá un origen autóctono. En cambio, la idea de una migración dolorosa y difícil que hace que el individuo retorne al origen tribal es propia de la tradición nómada y septentrional de los nahuas. El más allá solar de los guerreros también parece corresponder a la visión cosmológica de los nahuas. Pero es notable que la homogenización cultural se haya operado en torno a la noción de viaje después de la muerte. Hay ahí un punto de contacto entre todas las tradiciones mesoamericanas, que puede explicarse por el recuerdo, consciente o inconsciente, de un pasado migratorio común. Este recuerdo puede perfectamente haber perdurado en la memoria de todos los pueblos mesoamericanos, incluyendo a los sedentarios mayas u otomangues que, a fin de cuentas, sólo se instalaron de modo definitivo mil años antes del principio de Mesoamérica.

Esta creencia en un viaje después de la muerte, compartida en Mesoamérica, implica ciertas prácticas durante las inhumaciones. Así, jamás se entierra a un difunto sin poner a su lado alimentos y bebida, depositados en recipientes de barro: el muerto necesita alimentarse y calmar su sed para realizar el viaje. De este modo se explica la presencia de los objetos de cerámica que los arqueólogos encuentran invariablemente asociados con las inhumaciones, ¡por lo que no son "ofrendas votivas"! Es para proteger al difunto del viento helado que sopla en el mundo subterráneo que se le coloca una máscara sobre el rostro, una máscara monolítica de piedra dura o una de madera cubierta con un mosaico de piedras finas. A veces, para los hombres del pueblo, se cubre simplemente el rostro del muerto con un plato o una ancha escudilla volteada. Con el fin de enfrentar los gastos que acarrea el viaje, se cubren los despojos mortales con joyas preciosas. A veces se conforman con colocar en la boca o en la mano del cadáver una perla de jade o una piedra fina más tosca. Actualmente, los indígenas deslizan unos pesos entre los dedos del muerto: un viajero sin viáticos no alcanzaría el término de su trayecto. Finalmente, para permitir el cruce de los nueve ríos infernales, se sacrifica a un perro amarillo que se entierra a los pies del muerto. A veces se deposita simplemente la efigie de un perro, moldeada en barro, incluso en paja trenzada. En cuanto a los elegidos de Tlaloc, tienen que llevar consigo una coa, que les ayudará en su marcha hacia el paraíso terrestre y ahí les garantizará la felicidad. Así, más allá de la diversidad de las sepulturas, se desprenden algunos leitmotiv arqueológicos que permiten identificar formalmente como mesoamericanas las inhumaciones de toda esa área cultural.

Un arte político-religioso

El arte mesoamericano no pertenece ni a la esfera de lo privado, ni al terreno de lo profano. En el mundo precortesiano, la expresión artística se encuentra a la vez monopolizada y condicionada por las necesidades de la ideología, que mezcla religión y poder. Gran parte de las obras que han llegado hasta nosotros están vinculadas con monumentos públicos: palacios decorados con esculturas y pinturas, estelas levantadas para glorificar a los dirigentes locales, templos que abrigan la imagen de innumerables dioses... Ese arte fue hecho para ser visto. Constituía la iconización de un discurso que describía la cosmogonía, la profundidad del tiempo, la deuda de los hombres hacia los dioses, la grandeza de la ciudad, la legitimidad de su soberano. Como expresión de una devoción, también obedece a un propósito didáctico: revela y manifiesta, tan-

53. Representación simbólica de un cautivo sacrificial, con los brazos cruzados. Costa del Pacífico, Oaxaca o Chiapas. Época III.

to a los miembros de la ciudad como a los extranjeros de paso, las creencias y las tradiciones que fundan la identidad del grupo; el arte monumental siempre es la expresión oficial de la idiosincrasia social.

Pero existe otra vertiente del arte prehispánico que siempre sorprende al espíritu occidental: su aspecto oculto. El arte prehispánico monumental está esencialmente compuesto de material de ofrenda. Cierto número de objetos sólo fueron modelados para ser enterrados, ya sea como ofrenda dedicatoria, ya sea para acompañar a un muerto en el más allá, es decir,

54. Estela 11 de Kaminaljuyú. Época II.

no fueron creados para ser vistos, sino por lo que representan en sí mismos. Estamos aquí en las antípodas del arte decorativo; primero que nada, el objeto artístico conlleva un contenido semántico; en el fondo es puro símbolo. Por lo demás, es revelador que, incluso en las esculturas expuestas públicamente, los artistas aztecas hayan decorado también la cara inferior de la estatua, cara invisible, pues corresponde a la base que está en contacto con el suelo. En estos ejemplos, se ve perfectamente que el criterio que guía al escultor es la realización de una composición simbólica que no extrae su significación de la mirada humana, sino de la naturaleza misma de los símbolos representados. Desde luego, la composición no es libre; la codificación dicta su ley a la inspiración. Para retomar el ejemplo de las bases esculpidas de ciertas estatuas, está claro que la figura representada se relacionará con la tierra: monstruo terrestre con las mandíbulas muy abiertas, sol nocturno, dios de la lluvia, serpientes entrelazadas, etcétera.

En este contexto, es totalmente vano tratar de discernir cualquier individualidad en el arte precortesiano. De hecho, la regla mesoamericana es el anonimato de los artistas. Estos últimos nunca firman una obra, por el buen motivo de que se conforman con ejecutarla como buenos artesanos, pero no están habilitados para crear cualquier cosa. Reproducen un modelo ideal, le insuflan a su obra mayor o menor maestría, mayor o menor talento, mayor o menor aplicación. Son empleados al servicio del soberano o del clero. Los autores modernos que creen reconocer firmas de artistas en tal o cual glifo maya o en tal o cual fecha calendárica se equivocan indudablemente de época y de lugar: confunden a Yaxchilán con el Bateau-Lavoir. La noción misma de firma, con todo lo que implica (estatuto individualizado de la persona y originalidad de la obra creada) es una imposibilidad filosófica en Mesoamérica. Por una parte, no hay individuos, sólo destinos que corresponden a papeles sociales predeterminados; por otra, cualquier objeto de arte es una transcripción de un modelo conceptual, y la ideología —religiosa y/o política— fija la temática de la producción artística.

Si la palabra no tuviera ya un sentido muy preciso en el vocabulario de la estética occidental, uno podría sentirse tentado a decir que el arte mesoamericano es un arte abstracto. No en el sentido en que se opone a lo figurativo, sino en que está desconectado de cualquier referencia naturalista. Los obras precortesianas nunca imitan a la naturaleza, incluso cuando ofrecen la apariencia de un pseudo-

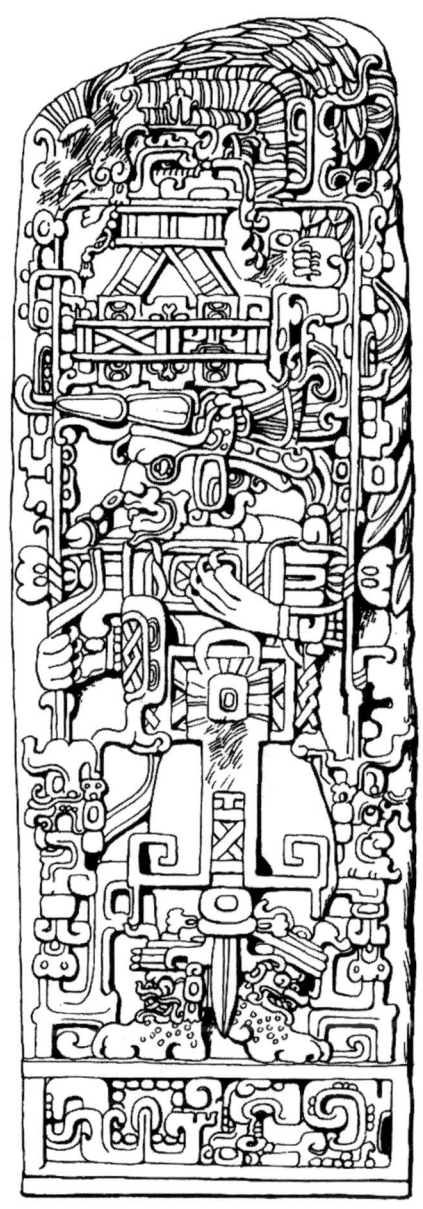

55. Estela A de Quiriguá. Época III.

rrealismo: no hay arte naif en el México precolombino y prácticamente ningún objeto se puede leer en primer grado. Esa águila de basalto tan patente sólo es un modo alegórico de representar al sol. Y si se cuentan bien las plumas de su espalda, se advierte que su número no es fruto de la casualidad, ni resultado de una observación ornitológica: la pluma en sí misma es un símbolo (en este caso un trofeo guerrero) y toda cifra tiene un sentido en la aritmología mesoamericana. Quizá incluso la estatua, bajo su aspecto realista, sea un criptograma para expresar una fecha como 7 águila o 13 águila. ¿Se puede entonces tomar ejemplos naturalistas en el arte del Occidente mexicano, del cual se dice que produjo "escenas de la vida cotidiana"? Es

56. Fragmento de un mural de Teotihuacan. Época III. Fase Tlamimilolpan.

probable que se trate también de una mala lectura: las famosas "maquetas" de Nayarit representan templos o escenas rituales, la función de los perritos de Colima es acompañar a los difuntos en el infierno subterráneo y las "maternidades" de Jalisco se vinculan a todas luces con un culto de la fecundidad.

En definitiva, por ser escritura, el arte precortesiano es un arte hiperintelectual capaz de compactar los símbolos al grado de liberarse de toda obligación realista. Nadie debe pues sorprenderse de que haya engendrado serpientes emplumadas, bebés con colmillos de jaguar o nubes pobladas de rostros humanos. El fuego adopta la forma de olas impetuosas, la sangre florece, los muertos viven. La tierra abre muy grandes sus mandíbulas, los dioses llevan glifos en lugar de ojos y las diosas collares de corazones humanos y manos cortadas. Este arte resulta desconcertante para nosotros porque es conceptual y remite a un pensamiento que nos es ajeno. Por lo tanto, no se puede tratar el arte prehispánico de México y de Centroamérica sólo a partir de su exterioridad. Sólo se pueden entender sus formas si se comprende el pensamiento que lo produjo.

Esta reflexión acerca de nuestra visión del arte precolombino lleva a observar dos cosas, importantes aun si son un poco marginales. La primera se refiere a la imagen, triste y austera, que la arqueología le confirió por mucho tiempo al arte del México antiguo. Se explica en gran parte con el culto del objeto que prevaleció hasta los años setenta: los arqueólogos siempre preferían los "objetos de museo" de materiales "nobles", es decir no perecederos, a expensas del contexto y de los vestigios más frágiles. Se asistía al triunfo de la piedra bruta que inducía una visión "museográfica" de las culturas precortesianas, espectacular, pero muy severa. Ahora bien, en un centro ceremonial mesoamericano, lo perecedero juega un papel esencial; en efecto, la arquitectura emplea sistemáticamente el estuco, en interiores y exteriores, y dicho estuco recibía unas pinturas. Aunque con una restauración extremadamente delicada, se han preservado numerosos frescos: en Teotihuacan, en Tizatlán y Ocotelulco (Tlaxcala), en Bonampak (Chiapas), en Tikal, en San Bartolo y en Agua Azul (Guatemala), en Cacaxtla (Tlaxcala), en Las Higueras (Veracruz), en El Tamuín (San Luis Potosí), en el Templo Mayor de México... Así, tenemos vestigios que nos permiten imaginar lo que era un sitio: en donde hoy vemos alineamientos de piedras rojas y grises, existía en realidad un festival de colores vivos, con carmines profundos, azules intensos, amarillos luminosos, verdes esmeralda y cinabrios resplandecientes. Las mismas estatuas, reducidas hoy a su alma de piedra volcánica, enarbolaban tocados de plumas preciosas, incrustaciones de piedras finas sobre el rostro, pinturas corporales, ropas de papel o de textiles; blandían estandartes multicolores, escudos de ceremonia de mosaico de plumas; llevaban joyas, cascabeles, orejeras. En pocas palabras, no hay que perder de vista que la imagen en "blanco y negro" del arte precolombino, tal como emana de las colecciones museísticas refleja una civilización muerta. No puede traducir la realidad colorida que fue la cultura viva.

La otra observación se refiere al problema de las falsificaciones. Nadie ignora que el arte precolombino suscitó la elaboración de copias. No se puede ocultar pudorosamente este asunto, ya que las falsificaciones, por desgracia, han influido —y lo siguen haciendo— nuestra percepción de las civilizaciones antiguas. Los falsificadores de Mesoamérica no se distinguen por conformarse con fabricar réplicas o copias de modelos originales: pura y simplemente, ¡inventaron "estilos"! El ejemplo más famoso es el del arte zapoteco. Cuando los arqueólogos oficiales emprendieron la exploración del sitio de Monte Albán hacia 1920, a algunos habitantes de las aldeas vecinas se les ocurrió fabricar estatuas libremente inspiradas en las urnas funerarias bien conocidas por los saqueadores de tumbas, para venderlas a los arqueólogos interesados en esa recuperación inesperada del patrimonio nacional. Resultó un éxito comercial considerable, que engañó no sólo a los arqueólogos presentes en la región, sino a todos los museos del mundo. El público se acostumbró entonces a ver, expuestos como obras maestras de los antiguos zapotecos, ¡objetos de cerámica de fantasía con unas cuantas décadas de antigüedad! Las primeras sospechas se dieron hacia 1960 y los curadores más sagaces desclasificaron la serie de urnas con personajes de pie. Así fue como, en el Museo del Hombre de París, el dios zapoteco del maíz, que en 1947 todavía figuraba entre los *Chefs d'oeuvre de l'Amérique précolombienne* ¡acabó en las bodegas junto a las falsificaciones, en el banco de la infamia! Pero las urnas con personajes sedentes fueron declaradas originales. Veinte años después, con el testimonio de medidas físicas irrebatibles, hubo que rendirse ante la evidencia: 80 por ciento de las urnas con personajes sedentes también eran falsas. Los museos, de mala gana, tuvieron que vaciar sus vitrinas. Pero con una parsimonia tan notable, que la mitad de las piezas "zapotecas" expuestas en el mundo aún son falsificaciones de 1920.

Se puede entender que un museo dude separarse de una pieza clasificada como "obra maestra": a la amputación del valor de las colecciones se añade el descrédito ligado al reconocimiento del error científico. Pero este conservadurismo contribuye a pervertir la idea que el gran público tiene acerca del arte precolombino.

La inspiración de los falsificadores se guía especialmente por el deseo mercantil de variedad. Es efectivamente difícil vender dos o tres piezas semejantes a un mismo coleccionista, que estará tentado a preferir variantes; el falsificador se ingeniará por lo tanto en crear series en que cada pieza incluya detalles inéditos, y se dejará sucesivamente arrastrar por la fantasía de lo extraordinario. Al privilegiar lo singular o lo insólito, el coleccionista comete en realidad un profundo contrasentido, pues el arte mesoamericano es esencialmente reiterativo: el artista precolombino siempre busca una conformidad con el modelo de referencia, y se inspira en una temática perfectamente codificada. Es irrebatible que las producciones artísticas mesoamericanas que ofrecen en apariencia la mayor variedad de inspiración y la mayor libertad de tratamiento, son las que coinciden con la mayor proliferación de falsificaciones, en particular los estilos llamados Jaina (área maya) y Xochipala (Guerrero), así como los del Occidente mexicano (Colima, Jalisco, Nayarit). Con motivo de la inagotable creatividad del maestro falsificador Brígido Lara, también hay que incluir el estilo "totonaco" (Veracruz) en esta categoría. La fantasía, por lo tanto, es un efecto óptico inducido por las réplicas. La búsqueda de lo barroco y de la originalidad en la que se han lanzado los falsificadores, con el pretexto de las zonas "arqueológicamente muy poco conocidas", es profundamente absurda, pues acaban creando piezas imposibles, que en nada corresponden al espíritu mesoamericano.

Lo falso interfiere gravemente con nuestra comprensión del mundo precortesiano cuando acaba pareciendo verdadero. Por ejemplo, se ha glosado mucho sobre una pieza famosa, atribuida al estilo Colima, que muestra a un perrito con máscara humana. ¡Cuánto no se habrá escrito sobre esta inversión de la relación hombre-animal! La pieza, efectivamente, sería una curiosidad si fuera auténtica; ahora bien, se trata de una pieza restaurada de procedencia no comprobada, con todos los síntomas de una pieza dudosa... En el mismo orden de ideas, a menudo se hace referencia a una pieza conocida con el nombre de "Escriba de Cuilapan" para demostrar la influencia olmeca en el estado de Oaxaca. Esta famosa figurilla, que representa a un personaje sedente con las piernas cruzadas y glifos sobre el pecho y el tocado, atestigua un estilo egipcio-zapoteco-olmeca sin duda único en el mundo... ¡pero tan original, que permite sospechar una falsificación!

Entonces, hay que limitarse a una noción simple: el arte mesoamericano no está abierto a todos los campos de lo posible. Como construcción simbólica, como registro de una escritura, su misión es en esencia la de reflejar una creencia religiosa o política. Como tal, se despliega en un marco estrictamente delimitado y sus objetos, aunque les pese a los coleccionistas, rara vez son atípicos.

La organización material

Si me he esforzado en proponer una descripción cultural de Mesoamérica en sus tres milenios de profundidad histórica, es porque la suma de las características materiales de las civilizaciones precortesianas no me parece suficiente para definir a Mesoamérica. La mesoamericanidad, lo hemos dicho, es un modo de pensar el mundo antes que una manera de vivir. Sin embargo, sería ciertamente abusivo silenciar los dos debates principales que se dieron acerca de la organización material de las sociedades antiguas de México y Centroamérica.

El Estado

Se puede considerar actualmente que el mundo olmeca, cuyas primeras manifestaciones datan de 1200 a.C., corresponde a una sociedad estatal. En ese momento se inicia la conformación de Mesoamérica, que es cualquier cosa salvo un mundo de agricultores. En mi opinión, es insostenible la idea de que las culturas "preclásicas" son la emanación de sociedades idealmente agrícolas, habida cuenta de las informaciones disponibles. Desde luego, sería absurdo postular a la inversa un inmovilismo absoluto y proyectar al año 1200 a.C. un Estado comparable punto por punto con el modelo azteca. Es evidente que el sistema evolucionó a lo largo de veinticinco siglos. También es patente que no hubo un modelo único de organización social para toda Mesoamérica; ciertas regiones permanecieron más rústicas que otras; pudieron mantenerse tradiciones locales, superponerse o yuxtaponerse, junto a usos dominantes. Por ello, hay que tomar en cuenta la variedad regional. Pero es innegable que el modo de organización sociopolítica de Mesoamérica no es el sistema aldeano, ni el cacicazgo, más usual en la periferia, en el mundo chichimeca o en el arco antillano. Tampoco es un sistema imperial con un poder central único, que se extiende de modo uniforme sobre un vasto territorio. Sin embargo, se ha comprobado que se trata de lo que los antropólogos llaman Estado.

Por mi parte, sería partidario de sustituir la noción de Estado, concepto occidental que además tiene una fuerte carga moderna, con la noción de "sociedad compleja". Entonces se podría decir sin lugar a dudas, que Mesoamérica se caracteriza por el alto grado de complejidad de su organización social. Las sociedades mesoamericanas son sociedades jerarquizadas con un sistema de poder muy elaborado y una división del trabajo muy grande. Se sabe que el poder es compartido entre los sacerdotes y los guerreros por una parte, y entre un soberano y un Consejo, por otra. La especialización de las tareas

57. Estela de Reforma Morales, Tabasco. Cultura maya. Época III.

y el desdoblamiento de las funciones, en realidad, dificultan la lectura del organigrama del poder. Es claro que el simple ciudadano —soldado, artesano, campesino— se halla en una situación bastante subordinada al aparato de poder. Pero sería erróneo reducir la presión social al peso de la jerarquía; hay que añadir la dependencia hacia el destino dictado por la mecánica de los signos calendáricos. Este destino no se sobrepone de modo preciso al peso del poder político-religioso, sin embargo, impone una sujeción particularmente coercitiva.

La organización territorial gira en torno a la ciudad (*altepetl*), establecida a su vez en torno a un centro ceremonial. Se observa un fenómeno de sinoecismo, que asocia aldeas campesinas con un centro urbano y, a mayor escala, una interconexión entre ciudades según redes de mallas variables. Hasta donde se puede juzgar, el comercio siempre fue intenso en Mesoamérica, tanto al nivel de la ciudad —el mercado (*tianquiztli* en náhuatl) es una institución— como a nivel de los intercambios entre el Altiplano Central y las tierras tropicales. Las corporaciones de negociantes conocidos con el nombre azteca de *pochteca,* al parecer siempre fueron muy activas, incluso en las épocas antiguas: la circulación de ciertos objetos arqueológicos, como las hachas de piedra dura, nos da un indicio serio de ello. Si el trueque siempre se practicó mucho, Mesoamérica también conoció el uso de "monedas" de cambio: plumas preciosas, piezas de algodón, piedras finas, semillas de cacao, granos de incienso (copal); en el siglo IX de nuestra era se introdujo el metal, que se añadió a los patrones tradicionales de riqueza en forma de placas o de hachas de cobre y de polvo de oro contenido en tubos de pluma.

Por lo demás, la complejidad de la organización social era una consecuencia de la intensa sedimentación étnica que hacía cohabitar en un mismo territorio, incluso en una misma ciudad, a grupos de culturas y de tradiciones distintas. Si no todos los individuos tenían el mismo rango, tampoco todos los barrios ni todas las aldeas tenían el mismo estatuto. Notemos finalmente que la cuestión del Estado en Mesoamérica dio lugar a numerosas discusiones teóricas, filosóficas y políticas. Algunos quisieron establecer correspondencias entre los tres periodos de la cronología académica con tres modos de organización social: al comienzo, habría un modelo campesino, igualitario y autárquico; el estadio siguiente sería el de la alianza de sacerdotes con campesinos, que habría dado una sociedad teocrática y pacífica; luego, como quintaesencia de la sociedad de clases, habría triunfado un modelo militarista, dedicado a la guerra, la opresión armada y la explotación de los campesinos. La antropología y la arqueología, sin embargo, no confirman este esquema de explicación teórica: Mesoamérica aparece, desde su origen, como compleja e interconectada. Históricamente, las evoluciones más notables se perciben en la presión demográfica y la nahuatlización, sin que esto acarree rupturas profundas en la organización social.

El maíz y la agricultura

Se ha escrito mucho que Mesoamérica era hija del maíz y que su desarrollo cultural, que contrasta con la rusticidad de su tecnología, no se hubiera

58. Dios del maíz. Pintura mural de Zacuala, Teotihuacan. Época III.

podido alcanzar sin el descubrimiento de esta planta milagrosa. Providencial, el maíz lo es, en efecto. Su rendimiento supera el de otras plantas cultivadas en aquella época: por un grano sembrado, ¡se cosechan por lo menos ochenta! Su mazorca, envuelta en hojas, impide cualquier desperdicio por diseminación natural en el momento de la maduración. Su cultivo requiere muy poco mantenimiento, ya que su alto tallo coloca a las mazorcas por arriba de las malas hierbas. Los plantíos pueden compartir su espacio vital con otras especies como el frijol y la calabaza. Requiere poca agua para crecer: la humedad residual del suelo a menudo es suficiente. Se adapta a todos los terrenos, a todos los tipos de clima, a todas las alturas hasta los tres mil metros. Madura en tres meses. No requiere de una tecnología sofisticada para cosecharse: basta la mano para cortar la mazorca. Una vez cortado, el grano se conserva fácilmente durante un año, incluso mucho más, si la mazorca se cuelga en un granero ventilado, protegido de la lluvia, fuera del alcance de los roedores. Finalmente, su valor nutritivo es alto. El maíz mesoamericano (*Zea mays*) constituye entonces una maravilla agrícola y no debe sorprender el lugar que ocupa en la vida cotidiana, en el imaginario y en el pensamiento religioso; ocupa el lugar que le corresponde, es decir, un lugar de primer nivel.

Pero este maíz de incontables cualidades no les fue dado tal cual a los hombres. Proviene de una conquista: es el fruto de la inteligencia y de la perseverancia de los primeros ocupantes de la futura Mesoamérica. Cinco mil años antes de nuestra era, la mazorca silvestre no era mayor que una fresa y su valor nutritivo era escaso. Sólo después de un largo y paciente trabajo de selección de las plantas, el hombre de la América Media logró extraer de esta gramínea las hermosas mazorcas alargadas que conocemos; la empresa requirió unos cuatro mil años de esfuerzos. Por otra parte, fue preciso encontrar el secreto que vuelve comestible al maíz, pues el maíz seco no se cuece fácilmente solo y es completamente indigesto. Los antiguos mexicanos tuvieron entonces que descubrir que añadir cal permite cocer y consumir el maíz en condiciones de asimilación satisfactorias. Por su historia, se ve que el maíz no es un recurso natural, sino más bien una planta cultural, es decir, asociada con una cultura agrícola. ¿Basta esto para incluirlo en los fundamentos culturales de Mesoamérica? A riesgo de sorprender, yo estaría tentado a responder que no, por la buena razón de que la invención del maíz concluye antes de que inicie la era mesoamericana.

Es creación de los autóctonos, y como tal, pasará de modo natural a la herencia mesoamericana. Pero el maíz, con todos los cultos y todos los mitos que inspira, no es característico del periodo mesoamericano: su edad es claramente prenahua.

En cambio, es posible considerar que Mesoamérica posee un régimen alimenticio específico y distintivo. Me parece que este régimen proviene de un mestizaje cultural, en la medida en que resulta de una combinación de la antigua tradición alimenticia de los agricultores sedentarios y de las prácticas de caza y recolección de los nahuas de origen nómada. Es sorprendente que los mesoamericanos, sedentarios todos por definición, siempre hayan seguido integrando a sus costumbres alimenticias productos de la recolección, de la caza y de la pesca. En el Altiplano Central, se acostumbra recoger quelites, es decir, ciertas plantas salvajes comestibles (*Chenopodium mexicanum, Amaranthus hybridus*), así como los frutos de las cactáceas como la pitahaya o la jugosa tuna, consumir las raquetas espinosas del gran nopal, cortar las vainas de ciertas mimosáceas como el mezquite. Las costumbres de recolección también abarcan algunos invertebrados, como el famoso gusano blanco del maguey, sumamente apreciado, que se consume crudo o asado algunos insectos como el chapulín o el mosco acuático. También se acostumbra cosechar los nidos de ciertas larvas acuáticas, las algas que proliferan en la superficie de ciertas aguas y, desde luego, la miel de las colmenas. En las tierras calientes, la recolección es aún más prolífica, hay, en particular, dos árboles de una fecundidad milagrosa: el ramón o árbol del pan (*Brosimum alicastrum*) y el aguacate (*Persea americana*), de producción de temporal pero pletórica. En cuanto a las frutas, piña, anona, guayaba, papaya y mamey, crecen en abundancia.

En las zonas marítimas y lacustres, la recolección de moluscos ha sido intensiva, como lo atestiguan inmensos concheros en la orilla de los esteros y de las riberas marinas. Se pescaba en el mar, en las lagunas salobres y en las aguas dulces, con redes, arpones, anzuelos de hueso o de concha, e incluso con arco y flechas. Los pescadores prehispánicos, aparentemente, no retrocedían ante ninguna dificultad, pues podían perseguir peces espada de cuatro metros de largo, cuyos impresionantes espardates se han descubierto. Todos los mesoamericanos, incluyendo a los del interior, consumían pescado y crustáceos. En el colmo del refinamiento, ¡el soberano azteca Motecuzoma hacía que le llevaran cada día pescado y mariscos de la costa del Golfo!

En cuanto a la caza, que practicaban los sedentarios con fines alimenticios, abarca las presas pequeñas (ranas, serpientes, lagartijas, salamandras, iguanas) y la caza propiamente dicha, que puede consistir en la persecución individual o la batida colectiva. Sólo los hombres cazan en el Altiplano Central. Persiguen el conejo, la liebre y el venado de cola blanca y le disparan al pato, la perdiz y la codorniz, muy apreciada. En las tierras tropicales, también se caza el pecarí, el armadillo, el agutí, el mono, la tortuga marina y el manatí, así como todo tipo de aves exóticas.

Así, el menú mesoamericano es mucho más variado de lo que a veces se sugiere. La imagen del indio que consume invariablemente la eterna tortilla de maíz remojada en salsa de tomate y chile es demasiado académica para mi gusto. El abanico culinario mesoamericano es muy rico en realidad, precisamente porque es culturalmente mixto. Si los antiguos mexicanos recurren a la caza y a la recolección, no es por necesidad, aunque se puede admitir la existencia puntual de hambrunas después de malas cosechas accidentales. Tampoco es un "complemento" para compensar por ejemplo ciertas carencias de proteínas. Recordemos que la domesticación del guajolote y del perro —que en Mesoamérica es un animal de carnicería— permite un aprovisionamiento regular y controlable de carne animal. Este aporte alimenticio de origen no agrícola de hecho corresponde a una exigencia cultural. Al haber nacido Mesoamérica de la fusión entre las tradiciones sedentarias y las nómadas, es natural hallar este equilibrio no sólo en el terreno del pensamiento, sino también en la vida cotidiana. En materia de alimentos, tenemos entonces, por un lado, el maíz, el frijol, el tomate, el jitomate, el chile, la calabaza, el amaranto, la chía, el guajolote y el perro, y por el otro, toda la fantasía y la inspiración del momento, que va de las ancas de rana a la hueva de mosco, del pernil de venado a la sopa de tortuga, pasando por la codorniz asada y el filete de pecarí con hierbas.

Observemos que en Mesoamérica se conoce la yuca, tan característica del régimen alimenticio amazónico; son los mayas los que más la emplean, y le llaman *tziim*. Pero es claro que la yuca, que domina el área amazónica y corre pareja con el maíz en las Antillas, no tiene el mismo estatuto cultural en Mesoamérica; sólo es el testimonio discreto de una lejana influencia sudamericana o caribeña, quizá transmitida por los mismos mayas en tiempos remotos.

Haremos hincapié finalmente en que Mesoamérica no practicó la fritura, aunque fuera posible obtener grasa o aceite. El amaranto (*huauhtli*), la chía, el cacahuate (*tlalcacauatl*), que se consumían comúnmente en forma de pasta, son excelentes oleaginosas. Se puede creer que se trata de una elección cultural. Si fundamentalmente sólo se hierve y se asa, quizá sea por respeto a las dos tradiciones constitutivas de Mesoamérica, la agrícola y la chichimeca, la primera ligada al cocimiento en agua y la segunda que sólo practica el cocimiento con fuego.

59. Venado. Detalle del Códice Fejérváry-Mayer.

4

LA PERIFERIA Y EL EXTERIOR DE MESOAMÉRICA

Mesoamérica, si bien es un área cultural, constituye al mismo tiempo una entidad territorial, lo cual significa que tiene una exterioridad, es decir, fronteras. En consecuencia, se puede identificar por referencia a lo que no es, para lo cual es interesante lanzar una ojeada a las áreas culturales en contacto con ella. Se percata uno de que, más allá de estrechas bandas fronterizas que preservan transiciones, cierta mezcla cultural, marcada por discretos fenómenos de exósmosis y de endósmosis, inserta a Mesoamérica en el conjunto panamericano.

El norte

La historia arqueológica del Norte de México carga con pesados presupuestos. Fue descrita mayoritariamente por investigadores estadounidenses que se han convertido —conscientemente o no— en los defensores de una tesis unidireccional: según ellos, casi todas las influencias culturales de Mesoamérica vendrían del norte, y México sería, en la época prehispánica, una especie de colonia de indios del suroeste de Estados Unidos.

A la inversa, otros investigadores han recorrido hacia el norte la frontera mesoamericana hasta abarcar los estados de Durango y Zacatecas. Algunos incluso localizaron territorios colonizados por los mesoamericanos, por una parte en el Misisipi, por otra en Arizona y Nuevo México, en donde, es verdad, ¡hay algunos sitios llamados Aztec o Castillo de Moctezuma!

Ambas visiones son excesivas, pero se puede entender, a pesar de todo, los motivos de semejantes posturas.

Que el Norte de México tenga una continuidad cultural con el suroeste americano nadie lo discute. La dificultad de apreciación depende más bien de la naturaleza de la frontera que separa el "bloque chichimeca" de Mesoamérica. Si bien esta frontera es una realidad, varios elementos pueden confundir su legibilidad. Geográficamente es más climática que morfológica. Culturalmente, su trazado fluctúa al filo de las épocas (véase la segunda parte), al ascender en el tiempo sensiblemente hacia el norte. En fin, dos sitios norteños poseen desconcertantes caracteres mesoamericanos: La Quemada y Chalchihuites, en Zacatecas. Para rematar el conjunto, es verdad que la sedentaridad no es desconocida al norte del Bajío.

Observemos primero que la existencia de cierto aire familiar entre el mundo chichimeca y Mesoamérica no se puede considerar como una anomalía. El norte es masivamente utoazteca hasta las orillas del Gran Lago Salado. La filiación étnica de los nahuas es tal, que no pueden sentirse ajenos al área cultural septentrional que el arqueólogo Charles di Peso llamó Gran Chichimeca, y que Beatriz Braniff recorre hasta el paralelo 38, con justa razón.

Sin embargo, la diferenciación esencial de esta área norteña reside en la primacía del nomadismo. Ahí, el espacio es fundamentalmente tierra de recorrido. Los chichimecas desarrollaron, por lo tanto, una cultura de lo perecedero que no se integra demasiado a nuestras referencias arqueológicas y museográficas. Los objetos que vemos en los museos y los sitios que se pueden visitar son más bien marginales estadísticamente: corresponden casi exclusivamente a empresas de sedentarización, a veces espectaculares, pero a menudo efímeras que tienden a hipertrofiar esa vertiente minoritaria de las culturas del norte. Los estudios, ya antiguos, de Richard Mac Neish[1] en Tamaulipas y los de Dominique Michelet,[2] más recientes, en San Luis Potosí, han mostrado que la fase agrícola y sedentaria de la ocupación de aquellos territorios sólo duró unos siglos, del año 200 al 700 u 800 d.C. más o menos, después de lo cual, los cazadores recolectores recuperaron sus dominios. Más al norte, en Chihuahua, en Paquimé, también conocido

---

PÁGINA ANTERIOR. 60. La Quemada, Zacatecas. "Pirámide votiva".

como Casas Grandes, el periodo sedentario sobreviene mucho más tarde, hacia el siglo XIII; lo precede una larga secuencia de mil quinientos años, que corresponde a una ocupación semisedentaria, sin equivalente en Mesoamérica en esa fecha. En el norte de Sonora, aun cuando es desértico, surgieron asentamientos humanos permanentes en la cuenca del río Asunción; los hombres construyeron ahí terrazas artificiales conocidas como trincheras; pero esos asentamientos sólo parecen haber durado unos siglos (siglo X al XII). En el suroeste americano, los sedentarios de Chaco y Gila (Nuevo México), así como los de Mesa Verde (Colorado) son contemporáneos de la cultura Trincheras. Oraibi, Taos, Pecos, Picuris, aún más tardíos, son del mismo periodo que Paquimé. La cronología mesoamericana articulada en procesos evolutivos de largo plazo no se aplica entonces a la tierra chichimeca, más imprevisible. La rivalidad exacerbada entre migrantes y aprendices de sedentarios dificulta el desarrollo de los agricultores, que buscan fortalecer sus pueblos o se resguardan en refugios bajo la roca suspendidos en las faldas de los cañones. La vida de un pueblo depende de un ataque imprevisto o de una guerra inesperada. Después de todo, la agricultura es un modo de sobrevivencia aleatorio en climas subáridos con precipitaciones que rebasan excepcionalmente los 500 mm al año. La arquitectura de esos pueblos norteños emplea generalmente la tierra cruda. Unas casas rectangulares con niveles se apoyan o se yuxtaponen unas con otras para formar una densa trama alrededor de grandes plazas. La forma circular está reservada para los graneros de maíz y las kiva, templos comunitarios semienterrados en el suelo, a imagen de las primeras cabañas paleoindias. La cerámica tardía es de hermosa manufactura. Los alfareros aprecian los jarrones globulares pintados de blanco, rojo y negro, con motivos geométricos que combinan zigzags, espirales y grecas escalonadas. A veces, la imagen de un ave o de una serpiente fantástica traduce un contenido mitológico. Los artesanos trabajan la concha, la piedra dura y el cobre.

Las excavaciones de Casas Grandes han reservado algunas sorpresas, en particular la evidencia de la cría de pericos indudablemente destinados a la plumajería, pero decapitados en forma masiva: tan sólo en la "Casa de los Pericos", se encontraron 234 esqueletos enterrados de *Ara militaris* y de *Ara macao*. También es manifiesta la práctica del sacrificio humano. Paquimé cuenta asimismo con dos terrenos de juego de pelota y un túmulo funerario (el "montículo de las ofrendas"), que es original en el contexto

61. Ollas procedentes de Paquimé, Casas Grandes, Chihuahua. Dibujo de Carl Lumholz, 1895.

septentrional. ¿Basta esto para convertir a Casas Grandes en una vanguardia mesoamericana mantenida por hipotéticos *pochteca* aztecas? Es seguro que no. Casas Grandes se inscribe plenamente en su entorno cultural, llamado "gran Chichimeca" por los mexicanos y "Oasis América" por los estadounidenses.

El caso de Zacatecas es más delicado por dos razones: por una parte, el mito y las ideas preconcebidas han prevalecido con frecuencia sobre los datos científicos; por otra, está comprobado el componente mesoamericano de varios sitios, incluyendo La Quemada y Chalchihuites, a pesar de su extraterritorialidad. La historia de La Quemada es reveladora. El sitio, impresionante, siempre fue conocido, y los historiadores del siglo XVIII, con Clavijero a la cabeza, lo identifican como el legendario Chicomoztoc, lugar de origen mítico de la migración azteca. De esta interpretación sin fundamento nació, en el siglo XIX, una arqueología muy orientada a la verificación de la hipótesis romántica. Entonces se disminuyeron las fechas atribuidas a La Quemada desde esta perspectiva, para que correspondieran a una fase pretolteca. En la práctica, postular que la configuración actual del sitio puede ser de 300 d.C. es muy arriesgado. Todos los vestigios que se pueden ver hoy son tardíos. Pero son indiscutiblemente de espíritu mesoamericano, aun si la arquitectura de piedra se adaptó a imperativos defensivos. ¿Quiénes fueron entonces los constructores de esa ciudadela colocada en centinela arriba de inmensas planicies polvosas? Habida cuenta del hecho de que el sitio se encuentra a sólo 120 km al norte de la región de Juchipila-Nochistlán, que se conoce por haber marcado, en el siglo XVI, los límites de la ocupación nahua mesoamericana, se puede postular que el establecimiento de La Quemada debió de corresponder a un intento de extensión norteña del control territorial por parte de los nahuas. Objetivamente, La Quemada se asemeja más a una guarnición o un puesto militar de avanzada que a un centro ceremonial clásico. Ciertamente, se inscribe en el movimiento de expansión del horizonte tolteca (véase p. 505 y ss.).

La situación de Chalchihuites, en la orilla del estado de Durango, es más incierta. Los dos patios cuadrangulares delimitados por plataformas que llevan estructuras de tipo piramidal, la gran sala hipóstila, las escaleras que articulan la circulación entre los distintos niveles del sitio son indiscutiblemente de filiación mesoamericana. El contenido de las ofrendas encontradas atestigua sacrificio humano. El arqueólogo estadounidense Charles Kelley, quien emprendió en Chalchihuites varias temporadas de excavaciones entre 1971 y 1976, postuló inicialmente una secuencia cronológica que comenzaba hacia 450 d.C. Al reanudar, unos años después, sus investigaciones, a la luz de nuevos fechamientos con C14 (carbono 14), propuso que se moviera su secuencia alrededor de tres siglos hacia 750 d.C. En la práctica, la cuestión de las migraciones toltecas siempre se perfila detrás de la situación estratégica de Chalchihuites: si se quiere ver como una vanguardia chichimeca anunciadora de la colonización tolteca en Mesoamérica, el sitio tiene que ser más antiguo que Tula, fundada en el siglo IX; de ahí la tentación de envejecer un poco artificialmente la secuencia. Pero la objetividad obliga a considerar a Chalchihuites como un sitio mesoamericano de horizonte tolteca, en situación de exterioridad en relación con Mesoamérica. Parece abusivo subir la frontera norte de Mesoamérica hasta el trópico de Cáncer por la mera existencia de Chalchihuites en aquella latitud. La presencia de un centro de extracción de las piedras verdes provenientes de las vetas locales sugiere más bien la idea de un puesto comercial preciso dedicado a exportar hacia el Altiplano Central esta valiosa materia prima. Chalchihuites permanece atípica en su contexto chichimeca.

Así, el norte es diferente, sin ser ajeno a Mesoamérica. Son dos áreas culturales distintas pero históricamente afines. En dos casos, sin embargo, parece que se pueden identificar, al norte del trópico, influencias específicamente mesoamericanas. En primer lugar, el juego de pelota practicado en Arizona parece una importación mexicana. Aun si la forma de los terrenos, muy ovalada, se distingue de los estándares mesoamericanos, el espíritu y la sacralidad del juego permanecen idénticos. El uso de la pelota de hule, savia tropical por excelencia, indica efectivamente el origen meridional de este rito. En cuanto a la cultura de los *mounds* del Misisipi, con la práctica de los túmulos que abrigan ofrendas, parece claramente relacionada con el área huasteca. En el valle del Misisipi se han encontrado conchas grabadas que podrían perfectamente haber sido importadas de México o que, al menos, reproducen las temáticas y el estilo del arte huasteco de la última época. Ya que, por añadidura, ciertos objetos de barro —escasos, es verdad— manifiestan una inspiración fuertemente mesoamericana, no se puede eliminar la hipótesis de un contacto marítimo a lo largo del Golfo de México, entre la desembocadura del río Pánuco y el delta del Misisipi.

La cabeza de puente de Sudamérica

Mesoamérica está separada del mundo sudamericano por una frontera muy bien establecida que pasa aproximadamente por la parte media de Costa Rica. Al sur de una línea Quepos-Cartago-Parismina, el territorio es de cultura francamente sudamericana. Al norte de esta línea, las regiones de Línea Vieja, San Carlos y San José preservan, sobre unos 100 km de profundidad, una suave transición en que coexisten rasgos mesoamericanos y sudamericanos. Arriba del paralelo 11, las tierras son mesoamericanas. Notemos, sin embargo, que la provincia de Guanacaste, al occidente de Costa Rica, siempre será más mesoamericana que sudamericana, mientras que la costa atlántica de Nicaragua y el oriente hondureño, poblados con grupos de origen chibcha, siempre estarán poco mesoamericanizados.

Lo que sorprende en esta frontera sur de Mesoamérica es su estabilidad durante tres mil años. Se puede pensar que fue establecida por los mismos mesoamericanos. En efecto, hacia 1500 a.C., los grupos sudamericanos originarios de Colombia parecen haber sido los dueños de Centroamérica; existen huellas de su presencia hasta Guatemala (costa del Pacífico). Pero la implantación de Mesoamérica bajo la férula nahua modifica el equilibrio de fuerzas en Centroamérica. Mesoamérica integrará a todas las poblaciones que se encuentran en el interior del orbe, y contendrá con firmeza en la latitud costarricense las oleadas migratorias provenientes de Sudamérica.

¿Por qué los nahuas decidieron establecer esta frontera en aquel lugar? Es evidente que en este tipo de elecciones, hay una parte que no se puede conocer. Pero el hecho de que las dos fachadas marítimas, la atlántica y la pacífica, disten en ese lugar sólo 150 km a vuelo de pájaro, induce a presentir alguna motivación estratégica. Los mesoamericanos consideraron con mucha probabilidad que ese frente era sostenible, y permanecieron ahí durante treinta siglos. Las selvas panameñas, difíciles de penetrar, sirvieron como zona de tapón, y ayudaron a que el contacto permaneciera escaso entre Mesoamérica y el subcontinente.

En la estrecha franja terrestre que constituyen Panamá y la Costa Rica meridional, verdadera cabeza de puente de Sudamérica lanzada hacia Mesoamérica, se concentran los dos grandes componentes culturales del subcontinente: los caracteres andinos, en efecto, coexisten con las influencias de los pueblos selváticos (cuencas del Orinoco y del Amazonas). La objetividad obliga a considerar que Panamá es más andino que amazónico, sin embargo, se equivocaría uno al ocultar esta dualidad cultural, que revela que es el conjunto del continente sudamericano el que presiona hacia el norte. En el nivel de los rasgos originarios de la cuenca amazónica, hay una tradición de cerámica monocroma con incisiones o decoración en pastillaje. Las formas siguen estándares que combinan un cuello muy abierto y ancho con un cuerpo que puede ser globular, hemisférico, en escudilla o incluso en granada. La cerámica de tradición andina tiene otro espíritu: policroma, generalmente negra y roja sobre fondo bayo o anaranjado, muestra un pulido de hermosa factura y un gran variedad de inspiración: vasijas zoomorfas en que predominan el águila, el jaguar y el cocodrilo, recipientes con decoración compleja, platos con figuras mitológicas, estatuillas antropomorfas con rostro trapezoidal, etc. Al sur de la frontera mesoamericana, no hay construcciones duraderas: casas y templos se edifican con materiales perecederos, maderas y palmas. Sin embargo, algunos centros ceremoniales están organizados alrededor de importantes túmulos de tierra compacta. Dichos túmulos, circulares, de poca altura, pero que podían alcanzar diámetros respetables, sólo excepcionalmente están consolidados con un revestimiento de piedras planas. En cambio, en este mundo tropical de abundantes precipitaciones, los suelos de los espacios ceremoniales como plazas o calzadas están enlosados para facilitar la circulación de la gente. El sitio de Guayabo, cerca de Turrialba en Costa Rica, uno de los mayores de la frontera septentrional sudamericana, proporciona un excelente ejemplo de esta organización espacial. Aquí, es notable la ausencia de la búsqueda de verticalidad monumental, una de las obsesiones culturales de los mayas de las tierras bajas; el juego con la verticalidad se inscribe en el paisaje, con el uso de los diferentes niveles de la vertiente de una cordillera. En este registro, el parentesco con el sitio colombiano de Buritaca 200 (Ciudad Perdida), en la sierra Nevada de Santa Marta, es bastante sorprendente. Notemos que se manifiesta una preferencia por lo circular en el plano de las habitaciones, que tradicionalmente son chozas redondas de techo cónico, o también en el plano de los pueblos, en que las cabañas con frecuencia están dispuestas en círculo alrededor de una plaza central redonda. No hay que descuidar la tonalidad "amazónica" de esta frontera septentrional de Sudamérica.

62. Motivo felino. Detalle de una cerámica Chiriquí, Panamá.

En la práctica, se percibe el grado de divergencia con Mesoamérica, que se debe a ciertas elecciones culturales fundamentalmente diferentes, entre las cuales conviene colocar la división sexual del trabajo. Las crónicas del siglo XVI, en efecto, relatan que en esta parte de América, las mujeres realizaban las tareas agrícolas. Desde luego, esto afecta toda la organización social. A la mujer mesoamericana guardiana del hogar, subordinada al mundo doméstico, se contrapone una mujer sudamericana dueña de la fecundidad de la tierra, mientras que el hombre agricultor de México tiene poco en común con el cazador y guerrero del subcontinente meridional. La originalidad del territorio se percibe en ritos como la inhumación en tumbas de tiro (Barriles, La Pita); en los objetos, como las extrañas mesas circulares de piedra, con base calada, de la Costa Rica atlántica, o en las prácticas guerreras, como la búsqueda interminable de la cabeza trofeo que es el anverso de un canibalismo endémico. Pero el rasgo más distintivo de la zona sudamericana no deja de ser indiscutiblemente su inclinación por el oro. Con las hojas martilladas y repujadas en frío, los orfebres hacen diademas, brazaletes, pectorales, orejeras y narigueras. Con la aleación de metal fundido y cobre, modelan dijes a la cera perdida o falsa filigrana: predominan los animales con fuerte carga mitológica, pero también existen los temas antropomorfos. Circula oro en el mundo andino en fechas relativamente antiguas, indudablemente anteriores a nuestra era. En el Istmo de Panamá, la orfebrería florece a partir de 300 d.C.: Coclé, Veraguas, Chiriquí y, del lado costarricense, Diquis y Guapiles constituyen sus estilos principales. Alrededor del año 600, abunda el oro por doquier. Ahora bien, ¡el valioso metal no penetra en Mesoamérica! Se localiza con precisión la frontera mesoamericana porque el culto al jade impide la penetración duradera del oro. La metalurgia sólo entrará, tímidamente, en el siglo IX. El oro se deslizará, acompañado del cobre, bordeando el obstáculo de la frontera sur. En efecto, se establecerán los intercambios por vía marítima, a lo largo de las costas del Pacífico; las principales entradas serán Guatemala, Oaxaca y, más al norte, los territorios de Occidente (Colima, Jalisco y Nayarit). La introducción del metal en Mesoamérica parece deberse por cierto más a un comercio marítimo directo con los Andes que a una importación por los caminos de Centroamérica.

Los datos arqueológicos disponibles en la actualidad militan más bien en favor de una hermeticidad de la frontera sur de Mesoamérica. Hay pocas transferencias culturales transfronterizas, y el norte de Costa Rica da la impresión de funcionar como un cerrojo destinado a contener las oleadas sudamericanas. Sin embargo, la arqueología científica se encuentra poco desarrollada aún en Centroamérica y en los Andes, en donde reinan los saqueadores de tumbas. Así que podemos pretender que nos faltan ciertas claves para captar la dinámica de los contactos entre Mesoamérica y su gran vecino meridional.

Por ejemplo, se localizan estatuillas de espíritu teotihuacano en la isla de La Tolita, en Ecuador. A menudo se ha considerado que los famosos metates de cuatro soportes costarricenses y panameños, que son en realidad piedras de moler zoomorfizadas con la efigie del jaguar, eran producciones específicas del istmo panameño. En la práctica, ciertamente se podría encontrarles precedentes mesoamericanos, como los jaguares emplumados recostados sobre un metate, pintados sobre las paredes de un palacio de Tetitla (Pórtico 13, Teotihuacan). De manera simétrica, se encontraron en Nayarit (México) objetos de oro que provenían manifiestamente de Nazca (Perú): un dios solar de cabello serpentiforme, una nariguera y un tumi de forma característica. Algunas placas de cobre de Michoacán también podrían provenir de los Andes. Los trabajos de Dorothy Hosler[3] en torno a la metalurgia del occidente de México comprueban la vinculación prehispá-

63. Plato de cerámica polícroma, Nicoya, Costa Rica.

nica de esta zona con Ecuador. En el Museo de Tepic (Nayarit), existen dieciséis esculturas antropomorfas, provenientes de San Vicente, Valle de Banderas, que sólo en Costa Rica encuentran equivalentes estilísticos. El estilo llamado Gavilán, que se localiza en la región de Coamiles (Nayarit) y que data del siglo IV-V d.C., está emparentado con una cerámica policroma con motivos figurativos de la península de Nicoya (Costa Rica). ¿Y qué decir de las tumbas de tiro o de las vasijas con asa del occidente de México, cuyo espíritu sudamericano nadie cuestiona (véase p. 345)? Por lo tanto, no se pueden negar los contactos norte-sur a lo largo de las costas del Pacífico, pero aún nos faltan elementos para entender perfectamente su economía y su cronología.

Las islas caribeñas

La punta oriental de Yucatán está separada de Cuba por sólo un estrecho de 200 km de ancho. Ahora bien, la tradición académica, al basarse en una pretendida imposibilidad de cruzar ese brazo marítimo en canoa, siempre tiende a considerar al mundo antillano como ajeno a Mesoamérica. En realidad, el asunto es más complejo y merece ser abordado sin ideas preconcebidas.

El conjunto del arco antillano parece haberse poblado por vía marítima a partir de la actual Venezuela (delta del Orinoco). La primera huella humana en las islas se halla en la costa sur de Trinidad, que está a sólo quince kilómetros de la tierra firme, en un sitio llamado Banwari-Trace. Nueve fechamientos con C14 permiten situar esta ocupación paleolítica entre 5500 y 3500 a.C. Una primera migración, llamada siboney, constituyó una poblacion de cazadores, pescadores y recolectores que desconocían la agricultura y la alfarería. Como lo atestiguan varios sitios cubanos, dominicanos y puertorriqueños, esta población siboney se encuentra en las Antillas Mayores alrededor de 2500 a.C., lo cual supone un buen dominio de la navegación en altamar desde aquella época.

El modo de vida de las sociedades insulares es de tipo paleolítico hasta los primeros siglos anteriores a la era cristiana. Después llegan en oleadas sucesivas poblaciones arahuacas. Mucho más desarrollados y con dominio de la alfarería, los recién llegados colonizan las Antillas Menores, hacen retrodecer progresivamente a los siboneyes hacia el norte (Islas Vírgenes) y luego hacia el oeste (Antillas Mayores). Los primeros arahuacos son llamados guapoides de manera general, en referencia al sitio venezolano del que provienen (río Guapo). Su cultura es netamente sudamericana. La segunda ola arahuaca, llamada saladoide (del río Salado) parece haber recibido aportes culturales centroamericanos. Los primeros están presentes en las Antillas Menores del año 0 al año 300, los segundos les suceden entre 300 y 800 más o menos.

Antaño se consideraba que la presencia arahuaca empezaba en las Antillas Menores, sólo a partir del siglo IX. De hecho, debieron de darse contactos esporádicos entre siboneyes y arahuacos desde el principio de nuestra era, ya que en Puerto Rico y en Santo Domingo (sitios de Musiépedro y de El Caimito) se encuentra una pequeña cantidad de cerámica con incisiones que parece importada y que podría indicar una introducción progresiva de la agricultura. El modo de vida sedentario y agrícola de los arahuacos sustituye el seminomadismo de los cazadores y pescadores siboneyes entre 600 y 800, en Puerto Rico, Santo Domingo y Cuba, salvo en el extremo occidental de la isla, en donde un grupo de siboneyes no ceramistas permanecerá hasta la Conquista. Este periodo formativo se conoce con el nombre de cultura ostionoide.

El siglo IX es un periodo de cambios profundos. Una nueva migración venida de las Guyanas, la de los belicosos caribes (también llamados caribas, canibas o galibis), afluye en las Antillas Menores y expulsa a los arahuacos, que emigran hacia las Antillas Mayores. Estos últimos se mezclan con los habitantes de Puerto Rico, Santo Domingo y Cuba para formar el pueblo taíno, que también coloniza Jamaica. Tradicionalmente, se distingue a la cultura de los subtaínos, que va de 850 a 1250, y a la de los taínos propiamente dichos, que va de 1250 hasta la llegada de los europeos. Se trata de una diferenciación esencialmente cronológica, que toma en cuenta una evolución de la cultura material y de las formas estilísticas.

El mundo taíno, en realidad, es un mundo étnicamente variado, pero unido porque comparte el mismo modo de vida y creencias comunes, que toman mucho en cuenta la sedimentación histórica nacida de la insularidad. Con motivo de la extrema rapidez de su desaparición, el mundo taíno les dejó poco tiempo a los observadores europeos para que lo describieran y lo analizaran, así que se le conoce bastante poco. Sin embargo, existen varios documentos históricos para intentar reconstituir lo que fue su cultura. En primer lugar, tenemos el testimonio de Cristóbal Colón, quien dictó un diario durante sus viajes de exploración. Luego, el cronista Pedro Mártir, quien nunca fue a ese Nuevo Mundo, al que, sin embargo, bautizó desde 1503, se encontró con compañeros de Colón y confrontó sus testimonios con los documentos de archivos que poseía. Antes de ingresar en la orden dominica, el célebre Bartolomé de las Casas participó como soldado y terrateniente en la colonización de Santo Domingo, y luego de Cuba. Desde 1502, es un testigo ocular de la destrucción de las "Indias occidentales".

Finalmente, por la vía de una tradición italiana, disponemos del primer texto etnográfico relativo al mundo amerindio. Se trata de la breve *Relación sobre la antigüedad de los Indios*, escrita por un fraile jerónimo catalán, Ramón Pané. Miembro de la segunda expedición de Colón, llega a La Española en 1493. Pionero absoluto de la observación etnográfica, aprenderá las lenguas vernáculas y recogerá, de boca de los mismos taínos, una importante colección de mitos indígenas.

La tradición, en los confines de la fantasía, de la teología y de la etnografía, nos legó la imagen de un mundo taíno totalmente pacífico, en el que los hombres vivían felices en un estado natural, desnudos, sin policía y sin ley, sin preocuparse por el mañana, en un universo de perpetua abundancia en el que todo se recibía sin esfuerzo. Naturalmente, la realidad es distinta: la sociedad taína es una sociedad compleja y jerarquizada, con una profundidad histórica, un saber elaborado, una religión, unos mitos y ritos propios. Lejos de despreocuparse por el porvenir y de ser indiferente ante el pasado, se veía perseguida por las exigencias, a veces fuertes, que siempre le dictaban los dioses, los muertos y toda la naturaleza.

Como todos los amerindios, los taínos se sienten responsables del orden del mundo, pero dicho orden no depende de la evidencia; corresponde a una codificación secreta que sólo conocen los difuntos, por lo que toda la religión taína se articula en torno al culto por los antepasados, cuyos consejos, órdenes o deseos son consultados por sacerdotes especializados, llamados, según los autores, *behique, bohique, bohuti* o *buhuitihu*, y capaces, gracias a drogas psicotrópicas, de comunicarse con el más allá. A los hombres sólo les queda obedecer los oráculos y satisfacer las exigencias de sus antepasados todopoderosos, quienes se conocen como cemíes; la

64. Sillón ceremonial de madera en forma de felino llamado duho en idioma taíno. República Dominicana. Siglo XV.
65. Metate zoomorfo. Piedra. Costa Rica. Época IV.
66. Jaguar acostado sobre un metate. Mural de Tetitla, Teotihuacan. Época III.

palabra se aplica a la vez al dios mismo y a su representación en madera, piedra, cerámica, concha o algodón. Hay cemíes para los hombres y cemíes para la naturaleza. Cada planta, cada árbol, cada especie animal tiene su cemí, y para la especie humana existen cemíes tribales, familiares e individuales. Es probable que existían también cemíes asociados a funciones jerárquicas precisas, como la de jefe o chamán. Según su naturaleza, las estatuas de los cemíes eran enterradas en los campos, bajo las casas o encerradas en templos. Los cemíes domésticos se colgaban del techo de las cabañas, algunos dentro, otros fuera.

Como los cemíes son muertos, sólo salen por la noche. Casi siempre están representados con las órbitas vacías; tienen el cuerpo descarnado, con las costillas aparentes y la columna vertebral saliente. Algunos contienen, envueltos en algodón, los huesos del antepasado muerto. También existen cemíes zoomorfos, que a menudo son criaturas nocturnas, lechuzas o murciélagos. A veces, los cemíes adoptan la apariencia compleja de entidades en que se mezclan lo vegetal, lo animal o lo humano. Finalmente, existen cemíes cuya figuración adopta formas puramente simbólicas, que quizá remitan a conceptos abstractos, como el viento, el movimiento o la fecundidad.

Un notable conjunto de cemíes está ligado al ciclo de la *cohoba*. Esta droga alucinógena se obtenía moliendo y pulverizando diversas semillas que contenían alcaloides tóxicos y embriagantes. Los botanistas discuten acerca de la identidad exacta de la cohoba de los taínos, pero es posible que existieran varias especies vegetales susceptibles de ser empleadas, la primera de las cuales es la ipomea. La cohoba permitía comunicar con los espíritus del más allá. Para ello, el chamán empezaba purificándose; ayunaba y se provocaba el vómito con una pequeña espátula de hueso o de madera que se introducía en la garganta. Luego preparaba el polvo de cohoba con un mortero que representaba a un cemí. El polvo estaba colocado en un pequeño recipiente cavado en la cima de un tronco esculpido en forma de cemí antropomorfo. El chamán absorbía este polvo por ambas fosas nasales con ayuda de un inhalador en forma de Y. Los arqueólogos han encontrado muchos de esos objetos, a menudo delicadamente esculpidos, en hueso, madera o piedra dura; es probable que las visiones obtenidas con la cohoba indujeran fuertes pulsiones sexuales, pues los cemíes representados en los inhaladores a menudo son divinidades masculinas eróticas.

Los cemíes llamados *duho* ofrecen un caso interesante de mestizaje cultural. A la inversa de lo que creyeron los cronistas, no se trata de asientos ceremoniales, incluso si efectivamente es posible sentarse en la mayoría de ellos. El duho de los taínos deriva en realidad del metate centroamericano. En su origen, el metate mesoamericano no es otra cosa que una piedra para moler el maíz, de forma rectangular y cóncava; el instrumento está naturalmente vinculado al ciclo agrícola. La adaptación del objeto en el Istmo de Panamá, en la periferia de Mesoamérica, puede parecer sorprendente: la piedra para moler se vuelve jaguar. La parte en que se muele forma el cuerpo del animal, los soportes corresponden a las cuatro patas y la parte delantera está adornada con una cabeza felina. El simbolismo se desliza hacia la vertiente sombría de la religión, evoca la noche, la muerte, el inframundo. Se percibe que la connotación agrícola se ha difuminado. Este metate zoomorfizado fue introducido por vías que permanecen imprecisas, a partir de Centroamérica a las Antillas Mayores, donde sufrió una adaptación. Como se desconocía el jaguar en las islas, éste no forma parte de las divinidades taínas. En las Antillas Mayores, el metate-jaguar costarricense se convirtió entonces en un cemí cuadrúpedo de figura antropomorfa, esculpido indistintamente en piedra o en madera. Desde luego, el uso de este último material alejó al objeto de su función primitiva, pero la forma general permaneció igual. En el momento de la Conquista, el duho se consideró como la representación del cemí Opiyelquoviran, que simboliza la facultad de desplazamiento; es un cemí salvaje, que no soporta el cautiverio y al que le gusta vagar en la selva. Por sus capacidades ambulatorias, el chamán se sienta a veces en un duho durante sus trances; este último lo transporta supuestamente en su viaje extático.

En Teotihuacan, en 1993, se descubrieron en un edificio de La Ventilla unas pinturas murales que mostraban una procesión de jaguares cargando a un personaje sobre el lomo.[4] Estos últimos podrían ser sacerdotes-chamanes en camino hacia el inframundo. Indudablemente existe una filiación subterránea entre el duho de los taínos, el metate-jaguar costarricense y los felinos de Teotihuacan, a veces recostados sobre piedras para moler, a veces con un sacerdote a cuestas.

La arqueología del mundo taíno otorga un lugar importante a otros dos objetos de aspecto bastante misterioso: la piedra de tres picos y el "collar". Los trigonolitos pueden asociarse con un mito relatado por Ramón

Pané. En el origen de los tiempos, no había mujeres en la isla de Haití, pero en los ríos existían unas inasibles criaturas asexuadas. Un día, unos hombres lograron atraparlas, las amarraron a un árbol y ahí, el ave inriri, una especie de picamaderos, les abrió el sexo a picotazos y las convirtió en mujeres. Las piedras de tres picos serían entonces la representación simbólica del pico del ave inriri. Todos los textos dicen que tenían el poder de fecundar y que ayudaban a las mujeres a dar a luz. Los taínos las empleaban con mangos; en particular, servían para pasar por primera vez la azada en los campos llamados *conuco*: "abrían" la tierra como el pájaro mítico que en tiempos inmemoriales había abierto a las mujeres, generando así el poder fecundante. A veces estas piedras de tres picos llevan grabados que parecen evocar las plumas del ave inriri; su forma, a la vez triangular y redondeada, parece combinar la imagen del seno y del sexo femenino. El cemí que aparece a veces en los trigonolitos es a todas luces Caracaracol, el héroe mítico que capturó e "inventó" primero a la mujer.

67. Trigonolito, Santo Domingo, cultura taína.

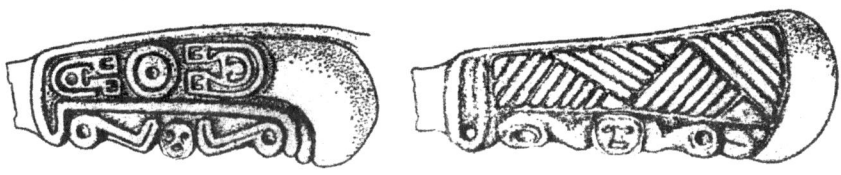

Los objetos llamados "collares" son más problemáticos. Se les asocia en general con los "yugos" mexicanos (véase p. 404). Ambos tipos de objetos tienen un punto en común: están asociados en el imaginario arqueológico con el juego de pelota que se practica con una pelota de hule. Los partidos de pelota entre los taínos tenían lugar en una especie de gran plaza rectangular, el *batey*. Éste, que colindaba con la casa del cacique, servía de espacio sagrado en el centro del pueblo. Estaba delimitado por piedras erguidas que, según los arqueólogos, pudieron servir de respaldos para los espectadores de alto rango. Se ha sugerido que los collares taínos eran representaciones votivas en piedra de los cinturones de piedra o de madera que llevaban los jugadores. Esta interpretación presupone que, según la regla, se golpeaba la pelota a la altura de la cadera, como en el *tlachtli* mexicano; ahora bien, ninguna información decisiva apoya formalmente esta hipótesis. Se pueden preferir interpretaciones menos naturalistas: nacidos estructuralmente del ensamblaje de una espiga y de un arco, los collares elipsoides parecen expresar una dualidad; las caras exteriores de la parte angular combinan siempre un trapecio con un hueco ovalado y, del otro lado, un murciélago estilizado en el interior de una cueva. Esos cemíes, destinados a ser enterados, podrían simbolizar una díade fundamental, como la unión del cielo y la tierra.

Un perfecto conocimiento del mar, los vientos y las corrientes, permitió a los habitantes de las islas circular con facilidad alrededor de la cuenca caribeña. Si bien es fácil viajar de este a oeste gracias a los alisios y a las corrientes, que constituyen muy buenos vehículos, la empresa es más delicada en el sentido inverso. Pero manifiestamente, el mar abierto no impidió que los insulares pudieran desplazarse; el mundo antillano precolombino está ampliamente interconectado. ¡Cuál no sería la sorpresa de los marineros de Colón cuando encontraron en Guadalupe, descubierta durante el

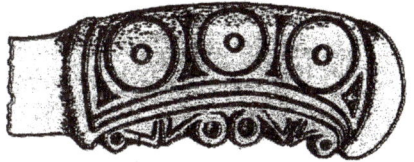 

68. Cuatro detalles de "collares" taínos: representación estilizada de un murciélago en una cueva.

segundo viaje, en noviembre de 1493, un pomo de hierro que provenía manifiestamente de los utensilios del barco en la primera expedición! Un año después del primer contacto, este objeto de recuperación ya había recorrido más de 1000 km sobre una canoa indígena. Hay que decir que los caribes de las Antillas Menores organizaban con regularidad expediciones hacia Puerto Rico y Santo Domingo, en donde asaltaban a las poblaciones taínas; capturaban a los hombres para comérselos y se llevaban a las mujeres para convertirlas en esclavas reproductoras.

Si las islas mantienen entre sí, de manera natural, unas relaciones de proximidad, también son constantes las relaciones con el continente. Los taínos son contemporáneos de los aztecas mexicanos, aunque en realidad tienen contactos con los mayas de Yucatán, sobre todo, y con los habitantes de Centroamérica y de Venezuela. Colón dice que vio en Cuba cera de abejas de Yucatán. Es indiscutible que unas hachas de obsidiana pulida provenientes de México circulan en las islas. Los taínos emplean la palabra maya *kulcan* para designar a los ciclones. A la inversa, se encuentran en Yucatán topónimos y nombres de plantas taínos, como *maní* para designar al cacahuate. En cuanto a las relaciones con Venezuela y la planicie de las Guyanas, éstas son evidentes desde la lejana época paleolítica.

En consecuencia, el arco antillano no se encuentra desconectado ni de Mesoamérica ni de Sudamérica, con lo cual uno se puede preguntar si no habrá servido episódicamente de "puente" entre Yucatán y el delta del Orinoco, instaurando una especie de continuidad cultural difusa y discreta entre Mesoamérica y la cuenca amazónica, rodeando por el noreste el cerrojo costarrico-panameño.

SEGUNDA PARTE

Hacia una Cronología Autóctona

5

ESTUDIO CRÍTICO DEL PROBLEMA CRONOLÓGICO

Los mayas y la definición del clásico

La arqueología mexicanista es una ciencia reciente, que tiene menos de doscientos años. Se puede considerar que la primera publicación sobre las "antigüedades mexicanas" es la *Descripción histórica y cronológica de las dos piedras*, publicada en México en 1792 por el erudito Antonio de León y Gama. Dos años atrás, en ocasión de las obras de drenaje, se acababan de descubrir casualmente en la Plaza Mayor de México dos monolitos aztecas: la famosa estatua de la diosa Coatlicue y la no menos famosa Piedra del Sol. Esta última, difícil de mover por su peso (24 toneladas), se adosó a uno de los muros exteriores de la catedral. En cuanto a la gigantesca estatua de la diosa decapitada, fue trasladada por órdenes del virrey a los locales de la universidad, a cargo de los dominicos. Pero cuando en 1803 —o sea trece años después— el barón Alejandro de Humboldt, que pasaba por México, deseó ver la estatua azteca, ¡pudo constatar que la habían vuelto a enterrar en el patio de la universidad! Las autoridades religiosas veían con sospecho el culto popular que se había desarrollado repentinamente en torno de la estatua y los maestros no querían exponer a la mirada de la juventud a este ídolo, monstruoso testigo de un pasado bárbaro que preferían mantener bajo tierra. Aún no había llegado la hora del descubrimiento del pasado precolombino.

Finalmente, fueron los mayas los que llamarían por fin la atención de los científicos de aquella época, cuando sus ruinas yacían en lo más profundo de la selva tropical. El primer sitio exhumado del silencio de la selva fue Palenque. Lo había visitado un militar español, Antonio del Río, durante una exploración realizada en 1787. Pero el informe del descubridor permaneció secreto. Como consecuencia de los desórdenes que acompañaron la Independencia de México en 1821, el documento fue robado y publicado en inglés, en Londres, al año siguiente, adornado con dieciséis grabados. Nació una ola de interés. Otros exploradores se sucedieron entonces en Palenque: el austriaco Dupaix y el mexicano Castañeda, el irlandés Galindo, el excéntrico Waldeck, del que no se sabe si es francés o alemán, y el inglés Caddy. Circulan dibujos en busca de editores. Se empiezan a pronunciar nombres con consonancias mágicas como Copán o Uxmal: todos son sinónimos de ruinas perdidas en la jungla. Waldeck publica en 1838, en París, un *Voyage pittoresque et archéologique dans la province de Yucatan*. Aquellos des-

70. Litografía de Waldeck, Patio de los Esclavos, Palenque, 1866.
PAGINA ANTERIOR. 69. Máscaras del Dios Chac, Chicanná, Campeche, Edificio XX.

cubrimientos, rodeados de misterio, inflaman los espíritus de la época y se conjugan de maravilla con la sensibilidad romántica. Chateaubriand confiesa la melancolía que le inspira "el aspecto de esos monumentos pomposos que, con su caída, dominaban los bosques, y que ahora tienen selvas sobre sus cúspides derrumbadas".

Entonces, se lanzan a la aventura dos personajes que marcarán una etapa decisiva en el descubrimiento de la antigua civilización maya: John Lloyd Stephens y Frederick Catherwood. Uno es estadounidense, el otro inglés. Stephens, jurista, viajero, escritor, logra que le den el cargo de representante diplomático de Estados Unidos en Centroamérica. Catherwood, arquitecto, lo acompaña como dibujante. Ambos han decidido, cubiertos por la inmunidad diplomática de Stephens, explorar las ruinas mayas, de las que se empieza a hablar. Los viajeros desembarcan en plena guerra civil: aquel otoño de 1839, la federación centroamericana del general Morazán está en vías de dislocarse, y la comarca es presa de la anarquía. Con determinación y habilidad, ambos exploradores consiguen sin embargo sus objetivos y visitan Copán, Quiriguá, Palenque, Uxmal, cuyas estelas y monumentos arrancados a la jungla pinta Catherwood con verdadero talento. Los *Incidents of Travel in Central America, Chiapas and Yucatan* que publican en 1841 al volver a Nueva York tienen un éxito enorme, al grado de que ambos realizan un nuevo periplo que los lleva esta vez hacia Uxmal, Kabah, Sayil, Labná, Chichén Itzá, Tulum y muchos otros sitios que hacen del conocimiento público gracias a un nuevo libro, *Incidents of Travel in Yucatan*, que aparece en 1843. La moda de los mayas ha empezado.

Las civilizaciones precolombinas de México nacen entonces de este descubrimiento en pleno siglo XIX de los mayas. Son los únicos en concentrar la atención de los primeros americanistas, se les empieza a apreciar por su misterio y su romanticismo, por sus talentos como constructores, su sentido artístico, su escritura indescifrable. En una palabra, se les considera civilizados. ¡Se les convierte en los griegos del Nuevo Mundo! Así se explica el epíteto "Clásico", que desde entonces acompaña su nombre como si se tratara de una cualidad consustancial. Desde el principio, los mayas constituyen el modelo y la referencia a partir de los cuales se juzgará y se valorará a las demás culturas precortesianas al ritmo de su descubrimiento. Todo aquello que surgirá cronológicamente después de los mayas se llamará entonces "Posclásico" y todo lo imputable a un horizonte anterior a los mayas será bautizado con buena lógica "Preclásico". Es evidente que esta tripartición cronológica, marcada a partir de las características de la civilización maya, no carece de un fuerte sustrato de apriorismo: lo que precede a los mayas necesariamente se presume como arcaico, y lo que le sucede es decadente. ¡Qué importa! Con el paso del tiempo, la división de Preclásico, Clásico, Posclásico ha sido adoptada por los científicos y en cierto modo validada por el uso, a pesar de su arbitrariedad y del carácter fortuito de su origen: pues quizá sea gracias a su sudario de selva virgen que los mayas se impusieron ante las mentes del siglo XIX. Ataviados de este modo, corresponden mejor que los aztecas del altiplano al ideal romántico de la época.

Durante el siglo XX, casi todos los autores se percataron de lo inadecuado que resultaba la denominación de Preclásico, Clásico y Posclásico, e intentaron encontrar otros calificativos. Poco a poco, se impuso la idea, de origen estadounidense, de que el Preclásico correspondía a un periodo "formativo": una fórmula codificada para decir preestatal. En el fondo, sólo cambia la palabra: el concepto de formativo conserva, al acentuarlo, el presupuesto inicial, es decir que el periodo Clásico es un periodo de apoteosis. Detrás de las palabras hay toda una concepción desarrollista de la historia de las civilizaciones, que nacen en la oscuridad para florecer progresivamente y luego decaer inevitablemente. Una vez más, en esta perspectiva, los mayas se encuentran en el centro del dispositivo y sirven para definir el arquetipo del Estado prehispánico.

Se han emprendido otros intentos de modificar la tipología cronológica. En 1963, John Paddock, sugirió, sin muchos seguidores, que se dividiera la secuencia en preurbano, urbano inicial y urbano tardío.[1] Eric Wolf, en 1959, propuso considerar el Clásico como una época "teocrática" y el Posclásico como una época "militarista".[2] De hecho, esta división fue aceptada de modo explícito o implícito hasta los años setenta y aún marca los análisis de numerosos investigadores: los mayas y los habitantes de Teotihuacan, contemporáneos suyos, se consideraban antaño como pacíficos agricultores gobernados por sacerdotes, mientras que los toltecas y los aztecas de la época posclásica representaban la llegada a México de grupos bárbaros y beligerantes que habían importado la guerra y el sacrificio humano. Vere-

PAGINA SIGUIENTE.
71. Kabah, Yucatán. Grabado de F. Catherwood, 1843.

mos que, en realidad, esta oposición es bastante artificial. Finalmente, otros autores identificaron al Clásico como un "periodo de desarrollo regional", en oposición al Posclásico, definido como un periodo "imperial". Es verdad que junto con los mayas florecen otras culturas en la misma época: por ejemplo, los zapotecos en Oaxaca, los totonacos en la costa del Golfo de México, Teotihuacan en el Altiplano Central, etc., pero, el México precolombino conoció una gran diversidad de culturas regionales a todo lo largo de su historia tanto antes como después del periodo Clásico. La noción de desarrollo regional, aun si tiene el mérito de no reducir el marco diacrónico a los mayas solamente, no califica con precisión un momento dado de la cronología mexicana. Por lo tanto, su manejo no es muy eficaz.

Por lo que toca a la división interna de cada periodo, se han enfrentado dos escuelas, volviendo aún más confuso el problema de la cronología. Una, latina (en particular francesa y española), divide el tiempo en relación con el presente. Así tenemos, para cada periodo, una fase antigua, una fase media y una fase reciente. La otra, anglosajona, funciona a la inversa, en relación con un punto de referencia situado en el pasado: así, ¡la fase más antigua es llamada *early* (temprano) y la más reciente *late* (tardío)! ¡Cuántos contrasentidos no se han cometido a causa de esas vacilantes designaciones! Añadamos que también existen autores que prefieren la metáfora arqueológica, y le llaman "inferior" a lo antiguo y "superior" a lo reciente, en referencia a un corte estratigráfico. Tendremos entonces, según esta convención, un Clásico inferior más reciente que un Preclásico superior, y un Clásico superior más antiguo que un Posclásico inferior.

Al término de esta pequeña desviación histórica, se advierten dos cosas: por una parte, se ve que la terminología nunca es neutra; por otra parte, se observa que las convenciones tradicionalmente empleadas, al conllevar concepciones fechadas, no son apropiadas; están desfasadas en relación con el estado actual de nuestros conocimientos.

La periodización en cuestión

Independientemente del debate sobre el contenido de la noción de Clásico, se puede uno interrogar acerca de la legitimidad de la tripartición de la historia prehispánica inducida por el polo de referencia maya. También ahí es importante el peso de las circunstancias. Durante el descubrimiento de los mayas, lo que más sorprendió fue el abandono brutal de las ciudades, devueltas como por encanto a las selvas y a la naturaleza. ¿Qué mitología no se ha construido, qué fantasías no se han proyectado sobre ese misterioso colapso maya? No es mi intención discutir aquí las diferentes hipótesis plausibles; sólo deseo subrayar una consecuencia de esta visión cataclísmica del mundo precortesiano: desde el inicio, su cronología fue concebida en términos de rupturas. ¿Se encuentran en Teotihuacan huellas de incendio en ciertos edificios? De inmediato se consideran como prueba de la destrucción violenta y brutal de la ciudad. Se discute para saber si hay que atribuirla a una invasión o a una rebelión interna, pero la brutalidad de la caída de Teotihuacan no se pone en duda; aparece como "natural".

¿Se descubren en Copilco o en Cuicuilco vestigios arqueológicos bajo la lava que cubre el sur de la Ciudad de México? Entonces, se culpa a las erupciones volcánicas de la desaparición repentina de algunas culturas. Como si todas las civilizaciones mexicanas, por esencia, tuvieran que morir de modo violento.

Más allá de una mera periodización temporal, la tripartición de la cronología mexicana en Preclásico, Clásico y Posclásico, postula de hecho la concesión de una primacía a la periodización. Al proceder de este modo, quiérase o no, se le confiere más importancia al cambio que a la continuidad: son las discontinuidades las que le dan un sentido a la evolución cronológica, al diferenciar claramente las etapas de un proceso. Ahora bien, dos dificultades surgen de inmediato, cuando se trata de fijar las fechas de esas rupturas y de darles un contenido característico a los periodos recortados de este modo.

Todos los arqueólogos y los historiadores dedicados a Mesoamérica concuerdan actualmente en que los límites de los tres periodos varían según los lugares, no sólo de un área cultural a otra, sino también en el interior de una misma área, entre sitios relativamente cercanos. Para conservar la tripartición cronológica sin dejar de proteger en el dispositivo la flexibilidad impuesta por la fluctuación de los fines y de los inicios de periodos, los especialistas se han visto llevados a introducir fases de transición: la primera se llama "Protoclásica", la segunda "Epiclásica". De paso, se observará que el Clásico, una vez más, sirve como referencia central. De modo general, el Protoclásico se sitúa entre el año 200 a.C. y el año 200 d.C., mientras que el Epiclásico se manifiesta entre 650 y 900 d.C. Pero, como en todos lados, existe un provisional duradero y una transición persistente. Por ejemplo, la cultura de las tumbas de tiro del Occidente de México a menudo se atribuye al Protoclásico, mientras que su secuencia cronológica va con toda probabilidad de 200 a.C. a 600 d.C. Del mismo modo, para algunos sitios mayas del valle de Chixoy en Guatemala, el Epiclásico dura hasta 1100 d.C.[3] Aquí se está confesando algo: si una "transición" dura cuatro, cinco o seis siglos, ya no se puede pensar al mismo tiempo en términos de rupturas brutales. Es preciso elegir: o hay un corte o hay una transición suave; o hay una sucesión de periodos distintivos o hay una evolución continua. Los datos disponibles en la actualidad conducen precisamente a rehabilitar la idea de una cierta forma de continuidad.

72. El Palacio de Palenque durante la estancia de Desiré Charnay en 1880.

La otra pregunta se refiere a las características de los tres periodos tradicionalmente empleados. ¿Podemos, hoy, seguir pretendiendo que el Preclásico corresponde al estadio de la organización pueblerina, mientras que el Clásico es urbano, estatal y teocrático, y el Posclásico imperial y militarista? Que se haya podido defender la concepción de un Preclásico agrario en la primera mitad del siglo pasado, puede pasar: aún se conocía muy poco a los olmecas y no estaban incluidos en la cronología. Pero, cuando la invención del fechamiento con C14 permitió asignarle a La Venta, gran centro ceremonial olmeca, una antigüedad del orden de 1000 a.C., hubo que rendirse ante la evidencia. El Preclásico no era asimilable a una era arcaica y campesina centrada en cultos de fecundidad. ¿Qué fenómeno inédito registraba entonces el periodo Clásico en relación con el que lo precedía? ¿La aparición de un nuevo panteón dominado por el dios de la lluvia? Sin embargo, como veremos, el Tlaloc con anteojeras o el Chac de nariz larga tuvieron antecedentes Preclásicos. ¿Se trata de un estilo artístico diferente? El arte mesoamericano cobró formas múltiples y variadas en todas las épocas, no sólo al principio del Clásico. A decir verdad, el Preclásico tenía su significado cuando designaba a la era premaya; pero ¿acaso el despunte de los mayas establece una fractura tan grande, que pueda marcar el paso en toda la historia del México antiguo? En cuanto a la ruptura Clásico-Posclásico, indudablemente varias generaciones de especialistas tuvieron que empecinarse mucho para negar durante tanto tiempo lo evidente, a saber, que la guerra y el sacrificio humano no son ni importaciones tardías, ni monopolio de las poblaciones norteñas. Los monumentos mayas, para citar sólo un ejemplo, están cubiertos con representaciones inequívocas: se repiten las escenas de triunfos guerreros, con su cohorte de cautivos yaciendo a los pies del vencedor y a menudo torturados y ensangrentados. Y los glifos de las estelas enumeran de buena gana la lista de las conquistas del dinasta local. Si la guerra institucionalizada no es característica del mero Posclásico, ¿qué significa entonces el quiebre Clásico-Posclásico?, ¿cuál es la diferencia entre ambas épocas, tan cuidadosamente diferenciadas?

Es claro que si se busca redefinir el contenido de estos tres periodos tradicionales de la historia precolombina de México —como lo impone el estado de los datos reunidos actualmente—, uno se ve llevado a revisar simultáneamente el principio mismo de esa periodización, es decir, la tripartición y la división que engendró. En efecto, son muy escasos los autores que han roto el tabú de la intangibilidad de las fronteras cronológicas: la mayoría no se permitió interpretar las manifestaciones artísticas y culturales precortesianas a través de la comparación con elementos anteriores o posteriores. Por ejemplo, se postula en general que un glifo olmeca no tiene nada que ver con un glifo teotihuacano o un glifo azteca de forma idéntica; la hipótesis de la discontinuidad cultural prevalece y ningún especialista se arriesgaría a descifrar un glifo olmeca apelando a un signo azteca de trazos semejantes o comparables. Ahora bien, esta circunspección, que tiene toda la apariencia de la prudencia científica, es en realidad la consecuencia interiorizada de cierta concepción de la historia prehispánica, concepción caduca que se forjó durante el descubrimiento de los mayas en un contexto fuertemente circunstancial. Por lo tanto, la epistemología nos obliga a poner las cosas en perspectiva.

La ilusión cronológica: las especificidades de una historia arqueológica

Hay también una última razón que contribuyó a colocar a los mayas al centro de la cronología prehispánica: su escritura. En 1863, en Madrid, el erudito francés Brasseur de Bourbourg exhumó el manuscrito de la crónica del franciscano Diego de Landa, antiguo obispo de Yucatán. El documento —una copia del siglo XVII— estaba ilustrado con los glifos del calendario maya. Así se pudo identificar en los sitios, entre cientos de glifos complejos, los que tenían una función calendárica. Resultó entonces que los monumentos mayas recién descubiertos estaban fechados, ya por estelas colocadas cerca de ellos, ya por inscripciones esculpidas sobre los muros o los dinteles de los templos.

El sistema maya Clásico llamado de la "cuenta larga" siempre expresa el tiempo transcurrido a partir de una fecha de origen, exactamente como los cristianos cuentan a partir del nacimiento de Cristo o los musulmanes a partir de la Hégira. Se pensaba entonces que bastaba fechar ese misterioso punto de origen de los ciclos mayas para tener una clave universal que diera el secreto de todas las fechas jeroglíficas. El estadounidense J. T. Goodman, en 1905, fue el primero en proponer una correlación entre el calendario maya y el calendario juliano empleado en las crónicas coloniales del siglo XVI (la reforma gregoriana entró en vigor el 4 de octubre de 1582).

Después, otros dos eruditos, Juan Martínez H. y John Eric Thompson, basándose en otros documentos coloniales y en investigaciones astronómicas, afinaron la ecuación de Goodman. Los mayistas, después de muchas discusiones puntillosas, se incorporaron a la correlación Goodman-Martínez-Thompson, llamada "correlación GMT", que atribuye la fecha cero del calendario maya al 12 de agosto de 3113 a.C. Así se estableció el cuadro cronológico de la civilización clásica: la estela que lleva la fecha más antigua es la Estela 29 de Tikal (292 d.C.); la fecha más tardía se encontró en Toniná (Chiapas) y corresponde a 909 d.C. Ambas fechas delimitan el periodo Clásico y, en todas partes, marcan el conjunto de la escala cronológica prehispánica. Hay algo tranquilizador en encontrar así grabadas, en la perennidad de la piedra, unas fechas bien establecidas, comparables con las de la historia europea. Parecen narrar la fundación de las ciudades, la vida de sus soberanos, sus gestas y su genealogía. Sin embargo, todo esto es tan ficticio como ilusorio. Primero porque la correlación GMT es sólo una de las posibles: Herbert Spinden,[4] por ejemplo, propuso otra muy argumentada, ¡que lleva todas las fechas 260 años hacia atrás! La misma correlación GMT se "afinó" recientemente, y se propuso otra fecha cero: el 11 de agosto de 3 114 a.C.[5] Luego, porque la aparente precisión de las transcripciones glíficas se basa en el postulado de que existe una fecha cero común a todos los sitios mayas. Ahora bien, hoy se sabe que, en toda Mesoamérica, el calendario fue un elemento importante en la identidad de cada ciudad; se puede pensar entonces que los mayas actuaron como otros pueblos precortesianos y que cada ciudad o, al menos cada región, poseía un inicio temporal que le era propio. Hay ahí un factor de incertidumbre de orden estructural. Finalmente, una fecha maya no puede considerarse como el equivalente de una fecha europea. Por sorprendente que parezca, la función de una fecha prehispánica está muy desligada de su naturaleza cronológica. Conlleva un fuerte bagaje simbólico que indudablemente predomina sobre la notación basada en los acontecimientos y sucede con las fechas mayas lo mismo que con las aztecas o mixtecas: no destacan objetivamente la flecha del tiempo, sino que más bien organizan un juego complejo de correspondencias simbólicas y de homotecias metafóricas que relegan a un segundo plano su contenido calendárico estricto. Así que cometemos un error de lectura, un error de fondo, cuando interpretamos las estelas mayas como marcadores cronológicos. Como sugiere Joyce Marcus, esas estelas dependen más bien de una expresión "ideológica" político-religiosa.[6]

El mismo enfoque prevaleció en la interpretación de los códices, esos manuscritos a veces prehispánicos, a veces elaborados en el siglo XVI, después de la llegada de los españoles. Como esos libros comprendían fechas calendáricas indígenas, fueron leídos como documentos históricos: así, se creyó que se podía fechar con exactitud la huida de Quetzalcoatl de la capital tolteca, la avanzada del poder azteca en el Altiplano Central o las conquistas de los reyes mixtecos en Oaxaca. ¡En vano! El tiempo cíclico de los manuscritos posclásicos no corresponde al concepto occidental del tiempo histórico, y sus indicaciones calendáricas sólo tienen sentido en el interior de la simbólica mesoamericana.

Por lo tanto, la arqueología, en definitiva, deberá proporcionarnos el calendario de la evolución cultural de los pueblos precortesianos. En consecuencia, hay que considerar como inevitables las características de esta disciplina científica, es decir, sus incertidumbres y su carácter a veces un poco esotérico.

En efecto, no fue sin motivos profundos que los arqueólogos de Mesoamérica decidieron privilegiar la cerámica como marcador primordial. Como vestigio abundante y de fácil manipulación, la cerámica se conserva bien y resulta un excelente vector de informaciones culturales. Un

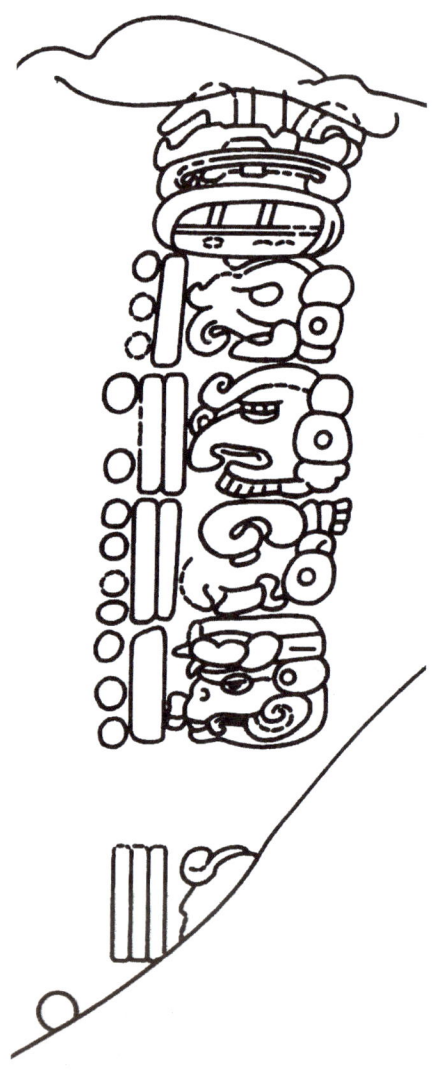

73. Estela 29 de Tikal, Petén, con la fecha maya más antigua conocida. Siglo III.

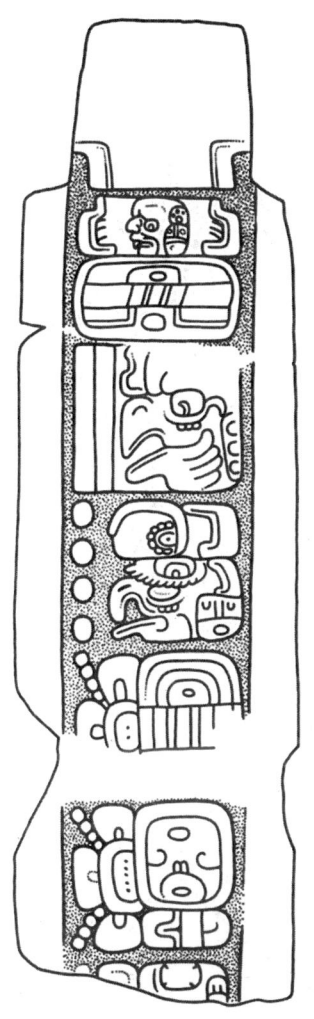

74. Monumento 101 de Toniná, Chiapas, con la última fecha maya conocida. Siglo X.

fragmento es a la vez característico de un sitio y de un nivel de enterramiento que lo coloca en una cronología relativa en torno a las capas inferiores y superiores. A partir de su doble calidad de indicio topográfico y cronológico, nacerá una ambigüedad esencial; ciertos arqueólogos se interesarán por la cerámica como marcador cronológico (estratigrafía), mientras que otros se apegarán al estudio de su dispersión espacial a fin de determinar las eventuales rutas de circulación de un mismo tipo de cerámica. En teoría, un "complejo" cerámico comprende varios tipos característicos que definen una fase cronológica. En la práctica, muchos de ellos sirven para definir áreas culturales, como el "complejo Aztatlan" del noroeste de México, establecido originalmente a partir de muestreos de superficie. La ceramología tiene por lo tanto altos riesgos de confusión, y, hay que reconocerlo, a veces los arqueólogos llegaron a caricaturizar sus deseos de "firmar una secuencia": cada uno creó nuevas denominaciones de modo arbitrario para personalizar la nomenclatura de la tipología elegida. En el establecimiento de secuencias, fases o tipos, se encuentran lo mismo nombres de flores que topónimos, descripciones técnicas o nombres indígenas a veces forjados y elegidos sólo por su sonoridad peculiar. De ello resulta con bastante frecuencia cierta dificultad para establecer comparaciones entre dos sitios, las cuales, sin embargo, son indispensables para tener una visión panorámica de la evolución cultural de una zona. Naturalmente, este acercamiento arqueológico por medio de la ceramología es hermético en sí mismo. Si a veces los especialistas se pierden en él, sobra decir que el profano se sentirá excluido desde el principio. De un modo general, este fenómeno no facilita la comprensión del mundo precortesiano.

Es evidente que incluso si un fragmento de barro contiene muchas informaciones, sobre todo técnicas y estilísticas, no concentra todos los aspectos de la vida cultural de un grupo, por lo cual, como uno se imagina, las culturas enterradas no se caracterizan únicamente por su producción cerámica. La mayor parte del tiempo, el arqueólogo identifica al grupo que encuentra por su estilo artístico: la arquitectura, la escultura, la existencia de ciertos objetos mobiliarios, permiten interpretar, clasificar y comparar. Pero cae rápidamente en el terreno de lo subjetivo. Una tendencia natural hará que cualquier arqueólogo proyecte en objetos mudos unos esquemas evolutivos, unas dinámicas de contactos y de influencias que sólo serán extrapolaciones de intuiciones o de modos de pensamiento preestablecidos. En este sentido, ¿puede la historia reducirse a una historia del arte?

Para arbitrar entre ambos polos de la arqueología americanista: el polo subjetivo e intuitivo del acercamiento estilístico y el polo ultratécnico y materialista de la ceramología estratigráfica, siempre es posible recurrir a los métodos físicos de fechamiento, que casi siempre se llaman "fechamientos absolutos", en oposición a los relativos, producto de la comparación de estilos. Los métodos físicos más empleados son tres: la hidratación de la obsidiana, el C14 y la termoluminiscencia. Sin entrar en detalles técnicos y sin querer denigrar en modo alguno los resultados obtenidos con esos procedimientos, se puede señalar que estos métodos ofrecen un gran margen de incertidumbre.

La hidratación de la obsidiana parece la técnica de manipulación más delicada, pues la velocidad de hidratación varía según la composición química de la obsidiana y, en cierta medida, según las condiciones del enterramiento; ahora bien, este último parámetro resulta difícil de apreciar. En realidad, este método absoluto actualmente se ha vuelto relativo: en un mismo sitio, se calibra el micrón de obsidiana hidratada por referencia con otros fechamientos obtenidos con métodos distintos para las mismas capas arqueológicas. De modo aislado, un fechamiento con obsidiana es eminentemente azaroso.

En México y en Centroamérica, la medida del C14 sólo puede aplicarse a los carbones: en un medio ambiente tropical húmedo, las osamentas no quemadas no conservan suficientes colágenos para poder ser fechadas; en cuanto a los fechamientos de conchas, se han dejado de lado porque son demasiado imprecisos. El método de termoluminiscencia (TL), por su parte, exige manipulaciones sofisticadas, pero permite fechar directamente fragmentos de cerámica; en efecto, se mide, bajo la forma de una emisión luminosa, la cantidad de partículas radioactivas almacenadas en los microcristales de la pasta desde el cocimiento de la cerámica. Este método, bastante reciente, ha sido poco aplicado aún en el terreno americano. Implica tomar medidas físicas in situ para conocer la parte de radioactividad atribuible a los sedimentos de un enterramiento.

Los resultados de C14 y de TL siempre se dan en forma de una gama más o menos amplia en función del grado de variabilidad inherente a cualquier análisis de este tipo. En los mejores casos (todo depende de la muestra), los laboratorios logran reducir la desviación a cincuenta años aproximadamente. Una variabilidad del orden de unos 150 años es algo común, y numerosos resultados publicados indican una variabilidad de aproximadamente trescientos años. En términos científicos, una fecha dada bajo la forma de 1000 d.C. ± 200 significa simplemente que está comprendida entre 800 y 1200; la fecha eje no es más probable que los valores marginales. Por otra parte, cuanto más reducida sea la gama cronológica, tanto menos probabilidades tiene de incluir la fecha real. Para una variabilidad de una sigma (una diferencia-tipo) —la norma usual de los fechamientos con C14— esta probabilidad es de 68 por ciento, lo cual significa que, de diez fechamientos, tres o cuatro tendrán que ser rechazados; si se quiere obtener una probabilidad de 95 por ciento, hay que trabajar con una variabilidad de dos sigmas. Pero, en este caso, es difícil obtener gamas inferiores a tres siglos.

Añadiremos que un fechamiento de C14 puede o no "calibrarse" a partir de datos dendrocronológicos. Estos ajustes se basan en la observación de los anillos de crecimiento de ciertos árboles, como las secuoyas gigantes de California. La calibración dendrocronológica envejece de modo bastante sensible los fechamientos de C14, sobre todo los anteriores a la era cristiana: después de la calibración, 1000 a.C. se convierte así en 1250 a.C., según R. M. Clark, o 1300 a.C., según H. E. Suess. A la variabilidad ligada a la medida del C14 se añade entonces una interrogante adicional: ¿hay que elegir sólo el dato bruto o el dato "calibrado"? Por lo tanto, es preciso evitar cualquier fetichismo ante esas fechas "absolutas". La mayor parte del

75. Monumento 52, San Lorenzo, Veracruz. Horizonte olmeca, ca. 800 a.C. Representación de un jaguar asociado con el agua y el fuego.

76. Representación del dios del fuego Xiuhtecutli. Cultura mexica, ca.1500 d.C. Ejemplo de continuidad cultural: más de veinte siglos separan a estas dos piezas.

tiempo, éstas implican amplitudes de variabilidad y aproximaciones que imposibilitan la escritura de una historia precisa: un siglo ¡son tres generaciones! Por lo demás, la fiabilidad de semejantes análisis no es automática: algunos carbones reaccionan de modo sorprendente e incomprensible; para un mismo fragmento, los análisis TL de inclusiones cristalinas de granulometría comprendida entre 80 y 120 micrones no dan exactamente los mismos resultados que los análisis efectuados con pequeñas inclusiones (<20 micrones). De manera general, hay que recordar que una fecha aislada no tiene significado por sí misma: puede ser arqueológicamente aberrante. Son más pertinentes los procedimientos que intentan reunir para un mismo sitio un haz de fechas absolutas que permiten comprobaciones precisas con la información arqueológica; entonces, las fechas aberrantes o incompatibles serán evidenciadas y descartadas.

A fin de cuentas, tenemos que admitir que la historia del México antiguo va acompañada de cierta vaguedad cronológica. A mi modo de ver, el hecho de que se acepte la variabilidad de un siglo para la mayoría de los acontecimientos prehispánicos, lejos de representar la comprobación de la ignorancia, es una garantía de la seriedad científica. Querer rivalizar con la precisión basada en fechas de la historia del Viejo Mundo sería tomar un camino equivocado, y esto equivaldría a negar las limitaciones de una historia fundamentalmente arqueológica, o a elaborar artificialmente una precisión de tipo occidental, al manejarse elecciones arbitrarias. Por mi parte, yo me abstendré de ambas tentaciones.

Este estudio de la periodización cronológica tradicional incita a una revisión profunda de nuestros marcos conceptuales. ¿Cómo se justifica actualmente la situación de la referencia maya en el centro del dispositivo comparativo?, ¿por qué conservar esta absurda noción de "Clásico"?, ¿por qué empecinarse en conservar un marco tripartita, si es para añadir fases de transición más largas que las fases principales?, ¿por qué, finalmente, negarse a introducir esta noción de continuidad sin la cual la historia del México antiguo permanece incomprensible?

En este orden de ideas, propongo aquí una perspectiva cronológica reestructurada y dividida en cinco épocas designadas de manera deliberadamente neutra por simples cifras.

La Época I va de 1200 a 500 a.C. y corresponde, en líneas generales, al periodo olmeca. La Época II, que concluye en 200-300 d.C., ve multiplicarse los centros ceremoniales y especificarse los estilos locales. Nacen numerosos sitios: Kaminaljuyú, Abaj Takalik,[7] Chiapa, Tikal, Izapa, Dzibichaltún, Monte Albán, Cerro de las Mesas, Ticomán, Cuicuilco, Teotihuacan, Cholula, San Jerónimo, Chupícuaro, Pánuco, para citar sólo algunos; en este periodo también se desarrolla la cultura de las tumbas de tiro del Occidente mexicano. La Época III se extiende de 200-300 a 800-900; parece entonces que el territorio mesoamericano se organiza en torno a una rivalidad entre el área nahua y el área maya. El poder del altiplano cede hacia finales del siglo VII, mientras culmina la expansión maya. La Época IV, que comienza en 800-900, está marcada por nuevas invasiones del norte que refuerzan al polo nahua en toda Mesoamérica. Las capitales mayas se derrumban. Este horizonte coincide con cierta uniformidad de la inspiración artística. Mesoamérica adquiere entonces su extensión máxima: el noroeste en particular se abre a la nahuatlización. La Época V inicia, por su parte, en el siglo XIV, y corresponde grosso modo a la era azteca. Si es patente la dominación de los mexicas, sobre todo el México central, el área maya yucateca y Centroamérica tienden a quedar fuera de la esfera de atracción de Tenochtitlan. Mesoamérica tiende nuevamente a volverse dual. Este mundo es el que encontrarán los españoles, y llegará a su fin en el estrépito de la Conquista.

A la inversa de la antigua tripartición que subrayaba las rupturas, este esquema integra cierta continuidad. La evolución, que no es unívoca, traduce la difusión de la nahuatlidad, pero también las rivalidades entre las tierras calientes y el Altiplano, la mesoamericanización de los mayas, históricamente provenientes del exterior, y el aumento de la presión demográfica al principio de cada periodo. Periodizada de este modo, la historia precolombina de México y de Centroamérica parece más lógica y más comprensible. Por lo menos, el mérito primordial de esta presentación es romper el cerrojo de los esquemas del siglo XIX, que manifiestamente impedían la comprensión global de la historia del México antiguo.

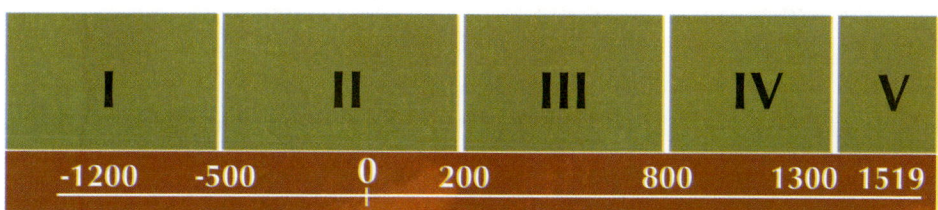

¶ Ay otras rayzes que se co[men]
men crudas: alas quales ll[a]
man, Xicama: son blancas, [y]
dulces y matan mucho la se[d]

¶ Ay otras rayzes

6

LOS ORÍGENES

Los primeros cazadores-recolectores (40 000 a 7 000 a.C.)

Al igual que en el Viejo Mundo, existe en América una prehistoria que corresponde a una edad de piedra. Pero, a diferencia de los demás continentes, América permaneció deshabitada por mucho tiempo. Según todas las apariencias, el hombre llegó a ella tardía e intrusivamente. No hubo una hominización local. Los primeros indígenas fueron inmigrantes que pertenecían al género *Homo sapiens sapiens*.

A partir del descubrimiento de las Antillas en 1492, la cuestión del poblamiento de América no ha dejado de plantearse entre los espíritus curiosos; de hecho, se formularon numerosas hipótesis, aun las más fantasiosas. Sin embargo, los datos disponibles permiten apuntalar algunas certezas. En primer lugar, está comprobado que la casi totalidad del poblamiento humano presente en América es de origen asiático, el cual penetró por el estrecho de Behring. Recordemos que entre el cabo Dezhnev, el extremo más oriental de la península de Chukotka (Siberia) y el cabo Príncipe de Gales —la punta más occidental de la península de Seward (Alaska)— la distancia actual es de sólo noventa kilómetros. Y en el estrecho de Behring, la profundidad del agua sólo alcanza unos cuarenta 40 m. Ahora bien, las glaciaciones cuaternarias redujeron el nivel general de los océanos, que en ciertas épocas se situó alrededor de 120 m por debajo del nivel actual. Durante la última glaciación (llamada en América Wisconsin), el estrecho de Behring presentó en varias ocasiones el aspecto de una banda de tierras emergidas con más de mil kilómetros de ancho, haciendo posibles los contactos entre Asia y América. La travesía del puente behringniano pudo efectuarse particularmente entre 40 000 y 35 000 a.C., y entre 25 000 y 15 000 a.C., y luego en dos ocasiones entre 13 000 y 10 000 a.C. Sin embargo, se estima que en la culminación de la última glaciación, es decir entre 24 000 y 12 000 a.C., se juntaron los glaciares de la Cordillera y los de la Cuenca de San Lorenzo, bloqueando el corredor alaskiano e imposibilitando cualquier descenso hacia el sur. Los prehistoriadores, valiéndose de los descubrimientos arqueológicos de hace treinta años, parecen confirmar la existencia de dos movimientos migratorios distintos: uno, antiguo, se situaría alrededor de 40 000-35 000 a.C.; el otro, más reciente, coincidiría con la reapertura del corredor alaskiano, consecutiva al recalentamiento que sobrevino a partir de 11 000 a.C.[1]

Las migraciones de la primera ola identificada se conocen muy poco y, por el momento, sólo se les puede atribuir una veintena de sitios explorados a escala de todo el continente americano. En México, estas poblaciones están representadas en particular por el sitio de El Cedral (San Luis Potosí), cuya capa más antigua se fechó con C14 en 31 350 a.C. ± 2 700,[2] y por el sitio de Tlapacoya, al sur del Valle de México, en donde se encontraron tres fogatas asociadas con herramientas de hueso, fragmentos de obsidiana y andesita y con vestigios animales del Pleistoceno, hoy desaparecidos en esta latitud, en particular un venado de gran tamaño y un oso de tipo grizzly. Con tres muestras de C14, los carbones de aquellos fuegos de cazadores se fecharon en 21 700 a.C. ± 500.[3]

La segunda ola migratoria se conoce mucho mejor. Los sitios posteriores a 10 000 a.C., en efecto, son legión en México y en Centroamérica, como en todo el continente. Se puede ver ahí el indicio de una importante colonización llegada de Asia y de las regiones árticas. En efecto, en aquella época, el retraimiento de los glaciares despejaba amplias extensiones de tundra colmada de agua, en las que se multiplicaron los rebaños de grandes herbívoros, mamuts, bueyes almizcleros y cérvidos. Los hombres penetraron en América persiguiendo presas prolíficas. Si bien hoy se rechaza la imagen del "cazador de mamut", prefiriéndose la de un cazador recolector mucho menos especializado, es claro que el hombre cazó mamuts en el Valle de México, como lo ates-

---

77. PÁGINA ANTERIOR. Códice Florentino, libro XI, cap. 6, folio 128, recto.

tiguan las osamentas fósiles que se encontraron, asociadas con herramientas de pedernal en Tepexpan, en Texcoco o en Santa Isabel Iztapan. Pero se puede suponer efectivamente que los grandes proboscidios no eran las únicas presas buscadas por aquellos cazadores nómadas llegados del Ártico.

Nadie niega, por lo tanto, que el tipo físico dominante en América sea el tipo mongoloide. Se trata aquí de una evidencia histórica, antropológicamente comprobable. Pero también existe un factor de heterogeneidad entre los pueblos amerindios: no cabe duda de que no todos los indígenas tienen el mismo tipo físico. Esta diversidad étnica, que desde entonces ha llamado la atención de los antropólogos, engendró varias teorías de migraciones transoceánicas: de Australia hacia la Tierra de Fuego, de Polinesia hacia las costas peruanas, de Escandinavia hacia Canadá vía Groenlandia, de Japón hacia Ecuador y de África hacia las Antillas. ¿Pero qué sucede realmente con esto a la luz de los datos actuales? Se imponen dos observaciones. Primero, no se puede excluir que en las épocas cuando el hombre comenzó a emplear la navegación, unas embarcaciones aisladas provenientes del Atlántico y del Pacífico pudieron tocar el continente americano, intencionalmente o por accidente. La comunidad científica, por ejemplo, está de acuerdo en considerar los vestigios de la Anse aux Meadows (Terranova) como un establecimiento vikingo del siglo XI; pero manifiestamente, los habitantes de esas tres casas de barro sólo permanecieron ahí por un tiempo muy breve; instalaron una fragua, pero sólo produjeron quince kilos de escorias, lo cual indica una actividad de corta duración. También se pueden elegir como posibles algunos contactos tardíos entre Polinesia y Sudamérica. Pero por fuerza, las influencias inducidas por aquellos contactos esporádicos permanecieron sumamente limitadas, genéticamente y culturalmente. Así que es poco legítimo invocar a las civilizaciones exteriores a América para explicar el arte y las manifestaciones culturales amerindias.

En segundo lugar, es claro que el principio de la heterogeneidad étnica es compatible con la idea de un poblamiento efectuado por el estrecho de Behring. La vía terrestre ártica, si bien permitió el paso a América de muy numerosos grupos mongoloides, no por ello excluye las migraciones de grupos de origen más lejano, que habrían llegado de la India o del Cáucaso, por ejemplo. Así, resulta justificado considerar las poblaciones amerindias como una reserva humana diversificada, incluso si la dominante mongoloide es patente. Esta diversidad inicial se amplificó con fenómenos de adaptación a medios específicos, pero en contraparte, se acompañó de un amplio proceso de mestizaje. Así, la evolución obedeció a un doble movimiento antitético, uno vuelto hacia la simbiosis, otro hacia la disparidad. Esto explica que todos los pueblos amerindios tengan un aire de familia sin dejar de mostrar diferencias marcadas. El área mesoamericana se inscribe perfectamente en este contexto.

Sólo tenemos modestos testimonios de esos primeros colonizadores de México, testimonios que se reducen prácticamente a una industria lítica, a veces de hermosa factura, que emplea el pedernal, el jaspe y la obsidiana. Esas técnicas de talla parecen haberse difundido de modo uniforme en toda Norteamérica; en realidad, no existen "estilos" regionales, y las mismas formas de puntas de flecha aparecen idénticas durante varios milenios. Sin embargo, se identifica el nacimiento del arte en América con el "sacro de Tequixquiac". En 1870 le mostraron al joven naturalista mexicano Mariano Bárcena un objeto curiosamente "esculpido" en el sacro de una especie de camélido fósil; el hueso había sido retocado para representar una cabeza de coyote bastante hermosa; los descubridores del objeto pretendieron haberlo exhumado a doce metros de profundidad durante la excavación de un canal de desagüe al norte del lago de México, en Tequixquiac. Bárcena autentificó el objeto y certificó su gran antigüedad. Más tarde, a principios del siglo XX, el objeto, que se había vuelto famoso pero también controversial, desapareció. Fue hallado en Guadalajara en 1956, y rehabilitado y exhibido en 1964 en el Museo Nacional de Antropología de la Ciudad de México.[4] Pero el debate al respecto no ha concluido, y hoy las interpretaciones se inclinan nuevamente en favor de una falsificación. En efecto, algunos prehistoriadores denuncian su estética muy contemporánea y consideran sospechosas las condiciones de su descubrimiento.

De modo periódico, se anuncia el descubrimiento de cuevas con pinturas parietales y hay quienes empiezan a fantasear con una gran antigüedad; pero, hasta ahora no se ha identificado ninguna cueva adornada de la época paleolítica, ni en México, ni en Centroamérica. Casi todas las pinturas y los grabados rupestres conocidos son posteriores al año 1500 a.C. De las pinturas parietales de Baja California, a las que unos rumores en 1975 atribuían una antigüedad de ocho mil años, las más espectaculares ¡datan aparentemente del siglo XVI y XVII de nuestra era! Así que, por el momento, aún desconocemos el arte de los primeros cazadores-recolectores mexicanos.

Los paleosedentarios (7000 a 1200 a.C.)

La invención de la agricultura

La fase de calentamiento climático iniciada en 11000 a.C. culminó tres mil años después. Los glaciares, que en el punto máximo de su avance habían llegado a los grandes lagos americanos, se retiraron por completo del continente, e incluso liberaron el Océano Glacial Ártico. Hacia 8000 a.C., o quizá ligeramente después, el clima de México y Centroamérica es más o menos el que conocemos en la actualidad: el altiplano, antes frío, húmedo y pantanoso, se volvió semiárido. Todos los animales del Pleistoceno desaparecieron. ¿Hay que atribuir este fenómeno a la elevación de la temperatura y a la sensible modificación del medio ambiente que resultaron de aquello? Es probable que sí, aunque algunos investigadores estiman que la desaparición de los grandes herbívoros se debe a los hombres mismos, estimulada por la fuerte presión ligada a la inmigración, la rapiña se habría vuelto excesiva y transformada en exterminio. Como quiera que sea, la extinción de las grandes presas empujó a los hombres a cambiar su modo de subsistencia y, por lo tanto, a cambiar también de vida: así descubrirían el sedentarismo e inventarían la agricultura.

Conocemos el largo proceso que llevó a los grupos nómadas a sedentarizarse gracias a profundas investigaciones arqueológicas emprendidas con este fin por Richard Mac Neish en el norte de México (estado de Tamaulipas) y en el Altiplano Central (valle de Tehuacán). También las investigaciones de Paul Tolstoy y Christine Niederberger en el Valle de México, así como las de Kent Flannery en el valle de Oaxaca, contribuyeron de modo notable a esclarecer el problema.

Con la ayuda de estudios palinológicos muy detallados, fue posible encontrar la ruta —muy progresiva— de aquellos hombres que ya habían dejado la edad paleolítica sin haber realizado aún su "revolución neolítica". Por ejemplo, se puede observar que la recolección de vegetales empieza por hacerse selectiva; los hombres se acostumbran a recoger algunas plantas silvestres específicas y las incluyen en sus usos alimenticios. Así, a partir del séptimo milenio, se encuentran piedras para moler maíz, cuando este cereal aún se recoge en estado salvaje. La primera planta cultivada fue quizá el agave. Hacia el año 6000 a.C., la calabaza, el amaranto y el chile se encuentran entre las plantas cultivadas. A lo largo de los siglos, el porcentaje de plantas agrícolas no deja de aumentar con relación a las plantas silvestres en el régimen alimenticio. Desde luego, el modo de vida permanece fundamentalmente nómada, pero cada grupo conoce épocas sedentarias; los valles fértiles comienzan a ser sistemáticamente ocupados durante la estación lluviosa. Los arqueólogos localizan indicios de complejidad social y de división del trabajo en esa época. Por ejemplo, en el sitio de Gheoh-Shih, a orillas del río Mitla, en Oaxaca, los instrumentos para moler granos —los

78. Cuezcomate, granero tradicional mesoamericano, de barro y techumbre vegetal. Área de Chalcatzingo, Morelos.

metates y manos— se concentran en un lugar preciso, mientras que las puntas de proyectiles, las navajas y los raspadores se encuentran reunidos en otro lugar, como si la agricultura y la caza fueran dos actividades separadas. Por otra parte, en ese mismo sitio, se encontró un taller de "joyería", en el que se hacían collares formados con pequeñas piedras redondas perforadas, y un área de siete metros de largo, delimitada por dos hileras de piedras, desprovista de cualquier artefacto; desde luego, se piensa para este último caso en un espacio ritual, intencionalmente barrido, que pudo ser un área de danza o de juego. Desde aquella época, alrededor del sexto milenio, los entierros revelan la existencia de creencias y ritos complejos. En el valle de Tehuacán fueron depositados los cráneos de unos decapitados en unas canastas de cestería, después de ser cocidos y descarnados; otras tumbas contienen huesos ligeramente carbonizados que evocan, no una cremación post mórtem, sino más bien el consumo de carne humana.

Entre 5000 y 3500 a.C., durante una fase que Mac Neish llamó Coxcatlán, se dio lo que debemos llamar el invento del maíz (véase p. 146). Por selección progresiva, el maíz se convierte en una planta doméstica, de virtudes engrandecidas, pero cuya reproducción, a partir de ese momento, depende del hombre. Hacia el final de aquel periodo, las mazorcas alcanzan ya cinco centímetros de largo. El cultivo de ese maíz primitivo, aún asociado con el del frijol, cuyos inicios son de la misma época, no autoriza una vida plenamente sedentaria. La agricultura de temporal en aquella época se destina más bien a aportar un complemento alimenticio a un sistema de subsistencia que todavía reposa en la caza y en la recolección de las plantas silvestres.

El proceso de sedentarización se desencadena realmente al iniciar el tercer milenio antes de Cristo. En ese momento, en casi todo México y Centroamérica aparece un modo de vida agrícola. Los hombres parecen dominar los fenómenos de maduración; el frijol, que hasta entonces se consumía "verde", en vaina, se consume en grano. Del mismo modo, el maíz tierno desaparece en provecho de las mazorcas de grano duro, que permiten el almacenamiento y la conservación. La abundancia de las piedras de moler en aquellos niveles arqueológicos no deja ninguna duda sobre el papel creciente de la masa de maíz en la alimentación. Sin embargo, las plantas de cultivo como la calabaza, el frijol, el maíz, el amaranto, el tomate, el jitomate y el chile, sólo ocupan la cuarta parte del régimen alimenticio, mientras que representarán la mitad del aprovisionamiento de alimentos en plena sedentarización, quince siglos después. Pero todos los ingredientes de la sedentarización están en germen desde el 3 000 a.C.; las casas semienterradas ya no son cabañas improvisadas (en Tehuacán, una de ellas, de forma ovalada, mide 5.3 m de largo por 3.9 de ancho); se cultiva el algodón; el tejido alcanza un gran refinamiento; los petates tejidos ya parecen constituir el mobiliario esencial; el perro doméstico ya está presente. En este panorama, sólo falta la alfarería.

La invención de la alfarería

¿Cuando se puede fechar la aparición de la alfarería en el área mesoamericana? Contra toda esperanza, la pregunta aún está en discusión. En los años sesenta, se dio entre algunos científicos la tendencia a "envejecer" las primeras cerámicas americanas. Sin duda, algunos tenían buenas intenciones, y se trataba para ellos de alinear las cronologías para que las culturas precolombinas pudieran sostener una comparación con el Viejo Mundo o la antigua China. Otros quizá se guiaron insidiosamente con la nefasta cronología de las teorías difusionistas. A la cerámica de Valdivia, Ecuador, se le atribuyó una antigüedad de tres mil años a.C. y se habló de un parentesco con la cerámica Jômon de Japón. Pero Atlántico contra Pacífico, el sitio colombiano de Puerto Hormiga, en el Caribe, ofreció una fecha aún más antigua: ¡3 400 a.C.!

México no se podía quedar atrás en aquella carrera por la antigüedad; como los objetos de cerámica americanos conocidos como los más antiguos provenían de sitios costeros, se forjó una teoría explicativa que consideró a los ecosistemas costeros tropicales como los más propicios para el sedentarismo, y se iniciaron excavaciones a lo largo de las costas de México y de Centroamérica: en La Victoria, Guatemala, en Altamira sobre la costa de Chiapas, en Acapulco, en Colima y en Tabasco. Las investigaciones costeras, sin embargo, no dieron resultados distintos de los que se obtuvieron en el Altiplano. Desde entonces, un buen centenar de programas arqueológicos se han aplicado en casi todas partes de Mesoamérica y los datos recogidos ya no le deben nada a la casualidad, ni al entusiasmo de un día. ¿Qué lección se puede sacar de esto?

Conviene primero descartar todas las interpretaciones fundadas en presupuestos "psicológicos". La idea según la cual una cerámica burda o mal cocida sería representativa de un estado primitivo de una cultura determinada es el prototipo mismo de la idea errónea. En numerosos sitios, los tipos más burdos marcan, por el contrario, las épocas tardías en que se fabricaron en grandes series objetos extremadamente rústicos para satisfacer las necesidades de una población que crecía con rapidez. Ahora bien, numerosas estimaciones cronológicas se basan en criterios estilísticos, y muchos fragmentos se clasificaron como partes de un horizonte muy antiguo, con el pretexto falaz de su baja calidad o de la ausencia de decoraciones.

El otro ejemplo de una idea equivocada es lo que se podría llamar el presupuesto evolucionista. Al encontrar un objeto elaborado, fechado alrededor del año 1500 a.C., y al no poder explicar su repentina aparición, a algunos arqueólogos les pareció lógico postular río arriba una larga fase formativa que calcularon fue de mil años. Así nació, en los años sesenta, la hipótesis según la cual la aparición de la alfarería pertenecería a mediados del tercer milenio a.C. El procedimiento de Mac Neish resulta esclarecedor a este respecto; al aprovechar las lecciones de sus excavaciones magistrales en la región de Tehuacán (1964), creó una fase llamada Purrón, que situó entre 2300 y 1500 a.C. y en la que incluyó la invención de la alfarería. La verdad es que los primeros fragmentos encontrados en Teotihuacan se fecharon en 1500 a.C., pero el arqueólogo les reservó un tiempo de desarrollo sustancial. En realidad, la fase llamada Purrón fue construida artificialmente para llenar un vacío. Entre el final de la ocupación precerámica (fase Abejas), fechada en 2725 a.C. ± 200, y el inicio de la secuencia cerámica (fase Ajalpan), fechada en 1500/1300 a.C. ± 200, aparecía un corte importante. El único elemento que podía figurar como transición era una capa de 30 cm de grueso llamada nivel K, presente sólo en la estratigrafía de la cueva Purrón. Se encontraron únicamente 61 "fragmentos" amorfos, hechos de arcilla cruda y de burdos compuestos vegetales; la mayoría se desintegraron por completo al ser lavados con agua.[5] ¿Pueden esos fragmentos, que representan el 0.012 por ciento del material cerámico recogido en Tehuacán, caracterizar dignamente por sí solos a ochocientos años de historia mexicana? Es claro que la secuencia cerámica se rebajó abusivamente. Pero, gracias a esta forma de presentación evolucionista, Mac Neish concordaba con la ideología de la escuela desarrollista estadounidense, lo mismo que con las creencias de aquella época. Se puede entender perfectamente este procedimiento, reubicado en su contexto; sin embargo, se advierte que sería abusivo apelar ahora a las investigaciones de Mac Neish para afirmar que existió la cerámica en Tehuacán en el año 2 300 a.C. De hecho, además de Tehuacán, los sitios reivindicados para probar la existencia de la alfarería en el tercer milenio son tres: Tlapacoya, al sur del Valle de México, Puerto Marqués, cerca de Acapulco, y Cuello, en Belice. Así que es bastante fácil analizar estos tres casos.

Las excavaciones de Tlapacoya, a las que se refiere la literatura científica, fueron organizadas por el Instituto Nacional de Antropología e Historia en 1969, en un lugar llamado Zohapilco, al pie de la vertiente oriental del cerro de Tlapacoya. Las investigaciones corrieron a cargo de Christine Niederberger y se beneficiaron con un excelente apoyo logístico y un importante control de laboratorio. Por lo tanto, la garantía científica es indiscutible. La ocupación "cerámica" del sitio inicia con la capa 14 (fase Nevada) fechada con C14 en 1 360 a.C. ± 110. Nos encontramos aquí ante una gama cronológica cuando la cerámica está presente en casi todo México. Pero existe un nivel de ocupación más antiguo (capas 16 y 17), sellado por una inundación en su parte superior y una doble erupción volcánica en su parte inferior. Este nivel, llamado Zohapilco, fechado con C14 en 2 300 a.C. ± 110, no incluye ningún fragmento de cerámica en absoluto; por lo que aparentemente hay que vincularlo a esos niveles paleosedentarios de tradición lítica muy bien descritos por Mac Neish. Sin embargo, ahí se encontró, asociada con una fogata, una estatuilla de barro cocido: ¡la más antigua conocida hasta entonces en el área mesoamericana! A decir verdad, el objeto está lejos de constituir una obra de arte. La figurilla, de 5.2 cm de alto, está compuesta de una caña cilíndrica y de dos piernas embrionarias, cortas y bulbosas, una de las cuales está rota. No tiene brazos. El rostro sin boca, sin cuello, lleva esbozada una ligera protuberancia que representa la nariz y cuatro incisiones que evocan los ojos. La figurilla representa a una mujer: el vientre es abombado, los senos están marcados, las caderas bien moldeadas. Esta estatuilla resulta conmovedora pues tenemos aquí, sin lugar a dudas, un torpe prototipo de las estatuillas calipigias que mil quinientos años después se volverán características del arte Preclásico.

Hay dos maneras de interpretar la presencia de esta figurilla de barro cocido en un nivel arqueológico precerámico: o bien el cocimiento fue accidental, al haberse encontrado la estatuilla cerca de una fogata, o bien el cocimiento fue intencional. En este último caso, hay que admitir que el principio de la alfarería se conoció y se empleó con fines religiosos antes de servir para fabricar objetos utilitarios.

El otro sitio al que se le atribuye el objeto de cerámica más antiguo de México, es el de Puerto Marqués (Guerrero). Su historia es la que sigue. En el siglo XX, en la década de los sesenta, dos estudiantes de la Universidad de Columbia (Nueva York), Charles F. Brush y su mujer Ellen, se instalan en Acapulco para realizar sus respectivas tesis sobre la arqueología del estado de Guerrero. Influidos por las ideas de su época, creen que en los manglares tropicales encontrarán la cuna de las civilizaciones mesoamericanas. No lejos de su hotel, descubren un conchero situado entre océano y laguna, como los hay en el cordón litoral a todo lo largo de la costa pacífica, de Sinaloa al norte de Perú. Ahí observan la presencia de una alfarería escasa, monocroma y de mala calidad, que llaman *pox pottery*, es decir, "cerámica con viruela", porque la pasta burda presenta una superficie rugosa. En 1965, Charles Brush publica en la revista estadounidense *Science* una doble página, en la que explica, basándose en un fechamiento de C14 del orden de 2440 a.C. ± 140, que descubrió en Puerto Marqués la cerámica más antigua de México, con la *pox pottery*. No publicará nunca nada. El autor abandonó el escenario mexicanista y su tesis, presentada en Nueva York, en 1969, no se ha publicado.

En realidad, el fechamiento, obtenido a partir de una concha del nivel 33, no proporciona ninguna garantía científica; primero, porque la dosificación de C14 en una concha es una manipulación azarosa: actualmente, todos los grandes laboratorios han renunciado a ella. Luego, porque la fecha obtenida, si acaso tiene una validez física, sólo nos da una indicación acerca del momento de la muerte del molusco: ¿cómo establecer que la cerámica que se le asocia es verdaderamente contemporánea del consumo de ese molusco? Por lo demás, el aura de imprecisión parece confirmarse con otros análisis efectuados por Brush. El nivel 35 de Puerto Marqués, precerámico y por lo tanto más antiguo que el nivel que contiene la *pox pottery*, recibe por ejemplo un fechamiento de 2250 a.C. ± 135, ¡o sea dos siglos menos que la fecha eje propuesta para la aparición de la cerámica! En última instancia, se puede pensar que, engañado por el aspecto primitivo de esta cerámica, y al adoptar la creencia del momento sobre la antigüedad de los concheros del Pacífico, el joven estudiante propuso un fechamiento ampliamente "intuitivo", insertándolo debajo de la secuencia cronológica de Mac Neish. Irónicamente, su artículo, de gran divulgación y muy poco apuntalado, ¡sirvió de referencia para una cohorte de arqueólogos experimentados! Ahora bien, desde 1965, ninguna excavación ha permitido confirmar la antigüedad de la cerámica del Pacífico. Para verificar la hipótesis de la presunta antigüedad de los concheros de Nayarit, nosotros mismos fechamos con termoluminiscencia un fragmento de cerámica monocroma rústica extraído del conchero de Punta Mita. El análisis efectuado en 1981 en el laboratorio de bajas radioactividades de Gif-sur-Yvette (Francia) invalidó claramente cualquier antigüedad: ¡la fecha que se obtuvo (1510 d.C. ± 30) demuestra que no se puede considerar con seguridad la baja calidad de una cerámica como criterio de antigüedad!

La historia del sitio de Cuello también es ejemplar. Hacia el año 1970, un equipo angloamericano se dedicó a forjar el pasado de Belice. Esta ex colonia británica, enclavada entre México y Guatemala, cuenta naturalmente con varios sitios mayas de primera importancia. Así, en 1976, en el sitio de Cuello, el equipo de Norman Hammond creyó haber encontrado algo todavía mejor: ¡le concede a Belice el sitio maya más antiguo, con la cerámica más antigua de Mesoamérica! Basándose en numerosos fechamientos con C14 y jugando con el efecto envejecedor de la calibración dendrocronológica, los arqueólogos, encantados por la sorpresa que provocaron en los medios académicos, ubicaron el inicio de la ocupación cerámica del sitio hacia 2500 a.C.[6] Definieron una fase llamada Swasey, desarrollada entre 2500 y 1300 a.C. Este periodo "formativo" de doce siglos fue subdividido luego en un complejo cerámico llamado Swasey, fechado entre 2500 y 1700 a.C., y en otro llamado Bladen, fechado entre 1700 y 1200 a.C. ¡Un milagro! ¡Los objetos, con formas y decoraciones conocidas, aparecen en Cuello con ocho o diez siglos de adelanto respecto a todos los demás sitios! La polémica duró diez años, con un fondo de incredulidad. Luego, en 1988, el arqueólogo Edward W. Andrews acabó convenciendo a Hammond de que elevara su cronología, lo cual permitía oficialmente una nueva serie de fechamientos con radiocarbono. ¡La fase Swasey fue colocada entre 2000 y 900 a.C., y la fase Bladen entre 900 y 600 a.C.![7] Es claro que la voluntad de este equipo anglosajón de darle a la antigua colonia británica una preeminencia histórica prevaleció inicialmente sobre los datos puramente científicos. Los arqueólogos, manifiestamente, se habían dejado arrastrar por el impulso, pero aún les faltaba dar un paso reubicando el principio de su secuencia cerámica a 1500 a.C., aun cuando resulte decepcionante compartir la regla común.

Lo que resulta de los datos actualmente disponibles cabe en tres propuestas:

1. Los datos cronológicos convergen para situar los objetos cerámicos más antiguos de México y Centroamérica alrededor del año 1500 a.C. Como la variabilidad de las medidas físicas es de un orden de varios siglos, estas fechas pueden envejecerse o rejuvenecerse de un modo igual de legítimo. Si hubiera que corregir algo, eso se haría ahora de mejor ánimo viendo hacia el presente, pues un gran número de secuencias cerámicas comienzan hacia 1300 o 1200 a.C., mientras que las fechas eje anteriores a 1500 a.C. son muy escasas.

2. De ningún modo se puede designar una región particular o incluso un ecosistema definido como lugar de origen de la invención de la cerámica. En los niveles arqueológicos, los fragmentos aparecen en todas partes al mismo tiempo, es decir, en la gama de 1500 a 1300 a.C. Los desfases aparentes corresponden a la variabilidad física inherente a los métodos de fechamiento empleados. La competencia entre los sitios por poseer el fragmento más antiguo equivale a un pleito de vecindad y no tiene estrictamente nada que ver con el debate científico. Entre los sitios que han dado la cerámica más antigua, se hallan lugares costeros (Ocos), lo mismo que de altura (Valle de México); entornos semidesérticos (Tehuacán) y valles tropicales (San Miguel Amuco); sitios tanto de la vertiente pacífica (Capacha) como de la vertiente atlántica (San Lorenzo) y así sucesivamente. Hay cerámica antigua en las áreas maya, mexica, tarasca, zapoteca, huasteca, totonaca y centroamericana. La hay en México, Guatemala, Belice, Honduras, El Salvador, Nicaragua, Costa Rica y Panamá. El antiguo debate acerca de la anterioridad de tal o cual cultura que se trataba de explicar por el determinismo del entorno, era, como sabemos ahora, producto de un efecto de óptica, nacido del carácter fragmentario de nuestros conocimientos.

3. La cerámica aparece de repente, bajo una forma elaborada, con tipos y decoraciones ya diversificados. En otras palabras, sólo tenemos hasta ahora contados testimonios de los titubeos tecnológicos que debieron de

79. Vasija cilíndrica. Cerámica con motivos incisos, horizonte olmeca, Cuenca de México, ca. 1000 a.C.

preceder al dominio del arte de la alfarería. Tampoco se localiza ningún indicio de una evolución que vaya de lo simple a lo complejo, de lo burdo a lo sofisticado. Las fases cerámicas más antiguas ya son complejas y revelan un buen dominio del procedimiento, desde el modelado hasta el cocimiento (a 700° C) pasando por la decoración. La incisión y el empleo de pigmentos (cinabrio) pertenecen a la tradición arcaica. ¿Hay que deducir de esto que se trata de una técnica importada? ¿De Sudamérica, por ejemplo? No podemos afirmarlo con seguridad. Tal cosa es posible, pero carece de sustento arqueológico. Lo que sí es seguro es que la invención de la cerámica se difundió muy rápido en México y en Centroamérica y dio lugar, en el espacio de unas cuantas generaciones, a una diversificación local que reflejaba la idiosincrasia y el temperamento estético de diferentes pueblos.

El surgimiento de Mesoamérica

Como anotamos más arriba, el concepto de Mesoamérica se aplica a un área de fuerte integración cultural. La pregunta que conviene plantear es si el descubrimiento y la difusión de la cerámica originan la constitución del área mesoamericana. La respuesta es claramente negativa. Así como se puede fechar la difusión de la cerámica en México y Centroamérica alrededor de 1500 a.C., también es imposible encontrar en esta fecha el menor elemento cultural que pueda sugerir una interconexión a gran escala. Es patente que las primeras huellas de la integración mesoamericana se manifiestan con la aparición de los olmecas hacia 1200 a.C. Existe como mínimo una discontinuidad de tres siglos entre la invención y la generalización de la cerámica, y la constitución de un área mesoamericana culturalmente homogénea. En cierta época, se colocaba a los olmecas en la continuidad de la evolución cultural iniciada en el paleolítico. Las culturas mesoamericanas aparecen entonces como las herederas de las culturas líticas paleosedentarias. Nada me parece más falso. Mesoamérica no es de ninguna manera el estado más acabado de la cultura agrícola, cuyas características empezaron en el séptimo milenio antes de nuestra era. Es verdad que Mesoamérica nace en un contexto agrícola y en un universo de sedentarismo acabado, pero no es ni una emanación sublimada, ni un resultado de ellos. El contexto sedentario indudablemente fue una condición necesaria para la emergencia de Mesoamérica, pero no una condición suficiente. La agricultura y su entorno sociorreligioso es sólo un componente cultural de Mesoamérica. Constituyó el sustrato que fecundarían los primeros nahuas sedentarios, al fusionar en una civilización inédita la tradición nómada septentrional y las adquisiciones culturales de los autóctonos sedentarios de las tierras tropicales y de los altiplanos.

En cierto sentido, se puede decir que Mesoamérica hunde sus raíces en un pasado lejano, de seis mil años de antigüedad, sin ser directamente la heredera del milenio que la precede. Tiene más afinidades con la cultura de los seminómadas de las fases antiguas que con las casi sedentarias, que aparecen hacia el año 2500 a.C. Por curioso que parezca, las sociedades puramente agrícolas serán de facto marginales en el interior de Mesoamérica. La asociación sedentarismo-cerámica-Mesoamérica es por lo tanto un contrasentido: la historia muestra claramente que la aparición de la alfarería, que marca efectivamente el desenlace del proceso de sedentarización, no señala en absoluto los inicios de Mesoamérica. Para fijar el comienzo del periodo mesoamericano, parece razonable tomar la fecha de 1200 a.C., que corresponde a la difusión de los primeros rasgos olmecas en México y en Centroamérica.

7
LA ÉPOCA I: EL HORIZONTE OLMECA (1 200 A 500 a.C.)

La Época I inicia alrededor de 1 200 a.C. y corresponde al horizonte olmeca, que se extingue hacia el año 500 a.C. Si nadie niega ya que este periodo marque los inicios de la integración mesoamericana, en cambio cierto *flou artistique* insiste en aureolar las obras de la época olmeca. Los mismos especialistas dudan acerca de la personalidad de este pueblo fundador: algunos piensan que los olmecas llegan de Centroamérica, otros los convierten en protomayas o protozoques; pero no se encuentran sus raíces en ningún lado. Surgen de repente, con su estilo inimitable y su obsesión por el jaguar; construyen inmensas metrópolis, pulen el jade con una maestría consumada, esculpen monumentos de dimensiones colosales, cuando tres siglos antes, sólo se advierten las huellas de una vida campesina medianamente rústica. ¿Quiénes son esos enigmáticos fundadores de Mesoamérica, cuyo nombre ni siquiera conocemos? El que llevan —olmecas— lo recibieron de un modo un poco arbitrario en los años treinta del siglo pasado, de arqueólogos como Herman Beyer, Marshall Saville y George Vaillant, quienes eran valientes científicos, aunque pertenecientes a una generación pionera que ya no es posible reivindicar, habida cuenta de la evolución de los conocimientos acumulados desde entonces. Ahora bien, el nombre lleva una creencia: *olmeca*, "la gente del hule", era el nombre que los aztecas daban a las poblaciones que habitaban al oriente de México, a orillas de la costa del Golfo. La palabra "olmeca" postula entonces una asociación topográfica con una región particular, que corresponde al sur del actual estado de Veracruz y al actual estado de Tabasco. De este nombre de bautizo derivó una interpretación bastante curiosa de la historia prehispánica en la época olmeca; al tomar la palabra al pie de la letra, se acabó por describir la costa del Golfo como la cuna de esa civilización. Luego se construyó una teoría de las migraciones olmecas en toda Mesoamérica, a partir de las selvas tropicales del norte del istmo. Algunos imaginaron incluso un imperio olmeca cuya capital habría sido La Venta. ¡La palabra había creado a la cosa!

Hay pues un mito olmeca, que es un caso sintomático. Cuando se enfrentaron al descubrimiento de un estilo inédito, los especialistas de principios del siglo XX tenían que elegir una etiqueta para caracterizarlo. ¿Podían acaso imaginar que la palabra —elegida con imprudencia— daría cuerpo a una interpretación teórica de tal amplitud que opacaría por completo la comprensión del nacimiento de Mesoamérica?

Hubo muchos intentos de modificar las cosas y evitar un contrasentido. El historiador mexicano Wigberto Jiménez Moreno intentó crear una nueva palabra, meramente descriptiva, y propuso llamar a los olmecas *tenocelome*, lo que en su idea significaba "los que tienen labios de jaguar", pero que, en buen náhuatl, se traduciría más bien por "jaguares con labios". No tuvo ningún éxito. Todo el mundo siguió empleando la palabra "olmeca". Otros, numerosos, sugirieron distinguir a los "olmecas arqueológicos" de los "olmecas históricos" mencionados por las crónicas del siglo XVI. Pero la expresión "olmecas históricos" es ambigua, ya que se aplica a un grupo totalmente prehispánico, cuyos vestigios son puramente arqueológicos, lo cual en cierto modo agudiza la confusión.

Por mi parte, considero que es demasiado tarde para despojar de su nombre a los olmecas, que ingresaron con este nombre en el cortejo de las civilizaciones prehispánicas. En cambio, nada impide ignorar las ideas recibidas y recuperar desde su origen el expediente olmeca, al basarnos exclusivamente en la suma de las informaciones disponibles hoy.

PÁGINA ANTERIOR. 80. Figura antropomorfa de jadeíta con glifos incisos. Área de Puebla.

El horizonte olmeca: ensayo de interpretación

La difusión del estilo olmeca

El estilo olmeca —sobre el que volveremos— ofrece al arqueólogo una inmensa ventaja: se reconoce de inmediato. Centrado en el tema del jaguar y del personaje mitad humano y mitad felino que a veces llaman bebé-jaguar, el arte olmeca sorprende por su vigor y su expresionismo. Adopta un lenguaje estético bastante violento, en el que se percibe un fuerte énfasis simbólico. Al contrario del arte naif, desarrolla una temática a todas luces religiosa. La mayoría de los rostros humanos muestran labios entreabiertos, con las comisuras hacia abajo, y dan a menudo la impresión de llorar o sufrir. Los finos grabados realizados sobre piedra dura entrelazan, superponen e imbrican perfiles y motivos simbólicos, y aúnan un alto nivel de elaboración conceptual con el dominio de la glíptica. Los olmecas prefieren el jade, pulido por los lapidarios con precisión de artistas. En pocas palabras, el estilo olmeca es único y perfectamente distintivo. Así que es fácil elaborar el mapa de su difusión en México y en Centroamérica.

En la costa del Pacífico se encuentran vestigios olmecas desde la desembocadura del río Balsas, al oeste, hasta la península de Nicoya (Costa Rica), al este, lo cual representa alrededor de 2 000 km de costas. En el estado de Guerrero, los sitios son numerosos. Se encontraron estatuillas olmecas en Zihuatanejo, en Petatlán, en San Jerónimo, a orillas del Pacífico; pinturas rupestres en Oxtotitlán y en Juxtlahuaca; una estela grabada en San Miguel Amuco; diversos objetos de jade en la región de Zumpango del Río y de Olinalá. Aun si todavía se conocen poco, existen sitios con arquitectura como atestiguan las excavaciones de Tlacozotitlan, que en 1983-1984 expusieron un recinto de 32 x 26 m, bordeado con bloques de toba caliza y organizado según un eje este-oeste, marcado por cuatro magníficos monolitos esculpidos con la efigie del jaguar.[1]

La vecina región de Oaxaca parece un poco menos rica en vestigios, pero se encontraron objetos de hermosa factura en Tlaxiaco y en Apoalan, en la Mixteca Alta. Existe también en Huamelupan una famosa estela-estatua de inspiración olmeca. Más allá del Istmo, la "ruta" olmeca parece abundantemente marcada: Monumento 1 de Tzutzuculi, cerca de Tonalá; grabados rupestres de Pijijiapan; Monumento 2 de Izapa; relieves rupestres y monumentos de Abaj Takalik (Guatemala); monumentos de Las Victorias y Chalchuapa (El Salvador). Más al este, las huellas están más dispersas, pero existen: un jaguar erguido, actualmente en el Museo Nacional de Managua, lleva sobre el pecho un glifo distintivo perteneciente al repertorio olmeca. En Costa Rica, la presencia olmeca es patente en la península de Nicoya (provincia de Guanacaste), en donde se exhumaron jades y estatuillas huecas de tipo "bebé mofletudo", totalmente representativas.

En la costa atlántica, la huella olmeca sube hacia el norte hasta el río Tuxpan. En las riberas de éste, en el lugar llamado La Mata, se encontraron pequeñas figuras con el cráneo deformado y la boca "sollozante" del estilo olmeca. Más al sur, se observan vestigios olmecas en Chalahuite (cerámica) y El Viejón (estelas, cerámica). Después se observa una concentración bastante importante de sitios alrededor de los volcanes Tuxtlas, que dominan la llanura costera y pantanosa del estado de Veracruz; ahí se encuentran Cerro de las Mesas, Tlacotalpan, Laguna de los Cerros y, desde luego, los tres grandes sitios de Tres Zapotes, San Lorenzo y La Venta, famosos por sus cabezas colosales. Al este de La Venta empieza el área maya. Se ha dicho mucho que no había vestigios olmecas en tierra maya: no es exacto. Más valdría decir que hay menos. En lo referente a las tierras bajas que nos interesan aquí (Yucatán y El Petén), se puede citar el depósito de Seibal,[2] la estela de Tenosique en el río Usumacinta, el descubrimiento en Chacsinkin (Yucatán), en 1984, de una ofrenda que abrigaba un lote de objetos olmecas hoy depositados en el Museo Regional de Antropología de Mérida. De Belice, se conoce una buena veintena de objetos olmecas que provienen de excavaciones clandestinas. El pectoral con cabeza de jaguar de cuarcita verde de la

Petrograbados del Monumento de Las Victorias, El Salvador.
81. Personaje caminante.
82. Personaje sentado.

colección Woods Bliss (Dumbarton Oaks), que lleva en el reverso unos glifos premayas, procedería de Quintana Roo. De Mayapán nos ha llegado una pequeña cabeza de piedra dura con los labios muy recogidos. En cuanto al sitio de Uaxactún, en el centro del Petén, a menudo se ha observado el aspecto olmeca de los cuatro mascarones que adornan los escalones de la estructura E-VII-sub. El sitio de Cival cerca de Holmul, al este de Uaxactún, poco excavado aun presenta también mascarones de estilo olmeca, indicio corroborado por el descubrimiento de una ofrenda en cruz atribuible al horizonte olmeca.[3] En la isla de Cozumel, exactamente en el sitio de San Gervasio, se halló un pendiente de jade cincelado con un rostro de hombre-jaguar.[4] En fin, en la vertiente caribeña de Honduras, las pocas excavaciones emprendidas revelaron la presencia olmeca: en Los Naranjos, cerca del lago Yojoa, los arqueólogos franceses Baudez y Becquelin descubrieron en 1969, en el nivel más antiguo, una cabeza de figurilla de estilo olmeca, y una ofrenda de hacha de piedra verde asociada con cinabrio; en Copán, en donde se conocían desde hacía mucho tiempo esculturas premayas de personajes obesos cubiertos de plumas, se exhumó recientemente, en un sector llamado Grupo 9 N-8 (Patio 4), una sepultura claramente olmeca, que contenía nueve hachas, trescientas cuentas de jade y cuatro piezas de cerámica con incisiones características. Estos datos científicos confirman el carácter autóctono de ciertos objetos olmecas que, según se decía, provenían de la desembocadura del río Ulúa (región de Puerto Cortés) y que conservaron coleccionistas locales.

Por lo que respecta a las tierras altas centrales, la red de la ocupación olmeca también es densa. En el Valle de México, los dos sitios más representativos son Tlatilco y Tlapacoya. En el estado de Morelos, la presencia olmeca es prácticamente generalizada; pero se puede poner de ejemplo el sitio de Chalcatzingo, famoso por sus relieves rupestres, sus monumentos y su cerámica. El estado de Puebla también cuenta con varios sitios ilustres como Las Bocas y Epatlán, cerca de Izúcar. Al norte de dicho estado, Necaxa parece marcar el límite septentrional de la extensión olmeca. En el borde oriental del Altiplano Central, los objetos dispersos provenientes de Perote y de Jalapa sellan la continuidad de la ocupación territorial de los olmecas. Lo mismo sucede al otro lado del Istmo, en las tierras altas de Chiapas y de Guatemala, en donde los nombres de Xoc, Simojovel, Ocozocuautla, Padre Piedra y Kaminaljuyú atestiguan el asentamiento de los olmecas.

Se ve perfectamente, a partir de este breve resumen, que los olmecas no constituyen una cultura regional limitada en el espacio; por el contrario, transmiten rasgos culturales en toda Mesoamérica, y hay que estudiarlos como tales, es decir, en su conjunto.

La cronología olmeca

Los arqueólogos han dudado mucho acerca de qué posición cronológica atribuirles a los olmecas. En un principio, imaginaron que eran contemporáneos de los mayas. Después, Matthew Stirling descubrió una curiosa estela en 1939, en Tres Zapotes. En el anverso, llevaba una cabeza de jaguar sollozante, de un estilo bastante geométrico, mientras que en el reverso llevaba grabada una fecha expresada según la convención de la cuenta larga maya. Recordemos que en este tipo de inscripciones se indica la fecha contabilizando el número de días transcurridos a partir de un punto cero convencional. Si se lee la inscripción según la correlación GMT establecida para los mayas (véase p. 183), se obtiene la fecha de 31 a.C. Según la correlación de Spinden, se llega al año 291 a.C. ¡una fecha muy antigua para los mayas! Sobrevino una polémica: la parte alta de la estela estaba rota, por lo que faltaba la primera cifra de la inscripción y algunos pusieron en duda la restitución hecha por Stirling, quien había leído 7.16.6.16.18. También se emitió la hipótesis de una inscripción posterior a la escultura de la cara principal. Finalmente, algunos, sensatamente, opinaron que la fecha de origen de la Estela C de Tres Zapotes podía ser distinta de las estelas mayas y que, por lo tanto, no se podía correlacionar de modo válido con el calendario gregoriano. En 1969, un campesino que labraba su terreno encontró la parte superior de la estela: se trataba efectivamente de una inscripción antigua "en baktun 7". Pero permanecía el fondo del problema: ¿qué pensar de las correlaciones 31 o 291 a.C.?

Las primeras dataciones con C14 que se obtuvieron para La Venta[5] consternaron a los defensores del origen maya de los olmecas. Todas las fechas propuestas se inscribían en el primer milenio *antes* de Cristo. Entonces, los olmecas no podían ser contemporáneos de los mayas, cuyo apogeo se sitúa entre el siglo VII y el siglo IX d.C. Pero la novísima técnica del C14 en aquella época todavía era exploratoria; se propusieron las fechas para La Venta con un intervalo de variabilidad de 600 años; la fase más antigua se fechó con cinco muestras escalonadas entre 1160 y 610 a.C., mientras que para la última ocupación, se obtuvieron tres fechas: 580, 450 y 280 a.C., por lo que se podían hacer varias lecturas: se podía dibujar una secuencia larga

83. Monolito esculpido, Tlacozotitlán, Guerrero.

que corriera de 1500 a.C. al año 0, lo mismo que una secuencia recogida entre 850 y 600 a.C. Aún sigue la discusión sobre la cronología olmeca.

Diez años después, para tener en cuenta los avances realizados en las técnicas de dosificación del radiocarbono, se analizaron otra vez nueve muestras de carbones tomadas durante las excavaciones de La Venta en 1955. Los resultados de 1966 fueron un poco más precisos; se escalonaron de 1000 a 600 a.C., con una desviación del orden de doscientos años. Las excavaciones dirigidas por Michael Coe en San Lorenzo entre 1966 y 1968, basadas en una serie de fechamientos con C14, confirmaron la antigüedad de los olmecas al situar el apogeo de este sitio entre 1200 y 900 a.C.

Desde entonces, se han realizado numerosas investigaciones, como en Tlatilco y en Tlapacoya (Valle de México), en Tlacozotitlan (Guerrero), en Abaj Takalik (Guatemala), en Chalcatzingo e Iglesia Vieja (Morelos) y naturalmente en el estado de Veracruz. Ahora se ha precisado el panorama y se han consolidado algunas certezas. En primer lugar, es claro que la aparición del estilo olmeca se da simultáneamente en Mesoamérica en todas partes, hacia el siglo XII a.C. En ese ámbito, no hay una anterioridad notable de una región en relación con otra. La polémica acerca del origen geográfico parece entonces carecer de objeto. Los olmecas de Guerrero, del Valle de México, de Veracruz y de Chiapas son contemporáneos.

Se ha hablado de apogeo y de decadencia. Los términos, cargados de significación, parecen inapropiados. Objetivamente, es difícil dividir en módulos el periodo olmeca; nuestros conocimientos son demasiado fragmentarios y corremos el riesgo de convertir indebidamente un acontecimiento de microhistoria en norma general. Por ejemplo, que el sitio de San Lorenzo haya sido repentinamente abandonado hacia 900 a.C., ¡no implica en sí mismo el fin del mundo olmeca! Los fechamientos con C14 y la estratigrafía de Tlapacoya sitúan la desaparición del estilo olmeca (fases Ayotla y Manantial) hacia el siglo VII a.C. Las cinco fechas de radiocarbono obtenidas para el recinto de los monolitos de Tlacozotitlán (Guerrero) dan una gama de 940 a 550 a.C. El final de la ocupación en La Venta parece situarse alrededor del siglo VI a.C. Tratándose de un estilo homogéneo, es razonable situar cronológicamente lo olmeca entre 1200 y 500 a.C. Ir más allá y realizar una periodización interna de la secuencia me parece muy aleatorio; los autores que lo han hecho tuvieron que privilegiar un estilo local o elegir un sitio de referencia, lo cual resulta en buena medida arbitrario.

7 • LA ÉPOCA I: EL HORIZONTE OLMECA (1200 A 500 a.C.)

Sin embargo, parece importante insistir en un hecho: el término *olmeca* puede designar correctamente un estilo y un horizonte cronológico. Pero no puede caracterizar válidamente un sitio ni un área geográfica. Lo repetimos: en la Época I, ¡toda Mesoamérica está marcada con el sello olmeca! Conviene entonces disipar una tradición equívoca que describió el mundo olmeca a partir de tres sitios de referencia situados en la costa del Golfo de México: La Venta, San Lorenzo y Tres Zapotes. Todo el material arqueológico proveniente de estos sitios fue clasificado de modo uniforme como "olmeca": esto es un error. La ocupación olmeca de Tres Zapotes es muy discreta y casi todos sus monumentos pertenecen a la Época II, por lo que los estudiaremos en el siguiente capítulo. San Lorenzo y La Venta, que indudablemente reciben una ocupación olmeca importante, siguen ocupados durante la Época II y un cierto número de sus monumentos son posteriores al periodo olmeca. Éste es muy probablemente el caso de las famosas cabezas colosales, ¡que sin embargo sirvieron durante medio siglo como símbolos del arte olmeca!

Finalmente, es claro que el estilo olmeca no nace de la nada. Prácticamente todos los sitios olmecas tienen una ocupación previa, por lo menos desde el año 1500 a.C. Pero ahora es un hecho consumado que esta ocupación anterior al año 1200 a.C. no es olmeca, incluso si se conoce en la

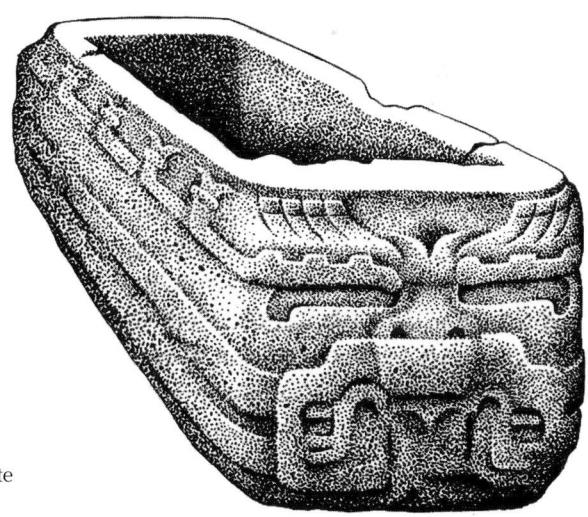

84. Sarcófago de piedra procedente de La Venta, Tabasco.

literatura científica con el nombre de Olmeca I. Durante las excavaciones ya antiguas de La Venta (1939-1940), se había descubierto que los constructores —olmecas— del centro ceremonial habían empleado, para constituir el terraplén de varios túmulos, barro de color que provenía manifiestamente de construcciones más antiguas. Por lo tanto, se había llegado a la conclusión de que existía una ocupación anterior —lo cual era exacto—, y se le había atribuido generosamente a los mismos olmecas, lo cual no era así. Esto se confirmó con unos sondeos practicados después. Se produjo la misma confusión en la interpretación de Tlatilco; hoy se sabe que entre 1500 y 1200 a.C., hay en el Valle de México una fase preolmeca llamada Nevada. Del mismo modo, el estilo olmeca no aparece durante la primera ocupación de Tlacozotitlán (1423 a.C. ± 112).

Efectivamente, son unas sociedades sedentarias con cierto grado de desarrollo las que han servido como bases para la emergencia de los olmecas. Pero no es posible establecer una filiación directa entre esas poblaciones de agricultores y los olmecas, que se imponen de modo rápido y uniforme en toda Mesoamérica durante el siglo XII a.C. Conviene ahora analizar las consecuencias de todas estas observaciones.

¿Quiénes son los olmecas?

Antes de responder a esta pregunta, conviene definir lo que no son los olmecas. La primera evidencia que se impone es que conviene eliminar la hipótesis de un pueblo étnicamente homogéneo, originario de la costa del Golfo, que funda poco a poco, en México y Centroamérica, un poderoso imperio comercial siguiendo las rutas del jade, y convierte a su paso a las poblaciones locales al culto de su misterioso dios-jaguar. Esta visión —clásica— del mundo olmeca es manifiestamente el producto de una casualidad arqueológica. En ella se advierte de modo muy claro el orden cronológico en que aparecieron las informaciones: en 1862, José María Melgar describe la primera cabeza colosal encontrada en Hueyapan (Tres Zapotes); en 1925, Franz Blom y Oliver La Farge descubren en La Venta una segunda cabeza

PÁGINA SIGUIENTE. 85. Figura masculina sentada, Veracruz.

7 • LA ÉPOCA I: EL HORIZONTE OLMECA (1200 A 500 a.C.)

colosal; en 1927, Herman Beyer consagra la palabra "olmeca"; en 1932, George Vaillant descubre la presencia olmeca en Tlatilco; la convierte en una "colonia" de los olmecas de la costa del Golfo; en 1933, excava en Gualupita, otra "colonia" olmeca en Morelos; en 1938, la National Geographic Society de Washington se apropia de la palabra y de la cosa, y financia las excavaciones de Stirling en Tres Zapotes, y luego en La Venta y en San Lorenzo. Se ha construido el mito olmeca. Desde entonces, la menor hacha de jade pulido hallada en Mesoamérica tiene la reputación de provenir de la costa del Golfo. Desde el momento en que un jaguar enseña sus belfos sobre la piedra de un monumento, ¡está demostrando una migración olmeca procedente de La Venta!

No hay que guardarles rencor a los científicos de la época por haber elaborado semejante esquema. Recordemos que en los años treinta la organización del mundo era de tipo colonial; así que los arqueólogos de entonces proyectaron sobre la realidad prehispánica, de un modo muy natural, un modelo que les parecía corresponder al orden establecido: imaginaron un centro de poder y dependencias coloniales. Es significativo que en los años cincuenta, el debate, animado por Miguel Covarrubias, se haya referido al problema del origen de los olmecas, y no al tipo de organización sociopolítica en la época preclásica. Covarrubias pensaba que el foco de difusión de la cultura olmeca era Guerrero y la costa del Pacífico, mientras que la escuela estadounidense defendía la tesis de la costa del Atlántico. Finalmente, los científicos mexicanos pasaron a este último campo, sellando el éxito de la ecuación *olmeca=costa del Golfo*. El libro de Ignacio Bernal, *El mundo olmeca*, publicado en México en 1968, formalizaba con brío el cuerpo de esta doctrina, que habría de tener cierta perennidad.

Sin embargo, la interpretación elegida planteaba más preguntas de las que resolvía. En particular, permanecía entero el problema de la lengua que hablaban los olmecas. Bernal optaba por un grupo advenedizo "que se introducía como un cuño" en el área macromaya, y separaba así a los mayas de Yucatán del grupo huasteco y totonaco del norte de Veracruz. Pero el autor nos dejaba en ascuas, pues no revelaba nada de las características étnicas ni de los orígenes de ese grupo misterioso que un buen día decidió instalarse entre los mayas y los totonacos para ir a conquistar México y Centroamérica. En realidad, como no tenemos ninguna huella arqueológica de la llegada de los olmecas de la costa del Golfo, debemos suponer, o bien que la intrusión es muy antigua y que se dio una larga maduración in situ en el anonimato más absoluto, ¡o bien que la llegada a México se hizo por vía marítima! Añadamos que según este esquema, esos olmecas se habrían desvanecido en la naturaleza al cabo de mil años: su lengua habría desaparecido con su arte. Es evidente que todo esto es muy difícil de creer y nadie lo cree realmente.

Para darle cuerpo a la teoría del origen nordístmico de los olmecas, unos lingüistas estadounidenses, en particular Lyle Campbell y Terrence Kaufman, postularon la autoctonía de los constructores de La Venta. Al observar que se hablan dos lenguas en el área olmeca llamada "metropolitana", el náhuatl y el popoloca, y al considerar que el náhuatl era de introducción tardía, los lingüistas optaron entonces por convertir al popoloca en la lengua de los olmecas. El popoloca, que todavía se habla en la vertiente oriental de las montañas de Tuxtla, es un dialecto del zoque, lengua emparentada con la familia lingüística maya. Para Campbell y Kaufman, los olmecas del segundo milenio a.C. hablaban entonces un protozoque o incluso un preprotozoque que en aquella época habría sido una lengua de difusión, y habría fecundado otras lenguas mesoamericanas, sobre todo en el terreno de las actividades rituales.

La suposición de que los habitantes de San Lorenzo hablaban zoque en 1200 a.C., no carece completamente de pertinencia. En el contexto mesoamericano, el simple hecho de que hoy se siga hablando zoque cerca de San Lorenzo es un argumento que respalda mucho esta tesis. El sometimiento al terruño es en efecto extremo entre los pueblos sedentarios mesoamericanos. El problema reside en que esta hipótesis es incompatible con la teoría migratoria y difusionista, que considera a los olmecas como comerciantes, misioneros o guerreros que recorren Mesoamérica, ya que si los olmecas hubieran sido zoques, entonces, lógicamente, ¡se hablaría zoque en toda Mesoamérica! La verdad es que los zoques ocupan milenariamente el norte del Istmo, y que nunca salieron de ahí. Son sedentarios y no nómadas. Los olmecas de Tlatilco, de Guerrero y de Costa Rica de ningún modo pueden ser zoques.

En realidad, si los investigadores no han hallado una explicación satisfactoria, es porque hasta fechas relativamente recientes, el problema estaba mal planteado. Todo el mundo estaba obnubilado por la costa del Golfo, que se convertía en el foco de origen de la civilización olmeca. Ahora bien, sabemos que los olmecas son autóctonos en todos los lugares en los que se encuentran sus huellas. Entonces no tiene objeto hablar de "zona metropolitana" o del "corazón del mundo olmeca" en oposición a "zonas de penetración", a "zonas de influencia" o "establecimiento comercial", nueva denominación de las antiguas "colonias". Del mismo modo, la distinción entre olmeca y olmecoide carece de sentido, pues no hay derivación de uno hacia el otro. El olmeca de La Venta no es más "puro" que el olmeca de Tlacozotitlan o el de Chalchuapa. En ese terreno, no hay primacía que concederle a la costa del Golfo.

Entonces, hay que reordenar el rompecabezas y combinar lo que podría parecer antinómico, a saber: la distribución del estilo olmeca en toda Mesoamérica, la simultaneidad de su aparición sobre todo este territorio, su autoctonía, que explica las variaciones locales en la expresión plástica, y el hecho de que no se deriva de las culturas agrícolas que lo preceden.

La hipótesis nahua

Todo lo que se conoce en Mesoamérica autoriza otra explicación del mundo olmeca, basada en la antigüedad de la presencia nahua. Hemos dicho que hay dos tradiciones culturales en Mesoamérica: la sedentaria y la nómada. Pero hay que insistir en que Mesoamérica nace en un momento en que los pueblos sedentarios han concluido su proceso de sedentarización. Concretamente, esto significa que los otomangues, los macromayas y los grupos menores ya están instalados en su territorio: se aferran a él y no se mueven de ahí; simplemente lo defienden al ocuparlo. Los territorios maya, zoque-mixe, huasteco, otomí, mixteco-zapoteco, mazahua, yopi, etc., ya están constituidos: forman entidades gobernadas por el principio de la continuidad territorial. Dicho de otro modo, los territorios de los sedentarios forman bloques; son limitados y poseen fronteras. Para estos pueblos, titulares de las tierras, migrar equivale desde entonces a una apuesta suicida, pues el mundo mesoamericano es cerrado: ya no hay tierras vacantes. El aumento de la presión demográfica que se observa desde 1 500 a.C. traduce por cierto esta situación de hecho: la población crece en el lugar; el proceso de dispersión de las macrobandas se detiene.

PÁGINA SIGUIENTE. 86. Hacha de jade con personaje grabado. Procedencia desconocida.

En este contexto, sólo pueden migrar poblaciones adaptadas a esta nueva distribución de las cartas, es decir, aptas para instalarse en tierras que no les pertenecen. Ahora bien, en la historia de Mesoamérica, sólo se conoce un grupo con este perfil: el de los nahuas.

Los nahuas poseen culturalmente esta doble predisposición para el sedentarismo y la migración, y esta rara capacidad de hacer suya la tierra de los demás. Saben injertarse en las poblaciones existentes. Saben, sobre todo, gestionar toda clase de situaciones, aceptar temporalmente las posiciones más humildes, jugar sobre varios registros (por ejemplo, la fuerza o el comercio). Son los únicos nómadas capaces de sobrevivir en medio sedentario; los demás utoaztecas han elegido permanecer en el norte, fuera de Mesoamérica.

Examinemos ahora el mapa de Mesoamérica en la época olmeca y sobrepongámoslo al único mapa lingüístico sobre el cual podemos trabajar, el que representa la distribución de las lenguas indígenas en el momento del contacto con los españoles. No nos queda sino observar que los principales sitios olmecas se encuentran todos en zonas nahuas. Aparte del enclave popoloca-zoque de los Tuxtlas, se habla náhuatl en el Istmo, de la laguna de Alvarado a la laguna de Términos. Más al norte, el náhuatl compite con el totonaco, en partes más o menos iguales. En el Altiplano, el náhuatl es práctica general: Tlatilco, Tlapacoya, Chalcatzingo, Tlacozotitlan, Juxtlahuaca, Gualupita, Las Bocas son sitios alrededor de los cuales se habla esta lengua. Más al este, la franja costera del Pacífico, de Tehuantepec a Guanacaste, también es de tradición nahua: ahora bien, ahí se encuentra punteada una sucesión de sitios olmecas. En cuanto al altiplano chiapaneco, guatemalteco y salvadoreño, generalmente se estima que sólo recibió una influencia nahua en los últimos siglos antes de la Conquista. Pero se trata sólo de una presunción sin ningún fundamento científico, basada en una simple creencia que asocia a los nahuas con la época tardía. ¿Por qué esta presencia nahua no sería más antigua? En todo caso, ningún elemento arqueológico conocido hasta hoy nos autoriza a clasificar las tierras altas centroamericanas en el área maya en la Época I. Habida cuenta de la olmequidad en esa zona, parece razonable incluirla en el orbe nahua.

La concordancia casi ideal del mapa arqueológico y del mapa lingüístico lleva a asociar olmequidad y nahuatlidad. A todos los especialistas les parece lógico aceptar el principio de la permanencia de la ocupación territorial desde 1500 a.C. hasta nuestros días para todos los grupos sedentarios no nahuas. ¡Los lingüistas, por cierto, no dudan en sugerirnos que los amuzgos, los huaves o los triquis podrían estar ocupando sus reductos desde hace siete u ocho mil años! ¿Por qué negarles a los nahuas lo que se les concede a todos los demás pueblos? En el fondo, porque arrastran una imagen de nómadas e invasores. Por mi parte, estoy convencido de que el mapa lingüístico de México y de Centroamérica queda fijado desde la fase de constitución de Mesoamérica, y necesariamente los nahuas tienen su lugar ahí, pues sólo ellos pueden ser los agentes de la integración cultural que caracteriza a la Época I. Todos los demás pueblos son sedentarios y, por lo tanto, tienen asignada una residencia.

Naturalmente, la denominación *nahua* para designar a un grupo étnico de la Época I no implica la fosilización de la lengua ni permanencia de la expresión artística durante 2700 años. El náhuatl hablado en 1200 a.C. puede haber diferido sensiblemente de la lengua azteca del siglo XVI. Del mismo modo, el arte nahua, a lo largo de las épocas, tendrá varios estilos. Pero lo que conviene manifestar es que se trata, a pesar de todo, de un mismo pueblo.

Finalmente, hay que disipar un posible equívoco: cuando sugiero asociar olmequidad y nahuatlidad, no pretendo dar a entender que todos los habitantes de Mesoamérica en la época olmeca son nahuas. Es claro que el horizonte olmeca de la Época I corresponde a un mundo pluriétnico. Pero este mosaico cultural, perfectamente heterogéneo, está integrado sobre la base de los valores nahuas. Así se explica la diversidad en el interior de la entidad mesoamericana: en la Época I, en La Venta, existen ciertamente indígenas zoques y nahuas; en las tierras altas guatemaltecas, los nahuas se insertan en un poblamiento maya; en Tlatilco, esos mismos nahuas están asociados con otomíes, y así sucesivamente.

En resumen, se puede considerar que el arte olmeca es una codificación estilística que emana de los primeros nahuas mesoamericanos. Pero es indudable que este mundo mesoamericano de la Época I les otorga un lugar importante a estilos locales de origen no nahua.

La civilización madre: el aporte olmeca a la mesoamericanidad

Se puede, con justa razón, considerar a la civilización olmeca como la madre de Mesoamérica. Primero, porque su surgimiento rubrica la aparición del área cultural mesoamericana. Después, porque los olmecas tendrán una posteridad y legarán a las civilizaciones ulteriores un conjunto provisto de rasgos culturales extremadamente específicos. Por este motivo, todo estudio sobre el mundo precolombino tiene que pasar por el del legado olmeca, lo cual no quiere decir, desde luego, que los caracteres de las civilizaciones posteriores estén incluidos íntegramente en la civilización olmeca. La evolución estilística, por ejemplo, será notable: el estilo olmeca desaparecerá casi por completo al final de la Época I. Su presencia será tímida en la Época II, con formas muy mestizadas, mientras que en la Época III sólo intervendrá como reminiscencia.

Notemos también que ciertas producciones características de los olmecas no darán lugar a ninguna continuidad, y que el horizonte olmeca integra elementos no nahuas que sería abusivo callar. Por lo tanto, conviene analizar el conjunto de esos rasgos, para comprender el espíritu de la Época I.

El culto al jaguar

No cabe duda de que el rasgo más sorprendente del arte olmeca es la omnipresencia iconográfica del jaguar. Estilizado hasta la abstracción, antropomorfizado o representado con una apariencia más zoomorfa, el gran felino americano ocupa efectivamente la parte delantera del escenario durante la Época I, al grado de que se ha podido afirmar que la religión olmeca giraba esencialmente en torno a un culto del jaguar. ¿Qué sucede exactamente con esto?

Reducir la religión de los olmecas a este culto sería un enojoso error de perspectiva, habida cuenta de los datos acumulados hasta la fecha. De hecho, ni siquiera parece que podamos interpretar todas las representaciones del felino como referencias a un "dios jaguar". Desde la época olmeca, el jaguar parece funcionar más bien como un símbolo complejo, que puede originar varios niveles de lectura.

- En primer lugar, el jaguar parece estar asociado con la tierra, y de modo más preciso, con el interior de la tierra. En La Venta (Altar 4), se ve un personaje importante emergiendo de un nicho que no es sino el hocico de un jaguar. En Chalcatzingo y en Necaxa, aparecen representaciones de la tierra concebida como una cueva, que no es sino la mandíbula muy abierta del felino. Cuatro plantas crecen afuera de esa cueva jaguar, como para materializar los cuatro orientes. El animal está representado según la estilización estandarizada de la época, con cejas en forma de llamas y ojos con un glifo de la cruz de San Andrés. Por el contexto, la dimensión telúrica del jaguar no deja lugar a dudas. Ahora bien, éste es precisamente el simbolismo que conservará el jaguar hasta la época azteca. Los habitantes de México, en vísperas de la Conquista, veneran a un dios jaguar llamado Tepeyollotl, "el corazón de la montaña".

- El concepto de gruta, de cueva, de mundo intratelúrico, ¿implica la idea de fecundidad? Es importante la respuesta a esta pregunta. En efecto, varios autores, después de Covarrubias, se inclinan por considerar al jaguar olmeca como antepasado de Tlaloc, el dios de la lluvia que ya domina en Teotihuacan, durante la Época III, y está instalado en la cumbre del Templo Mayor

87 y 88. Cuatro hombres cargando bebés jaguar. Caras laterales del Altar 5 de La Venta, Tabasco.

durante la Época V. Ahora bien, esta filiación sólo es posible si el jaguar tiene, desde la época olmeca, los atributos de un dios acuático. En verdad, la respuesta no se da de entrada. El jaguar olmeca conserva una parte de su misterio y Tlaloc, en las épocas tardías, sólo de modo episódico aparece dotado de rasgos felinos. A este respecto, la lámina 2 del *Códice Laud* (véase p. 265) es más bien una excepción, incluso si este documento constituye una indicación impactante. Todo ocurre como si existiera cierta filiación, pero sin que la descendencia se haya dado en línea directa. Acerca de Teotihuacan, volveré sobre una posible génesis de la imagen de Tlaloc. Por lo pronto, notemos que el elemento más fuerte para apuntalar el vínculo jaguar/Tlaloc es la relación con el niño, y de modo más específico, con el bebé.

Todo el mundo ha observado que los jaguares olmecas están representados con las comisuras de los labios jaladas hacia abajo, como un bebé que llora. Por lo demás, las representaciones de bebés son muy numerosas en el arte olmeca; las hay de dos tipos: los bebés muñeca, sin cabello, asexuados, rollizos e incluso adiposos, a menudo elaborados en posición sentada, con las piernas abiertas. Y los bebés jaguar, mitad humanos, mitad felinos, con los belfos hacia abajo, que manifiestamente están sollozando. Creo que el vínculo del simbolismo jaguar/bebé son precisamente las lágrimas. Si nos remitimos a la época azteca (siglo XVI), sobre la que tenemos suficientes documentos, se observa que Tlaloc requería sacrificios de niños. En ese ámbito, era el único dios cuyo culto incluía semejante exigencia. Sabemos, por el cronista Bernardino de Sahagún, que esos niños, de sexo indiferente, todavía tenían que estar tomando pecho. Las desafortunadas víctimas, ricamente adornadas, eran transportadas en litera a la cumbre de las diferentes montañas que rodeaban el lago de México. "Y cuando ya llegaban los niños a los lugares adonde los habían de matar, si iban llorando y echaban muchas lágrimas, allegrábanse los que los veían llorar porque decían que era señal que llovería muy presto".[6] Así, las lágrimas llaman a la lluvia. En consecuencia, el bebé parece la criatura más calificada para servir de intermediario entre los hombres y el dios del agua.

Es muy verosímil que la estatuaria olmeca represente efectivamente el acto de llorar, acto sagrado destinado a complacer a las divinidades del agua y, en particular, al dios jaguar. Pueden estar representados la ofrenda de lágrimas y su recipiendario bajo la forma sintética del jaguar que llora —como sobre el anverso de la Estela C de Tres Zapotes y sobre la cabeza esculpida del Museo de Historia Natural de Nueva York— o sólo la ofrenda de lágrimas, bajo la forma del bebé, que llore explícitamente o no.

Aquí tendríamos la explicación de esas escenas medianamente misteriosas que abundan en el arte olmeca. Sobre los costados del Altar 5 de La Venta, se ven cuatro personajes —de altos dignatarios— que cargan a un bebé desnudo y que llora, mientras que el personaje central representado en altorrelieve y que emerge de un nicho lleva en brazos a un bebé-jaguar, con un gesto de ofrenda característico. Se encuentra esta actitud sobre la figurilla llamada "Señor de Las Limas". ¿Quizá se trate de víctimas sacrificiales, prometidas a la voracidad del jaguar, como esos recién nacidos aztecas prometidos a Tlaloc en nombre de la fertilidad telúrica? La temática del bebé estaría, en este caso, ligada a un culto del agua y de la lluvia.

Añadamos que el tema de la ofrenda del niño es una constante en los manuscritos pictográficos de época azteca (por ejemplo, *Códice Fejérváry-Mayer*, lám. 25). El niño siempre aparece desnudo y asexuado, pero a diferencia del estilo olmeca, su cráneo no aparece calvo, ni abierto, ni deformado como pan de azúcar. En cambio, se conocen varias escenas en que unos dioses clavan una espina de escarificación en el ojo de esos pequeños (*Códice Borgia*, láms. 15 y 16), lo cual puede ser una reminiscencia de la veneración de los olmecas por las lágrimas.

Independientemente de esta relación preferencial con el bebé, la personalidad del Tlaloc azteca cuadra bastante bien con una eventual ascendencia olmeca. Tlaloc es ciertamente un dios del agua con vocación generalista, pero, a pesar de todo, está subordinado de modo más específico a la dirección oriental y al mundo de las tierras bajas tropicales, en donde por lo demás dispone de un paraíso específico, el Tlalocan.

● Asociado con las cuevas y el interior de la tierra, el jaguar alimenta una estrecha relación simbólica con la oscuridad y con el mundo nocturno. En todas las tradiciones mesoamericanas, es el animal nocturno por excelencia; pero esta característica es inseparable de su personalidad de gran felino. Como criatura de las tinieblas, es predador. En este registro, igual que en todo el simbolismo mesoamericano, se articula alrededor de un sistema dual en el que cada término le responde a su opuesto simétrico, el jaguar hace equipo con el águila para simbolizar al sol. Hay una especie de ecuación ideal, en la concepción mesoamericana, entre la naturaleza del sol y el hecho de que esté representado por los dos predadores más grandes del mundo animal: el sol, en efecto, es gran devorador de energía. El águila representará, por lo tanto, al sol en su carrera diurna, y el jaguar lo simbolizará en su carrera nocturna, es decir, durante su trayecto de oeste a este en el interior de la tierra. Se puede pensar que el jaguar olmeca, explícitamente subterráneo y telúrico, posee también esta dimensión solar y nocturna. Para los antiguos mexicanos, no hay antagonismo sino complementariedad entre lo astral y lo telúrico. Los nahuas invocan por cierto al sol como "señor de la tierra" (Tlatecutli).

• Quizá sea por su ser solar ligado al inframundo que el jaguar también está asociado con el fuego: fuego cósmico, vector del movimiento y de la energía, pero también fuego telúrico como el que encierran los volcanes. La iconografía del jaguar olmeca tiene dos símbolos recurrentes: la antorcha, que a menudo aparece en las manos del dios jaguar, como en Tlacozotitlan, y las llamas, que rematan sus ojos como extrañas cejas. Quizá no sea

89. Monumento 15 de La Venta. Jaguar con cejas flamígeras y lágrimas.

anecdótico observar que existe precisamente un dios azteca que lleva sobre la cabeza un nuevo apéndice que evoca el cráneo abierto del jaguar olmeca. Ahora bien, este dios no es sino Xiuhtecutli, el dios del fuego, el heredero del "Dios Viejo" Huehueteotl. No es indiferente que la tradición azteca lo represente con caninos saledizos, como los colmillos del felino. Además, su postura acuclillada quizá no deje de recordar la clásica posición del jaguar olmeca, que a menudo se representa sentado sobre sus patas posteriores. Por lo demás, el hecho de que un avatar de Xiuhtecutli se conozca en la Ciudad de México como Nappatecutli, "el señor de las cuatro direcciones", refuerza la filiación con un jaguar dios del fuego: la famosa cruz de San Andrés que lleva el felino olmeca tiene ciertamente una dimensión cósmica y puede representar el entrecruzamiento de los ejes del mundo. Quizá Nappatecutli sea ya una invocación del jaguar de fuego en la Época I.

• Como efecto directo de su dimensión predadora, el jaguar aparece como potencia destructiva, a la vez peligroso y amenazante. Quizá en el origen de la veneración que rodea la imagen del jaguar haya una parte de temor: los antiguos habitantes de las tierras tropicales debieron de honrar a este felino para conjurar mejor la amenaza real que pesaba en la vida de los hombres. El mito nahua de los cuatro soles escenifica la realidad de este peligro: los jaguares le ponen fin a uno de los cuatro soles, es decir, a una de las cuatro eras que precedieron al mundo actual. La tradición dice que con el favor de la oscuridad, ¡los jaguares devoraron a todos los humanos! Se puede pensar que este mito ya está constituido en la época olmeca, y que traduce una obsesión concreta de las poblaciones tropicales, la del jaguar devorador de hombres. ¿Habrá quizá una explicación de la codificación simbólica del sacrificio humano en Mesoamérica? Si el sol, ávido de sangre humana, está representado en forma de jaguar, es posible que esto se deba a que los olmecas, originalmente, le ofrecen verdaderas presas humanas al gran felino. Hemos visto las presunciones existentes en favor de los sacrificios de bebés; no es impensable que también hayan sacrificado cautivos de guerra al entregarlos ritualmente a los felinos.

• En fin, parece evidente que el culto del jaguar olmeca participa de la creencia mesoamericana en el nahualismo (véase p. 105). El nahualli es un doble del hombre que pertenece al reino animal. En principio, cualquier hombre y cualquier mujer poseen un alter ego con forma animal; pero, en la práctica, es difícil para el común de los mortales asumir voluntariamente su apariencia animal; sólo algunos brujos logran controlar y utilizar esta capacidad de metamorfosis. Un jaguar puede entonces ser un hombre, lo cual implica que la representación del jaguar olmeca es indisociable del tema del hombre-felino, que puede adoptar todos los grados de la antropomorfización.

El hombre acuclillado, con los brazos extendidos al frente, a la manera del jaguar, es así un tema recurrente en la estatuaria de la Época I. Por el testimonio de las civilizaciones posteriores, sabemos que el jaguar es un nahualli de alto rango, que es lo propio de dos categorías sociales muy particulares: una parte de la elite guerrera y una casta restringida de sacerdotes-brujos. La primera categoría remite al orden militar de los caballeros jaguar que, junto con los caballeros águila, ocupan la cúspide de la jerarquía en los ejércitos de tradición nahua. Precisemos que la referencia a la caballería europea es una aproximación inventada por los cronistas del siglo XVI, a falta de un término susceptible de expresar la noción de nahualismo. La segunda categoría está ilustrada, por ejemplo, por los *chilam balam* mayas —cuyo nombre quiere decir "sacerdote jaguar"— o por esos brujos aztecas bajo la tutela del dios Tezcatlipoca que, como sus protegidos, reviste a veces ciertos atributos del jaguar. En virtud de sus asociaciones jerárquicas, la imagen del felino olmeca se cuenta entre los símbolos del poder, religioso o militar. El tema del hombre que lleva los atributos del jaguar aparece mucho en la iconografía olmeca: entre las obras importantes, seleccionamos la estatuilla de barro de Atlihuayán (Morelos), la pintura rupestre de Juxtlahuaca (Guerrero), la figurilla de serpentina conservada en Dumbarton Oaks o el Monumento 9 de La Venta (Tabasco). Este tema conocerá una gran posteridad en Mesoamérica; el hombre-jaguar aparecerá en particular sobre los frescos de Teotihuacan, Bonampak y Cacaxtla, y en los manuscritos pictográficos de las épocas tardías. Simplemente mencionaremos, como recordatorio, que el soberano mixteco 8 venado, cuya historia ampliamente mítica está consignada en varios códices, lleva el nombre y los atributos del jaguar.

Uno podría preguntarse si las múltiples facetas del jaguar olmeca definen una entidad única o si los antiguos nahuas representaron con rasgos felinos a varios dioses diferenciados que no podríamos distinguir. Incluso, si ahora nuestra percepción sigue indecisa, es válido inclinarse en favor de una criatura que expresaría una dualidad y, con mayor precisión, la díada agua-fuego. Así se podrían encontrar casos en que ambos contenidos se agregan y se superponen, lo mismo que casos en que el jaguar de agua y el jaguar de fuego serían tratados como divinidades distintas. Sin embargo, subsiste una pregunta: ¿tiene una connotación sexual la dualidad que parece observarse? ¿Existen, en el fondo, un jaguar macho y un jaguar hembra? Si éste fuera el caso, la hendidura en V que divide la parte superior del cráneo de ciertos felinos podría ser un marcador femenino.

La escritura y el calendario

Los olmecas de la Época I son los inventores de la escritura mesoamericana. No sólo codificaron un cierto número de signos, sino que también elaboraron las convenciones del sistema de escritura mesoamericano. Este sistema combina, con un afán estético un poco desconcertante para el espíritu occidental, glifos y representaciones figurativas. En cuanto al contenido de los glifos, éste es ideográfico con mucha probabilidad; los signos aparecen como imágenes simbólicas que privilegian el registro de ideas abstractas. Su universalidad en toda Mesoamérica aboga en favor de un contenido conceptual sin conexión con la lógica de la fonetización. En efecto, una escritura ideográfica, por definición, se puede fonetizar en cualquier idioma.

Los glifos

Incluso si el corpus de las obras olmecas está lejos de concluirse, la casualidad de los hallazgos y las excavaciones científicas ya han proporcionado una colección importante de glifos grabados o pintados sobre objetos mobiliarios, monumentos o rocas. Un rasgo notable es que la mayoría de esos glifos tendrán una posteridad en las escrituras de las épocas siguientes. Entre los signos más frecuentes, se observa una cruz de San Andrés, generalmente inscrita en un cartucho rectangular. Su presencia es tan reiterativa que casi se podría verlo como una firma del arte olmeca. Al parecer, hay que considerarlo como la prefiguración del glifo azteca *ollin*, que designa a la vez el hule y el movimiento. Se puede interpretar ya sea como un signo onomástico que remitiría a la palabra *olmeca*, "las gentes del hule", ya sea como una alusión al sol de movimiento que, en los mitos nahuas, designa al quinto sol, es decir, a la era nahua.

También existe un motivo en U que evoca el perfil de un recipiente, y que en Mesoamérica está asociado con el agua y la luna. Los olmecas lo emplean en posición vertical para representar el agua contenida o, en posición invertida, para evocar el fluir o la caída de las aguas (lluvia). El glifo conservará su forma rectangular durante la Época II y luego evolucionará hacia un dibujo más curvilíneo y más redondeado. Los aztecas conocen el símbolo con el nombre de *yacametztli*, "luna de nariz": es un adorno nasal que llevan sobre todo las diosas lunares y los dioses de la embriaguez.

90. Reverso del Jade de Cambrigde. Glifos incisos.

El motivo de triple escotadura grabado sobre un gran número de hachas, de figurillas o de máscaras, puede, por recurrencia, interpretarse como una triple gota de sangre. En todo caso, ésta es la significación que tiene en Teotihuacan, en donde el glifo se ha vuelto menos anguloso y menos abstracto. Ciertos glifos no parecen haber evolucionado mucho estilísticamente desde la época olmeca. A lo largo de los siglos, el círculo alrededor de un punto señala el agua y el jade. Un símbolo "de medalla" representa la gota de lluvia, desde los grabados rupestres de Chalcatzingo hasta el *Códice Vaticanus A*, manuscrito colonial de mediados del siglo XVI. El glifo que representa al día es idéntico entre los olmecas de Tlatilco y entre los mayas, mil años después; es un glifo solar que incluye la idea de la cuadripartición del mundo, y se compone de una especie de flor de cuatro pétalos redondeados; entre los aztecas, los "pétalos" se individualizarán en cuatro círculos dispuestos en cuadro. Los olmecas legarán también a Mesoamérica otro símbolo cuatripartita compuesto de una cruz inscrita en un cartucho, que tradicionalmente se lee como el glifo de la piedra preciosa (turquesa). Del mismo modo, en un jade esculpido y grabado que se conserva en Cambridge, se encuentra un glifo de flor vista de perfil en representación estilizada, que anuncia una codificación empleada durante las épocas siguientes, en Teotihuacan, en Monte Albán o en México. Para continuar con el registro vegetal, observemos que los olmecas emplean profusamente un glifo que recuerda el perfil de una flor de lis. Se trata en efecto de un símbolo vegetal en que un germen emerge de una hendidura en forma de V, como un botón entre dos hojas. Algunos autores vieron ahí una representación del maíz. De hecho, este glifo tiene una posteridad evidente: se conoce con el nombre de *acatl* entre los nahuas y designa una caña, signo acuático y oriental. Notemos de paso que el glifo 1 caña es el nombre calendárico del dios Quetzalcoatl. Es posible que los olmecas hayan empleado dos glifos vegetales diferenciados, uno equivalente al signo caña, otro al signo flor.

En materia de numeración, se puede considerar que el sistema de notación de números con puntos y barras es una invención olmeca atestiguada por varias decenas de objetos, monumentos y pinturas. Asimismo, se puede pensar que el valor simbólico de los números ya está fijado: indudablemente se observa, acerca del número 3, que aparece asociado con la idea de fuego (tres puntos en línea o en triángulo) y quizá también con el número 5, que aparece como el quincunce o la mano humana; el 5, representado por el quincunce, es el símbolo de la inestabilidad en Mesoamérica; la significación de la mano es más incierta.

En definitiva, es claro que el simbolismo olmeca no ha caído en desuso al final de la Época I. La codificación ideográfica mesoamericana parece, por el contrario, haber nacido en ese momento y todas las civilizaciones posteriores, ya sea en Tikal, Kaminaljuyú, Teotihuacan, en Monte Albán, en México o en otras partes, emplearán ese repertorio de glifos y de símbolos que, junto con invenciones posteriores, servirá de base y de fondo común para la escritura mesoamericana.

Las convenciones: de lo abstracto a lo icónico

Lo propio de la escritura mesoamericana es que puede oscilar libremente —sin cambiar de naturaleza— de lo glífico a lo icónico, de lo abstracto a lo figurativo. Una escena detallada con personajes de pie, colocados en un escenario elaborado, puede tener el mismo contenido semántico que una serie de glifos yuxtapuestos o superpuestos. Ése es el caso desde la Época I.

Sin entrar en el detalle de la lectura del arte olmeca, se pueden ejemplificar dos formas de esta escritura: una de expresión geométrica y conceptual, otra de un uso mucho más narrativo. Se encuentra un buen espécimen de escritura abstracta en los mosaicos de serpentina enterrados en La Venta. Al respecto, se ha hablado de ofrendas masivas. Compuestas por cerca de quinientas baldosas de piedra dura, están vinculadas efectivamente con la tradición de las ofrendas de serpentina depositadas intencionalmente bajo tierra, debajo de varias capas de barros de colores y encontradas en varios lugares del sitio. Pero tres de esos suelos embaldosados enterrados bajo plataformas de adobe forman un motivo y se puede pensar que dicho

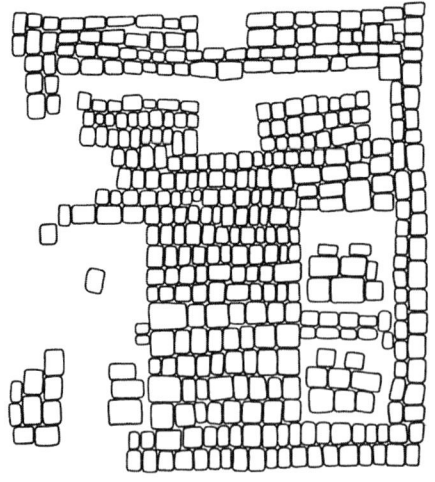
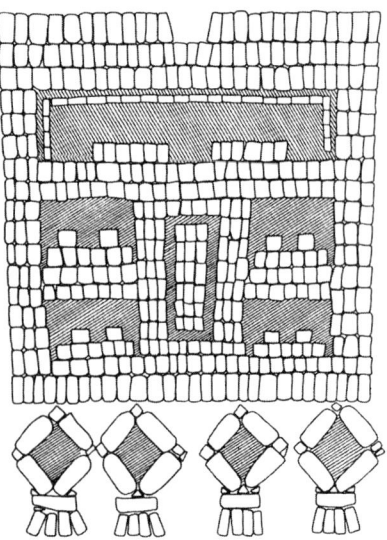

91. Pavimento 2, La Venta.
92. Pavimento 1, La Venta.

motivo es significativo. Según sus descubridores,[7] esos embaldosados de grandes dimensiones (5 x 7 m) representan la "máscara estilizada del jaguar". Esta interpretación ha sido adoptada, sin cuestionamiento, por toda la literatura científica. Independientemente de que desconozco lo que es una "máscara de jaguar" en el mundo mesoamericano, sobra decir que me cuesta trabajo ver cualquier cabeza felina en el motivo en cuestión. De hecho, es bastante raro ver en la naturaleza jaguares dotados de dos pares de ojos superpuestos, con la cabeza coronada con cuatro pequeñas coletas que rematan a unos rombos. Si añadimos que el pavimento 2 no comprende una barra central vertical, ¿hay que deducir que representa a un jaguar sin hocico? Parece deseable desechar esas viejas interpretaciones que pecan, por exceso, de naturalismo y de simplismo.

Lo que los olmecas de La Venta enterraron en el suelo, en el corazón de su centro ceremonial, es en realidad una composición glífica, es decir, un escrito, una página de historia. Evidentemente, es arriesgado tratar de darle una "traducción", pero se puede pensar que se trata de un tema mítico importante, ya que aparece evocado varias veces en la iconografía olmeca. En el interior del cuadro, el motivo que se repite cuatro veces y que destaca en arena amarilla sobre el fondo de serpentina, es indudablemente una versión geometrizada del motivo con triple escotadura asociado con el fuego y la sangre. La distribución de los cuatro motivos, a ambos lados de un eje central, parece obedecer a un simbolismo cosmológico específicamente nahua, que combina la existencia de cuatro orientes con el principio de la bipartición del mundo. El gran motivo horizontal que ocupa toda la parte superior —mide 3.70 m de largo en el embaldosado I— quizá sea el prototipo de los glifos afijos mayas y, en particular, del glifo 1 del catálogo de Thompson.[8] En cuanto a los cuatro rombos con apéndice cuadrífido colocados en el exterior del cuadro, no puede uno evitar compararlos con su versión cursiva y redonda, que aparece en los muros de Teotihuacan: en Tetitla, por ejemplo, este glifo repetido varias veces está asociado con un hombre-jaguar que camina hacia un templo. Finalmente, la muesca situada en el centro del lado norte del embaldosado también tiene un significado; lleva la hendidura en V que marca la frente de un gran número de representaciones felinas olmecas. Este úl-

93. Glifo 1 del catálogo de Thompson.

94. Relieve 1 de Chalcatzingo, Morelos.

timo símbolo permanece misterioso. Se le ha considerado como una alusión a la sutura sagital del cráneo del jaguar, a la fontanela de los bebés ofrecidos en sacrificio, a la hendidura vaginal, símbolo de la fecundidad terrestre. En el caso preciso de los glifos monumentales de La Venta, la dimensión femenina y telúrica de este signo en V parece una interpretación lógica. Para concluir, si el significado global de este "escrito" se nos escapa de momento, aunque uno presienta que pueda tratarse de una alusión a un episodio del mito de los cuatro soles, se trata indudablemente de símbolos representados de modo particularmente abstracto.

Como contrapunto del caso de los glifos-ofrenda de La Venta, se puede citar el ejemplo del Relieve 1 de Chalcatzingo. Este sitio olmeca del estado de Morelos se conoce por sus monumentos y su cerámica de muy hermosa factura, pero sobre todo por numerosos relieves rupestres esculpidos en las faldas del cerro de la Cantera.[9] El Relieve 1 es una gran composición (2.75 x 3.25 m), que ocupa un tablero vertical expuesto hacia el norte. El motivo principal es una cueva, que se ha descrito generalmente como el hocico abierto de un jaguar. De esta apertura emergen volutas. Encima de la cueva aparecen nubes y gotas de lluvia. Alrededor de la cueva, se representan cinco motivos circulares o casi circulares, cuya interpretación no deja lugar a dudas: son los glifos del jade. La decoración exterior está complementada por cinco glifos de carácter vegetal y un glifo ovalado que contiene una cruz de San Andrés rodeada de llamas, que generalmente se interpreta como "el ojo" de la cueva zoomorfizada. En su interior, un personaje de perfil está sentado sobre un glifo rectangular. En los brazos sostiene un elemento en forma de doble voluta y lleva un tocado elaborado, sobre el que se observan dos glifos superpuestos que contienen tres gotas de lluvia cada uno; este último motivo se encuentra sobre el taparrabo —o faldilla— del personaje central.

¿Cómo "leer" la escena que se nos ofrece? Detrás de su apariencia mítica, el cuadro revela de hecho un contenido más común. El escenario que vemos procede fundamentalmente de la iconización de un glifo toponímico. La cueva-hocico está representada por un glifo de campana que será, bajo formas más o menos geométricas, el glifo mesoamericano de la montaña y de la ciudad. En la notación cursiva, el glifo "ciudad" se reduce a este ideograma; pero si el escriba desea iconizar el glifo, le añadirá de buena gana una corriente de agua, pues la idea de ciudad se expresa con el binomio *atl tepetl*, "el agua, la montaña". El grabador de Chalcatzingo trazó unas volutas con esta idea: el agua asociada con la cueva designa a la ciudad. En la tradición nahua, un glifo complementario que contiene el nombre de la ciudad se añade al glifo de la ciudad para formar un glifo toponímico. Es tentador asociar los glifos del jade que rodean la cueva al nombre actual del sitio, Chalcatzingo, que evoca a "los que habitan el lugar del jade", pero hay otras lecturas posibles. El personaje que se halla en el interior de la cueva parece representar a un jefe que se apodera de la ciudad. El relieve podría entonces ilustrar el tema de la Conquista y celebraría el control del territorio por parte de los olmecas a expensas de los otomangues autóctonos. Los glifos de nubes designarían a dichos autóctonos como a unos mixtecos ("la gente de las nubes"). Aun si la decodificación del relieve permanece incierta, es patente que la composición está elaborada a partir de glifos, es decir, de signos escritos dispuestos según un protocolo iconográfico, naturalista sólo en apariencia.

El calendario

A veces se ha asentado que la escritura mesoamericana nació del calendario y que los primeros glifos imaginados por los antiguos mexicanos sirvieron primero para registrar el tiempo. Esto es lógico filosófica y técnicamente. Pero carecemos de una prueba arqueológica. En ningún momento se distingue una escritura primitiva reducida a glifos calendáricos. En cambio, hay indicios de la existencia del calendario mesoamericano de 260 días desde que aparece la escritura.

Como acabamos de ver, los famosos glifos de mosaicos de serpentina enterrados en La Venta trascriben con mucha probabilidad una fecha expresada en la convención número-signo que caracteriza al tonalpohualli. En el mismo sitio de La Venta, el Monumento 13 llamado Estela del embajador lleva cuatro glifos grabados: uno es una huella de pie humano que, en toda Mesoamérica, expresa la idea de migración, de viaje, de desplazamiento; el segundo es un cartucho simple de forma subrectangular; el tercero, un cartucho de tres lóbulos que parece haber correspondido a un bloque glífico compuesto de tres elementos. El último se identifica con mayor facilidad: es una cabeza de ave que quizá se pueda leer como el signo "águila" del calendario de 260 días. Naturalmente, nada impide pensar que los glifos pintados sobre los cartuchos y actualmente borrados fueran también glifos calendáricos. Sin embargo, la atribución cronológica de este monumento descubierto en 1943 en el estrato superior del Montículo A2 se discute mucho;[10] podría ser postolmeca. En cambio, el personaje central de la Estela 2 de La Venta, que por su parte pertenece a la Época I, lleva sobre su tocado en forma de tiara un glifo que bien podría ser 2 caña, y que parece corresponder a su nombre calendárico.

En Chalcatzingo, el Relieve 3 representa de modo muy explícito al monstruo acuático llamado Cipactli. Ahora bien, Cipactli —cuya imagen se deriva de la del cocodrilo— es "el iniciador" del calendario de 260 días: al arrojarse al agua, dice el mito, desencadenó el desenvolvimiento del tiempo. Por eso, el signo cipactli es el primero de la serie de veinte. Como tal, fue el primer signo de la cuenta del tiempo. La representación de Cipactli postula, por lo tanto, la existencia de ese calendario de 260 días. Un detalle notable que refuerza, de ser necesario, el papel fundador de los olmecas en la fijación del simbolismo mesoamericano: el saurio de Chalcatzingo está asociado con un glifo específico, que es el glifo del tiempo; este signo, que adquiere la forma de un 8 horizontal, se mantendrá en la tradición pictográfica hasta la Conquista; la lámina 21 del *Códice Fejérváry-Mayer*, por ejemplo, puede probarlo. Añadamos que el cipactli de Chalcatzingo no es un caso aislado. Existe por ejemplo otra representación espectacular en la cueva de Oxtotitlán (Guerrero).

Desde luego, algunos glifos antes descritos, como la cruz de San Andrés o la U, pueden haber recibido un significado calendárico, el primero coincidiendo con el signo "movimiento", y el segundo con el signo "agua". Ciertas caras del felino insertadas en cartuchos son muy probablemente también transcripciones del signo jaguar del tonalpohualli. Finalmente, no se podría minimizar el hecho de que disponemos principalmente de la iconografía esculpida, grabada o cincelada, la única relativamente bien conservada. Ahora bien, en Mesoamérica la escritura depende de la pintura. Por desgracia, aparte de las composiciones parietales de Oxtotitlán y de Juxtlahuaca, las pinturas olmecas que cubrían los monumentos no han llegado hasta nosotros, privándonos así de la facultad de medir el grado de complejidad de esta escritura. Por lo tanto, hay que considerar los vestigios arqueológicos como lo que son, es decir, como testimonios incompletos pero suficientes para inferir la existencia de un sistema de escritura rico y desarrollado.

Sin embargo, yo no llegaría a contabilizar la Estela C de Tres Zapotes en el rango de las pruebas de la existencia de la cuenta larga en la época olmeca. Este monumento pertenece sin lugar a dudas a una época posterior, al grado de que la parte superior de la estela, descubierta en 1969 y con un evidente estilo postolmeca, nunca se ha exhibido en el Museo de Antropología de México para no suscitar dudas en cuanto a su parte inferior, que sí está exhibida, ¡para demostrar la invención de la cuenta larga por los olmecas! Esta manera particular de contar el tiempo a partir de un acontecimiento original quizá haya sido el fruto de un invento olmeca, pero por el momento, no tenemos ninguna evidencia material de ello.

El sacrificio humano

Desde la Época I, todo el simbolismo mesoamericano se encuentra ligado al sacrificio humano, en toda su complejidad y su plenitud. Por lo tanto, hay pocas dudas sobre la importancia de esta práctica ritual entre los olmecas.

El complejo águila-jaguar

Incluso un observador poco versado en arte precolombino puede sorprenderse ante la omnipresencia del jaguar en la iconografía olmeca. Esta focalización acabó por eclipsar los demás temas simbólicos, explícitos o latentes, entre los cuales se cuenta el águila. Más discreta que el jaguar, no por ello está menos presente, pero tiene la desventaja de aparecer a menudo con símbolos que tienden a la abstracción. Por ejemplo, en la cerámica de Tlatilco, los artistas trataron al águila representando sólo un ala o una garra o bien combinando ambos en un grafismo sutil y depurado. El motivo alargado rematado por un apéndice bífido, recurrente en el arte olmeca, se considera generalmente como la estilización de un ala de ave; es posible que contenga de modo sistemático una alusión al águila, según la regla de la parte por el todo.

El águila y el jaguar son una pareja estrechamente asociada en el simbolismo sacrificial, con motivo de la complementariedad de su connotación solar. A la cabeza de los ejércitos encargados de tomar cautivos para el sacrificio, hay entonces guerreros águila, como hay guerreros jaguar. Si bien

95. Criatura compuesta con elementos de serpiente, jaguar y águila. Detalle de una vasija de Tlatilco.

numerosos hombres-felinos, o vestidos simplemente con la piel de un jaguar, pueden identificarse en la categoría de los caballeros jaguar, no hay que perder de vista que en el arte olmeca también existen representaciones de caballeros águila, como lo muestran la estela de San Miguel Amuco (Guerrero), las pinturas parietales de Oxtotitlán y los bajorrelieves de Chalcatzingo (Relieve 2) y de Xoc (Chiapas).

También es verosímil que hayan existido desde la Época I unos *cuauhxicalli*. Estos recipientes ceremoniales de piedra, literalmente "calabazas del águila", servían para recibir el corazón ensangrentado de los sacrificados. El Monumento 9 de San Lorenzo me parece un buen ejemplo de estos cuauhxicalli cuyo tipo permanece constante hasta la Conquista. Pero si a veces este monumento ha sido descrito como una "fuente" con la efigie de un "pato", bien vale pensar que se trata efectivamente de un recipiente sacrificial que representa a un águila, hoy decapitada. En el caso contrario, ¿cómo explicar la presencia de garras y la repetición, sobre el pecho del ave, de un glifo que parece evocar al "agua de jade", es decir, la sangre sacrificial? La forma misma, con su cavidad circular en el lomo del rapaz, es la de un cuauhxicalli. El corte, visible hoy, en el ala derecha del ave, parece una mutilación posterior a la fabricación del objeto.

Para ir todavía más lejos, se podría observar que, en al menos un sitio (Chalcatzingo), águilas y jaguares parecen relacionarse directamente con el sacrificio. El caso del Relieve 4 se discutió antes (p. 92): se ve a dos jaguares arriba de dos hombres echados hacia atrás, que podrían perfectamente ser unos sacrificados. El Monumento 31, descubierto en 1991, pertenece a la misma temática. En cuanto al Relieve 2, quizá sea la figuración explícita de una escena sacrificial. A la derecha del tablero esculpido, aparece grabada la representación de un hombre desnudo, sentado, con las manos atadas frente a él, con la espalda apoyada a un pequeño edificio compuesto de cartuchos glíficos y rematado con una cabeza de águila: ¿acaso no sería un cautivo recostado sobre la piedra de sacrificios? Frente a él, dos hombres con máscaras de rapaz (¿guerreros águila?) blanden con ademán agresivo un instrumento en forma de remo: ¿no se podría ver en esos personajes a unos ministros del sacrificio en el momento de la ejecución?

En el mismo orden de ideas, es posible reinterpretar tres esculturas que cierto folclor ha sacado de todo contexto. El Monumento 1 de Río Chiquito, el Monumento 3 de Potrero Nuevo y el Monumento 20 de Laguna de

96. Escena de sacrificio. Relieve 2 de Chalcatzingo.

los Cerros, se han utilizado con frecuencia como piezas probatorias ¡para dotar a los bebés-jaguar olmecas de un árbol genealógico! Según una interpretación muy libre de Stirling y curiosamente adoptada por Ignacio Bernal, esos monumentos representarían la unión carnal de una mujer y un jaguar; ¡nos encontraríamos ni más ni menos que ante el acto mítico que habría originado la estirpe de los hombres-jaguar! Seamos justos: esta explicación es producto de la fantasía. Nada es más ajeno a Mesoamérica que las representaciones eróticas. El naturalismo es rarísimo en sí mismo; el realismo sexual lo es aún más; así que la zoofilia es un tema verdaderamente imposible. A fin de cuentas, las evidencias de esta mítica copulación —de la que ningún mito habla— son muy débiles. Las tres esculturas, mutiladas, representan a un personaje tendido sobre la espalda, con un jaguar encima de él. En el caso del Monumento 3 de Potrero Nuevo, se trata de un felino de gran tamaño, con las dos patas posteriores sobre el suelo; en los otros dos casos, el jaguar, antropomorfizado, está sentado sobre su víctima, con una garra sobre el pecho del hombre. En Río Chiquito, el hombre está atado de pies; en Potrero Nuevo sus piernas están dobladas delante de él. Nada sugiere que este personaje sea una mujer. En cambio, la postura del individuo extendido, con el pecho hacia al cielo, recuerda la de las víctimas sacrificiales. La ligadura que entorpece sus pies en Río Chiquito lo identifica más con un cautivo. El arqueólogo Alfonso Medellín Zenil,[11] deseoso de romper con la fábula de la copulación zoofílica, lo vio como una "escena de dominación", lo cual se debe a una buena intención, pero no corresponde mucho a una nomenclatura mesoamericana. Indudablemente se estaría más cerca de la verdad, si se pretendiera una evocación del sacrificio humano, en que el jaguar se apropia del cuerpo o del corazón del cautivo sacrificado.

Añadamos que un descubrimiento reciente aboga en favor de esta forma de representación alegórica del sacrificio entre los olmecas. Una vigorosa escultura exhumada en 1994 por Ann Cyphers en San Lorenzo, muestra en efecto a un jaguar con la cabeza de lado y la garra sobre el pecho de un hombre recostado, quizá un guerrero, vestido con un yelmo de caballero águila. Esta pieza plantea indudablemente la pregunta de la relación águila-jaguar, pero la connotación general del objeto se inscribe en la temática sacrificial. Sin embargo, la escultura, que no ha recibido atribución cronológica, es más bien de horizonte postolmeca (Época II).

El jade y la sangre

La asociación conceptual entre el jade y la sangre es uno de los fundamentos del simbolismo sacrificial nahua. Por lo tanto, resulta tentador considerar que el empleo preferencial del jade por parte de los olmecas obedece a consideraciones más religiosas que estéticas. El jade depositado en las ofrendas podría interpretarse como un sustituto perenne de la sangre, su equivalente sólido y duradero, y de esta trilogía simbólica jade-agua-sangre, uno se puede preguntar si el hacha pulida, una de las formas privilegiadas de la ofrenda de jade, no se relaciona también con el sacrificio. Desde luego que los olmecas realizaron objetos de todo tipo en jade: figurillas, máscaras, orejeras, cuentas de collar, propulsores de dardos (*atlatl*), "estiletes", "cucharas", ¡incluso modelos reducidos de piraguas zoomorfizadas! Pero el hacha pulida de piedra verde —en bruto, cincelada o esculpida— permanece como el objeto de jade más común en las ofrendas. Ciertamente, en Mesoamérica hay una tradición llamada del hacha-moneda: el hacha es en sí misma un objeto de valor y, como tal, pudo haber servido como patrón de riqueza. Pero, ¿de qué depende el valor adjudicado a esas hachas? ¿Hay que relacionar esa inclinación por el hacha pulida con una tradición paleolítica muy antigua, o bien, en una perspectiva más mesoamericana, discernir detrás del hacha de jade la imagen de un cuchillo sacrificial?

Recordemos que el arma sacrificial en Mesoamérica es un cuchillo de pedernal tallado, con doble punta, de una forma muy parecida a la "hoja de laurel" solutreana. A decir verdad, el hacha de jade olmeca, tecnológicamente hablando, no es ni un hacha ni una azuela; es esencialmente un objeto macizo, con forma alargada, subrectangular, ovalada o de pétalo; no tiene filo propiamente dicho, y la escultura convierte a menudo las "hachas ceremoniales" en verdaderas figurillas. También es delicado decidirse a determinar la finalidad de "la herramienta" de la que derivan. No es imposible que se trate, en su origen, de un arma sacrificial. En este caso, los cuchillos sacrificiales antropomorfizados de los aztecas serían los herederos directos de las "hachas ceremoniales" de los olmecas.

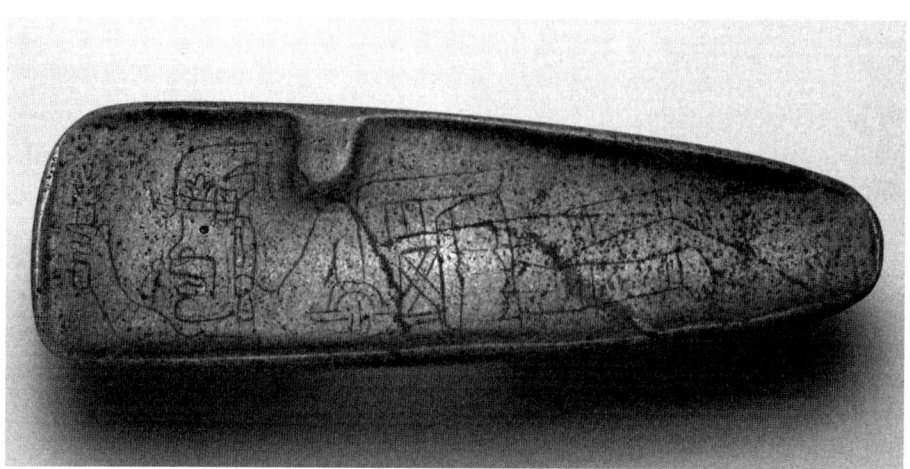

El agua y el fuego

Entre los conceptos nahuas ligados al sacrificio humano, hay uno particularmente oscuro: es el que los aztecas llaman *atl tlachinolli*, "el agua, el fuego". Este binomio un poco esotérico designa la guerra sagrada, es decir, la explícitamente destinada a capturar víctimas para el sacrificio. Se plantean dos preguntas: ¿según qué lógica, el agua y el fuego se asocian en un mismo concepto?, ¿y en qué el agua y el fuego pueden mantener una relación con el sacrificio humano? El mundo olmeca, al permitirnos reconstruir el árbol genealógico del concepto, nos proporciona al mismo tiempo la explicación.

Hemos visto que el jaguar, símbolo emblemático de los olmecas, cumple, entre otras funciones, la de un dios del agua. Sería más exacto decir que es un dios del agua y del fuego, en la medida en que los mesoamericanos asocian estrechamente la lluvia y el rayo, unidos de modo intrínseco en la tormenta. En la época olmeca, es aparentemente una misma divinidad felina la que concentra ambas atribuciones. La división de las tareas sólo ocurrirá más adelante, en la Época II, que verá nacer a la dualidad dios del agua (Tlaloc)-dios del fuego (Huehueteotl). En la época olmeca, el jaguar posee pues la doble tutela del agua y del fuego. En todo caso, está representado con esta doble cualidad. Ésta es la explicación de la sorprendente iconografía del jaguar olmeca.

Una de las características de las representaciones olmecas del felino es la existencia de cejas "flamígeras". Todos los autores han notado este rasgo sorprendente sin sugerir explicación alguna. En mi opinión, se trata efectivamente de llamas, pero son inseparables del ojo, al que están asociadas. En efecto, el ojo del jaguar olmeca se representa casi siempre en forma de L acostada, con la jamba perpendicular hacia abajo y colocada en el ángulo externo del ojo. Ahora bien, este apéndice es, como sabemos, la estilización de una lágrima: el ojo del jaguar olmeca es un ojo que llora. Más arriba, vimos la relación estrecha que une el agua con las lágrimas y la lluvia. Ahora se entiende el sentido de la presencia de las cejas flamígeras: el ojo

PÁGINA ANTERIOR. 97. Hacha de jade con personaje reptante. Procedencia desconocida.

que llora rematado con llamas es en realidad un glifo que transcribe el símbolo *atl tlachinolli*, "el agua, el fuego". Dicho glifo, que se confunde con el ojo del jaguar según una convención frecuente en el arte mesoamericano, designa al felino como el amo del agua y del fuego. Notemos de paso que el glifo "ojo que llora rematado con llamas" evolucionará hacia una representación más conceptual durante la Época II, en que adoptará la forma de tres círculos de jade o tres gotas de lluvia, al estar el agua evocada por el jade o la lluvia, y el fuego por el carácter triple.

Este glifo "agua-fuego" recibirá su significación sacrificial al encontrarse acoplado con el tema de la captura o, de modo más preciso, con la toma de posesión de una ciudad. La imagen de base, en su versión desarrollada, se puede ver por ejemplo en Dainzú (Oaxaca). Ahí aparece, en un bajorrelieve, un jaguar con las garras hincadas en un glifo que, si bien está erosionado, se puede descifrar como el de la ciudad. Este elemento icónico, que en la escritura nahua es el componente nuclear de cualquier topónimo, representa en su origen una cueva. En el glifo que describimos en Chalcatzingo, ostenta una forma redondeada; en Dainzú, el motivo estilizado está en ángulo recto. En el sistema icónico mesoamericano, siempre es posible pasar de una imagen "realista" y detallada a un símbolo abstracto equivalente y viceversa. En lugar del jaguar de cuerpo entero, se podrán encontrar los símbolos del jaguar o, dicho de otro modo, los símbolos del agua y del fuego. El significado es el mismo. Así, en Dainzú, hay entre otros bajorrelieves, un personaje semifelino que blande una antorcha encima del glifo de la ciudad o incluso un personaje perfectamente humano en la misma actitud. *Atl tlachinolli* es una metáfora del jaguar conquistador.

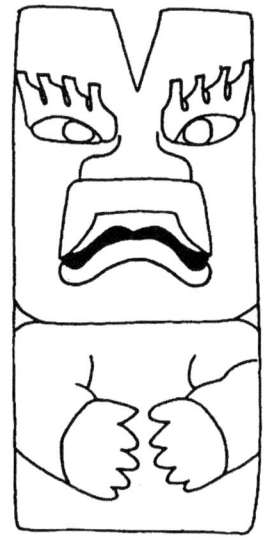

98. Hacha zooantropomorfa, hombre-jaguar con cejas flamígeras.
PÁGINA SIGUIENTE. 99. Desarrollo de la iconografía de una vasija de Chalcatzingo, donde aparecen los símbolos de la conquista.

Es difícil afirmar que este jaguar simbolice al pueblo olmeca, es decir al pueblo nahua en su función de pueblo dominante. Puede considerarse preferible verlo como la imagen menos exclusivamente militar del jaguar que se adueña de los cautivos al cabo de una conquista en el contexto de la "guerra sagrada". Creo que esta mirada sobre *atl tlachinolli* explica un tema iconográfico particularmente oscuro, a pesar de su frecuencia, que es el de las famosas "manoplas", llamadas *knuckle-dusters* por los estadounidenses. De hecho, se trata según todas las apariencias, no de un arma misteriosa, sino de un glifo, una vez más. A mi parecer, todas esas manoplas deben leerse como representaciones glíficas de la cueva. Basta remitirse a la lámina 66 del *Códice Magliabecchi* (manuscrito pictográfico del siglo XVI), para poder juzgar la perennidad del símbolo: ¡la manopla representa el Mic-

100. Monumento 10 de San Lorenzo.
101. Detalle de la Estela de Padre Piedra.
102. Glifo de Mictlan, Códice Magliabecchiano, lám. 66.

tlan, es decir el infierno subterráneo de los aztecas! La garra del jaguar o la mano del hombre-jaguar introducida en la cueva simboliza evidentemente la captura o la toma de posesión. El hecho de que la escena esté asociada a menudo con la presencia de una antorcha sostenida en la otra mano se explica por el simbolismo del concepto *atl tlachinolli*.

Si la representación del hombre-jaguar que sostiene la antorcha y la manopla es una expresión particularmente compactada de la temática sacrificial, también hay ejemplos de versiones desarrolladas en que la dualidad *atl tlachinolli* está encarnada por dos personajes distintos. En Chalcatzingo, los dos jaguares del Relieve 4 y los dos hombres-águila del Relieve 2 parecen corresponder a este tipo de figura. El jaguar y el "sacrificador" que lleva sobre la cabeza un apéndice bífido quizá encarnen al agua; los que llevan un apéndice trífido representan el componente fuego del binomio sacrificial. Pero siempre se puede volver a expresiones ultracondensadas y algunas representaciones del jaguar juegan de modo explícito con esta dualidad agua-fuego expresada por el único canal de los números 2 y 3. Así es como a veces el jaguar está representado por un glifo tridente que remata a un glifo de doble apéndice; los ojos asociados al número 3 remiten al fuego, mientras que el labio superior asociado al número 2 es una referencia al agua: ¿pueden imaginarse signos más abstractos para traducir un concepto tan elaborado como el de *atl tlachinolli*, que entremezcla el complejo simbolismo del jaguar con los temas de la guerra de Conquista y del sacrificio humano?

Las presunciones de canibalismo

Durante toda la Época I, los mesoamericanos cavaban cerca de sus casas unas fosas campaniformes o troncónicas, de paredes mamposteadas o estucadas, cuya principal función parece haber sido servir de graneros; reutilizadas a veces como sepulturas. Éstas casi siempre se convirtieron en basureros, luego de extinguirse su uso agrícola. Ahora bien, los arqueólogos han hallado con frecuencia, al excavar esos pozos característicos de la Época I, osamentas humanas que parecen atestiguar ciertas prácticas antropófagas. En las faldas del Ajusco (México), las excavaciones del sitio Preclásico de Tetelpan (1972) posibilitaron el estudio detallado de cuatro fosas troncónicas; ahí se encontraron los vestigios óseos, incompletos, de por lo menos dieciséis individuos, en medio de restos culinarios. Los huesos llevaban la huella de unos instrumentos cortantes que la antropóloga Carmen María Pijoan interpretó como indicios de prácticas canibalísticas.[12] Las mismas observaciones se dieron en diferentes partes de Mesoamérica, en particular en el valle de Oaxaca y en los altiplanos guatemaltecos.

Por lo demás, la presencia de osamentas humanas que parecen restos de alimentos no se puede reducir a la existencia de esas famosas fosas campaniformes. Durante una excavación minuciosa en Zohapilco, Christine Niederberger llegó a la misma conclusión cuando descubrió una zona de fogata en un nivel olmeca (fase llamada Manantial). Entre un montón de cenizas había osamentas de niños y de adultos —huesos largos, fragmentos de cráneos, vértebras—junto con recipientes de cerámica e instrumentos de piedra; un maxilar de niño y un fragmento de fémur adulto tenían marcas visibles de un instrumento cortante; la arqueóloga no dudó en determinar que se trataba de antropofagia.[13]

Hay escasas posibilidades de que la antropofagia en Mesoamérica se haya secularizado al grado de funcionar como una práctica alimenticia ordinaria y común. En cambio, es un resultado natural del sacrificio, acto religioso y ritual. Si la lectura de los arqueólogos es correcta, tendríamos entonces la prueba tangible de que los olmecas conocieron y practicaron el sacrificio humano, contrapunto material de lo que expresa una gran parte de su lenguaje simbólico. Pero naturalmente, es difícil saber si son los nahuas de la Época I los que impusieron y difundieron la práctica del sacrificio humano en Mesoamérica o si sólo codificaron y estructuraron el simbolismo de una práctica caníbal milenariamente establecida. En este aspecto, la arqueología no nos dice mucho por el momento.

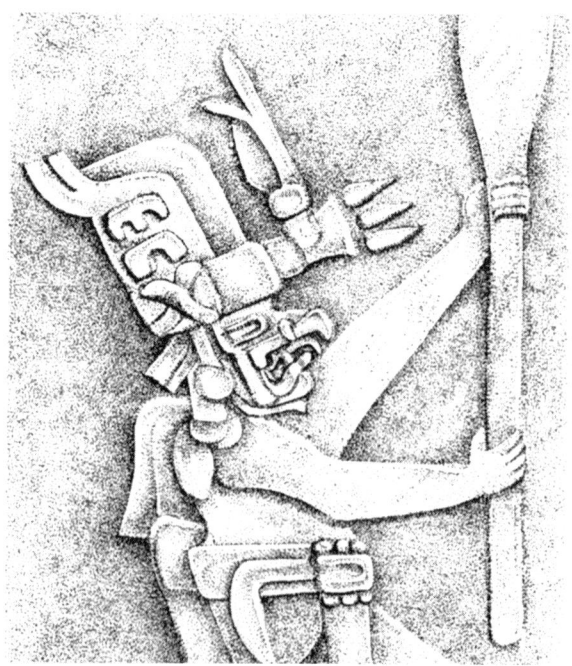

103. Detalle del Relieve 2 de Chalcatzingo, que muestra los glifos agua y fuego en el tocado del personaje.

Los centros ceremoniales

Con los olmecas, aparecen los primeros centros ceremoniales con un plan organizado. Dichos centros tienen la particularidad de estar orientados según unos ejes que no parecen aleatorios. La orientación preferente parece haber sido el eje norte-sur, pudiendo presentar una ligera desviación en relación con el norte magnético. Así, La Venta está orientada según un eje divergente de 8° oeste en relación con el norte, mientras que San Lorenzo presenta una diferencia aún menor. No es seguro que esta orientación preferente sea el resultado de observaciones astronómicas. Pero su intención no deja dudas.

Un centro ceremonial olmeca reúne varios edificios alrededor de patios y plazas generalmente rectangulares. Los edificios, como los podemos observar en la actualidad, se presentan más bien como túmulos, pero se puede pensar que esos montículos tenían, en su origen, una forma estructurada. Quizá haya una tendencia a extrapolar, cuando se considera que todos los túmulos paralelos y de forma alargada delimitan áreas de juego de pelota. Pero hay que reconocer que resulta tentador adoptar esta interpretación, a sabiendas de que todos los centros ceremoniales de época posterior tendrán uno o varios terrenos de juego. El juego de pelota, ejercicio ritual, pertenece a los rasgos culturales fundadores de Mesoamérica y parece razonable atribuir su codificación a los olmecas, "las gentes del hule". El descubrimiento en 1994 de bolas de hule depositadas como ofrendas en El Manatí, cerca de San Lorenzo, parece constituir un argumento adicional.[14] Sin embargo, hay que recordar que el hule tuvo en Mesoamérica otro uso que la fabricación de pelotas de juego: se empleó como material de ofrenda dedicado a los dioses de la lluvia. El hule se derretía y se recogía en forma de gotas, sobre tiras de papel de corteza destinadas a Tlaloc y a los dioses de las montañas. En el caso de El Manatí, es difícil apreciar el destino exacto de la ofrenda.

Aun si una imaginería popular asoció a los olmecas con las cabezas colosales y el trabajo de la piedra, el material de base de la arquitectura de aquella época sigue siendo la tierra compactada. El núcleo de la casi totalidad de los edificios olmecas está compuesto de tierra aglomerada, grava y pequeñas piedras. Hay algunos ejemplos de uso de adobe. Cuando se podía conseguir, la piedra se usaba para los paramentos exteriores. Estas piedras pudieron haber sido tomadas del lecho de los ríos o extraídas de unas canteras. Pero es importante observar que el empleo de la piedra tallada como decoración arquitectónica es extremadamente raro. La regla era recubrir la capa de piedras exteriores con una capa de lodo seco que eventualmente se estucaba y se pintaba. El uso de paramentos exteriores de tierra estucada constituirá una tradición mesoamericana duradera: Teotihuacan se construirá en gran parte según este procedimiento. El único caso totalmente seguro del uso de piedra tallada por los olmecas como elemento arquitectónico visible, es el patio hundido de Tlacozotitlán (Guerrero).

El otro ejemplo del uso de piedra como material noble en un centro ceremonial se encuentra en La Venta. La plaza central del Grupo A está delimitada por una especie de empalizada de columnas basálticas erguidas, cortadas de modo bastante burdo según una sección pentagonal o hexagonal y aplanadas sobre una cara colocada hacia el interior del área ceremonial. En el mismo espíritu, la base de varios túmulos, tales como la plataforma A1-e, está decorada con una hilera de columnas de piedra que también sirve para bloquear el núcleo de la construcción. Este uso sin duda intenta imitar, de forma perenne, un tipo de arquitectura arcaica a base de troncos de árbol. Varios siglos después, los mayas de Yucatán recuperarán esta inspiración.

Los olmecas no retrocedieron ante ninguna gran obra, lo cual nos hace pensar que constituían una sociedad ya desarrollada demográficamente y jerárquicamente estructurada. Tanto en La Venta como en San Lorenzo, que se encuentran en las bajas tierras inundables, no dudaron en construir gigantescos terraplenes para instalar ahí su centro ceremonial. Así fue como la isla de La Venta, que mide 4.5 kilómetros de largo, se transformó para que emergiera de las marismas circundantes, mientras que San Lorenzo está compuesto de una plataforma elevada de 10 m de alto y hasta 1.3 kilómetros de largo. En todos los sitios se percibe que se puso mucha atención al problema del agua. Todas las excavaciones mostraron importantes redes de canales enterrados formados de baldosas para el drenaje o la circulación de las aguas. Éste es el caso de San Lorenzo, La Venta, Tlacozotitlan, etc. Además, Coe mostró, durante sus excavaciones en San Lorenzo, que las hondonadas presentes en el sitio son artificiales y corresponden indudablemente a la intención de almacenar el agua de lluvia. Las cisternas de San Lorenzo serían entonces los antepasados de los *chultun* mayas y de los *jagüey* del Altiplano Central. Es muy probable que los olmecas hayan dominado los problemas de la irrigación de las tierras, inscribiéndose en este aspecto en el linaje de las poblaciones agrícolas que los precedieron.

Si bien la mayor parte de los sitios olmecas fueron saqueados fuera de cualquier control científico o excavados inadecuadamente, tenemos sin embargo la certeza de que los centros ceremoniales de la Época I recibieron ofrendas dedicatorias, lo mismo que todos los sitios mesoamericanos. Estas ofrendas, sin las cuales no existiría la sacralidad del lugar, están situadas en ejes definidos o en lugares muy precisos. Si bien la topografía de las ofrendas no ha sido siempre objeto de investigación, en cambio su contenido siempre produjo entusiasmo. Hay que decir que la riqueza de ciertas ofrendas olmecas es impresionante. Sin volver a las mil toneladas de serpentina del depósito 3 de La Venta, enterradas bajo la plataforma suroeste del Complejo A, se puede señalar que la Ofrenda 2 de ese mismo sitio comprendía 260 hachas de piedra dura, que la Ofrenda 9 contenía 895 cuentas de jade provenientes de collares, y que la Ofrenda 11 abrigaba 1180. En cuanto a la Ofrenda 4, estaba compuesta de 16 figurillas antropomorfas de jade, asociadas con seis hachas. Los personajes estaban colocados de pie en la arena, mientras que las hachas también estaban clavadas en el suelo a modo de estelas. Tanto por la expresión de los personajes como por el misterio de la escena representada, esta ofrenda se cuenta entre las realizaciones más notables del arte olmeca. Cada vez que la observación in situ ha sido posible, resultó que esas ofrendas olmecas obedecían a un lenguaje simbólico típicamente mesoamericano: para dar sólo un ejemplo, el número de hachas ceremoniales depositadas en La Venta corresponde siempre a números significativos en la aritmología nahua: 3, 5, 7, 9, 13, 20, 52, 260.

Los olmecas son los iniciadores de una tradición que tendría cierta posteridad en toda Mesoamérica: se les ocurrió enterrar a ciertos dignatarios en el corazón mismo de sus centros ceremoniales, en tumbas acondicionadas bajo unos montículos. El ejemplo del Montículo A-2 de La Venta lo atestigua: fue hecho para abrigar una tumba de proporciones imponentes, edificada con columnas basálticas (43 en total). Esta tumba reconstituida hoy al aire libre en el parque arqueológico de Villahermosa ha perdido todo su sentido; su presentación actual hace olvidar que fue elaborada para ser una sepultura enterrada en el corazón de un túmulo funerario. En su situación original, se hallaba con una hilera de columnas de basalto acostadas y con un sarcófago de piedra, esculpido con la efigie del jaguar. Se puede considerar que esos entierros en los sitios ceremoniales constituyen una variante de las ofrendas enterradas ritualmente; este tipo de inhumación oficial sugiere que ya existe en la época olmeca cierta personalización del poder.

Es innegable que los olmecas practicaron a menudo el arte rupestre, lo cual significa que, en última instancia, eligieron instalar sus centros ceremoniales cerca de rocas susceptibles de recibir grabados o esculturas. Pero se liberaron bastante pronto de esta dependencia y transportaron las rocas que necesitaban para sus esculturas a los sitios que habían elegido para ocuparlos. Entre las formas de monumentos esculpidos imaginados por los olmecas, se distinguen especialmente la estela y el altar.

La estela es un tablero de piedra de grandes dimensiones, rectangular en sus líneas generales, cuyos contornos exactos no parecen codificados en la Época I. La estela esculpida en bajorrelieve tiene la particularidad de insertarse en la topografía del centro ceremonial. Las estelas están instaladas preferentemente al pie de los túmulos principales, según una disposición que no le debe nada a la casualidad. Parece que las estelas tuvieron desde su origen una relación con la celebración del poder. En efecto, las de La Venta o El Viejón muestran a un personaje —que parece un soberano o un jefe guerrero— recibiendo el homenaje de los vencidos o de los vasallos.

Lo que los arqueólogos llaman altar es en realidad un monumento un poco enigmático. Con una altura del orden de 1.5 m por una anchura que puede pasar de 3 m, estos monolitos muestran la forma global de un paralelepípedo. Su parte superior es plana y comprende una especie de mesa un poco saliente. Sus esculturas dependen de una temática constante: la cara principal muestra a un hombre sentado con las piernas cruzadas que emerge de un nicho. Este nicho es esencial, pues al parecer le da su significación al monumento. Los altares olmecas, al analizarse, aparecen como gigantescos glifos toponímicos en tres dimensiones. Hemos visto que el glifo de la ciudad corresponde a una montaña estilizada cavada en una cueva; tenemos aquí una representación de este glifo, quizá ligada, como en el caso de los grabados rupestres, al tema de la captura y la toma de posesión. El caso del Altar 4 de La Venta parece ejemplar; el personaje central que emerge del nicho sostiene en las manos una cuerda a la que están atados los dos cautivos esculpidos en las paredes laterales del altar.

104. Monumento 2 de Potrero Nuevo. Enanos del viento que sostienen un altar.

Un elemento que permite confirmar esta lectura se percibe en la evolución estilística del altar en las épocas posteriores. En Izapa, en Kaminaljuyú o en Copán, por ejemplo, los altares, cuyo volumen ha disminuido considerablemente y que se han vuelto imponentes discos monolíticos, permanecen ligados al inframundo. Están decorados con cabezas de batracios, saurios, ofidios o también con el rostro de la muerte, temas que evocan el interior de la tierra y el mundo subterráneo.

105. Estatua de El Azuzul, Veracruz. Dignatario acuclillado. Existen dos estatuas gemelas. Los personajes aparecen representados dentro de una cueva.

Añadamos que, asociada con los altares olmecas, aparece una invención que tendrá un gran futuro en Mesoamérica: la columna esculpida en forma de atlante. Así, en el caso del Altar 2 de Potrero Nuevo, la fachada principal del monumento está decorada con dos personajes enanos, con los brazos alzados que sostienen la parte superior del altar decorado con un motivo celeste.

Las representaciones del poder

En Mesoamérica, el poder tiene una naturaleza doble, a la vez civil y religiosa, militar y sacerdotal, por lo que siempre es muy delicado interpretar sus representaciones. Así, durante un siglo, los especialistas veían sacerdotes sobre todas las estelas mayas, mientras que actualmente se tiende a verlos sólo como jefes guerreros. Pero no hay que fiarse del entorno subjetivo que preside la interpretación de datos aún muy fragmentarios. Sin embargo, se puede observar que, durante la época olmeca, se instaura un simbolismo específico claramente vinculado con el ejercicio del poder.

El primer tema importante es el del cautivo, que está representado a los pies del soberano en una actitud sumisa, a menudo con una rodilla en el suelo. Pero el rasgo distintivo de la iconografía olmeca del cautivo tiende a recurrir a la perspectiva diferencial. Concretamente, el cautivo aparece representado a una escala inferior a la del soberano y se encuentra a sus pies. Por el juego de las proporciones, el grafismo traduce la jerarquía. El soberano, a menudo representado de pie, parece más grande y más poderoso. Se pueden encontrar ejemplos de estas escenas en Juxtlahuaca, en la pintura parietal de la Sala del Ritual o en las estelas de Padre Piedra (Chiapas) y de La Venta. En Juxtlahuaca y en Padre Piedra sólo hay un personaje a los pies del jefe vencedor. En la Estela 2 de La Venta aparecen seis personajes a escala reducida, sobre el perímetro de la estela, de cada lado del personaje central. La Estela 3 está dañada, pero se puede observar que también aparecen varios individuos de corta estatura, como en segundo plano, arriba de dos personajes principales que ocupan la parte baja de la estela. Casi todos tienen la mano sobre el pecho en una actitud que se ve con frecuencia en el arte maya y que expresa el sometimiento. En otros casos (Juxtlahuaca y Altar 4 de La Venta), los cautivos están atados y el soberano los sostiene con una cuerda.

A veces, un tramo de cuerda parece suficiente para evocar la captura. El dignatario aparece acuclillado en la postura del jaguar. Sostiene una especie de vara colocada frente a él sobre el suelo. El hombre-jaguar lo agarra, con una colocación extraña pero característica de las manos, una palma hacia adentro y la otra hacia fuera. Se puede pensar perfectamente que este gesto reproduce la toma de una cuerda, y que traduce simbólicamente la captura. Las dos estatuas de El Azuzul y el célebre monumento de San Martín Pajapan proporcionan espectaculares ejemplos de esta temática.

Otro tema iconográfico relacionado con el poder es el de las manos opuestas. Es notable que un gran número de jaguares o de hombres-jaguar representados en las hachas ceremoniales olmecas aparezcan con los codos muy separados y con las manos frente a frente, a la altura del pecho. La mayor parte del tiempo, ambas manos están separadas por un glifo rectangular con una cruz de San Andrés o por el motivo de la antorcha. A veces, las manos están levantadas, como para que los brazos carguen algo. Sobre unos monumentos de iconografía menos abstracta, estos personajes, que se pueden interpretar como representaciones de soberanos, sostienen con las manos el antepasado de lo que se llamará la "barra ceremonial". En Chalcatzingo, el individuo sentado en el interior de la cueva carga en sus brazos un objeto —o un glifo— en forma de doble voluta. Sobre la Estela 2 de La Venta, el personaje central lleva una vara con el extremo curvo, en forma de garrote. Parece pertinente considerar este objeto, más que como un cetro, como una representación del *xiuhcoatl* ("la serpiente de turquesa"), que es a la vez un símbolo solar y un arma blandida por varios dioses de la mitología nahua. Es patente que la barra ceremonial sostenida por los soberanos mayas es originalmente una serpiente de cuerpo flexible y que siempre tiene dos cabezas de ofidios en sus extremidades. La carga de esta barra ceremonial sobre los brazos, en posición horizontal, les imprime a las manos un movimiento específico que vale por sí solo y que a veces basta para representar al poder en ausencia de la barra ceremonial. Ciertas imágenes olmecas presentan este tipo de figura.

Aún más sorprendente es la figura del soberano acoplada con un glifo ultraespecializado, la vírgula de la palabra. Actualmente, sólo conocemos una representación de este glifo en la época olmeca. Es la de la Pintura 7 de Oxtotitlán (Guerrero). Esta vírgula, empleada sistemáticamente para designar al soberano en todas las culturas mesoamericanas no mayas, remite por necesidad a una concepción del poder asociada con la palabra. En efecto, éste es el caso de los nahuas, que designan a su soberano con el término *tlatoani*, "el que tiene la palabra" o "el dueño de la palabra". Es evidente que atribuirle la vírgula de la palabra a un personaje para identificarlo como soberano, sólo tiene sentido en un contexto en que palabra y poder corren parejas. La pintura de Oxtotitlán es entonces la prueba adicional, si esto fuera necesario, de la nahuatlidad de los olmecas, pues en Mesoamérica, hasta donde sabemos, sólo los nahuas han practicado esta asociación conceptual.

106. Pintura 7 de Oxtotitlán, Guerrero.

El panteón

El panteón mesoamericano, tan complejo, parece estructurarse desde la Época I. Hemos visto que el jaguar, por sí solo, concentra cierto número de atribuciones divinas. Reina a la vez en el interior de la tierra, sobre el fuego y sobre la lluvia. Es difícil, en el estado actual de los datos, decir si nos encontramos ante varios dioses-jaguar o si una misma figura mítica desempeña varios papeles divinos. Lo que es indudable es que las diversas facetas de la personalidad divina del jaguar, en las épocas posteriores, estarán repartidas entre varios dioses diferenciados, en cuyo rango predominan Tlaloc y Huehueteotl.

Existe indiscutiblemente un culto a la serpiente entre los olmecas. El magnífico Monumento 19 de La Venta está ahí para probarlo. Este monolito esculpido en bajorrelieve representa un enorme crótalo que rodea con su cuerpo a un dignatario representado en una curiosa postura flexionada. Mucho se ha discutido acerca de la personalidad de este crótalo olmeca. ¿Se trata de la prefiguración de Quetzalcoatl, la famosa serpiente emplumada de la tradición mesoamericana? El hecho es que la serpiente de La Venta sólo tiene una especie de cresta en la parte superior de la cabeza, en la que es difícil ver plumas preciosas. Por otra parte, es el único monumento conocido que escenifica de modo tan espectacular la serpiente de cascabel, así que resulta arriesgado extrapolar. Sin embargo, se puede suponer que la serpiente, en la época olmeca, se relaciona con la tierra y los elementos acuáticos, exactamente como lo será después. En cambio, nada permite, por el momento, distinguir en el simbolismo de la Época I cualquier asociación entre la serpiente y el viento. Ahora bien, ese vínculo, muy misterioso, constituye el fundamento de la personalidad mitológica de Quetzalcoatl. Sin em-

107. Sello de Tlatilco, formado por tres glifos; en el centro se encuentra la representación del dios del viento.

bargo, sí existe un objeto que parece representar al dios del viento con la forma que tendrá después, es decir con una media máscara bucal que evoca remotamente un pico de pato. Se trata de un sello de barro descubierto en Tlatilco, donde uno de sus tres cartuchos reproduce este perfil tan característico.

Se considera también como una representación zoomorfa de la serpiente emplumada, un grabado que aparece en dos orejeras cuadradas de jade, encontradas en una ofrenda de La Venta. Más desconcertante a mi juicio fue el descubrimiento, en ese mismo sitio, de orejeras de jade esculpidas en forma de gancho (Ofrenda 6). En efecto, se sabe que los adornos característicos del dios Quetzalcoatl en las épocas posteriores son el caracol cortado a la mitad, llevado como pectoral y las orejeras en forma de gancho. Tenemos pruebas de la existencia de ambos desde la época olmeca. Estos adornos aparecen sobre un personaje esculpido en una de las caras laterales de un altar de San Lorenzo (Monumento 14) y confirman el indicio de La Venta.

Esta observación incita a considerar que la simbología divina propia de Mesoamérica ya está fijada, o que lo está siendo desde el horizonte olmeca. Para tomar un solo ejemplo, se entiende mejor la actitud del personaje grabado en el Monumento 1 de Abaj Takalik (Guatemala), si se le compara con la lámina 2 del *Códice Laud*. A pesar de los casi dos mil años que separan ambas representaciones y a pesar del hecho de que una sea un bajorrelieve y la otra una pintura, se observa una gran semejanza en la postura y en el tratamiento del personaje. El *Códice Laud* nos sugiere poderosamente que veamos en el relieve de Abaj Takalik una representación olmeca del dios del agua blandiendo el rayo, a la manera del Tlaloc de las épocas posteriores. Añadamos que la situación del monumento corrobora esta interpretación; el Monumento 1, que es una gran roca labrada, está situado en el fondo de una zanja, sobre la orilla derecha del río Ixchiya, y está asociado con un conjunto de construcciones escalonadas en el lecho del río; es evidente la relación contextual con el elemento agua.

Varios autores han encontrado la huella de cuatro dioses en los finos grabados de una estatuilla conocida con el nombre de "Señor de Las Limas". Este magnífico objeto procedente del estado de Veracruz representa a un personaje sentado que ofrece un bebé-jaguar. Pero su cabeza y cuerpo están cubiertos de glifos y de símbolos iconográficos. El arqueólogo Michael

108. Monumento 1 de Abaj Takalik, Guatemala. Horizonte olmeca.

PAGINA SIGUIENTE.
109. Tlaloc como dios del agua y el fuego. Horizonte azteca, Códice Laud, lam. 2.
Veinte siglos separan a estas dos representaciones.

Coe, seguido por David Joralemon, creyó posible distinguir en ella los rasgos de Quetzalcoatl, de Xipe Totec, del dios del fuego y del dios de la muerte. Incluso si semejante interpretación es muy incierta, no carece de fundamento. En lo que toca a Xipe Totec, es muy probable que haya existido desde el horizonte olmeca. Sabemos que se trata de un dios yopi originario de la costa pacífica (región fronteriza de Guerrero y Oaxaca). Los yopis constituyen el remanente de un poblamiento muy antiguo y es razonable pensar que Xipe Totec pueda ser muy antiguo en México. Es un dios del desollamiento y en consecuencia su representación se identifica perfectamente: el rostro del dios siempre aparece con un ojo semicerrado, reducido a una incisión longitudinal, con una banda roja perpendicular. Sobre una vasija de cerámica decorada procedente de Chalcatzingo hay un perfil que corresponde bastante bien a la estandarización iconográfica de Xipe Totec. Lo podemos ubicar también en la figurilla de Las Limas pero no sobre el hombro izquierdo como sugiere Coe, sino en la rodilla izquierda.

También tenemos representaciones de lo que parece un dios del maíz. Sobre un hacha de jade cincelada procedente de Morelos, se puede ver el

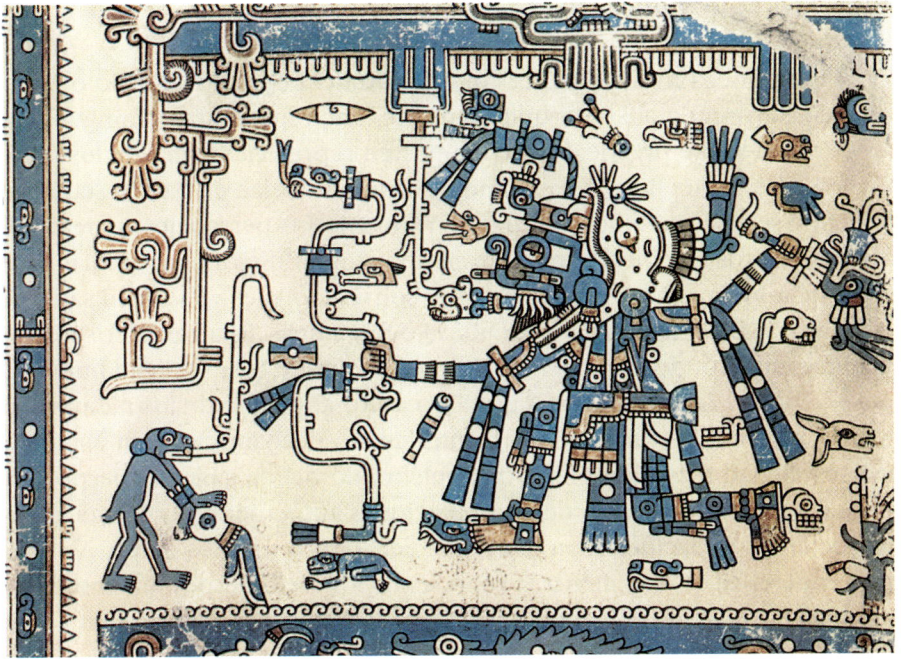

perfil de un personaje con el cráneo partido; de la cavidad emerge una planta trifoliada; podría tratarse de un dios de la agricultura.

Las cuatro figuraciones divinas de la estatuilla de Las Limas pueden tener otras interpretaciones. Por ejemplo, se les podría vincular con las cuatro direcciones del universo. Otra composición cuatripartita se halla en Las Victorias (Chalchuapa, El Salvador). A veces, este monumento ha sido descrito equivocadamente como una roca. Se trata en realidad de un bloque monolítico intencionalmente recortado y aplanado sobre sus cuatro caras, para recibir unos bajorrelieves. Cuatro personajes aparecen esculpidos. ¿Acaso hay que ver dicho monumento como la representación de cuatro guerreros o hay que darle un valor mitológico? Pudiera entonces tratarse de la imagen de los dioses protectores de las cuatro direcciones del universo. Cabría examinar de nuevo la pregunta. En todo caso, parece evidente que la religión olmeca no se reduce a un culto de fecundidad, ni a un culto del jaguar, ni a un culto del maíz. Una serie de indicaciones convergentes tiende a mostrar que ya está operando en ella un politeísmo complejo.

El cuerpo, la cosmética y la vestimenta

En el arte olmeca trasluce cierta concepción del cuerpo, asexuado o poco sexuado. Sorprende observar que los olmecas no representaron ninguna escena erótica y que prácticamente no existen representaciones de los órganos sexuales, masculinos o femeninos. Cuando modelan en barro estatuillas de bebés, se trata de niños asexuados. Y cuando los personajes representados son adultos, también es raro percibir cualquier dimorfismo sexual. Con frecuencia, los mismos rostros son muy convencionales y es difícil saber si se trata de representaciones masculinas o femeninas. Esta característica estilística corresponde a una percepción específica de la sexualidad humana, que se puede considerar como un rasgo cultural propio de los nahuas. De manera general, las poblaciones tropicales de Mesoamérica han asumido una sexualidad más bien plena, que celebra de buena gana el cuerpo y la sensualidad. Éste es el caso de las poblaciones autóctonas de la costa atlántica, de la costa pacífica y, en cierta medida, de los mismos mayas. Así que sorprende el rigor que marca la representación del cuerpo humano en el arte olmeca. Al parecer, para explicar esto hay que relacionarlo con el clima represivo del que los nahuas siempre rodearon la sexualidad.

Como contrapunto de esta eliminación del cuerpo como tema artístico o valor social, se desarrolló desde el horizonte olmeca una primacía del adorno: al parecer, se le atribuye más importancia que al ser. Indudablemente, la vestimenta, que sería arriesgado describir exhaustivamente a partir de las meras esculturas, ya es depositaria de una fuerte significación social entre los olmecas. Es un código que sirve para designar el lugar del individuo en la sociedad, indica su rango jerárquico, su función, su oficio, su origen, etc. Se puede suponer que la distancia entre los hombres del pueblo y los dirigentes está marcada por el abrigo (*tilmatl*), una especie de capa colocada sobre los hombros y sostenida alrededor del cuello. Todas las estelas o los bajorrelieves conocidos muestran dignatarios ricamente vestidos y ataviados.

Sin lugar a dudas, los adornos corporales son muy importantes a partir del horizonte olmeca. Existen orejeras, narigueras, bezotes, collares, pectorales, brazaletes, bandas que se llevan alrededor de los brazos y de tobillos. La mayor parte del tiempo, los adornos están hechos de materiales nobles y escasos como el jade, el cristal de roca, la serpentina, la obsidiana

7 • LA ÉPOCA I: EL HORIZONTE OLMECA (1 200 A 500 a.C.)

110. Máscara olmeca con glifos incisos, Veracruz.

u otras piedras duras de color. Los adornos faciales requieren la perforación de la piel; los lóbulos de las orejas se distendían con los enormes pendientes de forma cuadrada o circular, los bezotes atravesaban el labio inferior mientras que las narigueras requerían a veces la perforación del tabique nasal, incluso de los orificios nasales. Todas estas mutilaciones ligadas a las necesidades del adorno son un rasgo constante en Mesoamérica.

Se puede pensar que los olmecas se pintaban el cuerpo, aun si las evidencias arqueológicas son indirectas: las figurillas de piedra verde, antaño pintadas, en general perdieron sus pigmentos, pero las cinceladuras en los rostros bien parecen reproducir pinturas faciales. En cuanto al tatuaje, se puede deducir su existencia de la presencia, en los niveles arqueológicos que corresponden a la Época I, de objetos rectangulares o cilíndricos llamados respectivamente sellos o pintaderas. Se piensa que esos objetos servían para imprimir sobre la piel cierto número de motivos religiosos exigidos por los rituales. Aunque se puede considerar que el tatuaje está destinado a favorecer el cuerpo humano, parece, por el contrario, que en su versión olmeca, y después nahua, el tatuaje apunta más bien a disimular la naturalidad de la piel en provecho de una iconografía cosmética de carácter religioso. Observemos también que los olmecas practicaron mutilaciones dentales, quizá inspiradas por un afán ritual. Por ejemplo, seis de las figurillas antropomorfas de la Ofrenda 4 de La Venta presentan evidencias de mutilación dental intencional. Esta práctica se generaliza en todas las épocas y en toda Mesoamérica. En cuanto a la deformación craneana tan característica de los personajes del arte olmeca, ésta corresponde generalmente a una práctica panmesoamericana. Con ayuda de unas tablillas de madera, las madres comprimían el cráneo de los recién nacidos, para darle una forma particular. Manifiestamente, una de las formas preferidas de la deformación craneana es la tabular que, por compresión de la parte occipital, da al cráneo una apariencia "de pan de azúcar". Los diferentes tipos de deformación craneana correspondían indudablemente a rangos sociales. No resultaría escandaloso imputarles a los olmecas el origen de esta curiosa práctica: el rechazo por lo natural parece corresponder con una disposición extremadamente nahua. Recordemos que los nahuas dan preferencia a lo cultural frente a lo natural, y siempre trataron de darles su impronta a las manifestaciones de la naturaleza, como señal de reconocimiento tribal y de dominación sobre el mundo.

111. Figurilla femenina que lleva un espejo de pirita, La Venta.

Ciertos autores escribieron glosas sobre el aspecto liso de las cabezas de las figurillas olmecas y han deducido que los habitantes de esa época se rapaban los cabellos. Realmente se trata de una hipótesis azarosa, pues las figurillas de jadeíta con cráneo liso llevaban muy probablemente tocados que se podían quitar, fabricados con materiales perecederos y que no llegaron hasta nosotros. El tocado, en efecto, es un elemento esencial del adorno, tanto entre los olmecas como entre sus sucesores. En el caso de objetos no mobiliarios, como las estelas, todos los personajes llevan imponentes tocados que, por cierto, rebasan el estricto terreno de la ornamentación. En el tocado, a veces los artistas representaron los glifos que corresponden al nombre y a la función del individuo. Cabe muy bien pensar que ocurría lo mismo con los objetos mobiliarios: las estatuillas quizá no tenían la cabeza descubierta en la época olmeca. Así nos las transmitió el desgaste del tiempo. ¿Acaso hay que vincular el espejo con la cosmética y las necesidades del adorno o este objeto depende de una lógica totalmente distinta? La pregunta no tiene respuesta aún, lo que sí es indudable es que en los sitios olmecas hay espejos ligeramente cóncavos, notablemente pulidos, hechos con materiales como pirita, ilmenita o hematita. Se conocen varias decenas de ejemplares. Una figurilla femenina hallada en la Tumba A de La Venta lleva en el cuello un espejo oval, en miniatura. Algunos dedujeron de ello que esos espejos eran unos accesorios que les servían a las mujeres para maquillarse. Nada, sin embargo, apoya esta interpretación. Otros autores han imaginado que estos espejos olmecas tenían una función ritual y servían por ejemplo, para concentrar los rayos solares y encender el fuego nuevo durante las fiestas cíclicas. Pero todos los experimentos que se hicieron han revelado la imposibilidad de semejante papel. Parece entonces preferible vincular estos espejos con la tradición mesoamericana. Dichos objetos aparecen más bien como un instrumento mágico ligado a la brujería y a la adivinación. No sólo el espejo desdobla la realidad, no sólo roba la imagen del rostro humano, sino que también es capaz de dar acceso al más allá de las cosas, a la cara oculta de los secretos del mundo. El espejo es, por lo tanto, más bien un objeto de poder y un símbolo religioso. No parece razonable reducirlo a un accesorio fútil.

Los componentes no nahuas del horizonte olmeca

Según nuestra definición, Mesoamérica se caracteriza por el multiculturalismo. En la Época I, coexisten por consiguiente rasgos nahuas y no nahuas. Después de estudiar en detalle el componente específicamente nahua, es decir olmeca, es interesante considerar los testimonios culturales atribuibles a poblaciones no nahuas.

El culto de la fecundidad femenina

En el momento mismo cuando nace el arte de la cerámica, surge la tradición de elaborar pequeñas estatuillas modeladas. Dicha tradición tiene una distribución muy amplia, que rebasa el marco geográfico de Mesoamérica. Por desgracia, no sabemos cómo se difundieron.

Existe una gran variedad de estas representaciones femeninas. La mayor parte del tiempo, las figurillas se modelan en barro y los elementos decorativos (detalles del rostro, del peinado, de la vestimenta) se hacen con pastillaje, que consiste en añadir, sobre la forma básica, pequeños elementos de barro en forma de chorizo o de punto. Quizá todas las figurillas recibían una decoración pintada, incluso si en la actualidad tienen una apariencia monocroma. En ciertos casos se empleó la incisión como técnica decorativa. Si bien la tradición dominante es la de las figurillas sólidas, se conocen también, en la Época I, figurillas huecas, de mayor tamaño.

La característica más sorprendente de este antiguo arte reside en el énfasis los elementos que marcan la feminidad, principalmente de las caderas. Estas figurillas son en su mayoría calipigias. Parece que en esta parte del cuerpo se concentró la esencia de la feminidad. Los senos son más discretos; en cuanto al sexo, rara vez aparece representado de manera realista.

Todos los autores están de acuerdo en considerar que estas figurillas expresan un culto a la fecundidad, que se le atribuye a la antigua capa poblacional de agricultores autóctonos. Las preocupaciones ligadas a la ferti-

112. Figurilla femenina de Tlatilco.

lidad se pueden localizar en el hecho de que, en ciertas estatuillas, las caderas de las mujeres se convierten en mazorcas de maíz. Varias figurillas de este tipo encontradas en Tlatilco muestran claramente la asociación conceptual efectuada en aquella época entre fecundidad humana y fertilidad vegetal.

Parece claro que este culto a la fecundidad no es característico de la tradición nahua, aunque los olmecas adoptaron esa temática. Conocemos algunos ejemplos de figurillas femeninas huecas de estilo olmeca; algunas en particular se encontraron en las excavaciones de La Venta. Sin embargo, los trabajos de Caterina Magni[15] demuestran que los olmecas manifestaron más bien una fuerte tendencia a "masculinizar" los antiguos papeles femeninos que, probablemente, tuvieron que ser más importantes en el periodo premesoamericano.

Las tradiciones cerámicas

La cerámica siempre fue utilizada por los arqueólogos como marcador privilegiado. A pesar de la diversidad de las formas, de la decoración, y a pesar de la variedad de las materias primas y técnicas de fabricación, a menudo se pueden identificar ciertas tradiciones culturales detrás de algunos tipos de vasijas. Éste parece ser el caso durante la Época I.

• De inspiración autóctona y no nahua podrían ser las formas redondas derivadas de la calabaza. En general, se considera que esta cucurbitácea mexicana de doble panza es el antepasado de cierto número de formas cerámicas. En efecto, la calabaza, recipiente indígena por excelencia, habría engendrado, como lo muestra el croquis adjunto: el plato, la escudilla abierta o hemisférica llamada cajete, el recipiente de orillas entrantes llamado tecomate, la jarra con cuello escotado (cántaro) y el bule, que conserva ni más ni menos la forma completa de la calabaza. La idea subyacente es que los paleosedentarios mexicanos, un buen día, reprodujeron en cerámica los recipientes que acostumbraban confeccionar por tradición a partir de varias especies de calabazas. Esta interpretación es atractiva, pero remite a una concepción naturalista muy poco mesoamericana. Por lo tanto, hay que considerar que las formas redondas nacidas de la imitación de recipientes vegetales fueron inventadas antes del inicio de la era mesoamericana, es decir, con mucha precisión, entre el año 1500 y el 1200 a.C.

● Por contraste, serían de inspiración nahua las formas cerámicas alejadas de modelos naturales. En concreto, se trataría de formas con paredes rectas y de botellas globulares de cuello largo que prefirieron los alfareros olmecas. Sobre estas formas, se encuentran los motivos iconográficos característicos de aquel horizonte: rostros de jaguar antropomorfizados, garras de felinos, motivos sintéticos de garra y ala o de agua y fuego. La cerámica olmeca es a menudo negra, de un hermoso pulido, con motivos escarificados (incisos poscocción), o bien blanca, modelada en un caolín muy puro, decorada con motivos grabados o pintados.

Parece que, en general, se pueden incluir en esta categoría de inspiración nahua todas las vasijas trípodes; pero estas últimas sólo aparecen hacia -600/-500, es decir, justo al final de la Época I o, de modo más verosímil, al principio de la Época II.

113. Botellón de forma compuesta. Cerámica bruñida e incisa, Tlatilco, Cuenca de México.

● Finalmente, de inspiración extranjera, es decir sudamericana, serían dos tipos de objetos muy particulares: las vasijas efigie y las vasijas con asa de estribo. Las vasijas efigie más conocidas proceden del Valle de México, pero las hay también en Guatemala. Algunas son antropomorfas; otras representan armadillos, peces, zarigüeyas, patos, tortugas, etc. Algunas más son vasijas-caricatura que parecen retratar personajes de la vida diaria. Estos objetos, extraños en Mesoamérica, sólo tienen correspondencia en el mundo andino. La misma observación puede emitirse para las vasijas con asa de estribo. No cabe duda de que se trata de una forma ultra específica no originaria de Mesoamérica, y que, por lo tanto, hay que buscar su modelo en Ecuador o en Perú. En verdad existen pocos ejemplares de antiguas vasijas con este tipo de asa halladas en Mesoamérica. Por ejemplo, algunas fueron descubiertas en Tlatilco, pero sólo en tres tumbas excavadas científicamente. Sin embargo, su presencia no se explica sino por la existencia de contactos con la costa sudamericana. Todas las vasijas con asa de Tlatilco halladas en las Sepulturas 90, 162 y 195, están asociadas con una fase cronológica bien conocida, llamada Manantial, fechada en 1000 a 800 a.C. Estos contactos con Sudamérica no son problemáticos en sí mismos: el arte de la navegación permitía entonces semejante circulación. Pero la existencia de ese tipo de relaciones oscurece el contexto del surgimiento de Mesoamérica. Con el estado actual de los datos, es difícil precisar cuál es la parte exacta de la tradición sudamericana en la formación del horizonte olmeca.

Los coleccionistas, y después los arqueólogos, han exhumado, en particular en Tlatilco, series de figurillas de variada inspiración. Se identificaron, a veces con cierta imaginación, jugadores de pelota, chamanes, individuos contrahechos, siameses, bailarines, etc. A veces se les vio como una especie de colección de figuritas inspiradas en la vida cotidiana en la época Preclásica. En realidad, la dimensión religiosa de esas representaciones sorprende más que su aspecto anecdótico. La danza no es una actividad frívola, sino un acto ritual. Lo mismo ocurre con el juego de pelota. En cuanto a los enanos y los jorobados, asociados con el poder, en todas las épocas desempeñaron un papel importante en la mitología mesoamericana. Los personajes con dos cabezas pueden relacionarse con el tema de la dualidad, también muy presente en el pensamiento mesoamericano. La figura del acróbata también puede inscribirse en la tradición mesoamericana: al parecer existe un parentesco entre su postura muy flexionada, con los pies sobre la cabeza, y la hiperlordosis inflingida a las víctimas humanas sobre la piedra sacrificial.

Este vigor inventivo, esta libertad en el tratamiento que se encuentra en las figurillas de Tlatilco, es sorprendente, sin embargo, en la medida en que no corresponde exactamente a lo que se sabe de la Época I. Por lo tanto, uno se puede preguntar si esas figurillas preclásicas no se podrían atribuir en realidad a la Época II. Tanto por su tratamiento estilístico como por su inspiración, dichas figurillas cabrían perfectamente en ese horizonte cronológico posterior. Por lo demás, los fechamientos con C14 que poseemos para Tlatilco autorizan perfectamente esta atribución (Y-1628: 480 a.C. ± 60; Y-1626: 410 a.C. ± 120).

La cuestión de la heterogeneidad étnica

Como es la regla con todas las civilizaciones antiguas, los inicios de la civilización olmeca han inspirado varias hipótesis difusionistas fundadas en pretendidas representaciones de tipos físicos no indígenas. Los contactos trasatlánticos que se han postulado son dos. Uno se basa en la presencia de "semitas" en ciertas estelas olmecas, el otro desde luego se relaciona con el aspecto negroide de las famosas cabezas colosales. El balance de esta cuestión es fácil de hacer.

Que los distintos pueblos constitutivos de Mesoamérica presentaran entre sí una marcada heterogenidad física, depende del orden de las cosas. Los mayas, los otomíes y los nahuas no pertenecen al mismo tronco étnico. Esta diversidad de la apariencia física pudo entonces ser registrada en el arte de la época. Sin embargo, hay que tener en cuenta los cánones de la expresión artística. Cada cultura tiene su modo de representar el cuerpo y el rostro humanos, y no se podrían tomar sistemáticamente, de un grabado o una escultura, informaciones antropológicas sobre la apariencia o la fisonomía real de los individuos de aquella época. Actualmente, el episodio de los "cráneos bilobulados" resulta cómico: al observar que los olmecas solían representar el cráneo humano con una hendidura en V en su parte superior, algunos imaginaron que practicaban una deformación craneana especial que volvía el cráneo bilobular. Como es natural, es imposible semejante modificación en la arquitectura craneana, por lo que los olmecas no pudieron haberla practicado.

De modo muy concreto, la presencia de una base de población semita se dedujo sólo a partir de tres monumentos de La Venta: la Estela 3 y los Monumentos 13 y 63. El personaje a la derecha de la Estela 3 fue descrito por los arqueólogos estadounidenses con el nombre de Tío Sam. Aun cuando es irónica, esta denominación es poco pertinente. Bien cabe pensar que el personaje de la derecha en la Estela 3 de La Venta no es ni un hebreo, ni un mesopotámico, ni un estadounidense, sino un mesoamericano. Ya se dis-

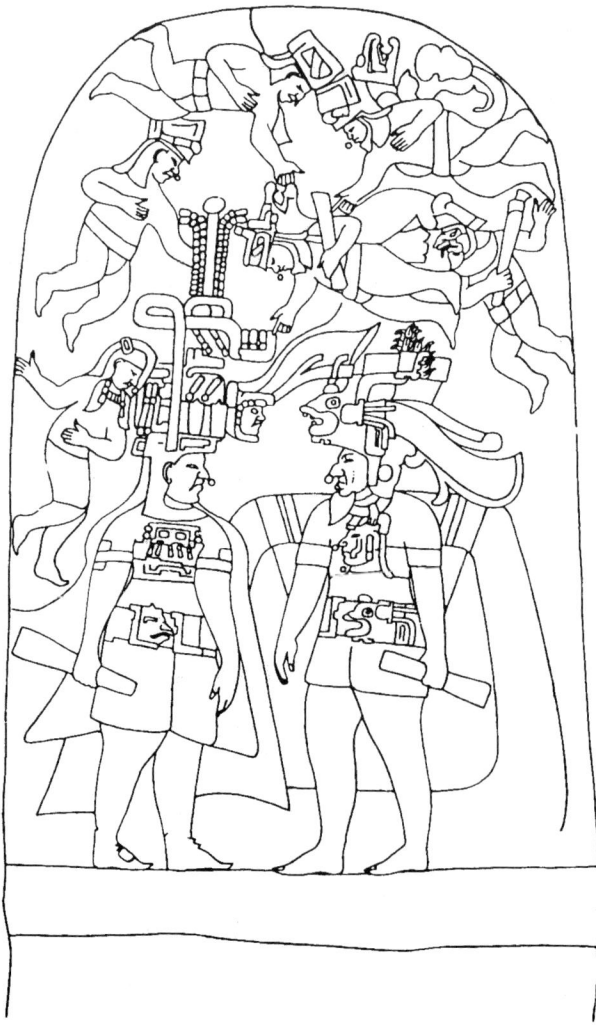

114. Estela 3 de La Venta.

tingue, a pesar de la antigüedad del monumento, lo que será la codificación del tipo físico maya: nariz prominente con una arista viva, frente y barbilla deprimidos. La barba que parece llevar el personaje podría no serlo. Podría tratarse de la parte inferior de un yelmo, una especie de hocico abierto de animal, del cual emerge el perfil humano. Como quiera que sea, existe un gran número de personajes barbados en la iconografía mesoamericana. Por ejemplo, así aparecen los hombres de cierta edad. Lo convencional predomina indudablemente sobre lo realista y lo naturalista. En cuanto al personaje del Monumento 13, familiarmente llamado "el embajador", efectivamente no está esculpido con la apariencia física de un olmeca. ¿Se trata por ello de un no nahua? El estado de conservación del monumento y la desaparición de la capa de estuco pintado que lo recubría, vuelven delicada la interpretación. Sin embargo, el Monumento 63 muestra un personaje bastante parecido, de pie, frente a un ser mitológico que es fácil identificar como el monstruo Cipactli. Igual que "el embajador", está cubierto con un enorme turbante y ofrece un perfil de nariz recta bastante distinto de las convenciones olmecas. La verdadera pregunta consiste en saber si ambos monumentos pertenecen efectivamente a la época olmeca o si se pueden asignar a una época más tardía. En este caso, la interpretación del estilo de esos retratos no presentaría ninguna dificultad.

Persiste la cuestión de las cabezas colosales de aspecto negroide. Conviene notar que hasta ahora se conocen diecisiete; todas provienen de una misma zona y de tres sitios en particular: La Venta, San Lorenzo y Tres Zapotes. Los demás ejemplos de cabezas colosales en Guatemala (región de Monte Alto) no presentan los mismos rasgos negroides. Se puede pensar entonces en un estilo local. Por otra parte, estas famosas cabezas colosales no tendrán futuro. Este detalle es muy importante. En efecto, todos los rasgos culturales olmecas pasarán al patrimonio cultural de Mesoamérica. Ahora bien, las cabezas colosales no tendrán descendencia. Finalmente, es curioso comprobar que en el arte de La Venta, San Lorenzo y Tres Zapotes, aparte quizá del Monumento F de este último sitio, sólo las cabezas colosales presentan rasgos negroides. ¿Cuál es entonces la explicación de esta rareza? ¡La interpretación más lógica es que estas cabezas colosales no son olmecas! Es muy probable que nos encontremos en presencia de monumentos tardíos, posteriores al horizonte olmeca. En 1988, un investigador estadounidense, James Porter, observó que las cabezas podrían provenir de antiguos altares retrabajados. Por ciertas indicaciones técnicas, se puede observar efectivamente que los bloques de piedra en los que están esculpidas la mayoría de estas cabezas, son bloques reutilizados. Aquí y allá, se distinguen huellas de esculturas anteriores, en particular las curvas de antiguos nichos. Las cabezas colosales serían entonces, necesariamente, posteriores a los altares de nicho que caracterizan a la época olmeca. Esta situación cronológica de los monolitos es del todo compatible con lo que sabemos de su situación estratigráfica. En La Venta, las cabezas aún estaban in situ, en la superficie. En San Lorenzo, las cabezas enterradas que se encontraron rodaron abajo del terraplén sobre el que habían sido levantadas, porque se

115. Cabeza colosal 1 de San Lorenzo, Veracruz.

derrumbaron los bordes de esa plataforma. No se encontró ninguna cabeza colosal debajo de niveles antiguos. Es muy probable entonces que se trate de un estilo regional tardío, de Época II. Los gruesos labios ligeramente doblados hacia abajo me parecen una reminiscencia de los belfos levantados del felino olmeca. Aparte de este énfasis en los labios, se encuentran fácilmente, en estas cabezas monolíticas, las características del tipo físico local, aún observables hoy día: el rostro es ligeramente adiposo y los ojos presentan un pliegue un poco asiático, conforme con todo lo que sabemos del origen de los indígenas mesoamericanos. Entonces, no es necesario imaginar viajes trasatlánticos entre las costas africanas y las mexicanas para darles una significación a estos monumentos, que serán estudiados en su contexto, junto con las manifestaciones artísticas de la Época II.

Naturalmente, cabe recordar que, durante el horizonte olmeca, han cohabitado y se han mezclado numerosos y distintos pueblos. No debe sorprender entonces la existencia de estilos regionales. Sin embargo, la existencia indudable de especificidades locales no debe provocar que se acepte todo. No sólo el mundo olmeca tiene normas estilísticas, sino que el contenido de sus obras de arte está predeterminado. No obstante existen piezas de estilo desconocido, que resultan imposibles. En esta categoría habría que incluir al famoso luchador de Uxpanapa descubierto en 1933 fuera de todo control científico.

Las fronteras de Mesoamérica

Los límites geográficos mesoamericanos en la Época I no ofrecen muchos problemas de identificación. En efecto, disponemos de un "marcador" ideal y fiable, que es la olmequidad: la extensión máxima de Mesoamérica en sus inicios corresponde al área de diseminación olmeca.

La frontera noroeste

En el lado del Pacífico, el río Balsas sirve como frontera occidental. Al oeste del meridiano 101, este río, que delimita una cuenca estrecha y encajonada, funciona como una frontera natural que los olmecas no parecen haber franqueado. De modo bastante sorprendente, existen vestigios olmecas en la ribera izquierda de este río, mientras que no hay uno solo en la ribera derecha. Más hacia el interior de las tierras, la frontera mesoamericana sigue el límite entre el Estado de México y el de Morelos, incluido este último en el interior del área mesoamericana. Al subir hacia el Valle de México, la frontera pasa a la altura de Tlatilco, que parece el límite septentrional de la expansión olmeca. Más al este, Mesoamérica incluye los estados de Tlaxcala y Puebla, en el que el sitio de Necaxa marca el límite boreal de la presencia olmeca. En fin, sobre la vertiente atlántica, la frontera coincide de modo aproximado con el lecho del río Tuxpan, en cuya orilla, en el lugar llamado La Mata, se encontraron estatuillas de estilo olmeca.

Este límite septentrional de Mesoamérica excluye, como se observa, a Michoacán, todo el oeste del Estado de México, Teotihuacan (que en esa época aún se encuentra fuera de la atracción mesoamericana) y la Huasteca, en el norte del estado de Veracruz. También se encuentra fuera toda la zona occidental (Jalisco, Colima, Nayarit) y naturalmente, todos los estados del norte. Podría parecer que semejante trazo ignora algunos sitios que a veces se consideran mesoamericanos, por lo que conviene ver esos expedientes.

El primer caso discutible se refiere al sitio de El Opeño, cerca de Jacona, en el noroeste del estado de Michoacán. El sitio se conoce por sus tumbas cavadas en la falda del cerro, excavadas en 1938 por Eduardo Noguera y en 1970 por Arturo Oliveros. En 1938, Noguera exhumó una pequeña figurilla esculpida en piedra gris que representa posiblemente una mujer vestida con una faldilla de cuadros. Los rasgos de la cara, dotada de una boca con comisuras caídas, hicieron que el objeto se clasificara entre los vestigios "olmecoides". En las cuatro tumbas excavadas en 1970, Oliveros no recogió ninguna figurilla comparable, pero tomó una muestra de carbón en la Tumba 3, y obtuvo un fechamiento del orden de 1500 a.C. Un gran número de investigadores clasificó entonces a El Opeño, sin examen complementario, en la lista de los sitios olmecas. Sin embargo, conviene rechazar semejante atribución. Primero, porque en El Opeño no se encontró ningún objeto olmeca, ni siquiera vagamente emparentado. La famosa estatuilla no corresponde en ningún caso a los criterios estilísticos de la época olmeca. Luego, porque el fechamiento con C14 obtenido en 1970 jamás se publicó con sus parámetros científicos. En 1970, Oliveros, que entonces realizaba su tesis, envió su muestra a Los Ángeles (Universidad de California) para que la fecharan. En su tesis mecanografiada, mostró una información no oficial, según la cual la fecha se situaría "alrededor de 1500 a.C.". Cuatro años después, en un informe sobre El Opeño,[16] retomaba la misma estimación sin aportar elementos de confirmación oficiales. Desde entonces, el conjunto de la comunidad científica admitió esta fecha, mientras que el laboratorio de análisis de la UCLA no parece haber proporcionado los resultados científicos relativos a este fechamiento. De todas maneras, hemos visto cuán aleatorio es referirse a un fechamiento aislado, pues el margen de error puede ser considerable. Por lo demás, en el material encontrado en El Opeño, no hay ningún indicio que permita situarlo en la Época I. Parece entonces más razonable considerar las tumbas de El Opeño de la Época II.

116. Estela de San Miguel Amuco, Guerrero.

El segundo expediente se refiere al sitio de Etzatlán. En las colecciones del Museo Regional de Guadalajara, hay un hacha de garganta grabada, de piedra gris. Esta hacha, cuya procedencia no está establecida, parece venir de Etzatlán, en el estado de Jalisco. A veces se le cita como una prueba de la existencia de influencias olmecoides en el Occidente. En efecto, el rostro grabado sobre el hacha tiene una boca en medio círculo, con las comisuras hacia abajo. En verdad, nada parece olmeca en el hacha de Etzatlán: ni los rasgos faciales, ni las dos pequeñas piernas grabadas bajo el cuello del personaje. Así que en ningún caso se trata de un documento probatorio.

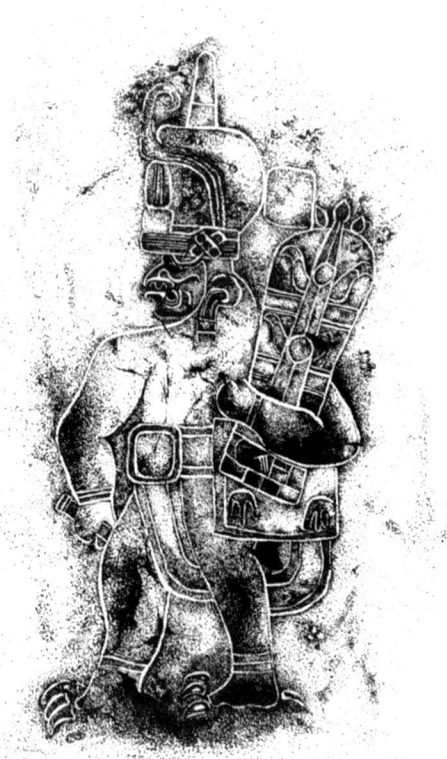
117. Relieve rupestre de Xoc, Chiapas. Guerrero águila.

El último caso que conviene discutir es el de Colima. Cierto número de obras clasifican como mesoamericano un estilo cerámico originario del estado de Colima, en el occidente de México, llamado Capacha. Este "complejo Capacha" fue establecido por la arqueóloga estadounidense Isabel Kelly en 1980. El objetivo fundamental de esta investigadora era conferirles cierta antigüedad a las culturas del occidente. Al observar que en ciertas tumbas de Colima había vasijas de cerámica de formas originales que también se encontraban en ciertos sitios antiguos del Altiplano Central como Tlatilco, Isabel Kelly empezó a identificar los elementos occidentales de un horizonte cerámico antiguo. El complejo Capacha se caracterizó fundamentalmente por la existencia de una forma llamada bule, así como por otras vasijas de formas compuestas. Ya que la casi totalidad del material arqueológico de Colima proviene de excavaciones clandestinas, era difícil imaginar que se podían recoger carbones o cenizas que presentaran alguna garantía científica. Isabel Kelly ideó entonces un método inédito que, hasta la fecha, sólo ella ha empleado. Recuperó un lote muy importante de fragmentos de bules que provenían de varios sitios y que compró a saqueadores locales. Estos fragmentos fueron pretratados (Kelly describe el proceso como un *roasting in oxygen*) de manera de extraerles carbono. Éste, que provenía directamente de los fragmentos, fue fechado entre 1450 a.C. ± 200. Es el único fechamiento con C14 que tenemos para el complejo Capacha. A pesar de las condiciones extremadamente sospechosas en las que se realizó, este análisis sirvió de base para la cronología temprana del occidente de México. De hecho, es muy poco fiable y por lo pronto no ha recibido ninguna confirmación científica. Así que es más razonable remitirse temporalmente a una estimación cronológica fundada en elementos estilísticos: se puede entonces pensar en una fecha del orden de 800-600 a.C. Como quiera que sea, hay escasos elementos materiales que permitan considerar la cultura de Capacha como mesoamericana. La idea de que las culturas colimeñas habrían influido en Tlatilco en 1500 a.C. debe por el momento permanecer en calidad de hipótesis.

El trazo de la frontera noroeste de Mesoamérica en la Época I conduce a dos observaciones. Primero, el Valle de México aparece como zona fronteriza. Al revés de lo que será después, no es en modo alguno el centro de gravedad de Mesoamérica. Por otra parte, parece que se puede interpretar la no penetración de los olmecas en el norte del trazo fronterizo como la consecuencia de una resistencia a esa penetración. Por lo cual se puede inferir, en buena lógica, que existe una importante ocupación no nahua en Michoacán, en el Estado de México y en la Huasteca.

La frontera sureste

El trazo tradicionalmente propuesto para la frontera meridional de Mesoamérica parte de la desembocadura del río Ulúa en Honduras e incluye a Copán, Chalchuapa en El Salvador y toda la franja costera del Pacífico hasta la península de Nicoya. Cabe ciertamente revisar dicho trazo, al menos en su parte norteña. En efecto, se ha descubierto, en las cuevas situadas a unos cuantos kilómetros al sur de la actual ciudad de Trujillo (Honduras), un material cerámico totalmente comparable con el que se encuentra en Tlatilco. Se trata del sitio de Cuyamel, que los arqueólogos P. Healy y R. Reyes Mazzoni dieron a conocer en 1974. La existencia de objetos tan mexicanos en la costa caribeña de Honduras, en una región que se creía ocupada por poblaciones chibchas de origen sudamericano, no dejó de sorprender. La mexicanidad de este sitio es tanto más curiosa cuanto que Cortés, en su *Quinta Relación*, atestigua que en 1525 se hablaba náhuatl en la región de Cuyamel. Los historiadores pensaron primero que debía de tratarse de un punto de asentamiento muy tardío ligado a la expansión azteca. Desde la óptica de la antigüedad general de los nahuas en Mesoamérica, Cuyamel podría ser un polo de implantación nahua mucho más antiguo. Así se explicaría la presencia de material mesoamericano de Época I. En cuanto al estatuto de las tierras altas hondureñas, de la orilla norte del lago Nicaragua y del altiplano norteño costarricense, persiste la incertidumbre, los indicios arqueológicos son demasiado débiles como para arriesgarse a trazar una línea fronteriza.

La continuidad territorial interna

En el interior de las dos fronteras que definimos, la continuidad cultural parece bastante notable, salvo en lo que toca a la zona maya. Se tiene la impresión de que los mayas mantienen su territorio con firmeza, y que detienen la penetración nahua. Durante el primer milenio a.C., la columna vertebral de Mesoamérica es un eje noroeste-sureste, que va desde Tlatilco hasta Nicoya. En esta configuración, el centro de gravedad de Mesoamérica se sitúa aproximadamente en la región de Izapa. Ya se observa ahí una fuerte actividad cultural. De manera general, se advierte que el nivel de desarrollo cultural es tanto más fuerte cuanto que la presencia nahua se afirma. Las regiones menos nahuatlizadas, es decir, las menos olmequizadas, sólo tienen un despertar cultural menor. También se observa que las tierras calientes son más olmecas que las tierras altas. Este detalle sugiere que los olmecas son nahuas tropicales o tropicalizados, incluso si no se limitan a vivir en las tierras bajas.

Al contrario de una idea extendida, los olmecas no desaparecen repentinamente sin dejar huellas en el año 500 a.C. Sólo el estilo olmeca desaparece o, con más exactitud, se desvanece y se funde en los diversos estilos que van a florecer en ese momento. En cierto modo, la Época II es efectivamente la prolongación de la Época I. Los arqueólogos tendrían indudables dificultades para probar la existencia de un corte, de una fase de abandono o de desocupación. En todos los sitios conocidos y catalogados, la ocupación continúa después de 500 a.C., pero los mestizajes culturales se hacen más palpables y las formas de la nahuatlidad más diversas. El fin repentino de los olmecas parece pertenecer a la mitología cataclísmica de México. Si es verdad que en México hubo un caso de destrucción por una erupción volcánica —la que ocurrió en Cuicuilco—, se produjo mucho más tarde, alrededor del inicio de la era cristiana, por lo tanto, los olmecas no fueron víctimas de los volcanes mesoamericanos. En cuanto a la hipótesis de una rebelión popular y generalizada contra la tiranía olmeca, realmente carece de cualquier fundamento. Es cierto que Michael Coe encontró en San Lorenzo monumentos mutilados y una serie de siete esculturas intencionalmente enterradas en una trinchera del Grupo D. Él interpretó esto como prueba de una rebelión repentina, aunque es evidente que no se puede excluir que se hayan dado aisladamente, aquí y allá, en épocas distintas, rebeliones violentas, saqueos o conquistas particularmente destructivos, pero también se puede asociar el entierro de los monumentos con la práctica mesoamericana de la sedimentación de la memoria del lugar. En cada etapa de desarrollo, se acostumbra transformar edificios existentes al encerrar los antiguos en los nuevos y, cuando un centro ceremonial se restructura por completo, es frecuente que los antiguos monumentos se conserven enterrados. Como quiera que sea, el caso particular de San Lorenzo en el año 900 antes de nuestra era —presunta fecha de la "caída" de la ciudad— no sirve como modelo explicativo válido para el conjunto del mundo mesoamericano. Globalmente, el mundo olmeca parece activo hasta el siglo VI antes de nuestra era.

En fin, es evidente que nuestra visión de la Época I sólo puede ser incompleta y fragmentaria. La arqueología mesoamericana todavía está titubeante y cada año se descubren sin cesar nuevos sitios. Con el estado actual de los conocimientos, cualquier extrapolación debe permanecer como hipótesis. Sobre todo conviene no juzgar a los olmecas sólo con los vestigios preservados por los museos. Esta civilización, que podría parecer una civilización del jade y del basalto, en realidad manejaba muchos otros materiales, como lo demuestran las excavaciones recientes de El Manatí en el río Coatzacoalcos, existía una escultura de madera muy evolucionada; los olmecas empleaban profusamente telas, plumas y cestería, y el escenario de su vida, indudablemente, era mucho más reluciente, mucho más luminoso de lo que permiten suponer los sobrios vestigios que han llegado hasta nosotros.

8

LA ÉPOCA II: LOS FLORECIMIENTOS REGIONALES (500 a.C. A 200 d.C.)

Características generales

La Época II va del año 500 a.C. hasta el siglo III d.C. En la terminología tradicional, este periodo corresponde al "Preclásico superior" o al "Formativo tardío", así como al "Protoclásico" que le sigue. En realidad, es un periodo específico, que tiene su "personalidad" propia; no es una simple transición, sino una fase por derecho propio de la historia prehispánica.

Conviene insertar esta Época II en el hilo de un proceso evolutivo: la aparición de rasgos nuevos no excluye cierta continuidad cultural. En el capítulo de los rasgos que permanecen, hay que señalar, por ejemplo, la persistencia de la tradición de las figurillas femeninas. Ésta tradición, que aparece desde los inicios de la agricultura en Mesoamérica, permanece viva hasta el año 200 d.C., fecha cuando concluye repentinamente. Pero, la Época II también se caracteriza por cambios importantes, pues la ruptura con la Época I se manifiesta en la disolución de la olmequidad. El estilo olmeca, como se describe en el capítulo anterior, desaparece como tal. Los hombres-jaguar, las hachas de jade cinceladas y los bebés mofletudos ya no tienen cabida en el nuevo arte que nace. Sin embargo, se observa que la antigua cultura olmeca fecunda a profundidad las formas de expresión regionales que emergen entonces. A la unidad del estilo olmeca le sucede una abundancia de estilos muy diferenciados, en los que cada pueblo ya parece expresar una sensibilidad propia. La influencia olmeca se percibe en todas partes, pero totalmente reinterpretada: estilística y temáticamente. Sin duda este surgimiento y este hervidero de culturas regionales son los que más contrastan con el periodo anterior. El contrapunto de la desaparición de la olmequidad es el surgimiento de cierto número de novedades que interesa estudiar.

La arquitectura

Mientras que los asentamientos humanos de la Época I siguen empleando mucho los materiales perecederos, la arquitectura stricto sensu se generaliza desde el año 500 a.C. Los sitios ofrecen desde entonces estructuras elevadas en firme. Pero si aún en esa época los templos se construyen con materiales vegetales (madera, palma, paja, etc.), los basamentos piramidales ya les dan a los centros ceremoniales un aspecto de conjuntos construidos. Las plazas, a menudo rectangulares, están delimitadas por plataformas con escalones. El núcleo de esas construcciones está constituido, según la disponibilidad de los lugares, por toba volcánica o piedras calcáreas mezcladas con tierra. El conjunto está cubierto por un revestimiento exterior de piedras aglutinadas con mortero o emparejadas. Esas piedras de bloqueo se cubrían luego con un aplanado más o menos grueso de tierra, que podía o no recubrirse con estuco. Es importante notar que la apariencia actual de los monumentos después de su restauración no traduce su aspecto original. En la Época II, los arquitectos mesoamericanos no emplean la piedra como elemento decorativo, sino como recurso técnico. Las paredes exteriores, aplanadas o estucadas, se pintaban hasta el final. Las restauraciones a monumentos hechos de cantos rodados grandes, como en Abaj Takalik, no son erróneas en sí mismas, pero están incompletas, pues falta el revestimiento exterior.

Parece que la pirámide escalonada, que se convertirá en el edificio tipo de la arquitectura mesoamericana, ya es un modelo dominante desde el año 500 a.C. En general, esta pirámide tiene un plano rectangular, siendo la fachada más ancha que los costados del edificio. Si bien existen escalones clásicos para subir a la cúspide de las pirámides, la Época II también conoció rampas de acceso, una especie de grandes planos inclinados colo-

PÁGINA ANTERIOR. 118. El rostro de la muerte. Detalle de la Estela 50 de Izapa, Chiapas.

cados sobre las gradas. Las rampas de este tipo llevan a la parte superior de las pirámides de Cuicuilco (Valle de México), de El Trapiche o de Quelepa (El Salvador).

No parece comprobada la idea, a veces sostenida por ciertos autores antiguos, de que los primeros templos mesoamericanos habrían sido estructuras redondas. Parece producto de una extrapolación del caso de Cuicuilco, sitio de la parte meridional del Valle de México destruido por la erupción del Xitle poco antes de iniciar la era cristiana. En efecto, en Cuicuilco hay una imponente estructura circular de 135 metros de diámetro; estas dimensiones excepcionales han sorprendido y hecho creer que el edificio A de Cuicuilco era el arquetipo de las construcciones mesoamericanas antiguas. En realidad, esta impresión debe evaluarse. En primer lugar, en el sitio de Cuicuilco existe cierto número de estructuras escalonadas de plano rectangular. En segundo, se sabe hoy que las pirámides de Teotihuacan pertenecen al mismo horizonte histórico y cronológico que Cuicuilco. La "pirámide" redonda de Cuicuilco aparece más bien como una excepción en el contexto de la Época II.

La escritura glífica

La escritura glífica, que parece haber nacido en la zona circunmaya, es otra novedad que surgió en la Época II. Aun si no disponemos de la cronología de la aparición de esta nueva convención escritural, se puede pensar que el sistema se instaura desde el siglo V a.C. Al parecer, se pueden distinguir dos estilos que, sin dejar de estar emparentados, podrían corresponder sin embargo a dos tradiciones locales distintas. El primero caracteriza a la región de la costa del Golfo (norte del Istmo). Está representado por unos cuantos objetos, como la famosa estatuilla de Tuxtla que hoy pertenece a las colecciones del Instituto Smithsonian (Washington). Exhumada a principios del siglo XX, se consideraba hasta fechas recientes como un objeto olmeca. Sin embargo, nada en el estilo ni en la naturaleza del objeto ha permitido semejante atribución. Esta figurilla un poco enigmática, esculpida en una nefrita verdeazul que parece de origen costarricense, representa un personaje obeso vestido con los atributos de un ave. Lleva alas a cada lado y una especie de pico de pato en la parte inferior del rostro. El conjunto del

119. Desarrollo de los glifos de la estatuilla de Tuxtla, Veracruz.

objeto, que no deja de recordar el monumento 5 del Cerro de las Mesas, está recubierto de signos escriturales dispuestos en columnas. Entre numerosos glifos que siguen sin descifrarse, se puede, sin embargo, aislar una fecha expresada en la convención llamada de la cuenta larga. Si se adopta, para transcribir esta fecha, la correlación GMT empleada para leer las estelas mayas, se obtiene 162 d.C. Es evidente que se trata de una fecha demasiado tardía para corresponder a una pieza olmeca. Desde luego, no estamos seguros de que el origen del cómputo de la estatuilla de Tuxtla sea idéntico al que se propone para la lectura de las estelas mayas. Sin embargo, es claro que la estatuilla de Tuxtla pertenece a la Época II. Aun si se nos escapa el sentido global de esta escritura de la costa del Golfo, estos glifos atestiguan la existencia de una tradición escritural en la zona.

En el mismo momento, otro estilo de escritura ve la luz del día al sur del área maya, en una región que abarca a la vez el altiplano guatemalteco y la costa del Pacífico. Éste se conoce principalmente por los sitios de Kaminaljuyú y de Abaj Takalik. En esta convención, los glifos calendáricos se distinguen de otros glifos. Los nombres de días y de meses están encerrados en un cartucho semirrectangular, a veces realzado en su parte inferior con un adorno tripartita. A diferencia de los objetos de la región de Tuxtla, los glifos son menos autónomos y se combinan más con las representaciones figurativas. Esta última tradición permanecerá como propia de los grupos de estirpe nahua, mientras que los mayas se adueñarán de la tradición de los glifos más individualizados.

Permanece una interrogante. Mientras que uno de los mayores sitios de esta área circunmaya es Izapa, no lejos de Abaj Takalik, en donde la escritura se emplea mucho, no hay ahí huellas de inscripciones glíficas. Los arqueólogos proponen dos explicaciones. Izapa practicaba la tradición de la pintura sobre estuco y, en este caso, los vestigios de escritura habrían desaparecido con su soporte; esta hipótesis se apoya en la existencia de un número muy importante de estelas lisas en este sitio, que pueden perfectamente haber servido para recibir textos pintados. O bien, Izapa no practicó la escritura glífica y se limitó a la tradición específicamente icónica. En efecto, las estelas grabadas localizadas in situ comprenden escenas complejas y elaboradas, en las que no interviene ningún glifo en columna o en cartucho. Sin embargo, la lógica indicaría que en Izapa se conoció la escritura glífica, como todos los demás sitios de la región.

Observemos que la transcripción de fechas según el método de la cuenta larga existe en toda la zona en que aparece la escritura, ya sea al oeste o al este. Los monumentos que llevan las fechas más antiguas son: al oeste la estela C de Tres Zapotes (7.16.6.16.18) y, al este, la estela 1 de El Baúl (7.19.15.7.12). Aparentemente, la escritura glífica se difundió bastante rápido en el área maya propiamente dicha. Hacia 200 a.C, las convenciones ya parecen establecidas. Varios objetos mobiliarios de la Época II tienen glifos, por ejemplo, el reverso regrabado de un pectoral olmeca conservado en Dumbarton Oaks (Washington), unas orejeras halladas en Pomona, Belice, o un hacha de diorita proveniente de una ofrenda de la pirámide Q de

Hatzcap Ceel, también en Belice. Las excavaciones recientes (2004-2005) de William Saturno en San Bartolo, en el este del Petén guatemalteco, comprueban estos datos: ahí se encontró, en un bloque de piedra suelto fechado del siglo III a. C., una serie de diez glifos en columna pintados en negro directamente sobre el fondo de cal blanca. Estos glifos pertencen por completo al estilo de la Época II.

La diversificación del panteón

El omnipresente jaguar olmeca se desdobla en una serie de divinidades específicas en las que ya se localiza a Tlaloc, dios de la lluvia, y a Huehueteotl, dios del fuego. Las primeras efigies de este último se encontraron en Cuicuilco. Son figurillas modeladas en terracota, en las que el dios del fuego aparece como un anciano acuclillado con un brasero sobre los hombros. A partir de entonces, el jaguar parece ubicarse en su papel de encarnación del sol nocturno. Aunque aún no estén identificados todos los personajes representados en las estelas de Izapa, El Baúl o Kaminaljuyú, es claro que pertenecen a un panteón ya fuertemente diversificado. Los dioses aparentemente tienen adjudicadas tareas muy precisas: agricultura, guerra, vigilancia de los infiernos, protección de los océanos, etc. Uno de los personajes divinos omnipresentes en el arte de ese periodo se llama Dios de nariz larga. La mayoría de los especialistas ve en él a la prefiguración del que se volverá el dios Chac de los mayas. ¡La nariz de voluta de este dios de la lluvia les hizo creer a los exploradores del siglo XIX que los mayas adoraban al elefante! También se distinguen criaturas aladas semihumanas, semiaves y "dioses descendentes" que adornan la cúspide de las estelas. Esos dioses descendentes tendrán una larga historia, pues aparecen en los manuscritos nahuas contemporáneos a la Conquista, en donde están generalmente asociados con los *tzitzimime*, criaturas tenebrosas y temibles que bajan periódicamente para amenazar a los vivos.

Finalmente, durante ese periodo se establece la costumbre de exaltar a los dirigentes representándolos en estelas o monumentos. En esta búsqueda de legitimidad de los gobernantes, es difícil discernir si las genealogías sugeridas apelan a alguna filiación divina o si dependen simplemente de la reivindicación "dinástica".

La cerámica

En el terreno del arte cerámico aparecen novedades mientras que persisten formas y tipos de decoración antiguos. Las formas globulares (cajetes hemisféricos, tecomates) y los platos de fondo curvo, muy extendidos, se inscriben en la continuidad del espíritu del periodo anterior. Pero los alfareros de la Época II saben innovar. Dos invenciones me parecen características de esta fase cultural: la decoración "al negativo" o negativa y la vasija trípode. La decoración al negativo proviene de un procedimiento reflexionado y calculado, pues conviene anticipar el dibujo que se quiere aplicar sobre la cerámica. Casi siempre, la decoración se elabora reservando en el recipiente espacios que se cubren con una viñeta o una resina y que, por lo tanto, no recibirán barniz o pintura. De hecho, se procede según la técnica del batik: las partes no pintadas dan el trazo de la decoración. En ciertos casos, la decoración se embadurna previamente con una sustancia que provocará un cocimiento específico y producirá la misma impresión: el fondo llevará la decoración, cuyos contornos estarán dibujados por el barniz. Finalmente, existe una gama de motivos simples, reducidos a líneas rectas u ondula-

120. Vasija de forma compuesta llamada "bule", cerámica bicroma, Huitzilapa, Jalisco.

das, que parecen haberse obtenido por eliminación selectiva sobre piezas con barniz fresco. Las decoraciones en negativo, necesariamente bicromas, generalmente aparecen en gris o en crema sobre fondo naranja. Se extienden en toda el área mesoamericana, desde El Opeño, en el norte de Michoacán[1] hasta El Salvador, en donde la decoración negativa se conoce con el nombre de decoración Usulután.[2]

La aparición de la vasija trípode en la gama de las formas mesoamericanas parece más importante aún. Con este tipo cerámico tenemos en efecto un marcador de la Época II, cuya llegada coincide con el fin de la olmequidad. Esta aparición tiene lugar hacia 500 a.C. y corresponde de modo bastante fiel al inicio de la Época II en toda Mesoamérica. ¿Acaso se trata simplemente de un avance técnico destinado a asegurarles a los recipientes una estabilidad mayor? No lo creo. La carga simbólica del trípode es fuerte. Tradicionalmente, en México y en Centroamérica, el fogón está constituido por tres piedras, no cuatro o cinco, exclusivamente tres. Al grado de que el número tres se convirtió en el equivalente simbólico del fuego.

Un recipiente trípode es así un objeto cerámico que lleva en sí y que transporta consigo la esencia del fogón; más que una solución técnica, es una asociación conceptual entre un recipiente y el fuego. La presencia de tres soportes debajo de una vasija no es entonces un elemento estético anodino; califica al recipiente y lo clasifica de facto en la categoría de lo caliente. Se conocen, por lo demás, escudillas con fondo redondo y con tres pequeños botones, sin función alguna, pues el recipiente se sostiene sobre su fondo; esos tres botones no sirven de soportes, porque no tocan otra superficie, aparentemente sirven sobre todo para introducir una relación simbólica con el fuego.

Me parece que semejante procedimiento coincide plenamente con el espíritu nahua. Se ve que un modesto recipiente no queda al margen de la construcción intelectual que caracteriza a Mesoamérica. Y si es posible captar una parte de la significación de los trípodes, en cambio es difícil entender por qué esta fórmula más simbólica que técnica vio la luz del día en el momento en que se ocultaban las antiguas codificaciones semánticas instauradas por los olmecas.

Los estilos locales

Si bien la característica fundamental de la Época II reside en la proliferación y la extrema variedad de los estilos regionales, se pueden identificar, sin embargo, dos focos principales de dinamismo cultural en el seno de Mesoamérica: la periferia del mundo maya y el altiplano mexicano. Por otra parte, se desarrolla, a la orilla del área de atracción mesoamericana, una tradición atípica, quizá de influencia sudamericana: la cultura de las tumbas de tiro. Aunque exterior a la zona de integración mesoamericana, localizada en el noroeste de México es concomitante a la efervescencia de la Época II y, a mi parecer, encuentra cabida en este capítulo.

La periferia del mundo maya

Entre el 500 a.C. y el año 200 d.C., el mundo maya en sí no es el que concentra la actividad cultural más fuerte, sino su periferia: el norte del Istmo de Tehuantepec, las altas tierras y la vertiente pacífica de Chiapas, Guatemala y El Salvador. Tal parece que el impulso sobre esta área se debe a las poblaciones nahuas de la zona, pero también parece indudable que los contactos con las poblaciones mayas o mayenses contribuyeron ampliamente a crear la personalidad del arte local.

121. Estela D de Tres Zapotes.

La costa del Golfo: Tres Zapotes

El arte de la costa del Golfo, entre la laguna de Alvarado y la laguna de Términos, es quizás el más original, pero también el más marginal en el contexto de la Época II. El sitio más representativo es, sin lugar a dudas, Tres Zapotes. Considerado mucho tiempo como puramente olmeca, en realidad Tres Zapotes es postolmeca en una amplia medida. Casi todos los monumentos descubiertos por Stirling en 1939 se pueden atribuir a la Época II.

El conjunto del sitio, que agrupa unos cincuenta túmulos, se extiende sobre tres kilómetros, a lo largo de la ribera derecha del río Hueyapan que desciende de las faldas del cerro Tuxtla. Las construcciones están dispuestas sobre las orillas del agua y sobre las terrazas que se construyeron. A menudo forman un sistema dual que asocia un montículo elevado de estructura rectangular y otro estrecho y bajo, de forma alargada. La construcción piramidal más imponente mide 13 m de alto por 50 m de ancho, mientras que la plataforma más grande alcanza 150 m de largo por 20 m de ancho. Arquitectónicamente, la piedra se empleó poco; se la reservó para construir algunos escalones o enlosar algunas plazas.

En cambio, el sitio es famoso por su escultura monumental. Las tres estelas conocidas son muestra de la iconografía del jaguar. En la Estela A, de 2.5 m de alto, el rostro del felino, ligeramente estilizado, ocupa toda la parte superior. Abajo, tres personajes de pie están esculpidos en bajorrelieve; el del centro se ve de frente, lo cual es rarísimo en el arte mesoamericano. El hombre a la izquierda del personaje central coge por el cabello a un guerrero decapitado. Así aparece en la iconografía mesoamericana el tema de la cabeza-trofeo, que en la misma época se celebra en la Estela 21 de Izapa. Como el personaje que le hace frente parece blandir un cuchillo puntiagudo, el conjunto de la Estela A tiene un fuerte tinte sacrificial.

La Estela D, mucho más grande, representa unas fauces de jaguar muy abiertas, en cuyo interior hay una escena donde actúan tres personajes, uno de los cuales está arrodillado en posición de vencido. Parece rodeado de una cuerda que el personaje central sostiene en las manos; la estela, al mostrar a un soberano que domina a un cautivo de guerra inmovilizado, se inscribe en una temática militar y política, que explotarán con profusión los artistas mesoamericanos. ¿Por qué la escena ocurre en el interior del hocico de un felino? Para entender esto, hay que remontarse a la herencia olmeca y recordar por ejemplo el relieve 1 de Chalcatzingo (véase p. 239). Los olmecas representaban la toma de posesión de un territorio —es aparentemente el tema de la estela— con la captura o la ocupación simbólica de una cueva; ahora bien, cualquier cueva es el antro del jaguar, incluso el hocico mismo del jaguar telúrico. La presencia iconográfica del jaguar en la cúspide de las estelas A y D indica entonces que el monumento conmemora —o pretende legitimar— una ocupación territorial.

La Estela C, famosa por la polémica que generó, es más difícil de interpretar. Rota en dos pedazos, está grabada en ambas caras: el anverso tiene una iconografía compleja, y el reverso dos columnas de glifos entre los cuales aparece la famosa fecha en baktun 7. La cara decorada representa un jaguar que llora, ligeramente geometrizado, rematado por un glifo muy comparable al azteca *ollin*, a su vez rematado con un perfil humano rodeado de líneas serpentiformes que evocan llamas o humo. Como el tema general gira en torno al agua, el fuego y el movimiento, podría tratarse de una transcripción del símbolo *atl tlachinolli* (véase p. 248), conmemoración de una victoria. A menos que el glifo *ollin*, signo

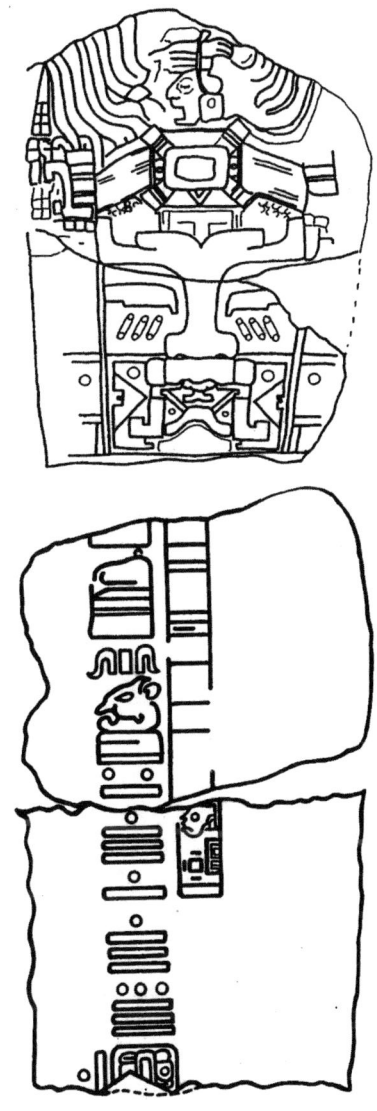

122 y 123. Estela C de Tres Zapotes, recto y verso.

de la inestabilidad, remita al mito del Quinto Sol, es decir, el de la destrucción del mundo. El reverso de la estela lleva la fecha 7.16.6.16.18. 6 caña, con el remate del glifo introductorio que anuncia una inscripción en cuenta larga. Los demás glifos son poco legibles, pero recuerdan el estilo de la estatuilla de Tuxtla. Incluso si no hay que ceder a la tentación de precisión que postulan las correlaciones mayas, las que se proponen (291 a.C. o 31 a.C.) son compatibles con el conjunto de los datos arqueológicos.

En la escultura mobiliaria, se observa un objeto llamado "Monumento C" y descrito por Stirling como un "cofre de piedra" cubierto de bajorrelieves. Lo que se conoce del objeto —por desgracia incompleto— más bien lo designa como un *cuauhxicalli*, es decir, uno de esos recipientes de piedra monumentales que servían para recibir el corazón de los sacrificados. La decoración de las paredes exteriores, que entremezcla personajes humanos sosteniendo unos mazos y complejas volutas finamente grabadas, evocaría entonces la sangre del sacrificio y no el elemento agua, como se ha sugerido.

Recordemos que en la región de Tres Zapotes se encontraron tres cabezas colosales. Una se conoce desde hace más de un siglo, es la famosa "cabeza colosal de estilo etiope" descrita por Melgar en el *Boletín de la Sociedad Mexicana de Geografía y Estadística* de 1869. Las otras dos fueron descubiertas más recientemente (1950 y 1970) y proceden de sitios vecinos, Nestepe y Cobata, que se encuentran en un radio de cuatro kilómetros alrededor de Tres Zapotes. Los tres monolitos fueron desplazados y, como nuevas cabezas-trofeo, instaladas triunfalmente en plazas públicas en Tres Zapotes y Santiago Tuxtla. Esto pudo enorgullecer a los pueblerinos, pero se perdieron muchos indicios que habrían permitido entender la función de aquellas misteriosas esculturas, ahora huérfanas de su contexto histórico.

Es evidente que no se puede tratar la cuestión de las cabezas colosales de Tres Zapotes sin asociarlas con las otras cuatro halladas en La Venta y las otras diez descubiertas en San Lorenzo. Todas estas esculturas comparten dimensiones considerables: una altura comprendida entre 3.4 m (Cobata) y 1.45 m (Nestepe), una circunferencia que oscila los 18.8 m (Cobata) y 3.08 m (San Lorenzo 4); ¡la mitad de ellas pesa más de veinte toneladas! ¿Qué pueden representar esas diecisiete cabezas colosales, atípicas en el arte mesoamericano? Todos los autores han calculado y emitido sus propias interpretaciones, pero las hipótesis finalmente sólo proponen dos soluciones: o las cabezas colosales representan decapitados, o son verdaderos retratos. La primera hipótesis se beneficia con la legitimidad de la tradición mesoamericana, en la que las cabezas sin cuerpo siempre son trofeos possacrificiales. La segunda postula la existencia de una tradición regional, sin antecedentes ni posteridad, lo cual es posible en la Época II. En el primer caso, los decapitados pueden ser, a voluntad, jugadores de pelota, jefes de guerra vencidos o dioses de la vegetación, pues estos últimos ordenan, en el mundo nahua, los sacrificios por decapitación. En la otra hipótesis, los retratos pueden ser de grandes sacerdotes lo mismo que de jefes guerreros.

Por mi parte, yo asociaría de buena gana ambas interpretaciones, invirtiendo el orden cronológico que los historiadores del arte han creído localizar y que coloca al arte de San Lorenzo al principio de la secuencia, convirtiendo la cabeza de Cobata en una obra tardía y epigonal.[3] Creo que el orden cronológico pudo ser exactamente al revés y que el arquetipo de las cabezas colosales de La Venta, San Lorenzo y Tres Zapotes es precisamente la gigantesca cabeza de Cobata. Detengámonos un momento en ésta. Estamos seguros de por lo menos dos cosas: primero, la forma de la boca de medio círculo, con las comisuras hacia abajo, es de filiación netamente olmeca; sin pertenecer a la Época I, el monolito, sin embargo, está marcado por la codificación estilística de este periodo. Así, con buena lógica, se puede asignar entonces al siglo V o VI a.C., es decir, al principio de la Época II. En segundo lugar, los ojos cerrados de la estatua indican, sin equívoco alguno, que se trata de un muerto, es decir, de un sacrificado con la cabeza cortada. A partir de este último elemento, se piensa, desde luego, en algún dios decapitado del panteón nahua: Centeotl, el dios del maíz, cuya decapitación evoca la recogida de la mazorca madura, o incluso Coyolxauhqui, la diosa lunar desmembrada por su hermano Huitzilopochtli, del que se conoce una representación azteca bajo la forma de una cabeza semicolosal. El lugar mismo del enterramiento del monolito es revelador: la cabeza fue hallada en un lugar retirado, en las pendientes del cerro El Vigía, como una especie de ofrenda a la montaña depositada sobre sus faldas. El lugar, apartado del centro ceremonial de Tres Zapotes, es indiscutiblemente más religioso que político.

Sin embargo, nada impide pensar que un gobernante de Tres Zapotes, fuertemente impresionado por el monumento de Cobata, pudo inspirarse en él para que se ejecutara su propio retrato o el de un antepasado cual-

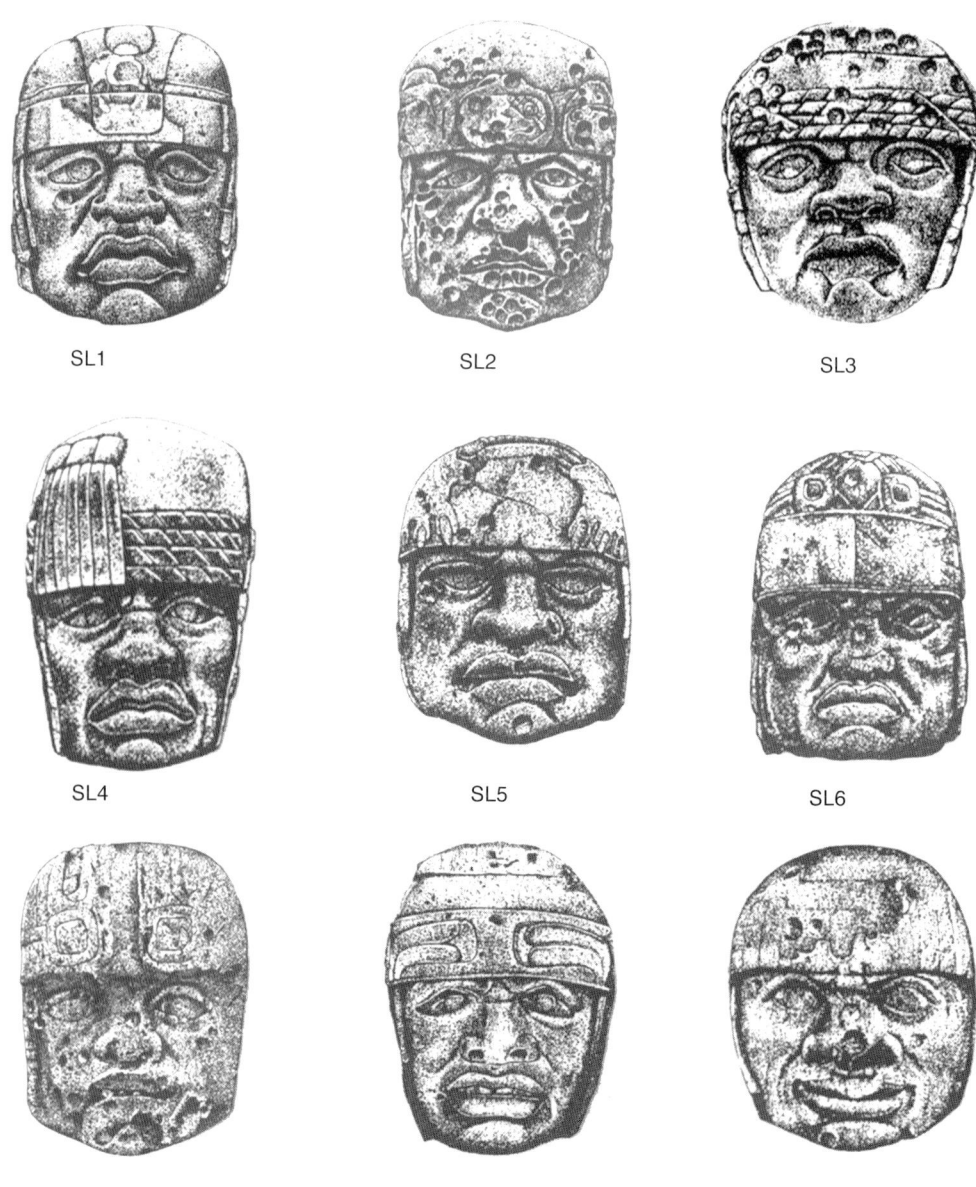

8 • LA ÉPOCA II: LOS FLORECIMIENTOS REGIONALES (500 a.C. A 200 d.C.)

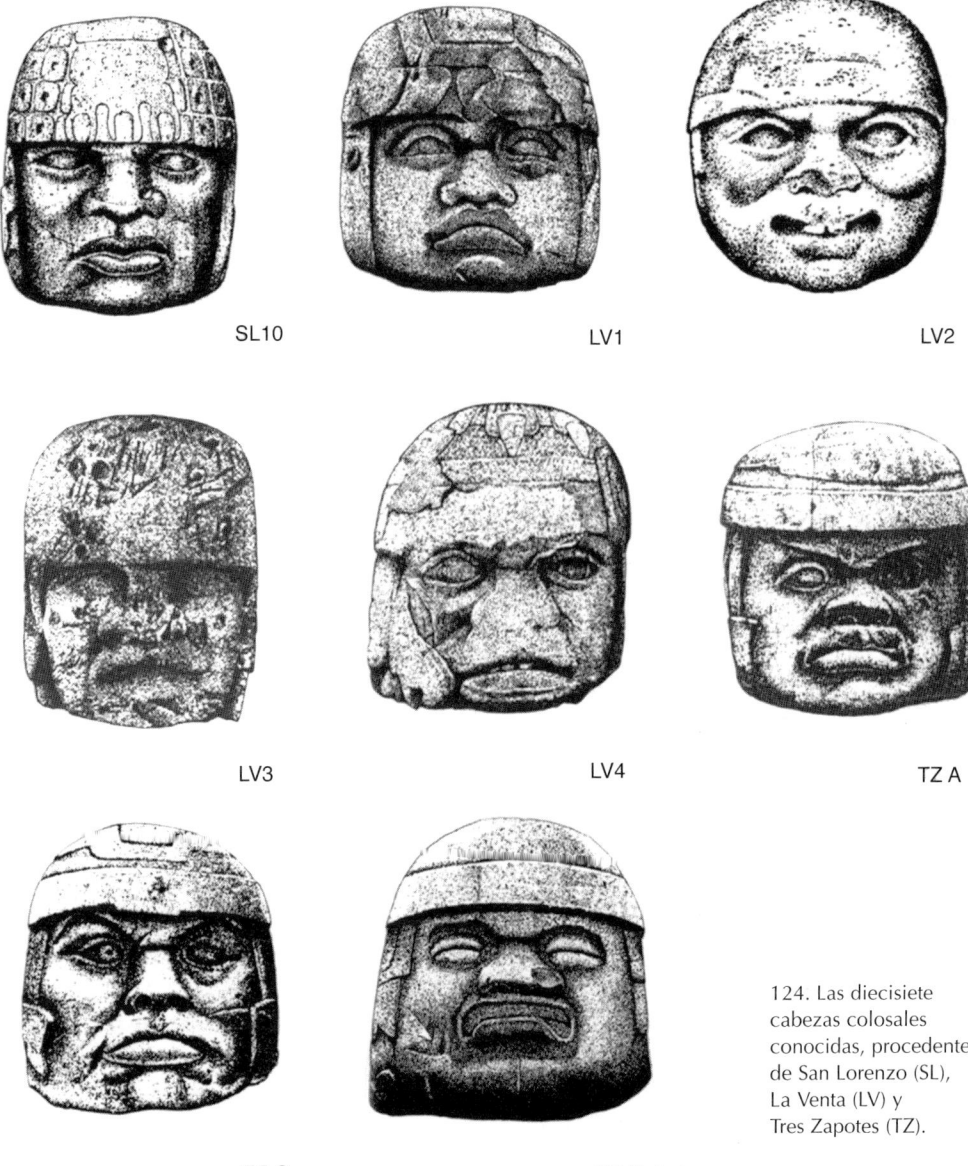

124. Las diecisiete cabezas colosales conocidas, procedentes de San Lorenzo (SL), La Venta (LV) y Tres Zapotes (TZ).

quiera en la plaza principal de su ciudad. La virtud de la imitación habría entonces llevado a los soberanos de La Venta y de San Lorenzo a actuar del mismo modo. Con este propósito, habrían hecho traer, desde las faldas del cerro Tuxtla, enormes bloques de basalto, o habrían hecho que se retrabajaran in situ antiguos monumentos olmecas para esculpir en ellos lo que vemos como retratos, individualizados no sólo por los rasgos del rostro, sino también por adornos característicos como el peinado o las orejeras.

Después de ser analizada, esta individualización de los retratos resulta muy atemperada por la repetición de ciertos motivos distintivos: cuatro cabezas colosales (La Venta 1 y 4, San Lorenzo 5 y 10) llevan un peinado adornado con la triple garra del águila; tres de ellas (La Venta 2, San Lorenzo 4 y 5) están personalizadas por orejeras en forma de gancho, otras dos (San Lorenzo 3 y 4) llevan el mismo casco hecho con cuatro cuerdas trenzadas y superpuestas, mientras que otras tres (San Lorenzo 6, 7 y 10) enarbolan el glifo de la plaqueta de jade... Se ha manifestado la idea de que podría tratarse de emblemas dinásticos. Pero también se pueden ver como emblemas religiosos: las orejeras de gancho son características de Quetzalcoatl, la cuerda es un atributo del dios Centeotl y el águila está en el centro del panteón mesoamericano. Por lo demás, no resultaría aberrante que unos soberanos hubiesen querido ser representados con atributos divinos; se trataría de un procedimiento natural en la óptica mesoamericana, en el que los dioses, al no ser transcendentes, pueden mantener cierta familiaridad con los humanos. Sólo que el recurso de la cabeza colosal como vector de una celebración del poder personal o dinástico, es un particularismo local propio de la región de San Lorenzo-Tres Zapotes-La Venta. Dicho particularismo no habría podido ver la luz del día ni en la época anterior, ni en la siguiente, por ser los periodos de mayor integración a los modelos mesoamericanos dominantes. Añadamos que la atribución de las cabezas colosales de la costa del Golfo a un horizonte postolmeca, está confirmada a la vez por los datos estilísticos intrínsecos, las indicaciones arqueológicas que tenemos y la sincronía con las demás cabezas colosales conocidas en la costa pacífica de Guatemala. Hay que rendirse ante la evidencia: esas misteriosas cabezas de labios carnosos de La Venta, Tres Zapotes y San Lorenzo no son, como se creía antaño, representativas del arte olmeca, sino que muestran el vigor de un arte más tardío, epigonal y local, concentrado en una banda costera de 150 kilómetros de largo, a orillas del Atlántico.

¿Acaso es necesario repetir, acerca de estas cabezas colosales, lo que se puede decir acerca de la enorme mayoría de los monumentos prehispánicos, a saber, que no llegaron a nosotros con su aspecto inicial? Ahí donde vemos una masa de basalto vigorosamente esculpida, los habitantes de aquella época contemplaban una obra estucada y pintada. Es lógico que las cabezas colosales llevaran pinturas faciales y quizá también glifos que las identificaban y que explicitaban la función del monumento. La desaparición de los elementos pictóricos ha contribuido ampliamente a falsear nuestra concepción de esos objetos, reducidos al impacto de su gigantismo.

El altiplano chiapaneco y guatemalteco

Al este del Istmo de Tehuantepec, la zona del altiplano chiapaneco y guatemalteco también fue una zona de alta presión cultural en la Época II. Ocupada hoy, en su mayoría, por poblaciones de estirpe maya, se puede pensar que esta región constituía, hacia el siglo V a.C., un área de poblaciones mucho más abigarradas e, indudablemente, se percibía la presencia de los nahuas de la costa del Pacífico. En todo caso, la producción artística de la época posee todas las características de una cultura mixta: heredera de los olmecas, ya prefigura y revela lo que será la personalidad maya, explorando

125. Detalle de un fémur humano grabado, Chiapa de Corzo, Chiapas.

al mismo tiempo vías estéticas propias. Se ha hablado acerca de arte barroco; la expresión no es equivocada. Los artistas desarrollan trazos flexibles y sofisticados, altamente sutiles, que contrastan con la expresión de los nahuas del Altiplano central mexicano, más rígidos y convencionales.

En la zona existen dos grandes sitios que han sido objeto de investigaciones arqueológicas: Chiapa y Kaminaljuyú. Chiapa, a la orilla del río del mismo nombre, se encuentra en México, cerca de Tuxtla Gutiérrez, a 110 km al sureste de La Venta. Kaminaljuyú es hoy un suburbio —urbanizado— de la actual ciudad de Guatemala. Chiapa no es un sitio de altura, pero ocupa una posición fronteriza en relación con el ecosistema de la zona. Situado en la depresión chiapaneca, al pie del altiplano, controla su acceso natural. Chiapa da la impresión de haber sido, en las tierras bajas, un relevo y un punto de control a cargo de los ocupantes de las tierras altas. Excavado, como numerosos sitios de la región, por los mormones de la Universidad de Provo (Utah), el sitio ha revelado una ocupación continua de 1500 a.C. hasta la Conquista. Pero a partir del siglo V a.C., el centro adquiere su plena personalidad (fases IV a VII de la secuencia del sitio), produce entonces un arte refinado cuyo testimonio más famoso es un conjunto de cuatro fémures humanos admirablemente grabados, hallados en la tumba I, fechada, por el estilo de la cerámica asociada, en el primer siglo antes de nuestra era.[4] En ella se advierte cierto espíritu olmeca, pero la abundancia de los motivos marca una profunda ruptura con el espíritu geométrico de la Época I. Cabe observar que los arqueólogos han descubierto en el sitio un fragmento de estela con una inscripción calendárica expresada en cuenta larga, que fue restituida bajo la forma 7.16.3.2.13. 6 caña, lo cual correspondería a una fecha ligeramente más antigua que la de la Estela C de Tres Zapotes (36 a.C. en correlación GTM). El único glifo que aparece en la Estela 2 de Chiapa es el glifo del día, de estilo puramente nahua.

En el corazón del altiplano guatemalteco, Kaminaljuyú es un amplio centro ceremonial que se extiende sobre cinco km^2 y comprende cerca de doscientos montículos, los más altos de los cuales dominan por veinte metros una compleja disposición de plazas, edificios, terrazas y plataformas, cuya característica más sorprendente es que están edificadas casi por entero con adobe. Se ha calculado que las mayores estructuras piramidales de Kaminaljuyú habían requerido unos veinticinco millones de adobes, y que el centro ceremonial completo abrigaba por lo menos cuarenta mil millones. Sería entonces erróneo subestimar la labor de los constructores de Kaminaljuyú, que efectuaron una elección cultural al adoptar el adobe como material arquitectónico de base.

El sitio recibe un asentamiento en la época olmeca, pero sólo se desarolla con la fase Providencia (500 a 300 a.C.), seguida de un apogeo durante las fases Miraflores (300 a 100 a.C.) y Arenal (100 a.C. a 200 d.C.). A la Época II pertenecen entonces las numerosas estelas grabadas y los altares esculpidos que le dieron su fama al sitio. El arte de los escultores de Kaminaljuyú aparece tan bien dominado, que se creyó por mucho tiempo que era contemporáneo de los mayas. Pero las excavaciones emprendidas por diferentes misiones estadounidenses desde los años cuarenta del siglo XX, en particular bajo la dirección de A. Kidder y E. Shook, demostraron ampliamente que no era así. Kaminaljuyú floreció casi diez siglos antes que los mayas.

¿Quiénes eran los habitantes de Kaminaljuyú? Aparecen como fundamentalmente nahuas. Desde el siglo V a.C. adquirieron la costumbre de erigir al pie de las pirámides principales y a modo de estelas, unos prismas de basalto en bruto o a veces retocados para aplanar sus lados. Se piensa que estas estelas estilomorfas estaban originalmente pintadas y decoradas, y que luego fueron esculpidas. Una de dichas estelas prismáticas esculpidas —la Estela 9— se encontró en el interior

126. Estela 9 de Kaminaljuyú.

127. Estela 10 de Kaminaljuyú, Guatemala.

del Montículo C-III-6, en el que había sido depositada como ofrenda; estaba asociada con una cámara que contenía objetos de jade y cerámicas características del inicio de la fase Providencia (500 a.C.). Dicha estela está entonces perfectamente fechada por su contexto arqueológico. Ahora bien, representa a un personaje de pie, en una actitud bastante rígida, con la cabeza volteada; mira hacia el cielo, y alza una mano al aire. En los lados de la estela, aparecen una cabeza de animal fantástico y un glifo compuesto de un doble motivo triangular. El detalle más notable es que el hombre está representado con una vírgula que sale de su boca. Ahora bien, este glifo, conocido como "vírgula de la palabra" siempre es un símbolo gráfico del poder. Pero aún empleado por los aztecas en el momento de la Conquista, sólo adquiere sentido en un sistema en que poder y palabra equivalen conceptualmente. Según lo que sabemos, esta asociación es propia del mundo nahua, el único en que al soberano se le llame *tlatoani*, "el que detenta la palabra". Hay que concluir que la Estela 9 de Kaminaljuyú representa a un tlatoani, es decir a un jefe nahua.

Sin embargo, en los siglos posteriores, el arte de Kaminaljuyú perderá algo de su rigidez y se "tropicalizará", quizá bajo la influencia de los pueblos de la costa del Pacífico; los trazos se volverán flexibles y sensuales; las curvas y las volutas dominarán totalmente al grafismo. Las estelas 10 y 11, que datan del siglo II o III a.C., son excelentes ejemplos del arte de Kaminaljuyú. La Estela 10, de la que sólo tenemos la parte superior derecha, quebrada a su vez en tres pedazos, es notable en muchos sentidos: por la calidad de la escultura en que el cincelado se superpone al bajorrelieve para dar un acabado admirable; por la extrañeza de los tres rostros divinos, representados en lo alto del tablero y en el cinturón del personaje de la derecha, y por los glifos que lleva, ya sean los glifos calendáricos en cartucho, asociados con el sistema de notación de los números mediante barras y puntos, ya sean los glifos cincelados y dispuestos en columnas para formar un texto. La Estela 11, que procede del mismo entierro y del mismo nivel arqueológico, representa a un dignatario de pie, tocado com un yelmo en que se reconoce la imagen duplicada del dios de nariz larga. Sus pies están puestos sobre el glifo de la tierra y enmarcados por dos ofrendas humeantes. En la mano derecha sostiene un objeto enigmático (una especie de vara plana cubierta de tela) y en la mano izquierda una hachuela cuya hoja es un "excéntrico". En la cúspide de la estela, que mide 1.8 m de alto, figuran el glifo del cielo y la máscara de un dios ofidio, con la cabeza hacia abajo. La Estela 11 no contiene "texto" con signos en columna, sino numerosos glifos iconizados, deslizados en la composición del conjunto, según la tradición nahua.

Es claro que cierto número de rasgos del arte de Kaminaljuyú se encontrarán varios siglos más tarde en el arte maya. Pero si los mayas fueron los herederos, se puede pensar que, sin embargo, no fueron los promotores de este florecimiento antiguo, que resulta más razonable atribuir a los sucesores —nahuas— de los olmecas.

El arte de los alfareros, tanto en Chiapa como en Kaminaljuyú, en contraste con la suntuosidad del arte de los escultores, no alcanza un nivel de elaboración muy alto. La cerámica es con frecuencia monocroma y la gama de los motivos decorativos con incisiones, muy limitada. Sin embargo, es interesante notar la aparición, al inicio de la Época II, de un recipiente oval con bordes pellizcados, cuya apertura adquiere una forma arriñonada. Esta forma cerámica muy particular es exclusiva característica de la Época II. Se encuentra en el norte de Mesoamérica, en el Valle de México o en la región aún más septentrional de Chupícuaro (Guanajuato). El hecho de que también exista en el mismo momento en la depresión de Chiapas, o en los altiplanos guatemaltecos, es una indicación importante de la interconexión mesoamericana.

La existencia, en esta zona, de vasijas de doble cuerpo y asa de estribo, como la que se encontró en la estratigrafía del Montículo 7 de Chiapa de Corzo (fase Chiapa III, siglo VI a.C.), muestra que las influencias sudamericanas notables en el Valle de México no sólo son propias del altiplano mexicano, sino que corresponden más bien a influencias difusas que se localizan en toda Mesoamérica.

En el rango de las curiosidades y de los particularismos locales, mencionemos hacia el fin de la Época II, la aparición de una curiosa forma que se convertirá en un marcador regional transístmico: el tetrápode con pies mamiformes, cuyo uso llegará hasta la Época III.

La costa del Pacífico

En la costa pacífica, el surgimiento cultural se operó en torno a cuatro polos principales: Izapa, Abaj Takalik, El Baúl y Monte Alto. Estos cuatro lugares tienen en común ser sitios de piemonte, localizados no directamente sobre la línea costera, que se consideró equivocadamente como la cuna de las civilizaciones precolombinas, sino en el interior de las tierras, en contacto con los primeros contrafuertes del altiplano. Abaj Takalik y El Baúl están incluso situados a una altura de 600 m, sobre los primeros bordes de la plani-

128. Estela 50 de Izapa, Chiapas.

cie, en posición dominante en relación con la costa, pero también de contacto con los pueblos del interior. La franja costera, de unos 40 km de ancho en promedio, llamada por los aztecas *Anahuac Ayotlan* ("la costa de las tortugas") o también *Xoconoxco* ("lugar de las tunas agrias") está separada del Altiplano Central por una alta cordillera de volcanes. Se beneficia de buenas precipitaciones y de una densa red hidrográfica que la convierten en una región agrícola próspera. Desde los tiempos antiguos, se cosecha un cacao muy estimado que los mexicas consideraban el mejor del país.

A diferencia del Altiplano, donde la presencia de grupos mayas es casi segura, aun si no se percibe en las antiguas producciones artísticas, la costa nunca ha sido una tierra maya. Está mayoritariamente poblada de nahuas, que ocupan esta región desde tiempos remotos y siempre han asegurado la continuidad territorial entre México y Centroamérica a través de ese corredor junto al Pacífico. Parece, sin embargo, que se localizan pequeñas comunidades zoques, emparentadas con las del istmo. También es posible que en la Época II la costa haya abrigado una importante comunidad xinca, de origen sudamericano. A esta última se le debería el culto del dios cangrejo, que no es mesoamericano pero que celebran varias estelas y altares de Izapa y de El Baúl.

Izapa está situado en territorio mexicano, no lejos de la frontera actual con Guatemala. Su secuencia cronológica es paralela a la de Kaminaljuyú. El sitio, extremadamente extenso, comprende ocho conjuntos de monumentos reunidos alrededor de explanadas. Izapa se conoce sobre todo por el estilo curvilíneo de esas estelas grabadas, que no deja de presentar afinidades con el de Kaminaljuyú. La característica más notable de dichas estelas, de las que se conocen unos treinta ejemplares, se debe a la presencia casi sistemática, encima de ellas, de una franja esculpida a todo lo ancho. Esta franja se repite, con variantes menores, de una estela a otra y se compone de los elementos siguientes: una banda horizontal con dos volutas descendentes y curvas hacia el exterior en sus extremidades, y en su centro un doble apéndice rectangular; arriba, dos bandas oblicuas que dibujan una V muy abierta; entre esas bandas oblicuas, o arriba de ellas, un glifo en forma de U, en posición recta o invertida; eventualmente, de un lado y de otro de ese glifo en U, dos volutas ascendentes volteadas hacia el exterior.

A pesar de su aparente complejidad, este conjunto de figuras geométricas se puede leer: es una estilización abstracta del hocico del jaguar, asociada con signos que traducen la doble relación simbólica que el felino mantiene con el agua y el fuego. En la Época III, el dios del agua y el dios del fuego serán dos personalidades un tanto diferenciadas. Es entonces en la Época II, cuando se efectúa el corte, la partenogénesis divina del jaguar; y se puede pensar que Izapa representa evolutivamente un estadio-puente en el que el jaguar todavía tiene ambas dimensiones; pero la abstracción de su imagen favorecerá su empleo en una forma puramente glífica. Bien parece, como lo muestra la lámina de las páginas siguientes, que la banda superior de las estelas de Izapa engendró dos glifos dotados de una sólida perennidad en las convenciones escriturales de Mesoamérica: el glifo del año y el glifo introductorio de las fechas expresadas en la convención de la cuenta larga. El primero es evidentemente una especie de "retrato" del dios del fuego Xiuhtecutli, avatar del jaguar olmeca, que combina la U invertida y las bandas oblicuas. El segundo glifo es indudablemente una de las transcripciones de la díada *atl tlachinolli*: la U invertida es el agua derramada y las volutas son de humo, mismas que evocan el fuego.

Así, la pretendida ausencia de glifos calendáricos en Izapa no estaría demostrada; algunas estelas bien podrían tener una tonalidad cronológica. Se puede, por cierto, interpretar la Estela 14, que representa a dos personajes sentados frente a frente en el interior de una cueva rematada con un cipactli, como la primera figuración de Oxomoco y Cipactonal, los dos fundadores míticos del calendario mesoamericano. La Estela 27 lleva, por su parte, un cartucho no grabado, rematado con dos barras horizontales que representan el número diez; todo indica que el cartucho estaba pintado inicialmente con un glifo calendárico. Tal estela muestra, por otro lado, en su parte superior, a un personaje que profiere la vírgula de la palabra, lo cual tiende a firmar la nahuatlidad de la obra.

De manera general, el arte de Izapa es a la vez elegante, original e inventivo. Estamos tan lejos del academicismo como de la tentación repetitiva que a menudo limita a los escultores mesoamericanos. Cada estela, erigida detrás de un altar de forma circular, ofrece una solución estética inédita. A los artistas se les ocurrió jugar con el tamaño de los personajes para crear efectos de jerarquía que respetan la función de los actores y sugieren un orden de lectura. Elaboraron una especie de perspectiva en el espacio delimitando un marco por medio de motivos laterales, superiores e inferiores; se puede entonces, según convenga, colocar personajes y decoraciones flotando en el cuadro, apoyados sobre el suelo o los bordes, o también delante de dicho cuadro. Así se obtienen impresionantes efectos de perspectiva, como ese hombre-pájaro del Altar 3 que se sostiene en el aire, con las plumas de la cola que caen *delante* del glifo de la tierra. ¿Y qué decir de esta composición compleja de la Estela 25, en la que un hombre se encuentra en medio de un área delimitada por un rectángulo, entre un árbol-cocodrilo que ocupa el primer plano y un ave fantástica encaramada en un mástil que funge como segundo plano central? ¡No puede uno permanecer insensible ante la búsqueda gráfica que anima esta escena mitológica!

La variedad de los temas tratados en las estelas también es notablemente más fuerte que en otros sitios. Si bien se encuentra la celebración de victorias o la exaltación de ciertos dignatarios (caballeros águila de las estelas 4 y 9, escena de decapitación de la Estela 21, cautivo con las manos atadas en la espalda de la Estela 89), también se encuentran numerosas escenas sin equivalente en Mesoamérica. Acerca de Izapa, se ha hablado de un estilo "narrativo"; es verdad que a veces uno tiene la impresión de estar viendo las páginas de algún códice. Algunas escenas ocurren sobre las

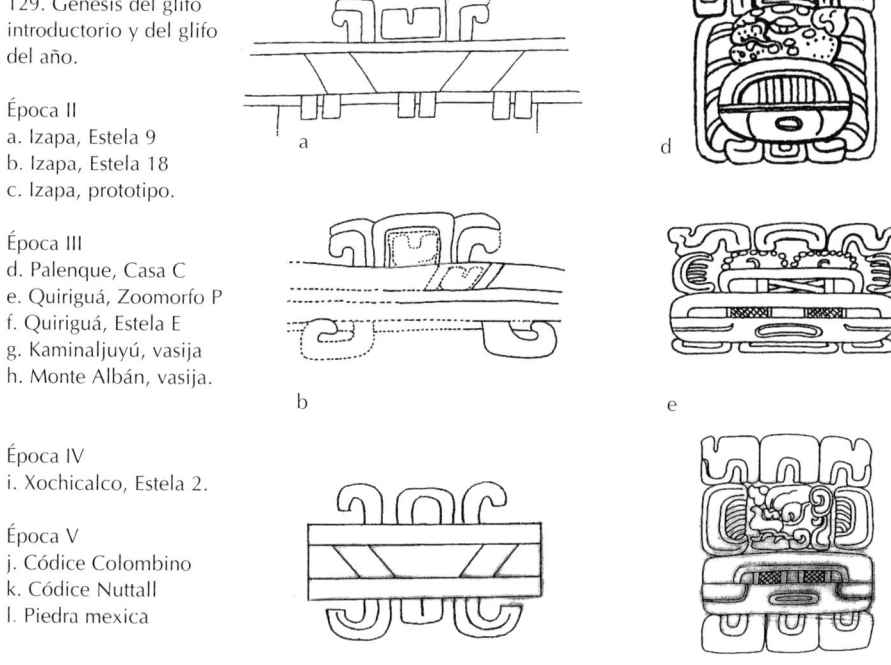

129. Génesis del glifo introductorio y del glifo del año.

Época II
a. Izapa, Estela 9
b. Izapa, Estela 18
c. Izapa, prototipo.

Época III
d. Palenque, Casa C
e. Quiriguá, Zoomorfo P
f. Quiriguá, Estela E
g. Kaminaljuyú, vasija
h. Monte Albán, vasija.

Época IV
i. Xochicalco, Estela 2.

Época V
j. Códice Colombino
k. Códice Nuttall
l. Piedra mexica

aguas del mar, otras en el aire, otras debajo de unos árboles gigantescos y frondosos que recuerdan a los "cargadores de cielo" de la mitología mesoamericana. Además, el grafismo abunda en detalles que le dan una vida única a este arte totalmente oficial: aquí, transportan a un hombre en palanquín, allá, una canoa boga sobre las aguas, un esqueleto hace muecas, un servidor protege a su amo con una sombrilla, etc. Pero atenerse a las apariencias equivaldría a hacer una lectura muy ingenua. Todo, en el arte de Izapa, está ya en clave, codificado, ortografiado. Tomemos el ejemplo de la Estela 1: por lo general, ha sido descrita de manera naturalista, como representando una escena de pesca, en la que un personaje estaría capturando peces con una red. Ahora bien, nada en esta composición gráfica es más ajeno al realismo que cree percibir el ojo occidental. El simbolismo, por el

contrario, ocupa enteramente el campo de esta representación. La escena inmortalizada gira en torno al tema de la captura de una ciudad. Se distingue claramente, abajo a la izquierda, el glifo de campana que, en la codificación nahua, designa a la ciudad. Está rematado por un glifo toponímico (una cabeza de rapaz), que le da su nombre a la ciudad conquistada. Arriba de dicha ciudad, se inclina un hombre de pies serpentiformes; los detalles de su figuración manifiestan su historia y su función, pues sostiene una especie de vara horizontal encima de un recipiente. Este gesto, con las manos opuestas, recurrente en el arte olmeca, es de hecho el de un jefe vencedor que sostiene una cuerda, en cuya punta están atados los cautivos de guerra para el sacrificio. La simple posición de las manos basta aquí para evocar todo un entorno simbólico. Quien dice cautivo dice sacrificio. Aquí también se imponen las evidencias. Las ondas sobre las que camina el personaje no son sino chorros de sangre que circulan entre dos rostros del dios del fuego rodeado de volutas, expresión mesoamericana de la guerra sagrada (*atl tlachinolli*). Los dos pececitos redondos que parecen nadar, en realidad son corazones humanos representados según cánones ya bien establecidos. El recipiente que remata el glifo de la ciudad —que para la ocasión es también una piedra sacrificial— está decorado con

130. Estela 25 de Izapa, Chiapas.

el motivo de la trenza, asociada por tradición con el poder. Se trata, aparentemente, de un cuauhxicalli, vasija sacrificial destinada a recibir el corazón de las víctimas inmoladas. Se ve con claridad, en este ejemplo, que la inclinación por la lectura naturalista puede fácilmente inducir contrasentidos.

Izapa tuvo una ocupación olmeca y el centro ceremonial pudo haber sido fundado alrededor del año 1000 a.C. Pero su apogeo estilístico se manifiesta cinco siglos después y se mantendrá durante toda la Época II. Para esta fase, doce fechas de C14 definen la gama entre 600 a.C. y 290 d.C., lo cual corresponde exactamente a la secuencia cerámica obtenida por las excavaciones. Las ofrendas halladas han mostrado que Izapa estaba en contacto con los demás sitios costeros, así como con las poblaciones del Altiplano.

Abaj Takalik, en territorio guatemalteco, también es un sitio de fundación olmeca cuya ocupación es paralela a la de Izapa. Las construcciones, reunidas en tres grupos principales, se escalonan en plataformas artificiales habilitadas en los contrafuertes de la sierra. Si la distribución del espacio es comparable a la que prevalece en Izapa, los arquitectos de Abaj Takalik prefirieron utilizar las piedras de río en lugar de adobe. Naturalmente, como estas piedras, mezcladas con lodo, se revestían al final con una capa de tierra aplanada, el aspecto de los edificios no debía de ser muy distinto del de todos los de la zona en la misma época.

Si bien el sitio no se ha excavado en su totalidad, se han hallado piezas de gran calidad, en par-

131. Jaguares acuclillados sobre pedestal, costa del Pacífico de América Central.

ticular tres estelas completas, un altar y varios fragmentos de monumentos, grabados al estilo de Izapa y Kaminaljuyú. El arte de Abaj Takalik, cuyo apogeo sea quizá ligeramente posterior al de Izapa, interesa de modo muy especial a los investigadores, pues algunos observan en él la prefiguración del arte maya "clásico". En realidad, la Estela 1 lleva una banda somital parecida a la de Izapa y el dios de la Estela 2, oculto entre volutas y que mira hacia abajo, va de acuerdo con el espíritu de la Época II. La originalidad de los grabados de Abaj Takalik se debe a su asociación con glifos en columna. Ilegibles en la Estela 1, las inscripciones son netamente calendáricas en los otros dos casos. En la Estela 2, erosionada, se distingue un glifo introductorio y una fecha en baktun 7, de katun 6, 11, o 16 (entre 135 y 18 a.C. según la correlación GMT). La Estela 5, descubierta en 1976, lleva dos fechas en baktun 8, que corresponden a los años GMT 83 y 126 d.C. En ambas partes de la doble columna de glifos, aparecen dos personajes de pie y de perfil, que se hacen frente. El de la derecha tiene las manos enfrentadas a la altura del pecho, a la manera olmeca y sostiene una serpiente con el cuerpo ondulado, un poco como el personaje de la Estela 1. Los costados de la maciza Estela 5 también están grabados: se ven dos personajes sobre asientos sin respaldo, con las manos atadas frente a ellos. Así que encontramos en Abaj Takalik, el tema mesoamericano de la captura y del sometimiento en su forma convencional. El Altar 12 es de una factura menos rígida; está delimitado, arriba por una banda celeste que es al parecer la versión disponible más antigua de este motivo, repetido innumerables veces en el arte maya. El motivo inferior es un "dragón terrestre" enfatizado con gracia. La escena registra probablemente una ceremonia de juramento de fidelidad entre un hombre-jaguar de corta estatura, con una mano sobre el pecho en señal de sometimiento, y un personaje dominante, mucho más alto, rodeado de ocho glifos que indican con toda probabilidad su nombre y sus títulos.

Si bien se emitió la hipótesis de que Abaj Takalik es un sitio maya, no es así; ni la Época II ni la Época III presentan artefactos asignables a esta civilización. Abaj Takalik pertenece plenamente al área cultural del Pacífico, lo cual no excluye, naturalmente, que los habitantes de esta región hayan podido ejercer una notable influencia sobre sus vecinos mayas del norte.

A una distancia de 80 kilómetros al este de Abaj Takalik, El Baúl constituye otro polo de poder importante en esta costa pacífica de Guatemala.

En una posición estratégica idéntica a la de los dos sitios precedentes, El Baúl controla las tierras bajas y el acceso al altiplano. Su monumento más famoso es la Estela 1, descrita y fotografiada por primera vez en 1924 y hoy un poco deteriorada. Esta estela de basalto, con una altura de 2.35 m, lleva una inscripción cronológica en baktun 7 (7.19.15.7.12) y dos columnas de cartuchos lisos destinados a recibir inscripciones pintadas; exhibe a un personaje cuyo porte, durante el descubrimiento, fue juzgado como "azteca". En la cúspide de la inscripción en cuenta larga, a guisa de glifo introductorio, se ve la fecha 12 malinalli; el grafismo del signo del día (una mandíbula descarnada) también es muy "azteca". El personaje representado es un hombre ricamente ataviado que sostiene en la mano derecha una especie de antorcha de la que emerge una llama ondulada. A su derecha, una cadena de seis eslabones en rombo está rematada con el rostro de un dios, grabado al estilo de Izapa. En la cúspide de la estela está el glifo toponímico de la ciudad tal como aparece en Monte Albán o en Dainzú (Oaxaca), con las bandas oblicuas en V de Izapa. De este glifo emerge la figura de un dios rodeado de volutas y que mira hacia abajo: este dios protector, del mismo estilo que en la Estela 3 de Abaj Takalik, también aparece en ciertas estelas de Kaminaljuyú y de Tikal (Estela 29, por ejemplo).

Esta mezcla de afinidades estilísticas desconcertó a los arqueólogos durante mucho tiempo, y la Estela 1 de El Baúl ha sido objeto de una larga polémica, ya que ciertos autores negaron su antigüedad. Hoy existe un consenso para considerarla contemporánea de la cultura de Izapa, y las correlaciones propuestas para su inscripción calendárica (224 a.C. o 36 d.C.) son compatibles con su situación arqueológica. En cuanto al estilo "azteca" de la obra, se explica desde luego por el origen nahua de la población de la región y está en perfecta armonía con la producción de los sitios vecinos. La estela de El Baúl podía sorprender antes por su aspecto no maya en esta parte de Mesoamérica, reputada como maya. Pero el sitio ya no causa ninguna sorpresa, desde el momento en que se admite la presencia antigua de bases nahuas sobre esta costa del Pacífico meridional.

Contemporáneo de los sitios anteriores, a sólo unos veinte kilómetros de El Baúl, Monte Alto ofrece una configuración cultural bastante diferente. Es un establecimiento de baja altitud (160 m), que ocupa la llanura aluvial costera, apartada de las marismas del litoral, no lejos de las primeras pendientes de la Sierra. A pesar de la torridez del entorno, se puede pensar que

Monte Alto se dedicaba a la explotación agrícola de la zona, aprovechando la fertilidad excepcional de las tierras.

Monte Alto le debe su notoriedad arqueológica a dos tipos de objetos: por una parte, las cabezas colosales de 1.5 m de alto esculpidas en basalto y, por otra parte, unas estatuas monumentales que representan a un extraño dios obeso. Las primeras son seis, las segundas, cinco. Estas once esculturas fueron trasladadas a la plaza central del pueblo vecino, llamado La Democracia. Considerados primitivamente como "preolmecas"[5] u "olmecoides",[6] estos objetos pertenecen en realidad a la Época II, como pudieron establecerlo las excavaciones de Shook y Parsons a principio de los años setenta. La mayor actividad observable en el sitio de Monte Alto está fechada en los primeros tres siglos antes de nuestra era; se erigieron unos grandes montículos de tierra alrededor de amplias explanadas.

132. Monolitos de Monte Alto, Guatemala. A la izquierda: Monumento 11, a la derecha: Monumento 3.

El monumento más original es el 3, composición compleja y "fantástica" que asocia una cabeza de jaguar con glifos de grandes dimensiones. Las demás cabezas colosales son antropomorfas; tres tienen los ojos cerrados, por lo que podría tratarse de personajes difuntos; pero otras dos (Monumentos 1 y 2) parecen tener los ojos abiertos. Las cabezas de Monte Alto, del mismo horizonte cronológico que las cabezas colosales de la costa del Golfo, no nos dan entonces la clave de la significación de este tipo de escultura; retratos de jefes o conmemoraciones sacrificiales, esas cabezas, por el momento, conservan su misterio.

Las efigies del dios obeso de Monte Alto se emparentan con una producción regional. En efecto, se encontraron un gran número de piezas comparables en la vertiente pacífica de Guatemala, hasta los confines de El Salvador. Los arqueólogos norteamericanos, sin fundamento real, tienden a ver esas *potbelly figures* como la imagen de un dios de la vegetación. En Mesoamérica, las divinidades de vientre redondo están más bien asociadas con el viento. En todo caso, el vientre es el elemento focal de esas esculturas masivas, más impresionantes que estéticas; muestran a un personaje que parece sentado con las piernas cruzadas, y las manos y los pies sobre el vientre, desmesuradamente redondo. En el caso del Monumento 11, el abdomen se adorna con una depresión rectangular destinada a recibir ofrendas.

El Salvador

El extremo oriental de esta área circunmaya, que recibió una fuerte presión cultural en la Época II, coincide con el territorio de El Salvador. Tres sitios tuvieron una difusión particular. Usulután, cuya arquitectura se desconoce, le dio su nombre a un tipo de decoración "al negativo" que se difundió en toda Centroamérica. No lejos de ahí, Quelepa fue probablemente fundado hacia 450 a.C. y sirvió como punto de contacto entre las poblaciones nahuas y los grupos lencas, originarios de Sudamérica, pero antiguos ocupantes de las tierras altas hondureñas. El Altar 1 de Quelepa está esculpido con un motivo felino al estilo de Izapa, sellando así la extensión oriental de esta cultura. El hecho de que se trate de un cuauhxicalli monumental demuestra el antiguo arraigo de las prácticas sacrificiales. Por la ausencia de estelas grabadas, no se conoce escritura en Quelepa.

Sucede algo distinto con Chalchuapa, centro ceremonial principal de la región. La cuenca de Chalchuapa, al oeste de El Salvador, fue ocupada desde la época olmeca y lo sería de manera continua hasta la Conquista. Pero el centro del poder parece haberse desplazado al filo de las épocas. Si el lugar llamado Las Victorias es un polo de ocupación olmeca, el lugar llamado El Trapiche parece corresponder de modo más específico al centro ceremonial de la Época II. Se levantaron unas pirámides de tierra sobre imponentes terrazas artificiales. Por ejemplo, la plataforma central de El Trapiche mide 1 km de largo por 500 m de ancho. Las excavaciones de las estructuras principales evidenciaron la existencia de sacrificios humanos para consagrar las ampliaciones y las remodelaciones periódicas de los templos. Así, se encontraron esqueletos de prisioneros sacrificados y atados de manos y pies, depositados con la cara hacia el suelo en las fosas dedicatorias (Estructura E 3-7).

De El Trapiche, tenemos algunos jades grabados, objetos cerámicos de buena factura y una pequeña losa de piedra verde esculpida que quizá sea un fragmento de estela. Se adivina una serie de glifos dispuestos en columnas, cuyo nivel de desgaste impide su transcripción precisa, pero que atestigua un parentesco estilístico con la escritura de Kaminaljuyú. En cambio, el rostro del personaje central, finamente cincelado, es muy legible. Lleva el trazo hábil y flexible de las esculturas de Izapa.

El Altiplano mexicano

Mientras que en la Época I las tierras altas parecen haber recibido influencias culturales procedentes, sobre todo, de las tierras bajas, la Época II marca una autonomización del Altiplano mexicano, que a partir de entonces afirma su propia personalidad. Se distinguen tres polos culturales principales: el altiplano oaxaqueño, el Valle de México y la región más norteña de Chupícuaro, en los confines de Michoacán y de las tierras chichimecas.

El valle de Oaxaca

La literatura científica se ha acostumbrado a llamarles "zapotecos" a los antiguos habitantes del valle de Oaxaca, y "mixtecos" a los habitantes de la sierra. El gran sitio de Monte Albán se considera así tradicionalmente como el centro de la civilización zapoteca. Sin embargo, en lo que toca a las épocas antiguas (Épocas I y II), los autores se muestran prudentes y prefieren emplear la denominación de "protozapotecos". ¿Qué personalidad étnica se puede entonces colocar detrás de esos protozapotecos? Al revés de una idea preconcebida, los fundadores de Monte Albán no pertenecen a una sola etnia. Recordemos que la base de población local es una ramificación de la familia otomangue, de muy antigua implantación en aquellas tierras. Estos otomangues, que se dividirán en una decena de grupos emparentados, como los zapotecos, fueron los primeros en sedentarizarse en Oaxaca. Son poblaciones de tradición fundamentalmente agrícola. No es lógico entonces que le den la espalda a su historia para tomar las armas, engendrar jefes guerreros, oprimir a una mano de obra servil para la construcción de centros ceremoniales de dimensiones titánicas, imponer tributos a sus vecinos y recorrer Mesoamérica, de Teotihuacan a Guatemala, para asentarse ahí. Existe otra explicación y para entender el florecimiento cultural de Oaxaca, sólo se puede conjeturar una fuerte presencia nahua. La tónica militarista de la cultura de Monte Albán está demasiado definida como para ser puramente zapoteca; denuncia claramente a sus promotores, que no pueden ser sino los belicosos nahuas, dominadores a pesar de su situación minoritaria. Indudablemente, los zapotecos construyeron Monte Albán, Yagul o Dainzú, pero, ¿lo hicieron por voluntad propia?

La misma elección de los lugares de culto en el valle de Oaxaca da motivos de reflexión. Las prominencias constituyen preferentemente fortalezas naturales. El cerro de Monte Albán, por ejemplo, domina el valle de Oaxaca desde lo alto de sus 400 m de desnivel. Más aún, hacia el año 200 a.C., el sitio estuvo rodeado por un muro de 2.5 km de largo para defender toda la parte norte y oeste de la ciudad. En la Época II, el centro ceremonial ocupa la parte occidental de la explanada habilitada en la cima del cerro y parece dirigido hacia el este. Las construcciones están hechas de grandes bloques de piedra sellados con lodo y existen por lo menos dos monumentos que utilizan la piedra esculpida como elemento "decorativo" exterior: el "Templo de los Danzantes" y el Edificio J.

El "Templo de los Danzantes" data aproximadamente del siglo V a.C. Más tarde, fue encerrado en el centro de una pirámide de época posterior, por lo que no conocemos su forma exacta. Pero podemos imaginarla a partir de su ángulo sureste, excavado en el siglo XIX por Dupaix y, después, a principios del siglo XX, por Leopoldo Batres. Se advierte claramente que el templo inicial era de tipo piramidal y que su fachada exponía varias hileras de piedras de distintos tamaños, con bajorrelieves. Esas esculturas tienen motivos para sorprender; muestran hombres desnudos, representados en extrañas posturas, con las piernas flexionadas, y que parecen bailar. A esto se debe la denominación familiar del templo. Si bien anteriormente circularon las interpretaciones más fantasiosas, es fácil leer estos *danzan-*

133. "Danzante", Monte Albán, Oaxaca.

tes a la luz de la tradición mesoamericana. Las casi 150 losas grabadas que conocemos (el edificio debió de tener inicialmente el doble) representan exclusivamente cautivos sacrificados. Todos los hombres tienen los ojos cerrados, lo cual indica que están muertos; del mismo modo, las piernas flexionadas y dobladas así como la espalda curva, señalan la postración consecutiva a la ejecución: esos hombres que no se tienen en pie son sacrificados. Que estén sistemáticamente desnudos, con excepción de las orejeras, también es una convención mesoamericana para representar a los cautivos. Finalmente, estos hombres —que de ningún modo están bailando— llevan los estigmas de torturas presacrificiales; primero, se les arrancaron las uñas, lo cual se considera como una ofrenda a las divinidades de la lluvia: por este motivo aparecen con las manos dobladas, como tetanizadas. Después, es manifiesto que algunos sufrieron mutilaciones genitales, como lo muestran los chorros de sangre en arabescos alrededor de su sexo.

Dichos personajes representan tipos físicos variados: algunos tienen rasgos mayas, otros llevan una perilla y otros tienen los labios gruesos. Hay ahí una intención, desde luego; los escultores de Monte Albán han retratado a varias etnias para celebrar las victorias territoriales de los señores del lugar. Esos sacrificados que, a pesar de su desnudez, parecen personalidades de alto rango, llevan su nombre o quizá sus títulos y funciones en forma de glifos grabados en los costados o incluso sobre su cuerpo. Las losas y los bloques grabados fueron instalados sobre la fachada de la pirámide para celebrar el triunfo de la ciudad ante los enemigos derrotados. Los sacrificados están exhibidos en cuatro filas. Los *danzantes* de la base, a la altura de un hombre, miran hacia la escalera central; los de la fila superior dirigen la cabeza hacia el otro lado; por encima de cada serie de figuras corre un friso de piedras horizontales que representa sacrificados en posición extendida. Esas piedras horizontales también servían para formar la escalera de acceso a la plataforma superior: los cuerpos de los enemigos sacrificados eran, por lo tanto, pisoteados ritualmente durante cada ascensión a la pirámide. Se encuentra una situación parecida, aunque a una escala mucho más reducida, en el sitio vecino y contemporáneo de San José Mogote: una losa esculpida que representa a un cautivo sacrificado (Monumento 3) fue colocada horizontalmente sobre el suelo de un pasillo, entre dos construcciones ceremoniales para que los oficiantes la pisaran.

134. "Danzante" de San José Mogote, Oaxaca. Monumento 3.

El Edificio J es otra construcción particularmente interesante. Su forma es muy original: presenta una punta de lanza en el lado opuesto a los escalones. Sólo tendría un equivalente en Mesoamérica, a 45 km de ahí, en el sitio de Caballito Blanco, cerca de Mitla. Su orientación, que rompe con el ordenamiento norte-sur de la explanada, pudo hacer suponer que se trataba de un observatorio o de un edificio de carácter "astronómico". Sin embargo, las piedras esculpidas que adornaban el exterior de la construcción original nos sugieren una interpretación menos romántica. Yuxtapuestas a unos danzantes, unas cincuenta losas grabadas del edificio J llevan inscripciones glíficas cuya significación se descifra perfectamente. La parte central de las inscripciones está compuesta por el glifo de la ciudad, que aquí ya tiene la forma característica de la escritura "zapoteca"; arriba, uno o varios glifos figurativos le dan su nombre a la ciudad; abajo, una cabeza humana invertida indica que se trata de una ciudad conquistada. Las cincuenta losas jeroglíficas del edificio J participan entonces de la misma ideología militarista que el Templo de los Danzantes: celebran las victorias de Monte Albán y proclaman con ostentación las fronteras del territorio oficialmente colocado bajo su control. Todo el problema consiste en saber si esto correspondió a un territorio real o si hay que ver ahí una reivindicación ficticia, una especie de celebración místico-religiosa del poder de la ciudad, o también una escenificación conminatoria desplegada para subyugar a los pequeños jefes autóctonos tentados por la rebelión contra los nahuas. En cuanto a la extraña forma del edificio, simplemente podría proceder de la amalgama de dos estructuras de épocas distintas. La posición de la escalera, orientada hacia el noreste, correspondería a una primera orientación del sitio, anterior a su reorganización según un eje norte-sur de la Época II. La "punta de flecha" (que es en realidad un ángulo recto) sólo sería entonces el ángulo de la construcción, reestructurada para seguir la alineación norte-sur. La restauración efectuada por Alfonso Caso en los años veinte habría compactado dos estados sucesivos de la construcción. En verdad, la presunta evocación astronómica del edificio J pertenece a las creencias del pasado.

135. "Danzante". Losa esculpida de Dainzú, Oaxaca.

En cambio, lo que sí está comprobado es el dominio de la escritura desde la primera ocupación de Monte Albán. Hemos visto cómo los glifos se mezclaban con la iconografía de los "danzantes" y celebraban luego las victorias de Monte Albán sobre las paredes del Edificio J. Pero también existen unas inscripciones puramente glíficas de la Época II, como las estelas 12 y 13 asociadas con la galería de los danzantes. Estas dos piedras grabadas, que son las dos mitades de una misma estela, llevan una inscripción calendárica en que se reconocen dos signos del tonalpohualli nahua: el cocodrilo (*cipactli*) y el agua (*atl*). Ambos signos están representados en el interior de los cartuchos, según la tradición que prevalece en Kaminaljuyú y que prevalecerá más tarde entre los mayas; van acompañados de números anotados con un sistema de barras y puntos. El signo cocodrilo, además, está rematado por un glifo que indica un "portador de año". Este glifo del año es un conjunto de signos que evocan la turquesa; la equivalencia simbólica del año y de la turquesa parece una prueba del carácter nahua de la inscripción. La noción nahua de *xiuitl*, en efecto, subtiende una cadena semántica que asocia en un mismo concepto a la hierba (verde y viva), a la turquesa, al fuego (cósmico) y al año de 365 días. Semejante asociación le pertenece al pensamiento nahua. Los mismos mayas parecen haber traducido simplemente a su lengua (*tun*) el glifo turquesa-año de los nahuas. Se puede considerar hasta hoy que el glifo inicial de la Estela 12 de Monte Albán es la manifestación más antigua que se conoce del glifo del año. Por otro lado, se observa en la parte inferior de la Estela 13 un signo de mes que atestigua la existencia del ciclo de dieciocho meses de veinte días en el siglo VI a.C.; sobre otro monumento de Monte Albán, este signo en forma de tridente se encuentra junto al número 15, lo cual implica que se trata de un nombre de mes. En general, se interpretan los demás glifos de las Estelas 12 y 13 como glifos no calendáricos, lo cual tiende a demostrar que la escritura mesoamericana, en sus formas antiguas, no se reduce al registro abstracto del tiempo.

136. Ejemplos del glifo del año, empleado en Monte Albán.

Otro sitio del valle de Oaxaca posee un conjunto de esculturas de la misma época que los "danzantes" de Monte Albán: Dainzú, a orillas del río Salado, a unos veinte kilómetros al este de la capital zapoteca. Excavada a partir de 1968 por Ignacio Bernal, Dainzú ha dado una cuarentena de losas grabadas, que constituían el revestimiento de la parte inferior de la pirámide principal (Monumento A). Quizá influido por el hecho de que el pueblo más cercano al sitio se llama Macuilxochitl, que es el nombre de la deidad del juego entre los aztecas, el gran arqueólogo mexicano ha interpretado las esculturas de Dainzú como representaciones de jugadores de pelota.[7] En efecto, ciertos personajes parecen sostener una pequeña pelota en la mano. Sin embargo, pueden existir algunas dudas acerca de la significación general del Monumento A. Cuatro tableros esculpidos, en los que Bernal veía una figuración de los dioses del juego, en realidad representan escenas de Conquista: un jaguar que se adueña de una ciudad, un soberano que sostiene una antorcha para llevar en ella el fuego sagrado. ¿Cuál sería entonces el sentido de los 33 jugadores de pelota que adornan la fachada de la pirámide? Dos indicios pueden guiarnos: todos los personajes presentan una curiosa posición flexionada, boca arriba, con un brazo hacia atrás y las rodillas a menudo hacia arriba. Por otra parte, llevan lo que se describe como un yelmo o una especie de casco protector para el rostro, adornado con un collarín de volutas. ¿Cómo no aceptar la flagrante evidencia? Los jugadores de pelota de Dainzú son sacrificados. No llevan cascos parecidos a los de los jugadores de futbol americano, pese a la ilusión etnocéntrica. Lo que hay en lugar de la cabeza no es sino un glifo, probablemente relacionado con un chorro de sangre, y las volutas alrededor del cuello indican claramente, en el simbolismo mesoamericano, que se trata de decapitados. Por lo demás, otro glifo les cruza el pecho: una especie de L cubierta de líneas onduladas, rematada por un círculo. Este detalle sugiere que los desafortunados cautivos pudieron haber sufrido un arrancamiento del corazón, seguido de una decapitación. Su postura inerte, de espaldas, sería entonces la de los torturados. La pirámide de Dainzú se relaciona aparentemente con la misma celebración ideológico-religiosa que el Templo de los Danzantes de Monte Albán.

El valle de Oaxaca, en la Época II, parece haber mantenido tantas relaciones con los altiplanos y la costa guatemaltecos como con el Valle de México. Tres tipos de cerámica caracterizan las influencias orientales: el muy reconocible tetrápode, el trípode de pies mamiformes y una curiosa vasija con largo pico vertedor unido al cuello por una pequeña asa. Estas tres formas sellan la Época II, tanto en Kaminaljuyú como en Izapa. Por otro lado, las vasijas con la efigie de Tlaloc, la aparición de la cerámica con decoraciones estucadas, los incensarios con mango, conocidos entre los aztecas con el nombre de *tlemaitl*, y el florero (vasija de cuello largo y estrecho) muestran la interconexión con el Valle de México y Teotihuacan. Sin embargo, observemos que esas relaciones se manifiestan más tardíamente en el periodo y se afirman más bien en los dos primeros siglos de nuestra era.

Al nacer, el arte oaxaqueño está marcado por la sensibilidad del Altiplano Central, que contrasta con la exuberancia del mundo circunmaya; un sentido de la economía en el trazo de los glifos o el modelado de los objetos cerámicos, un gusto por la forma depurada que a veces linda con la austeridad. En su origen, el arte de Monte Albán es completamente ajeno a la búsqueda del efecto estilístico. La famosa máscara de jade que representa al dios murciélago (100-200 d.C.) descubierta en una cámara, ante la fachada oriental del montículo central, es un hermoso ejemplo de virtuosismo, dominado y ordenado al servicio de la sobriedad.

El Valle de México y el altiplano poblano

Los habitantes del Valle de México no nos dejaron inolvidables obras maestras de la Época II. Tampoco huellas de escritura. Pero manifestaron su impulso cultural construyendo inmensas ciudades cuyos vestigios fueron hallados. Se imponen sobre todo dos ciudades, una al sur del lago, la otra al norte: Cuicuilco y Teotihuacan. Cuicuilco hubiera podido ser la Pompeya del Nuevo Mundo. En efecto, esta gran metrópoli, que cubría cerca de cuatrocientas hectáreas,[8] fue cubierta por las lavas del volcán Xitle; pero los derrames de lava fueron progresivos y, cuando la erupción principal cubrió la ciudad, ésta ya había sido abandonada. La excavación de la gran pirámide circular, emprendida por el arqueólogo estadounidense Byron Cummings entre 1922 y 1925, no aportó la información que se podría esperar de una excavación moderna. Aparentemente, se ignoraba en aquella época que el estuco y las pinturas que adornaban las fachadas y los suelos de los monumentos se encontraban aplicados directamente sobre los revestimientos de tierra. Al buscar las subestructuras de piedra, material noble, los arqueólogos de ese periodo pionero desatendieron los aplanados de tierra y destruyeron los frágiles paramentos adornados de la pirámide. Los escasos reportes de excavación de Cummings mencionan, sin embargo, que los suelos sobrepuestos en el interior de la pirámide estaban "pintados de rojo". Así que hemos de suplir con la imaginación la deficiencia de la arqueología y restituirles a los cuatro pisos de gradas visibles en la actualidad, las pinturas que debieron de llevar originalmente.

A juzgar por el número considerable de pequeñas figurillas femeninas recogidas en Cuicuilco y en sitios vecinos, como Copilco, se puede pensar que los cultos autóctonos tuvieron un papel preponderante. En cuanto al dios del fuego, lo veneraban ahí bajo la forma del "Dios Viejo" (Huehueteotl), jorobado, arrugado, demacrado y desdentado; no cabe duda de que es una figura del panteón local, muy probablemente otomí, que se fusionaría con el dios del fuego nahua, heredero del jaguar olmeca. Se percibe claramente una dimensión sedentaria en los constructores de Cuicuilco; parecen dominar perfectamente su entorno, a la orilla de la laguna. Las tierras aluviales están dedicadas a la agricultura, el lago es explotado por sus recursos vegetales y pesqueros, mientras que las montañas de los alrededores sirven como tierras de caza. A pesar de la evidencia de rasgos mesoamericanos en el urbanismo, aparentemente Cuicuilco no es una ciudad nahua. El hecho de que el templo principal sea una pirámide circular y, más aún, dotada de una rampa orientada hacia el oeste incita a pensar que ese centro ceremonial agrupaba más bien a poblaciones premesoamericanas. La ausencia casi completa de ofrendas dedicatorias en Cuicuilco sustenta esta apreciación.

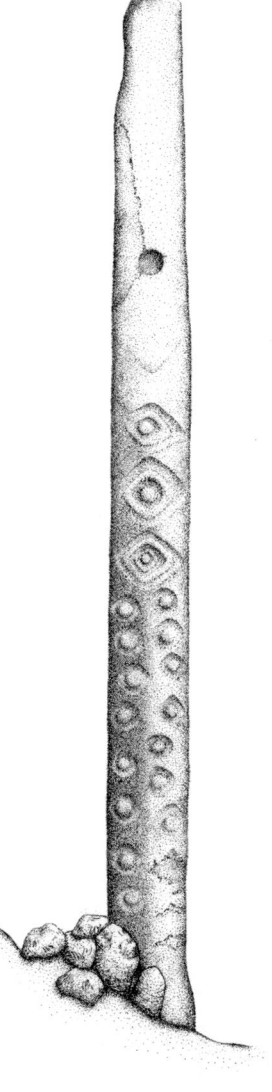

137. Estela de Cuicuilco.

Finalmente, la estela descubierta en 1996 por Mario Pérez Campa y Javier López Camacho al pie de la pirámide circular, del lado sur, arroja una luz semejante; esta columna de andesita que mide cerca de cuatro metros de alto, lleva en efecto una "inscripción" que combina unos rombos con dos series paralelas de ocho círculos sin referente aparente en la tradición mesoamericana.

La ciudad de Tlapacoya, que le hace frente a Cuicuilco sobre la orilla oriental del lago de Chalco, parece concentrar una importante población nahua, seguramente heredera de los olmecas ya presentes en ese sitio en la Época I. El templo principal, erigido al pie de un cerro imponente, muestra en todo caso una superposición de gradas de talud inclinado y un sistema de escalones para acceder a las distintas plataformas, que anuncian indiscutiblemente la arquitectura nahua de las épocas siguientes.

En la orilla occidental del gran lago, hay varios sitios activos en la Época II. La literatura científica ha elegido dos, cuyos estilos cerámicos sirven como marcadores de esta fase cronológica: Zacatenco, cuya fase 3 es la que aquí nos interesa, ya que su ocupación está montada sobre la Época I y la Época II (800 a 400 a.C.), y Ticomán, cuyo periodo de vida sigue de modo más fiel la duración de la Época II (500 a.C. a 0). Con el estilo Ticomán aparece la policromía, en tonalidades rojas y blancas sobre fondo anaranjado o café. El blanco sirve esencialmente para subrayar los contornos de los motivos pintados de rojo. Entre éstos, se distingue, por su primera aparición en el Valle de México, el motivo de la greca escalonada, que es una marca panmesoamericana. El trípode domina a partir de entonces sobre los objetos cerámicos de fondo plano. Naturalmente, la decoración negativa característica de esa época está bien representada y las figurillas femeninas son numerosas.

Si hay una referencia tradicional a los sitios de Zacatenco y de Ticomán es porque éstos fueron de los primeros en conocerse, al haber sido excavados por Vaillant en 1928-1930. Esto desde luego no quiere decir que la ocupación del Valle de México se limitara durante la Época II a esos dos sitios epónimos. Los arqueólogos, desde entonces, han sacado a la luz cerámicas comparables en diversos lugares del Valle de México y del Altiplano Central.

El otro gran sitio que gobierna el norte del sistema lacustre es Teotihuacan. Conocido por ser un sitio clásico, es decir, representativo de la Época III, podría parecer sorprendente inscribirlo tan tempranamente en la cronología. Sin embargo, está comprobado que la vida de Teotihuacan, como centro ceremonial, comienza por lo menos en el siglo III antes de nuestra era y que durante un tiempo fue el contemporáneo —y quizá el rival— de Cuicuilco.

La situación geográfica de Teotihuacan es muy original. A diferencia de Tlatilco, Tlapacoya, Cuicuilco, Ticomán, El Arbolillo o Zacatenco, que son sitios costeros asentados en los márgenes del lago o a escasa distancia de la orilla, ésta ocupa una posición más enclavada, a quince kilómetros al interior de las tierras. En cambio, la ciudad se encuentra a orillas del río San Juan, que irriga río abajo todas las tierras fértiles aptas para el cultivo. Por otro lado, por su situación relativamente septentrional, tiene contacto directo con las llanuras esteparias que mueren en las riberas del gran lago mexicano. El lugar de implantación del centro ceremonial no fue entonces escogido al azar. No sólo Teotihuacan está en la frontera de los dos ecosistemas, el de las llanuras semiáridas del norte, y el del microclima lagunar de la cuenca de México, sino que también está en el punto de convergencia de dos mundos culturales, el de los nómadas chichimecas y el de los agricultores sedentarios. El extraordinario destino de Teotihuacan, que en su época fue el mayor sitio de Mesoamérica, se debe esencialmente a su posición estratégica y a su función de cabeza de puente de la mesoamericanidad, sin cesar fecundada por aportaciones externas, crisol de una intensa vida religiosa, depositaria de un fuerte poder militar para controlar los territorios norteños, dotada, finalmente, de una vitalidad artística incomparable que quizá no sea sino un reflejo del cosmopolitismo y de la riqueza de la ciudad.

La cronología de Teotihuacan ha sido, y sigue siendo, objeto de intensas discusiones entre especialistas. Sin embargo, hoy disponemos de un abanico de informaciones perfectamente confiables confirmadas por diferentes tipos de observaciones: pozos estratigráficos, liberaciones de monumentos, sondeos sistemáticos, excavaciones extensivas, tipologías cerámicas, análisis de los estucos y de las pinturas, estudio de los barrios de vivienda, estudio de las tecnologías (cerámica, talla de obsidiana), análisis paleoecológicos, etc. Por lo demás, es posible comparar estas informaciones con el resultado de varias decenas de análisis con C14 (hasta hoy se han efectuado alrededor de ochenta). Tres fases cronológicas, recientemente redivididas, son características de la Época II: la fase Patlachique, de 300 a 100 a.C.; la fase Tzacualli, de 100 a.C. a 100 d.C.; la fase Miccaotli, de 100 a 200 d.C.

Antes del siglo III, el sitio de Teotihuacan sólo estuvo ocupado por algunos agricultores, poco numerosos, de los cuales sólo conocemos vestigios de hábitat. Así que la fase Patlachique marca el inicio de las actividades del centro ceremonial. Indudablemente, existe un área sagrada y unos templos levantados en la parte norte del sitio. René Millon, quien dirigió las investigaciones con miras a la cartografía de Teotihuacan, estima la extensión del sitio en 4 km².[9] Al final del siglo II a.C., el centro ceremonial adquiere su forma definitiva. En adelante, estará estructurado por dos inmensas avenidas perpendiculares: la "Avenida de los muertos", con orientación sur-norte (y una desviación de 17° hacia el este), y la avenida este que parte de la Ciudadela, nombre dado por tradición al conjunto arquitectónico que abriga al templo de Quetzalcoatl. El lecho del río San Juan está desviado para que atraviese perpendicularmente la Avenida de los muertos. Los tres grandes conjuntos piramidales empiezan a levantarse: pirámide de la Luna, pirámide del Sol y templo de la Ciudadela. La ciudad se extiende entonces sobre unos 17 km². Luego, durante la fase Miccaotli, Teotihuacan se divide en cuatro cuadrantes por la apertura de la avenida occidental que sale de la Ciudadela. Este recinto ceremonial cuadrangular se convierte en el centro geográfico y político-religioso de la ciudad que alcanza entonces, según Millon, su extensión máxima: 22.5 km².

Las excavaciones del templo de Quetzalcoatl permiten, al parecer, seguir el crecimiento de la ciudad a través de las diferentes etapas de construcción del templo.[10] Gracias a un túnel cavado del lado sur hasta el centro de la estructura, los arqueólogos han descubierto varios enterramientos de individuos sacrificados a modo de ofrendas dedicatorias. El entierro 14, situado en el centro de la pirámide, encerraba veinte esqueletos colocados en elipse sobre el suelo, asociados con ofrendas suntuarias: cuatrocientas piezas de jade, ochocientas de obsidiana, 3 400 objetos de concha, nueve grupos de ofrendas encerradas en una tela, así como objetos de cerámica, de madera y de fibras, etc. Esta ofrenda es evidentemente contemporánea de la erección del monumento. Lo mismo ocurre con el Entierro 13 (inhumación de un dignatario con una vara esculpida en forma de serpiente) y con el Entierro 14 (dieciocho jóvenes guerrcros con ricos objetos). Este último corresponde a una ofrenda *exterior*, que fue depositada de modo vertical junto a la estructura, a lo largo de la primera grada de la pirámide. Así, se puede calcular que, en su configuración inicial, el templo tenía 30 m de lado. La confirmación de tres fechamientos con C14[11] ofrece una gama comprendida entre 50 a.C. y 70 d.C., lo cual corresponde efectivamente a la fase Tzacualli.

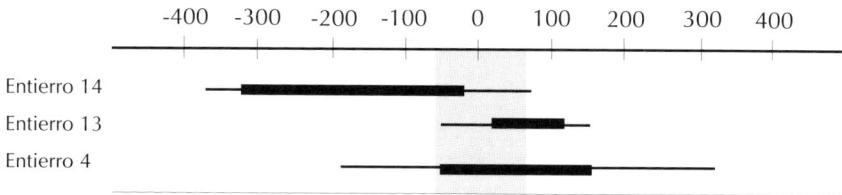

Cierto tiempo después, una ampliación del templo le da 40 m de ancho; una serie de sacrificios, atestiguados por el Entierro 2 (ocho jóvenes con la manos atadas detrás de la espalda) sacraliza esta remodelación, que pudo haberse dado al inicio de la fase Miccaotli. Las actuales dimensiones del templo (60 m de ancho) y su decoración exterior, que celebra a la serpiente emplumada, datan del principio de la Época III (hacia 200 d.C.).

Los entierros dedicatorios constituyen una fuerte presunción en favor de la existencia de prácticas sacrificiales desde la fundación de Teotihuacan. El número de sacrificados enterrados en asociación con el templo de Quetzalcoatl indica, por otra parte, el tipo de calendario que se empleó en esa época; en efecto, los números 18 y 20 evocan indiscutiblemente el calendario mesoamericano: 18 es el número de meses del ciclo de 360 días y 20 corresponde a la vez al número de días del mes y al número de trecenas del calendario adivinatorio. Asentado en pleno territorio otomí, Teotihuacan se parece sin lugar a dudas a una capital nahua. Desde su fundación, cuenta con una vocación precisa: controlar la frontera chichimeca y suscitar un movimiento de nahuatlización y de aculturación de los nómadas y seminómadas del Altiplano.

El prestigio del Teotihuacan naciente está opacado, desde luego, por la influencia de la ciudad en la época siguiente. La casi totalidad del arte teotihuacano que conocemos es posterior al año 200 de nuestra era, así que pertenece a la Época III. Ésta ya es una ciudad de arte y de artesanía en la Época II. Los fresquistas ya están trabajando y cubren los monumentos con

138. Depósito sacrificial del Templo de Quetzalcoatl, Teotihuacan.

grandes composiciones. Emplean un sustrato de cal aglomerada con partículas calcáreas machacadas (carbonato de calcio) que sirve como desengrasante. Pintan directamente sobre la cal aún húmeda, conservando el fondo blanco natural. El número de pigmentos conocidos es limitado: rojo anaranjado (óxido de hierro), verde claro (malaquita), verde oscuro, que se obtiene añadiendo hematita, azul oscuro (azurita y malaquita) y ocre (lepidocrocita). Los contornos de las formas están trazados con carbón.[12] Si bien las pinturas más antiguas carecen del pulido, la brillantez y la maestría de las realizaciones posteriores, los vestigios de los primeros frescos, como los de los "Edificios superpuestos" o los del "Templo de la Agricultura", permiten admirar una habilidad ya bien establecida.

En Teotihuacan existe una tradición de la figurilla, muy representativa de la época y muy original en la medida en que predominan los temas masculinos. Las estatuillas de cerámica están modeladas a mano. Existe cierto énfasis en el atavío: vestimenta, adornos y peinado. Muchas cabezas son calvas y se han hecho muchos comentarios al respecto: hoy sabemos que, originalmente, llevaban un imponente tocado removible, que Rubín de la Borbolla denominó *resplandor*.[13] Cierto número de ejemplares de figurillas de jadeíta pulida, con su resplandor removible, fueron descubiertos en 1939 en unas ofrendas. Otros especímenes fueron hallados más recientemente en el Entierro 14, bajo la estructura piramidal del templo de Quetzalcoatl.

Algunos autores no dudan en identificar, a partir de ciertos atributos, algunas figurillas mitológicas del panteón nahua como Xipe Totec, Huehueteotl y Tlaloc, así como un dios obeso quizá vinculado con el viento, y una divinidad femenina que se puede relacionar con la agricultura. Esta presencia es probable. Sin embargo, tenemos que reconocer que la codificación de la representación de estos dioses aún es tentativa, y obliga a los científicos a ser prudentes.

En materia de producción cerámica, Teotihuacan aparece más bien como de gustos conservadores. Casi todas las formas de la fase Tzacualli son todavía formas antiguas, y algunas llevan aún la impronta del espíritu de la Época I (vasijas de fondo cóncavo). Las formas trípodes, con soportes de botón poco salientes, se generalizan durante la fase Miccaotli. Incluso las jarras de cuello ancho y abierto pueden entonces ser trípodes. El florero, forma característica de Teotihuacan, es una pequeña vasija globular de cuello largo que sella el final de la Época II, lo mismo que las urnas con la efigie de Tlaloc. Cierta austeridad preside la confección de la cerámica, se manifiesta una notoria preferencia por las decoraciones simples, como el pulido monocromo (rojo, marrón o café negro), el negativo negro sobre rojo, el rojo sobre café o el blanco sobre rojo, a base de motivos geométricos de una gran sobriedad. ¡El barroco teotihuacano aún no ha nacido!

Los americanistas han discutido mucho sobre la población de Teotihuacan. Millon, el defensor de la estimación mínima, propone 30,000 habitantes para el inicio de la construcción de la pirámide del Sol y 45,000 para el fin del periodo Miccaotli. A pesar del hábito establecido, esos números repetidos a menudo parecen poco compatibles con la actividad arquitectónica y artística que conoció el sitio. Además, esos 45,000 habitantes parecen literalmente "flotar" en la inmensidad de esta ciudad desmesuradamente extendida, y no corresponden a lo que sabemos de la presión demográfica en el Valle de México, donde la densidad de población es considerable desde el año 1000 a.C. A mi juicio, hay que optar entonces por la estimación intermedia de Bernal,[14] quien habla de 100,000 habitantes para el periodo Miccaotli o por la estimación máxima —hacia la que me inclino personalmente—, que propone 150,000 habitantes, en el entendido de que en ese campo no existen técnicas de estimación científicamente indiscutibles.

La focalización sobre Teotihuacan y el Valle de México no debe hacernos olvidar que existe otro lugar del Altiplano Central en el que las actividades humanas son intensas: el valle de Puebla. En la Época II empieza la construcción de la gran pirámide de Cholula que, de superposición en superposición, se convertirá en el monumento más grande de Mesoamérica. A diez kilómetros al sur de la actual ciudad de Puebla se erigen los montículos y las terrazas de Totimehuacan. El sitio se conoce por una pirámide escalonada de 24 m de altura, que abriga en su centro una galería subterránea de 8 m de largo, que baja en escalera hasta dos pequeños túneles perpendiculares. Uno de dichos túneles desemboca en una sala circular, de bóveda burda, en el centro de la cual se halla una tina también circular, tallada en un bloque de basalto monolítico de 6 metros cúbicos, probablemente importado de la costa del Golfo.[15] Sobre el perímetro de esta tina están esculpidas cuatro ranas, lo que hace suponer que en ese lugar existía un culto dedicado a la tierra y a las fuerzas de la fecundidad. En Tlalancaleca, al occidente de Tlaxcala, una estructura ofrece un perfil de "talud-tablero", que es una de las primeras manifestaciones de ese estilo arquitectónico, destinado a convertirse en el marcador de la influencia teotihuacana. A juzgar por esas semejanzas arquitectónicas y por el parentesco de la cerámica, la afinidad de las poblaciones de los valles de México y de Puebla parece profunda.

La región de Chupícuaro

El sitio epónimo de Chupícuaro se encuentra actualmente bajo las aguas de la presa Solís que interrumpe el curso medio del río Lerma. Antes de inundarse, esta zona proporcionó, primero a los saqueadores locales, luego a algunos arqueólogos, durante unas excavaciones de salvamento (1945), un material cerámico de gran calidad artística. Chupícuaro, desde entonces, prestó su nombre para designar un estilo local extremadamente original, concentrado en la parte noroeste de Michoacán y la parte sureste de Guanajuato. A veces se ha hablado de un área de influencia de la cultura Chupícuaro. Algunos arqueólogos, que han hallado semejanzas entre las cerámicas de Chupícuaro y las de varios sitios del norte o del altiplano central, le han atribuido una gran extensión, que va de Chalchihuites, en el norte, hasta el altiplano poblano, al sur. Me parece más conveniente reducir el área de difusión del estilo Chupícuaro a esta porción del Bajío fronterizo con Michoacán, que abarca las riberas norte y este del lago de Cuitzeo y los alrededores de Acámbaro, Jerécuaro y Maravatío.

Los orígenes de este estilo Chupícuaro son muy poco conocidos. Se puede presumir que éste nació de un mestizaje cultural entre poblaciones autóctonas de Michoacán y poblaciones mesoamericanas llegadas, al parecer, del Valle de México, a sólo 200 km. El hecho de que se hayan encontrado varios adornos de concha fabricados con una especie endémica del lago de Chalco parece darle cuerpo a este guión.

El arte de Chupícuaro nace hacia 500 a.C. y permanece vivo durante toda la Época II. Incluso, durante alrededor de un siglo, cubre el inicio de la Época III. En el interior de este marco, se discute la cronología. En efecto,

139 Vasija trípode representativa del estilo de Chupícuaro.

se distinguen con claridad dos tradiciones diferentes, pero hasta hoy, los investigadores no se ponen de acuerdo sobre el orden de sucesión. La tradición clasificada como antigua por Muriel Porter en su publicación de 1956 fue clasificada como reciente en su publicación de 1969 y siguió en ese sentido el punto de vista de Harold Mac Bride.[16] Si bien la mayoría de los especialistas se adhirieron a esta última interpretación, al no existir fechamientos de C14, existen pocos indicios que permitan zanjar el asunto. La tradición considerada hoy como antigua comprende las figurillas de tipo "estrangulado" (*choker*), así como la cerámica policroma de pintura café; la etapa tardía, en cambio, está representada por las figurillas de tipo H4 y por la cerámica policroma con pintura negra.

Las figurillas femeninas de tipo "estrangulado" se caracterizan por una cabeza rectangular, hipertrofiada en relación con el cuerpo, al que se encuentra unida por una especie de collar que ciñe el cuello. Numerosas figurillas representan mujeres desnudas o escenas de maternidad, lo cual relaciona estos objetos con el culto de la fecundidad característico de las épocas antiguas. Las figurillas de tipo H4, según la terminología esotérica de los arqueólogos, son bastante distintas. Los personajes tienen la nariz puntiaguda, los ojos oblicuos en granos de café y exhiben complejos peinados. El estilo de las figurillas H4 recuerda el de las procedentes de Los Ortices, en Colima. Todas presentan huellas de pintura, pero siguen teniendo un estilo bastante burdo.

En contrapunto, las vasijas de cerámica de Chupícuaro son de una calidad estética muy superior. Esto se debe a la vez a la elegancia de las formas y al magnífico pulido obtenido por los alfareros locales. Existe una cerámica negra o café, pareja o con incisiones, otra con decoración bicroma y otra con decoración policroma. Una de las características de la cerámica de Chupícuaro es que el bicromado negro o café sobre rojo es un caso particular del policromado. En efecto, la cerámica siempre está barnizada con una tonalidad clara, beige o crema. Después, el objeto de barro recibe el color rojo y se dejan espacios sin pintar, de manera que aparezca el fondo. Finalmente, se aplica el tercer color: el café para el periodo antiguo, el negro durante el periodo reciente. Así, se obtienen cerámicas con un efecto tricromo, cuyas decoraciones están esencialmente constituidas por motivos geométricos: rectángulos o rombos rellenos con rejas, grecas escalonadas, líneas que delimitan triángulos, espirales o círculos

8 • LA ÉPOCA II: LOS FLORECIMIENTOS REGIONALES (500 a.C. A 200 d.C.)

140. Figura femenina de Chupícuaro. Cerámica policroma.

concéntricos, etc. En el caso particular en que se desea obtener un bicromado negro o café sobre rojo, la totalidad de los espacios reservados en bayo están cubiertos de pintura negra o café. Sólo el rojo sobre bayo es un verdadero bicromo; pero, en este caso, la decoración se reduce casi siempre a una línea roja alrededor del cuello o a unos cuantos motivos sucintos sobre las panzas.

Es necesario mencionar, en particular, las figurillas huecas, bastante grandes, que pertenecen a la tradición policroma. Dichas figurillas, que a menudo representan mujeres desnudas, pero de las que se conocen algunos ejemplares masculinos, parecen pertenecer a la misma tradición cultural que las figurillas "estranguladas" y las figurillas H4, pero reciben un tratamiento idéntico al de la cerámica policroma: mismo tipo de elaboración, mismos colores, misma decoración, mismo pulido.

La cultura de Chupícuaro manifiesta una tradición agrícola, de modelo mesoamericano. Es patente que aquellas poblaciones están asentadas de modo permanente en las llanuras inundables y cultivables situadas alrededor del río Lerma y del lago de Cuitzeo. Por lo demás, se encuentran todos los marcadores arqueológicos de las poblaciones sedentarias en los vestigios de la ocupación de Chupícuaro: metate, mano, apaxtle, tejolote, comal, etc. Naturalmente, esta vocación agrícola corre pareja —como es el caso en toda Mesoamérica en la misma época— con la práctica de la caza y de la pesca, lo cual está atestiguado por innumerables puntas de flecha y bolas de piedra que se interpretan generalmente como plomos de red. El material arqueológico recogido en Chupícuaro y sus alrededores procede esencialmente de sepulturas. Por desgracia, se desconoce la arquitectura ceremonial asociada con esta cultura. Así que poseemos escasas indicaciones acerca del modo de vida y de las prácticas culturales de la gente de Chupícuaro. Sin embargo, un gran número de cráneos enterrados descubiertos, con el atlas y el axis en conexión anatómica, atestiguan la decapitación y, por lo tanto, el sacrificio humano. Los entierros de perros, animales asociados con la muerte y el más allá en toda Mesoamérica, contribuyen también a imprimirle una personalidad mesoamericana a la cultura de Chupícuaro.

El área mesoamericana en la Época II

Si bien se percibe claramente que la dinámica cultural mesoamericana en la Época II pertenece a los nahuas —que son los más vistosos—, conviene en cambio, para evitar la simplificación, preguntarse acerca de las zonas oscuras que, en el centro o en la periferia de Mesoamérica, son los contratipos del resplandor nahua.

La ilusión más perversa sería clasificar a todos los nahuas bajo la misma bandera. La arqueología no sólo no descubre ningún indicio de cualquier imperio nahua unificado y centralizado, sino que tiende a colocar una verdadera diversidad cultural detrás de la heterogeneidad estilística de la época. Los nahuas no forman un bloque monolítico, sino más bien una red bastante informal, que adopta los particularismos locales y abarca casos muy distintos de figuras según las regiones. Incluso parece que surge una ruptura entre los nahuas tropicales de las tierras bajas y los nahuas de las alturas de los altiplanos. Los primeros ocupan la región circunmaya y son los más activos hasta el tercer siglo de nuestra era; los segundos, que convertirán a Teotihuacan en su capital, se muestran, sin embargo, más discretos, pero florecerán en la Época III.

De hecho, hay, sobre todo, dos puntos que suscitan preguntas en relación con la dinámica general: el trazo de la frontera noroeste, en que los mesoamericanos son los vecinos, no de nómadas chichimecas, sino de sedentarios no mesoamericanos, y el estatuto del área maya, sorprendentemente letárgico.

La frontera noroeste

El occidente de México, que abarca los actuales estados de Colima, Nayarit y Jalisco, forma una entidad cultural aparte, en las orillas de Mesoamérica. El núcleo de su población parece venido de fuera y podría ser de origen sudamericano. Pero las relaciones del Occidente con Mesoamérica han sido evolutivas: casi completamente ajeno al mundo mesoamericano en la Época I y en la Época III, el Occidente parece mantener con el Altiplano Central una red de contactos en la Época II. En cambio, se volverá completamente mesoamericano a partir del año 800 de nuestra era.

Los contactos entre Mesoamérica y el Occidente

Los contactos del Occidente con Mesoamérica parecen efectuarse rodeando a Michoacán, que da muestras de una autarquía ejemplar. En verdad, casi no se conoce nada de la población michoacana en la Época II, pero se puede suponer que ya es de estirpe tarasca y notablemente homogénea. Ocupa la costa, entre el río Balsas y el río Coahuayana, y la Sierra, entre Uruapan y Zitácuaro; pero en el norte, no controla el acceso al lago de Chapala y su influencia se borra en la entrada del Bajío. Así que existe, a lo largo del curso medio del río Lerma, entre el lago de Cuitzeo y el de Chapala, una especie de corredor abierto para la circulación, fuera de la presión chichimeca y en donde se aventuran poblaciones mesoamericanas. Éstas se asientan en los valles fértiles y se mezclan —o se yuxtaponen— con los prototarascos. Entre esos puntos de fijación que son otros tantos polos de vida sedentaria, se dan algunos movimientos migratorios. Está claro que los mesoamericanos intentaron muy pronto forzar el cerrojo michoacano que, por su hermetismo, bloquea cualquier expansión hacia el noroeste. Y no es menos claro que la única vía de penetración que encontraron fue la desviación por el norte, seguida de una bajada hacia el Pacífico vía Jiquilpan, Tamazula y Colima, según una línea que corresponde a la frontera entre Michoacán y el Occidente. Sabemos poco acerca de esta presencia mesoamericana en el occidente de México, sin embargo, esas etapas nos permiten entender la dinámica de aquella penetración.

No lejos de Zamora, en la frontera oriental del área occidental, se localizó el sitio de El Opeño, del que se conocen varias tumbas de hipogeo, cavadas al pie de un cerro. Éstas encierran un material arqueológico con dos características: es típico de la Época II y presenta rasgos fuertemente mesoamericanos. Los habitantes de El Opeño, como todos sus contemporáneos, modelaron figurillas solidas: figurillas femeninas desde luego, pero también masculinas. Las figurillas femeninas son de tres tipos: mujeres con ojos en decoración de pastillaje y vestidos hasta los pies, mujeres calipigias desnudas o vestidas con un simple paño y estatuillas minuciosamente pulidas, de un elegante beige marfil, excepcionales por la línea esbelta y estilizada de su figura. Las figurillas masculinas encontradas en la Tumba 3 parecen haber constituido un conjunto que representaba un partido de juego de pelota. Los "jugadores" están desnudos y llevan una protección alrededor de la pierna izquierda. Algunos tienen el codo levantado, en una actitud que evoca fuertemente el juego mesoamericano. El resto del material cerámico —vasijas y recipientes zoomorfos— pertenece indiscutiblemente a la Época II y se inscribe en una gama cronológica que va entre 500 y 200 a.C. En este contexto, es interesante evaluar de nuevo la interpretación que se les ha dado a esas sepulturas. Se ha hablado de entierros primarios y de entierros secundarios, lo cual implica la idea de una reapertura de la tumba después de haber sido sellada. Después de revisar los datos proporcionados por Eduardo Noguera (1939) y Arturo Oliveros (1970), me pareció más pertinente considerar los depósitos de huesos largos y de cráneos asociados con los entierros a modo de ofrendas sacrificiales, según la práctica mesoa-

141. Figurillas masculinas y femeninas procedentes de El Opeño, Michoacán.

mericana común. En cuanto a la pluralidad de los entierros en el interior de una misma tumba, puede explicarse perfectamente con el sacrificio de "acompañantes". En Mesoamérica, cuando un señor fallecía, casi siempre se mataban esclavos que le habían pertenecido para acompañarlo en el más allá; por cierto que, según la tradición, esos esclavos eran sacrificados con flechas. Ahora bien, ¡uno de los esqueletos depositados junto al personaje central de la Tumba 4 de El Opeño, llevaba una punta de flecha clavada entre dos costillas!

De esta reevaluación general, resulta que la tonalidad de los vestigios de El Opeño es menos "occidental" que lo que se dijo. Desde luego que las tumbas con plano burdamente oval cavadas bajo el suelo y a las cuales se accede por una especie de zanja escalonada, tienen un cierto aroma de "tumbas de tiro". Los hipogeos de El Opeño, a pesar de todo, se relacionan con una óptica bastante distinta. Por lo demás, el material y el espíritu de las inhumaciones se vinculan con las prácticas mesoamericanas de la época. El Opeño, en la frontera noroccidental de Michoacán, es entonces más bien una etapa en esa ruta de desviación que pasa por Chupícuaro para desembocar en Colima y que vincula de modo indeciso el Occidente mexicano y Mesoamérica.

El otro punto de unión entre ambas áreas culturales es la región de Colima, que aparentemente desempeña un doble papel: al ser puerta de entrada al Occidente de las influencias llegadas del Valle de México, también es un centro exportador de ciertas tradiciones occidentales hacia el Altiplano Central. Colima pudo desempeñar ese papel desde el siglo VIII a.C., es decir, desde el principio de la fase llamada Capacha. Parece, por ejemplo, que unas vasijas de asa de estribo procedentes de Colima llegaron a Tlatilco. Como contraparte, Colima incorporó poco a poco, durante la Época II, rasgos nahuas llegados del Altiplano Central, que le dieron una especificidad única en el Occidente. Entre esas influencias culturales, hay que citar en primer lugar el valor funerario del perro. Indispensable acompañante del difunto para todos los nahuas, el perro está omnipresente en las tumbas de Colima bajo la forma mestiza de la vasija caniforme de cerámica.

La región colimeña, por otra parte, parece haber sido el punto de paso y de diseminación de pequeños grupos nahuas de origen mesoamericano que intentaron asentarse en la franja litoral del Pacífico, desatendida por las poblaciones autóctonas. En todo caso, es lo que revela el sitio de

Morett que, sin dejar de participar en el entorno cultural local, no se identifica con los sitios puramente "occidentales". Un hecho notable es que esas poblaciones costeras conservarán sus rasgos no occidentales durante toda la Época III, que es sin embargo un periodo de autonomía para el Occidente mexicano.

En Nayarit, en la ciudad de Tepic, el arqueólogo José Carlos Beltrán[17] encontró, en 2005, durante un rescate cerca del rió Mololoa, una gran urna antropomorfizada de la Época II; al exterior, directamente asociadas con la pared de la urna, estaban colocadas 52 pequeñas figurillas: muy probablemente, son representaciones simbólicas de los 52 años del ciclo del calendario mesoamericano. Incluso las tierras altas de Nayarit parecen haber tenido contactos con el mundo nahua del Altiplano Central.

La tradición de las tumbas de tiro

El rasgo cultural más notable del Occidente mexicano es la existencia de un modo específico de inhumación, en tumbas de tiro. Un pozo de sección circular o semicuadrangular, cavado verticalmente en el suelo, comunica con una o varias cámaras sepulcrales que se abren perpendicularmente al eje del pozo. Las cámaras subterráneas están excavadas en forma de medias lunas. Una vez concluido el entierro, casi siempre múltiple, la entrada de la cámara era sellada con una losa vertical y el pozo se llenaba con tierra. En el Occidente, la presencia de este tipo de sepultura, desconocido, por lo demás, en Mesoamérica, siempre intrigó a los arqueólogos, ya que se trata de una tradición sudamericana muy extendida en Colombia, en Ecuador y en Perú. ¿Cómo explicar la difusión de las tumbas de tiro en el reducto occidental, si no por la existencia de migraciones marítimas venidas de Sudamérica? Hoy, la hipótesis elegida es que los migrantes sudamericanos no pudieron pisar las costas mesoamericanas, pues se encontraban con sociedades constituidas, poderosas y bien organizadas que controlaban con firmeza su territorio. Tuvieron entonces que navegar hasta la frontera norte de Mesoamérica, más allá de Michoacán, en donde descubrieron costas que tenían la doble ventaja de parecerse al entorno sudamericano y de estar virtualmente desocupadas, al no tener el norte de México una tradición sedentaria. Los inmigrantes pudieron así establecer una cabeza de puente acerca de la

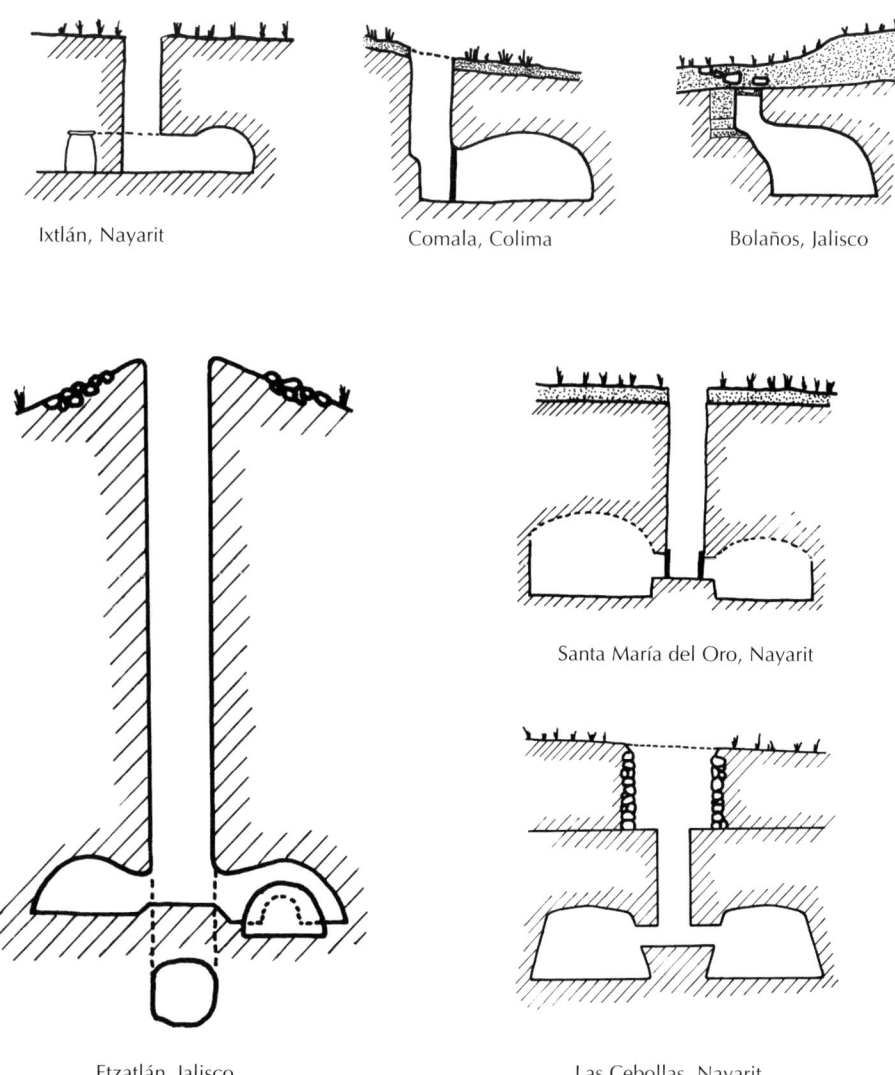

142. Diagrama de seis tumbas de tiro del occidente de México. El uso de la tumba de tiro en esta área empezó en la Época II y se mantuvo en la Época III.

que se ignora cuánto tiempo permaneció abierta a la comunicación transcontinental. Pero es indudable que ocurrió una implantación sudamericana.

¿Es posible fechar científicamente esta llegada de los sudamericanos al Occidente? Los fechamientos físicos practicados en México sobre material procedente de tumbas de tiro son poco fiables. Se efectuaron a menudo en conchas, lo cual engendra un fuerte margen de incertidumbre. Más aún, son muy numerosas. Tenemos una fecha con C14 aislada para Tequilita (Nayarit): UCLA 1012 = 100 d.C. ± 100, y tres fechas de C14 para San Sebastián (Jalisco): UCLA 593A = 140 a.C. ± 100, UCLA 593B = 280 a.C. ± 100, UCLA 593C = 240 d.C. ± 80. Lo anterior da la gama de 380 a.C. a 320 d.C. Sobre estas bases, sin embargo poco consistentes, se adquirió la costumbre de definir la tradición de las tumbas de tiro como protoclásica, al admitirse una continuidad clásica. En términos claros, la historia del Occidente autóctono principiaría hacia el año 200 a.C. y se prolongaría hasta alrededor de 600-700 d.C. Sin embargo, nada se opone a que la penetración sudamericana en el Occidente haya empezado mucho antes. En efecto, los constructores de tumbas de tiro en Sudamérica operaron desde el siglo VI a.C., así que podrían estar presentes en Colima alrededor del año 500 a.C.

La dificultad con las tumbas de tiro consiste en que, en su gran mayoría, se les escaparon a los arqueólogos, que se vieron obligados a comprarles piezas a los saqueadores locales y a recolectar informaciones con estos últimos. La exploración de las tumbas vacías o privadas de sus ofrendas no ilumina mucho las creencias de los constructores de aquellas necrópolis. Entonces, la cronología del Occidente se elaboró sobre la base de criterios esencialmente estilísticos.

Indudablemente, el estilo originario de Colima, llamado Los Ortices por Isabel Kelly, pertenece a la Época II. Se compone de cajetes con barniz color bayo y bandas oscuras obtenidas por alteración del barniz, de jarras globulares con decoraciones geométricas rosas y negras sobre fondo bayo, y vasijas bicromas con negro sobre fondo rosa. Los trípodes brillan por su ausencia, lo cual es un rasgo no mesoamericano. La presencia de pequeñas figurillas solidas, modeladas y decoradas con pastillaje, caracterizadas por su nariz en punta, se inscribe en cambio en el linaje de la cultura de Chupícuaro. Al estilo de Los Ortices, se asocian también las pequeñas figurillas solidas procedentes de la región de Autlán-Tuxcacuesco, en los Altos de Jalisco; a pesar de la ausencia de pulido o de barniz, esas estatuillas que celebran la feminidad están llenas de encanto, pues escapan de la repetición estereotipada y tienen todas distintas expresiones. Sobre el resto de la producción artística de Occidente, se puede pensar que ésta principia hacia el primer siglo de nuestra era. El quiebre entre la Época II y la Época III, establecido para Mesoamérica en 200 d.C., no resulta por fuerza pertinente para Colima, Nayarit y Jalisco. Pero el arte de las tumbas de tiro será abordado, sin embargo, junto con la Época III, pues esta fase, como veremos, corresponde en el Occidente a un periodo de aislamiento en que las culturas autóctonas pudieron desarrollar plenamente su originalidad intrínseca.

El área maya

Entre 500 a.C. y 200 d.C., el área maya y sus apéndices totonaco y huasteco de la costa del Golfo, conforman una mancha oscura sobre el mapa del arte mesoamericano, una especie de *terra incognita* tanto más curiosa cuanto que engendrará, desde el siglo VI de nuestra era, un impresionante florecimiento de obras maestras. ¿Por qué este gran vacío preludia semejante efervescencia?

Naturalmente, esta impresión de ausencia es engañosa. El territorio maya no es más virgen de cualquier ocupación que los territorios huastecos y totonaco. Los sitios están ahí y son numerosos. Casi todos, por cierto, engendrarán los sitios "clásicos" que conocemos bien. En Tikal, Copán, Dzibilchaltún, Edzná, Cobá, Uaxactún, Altar de Sacrificios, El Mirador, Kohunlich, Cuello, Piedras Negras, Seibal o Xtampak —para citar sólo algunos nombres—, la actividad ya es intensa. La fase cerámica de la Época II se llama Chicanel. Inicialmente identificada en el sitio de Uaxactún, lo ha sido después en múltiples lugares. Esta cerámica, que atestigua cierta vitalidad sin anunciar el virtuosismo de la época siguiente, es a fin de cuentas bastante comparable con el resto de la producción mesoamericana. La arquitectura del área maya no difiere tampoco de la arquitectura mesoamericana, que es contemporánea suya; los templos están erigidos con materiales perecederos, sobre terraplenes de tierra compactada, de forma piramidal, sostenidos por piedras de bloqueo; estas últimas están a su vez cubiertas con tierra aplanada y estucada. El ejemplo más conocido de esta arquitectura es el famoso templo E-VII-sub de Uaxactún (Petén), restaurado en el estado en que se hallaba en el siglo II a.C. Así, se descubre una estructura poco elevada (8 m), pero de proporciones agradables, provista de cuatro tramos de escalones hacia los cuatro puntos cardinales que dan acceso a una plataforma en la que el templo propiamente dicho desapareció. Un detalle notable es que las rampas laterales de las escaleras están decoradas con imponentes mascarones de estuco donde se encuentra la efigie de un dios jaguar, cuyo estilo no deja de recordar la divinidad olmeca. El conjunto del edificio, hecho de tierra, está cubierto de estuco. Unas cuantas huellas de pigmento rojo indican que estuvo pintado.

La rareza de semejantes construcciones no es consecuencia de una ausencia de población o de una incapacidad de los constructores autóctonos. En verdad, existe un gran número de edificios comparables, pero se encuentran casi siempre debajo de las pirámides o de los edificios de épocas posteriores, anegados bajo la masa de las construcciones. En general, los arqueólogos dan prioridad al aspecto más acabado del monumento y restauran los edificios en su estado terminal. La originalidad de la pirámide E-VII-sub de

143. Acrópolis de Tikal, Petén, Guatemala.

Uaxactún se debe a que, en este caso, se eligió la opción inversa: se descubrió gracias a la eliminación de las superposiciones posteriores. El ocultamiento de la actividad cultural de los mayas en la Época II se explica en parte por la hipervaloración vinculada con la Época III, que sirvió de referencia al "clasicismo". La ilusión de la generación espontánea de los mayas "clásicos" fue tal, que todavía hace veinte años se describía el florecimiento maya, a partir del siglo IV d.C., como producto de migraciones aleatorias llegadas de otras partes, en general de la costa del Pacífico (culturas Barra y Ocos) y de las tierras altas guatemaltecas (Kaminaljuyú). Tikal, en el corazón de las tierras bajas del Petén, era considerado como el foco de formación y de diseminación de la civilización maya. Este esquema ya no es válido. Las excavaciones arqueológicas han evidenciado que prácticamente todos los grandes sitios de la Época III conocen una ocupación en la Época II. Y ésta ya es indiscutiblemente maya. La famosa secuencia arquitectónica de Tikal, fundada en la excavación de la ciudadela norte, ya no es entonces un caso único, sino un ejemplo entre otros.

En la base de los diez metros de espesor de edificios superpuestos, se localiza la primera plataforma acondicionada sobre la roca: data del siglo V a.C. y mide sólo un metro de alto. Pero domina un conjunto de terrazas situadas más abajo, que descienden hasta la plaza principal, ya trazada. Sus paramentos están inclinados y recortados hacia la base por una gran moldura horizontal retraída. Un siglo después, una remodelación da cuerpo a la plataforma y le añade un metro de altura. Un personaje importante está enterrado ahí, acompañado de ricas ofrendas. No lejos de ahí, una hondonada está mamposteada y estucada para servir de cisterna para contener las aguas de lluvia. Un poco después, se erigen unas tumbas con la técnica de la bóveda salediza; luego se recubren con una plataforma cuyos paramentos inclinados presentan desde entonces la característica figura de la arquitectura maya hecha de quiebres en los paños de fachada, animados por recortes y ángulos entrantes. Sobre esta plataforma se levantan unos santuarios con basamento piramidal en gradas; los muros de los templos están mamposteados, pero el techo todavía está hecho con materiales vegetales. Nace una nueva iconografía, que presenta un aire de familia con el arte de Kaminaljuyú y de Abaj Takalik. De este final de la Época II son unos grandes mascarones de estuco que adornan las fachadas de las pirámides y de las pinturas murales; el dios de la lluvia todavía es el "dios de nariz larga" de

Izapa, pero ya se gestan en él los rasgos del Chac maya. El jaguar es un tema recurrente en las pinturas murales hasta el interior de las tumbas. La ciudadela norte cuenta desde entonces con unos quince suelos y un centenar de edificios enterrados en su seno. Los arqueólogos consideran que a mediados del siglo III d.C., la ciudadela norte había adquirido prácticamente su volumen definitivo. Dicho de otro modo, la casi integridad del desarrollo del sitio se efectuó en la Época II, y el siglo III marca más el inicio de una época terminal —apoteótica incluso— que el inicio de un florecimiento. Tikal, a imagen de otros sitios mayas, no nació milagrosamente de la nada, sino de siete a ocho siglos de intensa actividad social, política y cultural. Pero los vestigios arqueológicos de la Época II permanecieron mucho tiempo enterrados y aún lo están para el visitante.

Sin embargo, sería excesivo considerar que la impresión de ocultamiento que da el área maya antes del siglo III, se debe sólo a una sensación subjetiva. A pesar de todo, hay un fondo de verdad detrás de las apariencias, que como vimos, son engañosas. Es evidente que el impulso cultural que dio luz a la civilización maya no fue endógeno. Durante la Época II, asistimos al proceso de mesoamericanización del área maya o mayense. Todo ocurre como si existiera cierta resistencia a la penetración mesoamericana por parte de las poblaciones maya y totonaca. Lejos de ser la manifestación de un déficit cultural, esta resistencia, que conllevó un cierto retraso en relación con otras regiones mesoamericanas, aparece como una prueba de homogeneidad étnica y de vitalidad cultural interna. En su origen, el mundo maya y totonaco es un mundo tropical en que el modo de vida predominante es silvestre. Esos hombres del bosque no son constructores por atavismo. Su modelo cultural es más afín al de las poblaciones amazónicas o caribeñas que al modelo mesoamericano. Así, es normal que en un primer momento, los mayas no hayan buscado rivalizar con los grupos bajo tutela nahua, o en todo caso, no en el mismo terreno. Se puede pensar que la mesoamericanización les fue impuesta desde el exterior, después de una presión ejercida por los nahuas sobre su territorio. La Época II es entonces, en ese momento, un punto de unión donde los mayas aceptan o toleran asentamientos nahuas en su territorio, que, con el tiempo, generan un verdadero mestizaje cultural. El producto de dicho mestizaje dará la muy sutil civilización maya de la Época III, a la vez completamente mesoamericana y completamente original.

9

LA ÉPOCA III: LA MESOAMÉRICA BIPOLAR (SIGLOS III AL IX)

La Época III es llamada clásica por los autores antiguos que la han convertido en un periodo de apogeo. Una especie de edad de oro común a toda Mesoamérica, seguida de un colapso brutal y misterioso. Esta presentación de la historia ha nutrido una visión romántica de la fragilidad de las sociedades precolombinas y, de un modo general, sobre la versatilidad del destino que moldea a las civilizaciones más altas.

Esta visión tradicional de la época clásica tiene que matizarse por varios motivos. Primero, Mesoamérica en su conjunto no comparte la misma sincronía. Si Teotihuacan y Monte Albán tienen secuencias culturales bastante parecidas, el mundo maya presenta un caso diferente y tiene que tratarse aparte. Del mismo modo, la secuencia de El Tajín (Veracruz) no es homotética de la de Teotihuacan; ligeramente más tardía, tampoco conoce la famosa ruptura que caracteriza a la mayoría de los sitios del Altiplano. Después, la evolución cultural de Mesoamérica no obedece a alguna ciega y común fatalidad, sino que resulta de situaciones de poder bastante bien definidas.

Esquemáticamente, la Época III se divide en dos periodos. Del año 200 al año 600, el dominio de los nahuas sobre Mesoamérica se consolida y se acentúa de manera notable. Este fenómeno opera tanto en el altiplano, alrededor de polos como Teotihuacan, Monte Albán o Kaminaljuyú, como en las tierras bajas, sobre las costas atlántica y pacífica. Pero, el siglo VIII marca una nueva etapa. Una especie de debilitamiento del poder nahua se manifiesta en el conjunto del territorio mesoamericano y conlleva un estancamiento cultural que, aquí o allá, parece un verdadero repliegue.

El desarrollo de este eclipse nahua de los siglos VII y VIII tiene el efecto de estimular a la civilización maya y las relaciones de fuerza entre ambos grupos acaban equilibrándose. Durante dos siglos, la imagen de Mesoamérica se vuelve la de un mundo bipolar donde el dominio nahua se discute acaloradamente. Pero esta tendencia invertida no seguirá. Una ola de inmigración utoazteca de origen norteño iniciará en el siglo IX y le dará fin a esta era paleonahua.

Para analizar la Época III, hay que estudiar entonces los dos mundos que se hacen frente: el mundo de influencia nahua, ya multiforme y cosmopolita, y el maya, arraigado en su terruño. Durante toda esta época, el occidente mexicano, de cultura vigorosa y original, permanecerá al margen de este conflicto de poder.

EL MUNDO DE INFLUENCIA NAHUA

Quizá sería erróneo querer dibujar, en la Época III, un área nahua homogénea, globalmente opuesta a un área maya centrada en la península de Yucatán. La realidad cultural de Mesoamérica es más compleja. Si la presencia nahua está comprobada en todo el territorio mesoamericano, a menudo ha sido mal identificada, pues ha adquirido formas variables según las regiones. El impacto de la influencia nahua no ha sido idéntico en todos lados: distintas bases poblacionales han dado un abanico de estilos locales bastante diversificados. Conviene entonces evidenciar esos mestizajes culturales provenientes de la historia regional. Al redefinirse de este modo el marco de lectura, el estudio de la Época III ya no radica en seguir la ruta de las "influencias teotihuacanas", a menudo reducidas a redes de intercambios comerciales. La perspectiva de la autoctonía nahua ilumina con nueva luz la observación de los grandes polos de poblamiento. Así, se observa que la influencia nahua no se limita a los grandes sitios del Altiplano Central como Teotihuacan, Cholula y Monte Albán, sino que también toca las tierras calientes de la costa del Golfo, del Pacífico y de Centroamérica

PÁGINA ANTERIOR. 144. Dignatario de pie. Relieve estucado policromo, Palenque. Cultura maya.

Teotihuacan, capital nahua

Elementos cronológicos

Fase Tlamimilolpa (200 a 350)

En vísperas del siglo III d. C., Teotihuacan ya es un centro ceremonial y cultural preponderante. Su plano cuatripartita está trazado, los grandes conjuntos de culto están construidos (pirámide del Sol, pirámide de la Luna, Ciudadela) y los barrios para la vivienda están implantados. Especialistas, como R. Millon, sitúan incluso la extensión máxima del sitio a finales de la Época II. Sin embargo, todo indica que al inicio del siglo III, una actividad sin precedentes anima Teotihuacan, en donde se

145. Cabeza de serpiente emplumada empotrada en la pirámide de Quetzalcoatl, Teotihuacan.

observan cambios cuantitativos y cualitativos. En ese momento particular, se fija la imagen de los dioses nahuas que se acercan a sus rostros definitivos. El templo de Quetzalcoatl, en la Ciudadela, recibe la decoración que le conocemos ahora, con sus grandes serpientes anilladas que ondulan entre las conchas marinas policromas. Sobre la fachada occidental, están insertadas a intervalos regulares unas piedras en espiga esculpidas; la cabeza de una serpiente emplumada alterna con una extraña figura en la que se reconoce el arquetipo del dios de la lluvia, Tlaloc.

La arquitectura encuentra su estilo y su sello. Sobre las pirámides, las gradas retraídas presentan por vez primera esta faz vertical delimitada por una moldura saliente y periférica que la literatura científica designa con el nombre de "tablero". Estas gradas, de altura constante, están separadas unas de otras por un peralte en talud. Este sistema de construcción específica lleva el nombre genérico de talud-tablero. Al destacar de este modo las líneas horizontales, los arquitectos logran una extensión de los volúmenes. La impresión lograda es la de una valoración de la extensión. El talud-tablero

146. Figurillas de jade. Hombres acuclillados en flor de loto, Entierro 3 de la pirámide de la Luna, Teotihuacan.

magnifica el dominio sobre el suelo y acentúa la fuerza de los cimientos. El estilo teotihuacano, a partir del siglo III, siempre se reconocerá por ese privilegio de la horizontalidad a expensas de la verticalidad; las construcciones siempre son más anchas que altas. Por ejemplo, la pirámide del Sol, cuya restauración, realizada por Batres en 1910, no restituye el ritmo del talud-tablero inicial, mide 225 m de ancho por unos 60 m de alto.

La ocupación del suelo se hace sistemáticamente según un recorte cuadrangular. Las construcciones, civiles o religiosas, se ordenan alrededor de patios cuadrados o rectangulares. Algunos edificios están bordeados con pórticos y galerías abiertas, sostenidas por pilastras de sección cuadrada. Una decoración con almenas se encuentra arriba de los frisos de entablamento.

La casi totalidad de las construcciones está cubierta de pinturas sobre estuco. Al fondo blanco de la Época II, le sucede un fondo rojo oscuro logrado con hematita. Aparecen nuevos pigmentos: el negro de pirita, el verde claro producido con malaquita molida y un azul marino con componentes no identificados. Incluso se observa la llegada del amarillo y del naranja. Los contornos entre las figuras están trazados en rojo. Los pintores aprenden a jugar con las tonalidades: el fondo rojo, según los efectos buscados, se oscurece añadiendo negro o se aclara diluyendo el pigmento sobre la capa de estuco blanco. El estuco ya no está amalgamado con piedra caliza molida, sino con cuarzo (partículas del orden de los 400 micrones). Esta nueva técnica corresponde a una búsqueda de resistencia mecánica, de dureza y de brillantez, pues ésta será objeto de una atención particular; los artistas incorporan arcilla a los pigmentos para fijarlos y pulirlos. Al rojo se añade mica y, con el bruñido, dará ese lustre tan característico de las pinturas murales de Teotihuacan.

En el terreno de la cerámica, también hay cambios importantes. La vasija trípode de paredes rectas aparece hacia el año 200. Sus soportes son preferentemente rectangulares y algunos modelos están provistos de una tapa cónica. El exterior de la vasija lleva una decoración elaborada, cuyo contenido ritual es patente. Las formas nacidas en la fase anterior se perpetúan: pequeña vasija globular de cuello largo y delgado (florero), y jarra de cuello ancho y abierto. En esta última forma, muy representativa de Teotihuacan, se injerta la curiosa asa constituida por un vertedor vertical, que marca un estilo a la vez más antiguo y más meridional (Guatemala, Monte

Albán). Si bien existe la bicromía (blanco sobre rojo, blanco sobre marrón, negro sobre rojo), la mayor parte de la producción de esta fase es monocroma, pero la calidad del pulido trasciende la monotonía del tratamiento. Las estatuillas cambian notablemente de apariencia. Esto se vincula con la técnica de fabricación (empleo del molde para la cabeza y el tronco y miembros articulados), así como con la estandarización de las representaciones divinas.

Finalmente, aparece una cerámica particular: la llamada "anaranjado delgado". Considerada como un "marcador" de la civilización teotihuacana, esta variedad de cerámica sólo se fabricó durante la Época III. Su ductilidad permitió la realización de algunas obras maestras del arte del modelaje. Sin embargo, se cuestiona su origen. Algunos la creen autóctona, otros siguen las tesis de Carmen Cook de Leonard, que la ve más bien como un producto de importación que proviene del estado de Puebla.[1]

Esta fase, llamada convencionalmente Tlamimilolpa, que es el nombre de un barrio periférico en Teotihuacan, se situaba anteriormente entre 250 y 450. Yo adoptaré gustoso la reevaluación propuesta hace unos años por Evelyn Rattray,[2] quien, a la luz de los recientes trabajos arqueológicos, sugiere colocarla entre 200 y 350. El fechamiento del Entierro 90, en la orilla exterior del templo de Quetzalcoatl (lado sur), es un buen modo de identificar el inicio de la fase. Esta ofrenda, que encierra dieciocho cuerpos de guerreros sacrificados, corresponde en efecto a la consagración del santuario en su configuración fechada al inicio de la Época III. Se trataron tres muestras en dos laboratorios distintos (Isotrace, Toronto; INAH, México); el rango cronológico común a estas tres fechas de C14 es de 210-250.[3] Este resultado comprueba los análisis ceramológicos y estilísticos, y parece satisfactorio. También apoya los fechamientos de C14 efectuados a partir de las excavaciones en el "palacio de Quetzalpapalotl" en 1964 por la UCLA, que habían dado valores escalonados entre 200 y 290 ± 80.

Fase Xolalpan (350 a 600)

Se puede considerar que la fase llamada Xolalpan, por el nombre de otro barrio periférico de Teotihuacan, es la fase de apogeo del sitio. Si René Millon estima que la aglomeración ya no se extiende, y que incluso disminuye alrededor de veinte kilómetros cuadrados la superficie ocupada, todos los autores coinciden en que alcanza entonces su densidad máxima. En valores absolutos, los defensores de la gama baja calculan una población del orden de 85 000 habitantes,[4] mientras que los partidarios de la estimación alta plantean el número de trescientos mil, que me parece acertado.

La gran mayoría de los vestigios visibles en la actualidad pertenecen a ese periodo. Su actividad artística es intensa. El área ceremonial parece crecer aún más, ya que un gran conjunto aparece frente a la Ciudadela, al lado occidental de la Avenida de los muertos. Si la función de la Ciudadela es claramente religiosa, con su templo central encerrado en su explanada cuadrada rodeada por quince templos, la función del Gran Conjunto Occidental se discute más: las interpretaciones aún oscilan entre un polo de poder "civil" y un barrio comercial añadido alrededor del mercado.

La vida en Teotihuacan, en todo caso, se organiza alrededor de barrios perfectamente delimitados, que casi se podrían confundir con los *calpulli* de la futura capital azteca. Como conjuntos residenciales agrupados alrededor de un templo central, esos barrios teotihuacanos tienen personalidades afirmadas, como si el lugar de residencia dependiera de ciertos factores como el estatuto social, la profesión o el origen étnico. Así, se habla del "barrio de los mercaderes" o del "barrio zapoteco"; ciertos sectores parecen haber albergado a dignatarios, y otros, vecinos, a familias mucho más humildes.

La literatura arqueológica ha popularizado los nombres de estos barrios teotihuacanos, un poco como si se tratara de sitios independientes: Tetitla, Zacuala, La Ventilla, Yayahuala, Atetelco y Tepantitla. En realidad, todos constituyen la unidad urbana de Teotihuacan, y en esta diversidad de los nombres sólo hay que ver un medio práctico para designar vestigios dispersos en un área extremadamente amplia. Los barrios, entregados a la pala de los arqueólogos al azar de las excavaciones, pueden dar la impresión de una constelación de entidades periféricas; pero ése no era el caso en la época prehispánica: el tejido urbano era absolutamente continuo, y formaba un conjunto reticulado, planificado y viabilizado; el plano establecido por el equipo estadounidense de René Millon da una idea al respecto.

En el terreno arquitectónico, triunfa el talud-tablero. Se percibe una voluntad de homogenización del estilo de las construcciones y todas las refecciones, todas las restauraciones y remodelaciones efectuadas en las construcciones contribuyen a la armonización estilística del sitio. Detrás de esta inmensa labor, se percibe una voluntad excepcional, la de un poder que dispone de los medios para ejecutar esas grandes construcciones e imponer su propia visión del mundo. La arquitectura teotihuacana traduce un sentido del orden y de la simetría, un gusto por el espacio, un espíritu de grandeza, que son otras tantas afirmaciones de poder. Si cierta monotonía parece desprenderse de esas líneas masivas y horizontales, es por ósmosis con el espíritu de planificación que preside a la organización de la ciudad. Aun hoy, ante la inmensidad del sitio, se percibe lo que fue el control ideológico y religioso de las elites gobernantes. La ciudad obedece a un plano "ideal" y su arquitectura sigue los cánones que le imponen armonía. Cabe señalar que la serpiente sigue teniendo un papel arquitectónico importante. Al pie de las alfardas de las escaleras de las pirámides están empotradas enormes cabezas de serpiente. También se pone de moda la columna serpentiforme con la cabeza puesta en el suelo, el cuerpo vertical y la extremidad de la cola sostiene el techo. Estas características iniciaron una espectacular tradición.

147. Pilastra serpentiforme, Teotihuacan. Dibujo de Léon Méhédin, 1865.

Desde luego, los edificios, incluyendo los de los barrios, están cubiertos con frescos. La técnica de los pintores ha mejorado aún más. El estuco que recibe los pigmentos está compuesto ahora de cal, cuarzo y feldespato molido fino (entre 100 y 400 micrones); ya no se emplea carbonato de calcio; así, la resistencia mecánica de la capa de estuco se encuentra boni-

148. Vasija cilíndrica: el personaje central lleva un cuchillo de obsidiana con el que corta un corazón sangrante. Cerámica estucada y pintada, Teotihuacan (fase Xolalpan).

ficada y las pinturas pueden recibir un lustre brillante muy agradable. Los espacios pintados están fraccionados en una multitud de zonas compartimentadas, delimitadas por un contorno rojo; el sentido del detalle se asocia con la mayor variedad de colores. A todos los colores presentes en las épocas anteriores, se añaden los azules claros: un azul vivo que evoca el famoso azul maya y un azul intenso más profundo, único en México, llamado azul Tetitla, obtenido con un sulfato básico de cobre cuyo origen exacto se discute.[5] Los frescos del periodo Xolalpan a veces se han comparado con vitrales, por su espacio pictórico muy recortado. Sin embargo, esta comparación con una técnica diferente y un universo artístico occidental no es apropiada. Más valdría insistir en la nueva inclinación que nace en el siglo IV hacia los colores degradados, posibilitados por la dilución de los pigmentos con blanco, según dosificaciones sabiamente dominadas. Los frescos rojos de Atetelco, que juegan con una variedad de tonos más o menos oscuros, son un magnífico ejemplo de ello. Pero el gusto por la policromía salta en muchos lugares: en Tetitla, en que los verdes, el azul, el rosa, el amarillo y el granate componen frescos elegantes en su atrevimiento cromático; en el "Edificio de los animales mitológicos", donde la violencia de los colores refuerza la extrañeza del tema; en el Templo de la Agricultura, en que el artista empleó el negro con felices resultados para crear contrastes; en Tepantitla, en donde los sacerdotes desfilan con atavíos multicolores, etcétera.

La cerámica también tiene un periodo de producción eufórica. Las vasijas trípodes de paredes rectas están adornadas con delicadas decoraciones pintadas, grabadas o con pastillaje. A veces, las paredes están estucadas para recibir en seco pinturas de glifos complejos que convierten a esas vasijas en verdaderos documentos "escritos". La habilidad de los artesanos ceramistas no parece conocer límites. Algunas piezas, descritas quizá un poco precipitadamente como "incensarios" o "braseros", comprenden tapas gigantescas constituidas por una cabeza humana rematada con un tocado extraordinariamente complejo y nacen del conjunto de varias decenas de elementos prefabricados. El colmo de la sofisticación parece haberse alcanzado con la pieza llamada familiarmente por los investigadores "el pato loco", con ojos de jadeíta y adornos de concha blanca, roja y naranja.

Es claro que junto a este dominio afirmado con ostentación surge una tendencia a la "industrialización" de la producción. Se observa que los talleres de los alfareros realizan objetos en serie y emplean moldes para fabricar las estatuillas y las partes desmontables de los grandes ensamblajes (rosetas, flores, discos, placas, penachos de plumas, etc.). Del mismo modo, en esa época aparecen las copas de base anular, quizá más fáciles de fabricar que las formas antiguas. Este periodo de apogeo lleva en sí mismo el desabrimiento de su propio genio. La serie en grande y la producción masiva, que son indicadores de dinamismo económico y cultural, anuncian al mismo tiempo una limitación de las capacidades de innovación.

Esta evolución hacia la "estandarización" también se observa en la labor de los lapidarios. Las famosas máscaras mortuorias de piedra dura (jade, alabastro, olivina) que se colocaban sobre el cadáver envuelto en su paquete funerario, en el lugar del rostro del difunto, pierden poco a poco personalidad y relieve. El acabado de la máscara se obtenía entonces con una capa de estuco pintado, que disimulaba a la vez los defectos técnicos y el carácter impersonal del trabajo.

Fase Metepec (600 a 750)

Hacia mediados del siglo VI, se puede encontrar una especie de asentamiento de la actividad en Teotihuacan, sin que la producción cultural cambie verdaderamente de naturaleza. Aun si las fechas de C14 posteriores al año 550 son escasas para los niveles de Xolapan, se puede admitir razonablemente que esta fase dura hasta los alrededores del año 600. Se observa entonces una modificación sustancial: el impulso que, hasta entonces, sostenía a la ciudad de los dioses, se debilita. El estancamiento adopta el aspecto de una pérdida de creatividad, de una declinación poblacional, de una casi completa suspensión de la actividad arquitectónica. El único edificio asignable a la fase Metepec parece la "plataforma adosada" cuyo talud-tablero sin genio cumple la función de disimular la vieja fachada occidental del templo de Quetzalcoatl. Esta sorprendente estructura es inusual. Cuando un soberano en Mesoamérica desea ampliar una pirámide, lo hace respetando en general las proporciones del antiguo edificio. Aquí, nada semejante puede observarse. En el origen de este procedimiento, se presiente que hubo una voluntad de disimular las cabezas de la serpiente emplumada y del viejo Tlaloc, cuya estructura facial había evolucionado en medio milenio. Pero el proyecto, que quizá era inicialmente el de anegar el templo completo de Quetzalcoatl en el interior de una nueva pirámide, no se logra, y la nueva construcción se limita a una estructura adventicia, sin gracia, sin elevación, que sella una refección de fachada fracasada, estética y simbólicamente. La aventura arquitectónica de la plataforma adosada manifiesta el debilitamiento brutal de la voluntad política y registra el tambaleo del poder en Teotihuacan. No habrá continuación. Poco a poco, la ciudad se despuebla para quedar prácticamente abandonada a mediados del siglo VIII. Naturalmente, tendremos que volver a esta caída de Teotihuacan para intentar explicar sus causas.

149. Vasija trípode de paredes rectas con tapa. Esta forma es característica de Teotihuacan (fase Tlalmimilolpa).

La nahuatlidad de Teotihuacan

El carácter nahua de los fundadores de Teotihuacan no siempre se ha reconocido. Numerosos arqueólogos de la posguerra consideraban que el enigma fundamental de esta ciudad era el origen étnico de sus ocupantes. Algunos se inclinaban por una infiltración de poblaciones originarias de la costa atlántica, otros sugerían que los otomíes que formaban el grupo autóctono podían ser los ocupantes del sitio; algunos admitían una influencia de grupos indistintos (popolocas) o extintos (pinomes); sin embargo, la hipótesis nahua era defendida por ciertos especialistas, como Laurette Séjourné.

Actualmente, ya no cabe duda: Teotihuacan sí fue una capital nahua. Una capital nahua erigida en tierras otomíes, que recibió múltiples aportes culturales llegados de diversas partes de Mesoamérica. El aspecto "cosmopolita" del arte teotihuacano no debe ocultar la evidencia: los fundadores y los maestros de Teotihuacan son nahuas que concibieron ese centro ceremonial a imagen de su cosmovisión, como una afirmación de su poder político y como un homenaje espectacular al poder de sus dioses.

La ciudad mítica

Uno de los argumentos más poderosos en favor de la nahuatlidad de Teotihuacan reside en la reivindicación posterior de los aztecas. No sólo éstos celebraron su memoria al colocar elementos arquitectónicos de estilo teotihuacano en el interior del recinto sagrado de su Templo Mayor, sino que mitificaron la antigua ciudad, al grado de convertirla en la ciudad en que los dioses se reunieron para dar nacimiento al movimiento cósmico. Recordemos la trama del relato que ha llegado hasta nosotros en varias versiones.[6] Después de cuatro intentos de creaciones imperfectas y fallidas, los dioses se reunieron en Teotihuacan para crear el Quinto Sol. Dos de ellos fueron elegidos para sacrificarse y darle vida al mundo. Uno de ellos, llamado Tecuciztecatl, el de la concha marina, representa a la vez la antigua religión y la cultura de las regiones tropicales, inicialmente dominante; el otro, llamado Nanahuatl, simboliza la cultura más rústica del Altiplano Central. Mientras que el primero multiplica las ofrendas suntuarias importadas de las tierras calientes (jade, oro, plumas preciosas, coral e incienso oloroso), el segundo se conforma con ofrecer unas gavillas de cañas y su propia sangre mezclada con espinas de maguey y bolas de zacate. Un enorme brasero crepita entre las dos grandes pirámides que les sirven de lugar de retiro a los dos elegidos. Cuando llega la hora del sacrificio, Tecuciztecatl duda en arrojarse al fuego, y el que lo hace es el pequeño pustuloso, Nanahuatl. Tecuciztecatl finalmente lo sigue. El águila que cae en medio de la hoguera agarra al primer dios inmolado y lo traslada al cénit. Un jaguar salta entonces y extrae a Tecuciztecatl de las cenizas en las que ha caído. Nanahuatl se convierte en el sol y Tecuciztecatl en la luna. Pero los astros siguen inmóviles. Los dioses se reúnen, sorprendidos y ansiosos, y envían un emisario con el sol para conocer los motivos de su inmovilidad. La respuesta cae entonces como un rayo: "Quiero su sangre y su reino". Los dioses condenados deben sacrificarse. Se arrojan a la hoguera y su sacrificio engendra efectivamente el movimiento cósmico. El sol y la luna empiezan a moverse, dando nacimiento al Quinto Sol.

Este Quinto Sol, descrito por los aztecas, es, como se ve, eminentemente nahua. Proclama enfáticamente la exigencia sacrificial. Pero también celebra abiertamente la superioridad de los nahuas del Altiplano Central a expensas de las poblaciones de la zona tropical. El mito se encuentra con la historia: la emergencia y el triunfo de Teotihuacan corresponden a una evidente toma de control de Mesoamérica por las poblaciones del altiplano. Como nahuas del Altiplano Central, los aztecas manifiestan una profunda admiración por los constructores de Teotihuacan, en quienes reconocen a sus grandes antepasados.

150. Composición icónica donde aparece el glifo de Tenochtitlan asociado con símbolos sacrificiales. Atetelco, Teotihuacan.

El panteón

Al inicio de la Época III, se dibuja la arquitectura del panteón que encontrarán los conquistadores. También es una época en la que se fija la imagen de los dioses. Teotihuacan ofrece, desde este punto de vista, una excelente perspectiva sobre el momento de la mutación: el sitio nos propone, en efecto, el primer retrato de Tlaloc, el dios de la lluvia. Sobre los costados de la pirámide principal de la Ciudadela, alternando con la figura de la Serpiente Emplumada, la fisonomía de Tlaloc aún se distingue mal. Incluso los especialistas tienen dificultades para entender a qué corresponde este rostro fantástico; al grado que, recientemente, algunos propusieron considerar que el dios representado no era Tlaloc, sino Cipactli, el monstruo semitelúrico, semiacuático. De hecho, se trata efectivamente de un proto-Tlaloc; pero también aparece representado bajo una forma en que la zoomorfización aún no ha predominado sobre el carácter glífico de la representación. Dicho de otro modo, este rostro de Tlaloc, que alterna con el de la Serpiente Emplumada, no es, *stricto sensu*, un retrato, sino un *glifo* que, como todos los glifos de la

Monolito tallado con la efigie de un jaguar, Teotihuacan.
151. Dibujo de la pieza hecho por Méhédin en 1865 y 152. Vista actual del monumento.

convención mesoamericana, combina elementos naturalistas con elementos simbólicos. Así, las famosas "anteojeras" circulares de Tlaloc no son sino dos discos que constituyen el glifo del jade. En Teotihuacan, este carácter glífico de los ojos de Tlaloc aún se percibe claramente, pero se irá transformando a finales de la Época III, al integrarse en un rostro más humano.

En verdad, el Tlaloc enigmático de la Ciudadela es una combinación de dos facetas del dios-jaguar olmeca: simboliza el agua y el fuego. El agua es evocada por el jade (anillos) y el fuego por la turquesa (mosaico de pequeñas plaquetas que cubren el rostro y adorno transversal colocado sobre el tocado). El Tlaloc de Teotihuacan es entonces una anotación de la díada *atl tlachinolli*, cuyo valor sacrificial se conoce; pero aparece al mismo tiempo como el dios del agua y el dios del fuego en su papel de señor del año (lo cual explica que el glifo del año derive de la figura de Tlaloc).

Las interpretaciones de los personajes divinos que aparecen en los frescos de Teotihuacan a menudo han sido vacilantes, si no es que contradictorias. Con justa razón. Los dioses aún son mutantes, en proceso de mitosis. El dios del agua se divide en dios de las aguas verticales (lluvia) y dios de las aguas horizontales (lagos y ríos); en el ser del dios del fuego, se distinguen poco a poco una figura del fuego doméstico, heredera del "dios viejo", y una figura del fuego cósmico, con atributos mucho más solares. El panteón se ordena en torno a principios duales: hombre-mujer, este-oeste, luna-sol, agua-fuego, jóvenes-viejos, vida-muerte, águila-jaguar, día-noche, etc. La especificación que opera en Teotihuacan no es anárquica; no se trata de una proliferación incontrolada, sino de una formación elaborada del mundo de los dioses, bajo la alta vigilancia de un clero manifiestamente poderoso. En cierto modo, no es falso que el mito haga morir y renacer a los dioses en Teotihuacan. Seguramente es ahí en donde tuvo lugar la gran mutación cultural de la Época III.

El sacrificio humano

En su prisa por convertir a Teotihuacan en una teocracia pacífica, toda la generación de los arqueólogos de la posguerra no vio la realidad del sacrificio. Si bien ya nadie pone hoy en duda la existencia de prácticas sacrificiales en la ciudad de los dioses, comprobadas por las excavaciones del templo de Quetzalcoatl (1988-1992) y de la pirámide de la Luna (1998-2004), la reevaluación de los datos iconográficos es tímida, como si existiera una secreta repugnancia a admitir la importancia de la muerte sagrada.

Ahora bien, en Teotihuacan el sacrificio está obsesivamente presente en la iconografía simbólica. Tomemos un ejemplo bastante sintomático. En 1961, durante unas excavaciones dirigidas por el Instituto Nacional de Antropología, al oeste de la pirámide de la Luna, se descubrió un conjunto arquitectónico compuesto de un edificio con galería alrededor de un patio que se identificó como un "palacio". Restaurado poco después de una rigurosa anastilosis, hubo que rebautizarlo. El arqueólogo Jorge Acosta, jefe de obras de la operación, propuso llamarlo "Palacio de Quetzalpapalotl". Para justificar esta denominación, el erudito científico se refería a un motivo esculpido recurrente que aparecía sobre varios pilares. Acosta vio una cabeza de ave emplumada, de perfil, que remataba al cuerpo de una mariposa vista de frente. Creó entonces la palabra nahua *quetzalpapalotl*, que quiere decir "mariposa-quetzal". Esta denominación sigue vigente, aun cuando no exista ningún indicio de la existencia de este pájaro-mariposa en el simbolismo mesoamericano.

Pero si se observa con cuidado el motivo esculpido, resulta perfectamente legible a la luz de la mitología nahua y del simbolismo sacrificial. En la parte de abajo se ve la cúspide redonda de un nopal re-

153. Pilar del "Palacio de Quetzalpapalotl".

matado de un recipiente cortado que contiene tres puntos huecos, antes receptáculos de una incrustación (quizá de mica). Arriba se yergue un pájaro con penacho y con las alas desplegadas. Este tema nos resulta familiar, pues pertenece a la mitología de la fundación de México por los aztecas: es el tema del águila posada sobre un nopal y que sostiene una tuna entre sus garras. No puede haber evocación más sacrificial: la tuna, por su color y su consistencia, simboliza los corazones humanos arrancados en el sacrificio y ofrecidos al sol, representado aquí con los rasgos de su encarnación animal aérea, el águila. El corazón de las víctimas sacrificadas se llamaba, en lenguaje religioso, *cuauhnochtli*, es decir "la tuna del águila". En los relieves de los pilares del "Palacio de Quetzalpapalotl", la tuna es sustituida, metafóricamente, por la vasija llamada *cuauhxicalli*, "el recipiente del águila", que servía para recibir los corazones de los sacrificados. Los tres puntos alineados en el fondo de la vasija representan, como se vio en varias ocasiones, la sangre sagrada del sacrificio. En este contexto, el pájaro que reina en el recipiente sólo puede ser un águila. Las interpretaciones de inspiración anatómica deben desvanecerse en provecho de la interpretación simbólica. La dimensión lingüística no está lejos, por lo demás, pues el águila añadida al recipiente da precisamente la lectura de "cuauh-xicalli". Estamos entonces ante una obra que puede leerse en náhuatl, y que remite a una semiótica nahua, en este caso explícitamente sacrificial. ¡La mariposa quetzal nos estaba llevando a una pista falsa!

Prosigamos esta relectura. Los tableros esculpidos con la efigie del águila sobre el cuauhxicalli están bordeados horizontalmente, de arriba a abajo, por un friso de motivos circulares compuestos de un disco que contiene una especie de ojo humano, en almendra. Leer este glifo como un ojo es obedecer, evidentemente, a un tropismo naturalista. Pero, ¿acaso estamos en el camino correcto?, ¿cuál podría ser el significado de este "ojo" dibujado a la occidental en un entorno prehispánico? Devuelto a su contexto, este ojo, que en otros casos (esculturas y pinturas) adopta una forma más estilizada, francamente romboidal, podría ser un cuchillo sacrificial. Recordemos que el cuchillo sacrificial mexicano tiene invariablemente la forma de una hoja de laurel solutreana. La incrustación de un pequeño disco de obsidiana, evocaría el material del cuchillo y el valor simbólico que le corresponde. Dos lecturas son entonces posibles: o bien el glifo es una fecha calendárica y representa concretamente la fecha 1 tecpatl, símbolo norteño y guerrero ultrapresente en la mitología nahua, o bien la asociación entre anillo de jade y cuchillo sacrificial es una variante de *atl tlachinolli* y remite una vez más a la noción de guerra sagrada. En ambos casos, estamos ante el obsesivo sustrato sacrificial.

Otro símbolo sacrificial es el caracol emplumado. Se conocen varios ejemplos de éste, algunos de los cuales se pueden asignar a la fase Tlamimilolpa, la más antigua de la Época III. ¿Qué significación que no sea simbólica podrían tener estos caracoles emplumados? El hecho de que estén marcados con los tres puntos de la sangre sacrificial, que el color rojo de la concha responda al color verde de las plumas, indica claramente, en la codificación mesoamericana, que contienen "el agua preciosa", es decir, la sangre de los sacrificados. Esta misma sangre con la que se abrevan los felinos del fresco del "Patio de los Jaguares", esa misma sangre que vierten los sacerdotes del fresco del "Patio blanco" de Atetelco.

Bien vistos, los muros de Teotihuacan están cubiertos de alusiones sacrificiales, veladas sólo por las tranquilizantes interpretaciones de que han sido objeto. En Tetitla, lo que se tomó como un simpático búho es un águila con amenazantes garras, que sostiene en su pico un corazón humano sangrante. Sobre la banca del "Palacio de los Caracoles emplumados", las aves que se refrescan en una corriente de agua también son águilas que se colman con sangre humana. ¿Es posible ignorar la cohorte de los jaguares que devoran corazones de sacrificados, gráficamente codificados en Teotihuacan bajo la forma de un glifo trilobulado? El famoso fresco de Tepantitla, que se interpreta generalmente como la representación del verde paraíso de Tlaloc, podría tener una significación completamente distinta: las dos corrientes entremezcladas, una roja, otra amarilla, que parecen surgir de la cabeza del dios principal para formar un árbol fantástico, recuerdan de modo extraño el glifo de la guerra sagrada de los manuscritos nahuas del siglo XV. Y todos esos ríos que corren desde una enorme montaña y cuyas aguas se componen precisamente de tres corrientes yuxtapuestas, ¿son realmente simples y apacibles riachuelos? Las tres corrientes podrían ser una representación del "agua de fuego" y el simbolismo sería entonces mucho más ambiguo que el que se desprende de la visión naturalista de esta escena. En cuanto al glifo de los tres anillos de jade que acompañan frescos y bajorrelieves y adornan la banda frontal o la máscara bucal de Tlaloc, es sin lugar a dudas la traducción de la díada agua-fuego, clave del simbolismo sacrificial.

154. Jaguar acostado sobre un metate comiendo corazones humanos, Tetitla, Teotihuacan.

La escritura

En Teotihuacan existe una escritura glífica que, en su principio, no es muy distinta de la escritura azteca. Hasta fechas recientes, eran numerosos los especialistas refractarios a la idea de que Teotihuacan haya tenido un sistema de escritura glífica. Desde los descubrimientos realizados por Eduardo Matos y Rubén Cabrera en La Ventilla en 1993, ya no es posible refutar los hechos. Los arqueólogos, en efecto, han despejado un suelo estucado cubierto de glifos, que en su gran mayoría tienen un valor indiscutiblemente toponímico. Más aún, se pueden leer algunos de esos glifos, porque son muy parecidos a sus equivalentes de la Época V. Dicho de otro modo, no sólo el principio, sino el estilo de la escritura azteca, encuentran su origen en Teotihuacan. En cuanto a la significación de esos glifos pintados en el suelo del patio de La Ventilla, es posible verlos como los nombres de las ciudades conquistadas que pisoteaban simbólicamente los guerreros reunidos durante ceremonias conmemorativas. Otra lectura posible es la de Sergio Gómez y Timothy King,[7] quienes ven escritos en el suelo, los títulos de los miembros participantes en algún consejo: nombres de función o nombres de los barrios que representaban.

Independientemente de esta escritura "al estilo de los códices", de la cual existen, por lo demás, elementos dispersos en ciertas cerámicas decoradas, es notable que Teotihuacan haya conocido una verdadera tradición escritural, elaborada y compleja. Pero como los "textos" que habían llegado hasta nosotros estaban incluidos en frescos de grandes dimensiones con carácter suntuario, la hipertrofia de los glifos los hacía irreconocibles. En Teotihuacan, el signo se vuelve cuadro, el glifo se convierte en escena viviente y surgen muchos detalles que no tendrían por qué encontrarse en una escritura cursiva. Entonces, para devolver numerosos frescos a su contenido escritural, hay que "recursivizarlos", es decir, encontrar el espíritu del glifo en la abundancia de los rasgos y la sinfonía de los colores. Al hacerse esto, el valor toponímico u onomástico de ciertos signos se impone por sí solo. Toda esta labor de reevaluación de las pinturas murales teotihuacanas se está desarrollando; no cabe duda de que los resultados serán rápidos y espectaculares.

155. Glifos recopilados del piso del Patio de los Glifos, La Ventilla, Teotihuacan.

Si hubiera que añadir aún algunos elementos probatorios para la nahuatlidad de Teotihuacan, convendría citar el empleo casi sistemático de la vírgula de la palabra. Recordemos que este glifo, empleado para designar a los que detentan el poder, sólo tiene sentido en una sociedad en que palabra y poder son nociones que se confunden; ahora bien, los nahuas le llaman *tlatoani* a su soberano, es decir "el que tiene la palabra".

Numerosos indicios tienden también a dejar suponer que la gente de Teotihuacan empleaba el calendario mesoamericano, con sus dos cómputos de 260 y 365 días, y su ciclo de 52 años. Es interesante, por ejemplo, observar que el entablamento del pórtico del "Palacio de Quetzalpapalotl" lleva un friso en el que un glifo de media luna se repite 52 veces en cada lado del patio. El famoso glifo del "ojo rodeado" aparece veinte veces en cada uno de los pilares centrales del mismo edificio. Numerosas rejas de *patolli* aparecen grabadas sobre suelos estucados, casas o edificios de culto; ahora bien, esta reja de juego —que se juega con frijoles— tiene normalmente 52 casillas dispuestas en cuadro, con una cruz inscrita en su interior; tanto por su configuración como por su número de casillas, se piensa que este juego está vinculado con el calendario y el ciclo de 52 años de los nahuas.

La influencia de Teotihuacan

¿Cuántos mapas no se han dibujado en los que Teotihuacan se halla en el centro de una red de flechas que irradian hacia todas las direcciones, de la Huasteca a Honduras? Según los autores, esas flechas corresponden a "influencias", a "vías de comunicación" o a "intercambios comerciales". Quizá convenga matizar esta presentación.

Sin querer discutirle a Teotihuacan su estatuto de "capital", es decir de punto focal de la influencia nahua en Mesoamérica, ¡hay que evitar, sin embargo, considerar a todos los nahuas de la Época II como habitantes de Teotihuacan! Siempre se habla de las "influencias teotihuacanas" en tierra maya o en la costa del Golfo; la expresión no es necesariamente bienvenida. En efecto, uno se imagina de inmediato caravanas de cargadores, embajadas, expediciones lejanas. En realidad, ¡se está confundiendo a Teotihuacan con el estilo teotihuacano! Lo que se llama "influencias teotihuacanas" muy a menudo es sólo la marca de una presencia nahua local. Es comprensible, a fin de cuentas, que Teotihuacan le haya dado su nombre al estilo nahua de la Época III; pero esto no nos debe hacer olvidar que en todas las provincias mesoamericanas existen nahuas autóctonos. Por lo que de ningún modo es necesario transformar a los habitantes de Teotihuacan en perpetuos viajeros comerciantes y colonizadores de altura. La diseminación del estilo teotihuacano que se puede observar entre los siglos III y VII, es simplemente un indicio de que los nahuas de la Época III están influidos, sea cual sea el lugar en que se encuentren, por la civilización teotihuacana, por sus valores y su estética.

En otro sentido, Teotihuacan ha recibido aportes externos que atestiguan la reciprocidad de los intercambios con las grandes ciudades mesoamericanas. En general, se menciona, entre las influencias extranjeras más notables, una fuerte presencia "zapoteca" en el interior de la ciudad de los dioses. Ahí se habría encontrado el barrio de las gentes de Monte Albán. Es el famoso barrio oaxaqueño (llamado también Tlailotlacan), localizado al noroeste del centro ceremonial. Los estudios petrográficos de la cerámica de estilo Monte Albán descubierta en Teotihuacan revelaron sin embargo que la casi totalidad (por lo menos 98 por ciento) de esos objetos se había manufacturado en Teotihuacan, con barro local. Esta observación cancela la hipótesis de una importación masiva vinculada con vigorosas corrientes comerciales. Queda la idea de la presencia, en Teotihuacan, de una comunidad zapoteca, especializada en alfarería, cuyos miembros habrían reproducido ahí mismo el estilo cerámico de Monte Albán: Teotihuacan habría importado alfareros, y no alfarería. Sin embargo, si se mira de cerca, la hipótesis del "barrio zapoteca" no es muy firme, ya que se encuentra cerámica llamada zapoteca en casi todo el sitio y en mucha mayor cantidad de la que podría esperarse. Entonces, uno se puede preguntar si no se forzó el rasgo de la influencia exógena, y si las relaciones entre Teotihuacan y Monte Albán no pudieron estar invertidas: la cerámica llamada zapoteca podría ser originaria de Teotihuacan y la ciudad de los dioses la habría difundido y popularizado inicialmente en la región de Monte Albán.

Las relaciones con la región totonaca (estado de Veracruz) también están demostradas a través de influencias estilísticas. El arte de las regiones tropicales es mucho más exuberante que el del Altiplano Central, que a veces linda en la austeridad. Si ciertas obras de arte representativas de Teotihuacan son efectivamente masivas, pesadas, impregnadas de rigor y de despojamiento, también se encuentran objetos de factura más vivaz, hábilmente decorados con entrelazamientos de volutas que sellan la influencia de la costa del Golfo. Entre las piezas más características de este espíritu tropical y oriental, señalemos la famosa estela de La Ventilla, que se considera generalmente como un marcador de juego de pelota. Formada por cuatro partes removibles empalmadas por medio de espigas, la escultura mide 2.10 m de alto; está compuesta de un fuste de columna rematado con un capitel troncocónico, a su vez rematado por una esfera aplanada; el conjunto está cubierto con un disco vertical calado; y el conjunto está decorado con bajorrelieves con el elegante estilo de El Tajín.

Los objetos de estilo maya encontrados en Teotihuacan son mucho más escasos, pero sin duda existen algunos. Ciertos mayistas han sugerido que los mayas habían podido legarle a Teotihuacan la forma del trípode con paredes rectas; habida cuenta de la relación de fuerzas en el siglo III, también se puede pensar lo contrario: las vasijas-códices mayas podrían perfectamente derivarse de los trípodes teotihuacanos. Estas semejanzas estilísticas prueban, de todos modos, que Mesoamérica es un área cultural abierta en que los hombres, las ideas... y las modas, circulan sin cesar.

La cuestión de la caída de Teotihuacan

El abandono de Teotihuacan poco después de la culminación de su poder es uno de los acontecimientos que, por su oscuridad, han alimentado la leyenda. Ha nacido un florilegio de hipótesis, con el que se mezclan en el mayor desorden datos subjetivos y suposiciones aleatorias. De manera similar que el caso de la desaparición de los mayas, se han querido conocer las causas y las condiciones de la caída de Teotihuacan. Casi siempre, las respuestas han adoptado la lógica de una perspectiva cataclísmica. A la luz de los últimos descubrimientos, las franjas del misterio se han precisado de modo considerable y ahora se pueden corregir algunas interpretaciones excesivas o erróneas.

Antes que nada, se pueden esclarecer las cuestiones del modo y el momento de la caída. Parece comprobado que Teotihuacan conoció lo que se podría llamar un ocaso brutal. No parece tratarse ni de una destrucción

156. Excéntrico de obsidiana que simboliza un rayo de sol. Entierro 6 de la pirámide de la Luna.

puntual asignable a un momento preciso, ni de una decadencia progresiva que se prolonga varios siglos. La fase terminal comienza al principio del siglo VII. Desaparecen entonces todas las actividades en algunos barrios: la cerámica característica de la fase Metepec está ausente en un gran número de sondeos, lo cual indica una disminución muy importante de la población. Los programas de construcción parecen suspenderse desde el año 650. El sitio sigue ocupado, pero a una escala extremadamente restringida y su actividad religiosa persiste, pero en forma vegetativa. La dinámica, rota al principio del siglo VII, ya nunca se restablecerá. El letargo del sitio es completo durante el siglo VIII, cuando se observa un retorno de prácticas agrícolas a las puertas del centro ceremonial. En otras palabras, la mayor ciudad mesoamericana requiere alrededor de un siglo para despoblarse casi por completo.

¿Cuál es entonces el motivo de este colapso tan repentino? La hipótesis que podemos rechazar es la de la invasión tolteca. El esquema —muy antiguo— de los belicosos chichimecas que saquean la vieja capital agroteocrática no resulta conveniente, a la vez por razones de fondo y de fecha. Por una parte, los toltecas, que son nahuas, no han echado abajo el poder de Teotihuacan, sino que lo han relevado. Por otra parte, transcurren alrededor de dos siglos entre el inicio de la caída de la ciudad de los dioses y la fundación de Tula. La emergencia de los toltecas, como veremos, es más bien una consecuencia del derrumbe de Teotihuacan.

La hipótesis de la rebelión interna es más difícil de contradecir. Nada autoriza a los científicos a negar que se hayan podido producir unas rebeliones en el corazón mismo del sistema. Revueltas de campesinos agobiados por la servidumbre, revueltas de autóctonos de estirpe otomí en contra de la supremacía nahua, guerras palaciegas, luchas fratricidas por el poder, levantamientos de ciudades vecinas que ya no soportaban el peso del tributo: se han postulado todas las sugerencias y todas son probables.

Lo más difícil de probar es la coincidencia de esos sobresaltos sociopolíticos con el ocaso arquitectónico, artístico, económico y demográfico que observan los arqueólogos alrededor del año 600. Las múltiples huellas de incendio que se observan en el sitio a todo lo largo de la Época III no proporcionan muchas indicaciones, pues esos siniestros pudieron tener múltiples causas sin relación automática con desórdenes sociales.

Si se quiere salir de la mera conjetura, es necesario, a mi juicio, devolver la caída de Teotihuacan al contexto general de Mesoamérica. Se ve delinearse entonces una homotecia casi perfecta entre la declinación de Teotihuacan y la de las ciudades con población o con gobierno nahua en el resto del área mesoamericana. Es desconcertante que Cholula, Monte Albán, Kaminaljuyú, Izapa, Cerro de las Mesas vivan el mismo eclipse en el mismo momento, mientras que de modo paralelo se afirma el poder maya. Desde luego, se podría imaginar que la caída de la gran metrópoli mexicana conllevó, como

157. Elemento arquitectonico en forma de jaguar, Xalla, Teotihuacan.

en una reacción en cadena, el derrumbe de todas las ciudades que mantenían relaciones estrechas con ella: en este caso, sería tratar a Teotihuacan como una verdadera capital imperial: las heridas en la cabeza habrían provocado la muerte de todo el cuerpo. Ahora bien, no parece que el sistema político nahua haya estado tan integrado. Entonces, más vale imaginar una especie de cansancio general de los valores fundadores, religiosos y cívicos que compartía el mundo nahua de esa época en su conjunto. Es casi seguro que se trata de una crisis interna del sistema. La explicación con un factor externo como una invasión extranjera no es aplicable al conjunto de Mesoamérica. Ahora bien, el fenómeno de la declinación del poder nahua es general en los siglos VII y VIII, incluso si, aquí o allá, hay polos de resistencia que dan algunos contraejemplos, siendo Xochicalco el más conocido. Al arqueólogo le cuesta trabajo pronunciarse acerca de la naturaleza exacta de esta crisis, pero las consecuencias que observa son idénticas en todas partes: el pueblo da la espalda a los centros ceremoniales, la actividad arquitectónica se paraliza, el poder se atomiza y se traslada a las cercanías, los hombres parecen reinstalarse en una vida mucho más campesina, el arte se estandariza, la estética deja de ser una preocupación mayor. Se disciernen, sin otra explicación que el desgaste del tiempo, los síntomas de una crisis cultural.

El dominio nahua sobre el Altiplano Central

Si Teotihuacan es un foco de cultura nahua particularmente activo, es evidente que sólo es un polo entre otros, y además los nahuas de la Época III no ofrecen el rostro de una civilización monolítica, que se repite indefinidamente. Existen, particularmente en el terreno artístico, estilos locales que dan la impresión de cierta profusión y contradicen con vigor la idea de un imperio homogéneo y uniforme.

Hay que recordar que los nahuas cohabitan en todas partes con diferentes etnias y que la personalidad de los autóctonos induce una gran variedad de mestizajes culturales. Sin querer elaborar un panorama general de la presencia nahua en el Altiplano Central, se pueden tomar tres polos de influencia, representativos de tres sensibilidades distintas: Cholula, Xochicalco y Monte Albán.

Cholula

Cholula es un centro de fijación nahua por lo menos tan antiguo como Teotihuacan y, a partir de la Época II, su evolución es paralela a la de la ciudad de los dioses. Se puede pensar que la rivalidad entre el Valle de México y el valle de Cholula, separados por la alta cordillera de los volcanes (Popocatépetl e Iztaccíhuatl) es ya una realidad en la Época III. Se sabe que esta competencia por el control del Altiplano Central se ritualizará más tarde bajo el nombre de "guerra florida". Del mismo modo que México-Tenochtitlan ejercerá la supremacía a partir del siglo XV, Teotihuacan parece haber detentado el poder sobre Cholula en su época. El centro ceremonial se cuenta, sin embargo, entre los más impresionantes de México.

Es difícil hablar de la Cholula de la Época III, ya que, a diferencia de Teotihuacan, abandonado en el siglo VIII, fue ocupado de modo continuo y los vestigios de la Época III se hallan enterrados en el centro de un gigantesco cerro artificial de 66 m de altura o debajo de los cimientos de la ciudad actual.

Las exploraciones en la gran pirámide —que, con sus 350 m de ancho, es indiscutiblemente el mayor edificio de Mesoamérica— se realizaron, hasta los años setenta del siglo XX, por medio de túneles perforados horizontalmente en la masa central del monumento. Estos últimos tenían el objeto de determinar el número y la naturaleza de diferentes superposiciones contenidas en el edificio, al recubrir cada nuevo estadio de la pirámide un estadio más antiguo. Este tipo de exploración presenta límites, sin embargo la interpretación se revela tanto más delicada cuanto que la pirámide de Cholula jamás estuvo aislada en medio de una gran explanada, sino una especie de punto de amarre de construcciones adosadas —plataformas, oratorios, altares y templos— que constituían una red arquitectónica densa y compleja. Entonces, en 1974 se emprendió la exploración, la limpieza y la puesta al día extensiva de los vestigios, sobre todo en el lado oeste, en donde se encontraban los escalones de acceso de la fachada principal. Nuestro conocimiento de la arquitectura de Cholula, sin ser exhaustivo, es sin embargo relativamente preciso.

La primera pirámide atribuible a la Época III tiene un plano cuadrado y ya mide 100 m de ancho por 18 de alto; se trata de la remodelación de un monumento mucho más antiguo. El perfil presenta seis pisos retraídos y decorados con el característico talud-tablero nahua. El interior de la pirámide es de adobe y el revestimiento exterior comprende esencialmente piedras no talladas aglomeradas con un mortero de cal. Este empleo de la cal para amalgamar los enlucidos de los monumentos es una innovación técnica distintiva de la Época III. Los paramentos verticales de la pirámide llevan huellas de una decoración policroma roja, amarilla y negra en la que algunos identifican al motivo de la mariposa. La cerámica asociada es de tipo Tlamimilolpan, lo cual permite fechar el edificio en el siglo III de nuestra era. Al sur de la pirámide principal se levantaba una amplia plataforma con gradas, conocida hoy como Edificio de los Bebedores. Sobre los tableros verticales de su base corre un gran fresco que representa personajes masculinos agrupados de dos en dos y sentados con las piernas flexionadas sobre una especie de banco decorado con glifos reiterativos. Están vestidos con un simple taparrabo ceñido en la cintura, pero llevan turbantes, orejeras y collares preciosos. Blanden vasijas y efectivamente parecen estar bebiendo. Esta escena de libación podría estar asociada con el culto del *octli*, bebida tradicional fermentada de agave.

En una época que debe de situarse alrededor del año 350, la pirámide central revestirá un nuevo aspecto. El ritmo talud-tablero es abandonado en provecho de una sucesión regular de gradas con estrechos peraltes. El edificio alcanza 30 m de alto, con anchos de 180 m. Se percibe una evidente voluntad de distinguirse del estilo teotihuacano. Los arquitectos de Cholula innovan también en otros edificios al suavizar el perfil de los taludes, que adquieren curvas elegantes y se adornan con grandes motivos a base de un sistema de mosaicos de piedra.

Más tarde sobreviene una nueva remodelación monumental: una gigantesca plataforma en talud-tablero de 30 m de alto absorbe en su centro a la antigua pirámide, y sobre ese inmenso zoclo se elevará una nueva pirámide. Al pie del conjunto se habilitaron grandísimos patios. Los arqueólogos despejaron unos de ellos, llamado Patio de los altares. Se encontraron dos estelas asociadas con altares en las dos extremidades de una línea este-oeste. Este detalle es interesante, porque muestra que la asociación estela-altar es un rasgo común en toda Mesoamérica y no una especificidad de la zona maya. Por lo demás, las estelas de Cholula son originales por partida doble: en efecto, combinan una parte central lisa (marco destinado a recibir inscripciones pintadas) y un contorno esculpido en bajorrelieve. Y este

158. Serpiente jaguar de doble cabeza. Detalle de un altar de Cholula.

último está grabado al estilo de las tierras tropicales, lo cual podría sorprender a priori en un sitio del Altiplano. Hay que ver esto como la prueba de intercambios, ya sea con la costa del Golfo, ya sea con la región del Istmo. En cuanto a las dimensiones de esas estelas —el Monumento 1 es un monolito de 3.85 m de alto—, están relacionadas con la grandeza del sitio y la amplitud de los espacios sagrados.

El último estado de la pirámide que se puede asignar a la Época III es un amplio edificio en talud-tablero que conservó su plano cuadrado y presenta un ancho de 300 m. De manera general, los monumentos de la última fase tienen un acabado perfecto; a menudo, el revestimiento exterior está realizado con piedras talladas, ensambladas con cuidado, como en el edificio E, cuyo entablamento está decorado con un friso en zigzag trabajado en relieve. Es evidente que el centro ceremonial de Cholula podía rivalizar con el de Teotihuacan. Tiene su misma estatura imponente y su gran pirámide, al pie del volcán Popocatépetl que brilla con sus nieves eternas, debió de tener una majestad impresionante. No se explica muy bien, hasta la fecha, la baja calidad de la cerámica local, alejada del nivel de grandeza del sitio. Con formas poco variadas, predominio de la monocromía, ausencia de obras de grandes dimensiones, la cerámica de Cholula se asemeja a una versión muy simplificada de la cerámica teotihuacana. Quizá las futuras excavaciones corrijan esta impresión de rusticidad. Los síntomas de la declinación de Cholula son sensiblemente los mismos que en Teotihuacan. Es escasa la cerámica llamada Cholula IV, contemporánea de la fase Metepec (600-750), lo cual indica una evidente disminución de la actividad humana.

Se suspende cualquier empresa de construcción, algunos edificios quedan inconclusos. La vida parece refluir hacia las zonas agrícolas, al margen del centro ceremonial. Desde el principio del siglo VIII, Cholula cae en un letargo que linda con el abandono.

Xochicalco

Xochicalco, en las tierras calientes del estado de Morelos, es un caso particular. El sitio parece tener una actividad continua desde mediados de la Época III hasta la Época V, ignorando la discontinuidad o el agotamiento paleonahua de los siglos VII y VIII. Mejor aún, cierta información permite pensar que esta última fase de la Época III fue para Xochicalco un periodo de crecimiento, ¡incluso de apogeo! ¿Cómo entender esta particularidad?

A decir verdad, se conoce mal el Xochicalco de la Época III, por dos motivos: los vestigios aparentes —los que se restauraron— son posteriores y datan de la Época IV; en consecuencia, tenemos muy pocos testigos del primer periodo constructivo. Por otra parte, las labores arqueológicas —y las exploraciones salvajes— empezaron en el siglo XIX, en una época cuando se entendían mal los monumentos prehispánicos. Así, la reconstrucción del "Templo de las Serpientes Emplumadas" hecha por Batres en 1910, quizá nos haya hecho perder para siempre la historia de este enigmático monumento.

Tal como se presenta ahora, el edificio es atípico. Su estilo arquitectónico imita a Teotihuacan sin ser una réplica exacta del modelo talud-tablero. La base inclinada lleva una decoración esculpida en piedra; el talud está rematado por una cornisa con entablamiento vertical. El segundo nivel, esbozado por Batres, es indeciso; ¿era una segunda plataforma o el cuerpo de un templo propiamente dicho? El motivo decorativo que corre sobre los cuatro costados que forman la base del edificio es espectacular y sorprendente: unas serpientes emplumadas extienden sus cuerpos ondulados. Entre los pliegues de los anillos, unos extraños personajes están sentados con las piernas cruzadas; portan yelmos con penacho y efigies de animales fantásticos, y están ricamente ataviados. La inmensa vírgula de la palabra colocada frente a su boca indica que se trata de señores nahuas. Sin embargo, su actitud es eminentemente maya; la postura general, la posición de las manos, el perfil de la cabeza con la frente huidiza son otros tantos rasgos característicos del arte maya. Las serpientes emplumadas, por su parte, no dejan de recordar a las de los frescos de Cacaxtla, cuyo tinte maya es indiscutible. ¿A qué vienen entonces esas influencias mayas en pleno Altiplano?

Una interpretación antigua y divertida es la del "congreso de astronomía". Al observar que los personajes del Templo de las Serpientes Emplumadas están asociados con fechas del calendario, algunas expresadas en las convenciones nahuas, otras al estilo de Monte Albán, se presupuso que las fechas esculpidas establecían una correlación entre varios calendarios. Como los personajes mayenses de Xochicalco no dejaban de recordar a los del Altar Q de Copán (Honduras) y como en esa época se interpretaba ese monumento de Copán como la conmemoración de un congreso de astrónomos, se trasladó el conjunto de la interpretación a Xochicalco, que se convirtió en el lugar en que unos astrónomos llegados de toda Mesoamérica se reunieron para adecuar los distintos calendarios que entonces se usaban en México y en Centroamérica. La hipótesis se sustentaba en la presencia de unos subterráneos cavados en el cerro; tal o cual entrada se podía ver como un "marcador de solsticio", tal o cual pozo como un "observatorio de Venus", etc. Cuando los mayistas modificaron su interpretación del Altar Q de Copán, la lectura astronómica de los monumentos de Xochicalco fue relegada al rango de las curiosidades epistemológicas.

La tendencia actual, entre los investigadores, es considerar seriamente las huellas mayas en el Altiplano Central. Como se verá más adelante (p. 434), es verosímil que éstos hayan aprovechado la declinación de los nahuas para lanzar algunos operativos de ocupación física en ciertos sitios del Altiplano Central. Xochicalco podría perfectamente haber constituido una cabeza de puente en esta avanzada maya del siglo VIII. Si se toma en cuenta el hecho de que los señores representados en los costados del Templo de las Serpientes Emplumadas tienen una mano sobre el piso y la otra sobre el pecho —señal de sometimiento en el simbolismo maya—, se puede concebir que el monumento registre la rendición de los príncipes nahuas de la región de Xochicalco y su sometimiento al nuevo poder maya. Como siempre, en el arte mexicano, existe una distancia entre la cosa presentada y la realidad; la ocupación maya de Xochicalco quizá no haya sido muy intensa; tampoco duró mucho: un siglo como máximo, pues desde el principio del siglo IX, Xochicalco será "reconquistada" por los toltecas y aniquilada cualquier presencia maya.

Por lo que toca al problema de las correlaciones calendáricas, es posible que también aquí haya que reconsiderar las antiguas interpretaciones. La hipótesis de las "correlaciones" se basaba en dos observaciones: primero, el Templo de las Serpientes Emplumadas llevaba glifos calendáricos de estilo "nahua", yuxtapuestos a otros, de estilo "zapoteco"; luego, existía un curioso conjunto glífico en que un signo 9 casa era antropomorfizado y dotado de dos manos humanas, una apoyada en un glifo rectangular y la otra sosteniendo un glifo cuadrado con una cuerda.

159. Correlación calendárica, Templo de las Serpientes Emplumadas, Xochicalco, Morelos.

El glifo rectangular se interpretó como el "glifo I" de Monte Albán, el glifo cuadrado como el signo "mono" del calendario nahua, y el conjunto se entendió como una equivalencia entre ambos, es decir como una correlación entre el calendario zapoteco de Monte Albán y el calendario nahua del Valle de México, correspondencia establecida en el día 9 casa. De hecho, hoy se sabe que lo que antaño era llamado "calendario zapoteco" no es sino el calendario nahua de la Época III, y no debe sorprender que se encuentren signos "zapotecos" en Xochicalco: forman parte de la base cultural común de los nahuas de la época. En cuanto al famoso glifo sostenido por una cuerda, podría leerse de otro modo. Se sabe que en toda Mesoamérica y desde el horizonte olmeca, la cuerda es señal de captura. Como los individuos llevan por nombre una fecha calendárica, ésta puede perfectamente constituir el nombre de una persona. La inscripción glífica puede perfectamente representar entonces una escena de captura, al adueñarse el soberano llamado 9 casa de los dos cautivos representados por su glifo onomástico. Se encontraría entonces de nuevo el tema recurrente del arte mesoamericano indefinidamente descrito sobre las estelas: la celebración del jefe guerrero victorioso. Notemos de paso que la dimensión del glifo principal (9 casa) es superior a la de los glifos "sometidos", exactamente como sobre las estelas mayas, el vencedor siempre aparece representado de mayor tamaño que sus cautivos.

Los elementos reunidos por Eduardo Noguera en los años en la década de los cuarenta del siglo XX, por César Sáenz en los sesenta y por Roberto Rodríguez en los noventa, evidencian la escasa antigüedad de la secuencia cultural de Xochicalco, que no parece haber estado ocupada antes del año 600. El impacto de Teotihuacan es débil y se limita a unos cuantos objetos rituales: braseros de piedra con la efigie del dios viejo del fuego, figurillas y máscaras de piedra dura. En cambio, una ofrenda dio "yugos" de piedra lisa y un "hacha" antropomorfa que indica relaciones con la costa del Golfo. La cerámica gris y la cerámica negra pulida no carecen de parecido con la oaxaqueña. Algunos ejemplos de cerámica con decoración compartimentada obtenida por superposición de varias capas de pintura revelan afinidades con el occidente mexicano, y unos objetos mayas, o más bien de espíritu maya (cerámica Tepeu, figurillas de jade) confirman la existencia de relaciones con esta área cultural. Hasta donde se puede juzgar, la fundación de Xochicalco corresponde al periodo de agotamiento nahua: se presiente que la vitalidad de los que sobreviven se debe en buena medida a aportes externos, un poco como si la vía multicultural hubiera sido el único modo de detener la declinación nahua. Esta estrategia tendrá un precio, pues la ciudad estará continuamente activa hasta el siglo IX, cuando se beneficiará del relevo tolteca. Esta casi ausencia de transición entre la Época III y la Época IV en Xochicalco dificulta por cierto el fechamiento de algunas obras que pueden clasificarse indistintamente al final de la Época III y al principio de la Época IV.

Monte Albán y el valle de Oaxaca

La civilización de Monte Albán fue etiquetada como "zapoteca". Este adjetivo no es del todo adecuado. Es innegable que la base poblacional del valle de Oaxaca fue zapoteca. Pero, el poder era nahua. Cuando se habla de la civilización de Monte Albán, hay que entender que se trata de la variante local de la civilización nahua panmesoamericana.

Es instructiva la situación de Monte Albán en la Época III. Mientras que en la Época II el sitio se encuentra en el orbe de atracción de los nahuas del Istmo y de la costa pacífica de Guatemala, en la Época III se integra al nuevo polo de poder nahua que se constituye en el Altiplano Central con Teotihuacan como faro. Las "influencias" de Teotihuacan que se perciben claramente en Monte Albán son las manifestaciones naturales de esta perte-

160. Maqueta de un templo. Piedra. Monte Albán.

Serpiente con elementos glíficos. 161. Pintura mural de Atetelco, Teotihuacan.
162. Dintel de piedra, Huajuapan de León, Oaxaca.

nencia a la cultura del Altiplano. Sin embargo, los rasgos teotihuacanoides de Monte Albán no están importados del Valle de México, sino que corresponden a la expresión de los nahuas autóctonos del valle de Oaxaca. Así se entiende el hecho de que Monte Albán sea a la vez tan cercano a Teotihuacan y tan específico en su estilo: las producciones culturales llevan, mezclados, la impronta de los nahuas locales y el sello del genio zapoteco.

La cronología de Monte Albán es muy conocida, gracias a las numerosas excavaciones que se han sucedido desde las investigaciones de Dupaix en 1806. Aunque el recorte de la secuencia haya sido objeto de puntillosas discusiones entre especialistas, es claro que la ocupación del sitio puede dividirse en dos periodos distintos. Uno corre aproximadamente del año 200 al año 600, el otro de 600 a 800. Durante el primer periodo, la importancia de Monte Albán crece constantemente. La inmensa explanada central de 17 hectáreas, que ya adquirió su trazo definitivo al final de la Época II, se habilita activamente. Una imponente línea de edificios cierra la plaza sobre su lado este, a la orilla del precipicio. Los antiguos edificios del centro y del la-

do occidental están remodelados con la estética de la época y el centro ceremonial recibe así una armonía que sin duda no carecía de grandeza. La plataforma norte, que domina la explanada y hace pareja con la gran pirámide sur, se desarrolla según un plano integrado y se vuelve una especie de extensión orgánica del centro ceremonial, cuya superficie se halla así doblada en relación con su configuración del año 200. El uso del término "centro ceremonial" no debe disimular el hecho de que Monte Albán es una verdadera ciudad, con sus habitaciones de notables en el interior de un perímetro sagrado, sus sectores residenciales en la periferia, sus terrazas agrícolas en las faldas del cerro y, naturalmente, sus pueblos satélites al pie de la montaña, en el fértil valle de Oaxaca. En términos de densidad y de número de habitantes, Monte Albán soporta perfectamente la comparación con Teotihuacan. Al principio del siglo VII, Monte Albán es sin lugar a dudas una aglomeración del orden de trescientos mil habitantes.

Cuando la ciudad se encuentra en la cúspide de su desarrollo, se produce un fenómeno de asfixia, quizá incluso de implosión. A partir de la primera mitad del siglo VII, Monte Albán se pasma y retrocede. Se suspenden todos los programas de construcción; el arte se hace repetitivo; los monumentos dejan de mantenerse; poco a poco, la parte alta del sitio, que corresponde al centro ceremonial propiamente dicho, es abandonada. Hacia el año 800, ya casi no se discierne actividad en el cerro de Monte Albán, mientras que los pueblos del valle, por su parte, no parecen afectados. Todo ocurre como si la vida cotidiana se hubiera secularizado bruscamente con el derrumbe del poder —o la desaparición de las elites gobernantes—. El escenario de Monte Albán recuerda sin lugar a dudas al de Teotihuacan. El parentesco de la secuencia cronológica en ambas ciudades es por lo demás un argumento fuerte a favor de la nahuatlidad de Monte Albán. Los rasgos teotihuacanoides no persisten mucho después del derrumbe nahua del año 600. En cambio, aparecen objetos mayas, como los jades grabados de la Ofrenda 3 del "Templo del Jaguar" o los que descubrió Batres en 1902.[8] Desde luego, la desaparición del control nahua es la que permite el retorno de las influencias chiapanecas. Pero los mayas jamás reinarán en Monte Albán: ya no se recuperará de su declinación y, un poco como Teotihuacan, se convertirá en una ciudad mítica; el cerro sagrado adquirirá un estatuto de símbolo; este testigo de la grandeza pasada ya sólo acogerá las sepulturas de los príncipes reinantes en el valle.

163. Mural norte de la Tumba 105 de Monte Albán.

Primero, el arte en Monte Albán es el de los arquitectos que bordaron sobre el tema del talud-tablero. Sobre los entablamientos, emplearon profusamente el motivo decorativo llamado del escapulario, que les confiere relieve a fachadas muy sobrias. Proviene de un viejo motivo olmeca que se interpreta como la representación del cielo, y se caracteriza por su gran estilización; su moldura superpuesta juega con la luz y les da una vida muy particular a los monumentos con niveles. Los constructores de la Época III emplearon preferentemente un revestimiento de dimensiones pequeñas y medianas, cubiertas con un enlucido estucado que desapareció casi en todos los lugares en que estaba desprotegido. Los restos de pinturas de las fachadas se limitan, aquí o allá, a unas cuantas huellas de pigmento rojo; sólo se preservó un motivo de entablamiento compuesto por gruesos círculos blancos sobre fondo rojo, de espíritu muy teotihuacano.

Para conocer el arte de los pintores, hay que ir a las tumbas.[9] La arquitectura funeraria tuvo un gran desarrollo en la antigua Oaxaca. Se construyeron criptas para los difuntos, de plano rectangular o a veces cruciforme, de techo plano o con "bóveda angular". En general, un templo se yergue encima de la tumba cuya entrada está sellada por una pesada losa vertical a la que se accede por escalones enterrados. A veces, como en Huijazoo (Tumba 5 de Suchilquitongo), la tumba es una verdadera casa subterránea, con una escalera de nueve peldaños, su vestíbulo, su patio que conduce a la cámara funeraria principal y a dos cámaras anexas. Los arqueólogos oficiales a menudo han encontrado tumbas vacías, ya saqueadas por los habitantes de los alrededores; sin embargo, como compensación, han podido estudiar, sobre los muros de esas sepulturas, la técnica de los pintores de la Época III. Las tumbas oaxaqueñas están pintadas *a fresco*, es decir sobre estuco húmedo. Primero, el artista hace un esbozo con tinta roja y un pincel delgado, limitándose a los contornos principales. Luego, rellena las superficies previamente delimitadas con pigmentos que se diluyen y se fijan en el estuco. Después de que se secaron, traza el contorno definitivo con pintura negra. Las tumbas de Monte Albán que abrigan las pinturas más espectaculares son las Tumbas 103, 104, 105, 112 y 125. El estilo de los artistas es muy parecido al de Teotihuacan, así como la paleta cromática, si bien los rojos, más diluidos en Monte Albán que en Teotihuacan, tienden aquí con más frecuencia hacia los rosas. Las pinturas murales de las tumbas obedecen a convenciones rituales precisas y los temas son invariablemente religiosos, lo cual explica que el aspecto general de los frescos sea tan hierático e inmóvil. En la Tumba 105, por ejemplo, los muros interiores están decorados con una procesión de nueve pares de dioses, cubiertos con atavíos elaborados; cada uno de ellos está identificado con un conjunto glífico que comprende signos calendáricos y no ca-

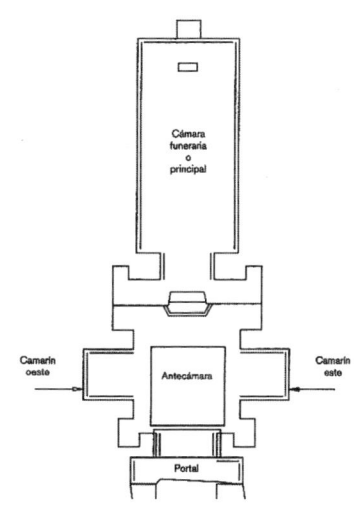

164. Plano de la Tumba 5 de Suchilquitongo.

lendáricos. Es muy probable que esos nueve dioses correspondan a los nueve dioses del inframundo en la religión mesoamericana. En la parte superior de los frescos, se repite un motivo que adorna casi sistemáticamente las tumbas oaxaqueñas, llamado de las "fauces celestiales" y en las que se encuentra el "glifo introductorio" de las estelas de Izapa. En Monte Albán, su dibujo es extremadamente estilizado y cuesta trabajo encontrar la quijada del jaguar inicial asociada con las bandas oblicuas; pero el origen del motivo es indudable. Indica que es el interior de la tierra, el dominio de los muertos.

En la práctica, nuestra interpretación de las pinturas de las tumbas del valle de Oaxaca es vacilante, pues faltan algunos elementos estadísticos comparativos: ahí en donde unos ven imágenes de dioses, otros prefieren hablar de antepasados, lo que hace que la tonalidad de los frescos funerarios oscile, según los autores, entre lo religioso y lo dinástico.[10] Sin embargo, me parece difícil sacarle partido a la existencia de esas pinturas para apuntalar la hipótesis de un poder laico y secularizado.

En cambio es indudable que el sistema de escritura nahua se arraiga en Monte Albán con su forma glífica, a expensas de lo figurativo. Se puede suponer que la presión del vecino maya empujó a los nahuas de Oaxaca hacia esa vía, en lo cual se diferencian sensiblemente de sus homólogos teotihuacanos. Monte Albán va a popularizar el empleo de la notación numérica de barra-punto. La barra, horizontal o vertical, vale 5 y lleva bandas oblicuas, paralelas o en V. El punto a menudo ovalado o semirectangular, equivale a la unidad; en su centro lleva un motivo en U. El uso de la barra desaparecerá al final de la Época III y el número 1 se volverá entonces uniformemente circular. Los veinte glifos del calendario de 260 días (tonalpohualli) están bastante alejados en su estilo de la configuración que adoptarán en las épocas posteriores, pero, salvo excepciones, son perfectamente reconocibles. Notemos que el signo "agua" está representado por el glifo del jade, y el signo "lluvia" por el glifo del fuego, es decir la turquesa (cruz griega inscrita en un cartucho).

En Monte Albán se encuentra toda la variedad de los glifos nahuas, signos onomásticos, calendáricos, "verbos" de acción, ideogramas, etc. Los topónimos se reconocen por un motivo escalonado, que es un cerro estilizado del que sale agua; el trazo expresa el binomio *atl tepetl*, "el agua, la montaña", que es el nombre nahua de la ciudad. Naturalmente, numerosos glifos todavía no han recibido una interpretación segura; el retraso en la traducción de las inscripciones oaxaqueñas se debe en particular al hecho de que durante años se creyó que esos signos eran una transcripción de la lengua zapoteca, lo cual no es el caso. Un ejemplo muy sencillo prueba que las inscripciones son efectivamente obra de los nahuas. Hace mucho, Alfonso Caso, uno de los primeros antropólogos que trabajaron científicamente en Oaxaca, había observado, en Monte Albán, la existencia de un glifo del año. En el calendario mesoamericano, los años llevan el nombre de su primer día. Para distinguir su carácter inicial, el glifo de ese día estaba asociado con un glifo específico que lo designaba como "portador de año". Caso, a partir de deducciones lógicas, había logrado localizar el glifo "zapoteco" del año, algunas de cuyas variantes se reproducen en la lámina 136. Si Caso, excelente especialista de los calendarios antiguos, no se había equivocado, nunca explicó sin embargo la grafía del glifo en cuestión. Ahora bien, eso se puede hacer perfectamente. Antes que nada, éste es un tocado, que

165. Vasija en forma de cangrejo Cerámica negra de Monte Albán.

siempre se coloca arriba del glifo de día. Éste tiene una forma particular: es el tocado de los soberanos nahuas, tal como aparecerá, inmutable, en los códices indígenas hasta el siglo XVIII. A este tocado se une una voluta que es fácil leer como la vírgula de la palabra, atributo del poder. Entonces, ambos signos son ideogramas de la palabra "señor" (*tecutli*). Otros dos signos se asocian sistemáticamente a la banda real: un glifo circular con una cruz, que es el de la turquesa y una mata de hierbas amarradas. Ahora bien, la hierba y la turquesa, en náhuatl, son una sola y misma palabra, *xiuitl*, que también designa el año solar. Los adornos que lleva el glifo del día rematado con este conjunto glífico tienen entonces la función de antropomorfizar —o si se prefiere, de divinizar— el día y de convertirlo en el Señor del Año, es decir, Xiuhtecutli. Es claro que esta conjunción de sentido y de sonidos sólo existe en náhuatl. El glifo perdería toda su significación si se aplicara a la lengua zapoteca, en la que los conceptos y los fonemas son totalmente distintos.

166. Estela de Macuilxochitl, Oaxaca.

Este arte gráfico de los habitantes de Monte Albán se encuentra principalmente en estelas que, frente a los edificios oficiales, resumen y ponen de manifiesto los acontecimientos importantes de la ciudad: conquistas, alianzas, conmemoraciones inauguraciones. La temática principal sigue siendo la de la Conquista y el sometimiento de los cautivos. Las Estelas 2, 3, 5, 6, 7 y 8 muestran, por ejemplo, a un jefe guerrero apresado. Otras llevan la imagen de un jaguar de pie sobre el glifo de una ciudad reconquistada. Las tumbas del valle abrigan también imponentes tableros y dinteles esculpidos en que se combinan personajes y glifos para trazar indecisas genealogías.

El arte lapidario quizá no sea tan acabado como el escultórico. Los objetos de jade o de piedra dura hallados en las ofrendas muestran rasgos teotihuacanoides: pero la esquematización domina, sin ninguna contraparte de elegancia. Finalmente, para juzgar la cerámica de Monte Albán, hay que abstraerse de todas las falsificaciones que han entorpecido profundamente nuestra percepción del "arte zapoteca". La producción de la Época III es menos exuberante de lo que se ha dicho. Las formas de las vasijas son prácticamente idénticas a las que se encuentran en Teotihuacan: jarras de cuello largo, escudillas con base anular, jarras de pico vertedor vertical (simple o doble), floreros de cuello largo y estrecho, platos trípode de paredes abiertas. Sólo las vasijas de paredes rectas son de fondo plano con más frecuencia que trípodes. Conviene añadir a esta gama de formas la famosa vasija en "garra de águila", curiosa escudilla trípode con pico vertedor, los incensarios con mango y, desde luego, las urnas antropomorfas. Estas últimas, a las que uno tendería a reducir la cerámica de Oaxaca, cumplen una función estrictamente funeraria. Representan divinidades como el dios del viento, el dios del fuego, el dios-murciélago, el dios de los desollados, etc. Ninguna de esas urnas antropomorfas presenta el exceso ornamental propio de las falsificaciones elaboradas en el siglo XX. También existen estatuillas hechas con molde, muy cercanas al espíritu teotihuacano. En cuanto a la decoración, es de una gran sobriedad: prevalece la monocromía, con un predominio del gris y del café oscuro. Las vasijas a menudo están pulidas y llevan preferentemente una decoración con incisiones. Es muy escasa la policromía en la cerámica.

Monte Albán, por su producción artística, se integra por lo tanto perfectamente al marco de la civilización nahua del Altiplano, aun si sus antiguos vínculos con las tierras tropicales del Istmo le confieren un toque que le es propio.

El dominio nahua sobre las tierras calientes

La presencia nahua en las tierras calientes tiene varias caras. En la región totonaca, que corresponde al norte y al centro del estado de Veracruz, ofrece un carácter espectacular y fuertemente mestizo. En la vertiente del Pacífico, en el estado de Guerrero, también muestra una marcada especificidad geográfica. En cambio, en el Istmo, ya sea en la costa atlántica (sur, Veracruz, Tabasco) o en la costa pacífica (Chiapas, Guatemala, El Salvador), los nahuas presentan rasgos culturales menos heterogéneos, finalmente bastante cercanos a los del Altiplano Central.

La región totonaca

El pueblo totonaco ("la gente de las tierras calientes") habita la vertiente atlántica de México, entre el río Tuxpan y el Papaloapan (laguna de Alvarado). En el norte, son vecinos de los huastecos y, en el sur, de los zoques. Estos totonacos hablan una lengua mayense que se distingue fuertemente de la estirpe yucateca. La penetración nahua, en ese territorio, fue más lenta que en otras partes, aunque existe puntualmente desde la Época I. Parece que fue a mediados de la Época III, a partir del siglo VI de nuestra era, que se afirmó una presencia nahua muy semejante a una toma de control del territorio, pero que generó una cultura muy mestiza, con estilos artísticos extremadamente originales.

Existen dos sitios emblemáticos del arte totonaco: El Tajín, al norte, y Remojadas, en el centro del estado de Veracruz. En la práctica, estas referencias deben manejarse con cierta prudencia. En lo que toca a El Tajín, el sitio tal como hoy lo contemplamos sufrió importantes remodelaciones en la Época IV; así que no hay que convertirlo en el arquetipo de la arquitectura totonaca de la Época III. En cuanto a Remojadas, su fama se debe a que fue uno de los primeros sitios excavados científicamente, y que su estratigrafía, elaborada hacia 1950, sirvió para generar la cronología de esa zona. Las famosas "caritas sonrientes" de Remojadas de ningún modo caracterizan sólo a este sitio, que, por lo demás, nunca fue una capital, ni siquiera un centro de primera importancia.

La arquitectura totonaca de la Época III emplea profusamente la tierra aplanada, el adobe o incluso el barro crudo modelado. A juzgar por las numerosas huellas de calcinación, las paredes y los suelos de tierra cruda eran quemados exteriormente para secar y endurecer su revestimiento. El em-

167. Detalle del friso de un panel del Juego de pelota norte de El Tajín, Veracruz.

pleo de esta técnica no excluye, desde luego, el recurso a procedimientos decorativos elaborados. Por ejemplo, conocemos la escultura de barro crudo de El Zapotal o los frescos sobre estuco de la pirámide principal de Las Higueras, que narran escenas míticas y ceremonias (procesiones de personajes ricamente ataviados). En algunos sitios, como Napatecuhtlan y Aparicio, se usaron las piedras de río para edificar basamentos piramidales, escaleras monumentales o campos de juego de pelota. Finalmente, en el norte de la zona, en Yohualichan o El Tajín, unos yacimientos de roca caliza permitieron la realización de monumentos con paramentos de piedra, ocasionalmente esculpida. Con motivo de su florecimiento en las tierras bajas aluviales, un poco apartadas de los yacimientos minerales, la cultura totonaca concedió gran valor al arte del barro cocido, materia prima predilecta. Los ceramistas totonacos, gracias a su perfecto dominio de las técnicas de cocimiento, lograron realizar estatuas modeladas y huecas de grandes dimensiones. Estas obras que, muy a menudo, han llegado hasta nosotros al estado monocromo, en el origen estaban cubiertas con motivos policromos. Uno de los sellos del arte totonaco reside por cierto en el empleo de chapopote para decorar de negro figurillas y estatuas.

El Zapotal y Remojadas

Los ejemplares más impresionantes de este arte cerámico con destino funerario, provienen de El Zapotal y de El Cocuite, al oeste de la laguna de Alvarado; las estatuas alcanzan normalmente un metro de altura y algunas, aún más grandes, tiene prácticamente un tamaño humano. Numerosas figuras son femeninas. A menudo, representan a una mujer con un peinado complejo, con el torso desnudo, vestida sólo con una falda que le cae hasta los pies y ceñida en la cintura por una serpiente enroscada; en otros casos, lleva un huipil, la tradicional blusa femenina. A veces, esta mujer lleva el cabello suelto sobre los hombros, lo que en el mundo prehispánico es señal de erotismo. Puede aparecer de pie o sentada con las piernas cruzadas. Algunas estatuas, finalmente, la representan con los ojos cerrados y la boca abierta. Entre los coleccionistas, se ha establecido la costumbre de designar a estas figuras con el término genérico de *ciuateteo*. Ciertamente, esto equivale a desafiar la diversidad de las representaciones que han llegado hasta nosotros: las ciuateteo, entre los aztecas, son mujeres muertas durante el parto y divinizadas por este hecho. Cuesta trabajo creer que los totonacas hayan dedicado la mayor parte de sus cultos funerarios sólo a las mujeres muertas de parto. En cambio, es posible vincular estas cerámicas con los cultos femeninos milenariamente presentes en Mesoamérica. Y parece razonable ver en ciertas estatuas el rostro de la diosa Tlazolteotl, especie de diosa-madre erótica vinculada con la fecundidad y la sexualidad humana, de la cual se sabe que es originaria de las tierras calientes de la costa del Golfo, y que forma parte de las divinidades que los nahuas importaron al Altiplano Central.

Esta diosa Tlazolteotl está asociada con ritos sacrificiales seguidos de desollamiento, sobre los cuales existen al parecer indicios en El Zapotal: además de los elementos simbólicos o realistas de las representaciones cerámicas, como la boca abierta y los ojos de media luna o los pliegues de la piel a la altura de las muñecas, existen datos arqueológicos que sugieren una interpretación sacrificial. Durante las excavaciones de 1971, Torres Guzmán descubrió lo que llamo un "osario", un apilamiento espectacular que contenía 82 cráneos y un gran número de huesos largos y de partes torácicas. Se puede pensar que se trata de una ofrenda suntuaria realizada a partir de los cuerpos en pedazos de víctimas sacrificiales. El gran antropólogo físico mexicano Arturo Romano estudió 56 de esos cráneos y ante la sorpresa general, descubrió que 51 pertenecían a individuos adultos de sexo femenino.[11] Este depósito funerario estaba asociado con ofrendas cerámicas en que las grandes estatuas femeninas se habían depositado después de ser decapitadas simbólicamente.[12] De estos elementos, surgió la idea de un culto de carácter femenino, probablemente dedicado a Tlazolteotl, que combina sacrificio por decapitación y desollamiento.

Naturalmente, los cultos totonacos no se pueden reducir a cultos de la fertilidad femenina y, en toda esa zona, se localizan figuras del dios de la muerte, del viejo dios del fuego, del dios del agua y de muchas otras divinidades que conforman un panteón muy comparable al de los nahuas del Altiplano Central.

La otra tradición cerámica característica del área totonaca es la de las "cabezas sonrientes". Una vez más, la denominación es ambigua, porque presupone quién sabe que "culto a las cabezas". Aun si las colecciones arqueológicas abrigan esencialmente ejemplares de esas curiosas cabezas alargadas y huecas de forma estereotipada y sonrisa pasmada, no son sino fragmentos de estatuillas de cuerpo entero. Estas figurillas, bastante estandarizadas a partir del año 600 y hechas con molde en grandes serics, se encontraron en depósitos intencionales de entierros y ofrendas; pero, se ignora la función exacta de esas estatuillas. Los sujetos masculinos llevan un taparrabo y una banda sobre el torso, las mujeres están preferentemente vestidas con una sola falda adornada con motivos cuyo es-

168. Figurilla sonriente, Remojadas, Veracruz.

píritu se sitúa entre el estilo teotihuacano y el de El Tajín. Intriga la posición de los miembros: con las piernas y los brazos abiertos, las manos hacia el cielo o extendidas horizontalmente, estos personajes parecen sacrificados destinados al suplicio de las flechas. En efecto, las víctimas de este rito sacrificial estaban atadas a una especie de caballete en esta posición característica. Lejos de ser una celebración de la alegría y del placer, como dejó entender una lectura etnocéntrica, las estatuillas "sonrientes" de Remojadas, Los Cerros, Dicha Tuerta, Nopiloa o Apachital podrían ser "acompañantes", imágenes perennes de esos hombres y de esas mujeres que se sacrificaban sobre la tumba de personajes importantes. En cuanto a la famosa sonrisa de esas estatuillas, que sólo se encuentran entre el río Blanco y el Papaloapan, se puede pensar que no es sino una versión estilística local del personaje con la boca muy abierta, convención que, en Mesoamérica, expresa la muerte de manera general.

Este arte cerámico del centro del estado de Veracruz tiene tanta personalidad, que no se le puede convertir en una mera epifanía del teotihuacano. Es plenamente representativo de la sensibilidad totonaca, pero al mismo tiempo, se distinguen rasgos propiamente nahuas en la forma triangular y estereotipada de los rostros, en los atributos distintivos de los dioses, en la presencia obsesiva del tema de la muerte. Así que hay que considerar el contexto cultural como una situación de mestizaje equilibrado, en la que los nahuas imponen sus creencias, pero en que los autóctonos tienen indudablemente qué decir en el terreno de la creación artística.

El Tajín

Más al norte del estado de Veracruz, entre las orillas del río Tuxpan y el río Misantla, el injerto nahua en las poblaciones locales dio resultados aún más espectaculares, por lo menos a juzgar por la arquitectura y la escultura mobiliaria.

La arquitectura de El Tajín es una adaptacion florida de la arquitectura teotihuacana. El principio del talud-tablero se conservó, pero el austero tablero del altiplano se reinventó por completo. Primero, los arquitectos de El Tajín le añadieron una cornisa saliente, que crea un descolgamiento inverso a la línea de pendiente del talud. Luego, vistieron el interior del tablero con nichos rectangulares o grecas ejecutadas en altorrelieve. Los constructores de El Tajín —o de Yohualinchan, otro sitio edificado con el mismo espíritu— lograron así jugar de modo magistral con la luz. Los nichos abiertos en las paredes verticales son otras tantas bocas de sombra que fraccionan las fachadas y aligeran su volumen. Este artificio arquitectónico invadió incluso la escalera rígida y pesada puesta sobre la cara oriental de la pirámide de los nichos y la transfigura al romper la monotonía del tramo de escalones. Las pesadas pirámides del Altiplano Central se convierten, en la vertiente totonaca, en edificios aéreos y vivos cuya elegancia fue salvada por las restauraciones de los arqueólogos.

En el terreno de la escultura, los artistas de la región de El Tajín ilustran lo que se podría llamar el estilo nahua tropical. Éste, al arraigarse en el arte de Izapa y de Kaminaljuyú, lleva abundantes volutas y entrelazamientos; los trazos flexibles y elegantes invaden los espacios libres, dando una impresión de abundancia y plenitud. En México, siempre hubo oposición cultural entre las líneas rectas y rígidas del Altiplano Central y las curvas sensuales y elaboradas de las tierras calientes. En este sentido, El Tajín pertenece plenamente a esta última tradición tropical. Sin embargo, la ori-

169. Sitio de Yohualichan, Puebla. Pirámide con nichos.

ginalidad de esta zona se manifiesta en el tipo de objetos que prefirieron los artistas y que componen una trinidad conocida en la literatura científica con el nombre un poco desconcertante de "complejo yugo-hacha-palma". ¿Qué encierra esta denominación? Estos objetos de piedra serían, según ciertos autores, representaciones votivas del equipo de los jugadores de pelota: el "yugo" sería una réplica del cinturón del juego y la "palma", la de un adorno fijado a la cintura; en cuanto al "hacha", que en realidad es una piedra con espiga, sería más bien un "marcador" originalmente añadido a las paredes de las canchas de juego.

Es pertinente preguntarse si, también aquí, la interpretación tradicional no peca de naturalismo. Para la mirada occidental, siempre ha sido difícil identificar los modelos prehispánicos, así que busca de modo espontáneo referencias familiares en relación con estas formas o con objetos

170. "Yugo" de piedra, área de El Tajín, Veracruz. Tiene tres cabezas de muerte que llevan el mechón de los guerreros sacrificados.

concretos, a riesgo de calificar como votivas o rituales unas piezas que sólo guardan una lejana filiación con la realidad. Sin embargo, si se consideran los "yugos" de piedra en el contexto mesoamericano, éstos se pueden leer fácilmente, no como réplicas en piedra de cinturones de piel o de madera, sino como glifos. Esta forma en U es un símbolo antes de ser un objeto. La iconografía mesoamericana la asocia sistemáticamente con la cueva, el interior de la tierra, y por lo tanto, con el mundo nocturno. Se entiende mejor entonces la recurrencia de figuras esculpidas que decoran esos famosos "yugos" totonacos: sapos, aves nocturnas, entrecruzamientos de huesos humanos, monstruos telúricos, ofidios fantásticos; el jaguar, que a veces está representado en esas piezas, tampoco es incongruente, pues está asociado con la cueva y el sol nocturno. La piedra empleada para realizar estos objetos, algunos de los cuales se cuentan entre las obras maestras del arte prehispánico, tampoco es casual: su materia, la piedra dura verde oscura, también constituye un símbolo en sí misma.

Las "hachas" totonacas no son hachas, del mismo modo que las piedras en herradura no son yugos. Las hay de distintos tipos: algunas, compactas, tienen en la cara posterior una espiga que parece corresponder a un sistema de fijación; otras, en su base posterior, muestran un descolgamiento curioso en ángulo recto entrante. Representan cabezas humanas o animales, muy aplanadas. En la región de El Tajín, la cabeza humana tratada con estilo realista está rematada con una especie de yelmo formado por arabescos calados. Casi todas están esculpidas en piedra gris.

Esas "hachas" están asociadas con otro tipo de objetos muy curiosos, que la literatura científica se acostumbró a designar con el nombre de "palmas", a falta de algo mejor. También esculpidas en piedra gris, esas palmas miden entre 50 y 80 cm de alto, por unos 20, y se les podría ver como objetos verticales; tienen una base trapezoidal curva en su interior; el cuerpo del objeto se estrecha en su parte media, y se ensancha como una hoja de palma. Se conocen piezas absolutamente lisas, que se reducen a una pura forma, y ejemplares trabajados y recargados en extremo, que combinan el bajo y el altorrelieve. Esta diversidad estilística refuerza la dificultad de interpretación. No es muy posible distinguir una temática constante en la decoración de las palmas: ¿qué relación hay entre esas manos juntas y ese manojo de flechas? ¿Y entre ese saurio con la cola enroscada y ese prisionero sacrificado con el pecho abierto?

Por lo tanto, hay que resignarse temporalmente a no entender. El vínculo con el juego de pelota no es nada evidente. La asociación yugo-palma-hacha tiene más bien una significación abstracta. Esos objetos siempre se han encontrado en contextos de ofrendas, relacionados o no con entierros humanos, por lo que tampoco tienen una vocación exclusivamente funeraria. Parecería lógico vincularlos con un concepto mesoamericano, ya que están repartidos desde las costas veracruzanas hasta El Salvador; aunque puntualmente presentes en el Altiplano Central, esos tres objetos parecen pertenecer más bien a una tradición de las tierras bajas.

Junto a la evidencia de la originalidad de los estilos totonacos —el plural es obligatorio—, también hay que señalar que en esta área existe una presencia del estilo teotihuacano que traduce una influencia directa de los nahuas del Altiplano Central. La pequeña máscara de alabastro hallada en la sepultura de un sacerdote en Nopiloa es de factura francamente teotihuacana.[13] Es verdad que ahí nos encontramos en el extremo de la frontera meridional del área totonaca. En El Pital, las efigies de Tlaloc tienen una inspiración muy al estilo del Altiplano Central. Tlaloc aparece también con sus rasgos convencionales en el sitio de Napatecuhtlan (Perote).

Los descubrimientos más recientes confirman los trabajos de Hermann Strebel quien, al explorar en el siglo XIX el sitio de Ranchito de Las Ánimas, había exhumado objetos de inspiración muy teotihuacanoide. Esta presencia de la gente del Altiplano Central, que antes se entendía mal, ahora parece natural: a ella se le debe la introducción de las principales figuras divinas del panteón y la difusión de ciertas prácticas rituales, como la de enterrar perritos de cerámica junto a los difuntos. En la mitología nahua, un muerto no puede atravesar los nueve ríos del infierno que marcan el término de su periplo subterráneo, sin ayuda de un perro. Los nahuas del Altiplano Central sacrificaban entonces un perro durante los funerales, otros pueblos sustituían este sacrificio real con el simbólico de un perro de cerámica. ¡La particularidad de los perritos funerarios totonacos es que tienen ruedas!

Aparentemente, no conviene considerar a los que cuentan con ruedas como juguetes. Cumplían una función estrictamente funeraria, y sus cuatro ruedas tienen una significación simbólica que debe interpretarse en relación con las creencias prehispánicas. Por ejemplo, los cuatro discos de cerámica que sirven de ruedas podrían relacionarse con los cuatro años solares que corresponden a la duración de la deambulación del difunto en el interior de la tierra.

171. Palma de piedra con relieve en el estilo de El Tajín.

El estado de Guerrero

El territorio del actual estado de Guerrero, situado en la costa del Pacífico entre Michoacán y Oaxaca, posee una innegable personalidad cultural, que lo distingue claramente de las áreas circunvecinas. Como en las épocas anteriores, el curso inferior del río Balsas sirve de frontera infranqueable: prácticamente ningún objeto de Guerrero se encuentra en Michoacán y viceversa. Por lo tanto, no se puede clasificar a Guerrero entre las culturas de Occidente (véase parte III). En el norte, existe de modo más sorprendente una frontera nítida con los nahuas del estado de Morelos, mientras que en el este, la frontera sigue los límites territoriales del grupo mixteco-zapoteco centrado en el vecino estado de Oaxaca. La especificidad de Guerrero se debe sin duda a su población, compuesta por un sustrato nahua tropical proveniente de la época olmeca, y de grupos atípicos de los que se ignora si son exógenos o por lo contrario, ultra-arcaicos (chontales de la región de Taxco, tlapanecos de la parte oriental del estado).

172. Maqueta de piedra verde que representa un pequeño templo, Guerrero.

Aun si la arqueología de esta región de difícil penetración se conoce todavía muy poco, es claro que no se trata de una zona en la que se percibe la influencia directa de las ciudades del Altiplano. El estilo teotihuacano está presente, pero principalmente al norte de la cuenca del río Balsas. Las estelas mutiladas de Tepecoacuilco, cerca de Mezcala, indiscutiblemente de estilo teotihuacano, parecen las manifestaciones más meridionales de la influencia de la ciudad de los dioses; representan a Tlaloc y Chalchiuhtlicue, las divinidades del agua, de cuerpo entero y vistas de frente.[14] Los escasos tiestos de cerámica anaranjada delgada que se encuentran aquí y allá o los fragmentos de vasijas cilíndricos trípodes de soportes rectangulares identificados en la costa (Tambuco, Coyuca de Benítez) no se podrían tomar como pruebas de una ocupación teotihuacana de Guerrero. En cambio, los arqueólogos han descubierto, en excavaciones realizadas en el Altiplano Central, en contextos de la Época III, objetos de piedra dura provenientes de Guerrero, así como una cerámica llamada "granular blanca", que se considera como diagnóstica de la producción de esa región. Así, con el estado actual de los conocimientos, parece que las relaciones se establecieron de modo más bien unilateral, de la costa hacia el Altiplano Central. No se perciben huellas de una ocupación de la vertiente del Pacífico por parte de poblaciones del altiplano, pero sí se percibe cierta afinidad —o cierta atracción— de los nahuas del Altiplano Central hacia sus vecinos guerrerenses. Muchos autores han planteado que los habitantes de Teotihuacan, en ese caso, estaban buscando la piedra verde que contienen las montañas guerrerenses; es posible, pero azaroso, al no haber datos precisos, reducir los aportes culturales a relaciones comerciales.

El arte local se conoce con el nombre de estilo Mezcala, nombre nahua del río Balsas, elegido por Miguel Covarrubias en 1948 para designar el estilo muy particular de esta región. La denominación se aplica exclusivamente a objetos de piedra dura de color verde oscuro. Más tarde, en 1967, Carlo Gay[15] se dedicó a introducir una subdivisión estilística, al distinguir una "tradición chontal" en el norte y una "tradición Mezcala" en el centro de Guerrero, siendo la tradición Mezcala a la vez más abstracta y, según él, más antigua, y la tradición chontal, más realista y más reciente. En ausencia de datos estratigráficos, pues casi todas las piezas guerrerenses provienen de saqueos clandestinos, es imprudente imaginar una secuencia cultural evolutiva fundada en criterios exclusivamente plásticos. Asimismo, es imposible seguir a Carlo Gay en sus constantes esfuerzos por envejecer la secuencia histórica de Guerrero. La idea de que los objetos de Mezcala son preolmecas no tiene ninguna base científica: cada vez que semejantes objetos se han encontrado en excavaciones, se situaban en contextos de las épocas III, IV o V. Por el contrario, los sitios más antiguos no han dado materiales de este tipo.

En realidad, tomados en su contexto cultural, los objetos de Mezcala son menos misteriosos de lo que se pretende a veces, desde el momento en que son tratados como objetos mesoamericanos y no en sí mismos, como obras de arte primitivo. Se puede observar primero que corresponden a tres tipos principales: el hacha de garganta antropomorfizada, la estatuilla plana y la máscara antropomorfa. En los dos últimos casos, los objetos guerrerenses son variantes locales de objetos que tienen correspondencias en Teotihuacan; aparecen simplemente como versiones más rústicas. En el caso del hacha retocada en forma humana, se trata de un "estándar" del arte mesoamericano, cuya proliferación observamos en la época olmeca. Entonces, ¿por qué sorprende encontrar un objeto mesoamericano en Mesoamérica? Simplemente hay ahí un sello de nahuatlidad, combinada en este caso con una vigorosa especificidad estilística.

Después, como siempre, hay que proyectar estas piezas en su época. Esos objetos de piedra verde cuyo pulido les encanta hoy a los coleccionistas, en el origen no tenía de ningún modo este aspecto. Estaban pintados, eventualmente estucados y sobre todo "vestidos": llevaban adornos vegetales que los calificaban, los definían, los identificaban, los consagraban como representaciones divinas. El objeto que llegó hasta nosotros a través de los siglos no es sino el alma de piedra de una efigie divina antaño ricamente policroma. Por suerte, la habilidad de los arqueólogos permitió que se restituyera esta dimensión esencial. Once ofrendas del Templo Mayor de México dieron efectivamente material proveniente de Guerrero y la minuciosidad de las excavaciones permitió salvar la policromía original. Resultó así que varias estatuillas de Mezcala estaban pintadas con la efigie de Tlaloc, y que todos los objetos de ese estilo se asociaban con el mundo acuático y marino.[16] La elección de la piedra verde, entonces, no resultaría indiferente; este material podría tener una significación simbólica y estar asociado con el culto de Tlaloc. Se puede pensar que, en la costa de Guerrero, Tlaloc fue celebrado en sus dos aspectos, como en toda Mesoamérica: como dios del agua y como dios del fuego. Detrás de estas sorprendentes estatuillas estilizadas del río Mezcala, es probable que se disimule la díada *atl tlachinolli*, con toda su connotación sacrificial. Así se explicarían las figuras en miniatura de los templos, que realzaban la piedra sacrificial en la cúspide de las escaleras estilizadas.

Es difícil imaginar que el Guerrero de la Época III haya podido quedar al margen de un dominio nahua. En épocas anteriores, los olmecas dejaron huellas de su presencia y, posteriormente, es patente la ocupación nahua. La continuidad cultural parece la hipótesis más lógica. Pero es indudable que este sustrato nahua es distinto del Altiplano Central; se emparenta con la tradición de las tierras bajas y está mezclado con aportes heterogéneos procedentes de las minorías étnicas, que fueron numerosas en incrustarse en esta tierra de relieve accidentado. En este sentido, la estela proveniente de Acapulco exhibida en el Museo Nacional de Antropología de México es ejemplar: al enseñarnos un Tlaloc de doble rostro, devela un contenido totalmente mesoamericano pero reinterpretado con un estilo local. De la misma manera, el sitio de Placeres de Oro ofrece testimonios culturales nahuas del final de la epoca III que se apartan notablemente del espíritu del Altiplano.

173. Estela de Acapulco, Guerrero.

El cinturón del mundo maya

El sur del estado de Veracruz y Tabasco

Esta región corresponde a lo que hace todavía poco tiempo, se llamaba "el área metropolitana olmeca". Llevados por la fascinación de los orígenes, numerosos especialistas se desinteresaron de la historia de esta área después del periodo olmeca. Sólo las reminiscencias de la Época I han llamado la atención. Sin embargo, la vitalidad de la zona es patente en la Época III, y sería injusto silenciarla.

Esta extrema discreción de los autores puede explicarse por una dificultad de calificar el estilo local. En el antiguo esquema explicativo de Mesoamérica, sitios como Cerro de las Mesas o Tres Zapotes no se pueden interpretar. De hecho, pertenecen a un área mayoritariamente paleonahua que se caracteriza por tres rasgos: una ausencia de influencias totonacas, un estilo local heredero de los periodos anteriores y un parentesco con el área del Pacífico de Guatemala, también ocupada en su mayoría por paleonahuas. No es anómala la presencia, en Cerro de las Mesas, de estatuas que representan a un dios obeso muy comparable con el que se encuentra en el sur de Guatemala; indica simplemente que en la Época III existe un conjunto cultural transístmico que sólo es la ampliación del viejo cinturón nahua que rodea al mundo maya, una especie de semicírculo que sale del río Blanco (laguna de Alvarado), atraviesa el Istmo, engloba a la costa pacífica de Guatemala y sube hacia el Golfo de Honduras.

La característica del estilo de Cerro de las Mesas, que desempeña el papel de sitio fronterizo al oeste del cinturón, consiste en que es plenamente nahua, sin imitar el estilo teotihuacano. La Estela 6, por ejemplo, es muy representativa: es un hombre de perfil, que porta un yelmo con la efigie de Cipactli, el monstruo acuático telúrico; delante del hombre, hay una columna de glifos muy poco legibles actualmente, en los que sin embargo se pueden identificar ciertos signos calendáricos (la inscripción inicial comprendía probablemente una doble columna glífica). La postura, rígida y convencional, es típicamente de la Época III; la temática del hombre con las manos abiertas, de las que salen aguas adornadas con motivos acuáticos y vegetales, también es común a todos los nahuas de la Época III; es un leitmotiv teotihuacano. Sin embargo, el tratamiento general es original: en lo alto de la estela se encuentran las líneas onduladas que vienen de Izapa; la importancia atribuida a la inscripción en columnas es una

174. Monumento 2 de Cerro de las Mesas.

175. Estela de San Miguel Chapultepec, Cerro de las Mesas, Veracruz.

herencia de la tradición local de la época anterior. Los glifos simbólicos empleados como adornos vestimentarios son francamente distintos de los de Teotihuacan. El sempiterno concepto dual *atl tlachinolli* esculpido en el pecho del personaje se expresa con el doble glifo del jade (agua) y la turquesa (fuego). El motivo del cinturón es el prototipo de un glifo asociado con el autosacrificio: el *zacatapayolli* es, en la práctica, una pelota de hierba en que los penitentes plantaban como ofrenda espinas de maguey impregnadas con su propia sangre. Aquí, el trazo del glifo es particularmente interesante, pues integra aún las bandas oblicuas, la U invertida y las volutas verticales de la Época II (véase p. 310), sin dejar de prefigurar el glifo de la época azteca.

Otra pieza que proviene de las apresuradas excavaciones efectuadas en 1941 en Cerro de las Mesas se distingue por su originalidad: es una gran cerámica de 80 centímetros de alto, que representa al dios viejo del fuego (Huehueteotl) según la codificación de la época. El dios tiene los rasgos de un anciano barbudo, arrugado, desdentado, de nariz aguileña que está sentado con las piernas cruzadas y lleva sobre los hombros un brasero circular, sobre cuyas paredes está esculpido en relieve el glifo de la turquesa, símbolo del fuego cósmico. La temática está omnipresente en Teotihuacan, en donde se exhumaron cientos de estatuas del dios del fuego acuclillado con su brasero-disco solar sobre la cabeza. Pero el estilo de Cerro de las Mesas no es el del Altiplano: el ceramista impuso aquí su visión estética, que no es en modo alguno una imitación del modelo muy estandarizado de Teotihuacan.

El otro sitio notorio de la zona es Tres Zapotes, cuya secuencia de ocupación empieza con los olmecas y permanece continua al filo de los siglos. Tres Zapotes tiene su mayor actividad en la Época III; se descubrieron ahí "yugos" y cerámica de inspiración teotihuacana, que establecen con firmeza su pertenencia a ese contexto cronológico. De hecho, toda la región del lago de Catemaco es rica en vestigios de este horizonte y entre los sitios explorados en estos últimos años, hay que mencionar a Matacapan, cuya arquitectura en talud-tablero es resueltamente nahua. Inicialmente, los arqueólogos Juan Valenzuela y Ponciano Ortiz, quienes exploraron este sitio, creyeron haber descubierto un "barrio teotihuacano" limitado a las estructuras 1, 2, 3 y 22. Al filo de las campañas, resultó que el sitio en su conjunto presentaba rasgos teotihuacanos y Ortiz acabó proponiendo que se identificara a Matacapan como un "enclave teotihuacano".[17] En la práctica, los ocupantes de toda esta área no deben considerarse como extranjeros procedentes del Altiplano Central para ocupar una posición estratégica, sino como nahuas autóctonos instalados hace mucho, naturalmente relacionados con sus "parientes" del Altiplano, lo cual explica la afinidad de sus producciones materiales, sus ideas urbanísticas, sus prácticas rituales, etcétera.

Los análisis técnicos realizados en 1984 y 1985 por Thomas Killion y Christopher A. Pool sobre la cerámica de Matacapan probaron en todo caso que la cerámica "anaranjada delgada" del sitio no fue importada. Fue fabricada localmente a partir de un yacimiento de barro identificado en las faldas suroccidentales de la sierra de los Tuxtlas, en las inmediaciones del sitio. La cerámica fina gris y la anaranjada fina tienen el mismo origen; las variaciones de color se obtuvieron modulando la atmósfera de cocimiento; las atmósferas oxidantes produjeron el color anaranjado, las atmósferas reductoras dieron las tonalidades de gris. Por lo tanto, el famoso dogma del anaranjado delgado considerado como una cerámica importada que señala la presencia teotihuacana, queda descartado.

El piedemonte Pacífico de Chiapas, Guatemala y El Salvador

Al este del Istmo de Tehuantepec, a lo largo del Pacífico, en la articulación de la planicie costera y de los altiplanos, una serie continua de sitios marca el territorio nahua. De Tonalá (Chiapas) a Quelepa (El Salvador), la mayoría de las ciudades y de los centros ceremoniales tienen ya una historia desde la Época I. Los principales centros de influencia siguen siendo Izapa, Abaj Takalik, Santa Lucía Cotzumalhuapa y Chalchuapa. Aquí, la continuidad cultural es extremadamente fuerte. Pero el estilo de la Época III es muy distinto del de la época anterior; se ha depurado, al hacerse un poco rígido; ha perdido voluptuosidad. Las construcciones, de trazos vigorosos están dotadas de aristas bien marcadas. A menudo, la piedra tallada se emplea como paramento y le confiere a la arquitectura cierta austeridad. Las pirámides ofrecen descolgamientos regulares, de taludes a menudo verticales, con un efecto estético moderado.

La escultura en bajorrelieve o de bulto es de buena calidad. Sorprende por la modernidad de su factura: mucho tiempo, los arqueólogos creyeron ver monumentos toltecas o incluso de época azteca. Pero todas las recientes excavaciones de carácter estratigráfico sitúan esta producción en plena Época III, con un apogeo entre 300 y 650, una disminución entre 650 y 850, y un desvanecimiento hacia el año 1000.

Uno de los focos culturales más activos es el de los alrededores de la ciudad de Santa Lucía Cotzumalhuapa en Guatemala. Se trata de un conjunto integrado que tenía varias entidades repartidas sobre 20 kilómetros cuadrados. Los monumentos se designan hoy con el nombre de las haciendas sobre las que se encuentran: Bilbao, El Baúl, Palo Verde, Las Ilusiones, El Castillo, Pantaleón.

En los rasgos sobresalientes de este arte, se desprende la omnipresente inspiración sacrificial. El Monumento 21 de Santa Lucía (Bilbao) es un gran bloque de roca aplanado y esculpido de cuatro metros de lado, en el que el personaje central sostiene un cuchillo en la mano derecha y un corazón humano en la izquierda: gira la cabeza hacia atrás y parece ofrecerle este corazón a un personaje de edad avanzada sentado en un templo, quien también sostiene corazones en las manos; el conjunto de la escena, en que interviene otro personaje de cuerpo entero, está adornado con entrelazamientos de guirnaldas floridas, flujos de agua y cuerdas trenzadas, entre los cuales se distinguen aves y cabezas cortadas. Se localiza la herencia de las volutas de estilo Izapa de la Época II, pero el grafismo es netamente más anguloso. El Monumento 1 de Santa Lucía, que es una estela, representa a un sacrificador que realiza una decapitación. El relieve esculpido en una roca de El Baúl (Monumento 4) narra una escena de gran violencia: la muerte, de pie, sostiene un corazón humano, mientras que a sus pies yacen cuatro sacrificados con el pecho abierto; el conjunto está insistentemente rodeado de chorros de sangre. La ofrenda al sol de esos corazones arrancados a los sacrificados es el tema recurrente de varias grandes estelas: Monumentos 2 al 8 de Santa Lucía y Monumentos 1, 2 y 3 de Palo Verde. Si se añaden a la lista las obras que, como el Monumento 19 de Santa Lucía, aluden

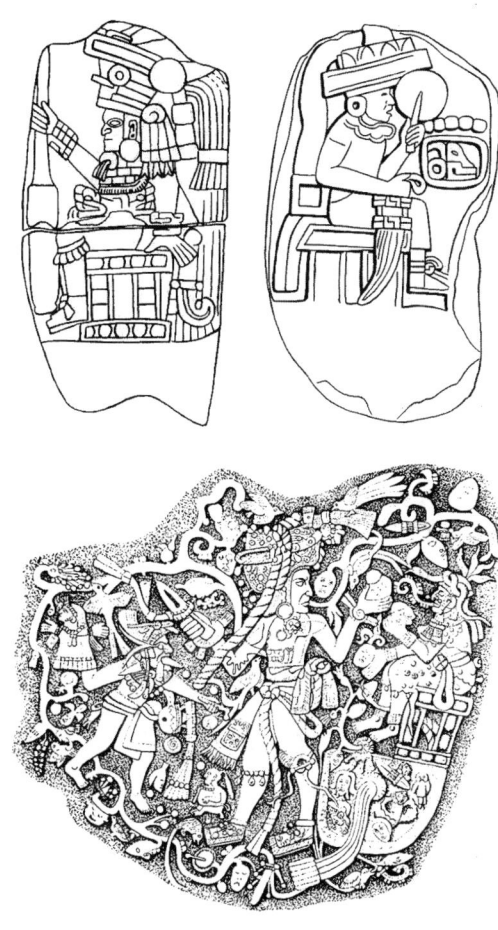

177. Monumento 9 de Santa Lucía Cotzumalhuapa, Guatemala.
178. Estela 4 de Cerro de las Mesas, Veracruz.
179. Monumento 21 de Bilbao, Santa Lucía Cotzumalhuapa, Guatemala.
PÁGINA ANTERIOR. 176. Jaguar de Cara Sucia, El Salvador.

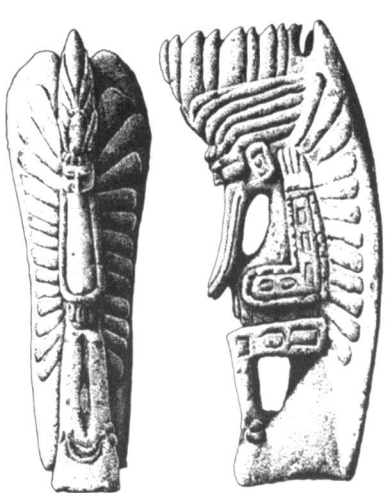

al simbolismo del águila y el jaguar, también asociados con el sacrificio humano, se observa que este último tema inspiró el grupo más importante de obras de arte de Santa Lucía Cotzumalhuapa.

También es notable la individualización de los dioses del agua y del fuego. El dios del agua enarbola las muy reconocibles órbitas circulares de Tlaloc, pero algunas representaciones (Escultura 29 de Santa Lucía o 18 de El Baúl) aún se vinculan con la imagen del jaguar olmeca y del mundo nocturno y subterráneo. El dios del fuego, por su parte, se adecua a la imagen del "dios viejo" del Altiplano Central, con la piel arrugada, la nariz aguileña y la boca desdentada. En El Baúl existe un extraño monumento que lo representa: se trata de una cabeza colosal colocada en la cúspide de una pirámide y siempre venerada por los indígenas. En perfecto estado de conservación, este monumento se cuenta entre los ejemplos más vigorosos de la escultura de Santa Lucía Cotzumalhuapa atribuibles a la Época III.

Es evidente que no se puede eludir la pregunta de las semejanzas entre el arte de esta región guatemalteca y el del Cerro de las Mesas, que es contemporáneo. Los parentescos entre la Estela 4 de Cerro de las Mesas y el Monumento 9 de Santa Lucía, que se encuentra actualmente en Berlín, llamaron la atención desde el principio.[18] El Monumento 5 de Cerro de las Mesas, una especie de monolito redondo esculpido de manera bastante burda, no evoca a los "dioses obesos" comunes en la costa sur de Guatemala. El Monumento 2 de Cerro de las Mesas es una cabeza semicolosal medio humana, medio felina, que tiene un contrapunto con el Monumento 3 de Monte Alto. Quizá incluso la toponimia no sea ajena a esas correspondencias: el Cotzumalhuapa de Guatemala es la pareja de un Cozamaloapan situado en el estado de Veracruz, no lejos de Cerro de las Mesas. ¿Tiene este "río irisado" que se arroja en la laguna de Alvarado una hermana gemela guatemalteca en virtud de las casualidades de la toponimia o por la elección de los nahuas que bautizaron aquellos lugares? En todo caso, jamás se encontró ningún objeto maya en la zona, mientras que unas "hachas", unos "yugos" y unas "palmas" de espíritu totonaco imponen el establecimiento de un vínculo entre la costa pacífica y la atlántica.

Sin embargo, hay que notar que las inscripciones calendáricas de Santa Lucía ignoran la cuenta larga, aún en uso en Cerro de las Mesas. Los glifos que corresponden a las inscripciones cronológicas están inscritos sistemáticamente en cartuchos circulares que anticipan los usos de las

182. Monumento 2 de El Baúl, Santa Lucía Cotzumalhuapa.
183. Piedra hongo, Guatemala.
PÁGINA ANTERIOR. 180. Detalle de una estela de Las Ilusiones, Guatemala.
181. Palma de Quelepa, El Salvador.

184. Hombre acuclillado sobre pedestal, San Mateo Toniná, Chiapas.

Épocas IV y V. Naturalmente, la tonalidad dominante nahua, inscrita a la vez en el estilo y el contenido del arte local, no es exclusiva de influencias externas o de antiguas herencias de poblaciones no nahuas minoritarias. Se observa así la persistencia de un culto al dios cangrejo, no mesoamericano, pero al cual el Monumento 7 de El Baúl, bastante tardío (siglo VIII), otorga rasgos casi toltecas. Unos metates esculpidos y adornados a la manera costarricense indican corrientes de intercambio con Centroamérica. Un buen número de objetos llamados familiarmente "piedras-hongo", que en realidad son majas de mortero cuya punta superior está adornada simbólicamente con tres puntas, se encuentran distribuidos en todo el sur de Guatemala, a la vez sobre el altiplano y la vertiente costera; manifiestamente, corresponden a una tradición local. Si uno se remite al conjunto de esta zona del Pacífico, de Tonalá a Quelepa, el rasgo más sorprendente sigue siendo la no penetración maya. Aparte de un estilo de cerámica policroma que se encuentra en Tazumal y en El Salvador occidental, en donde se puede localizar cierta influencia mayense, si bien reducida a algunos motivos que se repiten, como la banda en forma de trenza, en toda esta área no hay huella alguna de la presencia maya. La arquitectura, sin ser una copia sistemática de la de Teotihuacan, sigue siendo de inspiración nahua, en Izapa como en Campana San Andrés, en Tazumal como en Tonalá.

La cerámica de Tiquisate, que se encuentra en la cuenca del río Nahualate en Guatemala, es fundamentalmente nahua, con toques muy pronunciados de estilo teotihuacano. La escultura de piedra con líneas geométricas de Pasaco, sitio oriental localizado cerca de la frontera guatemalteca y salvadoreña, tiene, desde la Época III, acentos mexicanos que se anticipan al estilo de la Época IV. Por lo tanto, el corredor del Pacífico, como se ha dicho, no fue abierto por migraciones "pipil" de la época tolteca; ya constituye un terreno nahua en las épocas anteriores, y su resistencia ante la expansión maya de fines de la Época III prueba la vitalidad de su cultura.

185. Detalle de una cerámica incisa de Tiquisate, Guatemala.

La influencia nahua en territorio maya

El altiplano guatemalteco

¿Acaso hay que clasificar a las tierras altas de Guatemala en el seno del territorio maya? No cabe duda de que esta región recibe una ocupación maya a partir del año 900. Pero, ¿qué ocurre con la Época III? Si se toman como marcadores los rasgos dominantes de la cultura maya de las tierras bajas —es decir la erección de estelas, las inscripciones glíficas, las fechas expresadas en cuenta larga, el uso de la bóveda falsa o incluso las vasijas policromas decoradas con escenas mitológicas—, sólo queda poner en duda la presencia de poblaciones mayas en las tierras altas: únicamente los sitios más septentrionales (Chinkultic, Chama, Nebaj en última instancia) presentan rasgos mayas, pero éstos se importaron manifiestamente de las bajas tierras cercanas.

Si se remite uno al estilo local, se observa que muestra una verdadera especificidad, caracterizada por una indudable mesoamericanidad anclada en una declarada rusticidad. Esta mesoamericanidad poco brillante puede aparecer como el resultado de un compromiso entre mayismo y nahuatlidad, una especie de producto mestizo reducido a los más pequeños denominadores comunes. Parece que se puede elegir la idea de una dualidad étnica bastante equilibrada entre habitantes de estirpe maya y habitantes de estirpe nahua. En este contexto, que debió de engendrar una división del poder, es bastante difícil determinar la parte exacta que corresponde a los nahuas autóctonos, implantados hace mucho tiempo.

Sin embargo, es claro que durante la Época III, la capital de esta área sigue siendo Kaminaljuyú, incluso si la fase llamada Esperanza no tiene la brillantez de la fase Miraflores de la época anterior. También es patente que Kaminaljuyú es un sitio con dominante nahua: la arquitectura en talud-tablero, los paramentos enlucidos con tierra cruda o estuco pintado y las formas cerámicas recuerdan a Teotihuacan. Pero no se trata de una copia fiel de la metrópoli mexicana. La hipótesis de Kaminaljuyú como "colonia" teotihuacana es obsoleta. Kaminaljuyú ostenta un estilo nahua más complejo, en el que a veces se observa la inspiración de El Tajín (marcador del juego de pelota de la Ciudadela C II- 4, placa de pirita incrustada), y a veces los matices del arte de Monte Albán, como en el Monumento 65, gigantesca "estela" que sobrepone tres escenas idénticas, en las que un personaje instalado sobre un asiento está enmarcado por dos cautivos con las manos atadas. A veces también surge la influencia maya, como en el Altar 1, en el que un personaje sentado de estilo mexicano está rodeado de glifos mayas. A veces también, el estilo de los escultores se orienta hacia una abstracción geométrica que se anticipa a lo que será el estilo azteca: las piedras de espiga de los juegos de pelota, en particular el Monumento 29 (cabeza de águila) y el Monumento 26 (cabeza de serpiente) dan buenos ejemplos de ello.

La presencia de un grupo dirigente nahua en Kaminaljuyú todavía está atestiguada por los ritos funerarios que ahí se observaron. La inhumación en posición sentada, con las piernas dobladas delante del torso, y el cuerpo envuelto con vendas de algodón, es una tradición nahua. Asimismo, la práctica de los sacrificios de perros para acompañar a los difuntos en el más allá remite a una creencia nahua. Pero la variedad de las formas de sepultura encontradas en Kaminaljuyú hace pensar que la ciudad no era uniformemente nahua, sino más bien pluriétnica.

Considerada desde un punto de vista global, es fuerte la influencia nahua en el altiplano chiapaneco-guatemalteco en la Época III; pero su geometría es variable; ya no se ejerce del mismo modo en todos los valles y la cohabitación maya-nahua pudo adoptar las configuraciones más variadas.

186. Parte central del Monumento 65 de Kaminaljuyú, Guatemala.

Aparte de Kaminaljuyú, entre las huellas más notables del estilo nahua en las tierras altas guatemaltecas, citemos las muy extrañas calaveras colosales de Las Chacras, cerca de Antigua, de modelado vigoroso, y las esculturas de la finca Los Pastores y de la finca Pompeya, también en la cuenca de Antigua, que son de estilo Cotzumalhuapa.

Las tierras bajas

A menudo se han negado las huellas culturales no mayas en el corazón del territorio maya. Cuando se les reconoció, fueron minimizadas. Se habló de intercambios comerciales, de influencias puntuales, sin poner en tela de juicio el dogma de la unidad étnica del territorio maya. Hoy día, con la multiplicación de las excavaciones científicas, ya no cabe duda: sí hubo nahuas instalados en el corazón del territorio maya.

Mucho tiempo, se atribuyó esta presencia a una "expansión" teotihuacana. El sitio maya en el que los rasgos mexicanos fueron más evidentes en cualquier época es Tikal, en pleno Petén guatemalteco. Los arqueólogos forjaron entonces el concepto hipotético de un "imperio teotihuacano", al imaginar, como para los olmecas, caravanas de mercaderes, delegaciones de sacerdotes de Tláloc o incluso verdaderas expediciones dirigidas por jefes militares, que recorrían Mesoamérica. Poco a poco, algunos postularon incluso la existencia de una "dinastía" mexicana que habría reinado en Tikal en los siglos IV y V, y cuyos representantes principales fueron cierto "Garra de jaguar", y dos soberanos llamados por los arqueólogos "Hocico curvo" y "Cielo nublado". Este último está retratado en la famosa Estela 31 con su guardia de honor armada y ataviada a la manera teotihuacana. Es verdad que las huellas de la presencia nahua en Tikal son de estilo muy teotihuacano. Siempre se cita como ejemplo el Edificio 5D-43, situado al pie de la ciudadela central, cuya base construida con grandes piedras calizas presenta un característico tablero sobre talud, coronado de una cornisa achaflanada. Al igual que el estilo arquitectónico, la decoración de esta plataforma también es teotihuacanoide: el motivo del doble *chalchiuitl* aparece en el tablero para representar el agua, mientras que el motivo del fuego corre reiteradamente sobre el talud y la cornisa.

También es indudable que la cerámica de Tikal tiene afinidades con la cerámica teotihuacana. Pero que sea en la arquitectura, en la cerámica o en el arte de bajorrelieve, el estilo "teotihuacano" de Tikal tiene un firme sello regional. Sería entonces más apropiado hablar de estilo nahua y vincular la "presencia teotihuacana" observada en Tikal durante la Época III con la presencia nahua que ya se observa en la Época II y que, como vimos, es autóctona, incluso en las tierras bajas. Una observación semejante se puede hacer acerca de Copan, el gran sitio oriental del área maya. Los trabajos de campo han probado que el núcleo de la Acrópolis Mayor fue una construcción con fachadas de talud-tablero. Los pájaros "glíficos" —modelados en estuco— de la antigua cancha de pelota tienen un estilo intermedio entre el de Izapa y el de Teotihuacan.[19] En ricos entierros se encuentran vasijas trípodes cilíndricas de cerámica del tipo anaranjado delgado y espejos de hierro. La continua presencia nahua en Copan es obvia y, aparentemente, no se puede reducir a unos lejanos rasgos "dinásticos".

El hecho de concebir una presencia nahua minoritaria en el seno del mundo maya ayuda a entender no sólo la existencia de un estilo teotihuacanoide, sino también la existencia, junto al estilo maya, de uno no

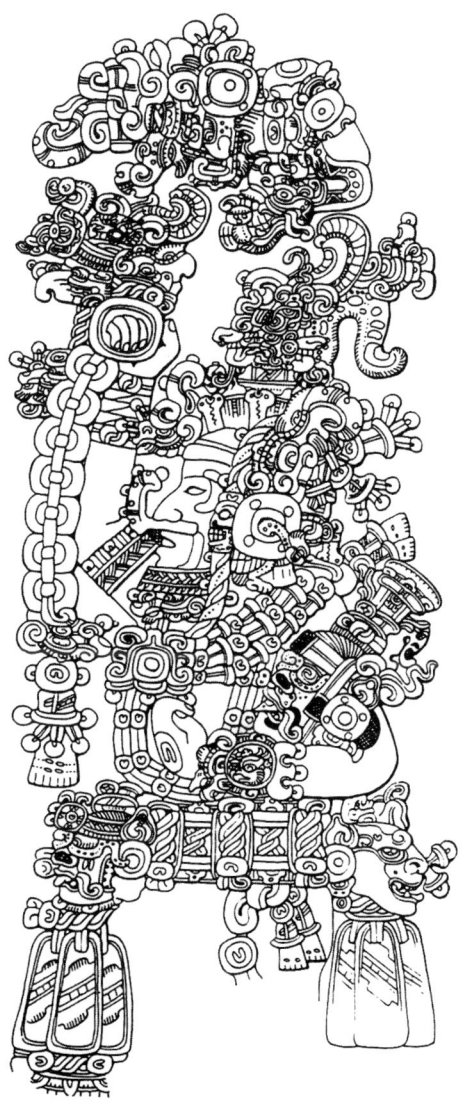

187. Estela 31 de Tikal.

maya, de inspiración claramente mexicana, sin que por ello sea una réplica del teotihuacano. Los famosos frisos estucados de Acanceh (Yucatán) son un buen ejemplo de ello: ni mayas ni teotihuacanos, atestiguan sin embargo una presencia nahua evidente. El motivo escalonado de la ciudad y los elementos glíficos asociados corresponden estrictamente con la codificación nahua; pero el estilo es local. Del mismo modo, numerosas máscaras mortuorias encontradas en Calakmul o en Becan, pertenecen a una tradición nahua local, que no deja de evocar la de los nahuas más meridionales de Abaj Takalik. Las cabezas de jaguar con la lengua de fuera que flanquean las escaleras de la pirámide principal de Toniná son de inspiración nahua, a falta de ser de estilo maya; su lengua es en realidad un cuchillo sacrificial y esta evocación remite a la temática del jaguar-sol nocturno que se abreva con la sangre de los sacrificados presente en toda la historia nahua, hasta la famosa Piedra del Sol azteca. Tampoco debe sorprendernos encontrar material arqueológico mexicano en Copán, lo mismo que en Uxmal, Yaxhá, lo mismo que en Dzibilchaltún. Sí hay, en el territorio de las tierras bajas mayas, nahuas sedentarios que cohabitan, según modalidades aún poco conocidas porque no se han explorado, con los mayas que forman la base mayoritaria de la población. Se puede pensar que la mesoamericanización triunfante de los mayas en la Época III fue muy estimulada río arriba por las colonias nahuas presentes en su territorio. La explosión del poder maya en los siglos VII y VIII es producto indiscutible de un largo proceso de aculturación que, a mi entender, no puede reducirse a la asimilación de influencias llegadas del exterior: un mestizaje cultural interno, más subterráneo, operó sin lugar a dudas durante toda la Época III

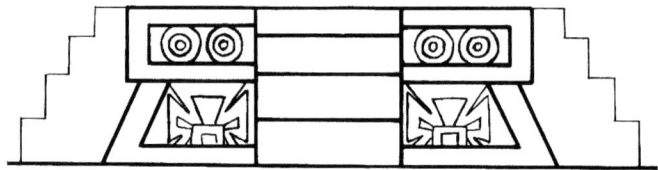

188. Edificio 6E-144 de Tikal. Presenta el característico estilo constructivo de Teotihuacan.

EL MUNDO MAYA

Los mayas han hecho correr mucha tinta. Y han hecho soñar. Su imagen padeció duramente todas las derivaciones fantasmagóricas que suscitaron. Y hasta en el interior de la comunidad científica cristalizaron una tentación romántica. Así que las ideas comunes acerca de ellos son a la vez más numerosas y están menos fundadas que las que afectaron a las otras civilizaciones precortesianas. Hacer el balance del estado actual de los conocimientos de los mayistas lleva inevitablemente a mermar los dogmas y a disipar el misterio.

El marco geocronológico

Según una tradición bien establecida, la era maya inicia con la erección de la Estela 29 de Tikal que lleva la fecha 8.12.14.8.15, lo que corresponde al año 292 d. C. según la correlación GMT. Se puede matizar tal afirmación: ¿cómo postular que la arqueología agotó su terreno y que no se hallará una fecha más antigua algún día?; ¿por qué tratar como certeza una correlación cuyo principio es altamente hipotético? A decir verdad, es igual de probable el principio del siglo III como punto de arranque de la era maya. La coherencia arqueológica, las asociaciones cerámicas y el C14 llevan a tomar cierta distancia respecto de las lecturas de las inscripciones cronológicas. Parece razonable rechazar el principio del fechamiento "automático" de los sitios mediante la correlación GMT.

Querer fechar las estelas a partir de sus inscripciones puede provocar enojosas extrapolaciones. Así, una estela "sin procedencia establecida" —según el eufemismo empleado para designar los objetos producto de ciegos saqueos—, actualmente en posesión de un coleccionista privado de Seattle (John Hauberg), se cita a veces como referencia de la fecha maya más antigua que se conoce; se leería 8.8.0.7.0 3 ahau 13 xul, ¡lo cual correspondería al 9 de octubre de 199! Naturalmente, se puede entender el deseo legítimo, por parte de los coleccionistas, de poseer lo que es excepcional, en que lo más antiguo es una figura. Pero, los científicos no necesitan sucumbir a estas tentaciones. Ahora bien, es innegable que la inscripción

---

PÁGINA ANTERIOR. 189. Tapa de bóveda, Dzibilnocac, Campeche. Piedra estucada y pintada de rojo.

de la Estela Hauberg no es una fecha expresada en cuenta larga; su reconstitución[20] es entonces totalmente hipotética. Por lo demás, quizá se trate de una obra proveniente de las tierras altas (¿Kaminaljuyú?) y los glifos no son los de la convención de los mayas "clásicos". La circunspección, por lo tanto, debe prevalecer.

Dicho esto, ¿existe un foco de origen de la civilización maya del que derivaría el conjunto de las implantaciones? Antes se creyó que así era, con la región de Tikal, Uolantún y Uaxactún, en el norte del lago Petén Itzá. Pero los especialistas matizan actualmente este punto de vista. Por una parte, no se puede razonar a partir de la idea de un territorio vacío que se poblaría poco a poco. En efecto, las distintas familias mayas ocupan sus tierras desde tiempos remotos. Lo que se modifica al filo de los siglos no es entonces la naturaleza de la población, sino el modo de vida y las prácticas político-culturales. Desde este punto de vista, es exacto que se pueden observar particularismos locales, pues la evolución no es uniforme, sobre todo el territorio maya. La zona en que despiertan los llamados "mayas clásicos" no coincide, en efecto, con la totalidad del área que será ocupada en el siglo IX. Es notable, por ejemplo, que al principio de la Época III, con excepción de Piedras Negras y Yaxchilán, no se encuentre casi ningún monumento maya al oeste de una línea norte-sur que va de Campeche a Kaminaljuyú. Así, el valle del Usumacinta sólo abriga pueblos dispersos. En cambio, la península de Yucatán, el Petén, la fachada caribeña y las cuencas de los ríos Copán y Motagua tienen una ocupación característica. El estatuto de las tierras altas guatemaltecas permanece incierto. En cuanto al litoral del Pacífico, en el sur, es intrínsecamente no maya, sin por ello quedar fuera de la esfera de atracción maya: Izapa, Abaj Takalik, Santa Lucía Cotzumalhuapa no son y nunca serán sitios mayas, pero exportarán rasgos culturales hacia el norte.

Entre 200 y 450, las influencias externas, esencialmente nahuas, se sienten con fuerza. El arte más antiguo de Tikal está muy marcado por Kaminaljuyú, Izapa y, directa o indirectamente, por Teotihuacan. Todos los observadores han notado, por ejemplo, el parentesco extraordinario entre el estilo de Kaminaljuyú y la cara anterior de la Estela 31 de Tikal. Esta última comprende además, en los costados, a ambos lados de la representación del soberano, dos personajes masculinos de cuerpo entero, tratados al estilo nahua, armados con el *atlatl* de los guerreros del Altiplano Central; ¡uno de ellos sostiene un escudo rectangular con la efigie de Tlaloc! Otro ejemplo es el soberano retratado en la Estela 4, que nada tiene de maya, ni en los rasgos ni en su entorno iconográfico; ocupa un asiento ceremonial, su rostro está de frente, está coronado por una máscara de jaguar de la que emergen dos manojos de plumas al estilo mexicano, y lleva un collar de conchas bivalvas, emblemáticas de Teotihuacan; lleva en la mano derecha una insignia de aspecto maya, pero su brazo izquierdo sostiene una máscara de Tlaloc. Y la escena está rematada por una divinidad con nariz larga, con el rostro hacia abajo, tratada al estilo de la zona meridional. La Tumba 10, que se consideró como la sepultura de un soberano de origen mexicano, contenía prácticamente sólo objetos de estilo teotihuacano. Las evidencias de los orígenes mexicanos de Tikal no se discuten. Pero lo que antes se creía que era un caso especial, se reveló a lo largo de las investigaciones como una constante del principio de la Época III. En Yaxuná (norte de Yucatán), en Tres Islas (río de la Pasión), en Uaxactún y en Yaxhá (Petén central) se encuentran, sobre las estelas más antiguas, unos dignatarios que ostentan ropas, insignias y posturas nahuas. En Uxmal, el estadio más antiguo de la pirámide del Adivino está adornado con mascarones de piedra con la efigie del dios del fuego mexicano, asociado con el glifo del año esculpido según la

190. Estela de Yaxhá, Petén, Guatemala. Lleva la efigie del dios Tlaloc.
191. Mascarón de la pirámide del Adivino, Uxmal, Yucatán.

convención del Altiplano Central. En Loltun (Yucatán), un relieve rupestre revela la inspiración del estilo de Kaminaljuyú, que está sin embargo a más de 600 km de distancia.

Durante esta antigua fase de la Época III, se tiene la impresión de que operan varios centros de población nahua y no sólo en Kaminaljuyú y en Tikal. Los hay seguramente en el norte de Yucatán (Acanceh es un ejemplo) y en la costa caribeña. El despertar a la civilización del mundo maya no ocurre de modo independiente, sino gracias al empuje de los pueblos mesoamericanos de los alrededores.

La fase que sigue va del 450 al 600. Generalmente, es poco tomada en cuenta por los mayistas, que al respecto, han hablado de pausa, incluso de interrupción. Es verdad que se traduce por una disminución generalizada en la erección de estelas fechadas. Pero, ¿acaso puede juzgarse la vitalidad de la cultura maya con la mera cuenta de estelas erigidas? Si se abarca la dinámica general del territorio maya, se observa que la actividad arquitectónica no marca una interrupción notable. Algunos sitios se encuentran en plena prosperidad: entre otros, lo atestiguan Copán, Guaytán, Uaxactún, Altar de Sacrificios, Oxkintok, Edzná, Cobá. Y, sobre todo, se implantan nuevos sitios. La fase media corresponde, en efecto, a una extensión de la soberanía maya sobre las tierras occidentales. Esta presencia se manifiesta con el control de una franja de tierra de 80 km de ancho a lo largo de la orilla occidental del río Usumacinta. Este corredor entre el Petexbatún y el Atlántico establece un acceso a la costa del Golfo, rodeando un bolsón nahua centrado en la Laguna de Términos y las tierras bajas que gobierna. Los sitios de Palenque, Toniná o Chinkultic —que aún no han alcanzado su apogeo— corresponden a este nuevo despliegue del poder maya. La fase media no es entonces un repliegue, sino más bien un periodo de mutación en el que los mayas

rechazan las influencias mesoamericanas para desprenderse de ellas poco a poco y explorar nuevas vías.

La originalidad maya no manifiesta su esplendor sino hasta la tercera fase, que va del 600-650 al 800. Entonces, explota verdaderamente el genio propio de ese pueblo. Los grandes sitios reviven por segunda vez; crecen y se multiplican a un ritmo desenfrenado. La densa selva tropical se ve colonizada por innumerables grupos conducidos por jefes de bandas que aspiran al poder. Estas tribus desmontan, construyen, esculpen, erigen imitando a las grandes ciudades. Todos quieren imprimir su sello, crear un estilo, forjar mitos, arraigar su legitimidad. Todos agudizan su imaginación, su esfuerzo y su sentido artístico. El área maya, de Comalcalco a Altun Ha y de Izamal a Nebaj, se cubre con una miríada de centros ceremoniales que rivalizan todos en talento y engendran obras maestras. Uno imagina sin dificultad, al seguir este fantástico florecimiento, el cambio cualitativo que se produjo entonces. Lo que ha cambiado no es un aumento brusco de la población provocado por ese hormigueo, sino la idea de la vida. Los mayas se lanzaron en una carrera por la riqueza y el poder. Ahora, todos invierten sus capacidades en una competencia que no parece depender simplemente de la rivalidad

193. Espinas de manta raya grabadas, Comalcalco, Tabasco.
PÁGINA ANTERIOR. 192. Hueso inciso procedente de Tikal, escena mítica probablemente relacionada con el pasaje al más allá.

tribal. La apuesta es más ambiciosa: los mayas desean conquistar la supremacía en Mesoamérica. Responden a un desafío: en el siglo VII, el poder nahua aparece debilitado. El aura de Teotihuacan ha empalidecido y la ciudad de los dioses está semiabandonada, Monte Albán declina y Tula aún no ha nacido. Es el hueco de la ola. Sin duda es una oportunidad para los mayas, quienes la aprovechan. La recurrencia hiperbólica de los temas guerreros en la iconografía de esta tercera fase indudablemente se puede relacionar con ese deseo de poder.

Este momento de la historia maya coincide con una fase de expansión sin precedentes. No sólo los mayas amplían los límites de su territorio de origen al controlar por ejemplo las llanuras de Tabasco (Tortuguero, Comalcalco), al asentarse en Tazumal —el gran sitio salvadoreño— o al influir en las poblaciones nahuas del río Ulúa (Honduras), sino que van más lejos, cuando se aventuran —quizá por única vez en su historia— fuera de las fronteras de su patria.

Por mucho tiempo, les resultó difícil a los arqueólogos entender la presencia maya en el Altiplano Central mexicano. Cuando ésta se manifestaba a través de los objetos, se atribuía su existencia a "intercambios comerciales". Pero, ¿acaso se entierran en ofrendas dedicatorias unos objetos extranjeros que, por el motivo mismo de su origen, no pueden ser depositarios de ningún valor simbólico? Cuando las excavaciones de Xochicalco (Morelos) demostraron que este sitio fundamentalmente nahua había recibido influencias mayas visibles en el estilo de la escultura (personajes sentados con las piernas cruzadas sobre los costados de la pirámide de la serpiente emplumada) y en los objetos enterrados (jades y cerámicas), ¡se imaginaron que Xochicalco había recibido a un congreso de astrónomos encargados de ajustar los calendarios de Mesoamérica y que una delegación maya se había hospedado ahí con tal propósito! Este recurso a la especulación pura traducía evidentemente el desconcierto de la época hacia esos rasgos mayas aparentemente incongruentes fuera de su área de origen. Creció la sorpresa en 1975, cuando se descubrieron pinturas murales en Cacaxtla (Tlaxcala) cuyo estilo maya, esta vez, era evidente. Sin embargo, los datos obtenidos en las excavaciones de Diana López y Daniel Molina permitieron fechar estas pinturas en el periodo de 650 a 750; las más impresionantes representan escenas de batallas entre dos grupos étnicos distintos.[21] Al parecer, tenemos aquí el testimonio tangible de la presencia física —y belicosa— de

194. Hombre águila. Pintura mural en Cacaxtla, Tlaxcala.

los mayas sobre el Altiplano mexicano. Este intento de ocupación del Altiplano Central corresponde de manera muy precisa al periodo de desvanecimiento del poder nahua, posterior al año 650.

Los mayas de los siglos VII y VIII no se conforman con exhibir su fuerza y sus capacidades creadoras, se dedican sobre todo a competir con los nahuas en el terreno cultural. No quieren parecer meros imitadores, entonces elaboran una versión modificada de la mesoamericanidad, en lo que se refiere al calendario, la escritura, la arquitectura, la codificación iconográfica, etc. Por ello, los mayas parecen originales en el concierto de las civilizaciones precortesianas —conscientemente quisieron serlo y lo fueron, pero sólo de manera breve.

Pues la historia no esperó a los mayas. En la cúspide de su poder, los alcanzó un poderío renovado de los nahuas (véase Época IV, p. 505). El modelo maya, pacientemente establecido y suntuosamente ilustrado, fracasa. El siglo IX equivale a un derrumbamiento. En toda el área maya, la vitalidad muere. El espíritu de competencia se erosiona y luego se desvanece. La lucha por la supremacía pierde su objeto. El desaliento domina. La renuncia es casi total al principio del siglo X. Los mayas no "desaparecen", como lo quiere una leyenda tenaz. Lo que muere en el siglo X es en gran parte su originalidad, según un guión sobre el cual volveremos. El visitante desprevenido puede tener la impresión, al recorrer la tierra maya y al escalar las pirámides de los antiguos centros ceremoniales, que contempla los vestigios de una civilización relámpago. Las cuatro quintas partes de lo que se ve en los sitios y en los museos del mundo con la etiqueta de "civilización maya" datan de la única fase reciente, para mayor precisión del siglo VIII. Los mayas dan la impresión de haber desaparecido como brotaron, en el misterio y en el instante. Hemos visto que esto es históricamente falso: ¡los mayas estaban presentes en su territorio antes de que existiera Mesoamérica, y permanecieron ahí a pesar de las vicisitudes de la Conquista, la colonización, las guerras civiles y la apertura mundial de los mercados! De hecho, lo que dura poco es la exploración por parte de los antiguos mayas de las vías culturales originales, ligeramente divergentes de las normas mesoamericanas dominantes. Antes del siglo VII, asistimos a un proceso de aculturación: los mayas, al principio extraños en el contexto mesoamericano, se mesoamericanizan progresivamente, y sus modelos, ya sea en el terreno del arte, de la arquitectura, de la escritura, del calendario o de la religión, son nahuas. La pirámide E-VII-sub de Uaxactún es un edificio de concepción nahua. El famoso glifo introductor de las series iniciales (cuenta larga) se inspira en los olmecas y en Izapa. El tonalpohualli, con sus 260 combinaciones de signos y de números, también es de elaboración nahua, y es parte de los préstamos. La deuda de los mayas con los nahuas es verdaderamente considerable, pero es lógica: es el resultado de dos mil años de cohabitación. Después del siglo IX, la pretendida "desaparición" de los mayas es sólo un regreso a los caminos de la mesoamericanización estándar. El desvanecimiento maya sanciona el fracaso de sus veleidades de poder; toda la especificidad que se vinculaba con esta segunda vía se convierte en camino sin salida; al perder su objetivo, la originalidad maya se vela y se funde en el nuevo paisaje, marcado por la "toltequización" de Mesoamérica. Así que es importante detenerse en este episodio maya, que coincide con el único momento de la historia precolombina en que Mesoamérica aparece como entidad bipolar.

La originalidad maya

La escritura glífica

La principal innovación maya es indiscutiblemente el desarrollo de una escritura glífica basada en signos individualizados reunidos en "bloques glíficos" y alineados en columnas. La escritura maya combina glifos principales y afijos: prefijos colocados delante del glifo principal, sufijos colocados debajo y superfijos colocados arriba; los posfijos colocados después del glifo central son más escasos, pero existen.

Los mayas no inventaron el sistema glífico. Los nahuas, desde la época olmeca, emplean signos encerrados en cartuchos para anotar el nombre de los días y de los meses del calendario, y símbolos mezclados con la iconografía para expresar conceptos abstractos o realidades más concretas, como la noción de ciudad, de guerra, de Conquista, etc. Los mayas recuperaron con sus vecinos el principio de esta escritura, pero la adaptaron al separar la escritura de la iconografía. Eligieron una escritura autónoma, destinada a ser legible fuera de cualquier contexto figurativo, para lo cual tuvieron que forjar nuevos signos y establecer una codificación que apuntara a

195. Tres ejemplos de fechas de cuenta larga. Las antiguas inscripciones mayas ofrecían la posibilidad de usar indiferentemente el glifo abstracto o su forma icónica.

introducir lo icónico en el interior del signo. Desde este punto de vista, la escritura maya es a la vez mesoamericana y única en su género. Se presiente que los mayas estaban en camino de una escritura totalmente original, y que sus convenciones hubieran podido desembocar en un tipo de sistema diferente del que provenía. Pero toda ficción es gratuita y nadie puede decir cómo habría evolucionado el sistema si los mayas hubieran hecho que triunfaran sus miras. Así que hay que limitarse a la realidad.

Lo que hoy sabemos de la escritura maya es poco. Por desgracia, no existe una piedra de Rosetta que permita traducir el maya de la Época III. Los únicos glifos cuya significación conocemos con seguridad son los calendáricos cuya transcripción apareció en una crónica del siglo XVI, la del franciscano Diego de Landa. Éstos (unos cuarenta) son, estadísticamente, los más frecuentes entre unos ochocientos glifos catalogados en las inscripciones. Esta observación explica que antes se creía que la escritura maya se limitaba al registro del tiempo. Heinrich Berlin, en 1958, produjo un salto cualitativo importante en el desciframiento del maya, al identificar los glifos toponímicos que llamó de modo extraño "glifos-emblemas".[22] Tatiana Proskouriakoff hizo lo mismo al localizar en Piedras Negras sucesiones de fechas que sugirió poner en correspondencia con los reinos de los soberanos locales.[23] Desde entonces, los genealogistas dan rienda suelta a su labor y la casi totalidad de las inscripciones se lee ahora como crónicas dinásticas en las que se mezclan las referencias a los antepasados, los hechos de armas, los acontecimientos familiares, los relatos de entronización, las inauguraciones de monumentos y las conmemoraciones de fechas simbólicas.

Para reforzar el conjunto, una escuela de epigrafistas —la de Austin, Texas— adoptó el postulado fonético, según el cual los glifos constituyeron un silabario y denotaron sonidos. Esto autoriza algunas familiaridades: así se puede designar a los soberanos con sus apodos. Éste, en Palenque, se llamará Pacal ("Escudo" en lengua chol); la mujer de un soberano de Yaxchilán se conoce como "Señora Xoc"; ese otro, en Copán, se llamará 18-Jog. Jog no es un nombre maya, sino un atrevido neologismo, que condensa la *j* de jaguar y el *og* de *dog* ¡porque no se sabe si el glifo nominal del soberano representa a un jaguar o a un perro! Como se ve, la puerta está abierta a todas las suposiciones y todas las fantasías.

¿Se puede adherir sin reservas a la doctrina de la transcripción fonética? En verdad, ofrece un riesgo fuerte cuando niega el trasfondo antropológico y la especificidad mesoamericana de los mayas. Actualmente, existe una tendencia entre ciertos autores estadounidenses que quieren tratar la escritura maya como a todas las demás; así que se ponen a buscar verbos, complementos y adjetivos; se intenta aislar artículos, relativos y pronombres. Con esto, se olvida que la escritura mesoamericana, en su origen, no registra la lengua, sino el pensamiento. ¿Los mayas se deslizaron, sí o no, en un momento dado, hacia el fonetismo? Si éste es el caso, su recorrido por esta vía fue marginal y de corta duración.

Se adquirió la costumbre, siguiendo a los grandes maestros del mayismo Morley y Thompson, de considerar que la escritura maya constituía un sistema mixto, que combinaba ideogramas, logogramas y fonogramas. Para ilustrar el componente pictográfico, naturalmente, no faltan pruebas: como ejemplo, una cabeza de murciélago representa el murciélago; un glifo de cuatro pétalos al sol, etc. Así, hay glifos especializados para designar a los hombres, los animales, la noche, el cielo, la luna, el movimiento, el pedernal, el agua, el fuego, etc. La demostración se debilita en la parte de la fonética. Si la idea de una escritura de tipo "rebus" es tentadora, habida cuenta del número de homófonos en las lenguas mayas, la evidencia de su existencia está lejos de ser probatoria. Thompson, al dedicarse a multiplicar los ejemplos,[24] permanece poco convincente. Para todos los casos considerados, existe una refutación que está en orden.

El caso de escuela que sirve de paradigma a la demostración es el del glifo que nota al *katun*, periodo cronológico equivalente a veinte años (7 200 días). Este glifo está compuesto de tres elementos: uno principal, que nota el año (*tun*), rematado de dos superfijos, a saber un glifo generalmente vinculado con el agua (*cauac* o *muluc*) rodeado de dos elementos en forma de peine. En ciertos casos, un pez sustituye a ese elemento peine. La argumentación de los defensores de la escritura "rebus" es la que sigue: el signo de peine aparece en la crónica de Diego de Landa con la indicación de que transcribe el sonido *ca*; como el glifo principal es *tun*, el conjunto se lee *katun*; la sustitución del pez por un peine es una prueba del juego fonético de tipo "rebus", ya que pez en yucateco se dice *cay*; se trataría de una aproximación fonética para transcribir en realidad el sonido *kal*, que quiere decir "veinte". La presencia del glifo *cauac* se justificaría en nombre del "refuerzo fonético", siendo la primera sílaba de la palabra-glifo *ca*. El razonamiento defendido por Morley desde 1915 todavía tiene sus adeptos.[25] Sin embargo, la demostración es frágil: ¿qué es de la idea del "refuerzo fonético" cuando el glifo superpuesto no es *cauac* (lluvia) sino *muluc* (agua)? ¿Por qué ese mismo signo *cauac* se encuentra desdoblado en otro glifo calendárico, el que anota el *baktun* (cuatrocientos años)? ¿Por qué *cauac* tendría un valor fonético en el glifo *katun* y no en el glifo *baktun*? ¿Qué es de la pretendida lectura fonética cuando el *katun* es anotado por otros glifos que nada tienen que ver con la forma antes descrita? ¿Por qué el glifo *katun* integraría un elemento fonético, cuando otros glifos que transcriben palabras con el mismo sonido *ca* (por ejemplo *caban*, *cauac*, *kan*), no contienen un elemento peine? Finalmente, la pretendida sustitución del peine (*ca*) y del pez (*cay*) quizá sea una ilusión óptica; es hacerle poco caso a la tradición mesoamericana que autoriza, según el deseo del escriba, la iconización o la esquematización. El famoso peine del glifo *katun* puede perfectamente ser un signo codificado para designar al pez; no sería un peine, sino una escama, por ejemplo, siendo la parte siempre equivalente al todo, en términos de significación.

Es innegable que hay cierta falta de lógica en admitir la idea de un sistema mixto y uno puede preguntarse razonablemente si la debilidad manifestada por ciertos mayistas hacia el fonetismo no encuentra su origen en el "alfabeto" de Landa. Este franciscano, quien vivió treinta años con los mayas yucatecos, escribió hacia 1560 una *Relación de las cosas de Yucatán*, en la que pensaba dar la clave de la escritura glífica. Ahora bien, su famoso capítulo XCI, que se volvió la biblia de los fonetistas, es el prototipo del procedimiento etnocentrista: Landa se dedicó a recoger el alfabeto de una escritura manifiestamente ideográfica, ¡sin cobrar conciencia de que la escritura maya tenía otra naturaleza que la escritura latina! Su error es com-

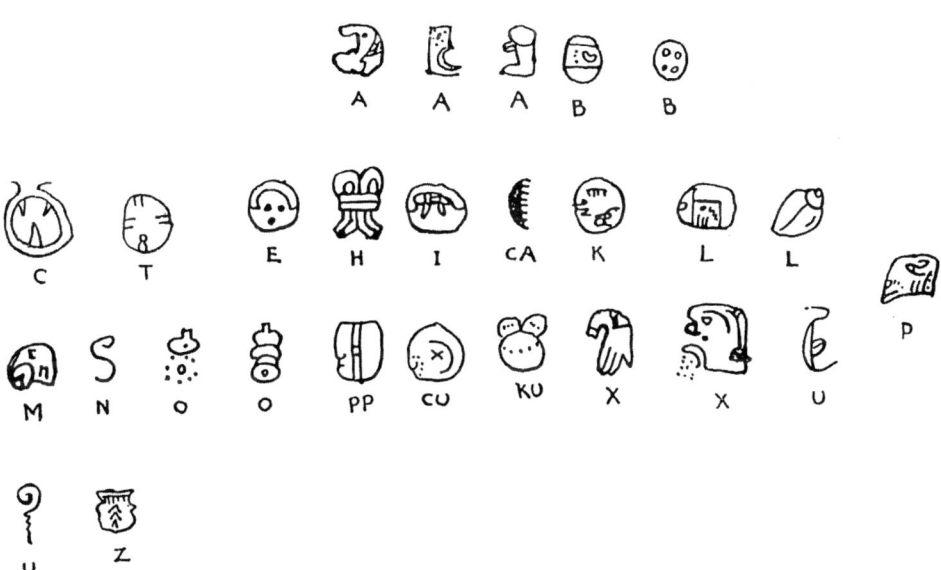

196. "Alfabeto" de Diego de Landa.

prensible en el contexto de la época, pero hoy día es patente. Landa pronuncia el sonido *a* correspondiente a la primera letra del alfabeto y le pide a su informante que le dibuje el glifo correspondiente. El maya escucha *ak*, que quiere decir "tortuga" en su lengua o *ah* que quiere decir "agua". Entonces dibuja el glifo de la tortuga, en este caso la cabeza del animal, o el glifo del agua. Landa dice *b*. El maya entiende "camino" (*be*) y dibuja la huella de un pie en un camino. Landa dice *c*, el informante dibuja el glifo *tzec*, nombre de un mes del calendario maya, el equivalente fonético más cercano al sonido español *c*. Y así sucesivamente. El "alfabeto" de Landa es el producto de una equivocación. En ningún caso demuestra que los mayas de la Época III empleaban un sistema fonético. La postulada existencia de glifos fonéticos en la escritura maya se topa con dos series de objeciones, unas relativas a la estructura del código, otras a su espíritu. Las primeras giran en torno a tres grandes preguntas que engloban otras:

197. Ejemplo de glifo complejo compuesto por varios glifos. Tomado de una cerámica incisa de Copán, Honduras.

• ¿Qué lengua registrarían los glifos de las inscripciones de la Época III? ¿El yucateco, el chol, el chorti, el mopán?, ¿hay que postular una lengua maya "oficial" común a todas las tierras bajas?, ¿hay que imaginar la supremacía de una etnia sobre las demás —lo cual tendrá evidentes implicaciones políticas?, ¿hay que construir arbitrariamente un protomaya?
• ¿Cómo combinar el principio del fonetismo y la fluidez de un código que, en opinión misma de los partidarios del todo es fonético, a veces asocia varios glifos con un mismo sonido, a veces varios sonidos con un mismo glifo?
• ¿Cómo conciliar el principio de la codificación del signo fonético con el de su iconización libre? Dicho de otro modo, ¿en qué se convierte el sonido representado cuando se pasa del símbolo a la figura completa? Esto equivale a preguntarse si una imagen compleja puede conformarse con representar a una sola sílaba.

En cuanto a las objeciones de fondo, se refieren al ocultamiento de cualquier perspectiva antropológica engendrada por la lectura fonética. Sorprende que los autores que practican el desciframiento fonético —un modo de lectura etnocentrista— puedan proponer traducciones igualmente repletas de etnocentrismo. La palabra "usurpador", que algunos creen poder descifrar ¿tiene realmente un sentido en la sociedad maya? Esta obsesión dinástica, este énfasis centrado en la vida de los soberanos, ¿no serán quimeras nacidas de un paralelismo con la Edad Media europea? La mención de "cacao", identificada por algunos en unas vasijas funerarias, ¿no será una extrapolación a contrapelo del principio de la etiqueta en los productos del supermercado?

A fin de cuentas, es dudoso que los mayas hayan podido, en unos cuantos siglos, escapar a su mesoamericanidad. Su escritura es original, ciertamente, pero sigue siendo de tradición icónica. Parece haber permanecido ajena a la división de la lengua en fonemas. En esto, es fiel a su génesis y a su entorno cultural.

Cualesquiera que sean las incertidumbres del desciframiento, la escritura maya no deja de participar en cierta búsqueda artística. El objeto de una descripción no es simplemente transmitir un mensaje, sino también transmitirlo de manera hermosa. La escritura en sí es iconográfica. Los mayas no actuaron en el sentido del desarrollo de un código estrictamente vehicular. Los escribas que cincelaron los glifos siempre actuaron voluntariamente como artistas.

La arquitectura vertical

La pirámide escalonada o, para ser más precisos, la estructura piramidal destinada a soportar un templo, forma parte del patrimonio cultural mesoamericano. Los mayas, por lo menos desde la Época II, se han adueñado de esta práctica arquitectónica. Pero la han personalizado de modo sensible, al insistir en la verticalidad. Han asociado tres procedimientos: el aumento de la altura global del basamento piramidal, el aumento de su ángulo de inclinación y la sobreelevación del templo que lo remata por medio de una crestería.

Es notorio que se les deba a los mayas las construcciones más altas del Nuevo Mundo. Algunos templos de Tikal o de El Mirador sobrepasan los 70 m de altura y sólo la Pirámide del Sol en Teotihuacan o el Templo Mayor de México han alcanzado alturas comparables. Pero, a la altura intrínseca, los mayas han añadido la impresión de verticalidad. Las pirámides de Teotihuacan son masivas, imponentes por su volumen, lo que vela la sensación de altura; por el contrario, las pirámides mayas son agresivamente verticales y las escaleras de acceso al templo superior poseen pendientes vertiginosas. Las construcciones mayas dominan al hombre con su altura. Los arqueólogos piensan de modo casi unánime que la crestería de los templos es un añadido arquitectónico imaginado desde el principio, con el único objeto de aumentar la altura total de la pirámide y acentuar aún más su verticalidad. Existen cresterías masivas compuestas de varios pisos retraídos, como las que coronan los templos de Tikal. Su peso considerable debe apoyarse en el muro de contención trasero del

198. Vista general de Uxmal, Yucatán.

templo que, en este caso, alcanza proporciones increíbles: ¡doce metros de espesor para el Templo IV! También hay cresterías caladas y aéreas, verdaderos arabescos de piedra que, por su ligereza, pueden colocarse en medio del techo: es el caso de Palenque, Hochob y Uxmal. La crestería, como parte integrante de la ornamentación, también tiene un significado simbólico: algunas representan al soberano en majestad, otras, de modo más o menos estilizado, el rostro de un dios (el jaguar en particular), otras también parecen pertenecer a una decoración más geométrica, pero sin duda tenían algún significado.

La culminación de la búsqueda de verticalidad se alcanzó en algunos sitios como Río Bec o Xpuhil, en donde la pendiente de las escaleras es tal, que se han vuelto ficticias. La escalera se convirtió en elemento decorativo de una fachada casi vertical: en la cúspide de una pseudoescalera, domina un pseudotemplo sin santuario, y rematado por una crestería como un verdadero templo. El edificio ya sólo es una decoración monumental en trampantojo. Bien se ve en estos ejemplos extremos que la verticalidad es más importante que el complejo templo-pirámide en sí mismo. Esto nos da una pista para explicar esta búsqueda de lo vertical a toda costa, cultivada por los mayas con cierto empeño.

Los autores románticos del siglo pasado habían imaginado que la elevación de los templos mayas era como una prefiguración de la trascendencia divina, que las altas pirámides que había que subir eran un camino de acceso a lo divino, y que la estrechez de los escalones, que impedía colocar el pie de frente, era intencional, para que el sacerdote sólo pudiera subir al santuario con la mirada hacia abajo, por respeto a la divinidad, que no se podía mirar de frente. De hecho, la estrechez de los escalones, que es real, es una limitación arquitectónica impuesta por la fuerte inclinación de la escalera. Y la explicación de la trascendencia no tiene sentido alguno en el mundo precortesiano. Lejos de estas interpretaciones "a la occidental", hay que poner nuevamente las cosas en su contexto. Y éste es el de una competencia por el poder, en la que los mayas intentan disputar a los nahuas la preeminencia en Mesoamérica. Los mayas, por lo tanto, se ven arrastrados en una lógica escaladora en que intentan hacer las cosas mejor, más grandes y más altas que sus rivales nahuas. Las pirámides que se lanzan hacia el cielo maya a partir del siglo VII son demostraciones de poder que manifiestan conjuntamente habilidad y afán de poderío. Y el hecho de que las más altas y las más verticales hayan sido erigidas entre los años 650 y 800, es decir en el preciso momento del desvanecimiento nahua, es una prueba de que esas veleidades arquitectónicas son políticas y coyunturales, y no están ligadas a una necesidad profunda del culto.

El registro del tiempo

La mayoría de los monumentos mesoamericanos con inscripciones tienen fechas que pueden corresponder a acontecimientos históricos y simbólicos o mitológicos, o bien a fechas de nacimiento, en la medida en que éstas también sirven como nombres propios. Los mayas han innovado, ya que añadieron a estas figuras inscripciones en las que aparentemente las fechas valen por lo que son, es decir, anotaciones cronológicas. Pero hay que establecer una reserva acerca de un uso considerado de moda entre los mayistas desde hace tiempo: numerosos arqueólogos consideran que las inscripciones cronológicas que aparecen en las estelas, dinteles y muros de los edificios dan sistemáticamente la fecha cuando se erigió el monumento. Es, desde luego, fácil para atribuir los vestigios a un horizonte cronológico preciso, sin embargo es un riesgo, pues nada prueba que los escultores mayas fecharan sistemáticamente su obra una vez concluida. En el espíritu mesoamericano, una inscripción cronológica puede corresponder a cosas distintas a la fecha de creación del monumento. La Estela C de Quiriguá, por ejemplo, lleva sobre una de sus caras (la cara este), la fecha 13.0.0.0.0, que anota el fin de un periodo de 5 200 años.[26] Puede tratarse sólo de una fecha de carácter mitológico o simbólico. Transcrita en correlación GMT, correspondería al año 2012 d. C., lo cual, hay que confesarlo, ¡sería una fecha demasiado tardía para que concuerde con la erección de ese monumento! Por otra parte, en una misma construcción, incluso en una misma estela, se encuentran con frecuencia varias fechas diferentes: naturalmente, ¡no todas pueden corresponder a la fecha de inauguración! Así que quizá haya, en las inscripciones mayas, menos cronología, en el sentido estricto, de lo que se ha pensado.

Sin embargo, no se puede extender esta reserva a las inscripciones llamadas "de final de periodo". Desde el final del siglo IV, se instaura la costumbre de conmemorar erigiendo una estela, cada fin de *katun*. Parece que las primeras de ese tipo son las estelas 18 y 19 de Uaxactún, que llevan la inscripción 8.16.0.0.0. El *katun*, hay que recordarlo, es un periodo de 7 200 días (360 x

199. Relieve de la fachada de un templo de Placeres, Campeche. Representa una conquista. El personaje lleva un tocado que forma el glifo de la ciudad y sus manos soportan fechas calendáricas.

20). A partir de esa fecha, las estelas registrarán principalmente "números redondos" que corresponden a fines de *katun*, a mitades o cuartos de *katun*: la Estela 1 de Balakbal (8.18.10.0.0) y la Estela 1 de Uolantún (8.18.15.0.0) parecen las más antiguas de este tipo. En ciertos sitios, se celebra sistemáticamente cada final de periodo de 1800 días (360 x 5): así, se encuentran en Piedras Negras cuarenta estelas que, de 9.9.0.0.0 a 9.19.0.0.0, marcan dos siglos de historia. Nadie puede estar seguro de que las estelas fueron efectivamente erigidas unas después de otras, cada cinco años. Es posible que varias de ellas hayan sido esculpidas, a pesar de sus fechas sucesivas, en una misma época. Pero el proyecto sigue siendo explícito; obedece a la voluntad de marcar un ritmo en el tiempo. Es fácil discernir, en esta aplicación destinada a puntualizar el curso del tiempo, una voluntad de poder, una afirmación de dominio. En este sistema, en efecto, la celebración de los acontecimientos históricos se hace, no ya en función de fechas reales, es decir, producto de la casualidad —o el destino—, sino en el marco del recorte artificial operado por los hombres. Los acontecimientos que marcan la ciudad tienen que integrarse en el ciclo de los fines de periodo.

Al someterse a esta costumbre, los mayas se separaban de los usos nahuas e intentaban de ese modo instaurar "su" orden del mundo. Los nahuas, después de explorar y establecer el sistema de la cuenta larga, lo abandonaron en la Época III en provecho del ciclo de 52 años, nacido de la doble correlación entre el cómputo de 260 días y el año de 365 días. Los mayas intentaron imponer un ciclo rival, fundado en la divisibilidad entre veinte (veinte años de 360 días, divididos en 18 meses de veinte días). La cuenta larga de los mayas fue abandonada progresivamente durante el siglo IX. La última fecha conocida es 10.4.0.0.0 (Toniná, 909 d. C. en correlación GMT). Pero la costumbre de contar por *katunes* sin referirse a un punto de origen se mantendrá hasta la Conquista.

La bóveda saledizo

La bóveda se desconoce en Mesoamérica. El entorno tropical popularizó los techos vegetales, pues la naturaleza no era avara en plantas para estos usos. Los techos en pendiente dominan en las tierras cálidas, mientras que los planos son tradición del altiplano. De esta forma, los mayas, en este caso, se singularizarán al adoptar para sus construcciones ceremoniales (templos y "palacios") una arquitectura de piedra y un sistema de techumbre que descansa en el principio de la bóveda saledizo.

Ésta es una falsa bóveda. Su técnica consiste en hacer que sobresalgan, a partir del equilibrio de dos muros opuestos, hileras superpuestas de piedras voladizas o "modillones", cuyo peralte cierra progresivamente el ángulo de la bóveda. El espacio que resta en la cúspide está sellado por una simple losa colocada sobre los últimos modillones. La bóveda se puede conservar en esas condiciones, con sus peraltes angulosos, o bien aplanada por el derribo de las esquinas salientes; su perfil puede entonces ser muy parecido a una bóveda en ojiva o tomar la forma de una punta de flecha. El conjunto se consolida fuertemente con mortero.

Aun cuando se conoce en contextos funerarios en otras regiones de Mesoamérica como Guerrero (Oxtotitlán, Chilpancingo) o Veracruz (El Tajín), esta "falsa bóveda", presente en todos los sitios mayas, es tan característica que su área de dispersión sirve a menudo para determinar las fronteras del área cultural maya en la Época III. Su empleo civil se deriva de un uso funerario. Las primeras bóvedas saledizas localizadas en Tikal datan al parecer del siglo V a. C. Esta técnica sirve entonces para mampostear tumbas, insertas en el cuerpo de subestructuras piramidales. Las primeras bóvedas empleadas en la cobertura de los santuarios aparecen al inicio de la fase antigua (siglo III d. C.); luego, el empleo de la bóveda se generaliza en toda la arquitectura de los centros ceremoniales.

Las limitaciones específicas de lo saledizo impiden cubrir grandes espacios. Así, las cámaras de los templos y las piezas de los "palacios" mayas sorprenden por su exigüidad: en Tikal, el santuario del Templo V, encaramado en una pirámide de 60 m de alto, ¡sólo tiene 75 centímetros de ancho!

El arte de la cerámica

La producción cerámica mesoamericana es, de modo general, de excelente calidad en la Época III. Los mayas no faltan a la regla y muestran una habilidad y un dominio técnico completos. La influencia nahua se hará sentir al principio de la fase antigua: de ahí nacerá la preferencia por las vasijas de paredes rectas. Durante la fase reciente, estas vasijas cilíndricas, generalmente de fondo plano, tendrán altas paredes perfectamente lisas, completamente cubiertas con una rica decoración policroma. Entre las combinaciones de colores más frecuentes, se observa rojo y negro sobre fondo bayo o naranja, blanco y negro sobre fondo rojo o rojo y blanco sobre fondo negro. Lo propio del estilo maya de la fase reciente, es que a menudo asocia decoración figurativa con escritura. Los motivos no se limitan ya al registro geométrico o zoomorfo. Pueden componer verdaderas historietas, comparables a los códices, que escenifican personajes cuyas acciones son descritas gracias a "subtítulos" glíficos.

Se conocen escenas militares, escenas religiosas, escenas de triunfo o de homenajes rendidos a un soberano; en los costados de las vasijas, se ven curiosos personajes enmascarados que bailan, que sangran venados o a jaguares flechados. Muchas situaciones parecen tener una tonalidad mitológica. Algunos autores han observado que, al tener una función esencialmente funeraria, las escenas representadas en este tipo de vasijas-códices era posible que se refirieran al más allá y a la mitología de los infiernos.

Los mayas, en este terreno, son originales en extremo, y estas vasijas preciosamente decoradas constituyen para nosotros una mina de informaciones sobre los ritos de la época, pero también sobre las costumbres vestimentarias, el tatuaje, el atavío, etc. El afán de identidad de cada ciudad indujo una especie de carrera por el particularismo, que hace abundar los estilos locales y que un mismo sitio haya podido engendrar en dos siglos producciones de inspiraciones muy variadas.

200. Vasija cilíndrica con motivos incisos de estilo maya que contiene una estatuilla de estilo teotihuacano, Becán, Campeche.

Es evidente que la originalidad sistemática a menudo tiene un escollo: aquí o allá, la gracia puede ser suplantada por el mal gusto. Algunos artesanos no evitaron esta trampa. El típico ejemplo de esta búsqueda llevada al extremo es la vasija globular dotada de un gran tapón de paso de rosca y asa de presión de estribo, hallada en Río Azul, en el norte de Guatemala. El asa está pintada con bandas que imitan la piel de jaguar, alternadas con bandas azules, mientras que voluminosos glifos en cartuchos están pintados en negro sobre fondo naranja. No discutiremos aquí la originalidad del modelo, ¡pero la sofisticación corre pareja con la falta de elegancia más absoluta!

La representación del cuerpo humano

Los mayas forman un grupo étnico aparte, antropológicamente disímil de sus contemporáneos nahuas u otomangues. Así que es normal que esta especificidad se perciba en su manera de figurar el rostro y el cuerpo humanos. La nariz se representa derecha, con una arista viva a la altura de los ojos; la frente huidiza y el cráneo en pan de azúcar podrían idealizar el resultado producido por las deformaciones craneanas entonces en uso; las deformaciones frontal u occipital se obtenían al comprimir el cráneo de los recién nacidos con ayuda de tablillas apretadas con vendas. El ojo siempre aparece dibujado en forma de almendra, con el párpado superior caído; la representación del estrabismo es frecuente, y en verdad se ignora si se trata de un ideal estético o de una convención simbólica. La boca siempre es grande y los labios carnosos, mientras que la barbilla es pequeña; su ángulo huidizo hace pareja con el de la frente.

Los mayas se representan de esta forma a sí mismos, con rasgos distintivos en que lo tribal predomina sobre lo individual. Incluso el dimorfismo sexual se desvanece tras la representación de la pertenencia étnica. Los no mayas, por su parte, figuran explícitamente en un registro distinto, con la frente claramente más recta y la barbilla más marcada. Las posturas del cuerpo son generalmente mucho más flexibles entre los mayas que entre sus vecinos. Pero es difícil, en este caso, afirmar que sean marcadores étnicos, pues la posición de los brazos, las manos y las piernas, el ángulo de porte de la cabeza, la curvatura de la columna vertebral, son significantes en el discurso iconográfico y por desgracia aún no tenemos la clave del conjunto de este código semántico.

El culto al murciélago

No se puede decir que los mayas hayan sido los únicos mesoamericanos que veneraron al murciélago, pero se puede presumir que son ellos quienes, en los albores de la Época I, difundieron su culto, que primero pasó a Oaxaca, luego a Guerrero y finalmente al Altiplano Central, en donde llegará hasta la Ciudad de México. El dios murciélago es venerado por los aztecas con el nombre de Yoallaua y, como prueba de su paso por la vertiente del Pacífico, está asociado con el culto de Xipe Totec.

Si bien a menudo se ha dicho que no hubo totemismo en Mesoamérica, uno puede preguntarse legítimamente si el caso maya no es una excepción. A pesar de todo, es desconcertante que varias familias mayas se designen a sí mismas como "la gente del murciélago", sea cual sea la versión dialectal de la denominación tribal. Desde luego, se reconoce fácilmente la raíz *tzotz* (murciélago) en el nombre del pueblo *tzotzil* o *tzeltal*. Pero también es el caso para los mochos, los choles, los choltis, los chortis, los chontales, los chujes, los tzutuhiles y los tojolabales. Los mismos zoques llevan el nombre del murciélago y así revelan su antiguo parentesco con los mayas. Por añadidura, se puede observar que en varios sitios, la imagen del murciélago está omnipresente en las inscripciones, ¡y vuelve como leitmotiv, no sólo para designar el cuarto mes del año maya! Otro indicio es que los nahuas designaban a los Altos de Chiapas, entrada de la región maya, con el topónimo de Zinacantan, que quiere decir "el lugar de los murciélagos".

201. Murciélago, motivo de una cerámica maya del Valle del Ulúa, Comayagua, Honduras.

Por lo tanto, se puede pensar que existía entre los mayas y el murciélago cierta identificación de tipo totémico que vendría más bien de la noche de los tiempos, en todo caso de un periodo premesoamericano. Su permanencia quizá se deba al hecho de que esta asociación se ha revelado sorprendentemente compatible con los valores mesoamericanos. Pues el murciélago que veneran los mayas no es cualquier quiróptero, sino que es el famoso vampiro chupador de sangre (*Desmondus rotundus*), reconocible por sus inmensas orejas y su nariz respingada, por lo demás perfectamente identificable en la iconografía. Este predador nocturno, cuya mordedura puede provocar la muerte —por infección de la herida o por transmisión de la rabia— tenía evidente predisposición para recibir una valoración sacrificial en la que se unían el simbolismo de la noche, la muerte y la sangre.

Los rasgos mesoamericanos incorporados

Sin dejar de buscar y de manifestar cierta originalidad en el seno de Mesoamérica, los mayas adoptaron un gran número de prácticas culturales que comparten con los demás miembros de la familia mesoamericana. Desde luego, sería fastidioso enlistarlas exhaustivamente, pero no carece de interés analizar algunas de ellas.

El juego de pelota

El juego de pelota es una realidad panmesoamericana antigua. Aunque es verdad también que la integración de las canchas de juego a la arquitectura de los centros ceremoniales es una novedad de la Época III y, desde este punto de vista, los mayas destacan particularmente. Todos sus centros ceremoniales incluyen una o más áreas de juego mamposteadas, en forma de I, con banqueta a la altura de la cintura y talud en pendiente suave para permitir el rebote de la pelota. En su origen, la cancha de juego no es muy larga, pero tiende a agrandarse a lo largo de los siglos. Casi todos los terrenos mayas poseen, en su parte media, un marcador esculpido en forma de disco, cuya función consiste en materializar el centro; a este disco se le añaden a veces otros dos, colocados de modo longitudinal en los extremos de la cancha del juego. El anillo vertical es tardío y no aparece en la Época III, pero unas piedras en espiga fijadas encima de los taludes laterales podrían haber servido de meta. La tradición indica que, en Copán, las piedras en espiga del juego de pelota representan loros; es más lógico que representen cabezas de águila, lo cual tendría más armonía con la significación cosmológica y solar del juego.

Numerosos bajorrelieves evocan el juego de pelota en una forma alegórica; se ve a un hombre en actitud de juego, es decir con una rodilla en el suelo golpeando la pelota con su cadera cubierta con una protección forrada; la pelota, sobredimensionada según la convención iconográfica, se representa en el aire; los taludes inclinados del terreno están representados por glifos superpuestos en forma de escalera. Entre los bajorrelieves dedicados al juego de pelota, se distinguen varios tableros de Yaxchilán, y el famoso marcador de Chinkultic.

La representación del poder

La erección periódica de estelas podría parecer un rasgo maya, pues esta práctica se generalizó mucho en toda el área correspondiente. Pero el principio mismo de la estela es anterior (se conocen varios ejemplos olmecas) y es común a toda Mesoamérica, de Izapa a Xochicalco y de Monte Albán a Tazumal. La estela maya, a menudo asociada con un altar circular, herencia de la Época II, parece tener un contenido muy preciso: celebrar la imagen del soberano. Sin embargo, esta obsesión dinástica que perciben algunos arqueólogos se subordina a una lógica más general, omnipresente en Mesoamérica, la sacralización de la guerra. La mayor parte del tiempo, el jefe se representa armado y pisando a un cautivo. El tema de la Conquista desaparece muchas veces detrás del tema sacrificial, que le es consustancial, porque, desde luego, el sacrificio humano se cuenta entre las prácticas político-religiosas ordinarias de los mayas. Y la estela es sólo un vector, entre otros, de esta ideología militarista y sacrificial; se encuentran además escenas de esta naturaleza esculpidas en tableros, dinteles, incluso plaquetas de jade compuestas como estelas en miniatura. La célebre plaqueta de Leyde constituye un prototipo de ello. Esta celebración de la guerra y del soberano en su función de jefe guerrero también se encuentra en las pinturas murales mayas que han llegado hasta nosotros, por ejemplo en Bonampak o Mul Chic.

Aun la actitud del soberano, tal como aparece en las estelas, podría derivarse de la tradición mesoamericana común. En efecto, es posible seguir la genealogía de esta postura del jefe en majestad desde el antiguo horizonte olmeca. Hemos observado que los bebés jaguares de jade a menudo tienen las manos enfrentadas: los antebrazos están en posición horizontal, las manos se hacen frente, casi se tocan, los puños están cerrados, con los pulgares visibles en la parte de arriba. Vimos aquí el símbolo de la Conquista. Encontramos exactamente la misma actitud en una estatuilla de jade de Copán. En la misma época, en el Altiplano Central, en Teotihuacan, la gigantesca estatua llamada "de Chalchiuhtlicue" presenta una postura semejante: la pretendida "diosa" tiene sus manos frente a frente a la altura del pecho. En la escultura maya, el codo baja un poco, y el brazo se hace curvo. Entonces, se añade un elemento simbólico, la barra ceremonial, que se coloca horizontalmente en el pliegue de los codos. La "barra ceremonial" maya no es ni una simple vara, ni un cetro, sino una insignia de poder bastante misteriosa que se superpone a la antigua postura de poder, con las manos enfrentadas. Dicho de otro modo, la iconografía

202. Estela B de Copán, Honduras.

privilegia lo simbólico a expensas del realismo y, a pesar de la incomodidad y la escasa probabilidad del gesto, la aparición de la barra ceremonial no conlleva ninguna modificación de la muy antigua posición olmeca, al estar la barra sostenida en el hueco de los codos, ya que las manos tienen que aparecer irremediablemente crispadas y frente a frente.

Si se intenta encontrar la esencia original de la "barra ceremonial", se observa que es serpentiforme: o bien una verdadera serpiente de cuerpo flexible, como en la Estela 35 de Tikal o la Estela Hauberg, que probablemente proviene de Kaminaljuyú, o vagamente ondulada como en la Estela 4 de Abaj Takalik, o bien rígida, pero rematada en cada extremo por una cabeza de serpiente, en el caso dominante de figura. Ahora bien, esta serpiente recuerda inevitablemente al *xiuhcoatl* ("serpiente de turquesa") del dios azteca Huitzilopochtli. Arma solar y símbolo telúrico, dicha serpiente de turquesa es a la vez un rayo de sol y una coa, una emanación del

203. Dintel 8 de Yaxchilán, Chiapas.

fuego y un instrumento del agua, una concentración de energía y una fuente de fecundidad. ¿Por qué el xiuhcoatl nahua y la barra ceremonial maya no corresponderían a un mismo concepto mesoamericano? Esto llevaría a relacionar dos lecturas que se ha querido demasiado que fueran distintas: con los mayas, sólo se trata de príncipes, de gobernantes y de poder temporal; con los nahuas, todo tiende a ser divino. Si los jefes mayas sostienen un xiuhcoatl, quizá eso indique que además de sus poderes guerreros, detentan un poder religioso y cosmológico. Simétricamente, la estatua de Chalchiuhtlicue que dominaba la pirámide de la Luna en Teotihuacan —y que también parece sostener un xiuhcoatl— podría haber tenido un significado político-guerrero, además de su valor religioso. En este terreno, los mayas quizás no fueron tan marginales, como alguna vez se dio a entender.

El panteón

Mucho tiempo, uno de los puntos más oscuros de la civilización maya fue el de la religión y el panteón. Después de la investigación de Paul Schellhas (1904) acerca de la representación de los dioses en los manuscritos pictográficos mayas, se adquirió la costumbre de designar a los dioses mayas con letras: el dios del sol era K, el del maíz el dios E, etc.[27] Evidentemente, esto no resulta muy poético. Algunos decidieron dar el salto y emplear los nombres que aparecen en la crónica de Landa, sin la seguridad de que esos dioses fueran efectivamente los que los mayas de la Época III veneraban. Los especialistas, finalmente, observaron que esta licencia no era abusiva, pues la estabilidad de las creencias era la regla. La imagen de la "desaparición" de los mayas se disipó poco a poco, sustituida por la de una cierta continuidad cultural. Hoy en día, ya no resulta insólito llamar a los dioses mayas por su nombre; Chac es el dios de la lluvia; Ixchel, la diosa erótica; Itzamná, el dios viejo del fuego; Kinich Ahau, el dios del sol, etcétera.

Una idea más inédita se impuso progresivamente, hasta ser aceptada hoy de modo casi unánime: la del parentesco estructural entre el panteón nahua y el maya. Globalmente, la arquitectura del mundo divino es comparable en toda Mesoamérica, lo cual se demostró por ejemplo en 1952, durante el descubrimiento de la cripta de Palenque. Entonces, se supo que los mayas habían esculpido alrededor del sarcófago del difunto la figura de los "Nueve Señores de la Noche", que se creían exclusivos de los nahuas. Desde entonces, se ha intentado encontrar la base común mesoamericana detrás de un grafismo muy personal y unas convenciones estilísticas bastante lejanas a las de los nahuas. El jaguar maya es entonces, como el de los olmecas y los aztecas, solar y nocturno; el conejo es lunar; el venado está asociado con el dios de la caza; el sapo es telúrico, y el mono aristocrático. Ciertamente, existe un dios del cacao que quizá no tenga equivalente en el Altiplano Central, pero se puede presumir que la serpiente emplumada mantiene en tierra maya la misma relación con el viento que la que tiene en el altiplano, ya que el nombre maya de Quetzalcoatl es Kukulkan, nombre que sirvió para bautizar los ciclones caribeños (el castellano *huracán*, el francés *ouragan* o el inglés *hurricane* son corrupciones de *kukulcan* o [*k*] *ulkan*).

Certidumbres e incertidumbres

Herencia de su génesis romántica, la civilización maya ha sido representada con frecuencia como un misterio: se han comentado lo extraordinario de su nacimiento, el enigma de su desaparición y el secreto de sus astrónomos. ¡No pasa un mes sin que una revista de gran tiraje anuncie el descubrimiento de un sitio misterioso y olvidado cuyo estudio revelará por fin el secreto de los mayas! ¿Están acaso condenados a estas presentaciones dramáticas? En realidad, las preguntas —siempre las mismas— giran alrededor de algunos temas.

¿Ocupan los mayas un territorio inhóspito? Esta idea preconcebida permite presentar el nacimiento de los mayas como un enigma. La contraparte de la tesis del enigma ha generado la tesis del desafío, cara a Toynbee: precisamente porque la naturaleza les era hostil, los mayas se vieron obligados a perfeccionarse, a responder al desafío de los elementos contrarios. ¿Es realmente en estos términos que se plantea el problema? Los mayas son hombres de la selva tropical y saben, hace milenios, vivir en simbiosis con ese medio que es un rico ecosistema. Si bien la península yucateca es una gran losa caliza desprovista de una red hidrográfica superficial, cuenta con numerosos puntos de agua subterráneos fácilmente accesibles en los derrumbes kársticos. Por otra parte, abundan lagos y lagunas. A menudo, por sus dimensiones, no califican para aparecer en los mapas de gran escala, pero su extensión permite ampliamente un buen establecimiento humano. La agricultura tampoco plantea problemas insuperables, aun si la técnica de roza, tumba y quema obliga a dejar descansar la tierra con bastante frecuencia. El régimen pluvial es favorable; salvo en el extremo noroccidental de Yucatán, las tierras reciben lluvias abundantes durante seis meses y con un promedio anual de 1000 (Chichén Itzá) a 3500 mm (Quiriguá). Los mayas almacenaban el agua de lluvia y no dudaban en emplear la irrigación cuando la configuración del suelo se prestaba para ello. Si se añade que la selva proporcionaba madera con generosidad, materia prima indispensable y fuente de energía, con la misma prodigalidad proporcionaba animales de caza, plantas y frutos salvajes, se comprueba que el entorno tropical de los mayas no tenía nada que ver con el "infierno verde" descrito con complacencia por los exploradores blancos. Para los habitantes del Altiplano Central mexicano, constituía incluso la imagen del paraíso terrenal.

¿Son los mayas depositarios de conocimientos astronómicos avanzados? Como toda civilización, detentan un saber científico, pero éste en ningún caso puede relacionarse o compararse con nuestra ciencia actual, en la medida en que es de otra naturaleza (véase p. 111). Los arqueólogos de principios de siglo han encontrado de buena gana "observatorios" en todas partes. Alineamientos de estelas como en Copán, edificios especiales como el caracol de Chichén Itzá, ensamblajes de construcciones como en Dzibilchaltún o Uaxactún. El Grupo E de Uaxactún se da sistemáticamente como el ejemplo típico de un observatorio.[28] Desde la Pirámide E-VII, se podría ver al amanecer el 21 de junio en el ángulo externo del Templo E-I, el 21 de diciembre en el ángulo externo del Templo E-III, el 21 de septiembre en el eje medio del Templo E-II. Por qué no. Pero esto equivale a olvidar que el Templo E-VII posee cuatro tramos de escalones, por lo tanto cuatro orientaciones, que está asociado en el centro del Grupo E con otras construcciones, y que al multiplicar los ángulos de mira hacia las esquinas de todos los demás templos, seguramente se obtendría una multitud de direcciones astronómicas pertinentes. Pero esto significaría hacerles decir a los mayas lo que no quisieron decir. La única certeza es que el Grupo E de Uaxactún, como todos los centros ceremoniales de Mesoamérica, se encuentra orientado

204. Lado sur del altar Q de Copán, Honduras.

y no implantado al azar. Pero, orientación no significa necesariamente precisión astronómica. Por lo demás, los doce "observatorios" que permiten apuntar al este, localizados por Karl Ruppert,[29] presentan sin excepción una orientación aproximada y hasta 15° de desviación en relación con el este real.

Es preciso entender por qué hubo antaño una moda astronómica entre los mayistas. En aquella época, los únicos glifos descifrados eran los calendáricos, por lo que se tendía a extrapolar: necesariamente, todo lo que aparecía sobre las estelas estaba vinculado con el tiempo. Las "series adicionales" que completaban la "serie inicial", expresada en cuenta larga, se consideraron así notaciones que aportaban un "complemento de exactitud". Se creyó que se podía leer la edad de la luna, se imaginaron meses lunares "llenos" de treinta días y meses lunares "vacíos" de 29 días, se postularon ajustes de fechas con "números intervalos". Los bajorrelieves se poblaron de sacerdotes-astrónomos como los del famoso Altar Q de Copán, que, como nos explicaban, acudían a un congreso para comparar y afinar sus cálculos siderales.

Hoy en día, los "astrónomos" ya no son válidos, y el Altar Q se relaciona con la celebración dinástica; el criterio cronológico marca el paso. En verdad, los especialistas tienden actualmente a reintegrar la dimensión antropológica en su reflexión. No se trata de negarles a los mayas, como a los demás mesoamericanos, cualquier capacidad de cálculo o de comprensión de los fenómenos naturales. Se trata simplemente de admitir que las sociedades precolombinas pudieron funcionar con otras normas y otros sistemas de referencia que las sociedades del Viejo Mundo. Lo que los mayas pierden en cientificidad, lo ganan en identidad.

¿Conforman los mayas una libre confederación de ciudades-Estado o un verdadero imperio? La discusión sobre la naturaleza del poder y la estructura de la organización interregional de los mayas siempre tiene actualidad, sin embargo aún persiste la incertidumbre. La moda de hoy tiende a hipertrofiar el carácter dinástico del poder en las grandes ciudades de las tierras bajas. Esta inclinación proviene a la vez de los últimos avances del desciframiento (se habría identificado el glifo de la filiación) y de una fuerte dosis de europeocentrismo. Si se emplea la comparación etnográfica a partir de la observación de los mayas actuales, se observa que el poder es objeto de una división y de una distribución complejas, y funciona más bien por rotación de cargos limitados en el tiempo. Así que estamos bastante lejos del sistema monárquico *ad vitam* que ciertos epigrafistas creen encontrar. Además, ¿cómo se maneja técnicamente, después de la tercera generación, un sistema dinástico en contexto de poligamia y de alianzas matrimoniales regionales o extrarregionales? Si se establece una comparación con el sistema político azteca, que, desde su exterior, se asemeja un poco a un sistema dinástico, uno se percata de que compone un sistema mixto en que la legitimidad del soberano (*tlatoani*) proviene de la elección y no de la filiación. Por lo tanto, no tenemos certezas acerca del sistema maya, que seguramente es más sutil y más elaborado de lo que se piensa. Por mi parte, creo que coexisten las representaciones de dos legitimidades, la que confieren las armas y la que dan los cargos religiosos.

Seguramente con justa razón, ya que es una constante cultural mesoamericana, se admite que la entidad política de base es la ciudad agrupada en torno a un centro ceremonial. Partiendo de allí, los investigadores han tratado de identificar la naturaleza de las relaciones entre las ciudades mayas. Al basarse en el reparto geográfico de ciertos glifos toponímicos, lograron determinar la existencia de una red de ciudades dominantes y de ciudades dependientes.[30] Pero muchas preguntas quedan en suspenso: ¿se fundan las relaciones de dominación a nivel regional en alianzas dinásticas (tesis pacifista), o en relaciones de fuerza (tesis militarista)? Las grandes ciudades (Tikal, Calakmul, Caracol, Seibal, Yaxchilán, Palenque, Copán, Uxmal, etc.) ¿se han confederado en algún momento contra el poder nahua, o bien el sistema maya siempre ha permanecido como una nebulosa de ciudades-Estado celosas de su independencia, y que reinaban sobre microterritorios de unos cuantos miles de kilómetros cuadrados?

La teoría de las ciudades-Estado, que se forjó como reacción a la del Imperio Antiguo, quizá se haya excedido en su rechazo de alguna unidad del mundo maya. Ahora se vuelve a una posición más ponderada que toma en cuenta cierta solidaridad panmaya frente al mundo nahua. Desde luego, ningún elemento apuntala la hipótesis de un imperio centralizado dotado de una capital; las relaciones de poder parecen haber sido muy volátiles y cambiantes durante toda la Época III. Pero parece fundada la idea de un polo de poder centrado en las tierras bajas del sur y que a partir del siglo VII organiza una expansión hacia el México central. La idea de atomización del poder maya quizá provenga de una interferencia con la comprobación de la diversidad estilística y arquitectónica, muy real. Pero, ¿se puede deducir un modelo de organización política a partir del carácter inventivo de los artistas locales?

¿Por qué la civilización maya se derrumbó de golpe? La pregunta acerca del fin de los mayas es sin duda la que más ha focalizado el interés de los investigadores y del gran público. La aureola de misterio se disipa, sin embargo, desde el momento en que los hechos se ponen en perspectiva. El siglo VIII es un periodo de apogeo. Los mayas, en la cúspide de su poder, les disputan a los nahuas el control de Mesoamérica. Como prueba de esta vitalidad, la fecha 9.18.0.0.0 (790 en correlación GMT) es celebrada en un gran número de estelas en unas veinte ciudades. Veinte años después, sólo doce ciudades conmemoran la fecha 9.19.0.0.0. Otros veinte años después, ya sólo cuatro solemnizan la fecha 10.0.0.0.0. La inscripción 10.4.0.0.0 (909 en año GMT) constituye la última fecha grabada en una estela; sólo se conoce un ejemplar, en el sitio periférico de Toniná (Chiapas), cuyo estilo carece completamente de arte. Así que se observa, durante el siglo IX, el abandono progresivo de una costumbre propiamente maya, la de registrar el tiempo celebrando los fines de *katun*. De manera paralela al abandono de esta práctica político-religiosa, disminuye la actividad religiosa y se detiene por completo en ciertos sitios. Las tierras bajas meridionales parecen vaciarse, mientras que una nueva vitalidad se manifiesta en el norte de Yucatán, al este del Petén (Belice) y sobre los altiplanos guatemaltecos. Pero ahí donde domina, esta vitalidad se expresa desde entonces en un registro distinto: el estilo nahua transforma el espíritu de los glifos, la composición de las estelas, la arquitectura misma. Los jefes nahuas aparecen en la escultura maya, incluso en el Petén, en el corazón del área central. El arte traduce una fugaz hibridación cultural. La Estela 19 de Seibal muestra a un tlatoani mexicano, ataviado con la media máscara bucal del dios del viento (Ehecatl) y con la vírgula de la palabra, representado de pie sobre dos hileras de glifos mayas. Sobre la Estela 3 del mismo sitio, la Estela 2 de Polol, la Estela 21 de Oxkintok, la Estela 5 de Sayil, la Estela 1 de Itzimté, los glifos mayas se reducen a unos cuantos elementos sucintos, de escaso impacto iconográfico. Pronto habrá de sucumbir la originalidad maya, sumergida por el despliegue de esos neonahuas que la historia conoce con el nombre de toltecas.

205. Estela 13 de Seibal, Petén, Guatemala. El personaje representado lleva la vírgula de la palabra de los tlatoani nahua.

No resulta difícil entender el guión. En su lucha por el poder, los mayas pierden su brazo de hierro ante los nahuas y se reintegran a la corriente de la mesoamericanidad. A fines del siglo IX, el episodio de la bipolaridad ha concluido. Se observan dos casos de figuras: las áreas que aceptan la supremacía y la soberanía nahua no conocen rupturas, y permanecen florecientes; las demás, es decir esencialmente el Petén, el valle de Motagua, la cuenca del Usumacinta y sus estribaciones occidentales, vuelven a la vida pueblerina. Se estima en una décima parte la población que permanece en el lugar; los antiguos habitantes, aparentemente, emigran en masa hacia el norte de Yucatán o las tierras altas guatemaltecas. Se puede presumir que el motivo de este éxodo es imputable a la guerra. Al revés de una idea preconcebida, muchos sitios muestran los estigmas de una destrucción brutal. En Toniná, por ejemplo, se encuentran numerosas estatuas decapitadas o rotas sobre los últimos suelos de la época reciente. Desde luego, la hipótesis de la revolución palaciega o la de la rebelión de las masas trabajadoras no se pueden excluir a priori. Pero es poco creíble. En el contexto general de la Mesoamérica del siglo IX, parece lógico que los nahuas hayan intentado reducir por la fuerza un poder que competía con ellos. Esta hipótesis parece la más digna de ser elegida. Las ciudades que optaron por no someterse y por enfrentarse perdieron y tuvieron que renunciar. Entonces, no es necesario imaginar una depresión colectiva, una misteriosa epidemia, un agotamiento de las tierras o un cataclismo inesperado. Los mayas no "desaparecieron". En aquel fin de Época III, se vieron obligados a nahuatlizarse masivamente.

La diversidad estilística

En la región maya, una de las mayores impresiones que se lleva el viajero es la sensación de una infinita variedad arquitectónica. Tanto por su escultura, como por su modo de construir o su manera de ocupar el espacio, no hay un sitio que se parezca a otro. Esta diversidad se explica, como vimos, por el afán de competencia y el deseo de diferenciarse que animan a los constructores de ciudades en los siglos VII y VIII.

Con motivo de esta extrema diversificación, la clasificación estilística de los sitios mayas adoptada por lo general puede parecer bastante arbitraria. Deriva de un viejo esquema evolutivo que quisiera que la civilización maya "clásica" proviniera del Petén (Tikal) y, al asociar cronología con dispersión geográfica, imaginó una progresión del centro hacia la periferia. Parece un poco abusivo querer explicar racionalmente unas elecciones artísticas locales que pueden obedecer meramente a motivaciones subjetivas. Sin embargo, puede resultar interesante subrayar la existencia de tres áreas que se distinguen por su base cultural específica: una zona norteña que incluye el extremo de la península yucateca, una zona central que va de Comalcalco a Quiriguá y pasa por el Petén y una meridional constituida por las tierras altas guatemaltecas.

La península yucateca

206. Palacio de Sayil, Yucatán.

De modo curioso, la frontera que divide la zona septentrional de la zona central está bastante bien definida. Sigue una línea este-oeste que cruza la península un poco al norte del paralelo 18. Hormiguero, Tortuga, Kohunlich, son los sitios más meridionales de esta área yucateca, mientras que

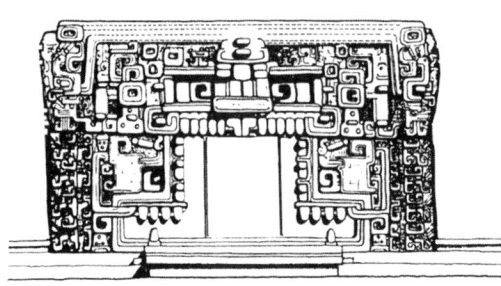

207. Edificio 2 de Hochob, Campeche.
208. Edificio 2 de Chicanná, Campeche. La puerta del templo coincide con la boca abierta de un felino recargado de motivos glíficos en relieve.

sus vecinos, Oxpemul, Uaacbal, Xamantún, El Palmar, unos 15 km más al sur, pertenecen claramente a la zona central y son estilísticamente muy distintos.

La mayoría de los autores antiguos estimaban que los sitios del norte le debían su particularismo al hecho de que eran posteriores a los sitios del Petén central. Este argumento fue desmentido por todas las excavaciones efectuadas en estos últimos treinta años. Si la diferencia no es de orden cronológico, ¿a qué se debe entonces? La hipótesis de una diferenciación étnica no se puede dejar de lado, además porque esta frontera cultural coincide de manera bastante exacta con la frontera lingüística que se observará en el siglo XVI.

Por mi parte, considero que la lengua yucateca hablada en toda esta región norteña de la península es la lengua madre de la familia maya. En efecto, se puede observar que la cadena de diferenciación de las lenguas mayas se orienta por el grado de divergencia en relación con el yucateco, según el esquema: yucateco→ chol→ mam→ zoque→ totonaco. Ninguna indicación permite sostener la hipótesis de la difusión de un protomaya común a toda el área de distribución de las lenguas mayenses que habría evolucionado ahí en forma de múltiples dialectos regionales. Por lo tanto, quizá deba reconsiderarse la situación de Yucatán que, de territorio con un despertar cultural tardío, podría pasar a ser un foco de poblamiento original.

El área norteña se divide clásicamente en tres regiones estilísticas: Puuc en el noroeste, Chenes en el centro-oeste y Río Bec en el sur. Nos encontramos aquí ante una presentación artificial que pudo tener un interés pedagógico en los años cincuenta, pero que no parece tener un fundamento científico sólido. Por lo demás, casi todos los autores recientes han exigido la división de este esquema, argumentando la incertidumbre de la definición del estilo Chenes y la necesidad de no excluir los sitios más orientales como Chichén Itzá y Cobá. Finalmente, todos aducen la dificultad de una clasificación que debe considerar innumerables relaciones entre sitios que por otra parte presentan características únicas.[31]

El arte yucateco es ante todo un arte de arquitectos. Los edificios integran elementos escultóricos al grado de transformarse en obras cinceladas. Las fachadas exteriores están cubiertas de mosaicos, incluso de encajes de piedra, que recogen la luz y adquieren una vida y un relieve sin equivalentes en Mesoamérica. Desde luego, las construcciones mayas no nacieron de la fantasía de creadores imaginativos; sólo son variaciones sobre temas impuestos: el agua y el fuego, el jaguar, la serpiente bicéfala, etcétera.

Uno de los rasgos más espectaculares de la arquitectura yucateca es el pórtico zoomorfo. Es el sempiterno tema de la cueva-jaguar: la puerta de entrada al templo representa las fauces abiertas del jaguar, y el interior del santuario, las entrañas de la tierra. Este tema tiene dos variaciones: o bien la cara del jaguar está colocado arriba de la puerta en forma de un mascarón más o menos elaborado, o bien rodea por completo la apertura como en Chicanná (Edificio 2), Uxmal (Templo IV de la Pirámide del Adivino) o Hochob (Edificio 2).

El mascarón con la imagen de un dios es un componente tradicional de los templos mayas. Se encuentra en el costado de las escaleras de las pirámides, como frontón, cornisa u ornamento angular. Los yucatecos convirtieron a esta imagen sagrada en un elemento decorativo de pleno derecho, una especie de leitmotiv arquitectónico cuya virtud mágica linda con lo obsesivo. Se conocen algunas representaciones del dios solar Kinich Ahau, como en Kohunlich, donde unas enormes máscaras de estuco adornan la fachada principal de la gran pirámide. Algunos autores como Thompson o Kubler tienden a ver en todas partes la máscara de Itzamná bajo los rasgos de un dios-serpiente de colmillos salientes. Pero el mascarón más frecuente de todos es el de Chac, el dios de la lluvia. Se le identifica gracias a una de sus características más marcadas, su larga nariz curva y protuberante, en forma de trompa. Generalmente se conforman con explicar esta curiosa particularidad observando que deriva del "dios de nariz larga" del arte postolmeca (Kaminaljuyú, Izapa). A mi parecer, esto es insuficiente. Jamás hay que olvidar que en Mesoamérica, cualquier representación figurativa puede combinarse con glifos, y que un glifo puede adoptar una configuración antropomorfa o zoomorfa. Lo que la literatura arqueológica tradicional llama "máscara de Chac" es en realidad una representación compleja en la que se puede encontrar la antigua ambivalencia del jaguar olmeca, a la vez dios del agua y dios del fuego.

209. Mascarón de piedra del dios Chac, Palacio de Labná, Yucatán.

Tomemos el ejemplo de las cejas de este famoso Chac maya; casi siempre, muestran la forma convencional de un motivo en forma de campana con tres puntos alineados; conocemos esos tres puntos: desde la Época II, son un símbolo del fuego (véase p. 90). Estas cejas con tres puntos son el equivalente exacto de las cejas flamígeras de los jaguares olmecas. Como el párpado inferior de los mascarones de Chac es un símbolo en forma de U que no es otra cosa sino el glifo del recipiente lleno de agua, está claro que nos encontramos ante una evocación del "ojo lloroso", metáfora mesoamericana de la díada *atl tlachinolli*. Del mismo modo, parece que se puede interpretar el círculo que marca la pupila del ojo como el glifo anular del jade. Éste debe leerse como el contrapunto de la orejera cuadrada que corresponde, por su parte, al glifo de la turquesa. Recordemos que, en el simbolismo mesoamericano, el jade (verde) está asociado con el agua y la turquesa (azul), con el fuego. Las volutas que a veces se localizan a nivel de la boca y a veces a los lados, detrás de la cabeza, no son meras florituras; son realmente volutas de humo que expresan al elemento fuego de la composición. En cuanto a la famosa trompa de Chac, algunas veces en curva hacia arriba, y otras hacia abajo, también es una voluta que proyecta el carácter ígneo del dios en tercera dimensión. Pero según la regla de la expresión dual del simbolismo mesoamericano y de la asociación de los opuestos, esta voluta de fuego también es agua. Por ello, la trompa de Chac lleva los discos glíficos del *chalchiuitl*.

210. Mascarón del dios Chac. Fachada del Codz Pop, Kabah, Yucatán.

"El agua de fuego" es también "el agua de jade", expresión convencional de la sangre sacrificial. ¡El Chac de los yucatecos no tiene nada del anodino y pacífico dios de la agricultura que se habían imaginado hace un siglo!

Este Chac se encuentra en todo Yucatán: en entablamento como en Xlapak o en Sayil, en motivo angular, en el que se encuentra muy a menudo en varios ejemplares superpuestos (Uxmal, Chichén Itzá, Chicanná y Hochob). A veces se multiplica al infinito e invade todas las fachadas. El ejemplo más famoso es el del edificio llamado muy arbitrariamente Codz-Pop en Kabah, en donde se cuentan más de trescientos mascarones de Chac; el

211. Cuadrángulo de las Monjas, Uxmal. Arriba de la puerta está un nicho que es, a su vez, otra puerta de un pequeño templo.

anexo de la "Casa de las Monjas", en Chichén Itzá, es otro ejemplo notable de ello.

La arquitectura yucateca emplea la columna. En Sayil, Uxmal o Edzná, la columna corta, ligeramente abombada en su parte media y dotada de un capitel cuadrangular, se emplea para subdividir las aperturas de fachada de ciertas piezas en edificios grandes. En todos los demás lugares, la columna es ficticia y su empleo, extremadamente frecuente, es de orden decorativo: las columnatas de doble tambor se usan como paramentos de fachada y los frisos de junquillos se ponen entre moldura media y cornisa. Creo que hay que entender este recurso a la columna como una referencia de la antigua arquitectura de madera. La columna de piedra no manifiesta cualquier progreso técnico, sino que más bien expresa el recuerdo —o quizá la nostalgia— de los tiempos en que los troncos servían como jambas de puertas y en que los muros estaban hechos con leños unidos entre sí. En esta faceta de la arquitectura yucateca, se puede discernir una discreta inclinación por el arcaismo.

Cuando los muros son lisos, resaltan los frisos que corren alrededor de los edificios. En regla general, los entablamientos, en efecto, están provistos de decoraciones en relieve en las que alternan mascarones y motivos geométricos: grecas escalonadas, cuadros, triángulos, trapecios, retículas en rombos, etc. Observemos, entre las composiciones, muy variadas, sorprendentes facsimilares de templos con techo en pendiente cuya entrada forma un nicho que seguramente sirvió para abrigar a una estatua divina. Se encuentran decoraciones de este tipo en Labná (fachada occidental del Arca), por ejemplo, o en Uxmal (cuadrilátero de las Monjas). De todos modos, unos elementos esculpidos en altorrelieve —personajes o animales— complementaban las decoraciones y les daban a las fachadas de los templos y de los "palacios" yucatecos una vida rica y espectacular.

A veces se ha descrito a Yucatán, en oposición a Petén, como prácticamente desprovisto de inscripciones jeroglíficas. Por supuesto que no es así. En todos los grandes sitios, de Cobá a Becán y de Jaina a Ichpaatún, se encuentran estelas grabadas, dinteles con inscripciones, losas esculpidas, incluso escaleras jeroglíficas como en Edzná. Es innegable que la estética de la escritura padece su yuxtaposición con una arquitectura espectacular y extrovertida. En un sitio yucateco, las inscripciones no constituyen el elemento visual determinante; están de algún modo en segundo plano. Pero no hay que olvidar que en muchos casos, lo que en los edificios nos parece derivar del "motivo decorativo" en realidad es para los mayas pleno significante, es decir escritura.

Yucatán es famoso por sus figurillas de cerámica, designadas comúnmente como "figurillas de Jaina". El sitio epónimo es una isla, que casi colinda con la línea de la ribera, situada a unos 30 km al norte de la ciudad de Campeche. Explorada por Désiré Charnay desde 1886, esta isla, que fue a la vez centro ceremonial y cementerio, dio un buen número de figurillas modeladas o moldeadas, aún recubiertas con pinturas vivas. La frescura del tratamiento, la candidez de la composición, llamaron muy pronto la atención de los aficionados. Hoy existen miles de "figurillas de Jaina" que representan todo un mundo de señores envueltos en pesados atavíos, mujeres con telares, prisioneros torturados, jugadores de pelota en acción, guerreros con grandes vestimentas, músicos que agitan maracas. Algunos autores incluso intentaron describir la vida cotidiana de los mayas a partir de sus vestimentas y adornos, de los objetos que manipulan, de los gestos de todos esos personajes. ¿Qué debe pensarse de esto?

Hay dos evidencias. Primero, no todas las figurillas mayas provienen de Jaina. Otros sitios han producido figurillas, que en general se hallaron rotas o en contextos más bien domésticos como en Tikal, Palenque, Jonuta, Toniná o Altar de Sacrificios. Son rarísimas las estatuillas descubiertas en ofrendas y en contextos ceremoniales. Después, aun teniendo en cuenta un saqueo intensivo, es imposible que la tan pequeña isla de Jaina (sólo mide 35 hectáreas) haya podido producir tantas figurillas como se le atribuyen en términos de procedencia: así que existe una sospecha de falsificación que incluso implica las compras efectuadas localmente, durante la campaña de excavaciones de 1964, cuyo objetivo era llenar las vitrinas del Museo de Antropología de la Ciudad de México, que entonces se construía. El "estilo Jaina", hiperrealista, que rompe con el carácter muy ritualizado de la cerámica maya, ¡es en buena medida de inspiración contemporánea! Las figurillas yucatecas realmente prehispánicas se acercan mucho a la tradición mesoamericana común a toda la Época III: los personajes llevan a menudo los adornos de las divinidades, y el porcentaje de estatuillas zoomorfas, o híbridas, es relativamente elevado.

Las tierras bajas del centro

En relación con Yucatán, el centro del área maya demuestra un sentido estético más austero. Quizá tenga más grandeza, pero es menos exuberante. Los escultores, en todo caso, son superiores a los arquitectos. Los constructores no demeritaron de ningún modo, pero la piedra tallada parece haber sustituido al adobe y al adobe estucado, produciendo fachadas lisas relevadas sólo por las esculturas ceremoniales, los tableros, los dinteles, las pilastras, los altares y otras estelas levantadas al pie de las pirámides. Los artesanos, por su parte, imprimieron una alta calidad al arte cerámico y al lapidario.

La mayoría de los autores describe el arte maya de las tierras bajas centrales sitio por sitio, intentando sin embargo hacer algunos agrupamientos regionales. Así, el "valle del Usumacinta" reúne a Yaxchilán, Piedras Negras y Palenque, que sin embargo comparten pocas afinidades estilísticas. La región bautizada como "cuenca del Motagua" incluye a

Quiriguá y a Copán, pero no a Guaytán, que sin embargo se encuentra a la orilla del río. En cuanto a los sitios beliceños, éstos a menudo son ignorados. Así que subyace cierta dificultad por las dudas de los arqueólogos acerca de la comprensión del territorio: ¿se trata de una constelación de ciudades individualizadas en el seno de una entidad homogénea, o de una yuxtaposición de regiones o subregiones diferenciadas? Hemos visto que la respuesta es aún incierta. Sin embargo, podemos intentar esbozar un desglose de los criterios estilísticos.

El estilo Petén

Se extiende al norte del lago Petén Itzá (lago de Flores) hasta la frontera del estilo Río Bec (véase arriba); se encuentra a caballo en el norte de Guatemala y el sur del estado de Campeche. También "muerde" el occidente de Belice. Desde luego, el sitio emblemático es Tikal, famoso por sus pirámides en punta, sus tres mil estructuras y la excelencia de su escultura ceremonial. Citemos también, entre los más importantes, los centros ceremoniales de Calakmul, Balakbal, El Mirador, Uaxactún, Yaxhá, Naranjo, Xunantunich, Barton Ramie y San José.

El estilo Río de la Pasión

También llamado Petexbatún, se encuentra en el suroeste del lago Petén Itzá. Comprende principalmente los sitios de Seibal, Altar de Sacrificios, La Amelia, Dos Pilas, Aguateca, Tamarindito, Machaquilá, Tres Islas y Cancuen. Esta región está marcada por una fuerte in-

212. Estela 2 de Aguateca, Petén, que muestra un soberano representado como un hombre águila.

fluencia nahua que no se limita, como creyó Thompson, a una invasión tardía *putun* procedente del delta del río Usumacinta y de Tabasco. La cultura local, desde la Época II, está influida por un componente "mexicano" cuyas manifestaciones se perciben en la cerámica y en la mayor rigidez del grafismo de las estelas. A veces, éstas representan soberanos manifiestamente no mayas.

El estilo Motagua

Localizado en el este, de hecho se limita a dos grandes sitios: Copán y Quiriguá. Copán es un gran centro ceremonial implantado alrededor de una majestuosa ciudadela en un fértil valle. Imponentes monolitos se levantan al pie de los santuarios o se alinean sobre explanadas inmensas a lo largo de ciertos ejes. Las estelas están tratadas aquí con mucha originalidad: el personaje celebrado (el *halach uinic* con la barra ceremonial) está esculpido en altorrelieve, como adosado a la estela propiamente dicha que, detrás y a los lados, lleva las inscripciones usuales. El estilo, rico y recargado,

213. Base de la escalinata jeroglífica de Copán.
PAGINA OPUESTA. 214. Hueso grabado con la efigie del último gobernante de Copán.

muestra poder y virtuosismo, a imagen de toda la producción de la escuela escultórica de Copán. Los altares que acompañan a las estelas, generalmente zoomorfos, tienen la misma intensidad barroca. La escultura se integra sistemáticamente a la arquitectura, ya sea en forma de relieves (Templo XXII, "Tribuna de los espectadores"...), ya sea en forma de inscripciones glíficas, como las que adornan los contrapeldaños de la gran escalera de la Pirámide 26, cuyos cerca de 2 500 glifos alineados componen el texto maya más largo que se conoce.

Quiriguá muestra una escultura con la misma inspiración. Sus inmensas estelas —la Estela E mide 10.66 m de alto— están extremadamente iconizadas, y los personajes abrumados de símbolos y detalles gráficos. Las estelas son paralelepípedos rectángulares; sobre las caras principales, están esculpidos dos personajes que se dan la espalda, mientras que los lados llevan inscripciones glíficas de carácter cronológico, algunas de las cuales (Estela D) son notables ejemplos de "figuras enteras". En general, los personajes representados en el derecho y en el revés se parecen bastante, pero algunos detalles modifican su entorno simbólico: podemos leer que de hecho hay una faz "solar" y una faz "nocturna", y esta dualidad día-noche

se puede sobreponer a otras díadas simbólicas: vida-muerte, águila-jaguar, turquesa-jade, fuego-agua, cielo-tierra, etc. La hipótesis de que se trataría de la representación de un soberano difunto y de su sucesor accediendo al trono me parece muy reduccionista. Una estela maya siempre rebasa la mera celebración del poder y los ejemplos de Quiriguá dan una prueba evidente de ello.

El enmarañamiento de lo figurativo con lo fantástico, de lo icónico con lo glífico, culmina en los monumentos que la tradición llama "zoomorfos". Con motivo de su tamaño muy grande y de su localización en el sitio (autonomía en relación con las estelas), varios autores se niegan a considerarlas como "altares". Sin embargo, existe una filiación evidente entre los "altares" de La Venta, los de Izapa y los de Copán y los zoomorfos de Quiriguá. Esos enormes bloques de arenisca representan a un personaje masculino (soberano) emergiendo del hocico de un monstruo terrestre semifelino, semiofidio. Es claro que los excesos iconográficos que caracterizan a esas esculturas monolíticas vuelven imposible su lectura unidimensional con el tema del acceso al trono. El simbolismo es aquí tan complejo que más bien aparece como una síntesis conceptual y estilística de los grandes temas del pensamiento politico-religioso de Mesoamérica, fundado en la complementariedad de los contrarios.

El estilo Usumacinta

Con el nombre del río que sirve de frontera actual entre México y Guatemala, este estilo es una construcción artificial sin ninguna dimensión real. Toda el área occidental del mundo maya es una yuxtposición de sitios que parecen haberse empeñado en diferenciarse de sus vecinos. La cercanía geográfica no engendró ahí unidad estilística.

Piedras Negras, en la ribera derecha del río Usumacinta, podría pertenecer al estilo Petén si no hubiera desarrollado una curiosa tradición de altorrelieve que sólo le pertenece a él y que le da un gran vigor a sus altas estelas. La escultura en tres dimensiones también está representada por sorprendentes "tronos", especies de banquetas cuyo respaldo de piedra es un mascarón rectangular con la efigie de un dios celeste. En las órbitas vacías del mascarón están esculpidos en altorrelieve los rostros de perfil de dos dignatarios.

Yaxchilán, a 40 kilómetros río arriba, pero situado en la ribera izquierda del río, exploró vías arquitectónicas inéditas: construcciones alargadas con tres puertas de entrada, santuarios de doble exposición, cresterías caladas rematando la fachada principal o colocadas en la parte central del techo, anchos frisos ricamente adornados. Unos soberbios dinteles y tableros esculpidos de piedra caliza se encontraron en perfecto estado de conservación; así que se puede juzgar la maestría de los artistas locales a falta de interpretar correctamente el contenido de esas esculturas, que a veces han sido objeto de interpretaciones pasablemente azarosas, como esa "visión alucinatoria" de la serpiente-guerrero que se le aparece a una "mujer en trance" en el célebre dintel 25.

215. Centro ceremonial de Palenque, Chiapas.

A quince kilómetros de ahí, Bonampak, ciudad aliada con Yaxchilán, es famosa, desde luego, por sus pinturas murales descubiertas en 1946 en el interior de un edificio de tres piezas situado en la primera terraza de la ciudadela. Esas pinturas sobre estuco no sólo llamaron la atención por la calidad de su ejecución; las de la segunda pieza muestran una violenta escena de combate y una presentación de cautivos torturados; algunos tienen las uñas arrancadas, uno de ellos fue decapitado; las pinturas de la tercera pieza muestran un sacrificio humano, entre otros acontecimientos importantes. Como era indiscutible la dimensión militarista del arte de Bonampak —incluyendo la escultura— el descubrimiento y la publicación de los frescos provocaron la puesta en tela de juicio del mito de los mayas pacíficos, astrónomos y agricultores.

Palenque es un sitio fronterizo asentado a orillas de la inmensa llanura pantanosa tabasqueña. Corresponde a una de las avanzadas más occidentales de la arquitectura suntuaria característica de los siglos VII y VIII. A diferencia de los demás sitios mayas, los habitantes de Palenque no erigieron estelas (sólo se encontró una) pero los artistas esculpieron numerosos tableros jeroglíficos en el interior de los templos y emplearon estuco a profusión para modelar relieves sobre los muros exteriores. Las escenas modeladas más notables son las que adornan ciertos pilares de los edificios del Palacio, vasto conjunto arquitectónico que se interpreta más bien como un edificio civil de carácter político; una de esas escenas (Pilar f del edificio D) muestra un sacrificio humano. Algunos ejemplos de esculturas en altorrelieve realizadas en estuco, en particular fascinantes cabezas masculinas, manifiestan con vigor el talento y la originalidad de los artistas locales. Notemos también, en el recinto del palacio, la existencia de una extraña torre de cuatro pisos, única en el mundo maya y que es el resultado de esas múltiples exploraciones de la verticalidad que animan a los constructores de la fase tardía. En cambio, y al revés de una popular idea preconcebida, la famosa tumba del Templo de las Inscripciones no es un caso aislado: los templos con función funeraria están presentes en casi todos los grandes sitios. Lo original en este caso es la dimensión del mausoleo y la certeza de que fue construido por el soberano local cuando vivía, lo cual atestigua, más allá de la calidad de la realización, la voluntad de poder de los gobernantes locales. En 1994, otra cripta funeraria que encerraba un sarcófago fue descubierta en el corazón de la subestructura del Templo XIII: contenía los restos de una mujer de alto rango, enterrada con joyas de jade, cuentas, conchas, agujas de hueso y pequeñas láminas de obsidiana.

Tila y Tortuguero no son muy conocidos, salvo por sus estelas tardías que señalan el extremo occidental del área maya. Jonuta, en el delta del Usumacinta, ha dado algunos dinteles delicados y estatuillas de hermosa factura. Comalcalco, sitio excéntrico, en el corazón de Tabasco, fue enteramente construido con ladrillos. De los elementos decorativos en estuco que cubrían los edificios, sólo quedan unos cuantos vestigios: un imponente mascarón sobre la escalera del templo, relieves esculpidos sobre las paredes de una tumba con bóveda. Su estilo es bastante tieso, y esa rigidez podría explicarse por las influencias nahuas de los alrededores.

Chinkultic, al parecer, no siempre fue un sitio maya. Se puede pensar que su arquitectura de piedra tallada es atribuible a los nahuas, como la del sitio vecino de Tenam Puente, que data del principio del periodo III. La presencia maya, sin

216. Monumento 1 de Tortuguero, Tabasco.

embargo, es evidente ahí a partir del siglo VI y aparentemente corresponde al empuje expansionista que se observa en todas partes en aquel momento. El estilo de la escultura de Chinkultic (estelas, altares, marcadores de juego de pelota) se asemejaría más bien al del Petén.

Toniná, finalmente, ofrece otro caso particular. Sitio montañoso ubicado a 900 m de altura, proviene sin embargo, de modo paradójico, de la tradición de las tierras bajas. No obstante, la escultura local, por su empleo del altorrelieve, se distingue claramente de la de los sitios del Usumacinta. Los monumentos de Toniná, generalmente de arenisca, representan sobre todo la figura del soberano sobre un pedestal, en el que se reconoce al monstruo de la tierra. A sus pies, a ambos lados, están dispuestas las estatuas de cautivos arrodillados, con las manos atadas detrás de la espalda. Aquí, la temática tradicional de las estelas está descompuesta y tratada en esculturas de bulto. Por lo demás, la omnipresencia del jaguar, representada por una cabeza modelada en estuco con un cuchillo sacrificial en la boca, podría ser un rasgo de influencia nahua.

El estilo Belice

Localizado en la fachada oriental y caribeña del área central corresponde a un estilo indefinido. Los sitios continentales, como Xunantunich, Barton Ramie, San José, Lamanaí, Chan Chich, Caracol y Tzimin Kax, se pueden integrar al orbe del estilo Petén. Los sitios más cercanos a la costa, como Altun Ha, Cerros, Lubaantún, Cuello, Nohmul, aparecen como variantes menos refinadas por la rareza o la ausencia de escultura ceremonial. Sin embargo, los hallazgos realizados en esos sitios impiden que se les considere representativos de una cultura marginal. Por ejemplo, en Altun Ha se encontró la pieza más grande de jade maya conocida hasta hoy: una esfera de 46 cm de circunferencia que pesa 4.42 kg, esculpida con la efigie del dios solar Kinich Ahau. Una placa de jade cincelada sobre sus dos caras, procedente del mismo sitio, lleva una inscripción interpretada como "dinástica" asociada con la representación de un dignatario y reproduce así el tema de la plaqueta de Leyde que, hay que recordarlo, fue encontrada cerca de Puerto Barrios, en la costa caribeña.

El estilo Ulúa

Se encuentra en Honduras, en la frontera oriental del área maya. No es un estilo maya propiamente dicho, sino más bien un estilo "a la manera de". Las vasijas de cerámica tienen la forma maya, la técnica decorativa es la del "códice" maya; pero los glifos que adornan el contorno de las vasijas son motivos que parecen haber perdido toda significación y figurar en ellas sólo por la elegancia de su trazo, como para dar la ilusión de mayanidad. No es un estilo decadente, pues es totalmente contemporáneo de los demás estilos mayas, pero lleva el sello de su marginalidad y expresa el empuje cultural del grupo maya fuera de sus fronteras tradicionales en los siglos VII y VIII de nuestra era.

¿Qué debe inferirse de esta multiplicidad estilística? Sólo se pueden formular hipótesis. La más pertinente de ellas sería considerar la existencia de dos grupos mayas étnicamente distintos en esas tierras bajas del centro: uno parece haber ocupado el Petén, y el otro se distribuiría alrededor de éste, según un arco de círculo que va del delta del Usumacinta a la bahía de Amatique. Se podría ver a los antiguos habitantes del Petén como los antepasados del grupo quiché. Esta familia maya, cuyo nombre (*kikche*) se refiere al árbol del hule y de hecho corresponde al náhuatl *olmeca*, es originaria de las tierras calientes. Al parecer, emigró a las tierras altas en el momento cuando Petén se vacía, entre los siglos IX-X d. C. En cuanto al otro grupo (tzotz/chol), probablemente tuvo antiguamente una continuidad territorial del Atlántico al Caribe antes de ser escindido a la mitad por el ascenso del grupo más meridional, el de los mames/pokomes, obligados a abandonar la vertiente del Pacífico bajo la presión nahua al inicio de la era mesoamericana. Así, se explicaría la presencia de representantes de este grupo tzotz/chol en los dos extremos del arco de círculo situado al sur del Petén. Este linaje, que al parecer conoció un desarrollo más lento que los demás, aprovechará el impulso maya del periodo tardío y finalmente se unirá a la dinámica de los siglos VII y VIII.

Sin embargo, conviene relativizar estos particularismos en el seno de la familia maya de las tierras bajas. Si la arqueología sugiere la existencia de varios grupos, no descubre sin embargo, fenómenos de separación. Da la impresión de una circulación humana y estilística bastante grande: el sitio muy norteño de Cobá tiene indiscutibles afinidades con el Petén, mientras que el sitio muy meridional de Copán posee edificios con mosaicos de piedra y mascarones de Chac que no deslucirían un centro ceremonial del norte de Yucatán.

Las tierras altas del sur

Conocidas bajo el nombre de Altos de Guatemala, se ha considerado que estas tierras altas, comprendidas entre los 600 m en los valles bajos y los 3 600 m en la sierra de Cuchumatanes, abrigaron a los parientes pobres de la civilización maya. Aun si se considera nuestro escaso conocimiento de esta área, hay que reconocer que la impresión de desfase que existe entre las tierras bajas y altas tiene fundamento. Los mayas de las tierras altas, durante la Época III, permanecen marginales. En todo caso, no participan en la competencia por el poder a la que se entregan sus vecinos de las tierras calientes. Hay dos motivos principales para ello. Por una parte, los habitantes de los Altos pertenecen al grupo mam/pokom, probablemente compuesto por antiguos zoques remayanizados, que es étnicamente bastante distinto de los tzotz/choles. Así, sus preocupaciones culturales fueron distintas. Por otra parte, durante toda la Época III, a diferencia de las tierras bajas, los altiplanos permanecen bajo control nahua; por lo tanto, no se puede excluir que los autóctonos hayan sido frenados de algún modo por esta presencia. Este detalle explica de cualquier modo por qué el estilo de los mayas de las tierras altas es con frecuencia más mesoamericano que maya.

La arquitectura no participa del dinamismo inventivo de las tierras bajas. Las pirámides están construidas con un núcleo de tierra o de adobe revestido con guijarros. Los paramentos externos están estucados y pintados. Ningún edificio alcanza grandes dimensiones; por ejemplo, la gran pirámide de Los Encuentros (río Chixoy), excavada por una misión francesa, no rebasa los diez metros de alto. En esa zona no se encuentra ninguna inscripción jeroglífica. Sin embargo, aparecen unos glifos en unos objetos cerámicos. En algunos casos, como en el estilo del río Ulúa, son elementos que tienden a presentar sólo una significación estética; en otros casos, corresponden a objetos inspirados de las tierras bajas. Las vasijas policromas más hermosas encontradas en Chama, Ratinlixul o Nebaj son incluso objetos importados del área central. Hay ahí una prueba de la interconexión del mundo maya y de la existencia de corrientes de circulación de ciertos bienes culturales.

La cerámica autóctona está caracterizada por la persistencia en la Época III de formas antiguas ya extendidas en la Época II, en particular el cajete hemisférico y el trípode con soportes mamiformes o globulares. Las vasijas de fondo plano y altas paredes verticales, que corresponden a una forma representativa de la fase Tepeu 3 de los mayas de las tierras bajas, están bien representadas, pero el estilo y la inspiración de su decoración difieren de las realizaciones de las tierras bajas. La evolución se hizo hacia una simplificación, incluso una estilización de los motivos, y la influencia nahua se percibe indiscutiblemente. La escultura está débilmente ilustrada. Pero existen objetos que llaman la atención, como esas plaquetas de jade cinceladas que provienen de la región de Nebaj o el sarcófago de toba descubierto por Alain Ichon en el interior de la pirámide 7 de La Lagunita y cuyo estilo mexicano es patente.[32]

Esta mezcla un poco heterogénea de rasgos mayas y nahuas se encuentra en Tazumal, en El Salvador. Las vasijas policromas (rojo y negro sobre fondo bayo) tienen un parecido de familia con el estilo Ulúa, pero el componente nahua es más acentuado. Una banda figurativa que muestra procesiones, reiteraciones de personajes sedentes, series de animales fantásticos, generalmente está rematada por un friso de decoraciones geométricas, espirales, líneas paralelas, líneas entrecruzadas o "falsos glifos". Este friso se repite a veces arriba y abajo de la vasija, enmarcando así la decoración central. Este estilo brillante y muy colorido, repartido en todo el occidente de El Salvador, no deja de prefigurar el estilo códice de los objetos "mixtecos" de la Época V.

217. Detalle de un sarcófago de La Lagunita, El Quiché, Guatemala.

SEGUNDA PARTE. HACIA UNA CRONOLOGÍA AUTÓCTONA

Mapa IX Occidente de México

EL OCCIDENTE MEXICANO

Una situación de aislamiento

Durante el periodo que incluye el poderío de Teotihuacan, el occidente mexicano conoce un soberbio aislamiento. Escenario de un auge cultural importante, esta región se desarrolla sin embargo según normas resueltamente distintas de las de Mesoamérica. Como vimos antes, no es seguro que exista un corte cultural entre la Época II y la Época III en esta área occidental ocupada actualmente por los estados de Jalisco, Colima y Nayarit; parece prevalecer la continuidad. Sin embargo, la configuración general de la frontera noroeste de Mesoamérica se modifica desde el siglo III. En efecto, se observa entre el 200 y el 600 una expansión bastante notable del territorio tarasco hacia las llanuras abiertas del norte. De esa época es la toponimia purépecha del sur del estado de Guanajuato. Siguiendo una línea que vincula a Querétaro con la ribera meridional del lago de Chapala, la nueva frontera norte de la región tarasca borra el corredor de rodeo que existía en la época anterior a lo largo del río Lerma, el cual hacía corresponder a la cuenca de México con la costa pacífica de Colima. En la Época III, Michoacán se encuentra atrapado entre la enorme y poderosa Mesoamérica en el este, y las poblaciones exógenas de origen sudamericano en el oeste; el llamado del norte corresponde a todas luces más a una necesidad estratégica que a una afinidad cultural profunda: Michoacán busca aliados y los encuentra en el norte. Las excavaciones más recientes en Michoacán (Proyecto Zacapu, sitio de Loma Alta) evidencian esta conexión con las culturas del área septentrional.[33] Esto provoca un corte bastante radical entre Mesoamérica y el occidente de México, que vivirá durante cinco siglos en una situación de aislamiento.

Hemos visto que durante la Época II pequeños grupos nahuas se infiltraron en Colima y, de ahí, a lo largo de las costas del Pacífico. Esos nahuas que fueron atrapados por el occidente, lograron sobrevivir y ocuparon la zona costera: se encuentran sobre todo sus huellas en Morett (Colima), en la bahía de Banderas (Jalisco), en Matanchén y en Coamiles (Nayarit). Privados del apoyo de la madre patria mesoamericana, confinados en las zonas lagunares de la orilla del Pacífico, esos nahuas siempre conservaron cierta rusticidad, aun si aquí o allá, como en Coamiles, emprendieron trabajos

titánicos para construir centros ceremoniales. En los piedemontes de la región colimeña, parece haber prevalecido cierto mestizaje. Más al norte, en el altiplano, el terreno parece ocupado en buena parte por poblaciones exógenas, cuyo origen sudamericano es más que una presunción. ¿Quiénes son entonces esos hombres del occidente mexicano? Se extendieron de Colima hacia el norte, y del lago de Chapala hacia el noroeste, según un arco de círculo que se ha descrito como "el arco de las tumbas de tiro", pues puntean su territorio con estas sepulturas características de tipo sudamericano. Este "arco" que en teoría va de Colima a Tepic, en realidad padece numerosas excrecencias y penetrantes seudópodos hacia el corazón de Jalisco o las sierras zacatecanas. Pero la idea de una difusión de esta cultura del occidente mexicano a partir de Colima está apuntalada. La penetración de esos grupos en el territorio mexicano se habría producido a partir de la fachada marítima hacia el interior del país. Muy concretamente, la cabeza de puente de la inmigración sudamericana debió de ser la franja litoral comprendida entre el río Coahuayana, frontera de Colima y de Michoacán, y el río Armeria, 30 km más al oeste.

La pregunta que permanece abierta, y que es imposible resolver hasta hoy, consiste en saber si la inmigración, incluso esporádica, fue continua a lo largo de las épocas II y III o si sólo fue un episodio accidental que ocurrió de una vez por todas entre 600 y 500 a. C., fecha cuando aparecen los primeros testigos de esos contactos transcontinentales (véase p. 345). En el primer caso, estaríamos ante una verdadera corriente de poblamiento que, por su efecto acumulativo, explicaría el auge observado a partir del año 300 de nuestra era. En el segundo caso, habría que razonar a partir de la idea de una tradición exógena piadosamente preservada en una situación de independencia durante más de un milenio.

¿Por qué ahora no se puede plantear una preferencia por una u otra situación? Simplemente porque las informaciones científicas que poseemos tienen muchas lagunas. Hasta fechas muy recientes, no existían tumbas de tiro excavadas por arqueólogos profesionales en condiciones normales de explotación de los datos. Las informaciones que circulaban provenían, ya

---

PÁGINAS ANTERIORES.
218. Gran figurilla masculina, cerámica policroma, Nayarit.
219. Gran figurilla femenina, cerámica policroma, Nayarit.

sea de trabajos muy antiguos, como los de Léon Diguet en Ixtlán, Nayarit,[34] ya sea de testimonios orales recogidos entre los "moneros", los saqueadores de tumbas de esa región. Los arqueólogos sólo podían optar entre pasar detrás de los saqueadores para recoger las informaciones que todavía se podían salvar después de los daños o colaborar con estos últimos, como lo hizo por ejemplo Isabel Kelly. De esta situación nacieron aproximaciones, suposiciones, hipótesis, fundadas en bases muy frágiles. En los últimos veinte años, algunas excavaciones de salvamento permitieron avanzar; se pudieron analizar unas tumbas de tiro de pequeñas dimensiones en El Moralete, Colima,[35] en Tabachines cerca de Guadalajara,[36] en Usmajac cerca de Sayula.[37] En 1994, se excavaría oficialmente la primera tumba de pozo virgen, gracias a un descubrimiento fortuito situado sobre el trazo de una carretera, cerca de Magdalena en Jalisco (tumba de Huitzilapa).[38] En la misma época, dos tumbas de tiros no saqueadas también fueron exploradas por María Teresa Cabrero y Carlos López Cruz, arqueólogos de la Universidad Nacional Autónoma de México, sobre un altiplano que domina a San Martín de Bolaños (norte de Jalisco).[39] Entre 2004 y 2005, un rescate en la valle del río Santiago, al sur de Nayarit, dio a Raúl Barrera la posibilidad de registrar 26 tumbas de tiro en El Cajón. Estas acciones, evidentemente, permanecen fragmentarias, por lo cual se puede pensar que la ciencia necesitará todavía unos veinte años para lograr entender los fundamentos y la dinámica de las sociedades del occidente mexicano.

Especificidades culturales

La no mesoamericanidad del territorio del occidente es, en términos globales, una evidencia. No hay ahí ninguna presencia del arte teotihuacano, con la notable excepción del sitio de Ixtepete. No se encuentra ninguna correlación entre las secuencias cerámicas del occidente y las del Altiplano Central. No se localiza explícitamente ninguna figura de los dioses del Altiplano en todas las estatuillas enterradas en las tumbas. Se trata aquí de indicios decisivos. Mas no por ello esta definición negativa nos muestra la verdadera personalidad de los habitantes. Tenemos que conformarnos con vislumbrarla a través de algunos rasgos culturales característicos.

La organización espacial

A diferencia de todos los sitios mesoamericanos que obedecen a una estructura de ocupación del suelo fundada en el paralelismo y la rectangularidad, los sitios del occidente mexicano están ordenados preferentemente mediante el espíritu de circularidad. La literatura especializada conoce esta especificidad con el nombre de "Complejo Teuchitlan", como el sitio epónimo identificado por Phil Weigand y Jo Montjoy.[40] En los valles de Tequila y de Ahualulco, al oeste de Guadalajara, así como en las alturas que dominan esas cuencas sedimentarias, se pueden observar curiosas implantaciones monumentales. Alrededor de un túmulo central de forma circular, se desenvuelve un espacio plano también circular, bordeado de montículos a su vez dispuestos para componer un círculo. Existen así, según la dimensión del conjunto, túmulos rodeados de seis, ocho, diez, incluso doce montículos secundarios. A menudo, varios conjuntos circulares de diferentes diámetros se encuentran unidos, y dividen el espacio ritual según líneas curvas que escapan a cualquier noción de eje orientado.

En verdad, Mesoamérica conoce las estructuras redondas, desde la pirámide de Cuicuilco hasta los templos ciruclares aztecas dedicados a los dioses del viento. Pero esas estructuras redondas colindan con estructuras piramidales rectangulares y siempre se integran en un plano general donde dominan los alineamientos, los ángulos rectos y las simetrías. Manifiestamente, éste no es el caso de los sitios de tipo Teuchitlán, a saber Ahualulco, Guachimontón, Etzatlán, Huitzilapa, Santa Quitería, Los Bailadores, Las Pilas, etc. Ahí se manifiesta verdaderamente otra aproximación a la organización espacial.

Parece que esta preferencia concedida a lo circular no es una característica exclusiva de la zona de Teuchitlán, sino un rasgo común a las culturas del occidente mexicano. Se encuentra esta preferencia de una punta a otra del territorio occidental: en El Resbalón, en el norte de Nayarit, unos cerros de piedras amontonadas que marcan probablemente unas sepulturas, están dispuestos en círculos concéntricos en torno a una eminencia; el alto valle del río Tomatlán (Jalisco), las excavaciones emprendidas permitieron encontrar los cimientos circulares de casas o de templos distribuidos alrededor de plazas de forma redonda;[41] en Colima, el sitio de Galindo se centra alrededor del inmenso cerro-túmulo que abriga una gigantesca tumba de tiro de sección perfectamente circular. La isla —artificial— de Mezcaltitán, sobre la costa pantanosa de Nayarit, fue concebida como un disco colocado sobre las aguas. ¿Hay que vincular este modo de ocupación del territorio con un simbolismo propio? Por ejemplo, se puede estar tentado de relacionar esta arquitectura de la circularidad con los innumerables petroglifos grabados del occidente mexicano, en que dominan, con una reiteración sistemática, las espirales (levógiros o dextrógiros) y los círculos concéntricos trazados alrededor de un punto. Si bien aún se nos escapa la significación de estos símbolos, es razonable ver ahí el sustrato de una concepción del mundo y de una aprensión del espacio propia de las culturas del occidente.

Las tumbas de tiro

Actualmente, es claro que la tumba de tiro es un rasgo cultural asociado con la arquitectura de plano circular característica del Occidente mexicano. La oposición vislumbrada antiguamente entre necrópolis y sitio ceremonial ya no parece fundada: sí existen tumbas de tiro bajo los montículos de los sitios ceremoniales, sin que se sepa con precisión si las inhumaciones se realizaron intencionalmente en los lugares de culto o si fue la presencia de tumbas la que engendró la frecuentación ceremonial del lugar. Sin embargo, se presiente la existencia de una fuerte relación entre el ejercicio del poder y la inhumación en las grandes tumbas de tiro. Independientemente de la suma de trabajo requerida para construir semejantes mausoleos, que reserva este tipo de entierro a un pequeño círculo de dirigentes, el contenido de las tumbas atestigua el alto origen social de los difuntos. En la tumba de Huitzilapa, que es una sepultura con dos cámaras a la cual se llega por un pozo de 7.6 m de profundidad, el difunto de marca enterrado en la cámara norte había sido ricamente ataviado con adornos de concha que le cubrían prácticamente todo el cuerpo. Cinco personas fueron sacrificadas manifiestamente para acompañarlo en el más allá: dos de ellas, de alto rango, se encontraban a su lado; las otras tres, descubiertas en la segunda cámara, parecen haber sido esclavos o personal doméstico: uno de los individuos (¿quizá una mujer?) está enterrado sobre dos metates. Más de un centenar de vasijas de cerámica y ocho figurillas huecas, atributos de poder como un cetro y un propulsor de gala, once conchas marinas estucadas y pintadas, pendientes antropomorfos, y collares de jade, indican claramente la posición social del difunto principal. En los terrenos demasiado blandos que no permitían cavar este tipo de tumbas profundas, los autóctonos mampostearon tumbas con bóveda, en forma de botella, semiexcavadas en el suelo y semiengarzadas en altos túmulos, como se puede observar en Ahualulco, por ejemplo. Esto permite pensar que la organización del espacio ceremonial en el occidente mexicano no fue independiente de cierto culto "dinástico" o al menos de cierta sacralidad del poder.

La diversidad estilística

El occidente se caracteriza por la existencia de estilos regionales muy heterogéneos, que dan la impresión de un mosaico de culturas bastante diferentes.

Colima

La producción cerámica de Colima en la Época III se conoce con la denominación arbitraria de "complejo Comala", por el nombre de un sitio vecino de la ciudad de Colima. Es muy estimada por los coleccionistas, tanto por sus formas alegres como por su apariencia barnizada, que causan gran efecto. La gran mayoría de las piezas son monocromas; predomina el famoso rojo apagado, pero también los colores marrones fueron apreciados por los alfareros locales. Manifiestamente, su trabajo se centró en la forma, en la calidad del modelado y en la perfección del bruñido; los juegos de colores no atrajeron a los artistas de Colima, y sólo se conoce un pequeño número de piezas bicromas (decoración tono sobre tono, o con menos frecuencia, "negativa").

Una de las características de las cerámicas funerarias de Colima es que casi todas ellas son recipientes. La cosa es bastante natural cuando la forma tiene una inspiración vegetal: que una jarra adopte por ejemplo la redondez de una calabaza obedece a cierta lógica. Esta toma de partido de la figurilla-recipiente se vuelve más sorprendente cuando las estatuillas son antropomorfas o zoomorfas. Los ceramistas de Colima situaron en general la apertura de la vasija en la cabeza del sujeto, pero para no romper el equilibrio de la composición, a veces es la cola que se convierte en pico vertedor. Los animales más representados son desde luego los perritos, pero también la tortuga, el armadillo, el cangrejo, el pato, el pez y el sapo. La temática humana abunda en personajes extraños: hombres dotados de una protuberancia cónica sobre la frente, enanos, jorobados y contrahechos; algunos llevan sobre la espalda vasijas o cuévanos; otros sostienen una vara o un objeto impreciso ¡que los investigadores identifican a veces como una sonaja ceremonial, a veces como un rompecabezas, o como un propulsor de dardos! Algunos muestran un estado alegremente itifálico. Pero las figurillas femeninas eróticas son escasas, salvo en la región de Camotas, en la frontera con Michoacán (río Coahuayana).

220. Vasija trípode en forma de calabaza, cerámica bruñida, Colima.

Jalisco

En la misma medida en que resulta fundado hablar de un estilo Colima, porque posee una unidad, es pertinente distinguir varios estilos regionales en Jalisco. El arte más reconocido es el de los valles que rodean al volcán de Tequila (Magdalena, Etzatlán) y las ciudades de Ameca y Tala. A éste se refiere cuando se habla del "estilo Jalisco". Todas las figurillas de este tipo, de uso funerario, son huecas, modeladas y de bastantes buenas dimensiones (algunas alcanzan 80 centímetros de alto). Sólo están representados unos personajes

221. Figura femenina procedente del área de Etzatlán, Jalisco.

humanos en actitudes hieráticas perfectamente estereotipadas, que parecen obedecer a una codificación simbólica. Algunos están sentados, pueden estar cruzados de brazos o tener las manos sobre las rodillas, o bien una mano colocada sobre el hombro; pueden estar sosteniéndose la cabeza o el vientre. Los personajes en posición erguida son aún más hieráticos: a menudo tienen los brazos abiertos, reducidos a cortos apéndices estilizados. Todos muestran cabezas alargadas y cráneos aplanados: esto se ha interpretado como un indicio de prácticas de deformación craneana. Hombres y mujeres llevan con frecuencia escarificaciones en los hombros y pinturas corporales; espirales, círculos concéntricos o volutas realzan los senos desnudos de las mujeres, a veces su vientre o sus nalgas, evocando así una relación con la sexualidad o la fecundidad. Quizá haya que interpretar del mismo modo el tema bastante frecuente de la pareja abrazada. Este estilo Jalisco es muy heterogéneo en sí mismo y los arqueólogos se han visto llevados a distinguir varios subtipos: el Ameca gris —que en realidad es de color crema— es el más realista. A este subtipo pertenecen las maternidades y los famosos guerreros armados y cubiertos con una coraza cilíndrica, que a veces han sido llamados "jugadores de pelota". El San Sebastián rojo, pintado de negro y en negativo, representa a individuos de ambos sexos, a menudo sentados en un banquito. El San Juanito (o Antonio Escobedo) corresponde a personajes muy estilizados y con la cabeza alargada y sobredimensionada, con características orejeras en forma de pompón. El Arenal con decoraciones blancas o negras ofrece una rica variedad de decoraciones pintadas, pero las posturas son bastante rígidas.

En largas discusiones, los arqueólogos han intentado establecer el motivo de esta diversidad de los subtipos presentes al mismo tiempo en una misma área geográfica: la hipótesis de horizontes cronológicos distintos no parece comprobada; la microespecialización estilística de los sitios vinculados con un fenómeno de pluralidad étnica puede ser una explicación, a menos que hayan prevalecido imperativos rituales cuyas implicaciones sociorreligiosas se nos escapan por el momento.

En todo caso, es indudable que la tradición de las figurillas huecas coexiste en Etzatlán-Magdalena con una tradición de la figurilla sólida, generalmente barnizada con arcilla blanca. En cuanto a las vasijas de cerámica asociadas con esas figurillas funerarias, muestran una sobria elegancia. Si el bicromo rojo-bayo domina ampliamente, el negro a veces se añade para crear ciertos efectos tricromos. Las decoraciones pintadas se inspiran de motivos geométricos: frisos de rombos, líneas onduladas, alineamientos de círculos, espacios fraccionados en triángulos, semilleros de puntos. Pero también se encuentra una especie de serpiente estilizada de dos cabezas, extrañamente enrollada, que a veces se desmultiplica en figuras compuestas.

Junto a los clásicos cajetes, se distinguen dos formas: el bule, ligeramente rebajado, heredero de la Época II (véase p. 293) y las cajas rectangulares con tapa, de las que no existen ejemplos fuera de Jalisco.

Alrededor del lago de Chapala, en la región de Tlajomulco y el valle de Atemajac, existe otra tradición estilística. Las figurillas son solidas o semihuecas; reciben un baño de rojo vivo, pero están decoradas con líneas y punteados blancos. Los rostros tienen una curiosa nariz puntiaguda y el cráneo adquiere la forma de una alta excrecencia rectangular y plana, y coronada con una trenza. Este estilo se conoce con la absurda denominación de "cabeza de borrego".[42]

El suroeste de Jalisco, de acceso más difícil, ha generado un estilo también distinto. El área comprendida entre Autlán y Tuxcacuesco, con material abundante desde la Época II, tiene afinidades con Colima. Las estatuillas funerarias, sin embargo, no tienen la viveza y el acabado de las del estado vecino. La cabeza, como siempre en el occidente de México, está sobredimensionada en relación con el cuerpo. Los personajes en general están de pie; el sexo de hombres y mujeres está representado de modo bastante realista.

Nayarit

La temática de las figurillas de Nayarit recuerda mucho más a la de Jalisco que a la de Colima. Al revés de lo que se observa en este último estado, se concede la preferencia a las representaciones humanas, y las estatuillas nunca se conciben como recipientes. En Nayarit, se encuentra la representación del guerrero con su armadura y su casco, el hombre o la mujer sentados en un banco, a veces estilizado y reducido a dos soportes cónicos colocados debajo de las nalgas, la mujer embarazada sosteniendo su vientre, parejas abrazadas, personajes agachados. Se reconoce la misma sintaxis gestual que para nosotros permanece grandemente esotérica: brazos cruzados, manos sobre las rodillas y mano sobre el hombro o en la boca.

La diferencia más sorprendente con el estilo de Jalisco reside en la policromía. Ahí en donde el estado vecino es bicromo, Nayarit se muestra de buena gana policromo; los ceramistas emplean el blanco, el amarillo y el negro sobre fondo rojo o el rojo, el negro y el blanco sobre fondo crema.

Nayarit no escapa a la regla de la extremada variedad estilística, pero para simplificar, se puede considerar que se desprenden dos subtipos. Un primer ciclo común en el altiplano se conoce con el nombre de Ixtlán, sitio epónimo localizado al sureste del estado, famoso desde tiempos muy antiguos. El modelado muestra cierto relajamiento, pues el detalle se obtiene por medio de la pintura. Los personajes de figuras alargadas llevan de modo casi sistemático voluminosas narigueras y orejeras. Los motivos que aparecen en las faldas de las mujeres y las capas de los hombres a menudo evocan las telas peruanas, divididas en pequeños cuadros en cuyo interior se encuentra una composición gráfica distinta cada vez. Algunos investigadores han sugerido que esos motivos inscritos en los cuadros podrían ser signos de escritura. Otras figurillas están decoradas con motivos cuadriculados, con rayas y con espigas.

El otro estilo característico de Nayarit es el de las figurillas llamadas "chinescas" que corresponde en realidad a la zona montañosa situada al sur de Compostela. El saqueo de los sitios de Tequilita y Las Cebollas ha proporcionado un gran número de piezas, algunas huecas y de gran tamaño, otras llenas y de dimensiones más modestas. Las cabezas tienen una forma más triangular y la parte superior del cráneo está alargada. La figura general es flexible, a menudo elegante, fácilmente estilizada. Los miembros superiores siempre son muy delgados, mientras que las caderas de los personajes femeninos están hipertrofiadas. La policromía es refinada y está resaltada por un pulido de buena calidad; los motivos son geométricos, sobre todo rayas muy finas, puntos, rejas y plumeados.

Zacatecas

El fenómeno de las tumbas de tiro es un rasgo cultural que se difundió hasta el extremo norte de Jalisco, a lo largo del río Bolaños e incluso más allá de la frontera de Zacatecas, hasta Valparaíso. También está presente en el sur de Zacatecas en la región de Teul, Tlaltenango, Jalpa y Teocaltiche. Este estilo "norteño" se designa generalmente con el nombre de estilo Zacatecas. Las figurillas huecas masculinas se reconocen de inmediato por un extraño apéndice bífido que llevan arriba de la cabeza, semejante a dos trompas colocadas de cada lado del cráneo. Como las figurillas femeninas no muestran esta curiosa protuberancia, quizá haya que verlo como un atributo masculino, pero su significado permanece misterioso. Los ejemplares conocidos —poco numerosos— son policromos, rojo, amarillo, negro y blanco sobre fondo crema. El rostro y el cuerpo están cubiertos de líneas onduladas que alternan con rayas.

Esta gran variedad estilística proyecta la imagen de un territorio heterogéneo, culturalmente diversificado y no integrado políticamente. Se puede pensar que detrás del problema de la tumba de tiro, hay un modelo organizativo sociorreligioso común al conjunto del Occidente. Pero también se percibe un poderoso afán de singularidad en cada entidad regional, de la que no se sabe si se origina por especificidades étnicas reales o por más prosaicas luchas de vecindad.

222. Maqueta de una casa. Fachada lateral y fachada principal en la siguiente página, Nayarit.

No cabe duda, en todo caso, de que la representación tradicional del Occidente mexicano como un mundo campesino, apacible y cándido, rústico y agrícola, encaminado a la celebración de los gestos de la vida cotidiana, inclinado al hedonismo e indiferente a los dioses, es completamente inaceptable. No entendemos el Occidente porque no es mesoamericano, lo cual nos priva de elementos comparativos. Pero no es porque no identificamos a ninguno de los dioses mesoamericanos en las figurillas del Occidente que esas figurillas no remiten a ningún dios. Estas estatuillas se relacionan con otras creencias que, llegado el momento, tendremos que entender desde el interior.

No es porque no haya pirámide en el Occidente en la Época III que hay que negar la existencia de centros ceremoniales. El Occidente no es primitivo o subdesarrollado: simplemente ofrece otro tipo de complejidad aún poco estudiada y, por lo tanto, difícil de delimitar.

Los nahuas en el Occidente

La presencia nahua en el occidente de México se reduce a una porción. Sin embargo, debe ser mencionada. Es posible distinguir dos tipos de influencias, unas autóctonas, otras importadas de Mesoamérica. Las autóctonas provienen aparentemente de los grupos nahuas intrusivos originarios de la Época II. Dispersas en la costa del Pacífico, estas comunidades integraron ostensiblemente numerosos elementos de la cultura local, por lo que no hay que buscar en el occidente, en la Época III, enclaves nahuas independientes. Se observan sin embargo en el arte de Colima, temas de inspiración nahua, reinterpretados en el espíritu del occidente. El tema del perro funerario que debe acompañar al difunto en el más allá para ayudarlo a cruzar el río del infierno remite sin lugar a dudas a una creencia nahua. Del mismo modo, la presencia de jorobados en la estatuaria de Colima puede explicarse por referencia al arte mesoamericano de la Época II: en Mesoamérica, enanos, jorobados y contrahechos son los acompañantes tradicionales de los grandes dirigentes, y la estatuaria reproduce a menudo esas creaturas muy particulares. Otra forma de estatuilla se vincula con la tradición llamada "del acróbata": un hombre representado "haciendo el puente", con el vientre hacia el cielo y la cabeza echada para atrás; en general, el orificio de la vasija está colocado sobre el vientre del personaje. Evidentemente, se puede pensar que no se trata de un contorsionista, sino más bien de un sacrificado, con el pecho ofrecido ante el cuchillo del sacerdote. Aquí también, la inspiración parece francamente mesoamericana, y hay que relacionar este tipo de vasija de las estatuas llamadas chac-mool que caracterizarán más tarde al arte tolteca.

Otra área conocida en la que se observan rasgos nahuas es el sur de la llanura costera de Nayarit. Son esencialmente las excavaciones del sitio de Coamiles (1984-1988) las que aportaron datos concretos. Al inicio de la Época III, el cerro de Coamiles, que domina los pantanos circundantes, es objeto de una reestructuración para ser transformado en un gran sitio ceremonial. Se saca del agua una inmensa explanada al pie del cerro, mientras que las faldas de éste se acondicionan en peraltes piramidales. El modo de construcción que prevalece, de tipo megalítico, emplea grandes bloques de basalto pulidos: esta arquitectura impresionante no tiene verdadero equivalente mesoamericano. Sin embargo, la estructuración no es de ningún modo "occidental"; la ausencia total de cualquier organización espacial circular excluye el sitio del "Complejo Teuchitlan"; en cambio, todo, en la economía del espacio, corresponde a la geografía simbólica de los nahuas, desde el recinto rectangular de tipo coatepantli hasta la dualidad de los templos principales.

Así que sí existe en el occidente de México un contramodelo cultural opuesto al modelo de la civilización de las tumbas de tiro. Se distingue ahí una base de cultura nahua, pero asociada con una fuerte rusticidad. En ningún caso, esta presencia nahua autóctona se puede comparar a la que se desarrolla en el mismo momento en Mesoamérica; las dos entidades, el área del Pacífico y el área mesoamericana, no parecen haber comunicado entre sí durante los cinco o seis siglos de la Época III.

El único elemento disponible hasta, ahora capaz de apuntalar la hipótesis de un contacto entre el Altiplano Central y el occidente, es el sitio de Ixtepete, que se localiza en la periferia oeste de Guadalajara, es decir exactamente en la entrada del territorio occidental. Este sitio de época tardía dio una sorpresa: ¡el primer estadio de sus construcciones es de estilo teotihuacano! Nos encontramos ante un hecho indudable, la pirámide principal se erigió primero con el famoso talud-tablero característico de Teotihuacan. ¿Cómo interpretar esta presencia de un rasgo cultural procedente del altiplano en la frontera del occidente mexicano? Lo más verosímil es que se trate de una manifestación tardía del estilo teotihuacano, de finales de la Época III o incluso del principio de la Época IV. Veremos que los sucesores de los habitantes de Teotihuacan —toltecas y aztecas, por ejemplo— rindieron una especie de culto a sus antecesores al erigir unos edificios "a la manera de" de Teotihuacan. Que la pirámide de Ixtepete sea una evocación del estilo teotihuacano ligeramente movida en el tiempo, coincidiría con un hecho que sigue sin explicación: en el sitio, no hay prácticamente ningún material cerámico adjudicable a la época teotihuacana.[43] El edificio más antiguo de Ixtepete dataría entonces de la transición de las Épocas III y IV, y correspondería a la reapertura del corredor de comunicación del Bajío, entre el Valle de México y el lago de Chapala. Si por ventura, nuevos descubrimientos probaran la contemporaneidad de la primera fase de Ixtepete y de Teotihuacan, entonces habría que admitir que las presiones mesoamericanas en la frontera oriental del Occidente se encontraron durante toda la Época III con una resistencia perfectamente organizada, ya que los teotihuacanos, a fin de cuentas, nunca pudieron penetrar en el occidente mexicano. Confesemos que incluso en Ixtepete, fuera de los vestigios arquitectónicos mencionados, las huellas de influencias provenientes del centro de México son escasas: las figurillas encontradas *in situ* tienen un estilo local, lo mismo que la cerámica; sólo algunos fragmentos de "anaranjado delgado" podrían recordar a Teotihuacan; y si fuera necesario asignarle el sitio a la cultura local, el descubrimiento en 1983 de una tumba de tiro asociada con una estructura de hábitat[44] sería una confirmación de la pertenencia de Ixtepete al orbe de la cultura del Occidente mexicano.

El fin de las culturas del Occidente mexicano

A decir verdad, se desconoce el proceso de "colapso" o de "desaparición" de las culturas de Occidente, lo cual no quiere decir que haya un misterio insondable detrás de este fenómeno. Sólo las lagunas de la arqueología científica explican nuestra ausencia de interpretación. Según una tradición entre los occidentalistas, el paso de la época llamada clásica a la época llamada posclásica se efectuó en el Occidente en una fecha más temprana que la elegida para el Altiplano Central, es decir, entre el año 600 y el año 700 de nuestra era, mientras que la irrupción tolteca en el altiplano estaba fechada en el siglo X.[45] Hoy se observa una evolución en este acercamiento: por una parte, la presencia tolteca se puede distinguir ahora en el Altiplano Central desde el siglo IX y, por otra, la Época III en el Occidente mexicano parece durar hasta esta fecha. El calendario cultural se homogeniza. Las excavaciones de Coamiles, basadas en investigaciones estratigráficas detalladas y sustentadas en un programa de fechamientos cruzados de C14 y de termoluminiscencia, evidencian que, en este sitio nayarita, la transición entre la Época III y la Época IV tiene lugar entre 800 y 850. Este paso se efectúa de golpe, rápidamente y sin cortes.[46] Aparece cierto tipo de objetos como un marcador de la última fase de la Época III en el Occidente: la cerámica estucada fabricada según la técnica del *cloisonné*. Estos objetos, que tienen una difusión más norteña que occidental, ya que se les vincula más bien con la cultura de Chalchihuites (véase p. 155), penetran en el occidente de Jalisco (valle de Atemajac, valle de Ahualulco) y en el noroeste de Michoacán hacia 600-800. Por mi parte, me inclinaría a considerar las famosas maquetas de Nayarit, que representan ya sea templos de plano rectangular habitados por personajes, ya sea escenas rituales —danzas, partidos de juego de pelota, etc.—, como obras características de este último periodo.

Dicho de otro modo, aun si la cultura de las tumbas de tiro marca el paso a partir del año 600 y parece desaparecer progresivamente, el Occidente permanece como tal, es decir específico y separado de Mesoamérica, hasta el gran cambio de la Época IV que interviene en el siglo IX. El Occidente mexicano recibe entonces una influencia doble: la de la Mesoamérica civilizada, que impone sus rasgos culturales, y la de los grupos nómadas norteños, que afluyen en busca de sedentarización. Ambos movimientos conjugados alteran el equilibrio de las sociedades autóctonas, que no tiene más remedio que asistir como vencidos sometidos a la recomposición de los poderes.

223. Urna, Atemajac, Jalisco.

10

LA ÉPOCA IV: EL HORIZONTE TOLTECA (SIGLOS IX AL XIII)

La dinámica de la toltequización

Entre el año 800 y el año 900 de nuestra era, Mesoamérica vive un cambio profundo. Mientras que el mundo paleonahua trastabillea y muestra señas de debilitamiento, que las dos grandes metrópolis del Altiplano Central, Teotihuacan y Monte Albán, son abandonadas, que los mayas compiten con la supremacía del Altiplano al grado de que extienden su poder lejos de su zona tradicional de influencia, la nebulosa nahua recibe un refuerzo inesperado por parte de poblaciones externas a Mesoamérica. Los salvadores vienen del norte e ingresan en la historia con el nombre de toltecas.

Aquí también, para entender el proceso que se instaura durante ese siglo IX, hay que hacer a un lado toda la carga afectiva que se oculta en el término *tolteca*, palabra legendaria que inspiró con fuerza a los arqueólogos románticos y a veces les sugirió hipótesis caprichosas.

La realidad, a principios del siglo IX, es la que sigue: el desgaste del poder paleonahua que, como se recordará, está asentado en Mesoamérica hace dos mil años, conlleva un relajamiento de la presión social interna que repercute en la impermeabilidad de la frontera norte. Esta frontera marca la separación entre el mundo mesoamericano sedentario y el mundo chichimeca, en el que predomina el nomadismo. Se trata de una frontera cultural más que étnica. Los nahuas mesoamericanos pertenecen en efecto a la misma familia lingüística que sus vecinos del norte: lo que los separa es antes que nada el apego a un modo de vida y de organización social. Sin embargo, el territorio mesoamericano permaneció cerrado en gran parte hasta el siglo VIII y una especie de zona límite, quizá controlada militarmente, impedía cualquier incursión imprevista de nómadas en tierras de sedentarios.

La situación cambia a finales de la Época III, cuando asistimos a la entrada masiva de tribus utoaztecas de tradición chichimeca, es decir nómada. Estos recién llegados son inquietos y belicosos, zafios y fácilmente violentos; en una palabra, bárbaros. Sin embargo, hablan lenguas emparentadas con el tronco nahua, así que se sienten como en su casa en esas tierras que no les pertenecen. Por un fenómeno de acrecentamiento idéntico al que originó a Mesoamérica dos mil años atrás, estos rústicos nómadas se aculturan, dominan pronto las reglas de la vida sedentaria y emplean el náhuatl de los autóctonos como lengua de comunicación. Este movimiento migratorio no será, por cierto, una invasión puntual, sino un despliegue lento aunque continuo cuya última ola será protagonizada por los aztecas. Los toltecas constituyen en cambio su primera manifestación.

Etimológicamente, *tolteca* designa a los habitantes de Tula o Tollan, la ciudad que los migrantes fundaron en el norte del Valle de México. Si uno se atiene a esta definición restrictiva, no se puede entender, como es evidente, la expansión tolteca. ¿Cómo admitir que una horda de nómadas, aun numerosos y bien entrenados militarmente, pueda tomar en tres siglos el control de la vieja Mesoamérica, otorgándose además el lujo de ampliar de modo considerable las dimensiones de su territorio? En realidad, lo que la arqueología designa como el horizonte tolteca es un periodo cuando se manifiesta una recuperación de Mesoamérica por parte de los nahuas, bajo el impulso de nuevos ocupantes llegados del norte, que irrigan con sangre nueva las viejas estructuras autóctonas de las que se adueñan. El mundo tolteca no se reduce por lo tanto a la civilización de la gente de Tula; la toltequización es un fenómeno general en toda Mesoamérica, la cual se ve marcada de modo uniforme, entre 800 y 900, por un ascenso de la cultura guerrera y sacrificial. Esta Época IV es, por lo tanto, a la vez un periodo de migraciones en el interior de Mesoamérica, en donde se implantan grupos nahuas recién aculturados, y un periodo de revitalización ideológica para el poder nahua, que desde entonces se exhibe con ostentación.

PÁGINA ANTERIOR. 224. Guerreros armados. Atlantes del Templo de la Estrella de la Mañana, Tula, Hidalgo.

Hay que agradecerles a los viajeros-paleógrafos del siglo pasado haber reconfigurado una parte de la historia prehispánica, al comparar las fuentes escritas con los datos arqueológicos. Así es como el sitio de Tula, en el estado de Hidalgo, fue identificado como el lugar de la ciudad mítica por el francés Désiré Charnay a partir de 1880. Sin embargo, uno de los mayores errores de los arqueólogos románticos fue leer las crónicas antiguas como textos históricos, en el sentido occidental del término. Con motivo de que esas tradiciones prehispánicas transcritas en el momento de la Conquista proponían fechas indígenas para un cierto número de acontecimientos, se creyó que se les podía dar un equivalente gregoriano. Así, la epopeya tolteca —que es fundamentalmente un mito— entró por fractura en el terreno de la historia. Toda una escuela de pensamiento, cuyo último representante es el mexicano Wigberto Jiménez Moreno (1905-1985), trató el periodo tolteca como un periodo histórico, tomando al pie de la letra el contenido de los relatos legendarios. Del mismo modo, cierta vulgata[1] fija el reino de Quetzalcoatl en Tula de 925 a 947, fecha cuando huye hacia la costa del Golfo. En 987, unos toltecas dirigidos por ese famoso Quetzalcoatl se adueñan de Chichén Itzá en Yucatán, para dar nacimiento a la civilización maya-tolteca. En 1046 sube al trono de Tula cierto Huemac, último soberano tolteca cuyo reino será catastrófico. El fin de los toltecas del Altiplano Central, según los autores, está fijado en el 1 064, 1116 o 1168: entonces es incendiada la ciudad de Tula. Chichén Itzá es abandonada a su vez entre 1204 y 1224, y la caída de esta capital marca el fin de la dominación tolteca en Yucatán.

¿Qué se puede pensar de este esquema a la luz de las investigaciones arqueológicas contemporáneas? Independientemente del abuso de precisión calendárica, producto de buenas intenciones, pero que desemboca en un sinsentido, este apuntalamiento cronológico de la aventura tolteca presenta una doble desventaja: por una parte, no evidencia las dos fases características de la Época IV; por otra parte, no da cuenta de lo que convendría llamar la dinámica de la toltequización, que es un movimiento cultural general, común a toda Mesoamérica, que, por lo tanto, rebasa el marco estricto de los soberanos de Tula.

Parece que se pueden distinguir dos fases bastante bien diferenciadas en el proceso de toltequización de Mesoamérica. La primera fase comienza hacia 800-900 y dura hasta 1100. No cabe duda de que el polo principal del cambio que se produce entonces se sitúa en la frontera norte, cuyo puesto de vigía era Teotihuacan, hasta su caída. La alquimia tolteca se efectúa en un área burdamente trapezoidal, delimitada por las cuatro cumbres que siguen: Querétaro, Tulancingo, Puebla y Toluca. O sea, un frente de aproximadamente 200 km de largo por 150 de profundidad. Estos 30 000 km^2 que se abren sobre las llanuras del norte serán el laboratorio del nuevo poder nahua en Mesoamérica. Ahí es donde los recién llegados adquieren experiencia; en lugar de dispersarse de manera caótica, librar guerras aquí y allá, y saquear un lugar y otro, colonizan hábilmente los confines septentrionales de Mesoamérica, y se introducen en ciudades moribundas. De hecho, capturan una sociedad desheredada, y de potenciales exterminadores, se convierten en artesanos de un indiscutible renacimiento.

Existe un símbolo de esta fase, que es Tula, fundada por los recién llegados al principio del siglo IX en territorio otomí. Importa poco que los vestigios llegados a manos de los arqueólogos no reflejen la dimensión exacta de la supuesta grandeza del sitio legendario. Lo que cuenta, antes que nada, es la localización de la ciudad, a 70 km al noroeste de Teotihuacan. Esta situación concretiza el fenómeno de ascenso hacia el norte de la frontera mesoamericana. El otro elemento simbólico es que esta ciudad ultraseptentrional sirve de capital al nuevo poder. Atestigua una proximidad a la vez geográfica y cultural con el mundo chichimeca y se afirma al mismo tiempo como plenamente mesoamericana.

Pero fieles herederos del atavismo nahua, estos grupos toltecas manifiestan una fuerte propensión a diseminarse. Desde finales del siglo IX, se encuentran en toda Mesoamérica, en todos los lugares de poder, en todos los sitios que tienen una historia: en el Valle de México, desde luego, en particular en Colhuacan y en Azcapotzalco; en la cuenca de Toluca, en Teotenango y Calixtlahuaca; en el valle de Puebla, en Cholula; en Morelos, en Xochicalco; en Veracruz, en El Tajín y Cerro de las Mesas; en los altiplanos oaxaqueños, en Monte Albán; en Centroamérica, a lo largo del Pacífico, de Izapa a Chalchuapa. Notemos de paso que los toltecas se llaman de modo distinto según las regiones (y los autores): se conocen con el nombre de mixtecos en Oaxaca y de pipiles en Centroamérica. En Monte Albán, la diferencia entre los "zapotecos" de la Época III y los "mixtecos" de la Época IV se debe exclusivamente al hecho de que los "mixtecos" están toltequizados. La base poblacional permanece idéntica, pero las influencias toltecas modifican radicalmente el carácter de las producciones culturales a partir del siglo IX. Los arqueólogos desearon identificar esta mutación, al atribuirles a los indígenas una nueva denominación. Pero el término *mixteco* induce a un error: no es el componente étnico autóctono el que sufre un cambio, sino la naturaleza de la influencia nahua. Finalmente, conviene lanzar una ojeada más detallada al destino del área maya. ¿Qué pensar de esta invasión tolteca dirigida por Quetzalcoatl (Kukulkan en maya), que coloniza a Chichén Itzá en 987? ¿Por qué los toltecas expulsados de Tula se habrían asentado precisamente en Chichén Itzá? ¿Por qué Chichén Itzá sería el único sitio atribuible al estilo maya tolteca? Una vez más, la arqueología del siglo XIX marcó los mapas y limitó nuestra comprensión al focalizar nuestra atención en el curioso e innegable parentesco estilístico que hay entre Tula y Chichén Itzá. Este carácter unívoco del análisis opacó el conjunto de la dinámica cultural de la Época IV en zona maya.

225. Detalle de una estatua femenina Teotenango, Estado de México.

Como vimos, el mundo maya decae en el siglo IX, precisamente en el momento en que se afirma como un polo de poder concurrente del antiguo poder paleonahua. No cabe duda de que este decaimiento es provocado en gran medida por una fuerte presión externa que emana de los toltecas, es decir de esos neonahuas que recapitalizan el legado histórico teotihuacano para retomar el control de Mesoamérica. Está claro que los toltecas, con unas ambiciones como las suyas, no pueden permitir que se desarrolle un poder maya prepotente, enquistado en territorio mesoamericano. Así que los toltecas, tan pronto como pueden, se orientan hacia el frente maya, actuando y delegando. A principios de la Época IV, las huellas de la presencia en tierra maya de mexicanos originarios del altiplano están confirmadas; pero esos toltecas también actúan removilizando a los nahuas autóctonos, en particular a los que están asentados hace tiempo en la bahía de Campeche, entre Champotón y Comalcalco, y que los textos designan a veces con el nombre de *xicalanca*, a veces con el de *putunes*, o también con el de *chontales*.[2] Estos paleonahuas que tuvieron que retraerse a partir del año 600 ante el ascenso del poder maya, encuentran, con el apoyo de los toltecas del norte, una buena oportunidad de tomar revancha. El inicio de la Época IV marca una verdadera toma de control del área maya por parte de esos grupos nahuas locales sostenidos por las tropas toltecas que

226. Templo de los Guerreros, Chichén Itzá, Yucatán.

llegaron del Altiplano Central. La Conquista —ya que se trata efectivamente de una Conquista— se efectúa a partir de la laguna de Términos en dos direcciones: hacia el sureste, bajando la cuenca del río Usumacinta hacia el río Chixoy y el río de la Pasión, y hacia el noreste en dirección a Yucatán. A estas incursiones se añade un rodeo del conjunto de la península yucateca, en que los nahuas ocupan toda la costa caribeña, de Cozumel al Golfo de Honduras.

Se encuentran huellas de esas incursiones belicosas en las tierras bajas, en Piedras Negras, Yaxchilán, Altar de Sacrificios, Seibal y Ucanal; en el norte de Yucatán, los invasores se imponen en Uxmal bajo el nombre de *tutul xiu*, en Chichén con el de *itza* (rebautizan el sitio con su nombre: "el pozo de los itzaes"); la costa oriental de Yucatán se ve salpicada de pequeñas estaciones que son otros tantos puestos de control: San Gervasio, Xelhá, Tancah, Tulum, Muyil, Xcalak, Ichpaatún, Santa Rita, etcétera.

Los mayas están atrapados, el Petén se vacía. Hasta donde se puede juzgar, lo hace por el sur, la única salida que ha quedado abierta. Como el aumento brutal de la presión demográfica que se observa entonces en las tierras altas de Guatemala coincide cronológicamente con el abandono de los grandes sitios de las tierras bajas, se puede razonablemente ver ahí una relación de causa-efecto. Pero, aun en las tierras altas guatemaltecas, los mayas no quedarán al margen de la toltequización. Los sitios que florecen en este inicio de Época IV, como Zaculeu en la región mam o Zacualpan en la región quiché, muestran evidentes influencias mexicanas. En cuanto a los antiguos sitios de la región, de Chiapa a Kaminaljuyú, de Izapa a El Baúl, todos reciben también una ocupación de tipo tolteca. Por lo tanto, la presencia tolteca en Chichén Itzá a partir del siglo IX no es nada excepcional; hay que relacionarla con el movimiento de reconquista del poder en Mesoamérica que opera bajo el impulso de inmigrados nahuas venidos del norte, y se traduce por la reactivación, bajo una nueva forma, de las antiguas redes de influencia y de autoridad.

La segunda fase del proceso de toltequización de Mesoamérica se extiende de 1100 a 1300 más o menos. Es una playa cronológica cuya importancia fue disminuida por los investigadores, que la consideraron como una especie de corte entre la caída de Tula y la fundación de México. Una especie de reflujo antes del gran florecimiento del "imperio" azteca. Esta visión, aun si se fundamenta en una lectura literal de las crónicas indígenas, no es exacta. Por el contrario, esta segunda fase de la Época IV está atravesada por un fuerte dinamismo cultural; corresponde a un momento de coligación en que se realiza una verdadera integración de Mesoamérica a los valores toltecas. Lejos de ser un repliegue, también es una fase expansiva en que el modelo nahua gana un territorio considerable.

227. Incensario que lleva el rostro del dios Tlaloc, gruta de Balancanché, Yucatán.
228. Detalle de una figura en relieve de una urna funeraria, El Quiché, Guatemala.

El progreso más notable se efectúa en el Occidente. El territorio bajo control tarasco se retrae para centrarse de nuevo en las tierras altas de Michoacán. Un corredor de circulación se establece entonces en la costa pacífica mientras que, mediante la depresión del Bajío, la comunicación entre el lago de Chapala y el Altiplano Central se encuentra de nuevo asegurada. La ola tolteca irrumpe libremente hacia el Occidente. La diseminación de los rasgos toltecas parece rápida en extremo. Sobre todo, el fenómeno elimina de modo espectacular los estilos locales en provecho de una notable uniformación artística. Las excavaciones de Coamiles y de Amapa (Nayarit) han evidenciado perfectamente esta diferencia entre las dos fases de la Época IV; la primera (850-1100) es un fase evolutiva que respeta los estilos antiguos y en la que las innovaciones conservan un carácter local. Por ejemplo, la cerámica con incisiones llamada Amapa blanco[3] que es el marcador de esta fase en esa zona costera de Nayarit, sólo está presente en un territorio reducido a una franja de dos mil kilómetros cuadrados, comprendida entre el río San Pedro al norte y el río Santiago al sur. En cambio, desde el año 1100, la cerámica se integra al espíritu general de la producción de la época y en el caso de ciertos tipos, se vuelve difícil distinguir una cerámica de Coamiles de otra de Chametla, Culiacán o incluso Cojumatlán. Es el estilo bastante uniforme, de inspiración nahua, que la literatura especializada conoce con el nombre de "complejo Aztatlán". Geográficamente, abarca la depresión del lago de Chalapa en Jalisco, los altiplanos del sur de Nayarit (región de Ixtlán), y toda la costa y el piedemonte Pacífico, de San Blas (Nayarit) a Guasave (Sinaloa). Dicho de otro modo, ¡este seudópodo mesoamericano de la costa pacífica hace subir el límite norteño de la influencia tolteca más allá del trópico, casi hasta el paralelo 26!

En el lado del Atlántico sucede exactamente lo mismo: se observa, a partir del territorio totonaco, un ascenso de las influencias toltecas hacia el norte. El territorio ocupado por los huastecos, entre el río Cazones y el río Pánuco, se mesoamericaniza por primera vez. Hasta el siglo X, los huastecos habían mantenido una especificidad notable que se había traducido en un aislamiento relativo, al margen de Mesoamérica. Las influencias que se identificaban en su producción artística —que permanecía modesta— provenían más bien de culturas del desierto. A partir del año 900, un discreto toque tolteca indica una evolución cultural, pero la expresión conserva sus rasgos locales. En cambio, a partir de 1100, la casi totalidad de las obras huastecas son de inspiración y de estilo mesoamericano.

La cerámica llamada Pánuco V denota un cambio profundo en la ideología y en los rituales. A partir de entonces, se reconocen en la vajilla ceremonial los rostros de los dioses nahuas del Altiplano Central y los frisos decorativos entrelazan espinas de autosacrificio, plumas preciosas, volutas y otros símbolos ornamentales en uso en el mundo tolteca. Otro ejemplo característico es el de los frescos del altar circular de El Tamuín, que datan de esa fase,[4] y tienen influencia tolteca a la vez por su tema (procesión de guerreros), su estilo ornamentado y su técnica de ejecución, en rojo sobre fondo blanco.

¿A qué tipo de causa se puede atribuir esta expansión septentrional de Mesoamérica? Es difícil hacerles justicia a las múltiples variables que pudieron entrar en juego: ¿fueron transportadas las influencias toltecas por comerciantes que introducían una nueva moda, por guerreros que ocupaban físicamente el territorio, por sacerdotes que practicaban una Conquista ideológica o por migraciones masivas de nahuas que venían del Altiplano Central? Hasta hoy, la respuesta es incierta, pero se observa que la mesoamericanización del noroeste y del noreste es completa; los centros ceremoniales son de tipo tolteca de modo uniforme. La hipótesis más pertinente es que el movimiento de toltequización es, según su parecer, idéntico al proceso de mesoamericanización que interviene hacia 1200 a. C., pero esta vez el fenómeno se aplica a territorios que habían perma-

229. Estela redonda antropomorfa con relieves, estilo Chontales, Copelito, Nicaragua.

necido hasta entonces al margen de la esfera de influencia mexicana. Como se ve, la dinámica tolteca es a la vez un movimiento de reconquista de las antiguas posesiones nahuas y uno de expansión hacia nuevas tierras.

Esta dinámica de crecimiento de Mesoamérica también se traduce por un empuje nahua en el frente centroamericano. Todo parece indicar que el estilo Chontales y el Zapatera de Nicaragua datan de los siglos XII y XII, y corresponden a la fase de integración de Mesoamérica a los valores toltecas. Desde luego, la vertiente pacífica de Nicaragua, desde la época olmeca, siempre perteneció al conjunto mesoamericano, pero sus vínculos con el México central eran tanto más flojos cuanto que las poblaciones nahuas locales eran fuertemente minoritarias. Ya no es el caso durante la Época IV. Si el estilo Chontales del interior atestigua un espíritu de mestizaje bastante claro, el estilo de la estatuaria que florece en la ribera sur de los lagos de Ometepe y de Nicaragua muestra claramente su filiación mexicana al privilegiar la representación del nahualismo (el hombre y su doble animal). Al parecer, hay que vincular esta renovación nahua nicaragüense con todos los fenómenos de difusión de la toltequidad que tuvieron lugar en Centroamérica en la misma época: cultura Tiquisate de Guatemala, cultura Tazumal de El Salvador marcada por la aparición de estatuas de chac-mool o cerámicas con la efigie de Tlaloc, migraciones cholutecas (o chorotegas) de Honduras y Costa Rica,

230. Estela redonda antropomorfa con relieves, estilo Chontales, La Libertad, Nicaragua.

y migraciones nicaraos de Nicaragua. El dominio nahua en el territorio mesoamericano de Centroamérica data indiscutiblemente de esa fase (1100-1300). La pregunta no resuelta es la de saber si este empuje de la nahuatlización es obra de toltecas propiamente dichos, es decir de mexicanos del norte que por su parte habrían descendido hasta las bajas latitudes de Centroamérica, o si el nuevo reparto cultural de las cartas que se observa es consecuencia de un desplazamiento poblacional en el seno del área mesoamericana, al empujar los recién llegados toltecas por delante de ellos a los antiguos nahuas de abolengo, a quienes habrían obligado a migrar hacia los confines del sureste. Una tradición oral muy presente en Centroamérica y recogida por varios cronistas, como Torquemada, dice que los colonizadores llegaron, no de Tula, sino de la ciudad santa de Cholula (de ahí su nombre de Cholulteca o Choluteca). Esto no es imposible. Pero aunque la colonización se haya dado por control directo o por rebote, los resultados aparecen relativamente idénticos: a partir del siglo XII, la vertiente pacífica de Centroamérica presenta todas las marcas de la toltequidad.

231. Cerámica miniatura de los volcanes, Nahualac. Estado de México.

Los marcadores de la toltequidad

Toda la Época IV está marcada con valores guerreros. Esta tonalidad militarista se manifiesta en todos los registros de la producción artística. La inspiración gira desde luego en torno al sacrificio humano, la guerra sagrada y la exaltación de la figura del guerrero. De hecho hay ahí más continuidad que novedad. Los toltecas, desde este punto de vista, se inscriben en el hilo de una tradición milenaria. Pero su originalidad consiste en que expresan sus creencias con un naturalismo que linda con lo elemental. Lo que era sugerido en el arte paleonahua, entre los toltecas se vuelve fríamente explícito. Lo que era símbolo, alusión, metáfora y poesía en Teotihuacan, se vuelve celebración brutal de una ideología austera pero fundamentalmente violenta. Sólo el arte de Cotzumalhuapa en Guatemala había alcanzado en la época anterior semejante realismo.

¿A qué atribuir la uniformidad cultural y la homogenización estilística que desde entonces le dan forma a Mesoamérica?, ¿a la presión militar o a

232. Cerámica miniatura de los volcanes, Tenenepanco, Estado de México. Excavaciones de D. Charnay, 1880.

la fuerza coercitiva del entorno ideológico? El horizonte tolteca, en efecto, se caracteriza por una homogenización de los objetos, reproducidos en series de gran difusión. Los dioses del panteón mesoamericano adquieren sus rasgos definitivos precisamente con motivo del extremado afán de codificación que reina en el área tolteca. Los estilos regionales se marchitan o se desvanecen, barridos por los imperativos de la religión estatal. Esta mutación, que cuesta trabajo imaginar sin violencia, es providencial para los arqueólogos, que, en todo el suelo mesoamericano, encuentran los mismos indicios de la inmersión tolteca, lo cual les evita entregarse al juego a veces azaroso de las correlaciones de secuencias cerámicas.

La cerámica

Una de las cerámicas más extendidas en la época tolteca se conoce con el nombre de cerámica Mazapa (o Mazapan), corresponde a la última ocupación de Teotihuacan, y así la bautizó el arqueólogo sueco Sigvald Linné,[5] quien le dio el nombre de un barrio de la gran metrópoli (San Francisco Mazapa). Su diseño es fundamentalmente rojo sobre café y los motivos rojos están aplicados directamente sobre el fondo natural pulido. Éste, según el grado de cocimiento, puede oscilar de una pieza a otra entre el beige claro y el café oscuro. Los elementos decorativos se componen de bandas compuestas de líneas onduladas paralelas, dispuestas en círculo, en cruz o en figuras de fantasía. A veces, el paralelismo de las ondulaciones es tal que debió de requerir el empleo de un pincel en forma de peine. La cerámica Mazapa también cuenta con líneas, volutas, espirales y motivos en forma de S acostada, en que lo geométrico parece ceder ante lo simbólico. El motivo trilobulado, por ejemplo, es una referencia explícita al corazón ensangrentado de los sacrificados. En la gama de las formas, predominan los platos y los cajetes poco profundos.

A esta vajilla tan reconocible se asocian unas figurillas planas que se cuentan entre las inevitables firmas de la presencia tolteca. Son pequeñas estatuillas con la efigie de personajes divinos ricamente ataviados: están fabricadas en molde en grandes cantidades, y burdamente pintadas, a menudo en azul y blanco. Parece haber sido femeninas con mayor frecuencia que masculinas, lo cual podría vincularlas con un culto de fecundidad. En la época siguiente, engendrarán los *tepitonton* de los aztecas, unas pequeñas figurillas divinas que se saben asociadas al culto de las montañas, por ende al complejo agua-lluvia-fecundidad vegetal. La extrema difusión de las figurillas Mazapa presupone de cualquier modo la existencia de un culto de "amplio público", incluso de una religión estatal bastante coactiva...

Otro tipo de cerámica roja sobre fondo bayo caracteriza al horizonte tolteca; se le llama Coyotlatelco desde 1919, fecha cuando Alfred Tozzer la identificó en los alrededores de Azcapotzalco, uno de los polos toltecas más activos del Valle de México. Las formas predominantes se asemejan a las de la cerámica Mazapa, pero las decoraciones son de inspiración distinta. Los motivos se ordenan en una banda circular que sigue el borde de los platos; sobre la cara externa de las escudillas, la decoración se ordena en el interior de secciones rectangulares. El pincel del alfarero parece haber trazado motivos geométricos, pero el estudio revela una evidente codificación de los símbolos utilizados: las U tienen una connotación lunar, las X un sentido cosmológico, la greca escalonada es aparentemente telúrica, etcétera.

233. Cajete trípode. Cerámica bicroma, rojo sobre bayo. Michoacán.

Un tercer tipo característico del periodo tolteca se conoce con el nombre de Azteca I. Como fue identificado por primera vez en Colhuacan (orilla sureste del lago de México), también se designa con este nombre. Sin querer enunciar una paradoja, conviene precisar que la cerámica Azteca I no tiene estrictamente nada de azteca: ¡precede en cuatro siglos por lo menos la pretendida fundación de México! Esta nomenclatura fue elegida por Franz Boas en 1911, cuando realizaba, con la Escuela Internacional de Arqueología y Etnología Americanas, una investigación detallada de la ocupación del Valle de México, en una época cuando se pensaba que todos los sitios cercanos a México eran "aztecas". La fuerza de la costumbre prevaleció sobre la precisión científica y tres generaciones después, ¡esta denominación desadaptada sigue vigente! De hecho, la cerámica Azteca I es típicamente tolteca, es bicroma, con decoraciones negras sobre fondo natural ocre. Se le describió como burda, porque era la más antigua de la secuencia que tiene cuatro tipos.[6] Sin embargo, a mi parecer, sus trazos son bas-

234. Ejemplo de cerámica plomiza. Vasija zoomorfa que representa un perro, Hidalgo.

tante libres: la orilla de los platos está decorada con una banda a base de volutas, plumas, espirales, grecas entrecortadas con rayas y en el fondo, se inscriben motivos simbólicos estilizados como cabezas de serpiente emplumada, conchas cortadas transversalmente, flores, mariposas, aves, signos solares que parecen tréboles de cuatro hojas. Muy a menudo, el efecto estético predomina sobre el aspecto estandarizado de la composición. En este estilo Azteca I, se puede ver una especie de anticipación, en versión "negro y blanco", de la cerámica policroma llamada Mixteca-Puebla, cuyo parentesco con el grafismo de los códices se hizo notar. Desde el inicio de la época tolteca, se advierte que un estilo se está instaurando, el cual refleja el nuevo carácter de los dueños de Mesoamérica.

Los tipos cerámicos Mazapa, Coyotlatelco y Azteca I tuvieron una gran difusión en la parte norte de Mesoamérica, pero en la región subístmica aparecen menos bien representados. En el área maya y en la centroamericana, otro tipo de cerámica marca la irrupción tolteca; ésta es la llamada "plomiza". Contemporánea de las tres anteriores, esta cerámica monocroma se fabrica con un barro muy particular, que con el cocimiento adquiere una iridiscencia metálica y una dureza de superficie que dan la impresión de una vitrificación. Según el modo y la temperatura de cocimiento, el barro, que nunca está pintado, puede adquirir tonalidades que van del gris-azul al naranja brillante, pasando por el verde olivo y el café rojizo. Esta cerámica también se conoce con el nombre de Tohil, fase tolteca identificada por primera vez en el sitio de Zacualpa, en Guatemala. Las vasijas, a veces modeladas con delicadeza, adoptan formas humanas o animales. En esta gama, se conocen vasijas con la efigie del dios de la lluvia (Tlaloc), el dios de la muerte (Mictlantecutli), el dios del fuego, con los rasgos de un anciano arrugado (Huehueteotl). El tema del guerrero águila es frecuente. En el registro zoomorfo, las representaciones del venado, del jaguar, del coyote, del guajolote o de la serpiente, parecen referirse a un sustrato mítico. La cerámica plomiza es frecuente en toda el área centroamericana. Según el arqueólogo Samuel Lothrop,[7] sería originaria del sitio de Suchitoto, en El Salvador, cerca del cual se habría identificado el yacimiento de barro que sirvió para fabricar esas piezas de alfarería con reflejos brillantes. Se le encuentra hasta Panamá, como un producto de exportación que rebasa un poco las fronteras mesoamericanas. Al oeste del Istmo de Tehuantepec, la cerámica plomiza aparece de modo espectacular, pero sin valor estadístico: por ejemplo, se han encontrado objetos de tipo Tohil en la región mixteca, en ofrendas del Templo Mayor de México, en Tula, en el estado de Veracruz y hasta en Nayarit.[8]

Hay que recalcar un último tipo cerámico: se trata de un tipo policromo, con motivos figurativos y/o simbólicos, que se asemejan al estilo de los códices prehispánicos y cuya temática es de esencia religiosa. Esta cerámica se llamó inicialmente "mixteca" en referencia a los códices de Oaxaca, y luego, tras el descubrimiento de los altares de Tizatlán cubiertos con pinturas del mismo estilo,[9] se establece el empleo de la denominación "Mixteca-Puebla". En realidad, Tizatlán se encuentra en el estado de Tlaxcala, pero la referencia al vecino estado de Puebla permitía integrar a este estilo la hermosa producción policroma de Cholula. Durante bastante tiempo, esta cerámica Mixteca-Puebla fue fechada en la época más tardía (horizonte azteca). Ahora, un haz convergente de datos científicos permite afirmar que los inicios de la difusión del estilo coinciden con la fase 1100-1300; la cerámica en cuestión es entonces un marcador de la segunda fase del horizonte tolteca y un marcador mesoamericano. El estilo Mixteca-Puebla, en efecto, tiene otros nombres fuera del Altiplano Central. En el Occidente de México, la cerámica tipo códice del "complejo Aztatlán" se llama, según los autores, El Taste (Sinaloa), Ixcuintla, Iguanas o Cerritos (Nayarit) o también Cojumatlán (Michoacán occidental). En la región huasteca, este estilo se llama "Tancol policromo". Por otra parte, es conveniente vincular el auge de la cerámica Mixteca-Puebla con el desarrollo de la cerámica policroma en Centroamérica. En Guatemala, Honduras, El Salvador, Nicaragua (Istmo de Rivas) y Costa Rica (península de Nicoya), los alfareros empiezan a fabricar una cerámica de gran calidad estética inspirada en las referencias mexicanas.[10] Generalmente llamada Papagayo o Nicoya, se caracteriza por pinturas naranjas, rojas y negras sobre barniz crema, y si ciertas formas son representativas de una inspiración local, como las espectaculares vasijas trípodes de forma animal, la mayoría de los objetos reproducen las formas dominantes del horizonte tolteca. En cuanto a la decoración, comprende frisos de elementos simbólicos o de animales mitológicos y motivos principales en los que se reconocen fácilmente los símbolos nahuas tradicionales: serpiente emplumada, jaguar, águila, cocodrilo (*cipactli*), etcétera.

Además de las novedades estéticas relativas a la decoración, los toltecas introdujeron en Mesoamérica formas cerámicas inéditas. Para limitarnos a los objetos estandarizados, conviene citar el plato plano trípode, con soportes bastante altos y el molcajete, generalmente también trípode. Este último es una escudilla más o menos abierta cuyo fondo tiene profundas estrías, en rombos o cuadriculadas; estas incisiones sirven para moler jitomate y el chile, que constituyen la salsa básica de la alimentación mesoamericana. Antes de la época tolteca, los morteros destinados para este uso se fabricaban sólo en piedra granular. En el mismo espíritu, los toltecas indujeron la fabricación masiva de malacates de cerámica. El malacate es simplemente un peso en forma de huso, destinado al hilado de fibras textiles de agave y algodón. Siempre perforado con un orificio vertical, tiene un perfil bicónico o semiesférico. Generalmente, está decorado con motivos geométricos con incisiones. En fin, como herederos de Teotihuacan, los toltecas fabricaron profusas vasijas-efigie dedicadas al dios de la lluvia, empleando el pastillaje para modelar el rostro del dios con anteojeras. En esta gama, se localizan en particular las vasijas miniatura cuyos arquetipos siguen siendo los que Désiré Charnay descubrió en el siglo XIX en las faldas del Popocatépetl (sitios de Tenenepanco y Nahualac, ilustraciones 231 y 232) y los "incensarios" de pie ancho y cónico, más bien destinados a las ofrendas de hule fundido. Se encontraron sobre todo ejemplares de este último tipo, en la cueva de Balankanché, cerca de Chichén Itzá, asociados con piedras para moler maíz. Estas vasijas-efigie estaban pintadas de azul, blanco y rojo (ilustración 227).

La escultura y la arquitectura

No es seguro que se deba considerar a Tula como modelo absoluto de la arquitectura tolteca. El sitio refleja ciertamente una concepción majestuosa e integra las novedades arquitectónicas de la era tolteca, pero el conjunto de las construcciones es de una realización modesta, tanto en el terreno técnico como en el estético. Aun si se considera el estado de degradación de los monumentos, que no facilitó las labores de restauración, es difícil encontrar el aura de la ciudad mítica que nos describen los textos antiguos. ¿En dónde está aquel templo con cuatro santuarios que gobiernan a los cuatro vientos, con sus muros cubiertos de placas de oro al este, incrustados de nácar y de plata al sur, revestidos de mosaicos de piedra verde al oeste y de jaspe y coral al norte?

El sitio sorprende, sin embargo, por su concepción novedosa. En primer lugar, los toltecas amplían considerablemente la extensión de los espacios cubiertos con el empleo profuso de la columnata, y al combinar pilares de sección cuadrada y columnas propiamente dichas, de sección circular. En Tula, las columnatas invaden casi todo el espacio en las cercanías de las dos pirámides principales y se integran a la estructura del Palacio Quemado. Este edificio de un nuevo tipo está compuesto de tres salas hipóstilas que no comunican entre sí, dispuesta cada una de ellas alrededor de un pequeño patio. El techo plano, del que sólo se encontraron fragmentos de vigas calcinadas —que le dan su nombre al edificio—, estaba sostenido por dos hileras de pilares, cuadrados en la sala central, redondos en las dos salas adyacentes. A lo largo de los muros, corren banquetas esculpidas con bajorrelieves policromos que pudieron servir de asientos para reuniones de guerreros.

Más espectacular aún es el templo llamado "de la Estrella de la Mañana" que comprendía un santuario, en el cual la columna era empleada de modo novedoso. Las famosas estatuas colosales que se yerguen hoy sobre la pirámide, esos guerreros inmovilizados en una posición de firmes irreal y que escrutan el horizonte con sus ojos vacíos, de verdad son atlantes. Cada una de las cuatro columnas antropomorfas, de 4.6 m de alto, se compone de cuatro partes embonadas entre sí por un sistema de espiga central que penetra en una muesca circular. Las columnas están esculpidas a imagen de los guerreros armados con propulsores (*atlatl*) y espadas de obsidiana; llevan en el pecho un emblema en forma de mariposa estilizada, símbolo de la resurrección de los combatientes sacrificados; al cinturón va atado un espejo que llevan atrás, adoptando con esto la tradición de los chichimecas, que nunca se separan de este objeto fetiche durante sus migraciones.[11] A estos cuatro atlantes se adjuntan, en la fachada, dos columnas serpentiformes que sostenían el dintel de la puerta de entrada del templo —probable herencia teotihuacana— en el interior del santuario, se elevaban cuatro pilares de sección cuadrada decorados sobre sus cuatro costados con bajorrelieves que representan escenas de inspiración militarista, personajes armados y alegorías guerreras, asociadas con la imagen del monstruo telúrico Cipactli. De la ornamentación del cuerpo exterior de la pirámide, en talud-tablero con cornisa, sólo subsiste la parte inferior: la cornisa está esculpida con bajorrelieves que muestran una procesión de jaguares y pumas, mientras que, en el tablero, unas parejas de águilas que devoran corazones humanos alternan con una figura cuya interpretación no es la misma entre los especialistas: de frente, se ve un rostro humano con ojos circulares que emerge del hocico abierto de un monstruo terrestre de aspecto ofidiano, rodeado de plumas. Si bien es pertinente considerar que se trata efectivamente de la imagen de Quetzalcoatl, el gran dios tolteca, la dimensión venusina de esta divinidad que, sin embargo, le dio su nombre al monumento, no parece evidente en este contexto.

También se localizan en Tula otras tres características arquitectónicas distintivas de la Época IV. La primera es una especie de recinto sagrado llamado *coatepantli*, literalmente "muro de las serpientes", que rodea el templo principal. En este caso, este elemento arquitectónico no es una innovación: traduce por el contrario una continuidad en relación con el periodo paleonahua. Recordemos que en Teotihuacan, un coatepantli de dimensiones excepcionales (más de 300 m de ancho) rodea a la pirámide del Sol. Aquí, en Tula, el coatepantli, actualmente reducido al lado norte de la pirámide de la Estrella de la Mañana, está decorado con un friso de serpientes que devoran cráneos humanos, lo cual indica que la escena ocurre en el mundo nocturno y subterráneo; esta banda central está bordeada arriba y abajo por un friso de grecas escalonadas que en Mesoamérica simbolizan a la tierra. Finalmente, el muro está rematado con elementos en forma de concha laminada, símbolo de Quetzalcoatl en su variante de dios del viento. Así, este monumento lleva una dedicatoria doble: celebra al polimorfo Quetzalcoatl, pero también evoca la importancia religiosa de la díada *yoalli ehecatl*, "la noche, el viento", especie de invocación a la divinidad primordial que se emplea en el mundo chichimeca.

La segunda característica notable de la arquitectura de Tula se debe a la presencia de un templo de plano circular en un barrio llamado El Corral. Estos templos circulares, que existían desde las Épocas I y II, tendían a desaparecer de la arquitectura mesoamericana en la Época III. Los toltecas reintroducen estas estructuras, que dedican sistemáticamente al dios del viento. No se excluye que esos santuarios se relacionen con la veneración chichimeca de *yoalli ehecatl*. En Tula, el templo redondo es de hecho una estructura compleja que combina elementos en forma de pirámide y de cono trunco; está asociado con un *tzompantli*, altar destinado a exhibir cabezas de víctimas sacrificiales.

Finalmente, hay que notar la existencia de varios terrenos de juego de pelota en el corazón del centro ceremonial. Con 116 m de largo por 67 m de ancho, el Terreno 1, al norte de la pirámide de la Estrella de la mañana, se cuenta entre los más grandes de Mesoamérica. Tiene la forma de una I mayúscula, que se estandariza en la época tolteca, y unos anillos de piedra están fijados en las paredes verticales en el eje medio del área de juego. Las banquetas que sirven para el rebote de la pelota a la altura de la cintura estaban decoradas con escenas rituales relacionadas con el juego.

Con todos estos componentes arquitectónicos característicos se asocian dos tipos de escultura mobiliaria cuya función es ceremonial. Dichas esculturas que marcan la Época IV se conocen con los nombres de portaestandartes y chacmool. El portaestandarte es una estatua antropomorfa que ofrece la particularidad de tener por lo menos un antebrazo horizontal, con la mano cerrada y redondeada alrededor de un orificio que manifiestamente servía para recibir una vara. Existen portaestandartes en diversas posiciones; algunos están de pie en una especie de hierática posición de firmes; otros están sentados, con las manos sobre las rodillas recogidas. Se puede imaginar cualquier cosa en las manos de estas estatuas: los románticos optarán por el ramo de flores; los defensores del militarismo supondrán más bien la existencia de un cetro, una vara de mando o alguna oriflama. De hecho, la situación de estos portaestandartes al pie de los escalones de las pirámides incita a vincular esos

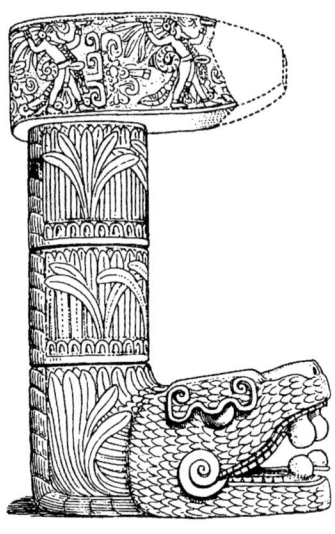

Ejemplos de columna serpentiforme en Chichén Itzá, Yucatán.
235. Pórtico de El Castillo.
PÁGINA SIGUIENTE.
236. Pórtico del Templo de los Guerreros.

objetos con las prácticas sacrificiales de los toltecas. Los textos históricos explican en efecto que las víctimas destinadas a la inmolación se dirigían hacia la piedra de sacrificios sosteniendo en las manos unas banderas de papel blanco embadurnadas con hule derretido. Más que estandartes podrían ser accesorios de este tipo los que se encontraban en las manos de las estatuas.

El chac-mool también es una escultura cuya finalidad permanece misteriosa. Fundamentalmente, representa a un hombre semirrecostado sobre la espalda, apoyado sobre los codos, con las rodillas dobladas y la cabeza extrañamente girada a un lado. Sobre su vientre, el hombre sostiene una especie de charola de ofrendas, generalmente circular. El término chac-mool es de origen maya, aunque fue elegido de modo arbitrario en 1874 por el "arqueólogo" suizo-estadounidense Auguste Le Plongeon, para designar a una pieza de este tipo descubierta en Chichén Itzá. En lengua maya, la palabra designa un frijol rojo alucinógeno producido por un arbusto de tipo *Eritrina*. Por lo tan-

to el empleo de esta palabra para designar a una estatua de piedra carece de cualquier fundamento científico, si bien la adoptaron los mexicanistas por motivos prácticos, a pesar de su carácter artificial. El chac-mool parece estrechamente asociado con el ritual sacrificial; se ubica más frecuentemente en la cúspide de las pirámides, ante la entrada del santuario o en lugares conocidos como de sacrificio (terrenos de juego de pelota, por ejemplo). Algunos autores se inclinan por considerarlo como una especie de mensajero divino encargado de recoger sobre su pecho los corazones arrancados de los sacrificados, para ofrecérselos al sol; otros ven la estatua como la representación misma del sacrificado, con el pecho hacia el cielo; algunos también han sugerido que el chac-mool podría corresponder a la piedra sacrificial sobre la que recostaban a las víctimas para arrancarles el corazón.[12] En todo caso, es indudable que la irrupción del chac-mool en la escultura mobiliaria mesoamericana coincide con un ordenamiento específico del ritual sacrificial, cuya difusión marca la época tolteca.

Todos estos nuevos rasgos culturales que se traducen en la arquitectura y la escultura se diseminan de manera amplia en Mesoamérica. El ejemplo más espectacular es sin duda el de Chichén Itzá, en que se encuentran casi rasgo por rasgo todas las innovaciones toltecas. La gran pirámide de cuatro niveles de escalones, llamada "El Castillo" es el arquetipo de la pirámide de la Época IV. El templo llamado "de los Guerreros" combina prácticamente todos los elementos de la arquitectura que se observan en Tula: pórtico de columnas serpentiformes, con el crótalo representado con la cabeza hacia abajo y la cola erguida para servir de apoyo al alero; amplio santuario superior con columnata interior; chac-mool y portaestandarte en la entrada del templo; pequeños atlantes que sostienen una gran losa en forma de trono en el fondo del templo; sala hipóstila adyacente al pie de los escalones compuestos de pilares cuadrados decorados con bajorrelieves que representan guerreros armados; gran patio anexo bordeado de un pórtico con columnas y pilares a profusión (Grupo de las Mil Columnas). En todo el sitio, se observa el sello tolteca. Aquí, es un inmenso terreno de juego de 168 m de largo, con paredes verticales, cuya banqueta está adornada de bajorrelieves que describen seis veces una escena de decapitación; allá, es una plataforma decorada de cráneos humanos que albergaba un tzompantli; no lejos de allí, se ven sobre el tablero de otro edificio unos jaguares y unas águilas que devoran corazones humanos; más al sur, se levanta el templo circular llamado "El Caracol" por su escalera de caracol; si bien varias generaciones de arqueoastrónomos se empecinaron en verlo como un observatorio —lo cual, de hecho, revela una fuerte inclinación occidentalocentrista—, se puede perfectamente relacionar al Caracol de Chichén Itzá con sus hermanos gemelos, los templos circulares de la Época IV, dedicados todos al dios del viento.

Las semejanzas entre Tula y Chichén Itzá no han dejado de intrigar. La calidad de la arquitectura del sitio yucateco, indiscutiblemente superior a la de Tula, incluso pudo inducir a ciertos arqueólogos norteamericanos a pensar que de Chichén Itzá provenían las influencias toltecas. Es evidente que la hipótesis carece de fundamento: la presión tolteca proviene efectivamente del norte. Pero, como siempre sucede en la historia de las influencias nahuas en Mesoamérica, éstas se mezclan con las culturas locales. ¡Así que no es incongruente de ningún modo hallar en la decoración del templo de los guerreros de Chichén Itzá, tan arquetípicamente tolteca, unos mascarones de Chac con la trompa de voluta! Los constructores de Chi-

237. Panel esculpido en la cancha del juego de pelota sur de El Tajín, Veracruz.

chén Itzá asociaron con toda naturalidad elementos antiguos procedentes de la tradición propiamente maya con las innovaciones toltecas. Así, se operó la difusión de la toltequidad: cada vez, se reinterpretó localmente, en ósmosis con las tradiciones y las sensibilidades regionales.

Si bien es perfectamente legítimo hablar de horizonte tolteca, esto no significa tampoco que la homogenización cultural de Mesoamérica se haya traducido en todas partes por una uniformidad estilística absoluta. Cuando, hacia el año 1100, los artistas de El Tajín empiezan a decorar las banquetas del juego de pelota sur o a construir el "Edificio de las columnas", reproducen modelos toltecas, pero permanecen fieles a un espíritu totonaco, afectos a las líneas fluidas y las decoraciones recargadas. En Chalchuapa, El Salvador, junto a vasijas-efigie de Tlaloc y de chac-mool del más puro estilo del Altiplano Central, las vasijas con decoraciones figurativas en rojo, negro y naranja sobre fondo crema son reinterpretaciones mexicanizadas de modelos mayas.[13] El chac-mool, por un motivo desconocido, no parece haberse implantado en Oaxaca. El templo circular y los pórticos hipóstilos están presentes en Ixtlán del Río, pero ausentes en Coamiles, mientras que esos dos sitios nayaritas sólo se encuentran a 130 kilómetros de distancia; pero el primero está en el altiplano, mientras que el segundo pertenece al ecosistema costero.

Por lo tanto, todos los marcadores de la toltequidad no se hallan reunidos sistemáticamente en todas partes al mismo tiempo. Pero individualmente son tan característicos, que uno solo de ellos basta para marcar su pertenencia a la Época IV. A estas especificidades, se puede añadir una observación relativa al sistema de escritura. Sin producir una revolución, los toltecas romperán de modo bastante perceptible con los usos teotihuacanos, en los que el glifo y la imagen tenían una relación de continuidad y el mismo estatuto. A partir del año 800, se impondrá una codificación que consagra la predominancia del glifo sobre lo figurativo. Dicho de otro modo, los toltecas optan por cierta concisión que corre pareja con una estandarización del código de escritura. En este espíritu, el valor simbólico de las anotaciones calendáricas se vuelve determinante: una serie de fechas podrá perfectamente constituir un verdadero texto que exprese, por ejemplo, un episodio mítico de la vida de un dios o de la fundación de una ciudad. Y muchas inscripciones se reducirán a partir de entonces a unos cuantos glifos cronológicos puestos o no en situación iconográfica.

Las estelas o inscripciones de Xochicalco que, en su gran mayoría, datan de la Época IV, constituyen bastante buenos ejemplos de este recurso que privilegia la expresión glífica. Las tres famosas estelas halladas por César Sáenz en la subestructura del templo al que dieron su nombre ("Templo de las Estelas") corresponden al estilo de los siglos IX-X.[14] Dos de ellas están dedicadas a Quetzalcoatl, la tercera a Tlaloc. Están esculpidas sobre sus cuatro lados: la iconografía combina glifos calendáricos (fechas simbólicas) y glifos ideográficos (huellas de pasos que indican la bajada o el ascenso; bandas celestes; corazón ensangrentado, etc.). Un testimonio más lacónico es la estela de los dos glifos erigida sobre "el adoratorio" situado entre las Estructuras C y D, y que se conforma con mostrar dos glifos calendáricos sobre su cara este: 10 caña y 9 "ojo de reptil". Ambos glifos, sea cual sea la importancia del mensaje que dan, parecen un poco perdidos, grabados sobre esta piedra de seis toneladas, con casi tres metros de alto. Se puede considerar que la codi-

238. Cuatro caras de la Estela 1 de Xochicalco, Morelos.

ficación estilística de los glifos concluye al final de la Época IV. Notoriamente abandonada durante el periodo, será la trascripción del número 5 con una barra; este número será notado desde entonces con cinco círculos o cinco puntos, cada uno de los cuales representa a la unidad.

La introducción del metal

Se sabe que la Mesoamérica prehispánica no es un área cultural que haya apreciado mucho el metal. Mientras que el martilleo en frío del metal se conoce en el norte y en el sur de esa zona desde el primer milenio a. C., que se emplean casi todas las sutilezas de la metalurgia en la América andina al inicio de la era cristiana, que grandes cantidades de objetos de oro circulan en Panamá y en Costa Rica hacia el año 500 de nuestra era, el mundo me-

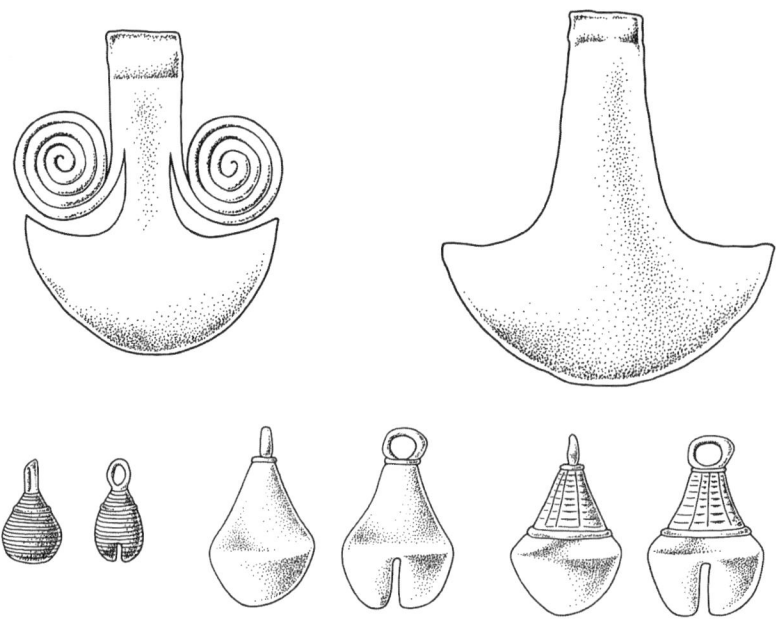

239. Pinzas para depilar y cascabeles, Michoacán.

soamericano se muestra resueltamente hermético ante la penetración del metal hasta el fin de la Época III.

Esta ausencia *total* de objetos de cobre, de oro o de plata hasta el año 800 es uno de los rasgos culturales más notorios del mundo paleonahua. Es evidente que estamos ante una elección cultural debida a una voluntad afirmada, y no a una laguna nacida del aislamiento, la ignorancia o la incapacidad. Con el paso del tiempo, el mundo mesoamericano y el mundo andino han intercambiado suficientes hombres, técnicas y creencias para que uno piense encontrar algunos objetos de metal en México, incluso en forma de especímenes. No es así. La realidad es tan simple como inevitable: en las Épocas I, II y III, Mesoamérica no produjo ni importó objetos metálicos. Mesoamérica fue lo que deseó ser: la tierra del jade. La piedra verde sirvió como patrón de riqueza, catalizador del prestigio, insignia del rango y marca de poder. Y ese jade era valioso por su esencia religiosa y su relación conceptual con el principio de fecundidad. Durante dos mil años, el jade excluyó al oro, y la veneración por la piedra verde cohesionó a Mesoamérica.

Ahora bien, los arqueólogos observan que el metal entra en Mesoamérica hacia el año 800, es decir a principios de la Época IV. Gracias a las investigaciones muy técnicas de Dorothy Hosler se cuenta con suficiente información sobre este proceso.[15] El metal, esencialmente cobre y muy pequeñas cantidades de oro, inicia su penetración por el Occidente. Los objetos de metal más antiguos que se han encontrado hasta hoy con la estratigrafía, proceden de las costas de Jalisco (Tomatlán) y de Nayarit (Amapa, Coamiles) y son de cobre. Se presentan sobre todo en forma de cascabeles fundidos en cera perdida y anillos abiertos de diferentes tamaños que pudieron servir como pulseras, collares, diademas u orejeras. También hay agujas para coser, leznas y anzuelos. Resulta más sorprendente el importante número de pinzas para depilar que aparecen en esta serie. En efecto, se conoce que este objeto es típicamente andino. Más aún, la forma de las pinzas para depilar halladas en el Occidente de México es idéntica a la de las pinzas para depilar elaboradas en la misma época en Ecuador. Como el análisis de todos estos objetos revela que la técnica de fabricación es idéntica en Nayarit y en Ecuador, no queda más remedio que preguntarse acerca de la procedencia del metal mexicano. Por lo demás, los cascabeles mexicanos de la Época IV son muy semejantes a los cascabeles que circulan en la misma época en Colombia, Panamá y Costa Rica. Dorothy Hosler, después de hacer un estudio comparativo de la estructura microscópica y las características químicas de los objetos andinos y mesoamericanos, se inclina por una introducción de técnicas metalúrgicas procedentes del norte de los Andes, asociada con la explotación de minerales mexicanos locales. Pero la importación por vía marítima de objetos manufacturados de origen andino y de materia prima en forma de placas delgadas de cobre o de lingotes de bronce, no puede excluirse.

Hasta donde se puede juzgar, el metal no pudo forzar la frontera terrestre al sur de Mesoamérica. Así que rodeó el obstáculo por vía marítima y halló un puerto de entrada en la periferia noroccidental del territorio, en aquella región occidental ya mezclada por numerosos contactos con Sudamérica; ahí lo encontrarán los toltecas. ¿Fue acaso el motivo por el que estos últimos desempeñaron un papel importante en el proceso de difusión del metal en Mesoamérica? El mito conservó cierta asociación conceptual entre tolteca y orfebre. En efecto, en la época azteca se les llamaba toltecas a los artesanos de piezas artísticas, entre los cuales figuraban los lapidarios y los orfebres. Por lo tanto, el estatuto de orfebre se creó como extensión de la categoría del artesano lapidario, que trabaja fundamentalmente el jade. La ambigüedad es patente: por un lado, los toltecas parecen haberle otorgado cierto valor simbólico y social a la metalurgia, pero, por otro, el oro sólo existe como una subcategoría de la piedra dura, como una especie de sustituto o de equivalente del jade. Al parecer, no hay que ver a los toltecas como los agentes activos de la introducción del metal en Mesoamérica. Es más razonable considerar que el metal haya tenido una entrada forzada en el territorio mexicano, al favor del derrumbe de los valores del mundo paleonahua, justo al final de la Época III. Los toltecas se conformaron con aceptarlo como un material valioso al incluirlo en el registro de los adornos reservados para la elite dirigente, o de los objetos rituales, propios de la jerarquía religiosa. Es claro que el metal no será empleado en el terreno de la herramienta o el armamento. ¡Las agujas de la Época IV no tendrán mucho futuro, y las hachas de cobre y bronce provenientes de los Andes centrales, que empezarán a circular en Mesoamérica al final del periodo tolteca, se utilizarán como monedas y no como herramientas!

El metal no se difundirá considerablemente durante la Época IV. Se introduce poco a poco a partir de varios puntos de penetración; en la costa pacífica, Guatemala, Oaxaca y Guerrero se añaden a Jalisco y a Nayarit como puertas de entrada de las tradiciones sudamericanas. Por las costas caribeñas, Mesoamérica recibe hojas de oro y de cobre dorado procedentes de Panamá. Los hallazgos efectuados bajo control científico a partir de 1960 en el gran cenote de Chichén Itzá, permitieron evaluar el tipo de producción de los mayas-toltecas: discos repujados, adornos y orejeras recortados directamente en la hoja de metal y cascabeles de cobre fundidos en cera perdida. Pero hay que constatar que el metal no ocupa ningún rango privilegiado en la jerarquía de las ofrendas del cenote: se asocia con objetos de jade, madera, cristal de roca, obsidiana y nácar; debe coexistir con huesos delicadamente esculpidos, mosaicos de coral y de piedra dura, ropa finamente tejida, y el conjunto constituye, naturalmente, la parafernalia de las víctimas humanas. Dicho de otro modo, la irrupción en Mesoamérica del metal en general y del oro en particular no parece haber modificado el orden de los valores existentes. El metal se agregó simplemente a los dispositivos rituales vigentes, sin que se observe ninguna veneración particular.

El imaginario tolteca: la edad de oro y el mito de Quetzalcoatl

La epopeya tolteca está íntimamente ligada con un cuerpo mítico en extremo complejo: la gesta de la Serpiente Emplumada. La complejidad del personaje de Quetzalcoatl proviene tanto de la multiplicidad de las versiones del mito como de las innumerables lecturas de las que fue objeto. ¡Ningún otro dios del panteón prehispánico ha fascinado a ese grado! Así que es imposible detenerse en todos los aspectos del mito. Nos conformaremos aquí con esbozar algunas líneas explicativas.

Primero, debe quedar claro, Quetzalcoatl no es un dios tolteca, nació mucho antes de la llegada de los migrantes chichimecas; quizá haya aparecido con Mesoamérica, en el segundo milenio a. C., aunque su iconografía sea indecisa hasta la Época III. Sin embargo, es indudable que Quetzalcoatl es un dios exaltado por los toltecas, quienes lo recuperan para instalarlo en el trono de Tula y convertirlo en el fundador de su linaje. En esta cooptación, hay una voluntad explícita: darle al pueblo tolteca recién salido del estado chichimeca un arraigo simbólico en los sedimentos de la historia mesoamericana. Para este fin, el mito tolteca hace que la Serpiente Emplumada

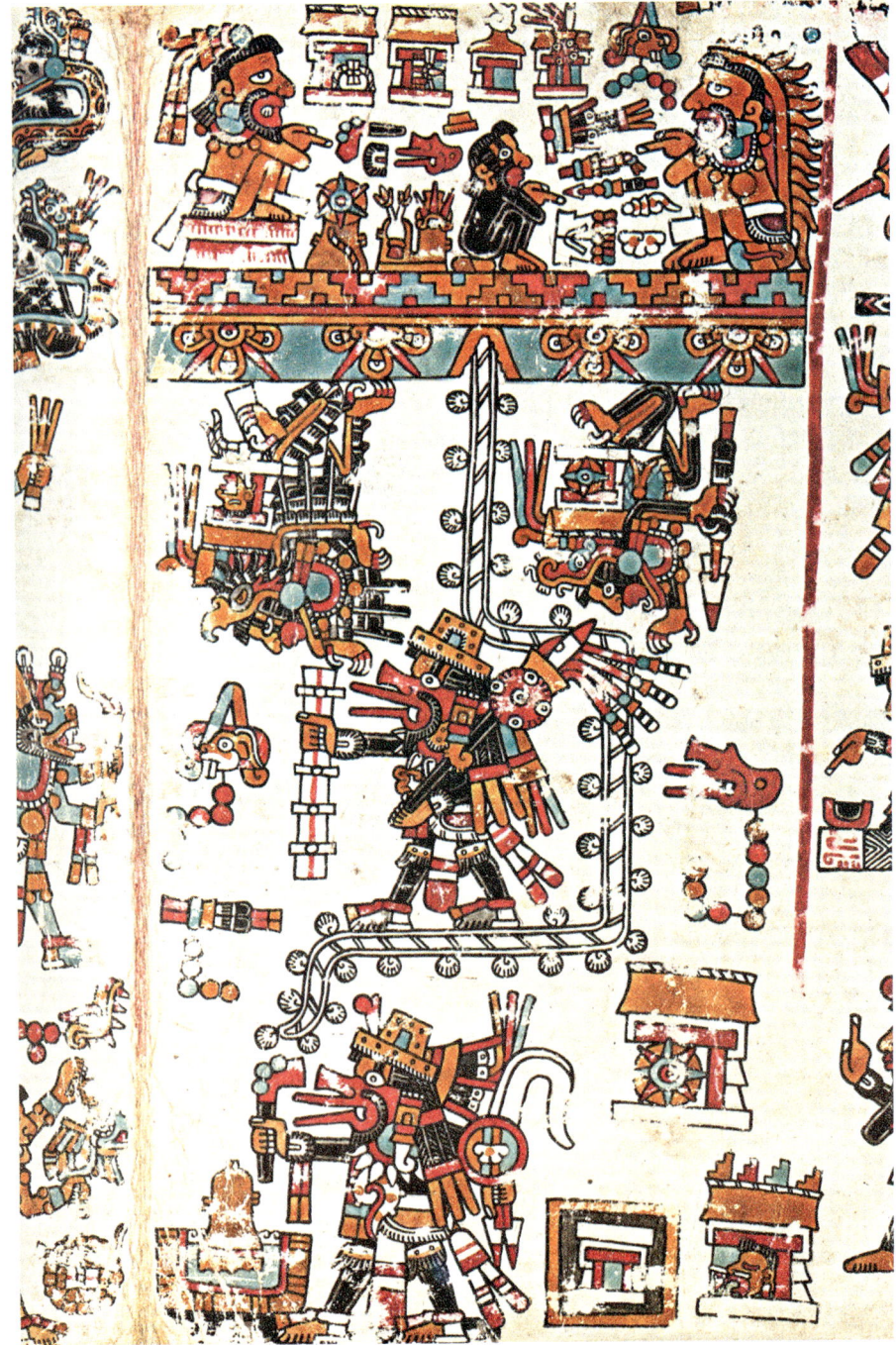

nazca de un jefe chichimeca, Mixcoatl, y de una mujer autóctona, Chimalma. Exactamente como la civilización tolteca nace de la energía borboteante de los invasores norteños fusionada con las adquisiciones milenarias de los antiguos mesoamericanos.

Este Quetzalcoatl soberano de Tula habría presidido una edad de oro. Todos los textos, a menudo disonantes, concuerdan en este punto: describen en términos muy parecidos una situación de opulencia y una era de prestigio.

> Y más dicen, —escribe Sahagún— que era muy rico, y que tenía todo cuanto era menester y necesario de comer y beber, y que el maíz era abundantísimo, y las calabazas muy gordas, de una braza en redondo, y las mazorcas de maíz eran tan largas que se llevaban abrazadas, y las cañas de bledos eran muy largas y gordas, y que subían por ellas como por árboles, y que sembraban y cogían algodón de todos colores...Y más dicen que en el dicho pueblo de Tulla se criaban muchos y diversos géneros de aves de pluma rica y colores diversas, que se llaman xiuhtototl y quetzaltototl y zacuan y tlauhquechol y otras aves que cantaban dulce y suavemente.
>
> Y más, tenía el dicho Quetzalcoatl todas las riquezas del mundo, de oro y plata y piedras verdes que se llaman chalchihuites, y otras cosas preciosas, y mucha abundancia de árboles de cacao de diversos colores, que se llaman xochicacahuatl. Y los dichos vasallos del dicho Quetzalcoatl estaban muy ricos y no les faltaba cosa ninguna, ni había hambre ni falta de maíz, ni comían las mazorcas de maíz pequeñas, sino con ellas calentaban los baños, como con leña.[16]

Detrás de esta descripción de una era paradisíaca, se localiza un componente simbólico que remite a un dato histórico: esta referencia a la exuberancia vegetal, a la perpetua fecundidad de la tierra, a la proliferación de las aves de plumas preciosas, corresponde claramente a una evocación de las tierras bajas tropicales. Por ejemplo, el árbol de cacao que menciona el

---

PÁGINA ANTERIOR. 240. Bajada del cielo de Quetzaltcoatl como dios del viento. Códice Vindobonensis, lám. 48. Época V.

texto de Sahagún sólo crece en altitudes inferiores a los 600 m. La Tula del mito es entonces una imagen sincrética: superpone el Altiplano Central abierto con las planicies semiáridas del norte y el mundo tórrido de las tierras bajas del Oriente caracterizado por sus bosques tropicales húmedos. ¿Por qué el mito traslada esos paisajes de la costa del Golfo a Tula, en pleno corazón del Altiplano? Es evidente que para anclar el linaje tolteca en la continuidad de las civilizaciones mesoamericanas, recordando que, hasta el surgimiento de Teotihuacan, el poder perteneció a los nahuas de las tierras bajas. Así, los toltecas no aparecen como los únicos herederos de Teotihuacan, sino como los descendientes de un linaje cultural que supo mezclar las tradiciones de las bajas tierras con las del Altiplano Central. Es evidente que el hecho de dotar a Quetzalcoatl de un acta de nacimiento asociada con el oriente (1 caña) tuvo por objetivo reforzar este arraigo oriental, indispensable para reivindicar cualquier legitimidad histórica.

¿Hay que considerar a Quetzalcoatl, soberano de Tula, como a un "rey-sacerdote" o como a un jefe guerrero? Esta pregunta se discutió mucho, pues los textos, que contienen referencias a ambos estatutos, provocan el equívoco. A veces se pinta a Quetzalcoatl como un ser ultrapiadoso, que vive recluido en un oratorio, consagra su tiempo a penitencias, ayunos y mortificaciones, y se dedica a estudiar y a meditar; a veces se le describe como conquistador, autoritario y dominante, que acompañó muy joven a su padre Mixcoatl a la guerra, e introdujo los sacrificios humanos en Tula al inmolar a sus hermanos y a sus tíos. Aquí también sería contraproducente privilegiar una lectura en detrimento de la otra. El mito afirma la doble personalidad de Quetzalcoatl: como fundador del linaje tolteca, simboliza la totalidad del poder, dado que en el mundo nahua los sacerdotes y los guerreros detentan conjuntamente el poder según una precisa división de las tareas, Quetzalcoatl, depositario de todos los atributos del poder, debe aparecer a la vez como sacerdote y como guerrero. Las pretendidas "contradicciones" del mito traducen simplemente una voluntad sincrética comprobada. Del mismo modo, la imagen de Quetzalcoatl que ofrece mariposas y serpientes en sacrificio remite a la tradición chichimeca, mientras que la del jefe que consagra la pirámide que contiene los restos de su padre con sacrificios humanos se inscribe en la tradición mesoamericana.

Una parte importante de la gesta de Quetzalcoatl en Tula relata la lucha que otro dios, Tezcatlipoca, emprendió contra él. Este "Espejo humeante", que es el dios de los brujos, emplea artificios maléficos para echar abajo el poder de Quetzalcoatl y expulsarlo de Tula: le tiende un espejo —instrumento mágico— para revelarle la fealdad de su rostro, lo emborracha ofreciéndole pulque, lo arroja en brazos de su hermana, lo desafía en el juego de pelota y se convierte en jaguar durante el partido. Pero ahí no se detiene la persecución que emprende Tezcatlipoca en contra de los toltecas: aparece desnudo en un mercado y seduce a la hija de Huemac, uno de los dirigentes toltecas, la desposa y se vuelve en contra de su suegro; al son de las flautas y de los tambores, lleva a miles de toltecas a la orilla de una barranca para que caigan al vacío y mueran; otro día, se descubre un cadáver que apesta y envenena a toda la ciudad y que resulta imposible de transportar, aun jalado por decenas de hombres. He aquí que Tezcatlipoca prende fuego a la punta de las montañas vecinas, hacer llover piedras entre las que figura un techcatl, una enorme piedra de sacrificios. El dios se convierte otra vez en una anciana que atrae a los toltecas hambrientos poniendo a tostar maíz; pero es para matarlos mejor, unos después de otros. Todas estas calamidades fomentadas por el oscuro Tezcatlipoca acabarán

241. Alfarda de la escalinata del Templo del Norte, Juego de pelota de Chichén Itzá.

por provocar la huida de Quetzalcoatl. Se puede advertir fácilmente en este abundante episodio mítico los ecos de la lucha por el poder que sobreviene al final de la Época IV. La guerrilla de Tezcatlipoca, dios de origen típicamente chichimeca, traduce la presión de los grupos nahuas que siguen afluyendo en las puertas de Mesoamérica. Quetzalcoatl aparece en este contexto como el representante del antiguo poder fundado en el equilibrio cultural entre las tradiciones del norte y las tradiciones procedentes de la costa del Golfo. Quetzalcoatl huirá hacia el oriente, dejando el poder en Tula a un grupo norteño culturalmente homogéneo, más inclinado hacia la instauración de un nuevo orden que hacia la preservación de una tradición milenaria.

Quetzalcoatl huye, pues, hacia el este, acompañado de su corte, sus pajes y una tropa de partidarios. Vuelve a su origen, se dirige hacia Tlillan Tlapallan, "el país de lo negro y de lo rojo". El negro y el rojo eran los colores de las tintas con las que se pintaban los manuscritos, y esta denominación designa al país de los libros, el país del saber. El este y la costa atlántica se designan así explícitamente como la cuna de la civilización, en oposición a las olas chichimecas que irrumpen del norte. Al llegar a orillas del mar, después de un camino marcado por hechos heroicos, Quetzalcoatl desaparecerá. Felizmente, tenemos dos versiones del relato de su desaparición. En una, sube a una balsa de serpientes entrelazadas y boga hacia altamar: Quetzalcoatl recupera su estado primitivo de dios serpiente vinculado con el agua y el lado oriental del mundo. En el otro relato, hace levantar una hoguera y se arroja al fuego; sus cenizas suben hacia el cielo acompañadas por aves de colores, y el corazón del dios se eleva hacia el firmamento, en el que se convierte en la estrella de la mañana, el planeta Venus. Esta variante es interesante, porque registra el fenómeno de astralización del antiguo panteón telúrico al que se entregaron los aztecas en la Época V para "chichimequizar" ciertos aspectos de la religión mesoamericana.

Naturalmente, esta asociación de Quetzalcoatl con Venus no es fortuita: como el astro a veces se puede ver, a veces no, a veces es matutino y a veces vespertino, era lícito integrar la idea de un ciclo de renovación y de

---

PÁGINAS ANTERIORES. 242. Altar de Chalco, Estado de México. Aparece en uno de sus lados la representación de Tezcatlipoca bajo su forma del espejo humeante (primera imagen, arriba a la izquierda). La pieza está fechada de transición, entre las épocas IV y V.

resurrección a este simbolismo venusino, así como toda la parte de las creencias relativas a los vagabundeos subterráneos del dios, ya sea para robarles a los tlaloque el maíz encerrado en el seno de una montaña a fin de dárselo a los hombres, ya sea para adueñarse de los huesos de los difuntos celosamente guardados en los infiernos a fin de recrear a la humanidad.

La epopeya tolteca no concluye con la huida de Quetzalcoatl. Una vez que se hubo ido el dios, se desató una terrible sequía sobre la ciudad, consecuencia directa del orgullo de Huemac, el soberano que sucedió a Quetzalcoatl. En efecto, el jefe tolteca había desafiado a los dioses del agua en el juego de pelota y los había vencido. En lugar de la apuesta prevista, los tlaloque le ofrecieron a Huemac unas plantas de maíz aún verdes. Huemac las rechazó y exigió el pago convenido: plumas de quetzal y piedras verdes. Los dioses del agua pagaron, pero desaparecieron con el maíz. Los toltecas murieron pronto de hambre. Los árboles de cacao se convirtieron en cactos y las aves de plumas preciosas emprendieron el vuelo hacia lejanas riberas.

Hubo que esperar la llegada de los aztecas a Tula para que los campos reverdecieran. En cuanto a los últimos toltecas reunidos en Chapultepec, son los testigos de la reaparición de los tlaloque en la cueva llamada Cincalco: éstos blanden de nuevo las mazorcas de maíz, pero informan que el valioso alimento será ahora de los aztecas, con la condición de que el jefe mexicano ofrezca a su hija en sacrificio. La niña es inmolada, su corazón arrojado a la laguna de México y la lluvia empieza a caer. Vuelve la fecundidad. Huemac se suicida: la era tolteca ha concluido. Los aztecas se asumen como herederos, pero el nuevo pacto con los dioses de la vegetación se firma con sangre. El sacrificio ha dejado de ser estrictamente guerrero; se vuelve más ritual y, desde entonces, se afirma como el polo organizativo de toda la vida social y religiosa.

11

LA ÉPOCA V: EL HORIZONTE AZTECA (DEL SIGLO XIV A LA CONQUISTA)

Si este último periodo de la era prehispánica sólo dura un poco más de dos siglos, es sólo en virtud de un accidente histórico. La repentina irrupción de españoles llegados de otra parte interrumpió de golpe una trayectoria que en sí misma no daba ninguna señal de agotamiento. Esta Época V es, por lo tanto, un episodio trunco, un pedazo de historia quebrada, pero total e íntegramente prehispánica. La Conquista, que pone fin al destino autárquico de América, permanece en efecto como un acontecimiento perfectamente *externo* a la historia indígena, por lo que no tiene cabida en este capítulo.

Tradicionalmente, el corte que se ha elegido para fijar el inicio del último periodo precortesiano, llamado "Posclásico tardío", es la fundación de México por los aztecas, que presuntamente ocurrió en 1325. Parece necesario retomar este expediente. ¿Acaso no hay, en esta materia, un efecto óptico que llevaría a sobrevalorar el papel de los aztecas en Mesoamérica, con motivo del hecho de que fueron los adversarios privilegiados de Cortés?, ¿cuál fue la realidad del famoso "imperio azteca" tantas veces descrito en los libros?, y ¿cuál fue la articulación del lejano mundo maya y del centroamericano con ese México central dotado de una innegable vitalidad? Veremos que la investigación confirma el papel central que desempeñó México en la dinámica cultural de Mesoamérica en la Época V.

243. Cuchillo de sacrificio con rostro humano, pedernal, Templo Mayor de México Tenochtitlan.

EL MOVIMIENTO DE NAHUATLIZACIÓN DE MESOAMÉRICA: LA CULMINACIÓN

La cuenca de México, polo de reorganización del poder nahua

La herencia tolteca

En realidad, no existe una ruptura patente entre la Época IV y la Época V. Lo que se ha llamado toltequización de Mesoamérica es un movimiento que prosigue más allá de la caída de Tula y, en muchos aspectos, la época azteca sólo es la prolongación de la época tolteca. Así que resulta aventurado proponer una fecha precisa para fijar el inicio de la Época V. Los intentos de correlacionar fechas cristianas e indígenas siempre tienen algo artificial. ¿Acaso hay que tomar 1116 para la destrucción de Tula y 1325 para la fundación de México, como lo pide la vulgata? En este caso, el inicio del siglo XIV se podría considerar como el momento de la transición, habida cuenta del hecho de que el siglo XIII es aún ampliamente tolteca en Mesoamérica. Sin embargo, todavía es poco visible el sello azteca hacia 1300, aun si existe la certeza arqueológica de que el sitio de México ya está ocupado en aquel momento.[1] Lo que se sabe con seguridad, en cambio, es que la reorganización del poder nahua, después del desvanecimiento de Tula, se efectúa en torno a la cuenca de México. La tendencia de la capital nahua a subir progresivamente hacia el norte para ocupar una posición fronteriza, a orillas de las tierras recorridas por los chichimecas, no se confirma en la Época V: de nuevo, las orillas del lago de México atraen a los neosedentarios. Se puede interpretar este dato de dos maneras: es posible que se haya establecido en la frontera norte una explanada protectora bastante profunda, creándose una zona impermeable que invalidaba el asentamiento en las orillas; recordemos que el interés estratégico de sitios como Teotihuacan o Tula era principalmente de orden cultural, ya que ellos articulaban la ósmosis de dos áreas caracterizadas por modos de vida muy distintos. El fin del papel de Tula quizá consagre el fin del proceso de fertilización de Mesoamérica por parte de los chichimecas. En este caso, ya no había una obligación estratégica de establecer contacto con el mundo nómada, y el sitio del Valle de México recuperaba su atractivo por su configuración y su entorno. La otra interpretación que a veces se da es menos cultural y más naturalista: la región de Tula, semiestaparia, habría sufrido realmente un periodo de sequía que habría puesto en peligro el asentamiento de los toltecas e impuesto un repliegue sobre la cuenca de México. Ésta, con su zona lacustre de alrededor de 800 kilómetros cuadrados, les aseguraba efectivamente a las poblaciones ribereñas cierta garantía de estabilidad para su aprovisionamiento de agua.

Antes de que se impusiera México-Tenochtitlan, las ciudades situadas en las orillas del gran lago se disputan la herencia de Tula. Azcapotzalco tiene una situación bien establecida en la orilla occidental desde la caída de Teotihuacan. Los mismos aztecas fueron sus vasallos al iniciar su historia. Y hasta el principio del siglo XV, los habitantes de Azcapotzalco y de Tlacopan, conocidos con el nombre de tepanecas, les disputarán la hegemonía a los habitantes de México. De la ciudad prehispánica, cubierta hoy por la ciudad moderna, no queda un solo vestigio monumental.

No lejos de Azcapotzalco, 5 km más al norte, al pie de una prominencia que domina el lago, se levanta Tenayuca. Se dice que la ciudad es de tradición chichimeca. El centro ceremonial, cuya edificación inicia en la época tolteca, es objeto de numerosas reconstrucciones y superposiciones, lo que muestra la vitalidad de la ciudad. La pirámide visible en la actualidad es el octavo estadio del monumento; constituye un excelente ejemplo de la arquitectura de principios de la Época V (siglo XIV). El inmenso coatepantli, acentuado por gigantescas cabezas de crótalos, que rodea tres de los costados del templo, las cabezas de ofidios empotradas en las paredes de la pirámide, las líneas masivas del edificio, la escalera doble que conduce a templos gemelos, prefiguran la arquitectura azteca.

Al otro lado del lago, en la orilla oriental, Texcoco es el polo de poder principal. También de origen chichimeca, Texcoco conoce un desarrollo más o menos homotético al de México, del que será aliado en el siglo XV. Anteriormente, en los siglos XIII y XIV, el destino de Texcoco se confunde con el de las numerosas ciudades que luchan por instaurar una hipotética hegemonía. Se puede considerar que la suerte histórica de Texcoco fue su asociación con México, hábilmente negociada en 1428 por su soberano Nezahualcoyotl. Nada queda de los esplendores de Texcoco. La arqueología casi no ha revelado nada acerca de los cuarenta templos del centro ceremonial, del inmenso palacio con cuatrocientas piezas habitado por los grandes sacerdotes, ni de las lujosas construcciones oficiales descritas por el cronista Ixtlixochitl. Un fragmento de muralla que aún se encuentra de pie en Huexotla, ciudad vecina de Texcoco, da una idea del recinto que protegía la ciudad. Y hay que conformarse con unos cuantos estanques cavados en la roca y un poco apartados (los baños de Nezahualcoyotl) para imaginar los magníficos jardines que eran el orgullo del soberano.

Al sur, existe otra ciudad prestigiosa que también disputó la precedencia política: Colhuacan. Situada estratégicamente en la punta de la península que limita la parte inferior del lago de México, gobernando el estrecho paso a los lagos del sur, anidada al pie del cerro de la Estrella, en cuya punta se celebraba cada 52 años la famosa ceremonia del fuego nuevo, Colhuacan siempre aspiró a ser depositaria de la legitimidad tolteca. Por cierto que el primer soberano azteca, según el mito, tomará esposa en Colhuacan a la vez para contraer una alianza estratégica, pero también para aprovechar el aura de la familia reinante local.

Si a esta lista se añade el nombre de Chalco, aglomeración que controlaba el extremo sudoriental de la zona lagunera, se observa que eran numerosos los candidatos al ejercicio de la hegemonía en las orillas del lago de México a principios del siglo XIV.

En verdad, muchos otros focos de población nahua habrían podido reivindicar la preeminencia en el seno del mundo nahua, ya sea al este de los volcanes, en la región de Cholula, con una alta concentración demográfica, ya sea al sur del Valle de México, en las tierras calientes de Morelos, ricas en asentamientos humanos. Sin embargo, no hubo nada de eso: la cuenca de México fue la que, de manera significativa, concentró las vocaciones.

Quizás incluso se pueda llevar más lejos la explicación simbólica. El hecho de que el sitio de México sea una isla, localizada en medio del lago, es aparentemente el producto —consciente o inconsciente— de una voluntad de síntesis. El centro del lago se inscribe en una topografía ideal y focaliza una resultante que instaura una especie de equidistancia simbólica entre las distintas ciudades rivales asentadas en las riberas. El sitio de México capta y concentra esta red de fuerzas y de dinamismos distribuidos en los contornos del lago. Al instalarse en México, los aztecas se presentan entonces como agrupadores. Al ocupar un lugar neutro, ya que se presume vacío antes de su llegada y al situarse a la vez afuera y en el centro de las facciones concurrentes, es evidente que apuntan a fundar un polo de reunificación del poder nahua. Esta estrategia visionaria resultará muy exitosa: los aztecas, en menos de dos siglos, lograrán imponer su dominio en la mayor parte de Mesoamérica.

La epopeya azteca

Que una horda de nómadas cazadores bruscamente surgidos de los horizontes paleolíticos haya logrado, en unas cuantas generaciones, reinar como dueña y señora en un imperio bañado por dos océanos, que aquellos hombres rústicos se hayan convertido en tan poco tiempo en los promotores de una civilización tan altamente refinada, sigue siendo motivo de profunda sorpresa, tanto para el historiador como para el antropólogo. Al pasar ante nuestros ojos del nomadismo al sedentarismo, al trasladarse con la velocidad del rayo de la cultura pueblerina a la concentración urbana masiva, la trayectoria mexica aparece como un atajo sorprendente en la historia de la humanidad.

245. El águila erguida sobre el nopal, símbolo de la fundación de México Tenochtitlan. Teocalli de la guerra sagrada.

PÁGINAS ANTERIORES. 244. Copa de cerámica policroma relacionada con el tema de la muerte sacrificial. Vista de ambos lados. Plaza del Volador, Centro Histórico, México.

Empero, es posible matizar el misterio de esta fulgurancia. Los aztecas son seguramente de extracción chichimeca, cuyo pasado nómada moldeó muchos de sus comportamientos y de sus rasgos culturales. En esto, por cierto, no son muy distintos de todos los neonahuas de la ola tolteca. Sin embargo, no se podría olvidar que durante la Época IV tuvieron un periodo de aculturación que los puso en contacto con las poblaciones nahuas ya sedentarizadas en el Altiplano Central. En su historia, arraigada en el mito, su itinerario migratorio está bien establecido. Al salir de la lejana y norteña Aztlán, llegan a Tula, y de ahí pasan por Atotonilco, Tequixquiac, Tzompanco, Xaltocan, Tepeyacac —en donde ahora se encuentra el santuario de la virgen de Guadalupe—, Pantitlán, Chapultepec y Colhuacán. Desde esta última ciudad caminarán hacia México. Esto significa que los aztecas compartieron duraderamente la vida de las tribus toltequizadas alrededor de la cuenca de México. Así que tuvieron todo el tiempo necesario para analizar la situación política que reinaba en el altiplano. Y se impusieron un objetivo y un destino: tomar el poder en el Valle de México, para luego encabezar la inmensa nebulosa nahua de Mesoamérica. Evidentemente, sólo lo lograron porque no eran alógenos, ni aun exógenos: los aztecas deben percibirse como un mero producto de la toltequización. Idénticos a todos los nahuas de la época, a la vez física y culturalmente, sólo se distinguen de ellos por un apego al poder exacerbado y una certidumbre interior: la de ser un pueblo elegido, depositario de una misión hacia los demás nahuas, ¡pero también responsable ante los dioses de la marcha del mundo! Esta íntima convicción de encontrarse investidos de una vocación sobrehumana incitará a los aztecas a dominar la Mesoamérica prehispánica. Lo lograron hábilmente al imponer, como veremos, un vigoroso sincretismo religioso y una ideología guerrera anclada en el sacrificio humano.

La fundación de México pertenece al registro del mito. Así que no es deseable leer literalmente los relatos consignados en el siglo XVI. Así es como la fecha de 1325 que la tradición le da al acontecimiento carece de sentido intrínseco. Yo me inclinaría de buena gana por una fecha anterior. En cambio, la fecha indígena, *ome-calli*, es decir "2 casa", está muy cargada de sentido. En el calendario indígena, el año 2 casa sigue al año 1 pedernal. Ahora bien, el año 1 pedernal, asociado con el norte y el sacrificio humano, sella el inicio de la migración de los aztecas. En virtud de la estructura cíclica del tiempo y de la reiteración de las fechas cada 52 años, el fin de la migra-

246. Maqueta de un templo, enfatiza el derramamiento de sangre por la escalinata. Cerámica policroma, Puebla.

ción sólo puede intervenir en un mismo año 1 pedernal. Es necesario que el círculo se cierre. Al producir la fundación de México un trastorno decisivo ligado a la sedentarización definitiva en la vida de la tribu, el calendario tiene la obligación de expresar esta ruptura: la fecha de la fundación de México pasa entonces a la fila de junto. Este desfase sutil introduce el quiebre necesario para la evocación de la ruptura que inaugura la sedentarización, sin dejar de mantener el acontecimiento en el marco del ciclo regido por la fecha 1 pedernal que, por su parte, tiene la función de expresar la continuidad de la historia azteca.

Sin entrar en los arcanos de la decodificación del mito fundador, es posible extraer dos elementos clave. El primero se refiere a la omnipresencia del simbolismo sacrificial, ya presente en el nombre mismo de la capital azteca. Ésta lleva un nombre doble: México-Tenochtitlan. México, que quiere decir "en medio de la luna", es con mucha seguridad la traducción nahua del antiguo nombre otomí de la isla, *amadetzânâ*, que significa lo mismo.[2] Tenochtitlan es el nuevo nombre que impusieron los aztecas, significa "en el lugar de las tunas de la piedra". Esta denominación a priori abstrusa remite, sin embargo, a un registro simbólico explícito. La tuna, el fruto del nopal, se considera en el México prehispánico un símbolo sacrificial, este fruto relleno de una pulpa rojo vivo representaba alegóricamente el corazón de las víctimas humanas inmoladas por cardiectomía. El nombre de Tenochtitlan, lejos de contener una referencia naturalista relativa al cacto, remite a su fruto (*nochtli*) con motivo de su valor simbólico. La piedra (*tetl*) que, en este caso, se asocia con la tuna, tiene una historia muy precisa: ésta también se revela como un corazón humano, el corazón de un sacrificado ilustre de nombre Copil. Este Copil es, según los textos que narran los preludios de la fundación de México, el jefe de la coalición antiazteca que pretendió exterminar a estos últimos cuando ocupaban el cerro de Chapultepec, poco antes de sedentarizarse de modo definitivo. Lo toman preso los aztecas y lo sacrifican, le arrancan el corazón, que es arrojado a la laguna, entre los juncos y las cañas. Ese corazón se convertirá en piedra y sobre ella crecerá un cacto cubierto de tunas: por esta señal los aztecas reconocerán el lugar prometido y que les revelará un oráculo: "Germinó el corazón de Copil, que ahora llamamos *tenochtli*", dice la *Crónica mexicáyotl*. El sacrificio engendra el sacrificio. El nombre de Tenochtitlan es una proclamación: manifiesta abiertamente que el poder azteca se funda en el sacrificio humano.

Así se explica la escena de la visión anunciadora de la fundación de México-Tenochtitlan, la famosa águila encaramada en el cacto que todavía hoy representa el escudo de la república mexicana, ciertamente en una versión edulcorada. En la versión de origen prehispánico, la que aparece esculpida en la cara posterior del "*teocalli* de la guerra sagrada", la que está pintada en la página 2 del *Códice Mendoza*, la que está narrada en náhuatl en la *Crónica mexicáyotl*, el águila sobre el nopal sostiene entre sus garras una tuna, la imagen del sol que se alimenta con el corazón de los sacrificados. En el siglo XVI, los escribas y los pintores borrarán el impacto sacrificial de la escena y sustituirán la tuna por un ave o una serpiente, desnaturalizando desde luego, de manera profunda, la significación del símbolo. El otro elemento clave del entorno simbólico de la fundación de México es el tema reiterativo de la blancura. La tradición indica que dos sacerdotes aztecas se adelantaron en las marismas en busca de la visión anunciada:

> Inmediatamente vieron el ahuehuete, el sauce blanco que se alza allí, y la caña y el junco blancos, y la rana y el pez blancos, y la culebra blanca del agua, y luego vieron había en pie unidos un escondrijo, una cueva; el primer escondrijo, la primera cueva se ven por el oriente, llamados Tleatl ("agua de fuego"), Atlatlayan ("lugar del agua abrasada"), y el segundo escondrijo, la segunda cueva se ven por el norte, y están cruzados, llamados Matlalatl ("agua azul oscuro"), Tozpalatl ("agua color de papagayo: agua amarilla"). En cuanto vieron esto lloraron al punto los ancianos, y dijeron: "De manera que aquí es donde será, puesto que vimos lo que nos dijo y ordenó Huitzilopochtli".[3]

247. Caja policroma, decorada con llamas (fuego) y símbolo del jade (agua), Tizapa, Ciudad de México.

El chorro de sangre roja que se cruza con el chorro de sangre verde es, desde luego, una evocación de la díada *atl tlachinolli* (el agua, el fuego), el signo de la guerra sagrada: ahí no hay sorpresas, estamos en el corazón de la ancestral ideología militarista nahua. Pero, ¿cómo interpretar esta referencia a la blancura que anuncia la tierra prometida? En este caso, hay que entender esta anotación en relación con la concepción cíclica del tiempo empleada en el México prehispánico: el término de la migración es una reintegración del origen. Ahora bien, el lugar de origen de los aztecas, la misteriosa y lejana Aztlán, se relaciona con el color blanco, en el imaginario y en el mito. Aztlán significa por lo demás "el lugar de la blancura". Por lo tanto, México-Tenochtitlan se encuentra marcada por el signo del blanco, en la medida en que el término se sobrepone al origen. La irrupción de lo blanco anuncia el fin de la migración y designa de facto a México como una especie de origen recuperado, lo cual además tiene el efecto de legitimar la ocupación territorial del sitio. En este contexto, los aztecas ya no son invasores llegados de otra parte, sino antiguos exiliados que recuperan sus derechos ancestrales, así como sus bienes, después de siglos de vagabundeo.

Esta incursión en el pasado azteca permite responder con argumentos a una pregunta que a veces se ha planteado en los medios académicos, a saber: ¿es legítima la denominación "azteca"?, ¿no sería más conveniente llamarles "mexicas" a éstos? Es preciso saber que, en el mundo sedentario mesoamericano, los hombres llevan el nombre de la ciudad que habitan. Los chalcas son los habitantes de Chalco, los tlaxcaltecas los habitantes de Tlaxcala, los zapotecos, los habitantes de Zapotlán, etc. Que se designe a los pueblos con el nombre de la ciudad que ocupan es bastante natural, en un entorno sedentario y urbano. Sin embargo, ¿qué sucedía con el mundo chichimeca, en el que los grupos humanos eran permanentes nómadas? La respuesta no es completamente evidente, pero resulta que estos últimos podían llevar el nombre de su lugar de origen, así fuese mítico. Así, los aztecas tomaban su nombre de Aztlan, su isla de origen, mientras que los mexicas llevaban de manera totalmente homogénea el nombre de la Ciudad de México (pues mexica significa "la gente de México"). Los nombres azteca y mexica designan, por lo tanto, a un mismo pueblo, pero tomados en dos momentos de su historia: es más razonable llamarles mexicas a los aztecas asentados en México, pero no es, propiamente hablando, pertinente emplear el término mexica si uno se refiere al periodo de la migración. Como quiera que sea, el término "azteca" es perfectamente legítimo para designar a los habitantes de México, ya que la ciudad fue "fundada" sólo por los aztecas, que siempre serán sus dueños, aun si la gran capital alimentó poco a poco su crecimiento demográfico con una fuerte inmigración.

Sobre la historia mexica, sólo tenemos datos incompletos —y parciales— que en general sólo cubren el último siglo anterior a la llegada de los españoles. La fecha de unión que al parecer sí hay que tomar en serio, se sitúa alrededor del año 1428. Anteriormente, la trama de los relatos es manifiestamente de orden mítico y una lectura occidental de los acontecimientos consignados en las crónicas llevaría a notables contrasentidos. Así que dejemos de lado la entronización de Acamapichtli, presunto fundador de la dinastía mexica, y las primeras acciones armadas de las tropas de Tenochtitlan. El año 1 pedernal (1428) marca un hito. En esta fecha —la última del ciclo mítico—, se confunden el advenimiento del soberano Itzcóatl y la victoria de los aztecas sobre Azcapotzalco, Tlacopán y Coyoacán: desde entonces, los mexicas ya no tienen rivales en las orillas de las grandes lagunas. La victoria de Azcapotzalco será el punto de partida de una rápida expansión en todo el México central.

El periodo siguiente corresponde a los reinos de dos soberanos de envergadura: Itzcoatl (1428-1440) y Motecuzoma I (1440-1468). Detrás de estos dos individuos se yergue la figura de una personalidad excepcional, Tlacaellel, jefe de los ejércitos mexicanos bajo el reinado de Itzcoatl y, como tal, artífice de la toma de control sobre el Valle de México, se convierte en cihuacoatl, es decir, vicemperador, cuando su hermano Motecuzoma sube al trono (*icpalli*). Negociador de la sombra y genial escenificador, aficionado al lujo y la grandeza, Tlacaellel se dedica a moldear el marco cultural, religioso y político de la nueva civilización mexicana; en particular, él codificará los innumerables ritos que marcan la vida colectiva en México y que permanecerán como tales hasta la Conquista; él hará que se reescriba la historia azteca de modo que se legitime la voluntad hegemónica del pueblo mexicano. Desde luego, él desarrollará una política de expansión militarista bajo el abrigo de la guerra sagrada y de la lógica sacrificial. Nuestras dos fuentes más importantes sobre la historia azteca fundadas en informaciones prehispánicas, la crónica del dominicano Diego Durán (*Historia de las Indias, de Nueva España e Islas de la Tierra Firme*, 1581) y la del mestizo Alvarado Tezozómoc (*Crónica mexicana*, 1598) son dos documentos altamente "tlacaellelianos" que engrandecen sistemáticamente el papel de este personaje. Aun tomando en cuenta lo que deriva de la "propaganda", se puede suponer que el pueblo azteca realmente le debe a Tlacaellel una buena parte de su destino excepcional. En particular, él sacará a los aztecas de su terreno estrictamente militar para convertirlos en un pueblo elegido, contador y gestor del interés público, es decir del mundo nahua por entero.

Tlacaellel realiza su gran obra, a la vez política y religiosa, a mediados del siglo XV. Del reino de Motecuzoma I data la constitución de la Triple Alianza, ese pacto genial que asociaba la gestión del poder exterior con los tepanecas de Tlacopan y los "chichimecas" de Texcoco, evitando así que se desarrollara en el Valle de México un contrapoder hostil a los aztecas. En el mismo momento, Tlacaellel codifica la relación de competencia que unía a los nahuas de México con los de Tlaxcala. Esta última ciudad había suplantado a Cholula como polo de poder al este de los volcanes y había constituido una liga tripartita Tlaxcala-Cholula-Huexotzinco, que controlaba a unos tres millones de habitantes. Aquí también, para eliminar cualquier riesgo de exceso, Tlacaellel había imaginado ritualizar el potencial agresivo que existía entre ambos grupos. Bajo el nombre de "guerra florida", los hombres de México y los de Tlaxcala se enfrentaban periódicamente, pero las escaramuzas sólo tenían el objeto de tomar cautivos, destinados a satisfacer las exigencias sacrificiales de ambos campos.

A la muerte de Motecuzoma I, Tlacaellel se impone como hacedor de reyes al fomentar la candidatura de Axayácatl (1468-1481), que es el hombre de la continuidad; bajo la batuta del viejo cihuacoatl, el nuevo soberano prosigue la política de expansionismo militar de los aztecas. Ésta parece marcar una pausa bajo el reinado de su sucesor Tizoc, que las crónicas pre-

248. Sitio mexica de Calixtlahuaca en la cuenca de Toluca.
Pirámide circular dedicada al dios del viento.

sentan como a un jefe al que le falta lustre, determinación y talento militar. Será asesinado para hacer posible la instalación de Ahuizotl (1486-1502) en el trono, cuyo sentido de la grandeza, en contraste, linda con la hipertrofia. En el año 8 caña (1487), él marca el inicio de su reino con la inauguración suntuaria del Templo Mayor, agrandado y remodelado para la ocasión; ¡durante cuatro días y cuatro noches, los sacrificadores van a relevarse sin descanso para dar muerte a ochenta mil cautivos! En este ceremonial, no exento de desmesura, hay que ver la manifestación de una ideología de Conquista y de dominio que alcanza entonces su punto culminante. De hecho, Ahuizotl instaura en México este "imperio" azteca cuyo funcionamiento estudiaremos después. Su sucesor Motecuzoma II (1502-1520), menos excesivo, se mostrará más conservador que conquistador y administrará con circunspección la herencia de una dinastía que en unas cuantas generaciones conoció un éxito fuera de lo común. Pero hay que subrayarlo una vez más, este nuevo poder no surge de la nada como por encanto: los aztecas se adueñan de una antorcha ya muy ardiente; al tomar de los toltecas el liderazgo del mundo nahua, se instalan de modo muy natural a la cabeza de una red de poder ya existente, cuyas mallas abarcan casi la totalidad de Mesoamérica. Los ardientes mexicas, que gustan de presentarse como conquistadores, de hecho se han entregado a la captación de una herencia. Cuando deshacían por turnos a sus rivales en las riberas del lago de México, los aztecas peleaban, en el fondo, por volverse los herederos de veinticinco siglos de historia.

La mexicanización de Mesoamérica

La arqueología de Mesoamérica en la Época V es un poco repetitiva. Prácticamente, en todas partes, se exhumaron vestigios que forman parte de un horizonte cultural bastante homogéneo, marcado por el predominio de rasgos mexicanos, tanto en el terreno de la arquitectura como en el de la cerámica, del modo de ocupación del espacio o de la religión practicada. Los arqueólogos conocen bien los marcadores de esta integración; localizan formas cerámicas, como el cajete trípode con soportes zoomorfos, la vasija globular con cuello, igualmente trípode, el jarro con asa de prensión lateral, el incensario con mango (*tlemaitl*); tipos de decoración, como la policromía ornamentada y figurativa que evoca el arte de los manuscritos pictográficos; objetos, como los malacates decorados con incisiones o las pintaderas, especie de tampones probablemente destinados a las pinturas corporales. Los juegos de pelota se estandarizan con su forma en I y sus grandes anillos de piedra. El metal que circula —oro, cobre, bronce— desempeña una función esencialmente ornamental (joyas, cascabeles) o monetaria (placas y hachas de cobre). Los rostros de los dioses mexicas están omnipresentes.

Sin embargo, conviene distinguir cuatro casos de figuras: junto a un área realmente integrada al poder de México —el famoso "imperio" azteca— existen otros tres estatutos que corresponden a grados de influencias más o menos marcadas, pero que no incluyen la sujeción política: los menos integrados son los habitantes de Michoacán: el mundo maya ofrece una situación intermedia entre la independencia y la pertenencia al orbe mexicano; finalmente, dos territorios aparecen francamente nahuatlizados, sin que mantengan por ello relaciones orgánicas con la capital azteca: se trata del noroeste pacífico y de Centroamérica, que de hecho corresponden a las dos fronteras norte y sur de Mesoamérica.

Michoacán

La única excepción notoria en relación con la tendencia uniformadora que prevalece en la Época V es, entonces, la de Michoacán, lugar que los aztecas nunca lograron conquistar y que asumió hasta el final su destino no mesoamericano. Pero hay que matizar esta aseveración. Desde el horizonte tolteca, el área tarasca ha sufrido una notable retracción, consecuencia de la presión nahua circundante. Al norte, los tarascos han perdido el control del corredor del Bajío que, abierto de este modo a la circulación, se ha vuelto un eje migratorio importante entre el Pacífico y el Valle de México. La orilla sur del lago de Chapala, que marca el extremo occidental de esta frontera, escapa de los tarascos: los nahuas se apoderaron de ésta, quizá al principio del siglo X. Las excavaciones de Tizapán el Alto[4] y de Cojumatlán[5] demuestran claramente esta realidad. Desde luego, hubo sobresaltos, como la ocupación de la ciudad de Ocotlán en 1480, que les permitió a los tarascos recuperar la orilla oriental del lago. Pero estas olas expansionistas fueron a la vez fugaces y topográficamente limitadas. En cuanto al sur del territorio, también escapa del dominio tarasco. La franja costera de Michoacán, que permaneció hermética desde la época olmeca, se abre bajo el empuje nahua; la comunicación litoral se establece por fin entre Colima y Guerrero, asegurándoles a los nahuas el control del conjunto de la costa del Pacífico, de Sinaloa a Costa Rica. El área tarasca se reduce entonces a un enclave, establecido alrededor de un territorio montañoso de difícil acceso, completamente cercado por los nahuas, que detentan las vías de comunicación.

Sin negar la resistencia tarasca, es inevitable advertir que la cultura que nos es dado observar en la Época V es una en la que el mestizaje ya ha operado. Los textos míticos e históricos mexicanos atribuyen sin reparos a

Dos vasijas tarascas con asa de estribo y vertedor.
249. Vasija bicroma
250. Vasija de espíritu erótico.

la gente de Michoacán un origen común con los aztecas. Los tarascos provendrían de un mismo origen norteño y habrían compartido los inicios de la migración con los sectarios de Huitzilopochtli. Esos migrantes se habrían separado en la orilla del lago de Pátzcuaro y algunos habrían decidido instalarse, dando nacimiento a los michoaques. Esta versión encuentra un eco en la *Relación de Michoacán*, crónica compuesta hacia 1540 por iniciativa de un fraile franciscano, fundada sobre el testimonio de dignatarios tarascos. Este texto insiste en el origen "chichimeca" de la dinastía reinante. En cuanto al Estado purépecha, habría nacido de la unión matrimonial de un jefe chichimeca descendiente de Ticarame, el héroe fundador guía de la migración, con la hija de un pescador del lago de Pátzcuaro. Aun si resulta artificial, esta voluntad de incluir a los tarascos en la familia mesoamericana es ciertamente el indicio de que un germen de integración está obrando en el interior de la sociedad purépecha. Desde luego, las cinco *yácatas* alineadas en la plataforma principal de Tzintzuntzan son eminentemente originales; lejos de corresponder a los estándares mexicanos de la época, la capital del territorio tarasco que domina majestuosamente sobre el lago de Pátzcuaro exhibe su especificidad: las yácatas son estructuras piramidales

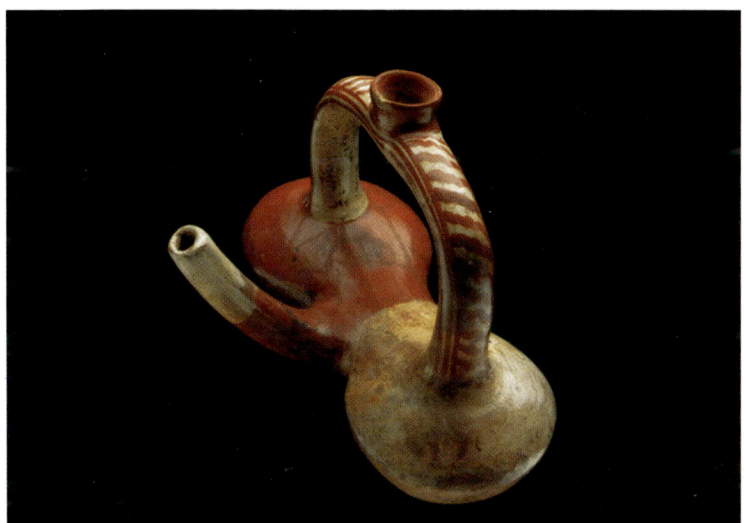

de plano semicircular, adosadas a construcciones de base rectangular. Este tipo de arquitectura bastante particular recuerda solamente a la de la Huasteca o también a los templos circulares dedicados al dios del viento en el altiplano. Pero, ¿no es Tzintzuntzan una excepción? El sitio vecino de Ihuatzio —que es contemporáneo suyo— ofrece por ejemplo una disposición y una arquitectura mucho más mesoamericanas; su templo doble, de plano rectangular, con escalera central, podría tener un sello mexicano. Y todo bien pensado, Tzintzuntzan significa "lugar del colibrí": ¿no habrá que relacionar esta referencia al colibrí —que, como se sabe, es el pájaro emblemático de los aztecas, ya que los guía desde su salida de Aztlán— con la tradición que asocia precisamente a los aztecas y los michoaques en un indeciso pasado migratorio?

Otros detalles también pueden sugerir que los nahuas han cimbrado el monolitismo tarasco. Por ejemplo, en Michoacán se encuentran algunos ejemplares de chac-mool, esculturas que son consideradas específicamente toltecas. Aun si son escasas y de un estilo adaptado a partir del Altiplano Central, esas estatuas no por ello dejan de atestiguar cierta penetración nahua. También unos documentos coloniales señalan la presencia, en la época prehispánica, de "extranjeros" nahuas en el territorio tarasco. Llamados *tecos* (probable corrupción de *toltecos*), esos nahuas se mencionan por ejemplo en el *Lienzo de Jucutácato*, que relata su migración desde el mar inicial hasta los alrededores de Uruapan. El dogma del inexpugnable reducto tarasco, que se resistió hasta el final a la mesoamericanización, quizá no sea entonces tan sólido como se podría pensar.

Sin embargo, no habría que negar la especificidad estilística del arte tarasco. En el terreno de la escultura, las obras, generalmente realizadas en basalto, se apegan a líneas particularmente estilizadas.[6] En el terreno de la cerámica, se observan en particular dos formas originales: una se llama, a falta de algo mejor, tapadera, pues se piensa que se trata de tapas de braseros. Generalmente hemisférica y tetrápode, la tapadera tarasca está rematada con un asa o un elemento de prensión que puede adoptar las más variadas formas: casa miniatura, cabeza humana o animal. Las piezas son monocromas, sin barniz ni pintura. La decoración está realizada según la técnica del pastillaje, que eriza las tapaderas con botones salientes, que a su vez dibujan motivos sencillos basados en alineaciones. Más elegantes y sofisticadas son las vasijas de pico vertedor protuberante y asa de estribo. Éstas, características del área tarasca en la Época V, tienen un falso aire peruano por la forma de su asa, de sus motivos decorativos e incluso de su bruñido muy cuidado. No deja de intrigar este resurgimiento de rasgos andinos en Michoacán en una época cuando los tarascos se encuentran rodeados y han perdido cualquier contacto marítimo. Quizá haya que considerar este recurso a un prototipo andino como una especie de reflejo de identidad y una voluntad de volver a los orígenes, justificados por la atmósfera casi de sitio que debía de pesar sobre el grupo purépecha.

El mundo maya

El mundo maya en la Época V es un caso límite. Sería vano tratar de forzar las cosas: no es un territorio bajo control mexicano, ni es incluso un territorio mayoritariamente nahua. Sin embargo, vista de cerca, la porción de mayanidad aparece ahí muy relativa. Los gobernantes, casi en todos lados, son de origen tolteca. Los topónimos fueron nahuatlizados masivamente. Mayapán, la capital de Yucatán, Mixco, la inexpugnable ciudadela de los pokomanes, el lago Atitlán que se disputaban los cakchiqueles, los tzutuhiles y los quichés, Huehuetenango en el corazón de la región mam, Guatemala que le dará su nombre al país, todos son vocablos nahuas.

Los mismos mitos se han hecho mestizos; el *Popol Vuh*, libro sagrado de los quichés que llegó hasta nosotros en una trascripción del siglo XVI, mezcla partes completas de tradición maya, como la epopeya de los gemelos Hun Hunahpú y Vucub Hunahpú en el inframundo llamado Xibalbá con

251. Incensario de Mayapán, Yucatán, que representa al dios Chac.

episodios específicamente mexicas, como la migración desde las siete cuevas primordiales, la rebelión de los cuatrocientos mimixcoa (*Omuch qaholab*), la creación del tiempo por parte de la pareja inicial Oxomoco-Ixmucane y Cipactonal-Ixpiyacoc, etcétera.

El mundo maya tardío es, pues, difícil de aprehender. Queda claro que los mayas no desaparecieron como por encanto, ocuparon siempre su territorio, incluso si el Petén se vació en provecho de las tierras altas guatemaltecas. Pero, la especificidad de esta ocupación está matizada. Se puede imaginar que los cultos populares siguieron siendo mayas, mientras que los cultos oficiales y las prácticas ligadas a la vida urbana se nahuatlizaron. No es falso decir que el mundo maya vive una regresión cultural, si uno se refiere al vigor de la mayanidad. Pero no por ello declinan la actividad económica, religiosa y política. Muchos autores que han hablado de decadencia han tendido a juzgar el mero criterio de la mayanidad. Ahora bien, hay que considerar el mundo maya tardío como un mundo mestizo y tomar en

252. Pintura mural en Santa Rita Corozal, Belice. Escena de ofrenda al sol.

cuenta el conjunto de su producción cultural. La débil densidad de la marca de fábrica maya no permite prejuzgar un nivel de actividad, simplemente indica que el entorno nahua prevaleció y que las formas culturales mayas ya no son dominantes.

Al revés de una idea preconcebida bastante extendida, la península de Yucatán no se vacía de su población después de la caída de Chichén Itzá. La vida política se organiza simplemente de otro modo, alrededor de otros polos, el más conocido de los cuales es Mayapán; pero ciudades como Izamal, Aké, Tecoh, Maní o incluso Tiho (la futura Mérida) también florecen. Lejos de ser un sitio menor, Mayapán, con su centenar de edificios de culto y su muralla de ocho kilómetros de largo, ofrece un rostro heterogéneo de lo más revelador: si su pirámide central está construida sobre el modelo tolteca de Chichén Itzá, con una escalera monumental sobre los cuatro costados, numerosos edificios cultivan la nostalgia de los tiempos antiguos, como ese templo de Chac cuyos mascarones en mosaicos de piedras reproducen la estética flamígera de los mayas del siglo VIII. Pero la asociación de estos elementos decorativos con un pórtico con columnata de inspiración mexicana atestigua el mestizaje cultural que se produjo.

Del mismo modo, la cerámica, que alcanza una calidad muy alta, obedece a menudo a estándares mexicanos. Los incensarios-efigie modelados y policromos o las vasijas antropomorfas recuerdan la estética teotihuacana y retratan de preferencia a los dioses del panteón nahua; pero, en el lote a veces surge un Chac de nariz protuberante, realzado con el famoso azul maya, que atestigua con fuerza esa curiosa mezcla cultural.

Ciertas áreas yucatecas ofrecen incluso el espectáculo de una actividad más constante que en el pasado. Así, el contorno costero que siempre tendió a ser el pariente pobre del área maya vive una animación intensa. No sólo los comerciantes del México central crearon nuevos establecimientos comerciales como Zila en la costa norte, sino que dinamizaron varios establecimientos existentes o suscitaron la creación de aglomerados en la ribera caribeña: además de los sitios de la isla de Cozumel, se pueden citar los nombres de Ecab, El Meco, Xcaret, Xelhá, Tancah, Tulum, Chacmool, Ichpaatún y Santa Rita. Tulum es un excelente ejemplo de esos sitios mexicas-mayas de la Época V. Como Mayapán, el sitio está rodeado de murallas, lo que se interpretó como la prueba de la inseguridad del entorno. A este respecto, recordemos que la muralla de recinto es un rasgo característico de muy numerosos sitios de la Época V, en toda el área maya, incluyendo el altiplano; por lo demás, lo registran los topónimos: el sufijo nahua *tenanco* que encontramos en Quetzaltenango, Chichicastenango, Huehuetenango, Acatenango, Mazatenango, etc., significa "el lugar de la muralla". Pero, ¿es el recinto fortificado una verdadera necesidad de defensa o, por un efecto de la moda, se convirtió en un elemento de prestigio constitutivo del ser de una ciudad? En Tulum, la muralla, que le da su nombre moderno al sitio, abarca unas seis hectáreas, a orillas del mar Caribe. ¡Quizá se hayan bautizado un poco rápido como "torres de guardia" los templos que delimitan los extremos norte y sur del muro del recinto! La arquitectura general presenta reminiscencias del estilo maya-tolteca, que se advierten en los pilares serpentiformes del templo principal (El Castillo) y el empleo del pórtico con columnas. Pero el elemento estilístico más interesante en Tulum reside en sus pinturas murales, cuya temática y factura recuerdan las de los códices mexicanos y mixtecos. En el interior del Templo de los Frescos, en una decoración pintada de turquesa sobre fondo negro, en la que se mezclan elegantemente serpientes y motivos vegetales, se pueden observar verdaderas escenas mitológicas en las que dominan las escenas de ofrendas. Aparte de Chac, el dios de la lluvia, representado según los estándares mayas tradicionales, las divinidades reproducidas son finalmente bastante poco mayas, aun si algunos intérpretes se complacen en identificar aquí o allá a la diosa Ixchel o al dios Itzamná. El Templo del Dios descendente, del cual una gran estatua de estuco domina la puerta de entrada, también tenía frescos interiores y exteriores, actualmente muy desgastados; se distingue, en particular sobre el muro oriental interior, una composición pintada sobre fondo azul centrada en dos escenas simétricas en que dos divinidades que se hacen frente intercambian largos cetros; arriba, se identifica una franja celeste con motivos azules sobre fondo amarillo y, en el registro inferior, en azul y blanco, serpientes y monstruos acuáticos. El conjunto está pintado con un estilo que uno calificaría fácilmente como mixteco, al atestiguar una inspiración netamente subordinada al Altiplano Central.

El mestizaje cultural que se manifiesta de manera ejemplar en Tulum, entre las tradiciones maya y nahua, se puede ilustrar con otros dos detalles. Mientras que el sitio es ocupado sólo a partir del siglo XIII, el templo llamado "de la serie inicial", cuya bóveda en gollete de botella es una reminiscencia de la arquitectura maya de la Época III, estaba asociado con una

253. Cornisa con la efigie del dios del fuego, Templo de los Frescos, Tulum, Quintana Roo.

estela de estilo antiguo con la fecha 9.6.10.0.0, lo cual la situaría en el siglo VI de nuestra era. Nos encontramos ante una obra-reliquia exógena y llevada intencionalmente a Tulum para alimentar un culto de la antigua tradición maya (los habitantes de Ichpaatún, sitio contemporáneo de Tulum, hicieron lo mismo, ya que en el recinto ceremonial instalaron una estela antigua y exógena fechada en 9.8.0.0.0.). Un detalle significativo es que este "templo de la Serie inicial" está totalmente integrado al conjunto ceremonial central dominado por el templo tolteca de El Castillo.

Otra superposición cultural interesante se observa en los ángulos de la cornisa del Templo de los Frescos. Ahí donde los antiguos mayas colocaban la efigie del dios Chac con su voluta característica, aparece el mismo dios, pero con rasgos absolutamente mexicas: este personaje barbudo, de nariz aguileña, no es sino Huehueteotl, el dios del fuego de los nahuas. Esta observación confirma de paso que Chac, con su nariz de voluta, sí es, en ciertos aspectos, un dios del fuego (véase p. 469). En cuanto al "dios descendente", omnipresente en Tulum, es claramente de inspiración nahua y representa al sol poniente que baja al inframundo. Tulum no es una excepción, se encontraron unas pinturas murales del mismo estilo mexicano en Santa Rita Corozal (Belice), en Tancah, sitio cercano a Tulum o también en Cobá.

Más al sur, en la región del Petén, la presión demográfica ha disminuido indiscutiblemente; pero, poco a poco, se descubre que no todos los sitios fueron abandonados, y que algunos, como Lamanaí, tienen una gran prosperidad en la época tardía.[7] Subrayemos que, por lo demás, Lamanaí será ocupado por los mayas hasta 1641 y que la ciudad de Tayasal (la actual Flores, en el lago Petén Itzá) será conquistada por los españoles en 1697. En la misma región, el vigor de un sitio como Topoxte, de ocupación por lo menos parcialmente mexica, quizá se explique por una larga tradición de presencia nahua en las orillas de la laguna de Yaxhá (véase p. 431).

El altiplano guatemalteco, que concentra a una población importante, puede sorprender por la mexicanidad de su arquitectura: líneas horizontales, perfecta regularidad de las masas piramidales de descolgamientos verticales, amplio manejo del espacio, austeridad de los trazos. Es un añadido seguramente nahua, que operó sobre pueblos mayoritariamente mayas, en una tierra que no siempre lo fue completamente. Localizadas de preferencia en zonas escarpadas, y dando la impresión de haberse protegido de las tropas susceptibles de llegar, las ciudades dominantes de la Época V se llaman Zaculeu, Utatlán, Iximché, Mixco Viejo, Chinautla, Chuitinamit. Para entender su economía y su sentido, hay que esforzarse por olvidar a toda costa las ciudades de impresionantes pirámides del año 800. Esos mayas del siglo XV son muy distintos, ahora son copartícipes de un mundo normalizado que se codificó sin referencias a su alma barroca y extrovertida.

Las áreas nahuas no subordinadas al poder de México

Las fronteras noroccidental y sudoriental de Mesoamérica ofrecen la particularidad de ser las áreas de cultura nahua situadas fuera de la esfera de influencia del Altiplano Central. La base cultural es indudablemente nahua; homogeneizados por la dependencia tolteca, estos territorios comparten con los aztecas los mismos dioses, las mismas creencias fundamentales, la misma ideología sacrificial, los mismos modos de vida o de organización social. Pero, es patente la ausencia de control político por parte de los señores de México. No se puede eludir aquí el problema de las distancias. Para ir de México a Guasave (Sinaloa), en la costa del Pacífico, debían de ser necesarios de dos a tres meses de viaje; para alcanzar la península de Nicoya (Costa Rica) al salir de Tenochtitlan, ¡había que contar de seis a siete meses de caminata! Como los aztecas podían acceder a las tierras calientes por las costas del Atlántico (Veracruz y Tabasco) y por las riberas del Pacífico (Guerrero, Oaxaca), que controlaban directamente, y puesto que comerciaban con los mayas a través de establecimientos fronterizos, no tenían ningún interés en aventurarse en esas lejanas comarcas, así fuesen nahuas. Los problemas de aprovisionamiento de productos exóticos podían resolverse de manera más cómoda en zonas menos excéntricas. Por lo tanto, la presencia física de los hombres del Altiplano Central no tenía verdadera pertinencia en esas caminatas extremas. Las fronteras de Mesoamérica se encuentran así en una situación específica: el dominio nahua está poderosamente establecido; las formas culturales son parecidas a las del altiplano mexicano por la difusión de los rasgos toltecas en la época anterior; pero la ausencia de relaciones orgánicas con el poder central lleva en sí un fermento secesionista. Desde luego, la irrupción española oculta la profundidad de campo histórico, pero ya se ven perfilarse líneas de ruptura entre centro y periferia: en el Occidente, lo mismo que en Centroamérica, los autóctonos ya son distintos nahuas.

254. Sello procedente de El Chanal, Colima, donde se advierte un fuerte toque nahua. El dibujo representa el viento.

El noroeste

En el Occidente, la extensión del área nahua ha alcanzado su punto máximo en la Época V. Abarca toda la costa hasta el norte del Sinaloa actual. Situada en la entrada del Golfo de California, esta región se vuelve la avanzada más septentrional de Mesoamérica. La presencia nahua, sin embargo, está templada por la cohabitación con grupos de lengua cahíta. Estos grupos cahítas también pertenecen al filo utoazteca (véase p. 44), pero deben considerarse como culturalmente diferenciados. Algunos eran agricultores, otros seminómadas. De esta reunión entre nahuas y cahítas resultó una cultura bastante rústica de la que por el momento se desconocen manifestaciones arquitectónicas notables. En cambio, conocemos su cerámica gracias a las investigaciones, ya antiguas, de Sauer y Brand, Isabel Kelly y Gordon Ekholm.[8] Se tiene la impresión de que la persistencia predomina sobre la innovación. En la Época V, se encuentran casi todos los tipos cerámicos que ya caracterizaban al horizonte tolteca.

Un poco más al sur, entre Mazatlán y San Blas, la costa está ocupada por un grupo nahua mucho más homogéneo, de alto nivel cultural, que la tradición se empecina en llamar *torame*. Esta denominación procede en realidad de una mala paleografía del texto del cronista Antonio Tello (1652):[9] es un hecho que hay que leer *toname*, lo cual significa en náhuatl "la gente del calor", evidente alusión al clima reinante en esta lengua de tierra baja y pantanosa en que el calor, intenso todo el año, repercute en las faldas de la Sierra Madre y hace pensar en un horno. Esos hombres de la costa, a la vez agricultores, pescadores, cazadores y recolectores de conchas, comercian

255. Petroglifo, Coamiles, Nayarit.

con las tribus más ásperas de la Sierra, al igual que con los pueblos del Altiplano, cuya frontera está marcada por la ciudad actual de Tepic (Nayarit).

Mucho tiempo se creyó que los vestigios de esos tonames se reducían a indescifrables petroglifos, de preferencia esculpidos cerca de ríos, fuentes, lagunas y riberas oceánicas. Las excavaciones de los sitios de Amapa y Coamiles han demostrado que esos nahuas dominaban perfectamente la arquitectura de adobe o de piedra seca. El cerro de Coamiles, sitio vivo hasta la llegada del conquistador Nuño de Guzmán, presenta todas las características de un centro ceremonial de gran amplitud. El sitio es impresionante, con sus plataformas escalonadas en la falda del cerro, dominando por unos setenta metros la inmensa llanura aluvial surcada por canales y campos elevados. Los templos, de materiales perecederos, se erigían sobre estructuras piramidales de piedras planas, de plano muy rectangular. Por ejemplo, la Estructura 16 mide 95 metros de largo por 19 de ancho, pero su altura no sobrepasa los dos metros. La verticalidad de las pirámides no es, por lo demás, el objetivo de los arquitectos, que más bien actúan sobre el ordenamiento de conjunto y el escalonamiento de los distintos niveles. La Época V muestra una indiscutible vitalidad en Coamiles, en particular en la Plataforma 3, orientada hacia la vecina ciudad de Centispac, capital regional en la época de la Conquista, y sobre la Plataforma 5 en que desde el siglo XII se dibujó un terreno de juego de pelota impresionantemente colocado en la orilla de un precipicio. En cuanto a la cerámica, con sus vasijas de una redondez sensual, alcanza un grado de calidad sin igual hasta entonces; la inspiración permanece idéntica a la de la Época IV, pero está transfigurada por la maestría de los alfareros que manejan con destreza la decoración de incisiones y decoración pintada, temas figurativos y ornamentación geométrica.

La escritura nunca está alejada: glifos inscritos en la banda de un plato, escenas míticas desarrolladas en la panza de una vasija, signos inscritos en rocas que marcan un espacio sagrado, grabados ocultos en el hueco de una pared, ordenados como una página de códice. La idea misma de que los petroglifos de Coamiles puedan depender de un horizonte arcaico asociado a oscuros cultos "mágicos" carece de fundamento: en conjunto, los grabados son tardíos y se advierten aquí o allá glifos toponímicos o signos cronológicos que corresponden perfectamente a las convenciones de las Épocas IV y V.

Más al sur, separados de la gente de la costa por mil metros de desnivel, los habitantes del altiplano nayarita poseían una capital que parece haber sido Xalixco. La ciudad le dio su nombre al estado de Jalisco que, en su origen, abarcaba a Nayarit. Por desgracia, no queda ningún vestigio prehispánico notable. Así que debemos mirar hacia Ixtlán, más al este, para darnos una idea de las manifestaciones de la cultura local. Este sitio descrito a fines del siglo XIX por el noruego Carl Lumholtz y por el francés Léon Diguet siempre llamó la atención de los científicos por la presencia de una estructura circular que el uso ha designado con el nombre de "Templo de Quetzalcoatl". En efecto, parece que este edificio, construido en la Época IV y modificado en la Época V, es un templo dedicado al dios del viento. El muro circular que delimita el recinto del santuario está calado con motivos cruciformes en el conjunto de su parte superior. Se accede al templo por cinco pequeños escalones dispuestos en intervalos regulares en el contorno del edificio. En el corazón del edificio, en un eje norte-sur, se encuentran dos pequeños altares que poseen cada uno una escalera, cuyos escalones se hacen frente. Los demás conjuntos arquitectónicos de Ixtlán susceptibles de atribuirse a la Época V evocan los esquemas del Altiplano Central: gran plaza cuadrada cerrada por cuatro construcciones, cada uno adornado por una columnata en la fachada, edificios de plano rectangular con columnata interior y dispuestos en plataformas que comunican con juegos de escaleras, caminos empedrados, pequeños altares con cuatro niveles de escalones, etc. Se percibe que el parentesco cultural de esos nahuas del valle del río Ahuacatlán con los del Valle de México está más afirmado que en el caso de las poblaciones de la costa del Pacífico. Pero la continuidad de la ocupación del sitio del año 200 d. C. hasta la Conquista y la existencia de numerosas tumbas de tiro que sellan la presencia de la tradición "occidental" en la Época III sugieren un sustrato de poblaciones mezcladas. A pesar de todos los rasgos que lo vinculan con el horizonte nahua tardío, el arte cerámico y lapidario de Ixtlán permanece "occidental" en su inspiración.

Los altiplanos jaliscienses conocen una ocupación sensiblemente semejante a la del Nayarit interior. Sin embargo, nuestra documentación tiene lagunas y aún hoy hay que remitirse a las exploraciones realizadas por Isabel Kelly en las regiones de Autlán y de Tuxcacuesco.[10] Las fases cronológicas respectivamente bautizadas Autlán y Toliman corresponden a la Época V.

El caso de Colima es más complejo de aprehender. Históricamente, esta región ha funcionado como una doble cabeza de puente que articula la penetración en el Occidente de las influencias llegadas de Sudamérica y de los rasgos culturales provenientes del centro de México. Si hacia 1400-1500 la presión andina se torna mucho menos fuerte en las costas de Colima con motivo de su dispersión en el conjunto de las costas del Pacífico mexicano, ¿estamos en posibilidad de evaluar el grado de conexión de Colima con el mundo azteca? Uno estaría tentado a conservar la imagen de un Colima más "occidental" que mexicano y, por ese hecho, solidario con el área de Jalisco-Nayarit. De modo muy concreto, la discusión está abierta. Un sitio como El Chanal, localizado en los suburbios del norte de la ciudad de Colima, ofrece una arquitectura ceremonial que no deja de recordar la de los sitios del Altiplano Central. La presencia reiterada de Tlaloc y de Xipe Totec representados según los criterios estilísticos del Altiplano Central no deja de intrigar. Sin embargo, los argumentos en favor de una conexión íntima con la cuenca de México son más tenues de lo que parece. No cabe duda de que El Chanal posee un toque del centro de México. Pero la constatación termina aquí. Fundamentalmente, El Chanal tiene su estilo propio, que es una curiosa mezcla de reminiscencias sudamericanas, de influencias toltecas que datan de la gran ola del siglo XII y de una base de inspiración local con una originalidad bastante firme. El Chanal, por ejemplo, es famoso por "la escalera jeroglífica" de su pirámide central. En 1945, el arqueólogo mexicano Rosado Ojeda descubrió en efecto 36 motivos esculpidos que representan animales o seres antropomorfos. Aun, cuando se descubrió, esta escalera esculpida fue calificada como tarasca y recibió una interpretación poco realista,[11] su estilo es indudablemente "occidental": que sirvan simplemente de prueba los personajes de nariz puntiaguda que se encuentran en las vasijas pintadas al fresco provenientes de la región de Etzatlán y de Guadalajara. Sin embargo, parece razonable la observación de Daniel Lévine que asocia los motivos de El Chanal con el calendario adivinatorio azteca (tonalpohualli).[12] De hecho, nos encontramos ante una interpretación local de un elemento cultural plenamente mesoamericano. Otro ejemplo de ese mestizaje estilístico-cultural es un sello de barro procedente de El Chanal que representa el glifo mexicano 4 agua; se ve el rostro del dios del agua Tlaloc en el interior de un recipiente seccionado. Aquí, la codificación del signo obedece en todo a los estándares aztecas, pero el tratamiento de la imagen es muy original; el objeto posee un falso aire peruano que delata su pertenencia al Occidente mexicano. Finalmente, hay que mencionar de manera especial la existencia de objetos de culto que en ningún lado de Mesoamérica tiene un equivalente, como esos grandes braseros en que la imagen de Tlaloc está tan estilizada que resulta irreconocible, o también esas extrañas figurillas modeladas rematadas con un asa muy adornada de las que, por desgracia, no se ha encontrado ningún ejemplar en las excavaciones. Estos objetos afirman con fuerza la vitalidad de una tradición local que le otorga a Colima un estatuto particular.

Del mismo modo, el estilo costeño conocido con el nombre de Periquillo no se vincula con ningún estilo conocido en el Altiplano Central: las jarras antropomorfas, rojas o negras, y las figurillas femeninas de cuerpo rectangular que dan la impresión de que el personaje lleva un vestido que le cae hasta los pies, tienen un curioso aroma de arcaísmo. Sin embargo, el metal asociado con los objetos de la fase Periquillo y la ausencia de material tolteca incitan a colocar este estilo en la Época V, lo cual confirman los fechamientos de C14. Esta manifestación de un estilo tan local y tan diferenciado relativiza un poco la idea del dominio total de los nahuas en la costa del Pacífico. En todo caso, control no significa ocupación física sistemática.

Centroamérica

Hasta donde se puede juzgar, la frontera suroriental de Mesoamérica no conoce modificaciones sustanciales entre la Época IV y la Época V. Así que se puede considerar que el frente centroamericano de Mesoamérica es una implantación de una admirable solidez, ya que prácticamente se mantiene igual durante los cerca de veintiocho siglos de la historia mesoamericana. Tan curioso como pueda parecer al principio, ¡es sobre el periodo más reciente que menos informaciones arqueológicas e históricas tenemos! Esta aparente paradoja se explica en realidad por dos factores: la colonización de la comarca fue mucho más destructiva que la de México y, por otra parte, en el choque del encuentro, no hubo cronistas de la talla de un Sahagún o de un Motolinia para recoger las tradiciones orales indígenas. La modesta investigación del fraile mercedario Francisco de Bobadilla realizada en

1528 en Teoca, cerca de la ciudad actual de Granada, en Nicaragua, fue por órdenes del conquistador Pedrarías, gobernador de Nicaragua, para demostrar la idolatría de los autóctonos. Este último, en efecto, tenía la secreta intención de poder acusar a su antecesor de su negligencia hacia el deber de cristianización de los indios. El procedimiento del religioso, que sin embargo salvó valiosas informaciones sobre los nicaraos, no se inscribe, pues, en la perspectiva de una preocupación histórica o etnográfica respecto de creencias locales. Son tardíos los elementos de la tradición histórica indígena que han llegado hasta nosotros y, hay que reconocerlo, muy confusos (por ejemplo, Torquemada, *Monarquía indiana*, 1615).[13]

Conformémonos con recordar aquí algunos datos generales. Primero, notemos que la frontera de la zona controlada por México corresponde, a grandes rasgos, a la actual frontera entre México y Guatemala. La zona nahua que escapa de la atracción mexica comprende entonces la vertiente pacífica de Guatemala y la provincia de Cozcatlán, que será bautizada como Villa de San Salvador, toda la parte occidental de Honduras con su apertura caribeña (llamada provincia de Las Hibueras en el siglo XVI) y su salida pacífica (Choluteca), la vertiente occidental de Nicaragua y el noroeste de Costa Rica (provincia de Nicoya).

256. Trípode policromo, Guanacaste, Costa Rica.

Subrayemos después que esas poblaciones nahuas, designadas en términos variables e inciertos (pipiles, nicaraos, chorotegas, uluas), son poblaciones de vieja cepa, todas "toltequizadas" en los siglos XII y XIII. Esto explica que tengan un "barniz" común, y que conserven particularismos ligados a su antigua marginalidad y a su alejamiento del centro. Finalmente, es notable que esos nahuas dominantes estén asociados, como en toda Mesoamérica, a grupos culturales variados en los que, sin embargo, se distingue un sustrato llamado mangue que pertenece a la familia otomí. Así que en esas tierras tropicales centroamericanas, se encuentra la pareja nahua-otomí, que es la base del desarrollo cultural del Altiplano Central. Por lo demás, se puede pensar que esta íntima imbricación entre ambas comunidades confundió a ciertos cronistas antiguos que confundieron a los cholultecas o chorotegas —que son los nahuas— con mangues. Como quiera que sea, el bilingüismo debía ser la regla, puesto que numerosos topónimos han llegado hasta nosotros en ambas lenguas. Así, la ciudad de León en Nicaragua se llamaba Xolotlán en nahua y Nagarando en mangue. Los que no eran ni nahuas ni mangues y que representaban la avanzada más septentrional del grupo chibcha, se llamaban chontales o popolocas, términos genéricos de origen nahua empleados en Mesoamérica para designar a los grupos minoritarios.

De las manifestaciones artísticas de esta Época V se desprende una forma cerámica muy particular: una vasija globular de soporte circular que da la curiosa impresión de una jarra puesta al revés sobre su cuello. Por lo demás, nada impide pensar que la forma nació efectivamente de que se volteó pura y simplemente una jarra de cuello largo y ancho. ¿Qué provocación se disimula detrás de esta inversión de valores? Esas vasijas distribuidas principalmente en Nicaragua y en Costa Rica, en la península de Nicoya y en la región de Bagaces, están pintadas en rojo-naranja y negro sobre fondo bayo y son proclives a exhibir figuras mitológicas del panteón nahua: el monstruo acuático Cipactli, el mundo terrestre Tlaltecutli, el águila predadora o también la serpiente emplumada. Una vez más, la inspiración es comparable a la de los creadores del Altiplano mexicano, pero el estilo es propio, como si aquí los artistas cultivaran la diferencia sin atentar contra la unidad de la creencia.

El área integrada al poder central

Un dominio de geometría variable

La expresión "imperio azteca" sería una aproximación bastante acertada para designar la entidad considerada, si no fuera objeto de dos fuertes críticas: la primera se debe al concepto mismo de imperio, noción demasiado europea para poder aplicarse válidamente a una realidad prehispánica; la segunda depende de las diferentes lecturas que se hicieron de ella: según la acepción —amplia o estrecha— que se le da a la palabra "imperio", ¡éste se encuentra con un territorio más o menos extendido y, por lo tanto, con fronteras variables según los autores! Ahora bien, si se puede discutir acerca de la naturaleza del funcionamiento de este territorio y del grado de integración de sus distintos componentes, la cuestión de las fronteras queda resuelta. La extensión del área controlada en uno u otro grado por México y las ciudades aliadas se conoce perfectamente.

En el norte, la línea de ruptura entre el norte chichimeca y el mundo sedentario sigue un trazo que pasa por las ciudades actuales de Guadalajara, Irapuato, Querétaro e Ixmiquilpan. Al norte de Pachuca existía el enclave nahua y otomí de Metztitlán, que nunca formó parte orgánica del territorio mexica, pero no era muy diferente de sus vecinos en términos culturales. Más al este, a unos 100 kilómetros de la costa atlántica, la frontera sube hacia el norte hasta la latitud de Tampico para abarcar la Huasteca. Al oeste, la frontera mexica topa con el Michoacán tarasco. En el otro frente, más allá del istmo de Tehuantepec, las puertas de entrada al mundo maya son el Xicalanco (laguna de Términos) en la bahía de Campeche, Comitán y Zinacantla (región de San Cristóbal de las Casas), del lado chiapaneco. El sitio de Izapa, por su parte, marca el límite oriental de Xoconochco, la vertiente pacífica de Chiapas, en donde se articulaban los intercambios con Centroamérica. En el interior de esas fronteras, se extiende un territorio con una sola colindancia, en el que el nombre de México-Tenochtitlan se oía en todas partes.

Desde luego, la naturaleza del control variaba de una provincia a otra según una amplia gama de configuraciones que iba de la dependencia absoluta a la franca autonomía. La base del contrato que vincula a México y sus satélites con las demás ciudades es el reconocimiento de un dominio obtenido por la fuerza al cabo de una victoria militar o dominio negociado

PÁGINA ANTERIOR. 257. Gran vasija de alabastro, Isla de Sacrificios, Veracruz.

por vías diplomáticas para economizar el recurso de la guerra. En ambos casos, el efecto es el mismo: el vencedor (México) ejerce un control político, militar y económico sobre el vencido, que prueba su juramento de fidelidad al pagar un tributo (*tequitl*). México, por su parte, importa el culto de los dioses vencidos y les reserva un lugar en su recinto ceremonial y en la jerarquía de los ritos oficiales. Los dioses, que no podían encontrar lugar en un templo que les estaba dedicado específicamente, eran honrados colectivamente en el coacalco, literalmente "la casa de la serpiente": "en ella tenían encerrados a todos los dioses de los pueblos que habían tomado por guerra; teníanlos allí como cautivos".[14] El sistema azteca es entonces un sistema de apropiación de tipo gravitacional que tiende a atraer hacia el centro todo lo que se encuentra en la periferia, ya se trate de riquezas materiales o de elementos culturales. Naturalmente, no se pueden ignorar los movimientos poblacionales que inducía semejante práctica de centralización del poder.

El modelo más común de la dominación mexica se hacía por medio del asentamiento de una ligera estructura administrativa azteca, apoyada por una guarnición militar. México nombraba por una parte a los gobernadores militares, que eran dos para respetar la tradición azteca, que desdoblaba todos los puestos de responsabilidad y, por otra parte, a unos calpixque, especie de prefectos encargados de recolectar el tributo fijado en el momento del pacto de fidelidad. Este modelo de control estaba instaurado a la llegada de los españoles en gran parte del territorio del Estado mexica: en zona totonaca, en el Altiplano Central alrededor de México y de Toluca, en las tierras calientes de Morelos y de Guerrero y en las tierras altas mixtecas. Varios manuscritos del siglo XVI dan por lo demás el detalle de la naturaleza del tributo que recibía México por parte de las ciudades vasallas. Según el *Códice Mendoza*, la región de Tochpan (la actual Tuxpan, en el norte del estado de Veracruz) debía proporcionar cada año 7 680 "cargas" de mantas de algodón de diferentes tipos (o sea 153 600 piezas), ochocientas cargas de taparrabos y faldas de algodón, ochocientas cargas de chile seco, veinte costales de plumas blancas que en México se empleaban para los adornos sacrificiales, dos "collares" de cuentas de jade ensartadas, otro de turquesas, dos discos de mosaico de turquesa, así como dos trajes de circunstancia para los jefes militares con su tocado y su escudo de plumas multicolores (fol. 52). La región de Tuxtepec, puerta de las tierras calientes de Xicalanco, reunía, entre otros objetos de impuesto, pelotas de hule (16 000), ramos de plumas de loro (24 000), plumas de quetzal (ochenta puñados), objetos manufacturados de oro, ámbar, cristal de roca, cacao (doscientas cargas), etc. (fol. 46). Las costas pacífica y atlántica enviaban caparazones de tortuga, nácar, conchas con las que se hacían trompas, plumas preciosas y aves vivas. El incienso (*copalli*) y el hule destinado a las ofrendas provenían más bien de las tierras orientales. El área otomí producía papel de amate y telas de fibra de agave. El oro llegaba a México por la zona mixteca que también exportaba cochinilla. De las tierras calientes proceden también el tabaco, las pieles de felinos, los cascabeles y las placas de cobre. Cuetzalán envía miel. De todos lados, llegaban chía, frijoles, maíz y la cal necesaria para cocinarlo. Las provincias sometidas entregaban también muchas otras materias primas que van de la leña a las cañas para hacer flechas. Pero siempre aparecen en el inventario del tributo trajes de circunstancia y escudos decorados con

258. Estatua de piedra que representa una diosa y un dios descendiente, área huasteca. Vista de frente y posterior.

mosaicos de plumas: los vasallos confeccionaban las insignias del poder de sus señores.

Junto al territorio bajo control militar y económico de los mexicas existían territorios "bajo influencia". Por diversos motivos, que van de la voluntad de respetar una autonomía bilateralmente negociada hasta la imposibilidad material de mantener a las guarniciones, el poder coercitivo mexica y el sistema de administración directa asociado con él no se implantaron en todos lados. Éste es, por ejemplo, el caso en la Huasteca o en la Sierra Madre de Guerrero y de Oaxaca. Del mismo modo, el estatuto de los territorios de la frontera norte, en el valle del río Lerma (Bajío), sigue indistinto hasta la actualidad; se pensaría más bien en una alianza político-militar sin obligación tributaria. No por ello la impronta azteca deja de ser particularmente visible. En todo caso, es claro que la mínima exigencia de reconocimiento del poder central residía en el derecho de paso concedido a los comerciantes mexicas. Una ciudad no tributaria, en el interior del territorio del "imperio", no podía oponerse a la libre circulación de las caravanas de mercaderes. Cualquier atentado a este principio sacrosanto se consideraba como una declaración de guerra e implicaba una intervención de los ejércitos de la Triple Alianza. En efecto, una de las misiones del *tlatoani* de México era hacer respetar la continuidad territorial en el interior de las fronteras.

Por lo tanto, conviene decir aquí algo acerca de esos territorios, que, después del ya antiguo estudio de Robert Barlow,[15] se presentan como "enclaves". El primer caso de figura es el del "principado independiente de Tlaxcala". Recordemos que en el este de México, a unos cien kilómetros a vuelo de pájaro, al otro lado de la línea de los volcanes, existe desde la Época I un polo importante de poder nahua que siempre, concreta o virtualmente, compitió con el Valle de México. La Época V no deroga entonces a esta organización diárquica del Altiplano Central. Sin embargo, es deseable relativizar esta famosa independencia de Tlaxcala. Culturalmente, Tlaxcala es un clon de México. La alianza tripartita entre Tlaxcala, Cholula y Huexotzinco está calcada de la Triple Alianza de México, Texcoco y Tlacopan. Los dioses, los mitos, las formas de pensamiento, los niveles de vida, los modos de organización social, los estilos artísticos, todo se parece en ambos lados de los volcanes. Las poblaciones son étnicamente gemelas. En verdad, en la Época V, Tlaxcala está ligada de modo muy íntimo con México, en el interior de un pacto de seudohostilidad, conocido con el nombre de "guerra florida" (*xochiyaoyotl*). La justificación de esta beligerancia muy institucionalizada era de orden religioso: se trataba de organizar, de modo más o menos regular, entre los ejércitos de México y de Tlaxcala, unos combates —ritualizados pero no ficticios—, a fin de poder tomar cautivos susceptibles de servir como víctimas sacrificiales. La institución de esta guerra florida en medio del siglo XV es indiscutiblemente una consecuencia directa de la *pax azteca*. El dominio mexicano sobre una gran parte de Mesoamérica implicaba inexorablemente un riesgo de escasez de cautivos de guerra. Al servir para las inmolaciones ceremoniales, esos cautivos eran efectivamente indispensables para el funcionamiento del sistema teológico y político.

La guerra florida, cuyo nombre significa "guerra-juego", se funda desde luego en una rivalidad muy antigua, pero fue establecida, a petición de los mexicas, para hacer frente de modo económico y estable a los gastos del sacrificio. Es notable entonces la inserción de Tlaxcala en el seno del dispositivo azteca: ésta entrega efectivamente un tributo, pero de tipo exclusivamente sacrificial. La presentación de la relación, sin embargo, es distinta del caso de figura dominante; mientras que el tributo sella la unilateralidad de la dependencia, el acuerdo con Tlaxcala descansa en cierta idea de la reciprocidad: durante los combates, unos cautivos mexicas pasaban a manos de los tlaxcaltecas y eran efectivamente sacrificados al este de los volcanes. Los señoríos de Tlaxcala, Huexotzinco y Cholula son más rivales asociados que verdaderos enemigos de México. La famosa independencia de Tlaxcala, que autorizó a varios autores para dejar en blanco los contornos del territorio en los mapas del imperio azteca, es a fin de cuentas eminentemente artificial: corresponde a una ficción política creada por los aztecas para hacer posible la guerra florida.

Los demás territorios descritos como enclaves enquistados en el imperio azteca serían ocupados por poblaciones no nahuas: yopis de Guerrero, mazatecos de Teotitlán, mixtecos de la Sierra de Oaxaca. De hecho, la idea misma de territorios exentos de penetración nahua, después de más de veinticinco siglos de historia mesoamericana, es objetivamente incongruente. El reducto inexpugnable, la resistencia encarnizada, el santuario inaccesible, se asemejan de modo sorprendente a clichés románticos. Observemos que los aztecas poseen en México un templo importante llamado Yopico, dedicado al culto de Xipe Totec que precisamente se conoce por provenir de la región yopi, al este de Guerrero. Los ritos mazatecos, por su parte, eran celebrados durante la fiesta llamada Atamalqualiztli, rito venusino que tenía lugar cada ocho años; notables en particular eran unos bailarines mazatecos que engullían ranas y serpientes vivas. En cuanto a los objetos mixtecos, muchos llegaban a México, en donde algunos servían de ofrendas consagratorias en las cistas del Templo Mayor. Así que se puede deducir que, para esas poblaciones, estaban operando los procesos de integración típicamente aztecas, que consistían en importar a los dioses y a los ritos de las regiones sometidas, así fuesen mayoritariamente alógenas. El Estado mexica obedece en definitiva a cierta continuidad territorial que forma parte de la lógica de toda la historia mesoamericana.

Los estilos regionales

No debe sorprender, por lo tanto, que en el área de obediencia mexicana se hallen estilos artísticos y tipos de implantaciones monumentales que traducen los distintos grados de integración observados. Así, existen sitios con materiales de factura o de inspiración puramente mexica: es el caso de Castillo de Teayo o de Quauhtochco (Huatusco) en el estado de Veracruz; de Calixtlahuaca, Malinalco o Teotenango en el Estado de México; de Teopanzolco, Oaxtepec o Tepozteco en Morelos; de Iguala en Guerrero. En la región de Tlaxcala y Cholula, la producción artística es exactamente del mismo tipo que la de México: las pinturas murales de Tizapán y de Ocotelulco, al estilo de los códices, remiten a las mismas creencias y a la misma codificación estilística que las que están vigentes en el Valle de México. En cuanto al estilo cerámico llamado Cholulteca II, es muy semejante a los que se conocen como Azteca III y IV.

Sin embargo, se localizan algunos estilos regionales que combinan los aportes mexicanos con el espíritu de una tradición local bien arraigada. El arte huasteco es un buen ejemplo de este caso de mestizaje cultural. Los escultores del valle del río Pánuco trabajaron la piedra con un talento consumado y realizaron personajes de pie, muy grandes (casi de tamaño natural) y de aspecto bastante rígido. Conforme a la tradición erótica que irriga a la sociedad huasteca, los dioses, hombres y mujeres tienden a representarse desnudos, lo cual es un caso excepcional en Mesoamérica. Las diosas de la

259. Característica vasija huasteca, negro sobre blanco.

fecundidad huastecas, de pechos generosos, desempeñarán un papel importante en México, particularmente Tlazolteotl, "la diosa de las inmundicias", diosa del pecado —carnal, desde luego— con la que se vincula un curioso rito de confesión. Evidentemente, en la Huasteca se encuentran representados los dioses del Altiplano Central, con Quetzalcoatl, dios del viento y del sol levante en primera fila. Pero también se encuentra una figuración más curiosa cuyo prototipo es el celebérrimo "adolescente de El Tamuín"; esta obra maestra de la escultura prehispánica representa a un joven esbelto, totalmente desnudo, que lleva a un niño muerto en la espalda. Sobre el pecho tiene la mano derecha y sobre todo el lado derecho del cuerpo, sobre ambos hombros y la nuca, así como sobre las muñecas y la frente, corre una composición glífica muy refinada en la que se distinguen símbolos sacrificiales y signos calendáricos. Pieza enigmática, no se podría interpretar de manera categórica: la asociación con el culto del maíz es azarosa; verla como el sol levante que carga con el sol poniente parece de una simplicidad muy poco prehispánica; la connotación venusina, en cambio, podría resultar más pertinente. Hay que relacionar el "adolescente de El

Tamuín" con otra estatua huasteca que se encuentra en el Museo de Bellas Artes de Burdeos y que representa al dios Tlahuizcalpantecutli (Venus como estrella de la mañana), vestido con una especie de taparrabo-faldilla y un inmenso tocado radiante; también lleva sobre la espalda la efigie de un niño muerto (¿sacrificado?), con las costillas descarnadas y el pecho abierto.[16] La estatua evoca a todas luces el ciclo venusino a través del tema de la estrella vespertina que desaparece en el horizonte para renacer bajo la forma de estrella de la mañana. La estatua que procede de Ozuluama, presentada en el Museo de Antropología de Xalapa y la del Museo de Brooklyn son de igual inspiración.[17]

Entre las curiosidades del arte huasteco, subrayemos la excelencia del grabado en bajorrelieve sobre concha, generalmente fragmentos triangulares de concha marina. Todos los temas tratados se refieren a la vida ritual o a la historia mitológica. Si bien el grafismo es típicamente mexicano, con sus serpientes entrelazadas y sus personajes ricamente ataviados, no se puede negar la impresión de cierto aire familiar con las conchas grabadas del sureste estadounidense (cultura de los *mounds* del Misisipi). La cerámica, por su parte (fase Pánuco VI), obedece manifiestamente a dos fuentes de inspiración: una, norteña, venida del interior, dio toda la gama de las piezas cerámicas pintadas en negro sobre fondo blanco: vasijas antropomorfas, vasija de asa de estribo con pico vertedor lateral, jarra con cuello ancho. Es la cerámica llamada "Huasteca negro sobre blanco". La otra inspiración es, desde luego, la del Valle de México; los motivos, simbólicos o figurativos, muy mexicanos, están pintados en diferentes tonos de café sobre fondo ocre; los contornos están trazados en negro y unos realces en blanco complementan el efecto policromo. Esta cerámica lleva arbitrariamente el nombre de Tancol, pequeño sitio de la laguna Chairel, cerca de Tampico.

Al sur del área huasteca, el mundo totonaco no muestra tanta originalidad. La capital totonaca en la Época V es Cempoala, al norte de la actual ciudad de Veracruz. Ahí se instaló Cortés para preparar su marcha de Conquista hacia México. La arquitectura local combina el empleo tradicional de los cantos rodados extraídos del río Actopan, muy cercano, y unos rasgos importados del Altiplano Central: centro ceremonial rodeado de una muralla, acceso unilateral de las pirámides mediante un amplio tramo de escalones, empleo reiterativo de calaveras (*caritas*) en la decoración externa de los edificios, culto de todos los dioses del panteón nahua, etc. La única marca un poco específica son unas almenas que adornan la cúspide de la mayoría de los edificios y dibujan en el espacio unas grecas escalonadas.

Los cementerios de la región costera de Quiahuiztlán y Palma Sola son netamente más originales. Los totonacos edificaron ahí pequeños mausoleos, reproduciendo en miniatura verdaderos templos con su base de talud y su escalera que conduce al "adoratorio", bajo el cual se encontraba una cámara funeraria en que se hallaban depositados los huesos largos y el cráneo del difunto, asociados con ofrendas de cerámica. Pero aparte de esta práctica muy regional, el área totonaca se ilustra más bien por la austeridad de su arquitectura. Si se compara el sitio de Cuyuxquihui, representativo de la Época V, con el sitio vecino de El Tajín, cuya ocupación concluye en la Época IV, sorprende la irrupción de cierta banalidad: al lirismo arquitectónico de El Tajín en que los nichos, las grecas y las cornisas achaflanadas animaban los volúmenes, suceden los alineamientos tirados a cordel de pirámides que sobreponen simples planos inclinados. En el ámbito de las manifestaciones artísticas propias de la zona, notemos la cerámica del tipo Isla de Sacrificios, que es una adaptación policroma (rojo, blanco y negro sobre fondo bayo) de la cerámica Azteca IV del Altiplano, así como el vigor de las esculturas de basalto de la región de Misantla, de la cual se conoce sobre todo una estatua monumental de un hombre en cuclillas, en una postura que recuerda el arte olmeca. Desafortunadamente, está decapitada.

Más al sur, a la altura de la laguna de Alvarado, el alma totonaca ya no se percibe realmente. Las excavaciones estratigráficas de Cerro de las Mesas[18] revelan por ejemplo que las capas más recientes llamadas Superior II (Upper II) se emparentan directamente con las producciones del Altiplano Central, en particular con el estilo Cholulteca III de Cholula.

Queda por estudiar la cuestión mixteca. En las áreas culturales que muestran un estilo distinto del de México, generalmente se clasifica al altiplano oaxaqueño, cuyas producciones constituirían un estilo regional particularmente vigoroso llamado "mixteco". Aquí también, el peso de la tradición da pie a ciertos equívocos. En efecto, se confunde, detrás del vocablo "mixteco", a un grupo lingüístico, un estilo artístico y un tipo de sociedad. Recordemos que Oaxaca está ocupada por autóctonos de estirpe otomí divididos en dos grupos principales, los mixtecos al oeste y los zapotecos al este, que hablan lenguas emparentadas. La ciudad de Oaxaca propiamente dicha (Uaxyacac) y el valle que la circunda corresponden a una zona fronteriza, incluida en la parte zapoteca, pero en contacto con la parte mixteca. Según la vulgata vigente, el poder zapoteco simbolizado por Monte Albán se habría derrumbado al principio de la Época IV para desaparecer por completo en la Época V, hacia 1350, bajo la presión de "invasiones mixtecas". Esos mixtecos de la Época V se presentan en general como "militaristas" que bajaron de las montañas y que sometieron a la "teocracia agrícola" de los zapotecos del valle. Aquí encontramos un esquema explicativo calcado de la antigua interpretación de la época posclásica que, como vimos, es obsoleta.

Si nos atenemos a los estrictos datos arqueológicos, considerar que el valle de Oaxaca es de cultura zapoteca hasta 1350 y de cultura mixteca a partir de esta fecha, es un punto de vista bastante arbitrario. Étnicamente hablando, conviene tomar en cuenta dos factores: por una parte, las alianzas matrimoniales entre habitantes de lengua zapoteca y habitantes de lengua mixteca debían de realizarse según modalidades más o menos comparables con las que se observan en la época de la Conquista; por otra parte, no se puede ocultar la presencia nahua anterior a la Conquista militar azteca que, por su parte, sólo interviene hacia finales del siglo XV. El universo del valle de Oaxaca es entonces más heterogéneo y más mestizo de lo que se tiende a pensar. Lo que se observa en Oaxaca entre 1350 y la Conquista es la mexicanización de una región que conserva, sin embargo, una fuerte dimensión vernácula. En realidad, el estilo llamado mixteco es común a casi toda Mesoamérica: sin equivocación posible, es nahua. Se puede pensar que el descubrimiento de la famosa Tumba 7 de Monte Albán en 1932, con toda la carga afectiva que conllevaba, colaboró mucho para darle cuerpo al estilo mixteco. La belleza de los 121 objetos de oro descritos por Alfonso Caso, la rareza de los 24 objetos de plata, los huesos de jaguar cincelados y decorados con glifos, el cráneo ricamente recubierto con mosaicos de turquesas depositado como ofrenda, las joyas de jade, ámbar y cristal de roca, todo ello concurría para hacer de la Tumba 7 un mito fundador. Los arqueólogos diagnosticaron una reutilización de la tumba; las osamentas del

PAGINA SIGUIENTE. Vasija trípode con soportes en forma de garra de jaguar, Zaachila, Oaxaca. 260. Vista interior. 261. Vista lateral.

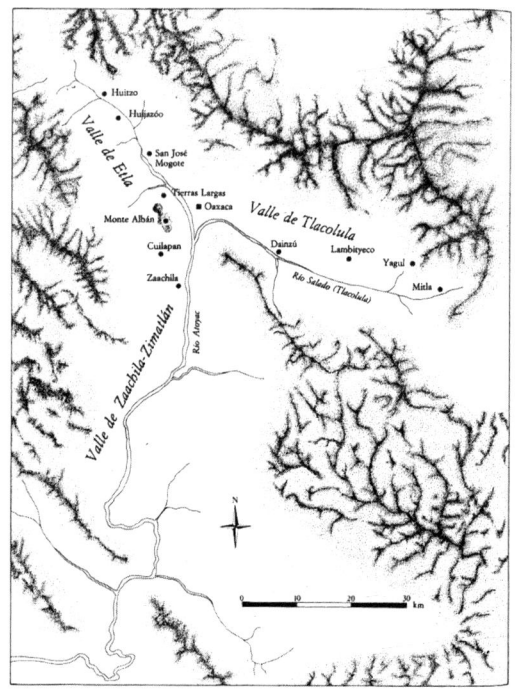

Mapa del valle de Oaxaca.

antiguo dignatario zapoteca inhumado en el siglo VIII habían sido hechas a un lado para abrirle paso a un suntuoso enterramiento del siglo XV. ¿Quién pudo actuar de este modo? La hipótesis zapoteca fue eliminada por la ruptura estilística que presentaba el material del segundo enterramiento. De ahí proviene la idea del intruso-conquistador mixteco.[19]

Analizado sin idea preconcebida, el material de la Tumba 7 es en el fondo perfecta y auténticamente nahua. Los glifos observables y los dioses representados corresponden a la codificación nahua de la época; las técnicas metalúrgicas empleadas para la orfebrería no se distinguen de las que caracterizan a los demás objetos de oro de horizonte azteca descubiertos en México o en la región de Veracruz. Si se observa que la cerámica policroma llamada mixteca se encuentra en todos los lugares ocupados por nahuas, al grado de que constituye un "marcador" de la Época V en Mesoamérica, si se añade que las pinturas murales de Mitla ejecutadas al estilo de los códices pictográficos remiten a un contenido y convenciones típicamente nahuas (vírgula de la palabra, por ejemplo), uno se ve llevado a considerar que la palabra "mixteca" empleada para servir de común denominador para este estilo de la Época V es incorrecta. Adjuntarle el nombre del estado de Puebla, que remite a la vez a la cerámica policroma de Cholula y a las pinturas murales de Tizatlán (Tlaxcala), no mejora en nada la situación: al hablar de un arte Mixteca-Puebla se sobrentiende que la región de Puebla era mixteca en la época prehispánica, lo cual es falso. El estilo "mixteca" es

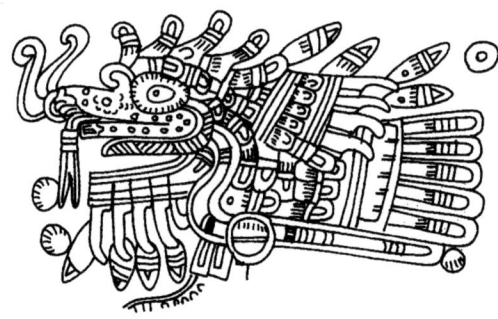

262. Águila con vírgula de la palabra. Pintura mural en Mitla, Oaxaca.

simplemente el estilo nahua de la época. Naturalmente, nada impide una reinterpretación local, un toque particularista proveniente de las escuelas artísticas de la región. Pero, objetivamente, muy astuto sería el que pudiera decir si el artista que nos dejó tal o cual obra en Mitla, Zaachila o Yagul hablaba mixteco, zapoteco, náhuatl u otra lengua. Y suponiendo que fuera políglota, ¿cómo calificar el estilo del objeto que nos legó?

En definitiva, parece razonable admitir para Oaxaca el esquema que prevalece para el resto del territorio mexicano: en torno a una dominación nahua, primero autóctona y más tarde vinculada con el poder de Tenochtitlan, se desarrolla una cultura que se nutre de la savia mixteco-zapoteca. En consecuencia, se encuentra en las tierras oaxaqueñas un estilo que traduce su pertenencia al orbe nahua centrado en México, pero que se manifiesta asociado al genio propio de los autóctonos, mixtecos y zapotecos, a todas luces unidos por complejas alianzas locales.

La casi totalidad de los sitios oaxaqueños de la Época V recibió una ocupación en las dos épocas anteriores; todos presentan un curioso síndrome de apropiación que se traduce en la reutilización de las tumbas construidas en la Época III. El ejemplo más famoso es, desde luego, el de la Tumba 7 de Monte Albán, pero Zaachila ha dado otros. Este sitio, que es la antigua Zapotlán o Teotzapotlán y que, por lo tanto, es el sitio epónimo de la cultura zapoteca, ha dado cuatro tumbas que contienen material de la

Época V, aunque la construcción de las sepulturas sea indiscutiblemente anterior. Se accede a la Tumba 1, descubierta en 1962, por una escalera; la fachada está adornada con un tablero con el motivo del "doble escapulario", que es en realidad la estilización del labio superior del jaguar, combinado aquí con dos grecas escalonadas opuestas; una apertura bajo el dintel permite acceder a una antecámara que comunica con la cámara funeraria de techo bajo. Sobre las paredes de la tumba y modelados en estuco, aparecen dos búhos con las alas desplegadas y cinco personajes, dos de los cuales se identifican por los glifos onomásticos 5 flor y 9 flor. En la parte central de la cámara funeraria yacía el esqueleto del personaje principal, ricamente ataviado; se recogieron restos de tejidos, vestigios de una máscara de madera pintada y joyas. A su lado, se hallaba el esqueleto de un "acompañante" cuya identidad se discute. En la antecámara se depositaron ocho cuerpos, muy probablemente los de víctimas inmoladas para acompañar al difunto. Ahí se encontró una soberbia ofrenda de vasijas cerámicas policromas de muy alta calidad. Las osamentas de los entierros anteriores se hicieron a un lado o se instalaron en nichos habilitados en las paredes de la cámara sepulcral. La Tumba 2, con las mismas características que la anterior, contenía trece esqueletos depositados en la Época V y, si bien la cerámica que se le asocia no es tan rica como la de la Tumba 1, las ofrendas no dejan de ser muy hermosas; los arqueólogos han encontrado en particular herramientas de hueso cinceladas, joyas de oro, concha y obsidiana, unos objetos de jade que se interpretan como mangos de abanico, e incluso dos pequeñas hojas de plata, así como garras de jaguar. Lo mismo que para la Tumba 1, los huesos de los difuntos contemporáneos de la construcción del monumento se reunieron en los nichos de la cámara sepulcral. Este fenómeno de reocupación se confirma en Yagul o en Mitla, donde las tumbas, siempre situadas bajo el piso de grandes patios rodeados de "palacios", pueden adoptar un plano cruciforme.

¿Cómo explicar esta fúnebre estrategia del pájaro cuco[20] por parte de los dirigentes de la Época V? En mi opinión, conviene descartar la idea de saqueo de sepultura: no se observa ninguna violencia con los muertos anteriores, ni se percibe ninguna provocación en el acto —realizado cuidadosamente— de reapertura de las tumbas. Sería más conveniente explorar el terreno de la búsqueda de legitimidad. En general, en Mesoamérica, los personajes que se hacen enterrar debajo de un edificio de culto (una pirámide) o debajo de edificios oficiales, son dirigentes vinculados con la identidad de la ciudad: o bien representan linajes, o bien se encargan de las funciones con alto valor simbólico. Hacerse enterrar en Monte Albán, Mitla, Yagul o Zaachila en las tumbas de los antiguos dirigentes es, por lo tanto, un acto político que permea ampliamente lo religioso. Este acto sólo es posible si el que lo realiza comparte cierta filiación con esos antepasados o si desea apropiarse de ellos. Dicho de otro modo, esos jefes o esos dignatarios que se hacen inhumar en las tumbas "zapotecas" son o bien descendientes de los antiguos jefes de la Época III que desean vincularse de nuevo con un lejano pasado de grandeza, o bien recién llegados que aspiran a conseguir una legitimidad histórica al declararse herederos simbólicos de los antiguos linajes dominantes. En ambos casos, esta actitud no es la de unos intrusos deseosos de evacuar un pasado que no sería el suyo. Desde luego, uno evoca todos esos fenómenos de agregación alrededor de un poder nahua que constituyen el zócalo de la historia precortesiana, y cuya última manifestación es el deseo de toltequización de los soberanos que fungen en el momento de la Conquista: todos construyen, en "archivos familiares", unas genealogías histórico-míticas que llegan hasta los orígenes del poder neonahua. Acaso no hay en el acto de reocupación de las tumbas oficiales del valle de Oaxaca, por parte de esos representantes de la cultura "mixteca-Puebla", una voluntad de continuidad histórica que apunta a borrar la ruptura sufrida en el siglo VIII? Nos encontraríamos aquí ante una reivindicación de los nahuas autóctonos en relación con su pasado pretolteca, procedimiento un poco comparable con el de los aztecas en relación con Teotihuacan.

Sin embargo, sería absurdo negar la realidad de un poblamiento mayoritariamente mixteco-zapoteco en Oaxaca y disminuir su impacto en la producción artística local. Por ejemplo, la cerámica encontrada en los sitios de la Época V no se limita al estilo policromo llamado mixteco; también existe una cerámica gris muy fina y otra de fondo crema con motivos rojos, geométricos y repetitivos, que se pueden considerar como autóctonos.[21]

De Oaxaca proceden también figurillas de piedra verde muy características. Antiguamente llamadas "penates", por un absurdo tropismo europeo, esas piezas conocidas por miles de ejemplares son figurillas pequeñas de forma triangular o cuadrangular que representan a un hombre, a veces de pie y casi siempre sentado. Muy estereotípicas, esas figurillas son por lo general de ejecución somera, aunque se conocen algunos ejemplares de grandes dimensiones y con un acabado cuidadoso. Sabemos hoy que corresponden al culto de Tlaloc; la piedra verde con la que están elaboradas es constitutiva de la esencia del objeto; por añadidura, recibían pinturas que reproducían los atributos característicos del dios de la lluvia mexicano. Esos Tlaloc mixtecos constituyen una adaptación, en el estilo local, de un culto muy antiguo cuyo prototipo es el hacha de jade antropomorfizada, ya presente en el horizonte olmeca.

Del mismo modo, la arquitectura local sorprende por la importancia atribuida a lo que llamamos "palacio". La plaza de la pirámide rematada por

263. Mitla, Oaxaca. La presencia de una iglesia en medio de los "palacios" mixtecos refuerza la tesis de la antigua sacralidad del lugar.

su santuario parece borrada en favor de unas construcciones más horizontales, agrupadas alrededor de grandes patios. Algunos investigadores lo han interpretado como señal del auge de un poder civil y temporal, a expensas de la religión y de su clero. El hecho de que los "palacios" —como los de Mitla— estén suntuosamente decorados con mosaicos de piedra, de que estén magistralmente ejecutados y resulten altamente estéticos parece reforzar la tesis de la secularización de un poder más dispuesto a celebrar su prestigio y su gloria que a honrar a sus dioses. Sin embargo, esta lectura, que es la prolongación de la teoría de los mixtecos militaristas, agresores de las culturas tradicionales, es excesiva. Si se toma el ejemplo de la acrópolis de Yagul que domina la llanura donde estaban construidas las casas, se ve claramente que el Palacio de los Seis Patios, que como se presume, sirvió de residencia para la aristocracia local, colinda con una cancha de juego de pelota, implantación de carácter religioso si lo hubo y un conjunto de cuatro templos piramidales alrededor de una plaza cuyo centro está marcado por un adoratorio. Así que la norma mesoamericana es respetada: en los centros ceremoniales, poder político-militar y poder religioso comparten equitativamente los espacios sagrados.

El panorama derivado de este recorrido general sobre Mesoamérica corrige una imagen aún ampliamente difundida, a saber, la de un México que no se habría aztequizado sino de modo tardío y superficial, primero al favor de los viajes de negocios emprendidos por los *pochteca*, aquellos famosos negociantes de altura, muy poderosos en México, y luego bajo la influencia de las operaciones militares llevadas a cabo por los últimos soberanos mexicas. Con la diversidad de sus manifestaciones, en realidad la empresa mexicana es profunda, pues corresponde a la actualización de una penetración antigua, de esencia cultural. El mundo mesoamericano, en vísperas de la Conquista española, no es un mosaico anárquico de culturas heterogéneas y abigarradas, sino un territorio articulado, organizado, dotado de una tradición y de una pátina histórica. La influencia mexica no es un escenario recién pintado, aplicado por efectos de la coerción sobre un vacío político; esta influencia sólo es posible porque se armoniza precisamente con las formas de organización social, política y religiosa preexistentes.

EL MUNDO AZTECA

El simbolismo del Templo Mayor

Anteriormente, para dar una idea de la arquitectura azteca, los arqueólogos tenían que recurrir a ejemplos externos a la ciudad de Tenochtitlan: se referían a vestigios localizados en suburbios de México, como Tenayuca o Santa Cecilia Acatitlan; eran proclives a citar a Calixtlahuaca y Malinalco, en el Estado de México, Teopanzolco y El Tepozteco en Morelos: recurrían incluso a sitios más lejanos, como Huatusco o Teayo en el estado de Veracruz. La verdad era que la antigua capital de los aztecas yacía *bajo* la Ciudad de México y que los edificios prehispánicos, arrasados en el momento de la Conquista, permanecían resguardados por cuatro siglos y medio de vida urbana. Hasta aquel día de febrero de 1978, cuando el descubrimiento del monolito de Coyolxauhqui promovió, gracias a la decisión del presidente López Portillo, uno de los más grandes proyectos de arqueología urbana de los últimos tiempos. Toda el área que corresponde al antiguo Templo Mayor, en pleno centro de la ciudad, a dos pasos de la catedral, fue expropiada y despejada de sus construcciones sobre una superficie de hectárea y media: el Gran Templo de Tenochtitlan, cuyo ángulo sudoeste únicamente había identificado Gamio en 1914, al fin emergió a la superficie.

Después de cinco años de obras intensivas, un equipo altamente calificado de 24 arqueólogos, dirigido por Eduardo Matos Moctezuma, sacó a la luz del día quince edificios, 110 ofrendas y un número impresionante de esculturas, relieves, pinturas murales, fragmentos cerámicos y vestigios de todo tipo. Por primera vez en la historia de la arqueología urbana mexicana, hasta entonces reducida a apresuradas obras de salvamento, podían desarrollarse investigaciones planificadas en condiciones de máxima cientificidad, que por otro lado permitían la restauración in situ de vestigios delicados como los estucos o las pinturas que emergían repentinamente después de cinco o seis siglos de húmeda oscuridad. En 1987, se inauguró un museo de sitio, que incluía instalaciones para el equipo científico encargado de darle seguimiento a las obras, que continúan hasta la fecha. En 1994, unas excavaciones emprendidas en la intersección de las calles República de Argentina y Justo Sierra, a partir del recinto ya liberado, permitieron descubrir nuevas estructuras y nuevos objetos, como la gran estatua de Mictlantecutli hecha en cerámica, de tamaño natural, de pie, descarnado, con un corazón trifoliado prendido debajo de las costillas torácicas. En octubre de 2006, en el conjunto Ajaracas de la calle de República de Guatemala, a un metro debajo del nivel del suelo, apareció un gran monolito rectangular que lleva un Tlaltecutli de vigoroso relieve.

Es indiscutible que las excavaciones del Templo Mayor afirmaron profundamente el punto de vista de los arqueólogos, que pudieron comparar con toda libertad las informaciones de las fuentes escritas del siglo XVI con los datos materiales obtenidos durante las excavaciones. Hablar de los aztecas ya no es una labor especulativa, aun si algunas interpretaciones permanecen en el centro de las discusiones de los especialistas.

Independientemente de la calidad científica de las excavaciones en el Templo Mayor y de la modernidad de las técnicas empleadas, el gran interés de este programa es llegar al corazón mismo del simbolismo mexica. En efecto, este conjunto arquitectónico es un lugar totalmente emblemático, una especie de condensación de la esencia del sistema político-religioso, en el que los signos más pequeños, sin excepción, tienen sentido. Leer el Templo Mayor es adentrarse en lo más profundo del simbolismo azteca. ¿Cuáles son entonces las enseñanzas que nos transmite este documento redescubierto por la arqueología contemporánea?

264. Tzompantli del Templo Mayor.

La dualidad como expresión de una continuidad milenaria

Se ha escrito mucho acerca de la dualidad del Templo Mayor de Tenochtitlan. Antes, contábamos con descripciones que databan de la época de la Conquista, de relatos de conquistadores e informantes indígenas; poseíamos también dibujos de este monumento de escalones manchados con sangre humana. Aquí, las excavaciones sólo confirmaron lo que ya sabíamos; el templo siempre se concibió, a través de sus múltiples ampliaciones, como una estructura doble. Lo componen dos pirámides reunidas, con un santuario cada una, al que conduce una escalera monumental flanqueada en su base por dos colosales cabezas de serpiente. Ambos templos están orientados hacia el oeste. El templo sur está dedicado al dios tribal azteca Huitzilopochtli, mientras que el del norte está dedicado al dios de la lluvia, Tlaloc.

¿Qué significa esta dualidad asentada en el corazón del centro ceremonial mexica? Se han hecho varias lecturas, con la particularidad de que todas resultan compatibles. Algunos autores, como Eduardo Matos Moctezuma, el director del Proyecto Templo Mayor, insisten en la dualidad guerra-agricultura que estaría en la base del sistema económico mexica; el Templo Mayor rendiría culto a Huitzilopochtli como dios de la imposición del tributo y a Tlaloc, dios de la fuerza de producción agrícola.[22] Otros autores, como Jacques Soustelle, lo consideran como una operación más política, que tendería a colocar en pie de igualdad a los antiguos nómadas que son los aztecas, simbolizados en este caso por su dios tribal, y a las poblaciones autóctonas de vieja tradición sedentaria representadas por el dios de la lluvia y, por lo tanto, de la fecundidad vegetal, vital para los agricultores. Una tercera interpretación, que emplea la terminología antigua, vería en Tlaloc al representante de la civilización "clásica", mientras que Huitzilopochtli sería el portaestandarte de la civilización "posclásica", siendo la primera teocrática y la segunda, militarista; el Templo Mayor figuraría aquí como el emblema de la unión entre antiguos y modernos.

En definitiva, estas tres lecturas se aproximan a una misma realidad. En el centro de la capital azteca, hay una proyección de la dualidad fundadora de Mesoamérica, nacida —como hemos visto— del encuentro de nahuas de origen nómada, de tradición beligerante y milenariamente tentados por el ejercicio del poder, y de autóctonos de estirpes diversas, pero que comparten un viejo arraigo y una relación profunda con la tierra, que se expresa en el dominio de las técnicas agrícolas. Así que no es falso considerar a Tlaloc como dios de los antiguos agricultores sedentarios y a Huitzilopochtli como dios de los nómadas guerreros inmigrados en fechas más recientes.

Sin embargo, las excavaciones del Templo Mayor permitieron ir más lejos, al revelar que éste expresaba una cosmogonía simbólica. Una de las enseñanzas más originales de las investigaciones arqueológicas surgió del estudio ictiológico y malacológico de las ofrendas halladas in situ. En efecto, veintiséis ofrendas contenían restos de pescados y 65, restos de invertebrados marinos, compuestos en su mayoría por conchas de moluscos y corales. También se observa la presencia, estadísticamente menos significativa, de artrópodos, equinodermos y esponjas. Ahora bien, los biólogos marinos que trabajaron en la identificación de las especies llegaron a una conclusión espectacular. De los pescados depositados en las ofrendas 96.4 por ciento corresponde a especies provenientes del Atlántico (costa del Golfo y mar Caribe). De las 32 especies censadas, sólo una provendría de las aguas del Pacífico, un pez llamado localmente cabrilla (*Epinephelus analogus*)[23] En cuanto a los invertebrados marinos, también provienen del Atlántico en su inmensa mayoría; el porcentaje de especies originarias del Pacífico varía entre 12 por ciento para la Ofrenda 7 y 2 por ciento para la Ofrenda H.[24] Es interesante notar que las ofrendas asociadas con Tlaloc, dios del agua, son no sólo más marítimas que agrícolas, sino que también tienen una connotación más atlántica que pacífica. Así que debe admitirse que los mexicas trataron fundamentalmente a Tlaloc como a un dios del oriente. Existe en el pensamiento nahua una asociación conceptual entre el oriente, el agua, la abundancia, la luz, el calor y la vegetación tropical. Y el dios que reina en este segmento simbólico del universo es ni más ni menos que Tlaloc.

Esto ya lo veíamos en numerosos indicios: el más elocuente se refiere a la creencia en el Tlalocan. Los antiguos mexicanos admitían la existencia de tres mundos del más allá: uno solar estaba reservado para los guerreros muertos en el combate o las mujeres muertas en el parto; otro, infernal, preveía un retorno a las tierras heladas del norte al cabo de una migración subterránea del alma, que duraba cuatro años; el último estaba reservado para los individuos distinguidos por Tlaloc. A quienes morían ahogados o víctimas de un rayo, o a los que se llevaba por una enfermedad de carácter acuoso, como gota, lepra, sífilis o hidropesía, llegaban al Tlalocan, es decir,

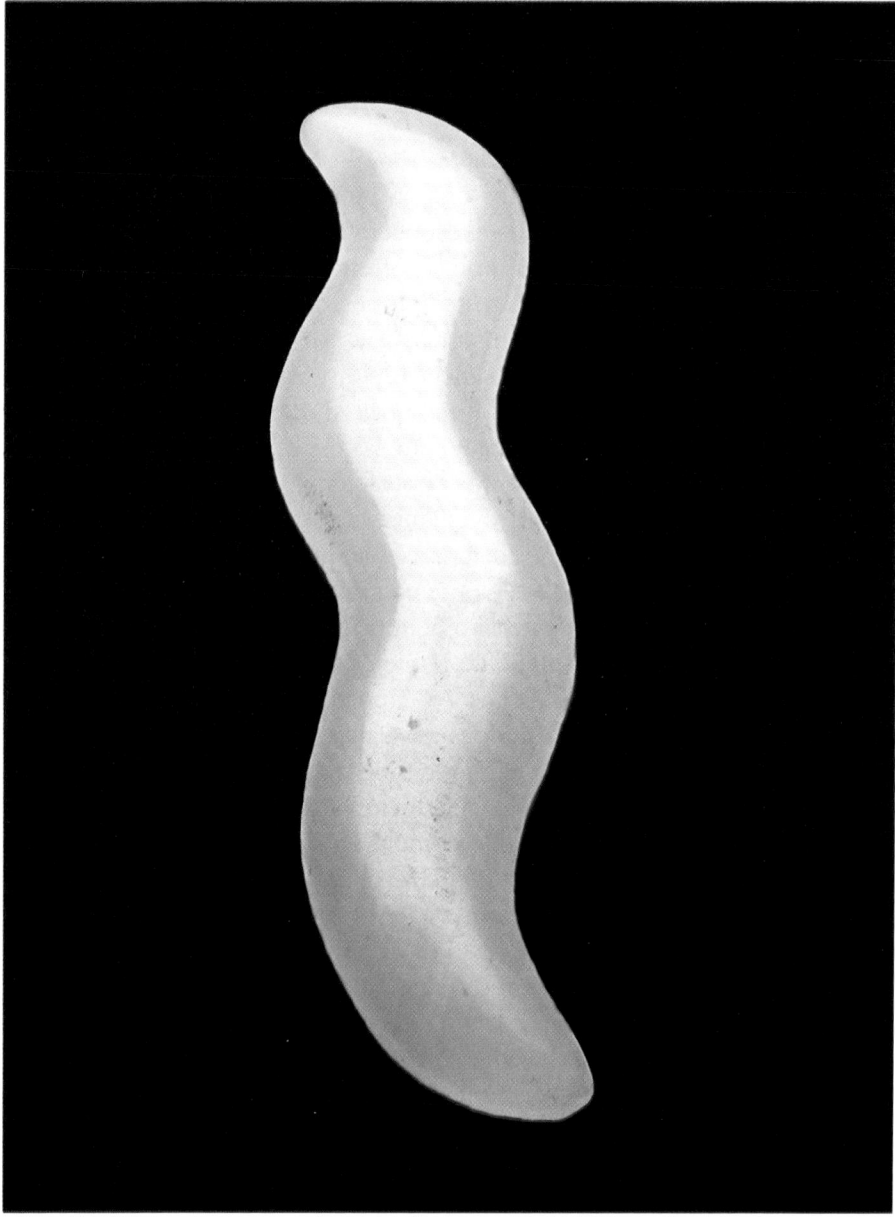

265. Representación alegórica de una serpiente de fuego.
PÁGINA SIGUIENTE. 266. Chicahuaztli miniatura; este bastón de sonaja tenía por función llamar a la lluvia.

11 • LA ÉPOCA V: EL HORIZONTE AZTECA (DEL SIGLO XIV A LA CONQUISTA)

Ambas piezas de alabastro pertenecen a la ofrenda 58 del Templo Mayor. Representan la díada agua y fuego.

"la morada de Tlaloc". Ahora bien, este Tlalocan, descrito como una especie de paraíso terrenal en el que los frutos de la tierra crecen abundantes sin requerir el esfuerzo humano, se localiza explícitamente, en las distintas fuentes escritas del siglo XVI, en la franja litoral del Golfo de México.[25] El Tlalocan, donde la abundancia vegetal es inagotable, ciertamente es un paraíso para los agricultores, pero su descripción corresponde punto por punto a las tierras bajas tropicales del sur de Veracruz y Tabasco. Tlaloc, antes de reinar en el agua en sí misma, reina históricamente en un área geográfica determinada: el este tropical y frondoso, repleto de lagunas, estuarios y marismas. Por lo demás, en las pinturas murales de Teotihuacan, muy al principio de la Época III, Tlaloc aparece representado en este entorno tropical asociado con el cacao, el hule y la flora de las tierras calientes.

Así se explican los sacrificios "acuáticos" ofrecidos al Tlaloc del Templo Mayor: los peces espada cuyos impresionantes espadartes se encuentran en dieciséis ofrendas, los tiburones, los cocodrilos, las tortugas, los montones de corales, los caracoles gigantes y las conchas marinas, sólo tienen una significación simbólica en relación con esta dimensión tropical y oriental de Tlaloc. Las excavaciones arqueológicas del Templo Mayor confirman magistralmente el contenido de las creencias mexicas.

Se descubre finalmente, en la dualidad Huitzilopochtli-Tlaloc, la expresión de una cosmogonía bipolar edificada en torno a los polos norte y este. El sistema norteño es telúrico, ctónico, oscuro, frío, árido, y se acomoda alrededor de Huitzilopochtli, dios guerrero de origen septentrional, asociado con el mundo de las estepas y el universo del nomadismo. El sistema oriental es acuático, celeste, luminoso, cálido y frondoso: está regido por Tlaloc, dios de la fecundidad vegetal, figura sedentaria regida por la costa del Golfo. Esta arquitectura simbólica expresada por el Templo Mayor no es el fruto de una arbitrariedad azteca; corresponde a un fundamento histórico. Como ya lo subrayamos, Mesoamérica es producto de dos corrientes culturales: una es de origen chichimeco y norteño; la otra, muy antigua, se arraiga en los paleonahuas de la costa atlántica, que la literatura optó por designar con el vocablo de "olmecas". Dicho de otro modo, el Templo Mayor es más que un símbolo: es una lección de historia. Muestra que los mexicas no sólo reivindican su pasado más inmediato, sino que también buscan inscribirse en una continuidad milenaria que se origina en la civilización mesoamericana. Desde esta perspectiva, la presencia de una máscara olmeca en la Ofrenda 20 adquiere todo su sentido. Del mismo modo, se torna comprensible la asociación de la noción de cultura con la dirección oriental; el oriente es llamado metafóricamente "el país del rojo y el negro", es decir, el país de la escritura y los libros, como referencia a los colores empleados por los escribas para pintar los manuscritos. Los templos gemelos de Huitzilopochtli y Tlaloc sobreponen de este modo la vitalidad de la juventud y la pátina del tiempo, la ebullición y la sabiduría, el ardor y el saber.

Pero, parece que también se puede llevar más lejos la abstracción, al considerar al Templo Mayor de los aztecas como expresión de una díada "filosófica" que traduce el fundamento político-religioso de la civilización mesoamericana. A medida que avanzaban las excavaciones, a los arqueólogos les intrigó, en los depósitos dedicatorios de la gran pirámide, la presencia reiterada de un dios acuclillado, con los brazos cruzados sobre las rodillas. Su rostro se caracteriza por dos dientes salidos en los extremos de la boca, lleva un peinado estereotipado compuesto de una banda de cuentas verdes con un gran nudo de papel detrás de la cabeza y por encima una doble protuberancia en la parte superior del cráneo. Ya se conocían alrededor de quince de estas esculturas, todas provenientes del recinto sagrado del Templo Mayor, y otras veintiséis fueron exhumadas entre 1978 y 1982. Desde las exploraciones de Batres, quien a principio de este siglo dio a conocer nueve ejemplares de este tipo[26] (Batres, 1902), una polémica tenaz dividió a los especialistas acerca de la interpretación que merecía esta representación divina. Distintos autores propusieron por turnos que fuera: Tepeyollotl, "el corazón de la montaña", un dios jaguar un tanto oscuro; Nappatecutli, señor de las cuatro direcciones del universo; Ometeotl, dios de la dualidad; Tonacatecutli, señor de los alimentos; o Xiuhtecutli, dios del fuego. En la práctica, si uno se conforma con confrontar las descripciones de Xiuhtecutli contenidas en los textos del siglo XVI (en particular Sahagún, libro I, cap. XIII; libro II, cap. XXXVII, etc.) con las imágenes del dios que aparecen en los códices prehispánicos o coloniales (*Fejérváry-Mayer*, 1; *Borbonicus*, 9 y 20; *Magliabecchi*, 89r; *Telleriano-Remensis*, XII, etc.), es evidente que el dios acuclillado del Templo Mayor es una representación del dios del fuego. Las dos protuberancias de la cabeza son en realidad dos varas de fuego pinchadas en el tocado que, al mismo tiempo, son dos flechas de caña que conforman el glifo 2 acatl, signo del año que inicia el ciclo de 52 años (fuego nuevo). La banda se compone de cuentas verdes y su parte frontal está adornada con un ave de plumas verde-azul llamado *xiuhtototl*. El rostro está pintado de negro en su parte inferior y de rojo alrededor de los labios. La boca desdentada que realza dos dientes superiores cerca de las comisuras es a la vez una evocación del dios del fuego en su personalidad de Huehueteotl, el "dios viejo" desdentado y barbudo, y una reminiscencia del dios jaguar olmeca del que deriva esta figura: los dientes también son colmillos. La misma postura acuclillada podría provenir de la postura del felino que, a menudo, se representa sentado sobre sus patas posteriores. Notemos que el códice prehispánico *Fejérváry-Mayer* le atribuye de modo explícito una ascendencia felina a Xiuhtecutli al dotarlo de una oreja de jaguar (lám. 1).

Si a estas observaciones se añade el análisis contextual que se pudo realizar a partir del estudio de las ofrendas del Templo Mayor,[27] surge una idea nueva, que difiere sensiblemente de la interpretación tradicional, que establecía una relación entre el entierro de las estatuas de Xiuhtecutli y la celebración del fuego nuevo de 1507. En efecto, resulta que en las veintiséis ofrendas en las que aparece el dios con las dos protuberancias siempre

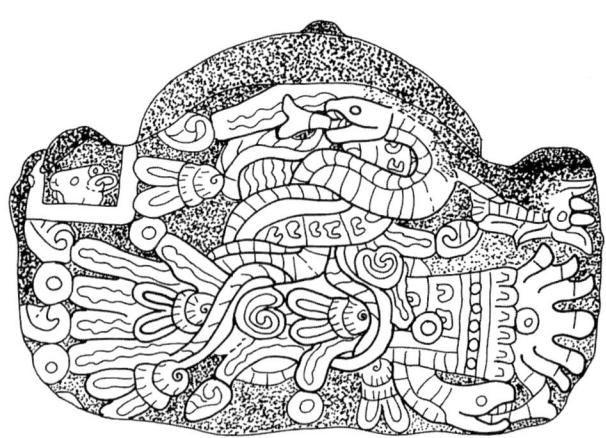

267. Cara inferior del monolito de Coyolxauqui grabada con los signos del agua y el fuego, Templo Mayor.

está asociado con Tlaloc: en veintidós casos, Xiuhtecutli copreside la ofrenda con la presencia del dios de la lluvia; en otros tres casos (Ofrendas 51, 81 y B1), Tlaloc no aparece representado por una efigie, sino por un entorno simbólico, a saber, por un depósito de conchas y corales; en un solo caso (Ofrenda 16), Xiuhtecutli parece encontrarse sólo con un quincunce de cuentas verdes, pero sin duda hay que asociar el escondrijo donde se encuentra con una ofrenda anexa muy cercana que contenía una vasija con la efigie de Tlaloc (Ofrenda 16A). Esta asociación dios del agua-dios del fuego no es incongruente: expresa simplemente la díada *atl tlachinolli* (el agua, el fuego), que funda todo el simbolismo dualista de Mesoamérica. Se sabe que se trata de una alusión a la guerra sagrada: así se explican los innumerables cuchillos sacrificiales depositados junto a la pareja Xiuhtecutli- Tlaloc.

La importancia estadística de la celebración del binomio agua-fuego en el corazón de Tenochtitlan (22 por ciento del total de las ofrendas) podría ser aún mayor si se admitiera que el concepto de fuego (tlachinolli) puede representarse con algo más que con la estatua de Xiuhtecutli. Por ejemplo, ¿no podría ser el jaguar sacrificado de la Ofrenda H una encarnación del antiguo dios jaguar olmeca? Y el águila dorada de la Ofrenda 78, ¿no tendría un valor solar que aportaría el contrapunto de la fauna marina predominante aquí?

De todos modos, es notable que los aztecas se hayan apegado de este modo a celebrar una temática tan conceptual. Sin lugar a dudas, las excavaciones del Templo Mayor nos ayudan a reinterpretar muchos aspectos de la historia religiosa mexicana. Así, el dios Nappatecutli, asociado con los cuatro puntos cardinales, que se consideraba como una variante de Tlaloc porque intervenía en ritos de fertilidad, tiene que reconsiderarse como una variante de Xiuhtecutli, al ser la pareja Tlaloc-Nappatecutli, una de las formas encarnadas de la díada agua-fuego.

¿Y por qué no considerar igualmente a Huitzilopochtli en persona como otra de las facetas, "tribalizada", del dios del fuego? La plasticidad del panteón mesoamericano autoriza perfectamente semejante sincretismo: al inscribir a su mítico jefe político en el marco de las creencias básicas de Mesoamérica, los mexicas operan en dos registros: afirman su identidad y proclaman su apego a una tradición probablemente ineludible. Recordemos que Huitzilopochtli nace en el mito armado con un *xiuhcoatl*, una "serpiente de turquesa", que es un rayo de sol con el cual dará muerte a su hermana mayor, Coyolxauhqui, y a sus hermanos, los cuatrocientos mimixcoa. Este *xiuhcoatl* aparece en muchos sentidos como la pareja simétrica del *chalchiuhcoatl* de Tlaloc, esa "serpiente de jade" que es un rayo anunciador de las lluvias de tormenta. De hecho, Huitzilopochtli, cuyo nombre —"Colibrí de la izquierda"— implica una fuerte connotación heliaca y cenital, concentra suficientes rasgos solares como para encarnar al elemento fuego de la díada primordial. Así, detrás de los templos gemelos de Tlaloc y Huitzilopochtli, y detrás de la impresionante figura de las piedras sacrificiales, se perfila todo el registro de las dualidades perennes de Mesoamérica: el agua y el fuego, el jade y la turquesa, el este y el norte, los olmecas y los chichimecas. El Templo Mayor de México es un crisol de mesoamericanidad.

El culto de los antepasados nahuas del altiplano

Una de las mayores sorpresas para los arqueólogos del Templo Mayor fue sacar a la luz del día, al pie de la gran pirámide, unos vestigios arquitectónicos. ¡teotihuacanos y toltecas! En efecto, al norte y al sur del edificio principal, casi adosados a los costados de la pirámide, cerca de los ángulos posteriores y con una simetría bastante estricta, fueron extraídos dos pequeños templos llamados "templos rojos" por el color dominante de su decoración, bastante bien conservada. Ahora bien, esos "templos rojos", que ocupan un lugar privilegiado en la topografía del espacio sagrado de los mexicas y que llevan las denominaciones oficiales de Edificios C y F, son réplicas de los templos teotihuacanos.

Su fachada principal da al este. Frente a la escalera, se habilitó un vestíbulo delimitado por dos murillos paralelos, en cuyo centro se encuentra un altar circular. La parte superior de los murillos del vestíbulo está decorada con una especie de friso calado compuesto de círculos de piedra pintados de rojo y que representan el glifo del jade. La combinación del glifo del jade con el color rojo remite a la idea de "agua preciosa", es decir, la sangre sacrificial. Al fondo del vestíbulo, el oratorio piramidal obedece al ordenamiento teotihuacano clásico de talud-tablero, mientras que el conjunto está cubierto con pinturas en estuco en las que predomina el rojo, asociado con beige rosado, blanco y negro; el azul y el amarillo intervienen de modo más fugaz. También aquí, la estética es de espíritu muy teotihuacano: los motivos, agenciados en tableros, se repiten a lo largo del edificio según ritmos de alternancia fijos. El Edificio C está decorado con medios círculos concéntricos, conchas seccionadas y corrientes de agua del más puro estilo teotihuacano. En los tableros del Edificio F, se observa un cuadrúpedo enmarcado con perfiles humanos, lo cual demuestra que lo figurativo que aparece ahí también es de inspiración teotihuacana.

¿Cómo interpretar esta subordinación de Teotihuacan al corazón del Templo Mayor? Primero, es preciso descartar la idea de unos vestigios del periodo teotihuacano. Según la periodización elaborada por Eduardo Matos, la fase constructiva a la que pertenecen los "templos rojos" es la Etapa VI fechada en 1486-1502, lo cual corresponde al reinado de Ahuizotl, el antepenúltimo soberano mexica. El contexto arqueológico impide por completo que se trate de vestigios más antiguos. Por lo demás, los Edificios C y F le añaden al estilo teotihuacano propiamente dicho elementos más puramente mexicas, como la escalera delimitada con alfardas de doble inclinación, común en la etapa VI. Por lo tanto, los "templos rojos" son construcciones de época mexica, pero edificadas "a la antigua", a la manera teotihuacana. ¿Con qué propósito? En un lugar tan emblemático como el Templo Mayor, no se puede tratar de una fantasía de arquitecto. La única explicación lógica se refiere a la celebración del pasado. Los aztecas que, debemos confesarlo, son en cierto modo los advenedizos de Mesoamérica, siempre van en pos de legitimidad y de profundidad histórica; así que en pleno siglo XV, se erigen como los herederos de Teotihuacan, es decir, como los descendientes de un linaje milenario, para lo cual implantaron en la cosmografía de las ideas del Templo Mayor una visible marca de esta reivindicación.

Desde luego, la recuperación de la grandeza paleonahua no sólo se realiza por la vía de la arquitectura. Los aztecas, por ejemplo, inhuman en calidad de ofrendas, máscaras funerarias, figurillas de piedra verde o también vasijas de cerámica que vienen de Teotihuacan. En total, se encontraron 41 piezas Teotihuacan en las excavaciones de 1978 a 1982, a las que conviene añadir veintitrés objetos de época teotihuacana, pero de estilo guerrerense, ya que las excavaciones anteriores realizadas desde 1900 también dieron material del mismo tipo. Así, los mexicas ceden al culto de las reliquias.

Finalmente, honran a ciertos dioses con la forma que tenían en Teotihuacan. Citemos dos ejemplos: no lejos del "templo rojo norte" (Edificio C) se encontró una estatua del "dios viejo", Huehueteotl, inspirada en los braseros teotihuacanos. El dios acuclillado lleva sobre los hombros el tradicional disco solar con el perímetro marcado con cuatro glifos "cuchillo sacrificial" (*Nahui-tecpatl*). Pero, la versión del Templo Mayor juega con el simbolismo, por lo que el dios viejo del fuego está dotado de colmillos que recuerdan su ascendencia felina y de unos cartuchos rectangulares alrededor de los ojos, que lo acercan a la figura de Tlaloc. Detrás del estilo teotihuacano, hay un sustrato que indica la voluntad de expresar en una misma obra el antiguo parentesco agua-fuego. Por lo demás, para que la cosa sea aún más explícita, el motivo grabado en el interior del brasero solar es un motivo acuático compuesto de conchas cortadas y aguas onduladas.

La otra divinidad presente en el Templo Mayor con rasgos teotihuacanoides es una figura un poco enigmática: Nanahuatzin. Los arqueólogos encontraron en 1989, en los terraplenes de la segunda etapa de construcción y, por lo tanto, entre los más antiguos vestigios del templo (probablemente anteriores a 1390), una extraña cabeza de ojos redondos y globulares y nariz torcida hacia la izquierda, mientras que la boca está inmovilizada en un rictus que asciende hacia el pómulo derecho. Esculpida en un estilo somero, esta cabeza estaba colocada sobre una piedra plana que, al parecer, le servía de cuerpo. Se piensa que esta figura divina, de la que tenemos representaciones parecidas en Teotihuacan, es la de Nanahuatzin, el pequeño dios sifilítico, jorobado, contrahecho y afligido de parálisis facial que, en el mito, se convierte a la vez en el sol y en el iniciador de la dominación teotihuacana al arrojarse al inmenso brasero encendido por los dioses al pie de las pirámides (véase p. 367). Es significativo que para los aztecas, en vísperas de subir al poder en el Valle de México, haya sido importante honrar a este dios atípico, humilde entre los humildes y, sin embargo, entregado al destino más fulgurante: convertirse en el sol y simbolizar el triunfo de las nahuas de Teotihuacan.

En el mismo orden de ideas, el Templo Mayor otorga un lugar importante a los toltecas, antecesores de los aztecas. Durante la exhumación de los templos gemelos de la Etapa II (alrededor de 1390), se descubrió, delante de la entrada del templo de Huitzilopochtli y a la orilla de los escalones, una piedra sacrificial aún de pie, mientras que la entrada al templo de Tlaloc estaba vigilada por un magnífico chac-mool policromo. En verdad, los científicos han dado muchas conclusiones acerca de este descubrimiento, que trastornaba sobre todo a los defensores de un Tlaloc agrícola y campesino, pues el chac-mool, cualquiera que sea su significación última, es una creación tolteca que se vincula de preferencia con un entorno guerrero. ¿Por qué esta estatua tan característica surgía así en la época azteca y en relación con Tlaloc? Desde una perspectiva simbólica y sacrificial en que toda agua tiende a volverse sangre, no debe sorprender la presencia, junto al dios del agua, de un chac-mool que presuntamente les ofrece a los poderes superiores los corazones y la sangre de las víctimas inmoladas. La ideología sacrificial de los mexicas se encuentra descrita con firmeza desde sus orígenes. En cuanto a la manifestación de esta ideología por medio del estilo tolteca, en el caso de los aztecas esto tiene un doble motivo: primero, ellos son efectivamente los continuadores de los toltecas y quieren demostrarlo; después, se desarrolló alrededor de los toltecas toda un aura de prestigio, de cultura y de habilidad artística, que a los aztecas no les disgusta tener.

Varios historiadores del arte se equivocaron al analizar la evolución del arte azteca: según algunos, una época de imitación del arte tolteca habría precedido a otra de estilo más original. Se puede concordar, en que en el lapso de doscientos años, se dé una evolución del estilo azteca; pero la

268. Altar de los Guerreros. Monumento mexica en el estilo tolteca, Templo Mayor.

imitación del estilo tolteca no tiene nada que ver con un defecto de inspiración cualquiera, asignable a un periodo arcaico. La imitación del estilo tolteca responde a una voluntad mexica, y ésta se manifestará constantemente hasta la Conquista. Por ejemplo, existe un chac-mool, hallado en 1943, en las esquinas de las calles de Pino Suárez y Venustiano Carranza, que se puede calificar de tardío y atribuir a la etapa VII del Templo Mayor. Otro ejemplo que prueba que los mexicas buscaron explícitamente la presencia tolteca en el seno del Templo Mayor, es el "recinto de los caballeros águila". Este conjunto arquitectónico, que corresponde a la quinta etapa de construcción (fin del siglo XV), y en el que se encontró en particular una sorprendente estatua cerámica de "caballero águila" de tamaño humano, es una copia fiel de la sala de las banquetas del Palacio Quemado de Tula. El "recinto de los caballeros águila" ocupa el lado norte de la pirámide del Templo Mayor. La componen una columnata y varias piezas rectangulares cuyo interior está habilitado con banquetas de unos 50 cm de alto, que corren a lo largo de los muros. El paramento vertical de esas banquetas de piedra está esculpido, estucado y pintado: el conjunto de los tableros compone una procesión de guerreros armados, ricamente ataviados que, en cada

269. Banqueta policroma del Recinto de los Caballeros Águila, Templo Mayor.

pieza, convergen hacia una especie de saliente que le hace frente a la puerta de entrada. Sobre el tablero central de ese saliente, está representado un *zacatapayolli*, es decir, una bola de hierbas trenzadas en que los oficiantes plantaban espinas de maguey cubiertas con sangre tomada de sus escarificaciones penitenciales. Las prácticas de autosacrificio empleadas en Mesoamérica consistían, en efecto, en extraer sangre del lóbulo de la oreja, el brazo, las piernas e incluso, en ciertos casos, del pene. Arriba de las escenas de procesión, sobre una banda ligeramente protuberante, ondulan dos inmensas serpientes cuyas cabezas se hacen frente encima del zacatapayolli.

Es claro que los mexicas trabajaron intencionalmente "al estilo de". El grafismo y la temática de las banquetas del Templo Mayor imitan con fidelidad el modelo de Tula. El arreglo espacial del recinto articulado en torno a un impluvio reproduce, por lo demás, el plano de un edificio de Tula. Y lo que se conoce de la policromía original de las banquetas de Tula ("friso de los caciques") permite verificar el parentesco con la obra del Templo Mayor. Como elemento que refuerza la idea de un culto a los toltecas, las excavaciones del Templo Mayor establecieron que existía otro conjunto de banquetas, con la misma apariencia tolteca, en una época anterior (Etapa IVb: 1469-1481). En 1913, Manuel Gamio había encontrado una parte de esas banquetas en el lado sur de la pirámide, otra parte fue descubierta por Eduardo Matos en 1979 en el lado norte. La referencia tolteca es entonces un rasgo permanente del patrimonio cultural azteca. Esta inclinación explica también la especificidad de ciertas vasijas anaranjado fino grabadas, que se encontraron en las Ofrendas 10 y 14, al pie de los escalones del templo de Huizilopochtli; estas cerámicas de paredes rectas y base anular son extraordinarias imitaciones del estilo tolteca en uso quinientos años antes. Los dioses Mixcoatl y Tezcatlipoca aparecen en aquéllas según la estética tolteca. Desempeñaron el papel de urnas cinerarias en el Templo Mayor, lo cual no deja de recordar la importancia de la cremación en las poblaciones del norte, particularmente en relación con la fabricación de los paquetes sagrados (*tlaquimililolli*).

Para completar el panorama de las reminiscencias toltecas, conviene mencionar una vez más el empleo de columnas antropomorfas (atlantes) en el Templo Mayor. Cinco atlantes que representan guerreros en posición de firmes, que imitan de modo explícito a los colosales atlantes de Tula, fueron exhumados en 1944 en condiciones extracientíficas al occidente de la fachada principal del Templo Mayor (antigua calle de las Escalerillas: República de Guatemala 12). En los atlantes de México, se encuentra la misma posición rígida y pasmada, el mismo pectoral en forma de mariposa y el mismo atlatl en la mano derecha que en los atlantes de Tula. El parecido es tal que los atlantes del Templo Mayor se exhibieron en el Museo de Antropología. ¡en la "sala tolteca", en la que se encuentran todavía ahora! La diferencia más notable reside en el tamaño de las columnas: los colosos de Tula tienen 4.6 m de alto; los guerreros-atlantes del Templo Mayor no rebasan 1.2 m. Esto habla de lo distinto que fue su uso: atlantes miniaturizados que pudieron haber sostenido un altar, los guerreros de la mariposa del Templo Mayor constituyen más una cita que una réplica. Los demás atlantes provenientes del Templo Mayor y descubiertos en 1900 por Batres, también en la calle de las Escalerillas, son aún más pequeños, ya que miden 60 cm de alto; forman una pareja y representan al dios del viento Ehecatl, con su media máscara bucal en forma de pico de pato. Sostienen con las manos lo que debió de ser la losa de un altar y, más allá de la referencia a los atlantes toltecas de Chichén Itzá, pueden evocar el Monumento 2 de Potrero Nuevo, de horizonte olmeca, en el que dos "enanos del viento" (*ehecatotontin*) ya sostenían una losa adornada con los glifos de la bóveda celeste.

En definitiva, las referencias al pasado que exhibe el Templo Mayor de los aztecas no son producto de una incapacidad creativa o de una ausencia de estilo propio. Por lo demás, todas las imitaciones teotihuacanas y toltecas hechas por los aztecas poseen un probado toque mexica: estas obras son reinterpretaciones. Más que su estilo, es su contenido lo que importa aquí. Los aztecas, *urbi et orbi*, se proclaman herederos de los poderes nahuas que los precedieron en el Altiplano Central y, por medio de referencias arquitectónicas integradas a su Templo Mayor, le rinden culto a los que reivindican como a sus grandes antepasados.

La cristalización del mito

Sucede con México lo mismo que con todas las ciudades mesoamericanas: para sus habitantes son el centro del mundo. Por arriesgada que parezca la hipótesis, yo optaría por creer que se trata de una herencia de la tradición nómada: los chichimecas tienen la costumbre de llevar el centro del mundo consigo y cada una de sus etapas es objeto de un invariable rito de cosmificación del espacio ejecutado con cuatro flechas dirigidas hacia los cuatro puntos cardinales. Los sedentarios cosmifican el espacio de un modo un poco comparable, al realizar una cuatripartición de su territorio a partir de la pirámide que marca el centro de su ciudad. Así que no es muy original afirmar que el Templo Mayor es el punto de paso del *axis mundi*: al respecto, los aztecas no se diferencian mucho de los demás pueblos mesoamericanos.

La gran pirámide es una montaña (*tepetl*). Asociada con el agua de la laguna que la rodea (*atl*), define la esencia de la ciudad. Pero, en este caso, en el corazón de México-Tenochtitlan, esta pirámide-montaña reviste una significación particular: reproduce la montaña Coatepetl que, en el mito, es el lugar de nacimiento de Huitzilopochtli.

Recordemos los elementos del mito tal como nos lo narra el *Códice Florentino* (libro VI, cap. I). En el cerro de Coatepec, "la montaña de la serpiente", no lejos de Tula, vivía una mujer llamada Coatlicue, "la de la falda de serpientes". Esta mujer era devota y se pasaba el tiempo barriendo, lo cual en el mundo mesoamericano es un acto femenino casi ritual; el polvo se considera en efecto como una mancha que señala la irrupción del desorden y de la disgregación cósmica; barrer es un gesto portador de sacralidad, que tiende a restituir el orden cósmico. Coatlicue era madre de cuatrocientos niños varones, los Huitznahua, "los que están cerca de las espinas", y de una mujer, Coyolxauhqui, "la que tiene un cascabel pintado en la cara". Un día, cuando barría, la diosa madre recibió desde el cielo una bola de plumas preciosas que recogió y se colocó bajo la blusa. La bola de plumas —símbolo guerrero— desapareció al poco tiempo, ¡pero Coatlicue resultó encinta!

Los cuatrocientos hermanos y su hermana mayor se ofendieron entonces del deshonor de la madre. Coyolxauhqui atizaba la furia de los Huitznahua, al grado que decidieron matar a Coatlicue. Ésta se atemorizó, pero Huitzilopochtli, el hijo que llevaba en el vientre, la tranquilizó. Llegó el día del complot: los Huitznahua se ponen secretamente en pie de guerra, pero un traidor le comunica a Huitzilopochtli el avance de la tropa. En el momento cuando los hijos rebeldes se aprestan a cometer el matricidio, Huitzilopochtli nace, armado, del vientre de su madre. Con la ayuda de su xiuhcoatl, su "serpiente de turquesa", mata a Coyolxauhqui, el alma dcl complot, la decapita, luego la desmembra y arroja sus brazos, sus piernas y su cuerpo al pie de la montaña. Huitzilopochtli persigue entonces a sus cuatrocientos medios hermanos y los aniquila.

El mito —muy claro en cuanto a su significado— puede recibir varios niveles de lectura. En este relato, se percibe desde luego el eco de las luchas por el poder que estallan después del derrumbe tolteca para el control del Altiplano Central; entre los grupos rivales, se imponen los aztecas, ya que al igual que su dios tribal, que no nace de las obras de un hombre sino es engendrado por el ardor guerrero, nacieron para combatir y ejercer el poder. El hecho de situar a Coatepec cerca de Tula inscribe a los aztecas en la huella de los antiguos dueños de México. Su superioridad en el combate los designa para ser los herederos de la grandeza tolteca. En otro nivel, el mito contiene una alegoría astral: los Huitznahua son las constelaciones del sur y Coyolxauhqui es la luna; Huitzilopochtli simboliza al sol. La victoria del dios azteca evoca entonces a la vez el triunfo del sol diurno sobre las tinieblas y el dominio de los últimos inmigrantes nahuas sobre las poblaciones de estirpe antigua, asociadas aquí al culto —arcaico— de la luna.

Se puede considerar que el Templo Mayor de México es una ilustración "viva" de este mito, que justifica y enaltece el destino guerrero de los aztecas. Al pie de los escalones que acceden al templo de Huitzilopochtli se encontró el famoso monolito circular en el que está esculpida Coyolxauhqui exactamente como nos la describe el mito: decapitada y desmembrada. Naturalmente, este despedazamiento es simbólico y evoca las diferentes fases de la luna. La forma circular del monolito debe a

Piedra de Huitzuco, Guerrero. Piedra de sacrificio (techcatl) con símbolos de la ofrenda de sangre.

su vez relacionarse con el disco lunar. El templo es entonces un doble de Coatepec y el monumento en su conjunto celebra la supremacía de Huitzilopochtli. Los sacrificios de cautivos que tenían lugar sobre el Templo Mayor no eran, por lo tanto, sino la repetición de las matanzas míticas ejecutadas por el dios azteca en el momento de su nacimiento, y garantizaban el poder y la dominación mexica.

Si bien la significación del templo sur dedicado a Huitzilopochtli es clara, la del templo norte dedicada a Tlaloc es menos evidente. Eduardo Matos y Johanna Broda se inclinan en favor de una interpretación atractiva, aunque poco apuntalada por las crónicas:[28] el templo de Tlaloc también sería una montaña, Tonacatepetl, "la montaña de los alimentos". La *Leyenda de los soles* evoca esta montaña, como una especie de granero gigantesco que abriga no sólo el maíz, sino también las semillas de todas las especies vegetales comestibles. La apropiación —difícil— de Tonacatepetl se hace en dos fases: primero, Quetzalcoatl logra penetrar en el interior de la montaña al transformarse en hormiga; vuelve con el maíz que les da a conocer a los hombres. Luego, Nanahuatl, el pequeño pustuloso, héroe de la creación del mundo en Teotihuacan, es designado por los adivinos para que se convierta en el amo de todos los productos agrícolas. Tonacatepetl es descrito como una inmensa espiga de maíz que el pequeño dios desgrana golpeándola con una vara.[29] El mito presenta a los nahuas de Teotihuacan como a los poseedores legítimos —elegidos por los dioses— de los productos agrícolas. Eso es también lo que significa para los az-

271. Vuelta. PÁGINA ANTERIOR. 270. Frente.

tecas la presencia de Tlaloc junto a Huitzilopochtli. El Templo Mayor reivindica una doble supremacía, guerrera y agrícola. Así que no está excluido que el templo de Tlaloc sea una evocación de Tonacatepetl. De todos modos es la representación de una montaña: el culto al dios de la lluvia mexicano está demasiado íntimamente vinculado con el culto a las montañas para que no sea así.

Un dato arqueológico tiende a probar esto de modo explícito. La Ofrenda 8 exhumada en 1980 en el ángulo noroeste del templo de Tlaloc resultó un caso de sacrificio infantil.[30] En el escondrijo, se depositaron 42 cuerpos de pequeños sacrificados de ambos sexos, de entre dos y siete años de edad, asociados con dos discos de mosaicos de turquesas, once jarras de tezontle policromas con la efigie de Tlaloc, adornos de jade, algunas conchas y numerosas calabazas, que debieron de contener un líquido. Los cuerpos de los niños sacrificados fueron colocados en la fosa, ya sea completos, ya sea seccionados. El sacrificio por decapitación parece probado. Estos datos apoyan lo que todos los cronistas del siglo XVI dicen del culto de Tlaloc: los sacrificios de niños estaban destinados a las montañas y se realizaban en su cumbre. Ahí, entre los llantos y el sonido de los caracoles, eran decapitadas las pequeñas víctimas, llevadas hacia el sacrificio ricamente ataviadas. El hallazgo de las huellas de semejante sacrificio bajo la plataforma del templo de Tlaloc, indica que la pirámide del Templo Mayor era considerada en sí misma como una montaña, que concentraba la esencia de todas las montañas, y albergaba a todos los tlaloque y el principio de todas las lluvias.

Finalmente, no se puede dejar de mencionar que el Templo Mayor, en su verticalidad, es ciertamente un modelo reducido del cosmos, con sus partes terrestres en que reptan las serpientes de piedra, sus partes celestes con cuatro niveles superpuestos, su inframundo oculto a la vista de los vivos, en el cual descansan los muertos sacrificados y la memoria de la tribu. Hasta arriba, las dos santuarios gemelos evocan el Omeyocan, "el lugar de la dualidad", que, en la cosmología mexica, corresponde al decimotercero y último estrato de los cielos. Más allá de su arquitectura, el Templo Mayor proyecta la concepción nahua del universo, sin dejar de afirmar enfáticamente la supremacía tribal.

El simbolismo político

Si se admite que el Templo Mayor concentra la esencia del poder mexica en sus diferentes aspectos, entonces el análisis del contenido de las ofrendas puede considerarse como un buen revelador del área de influencia sobre la que se extendía la tutela azteca. Sin embargo, hay que observar que, para los mexicas, no se trataba de enterrar en las entrañas de un monumento que focalizaba su identidad, unos objetos ajenos a su propia cultura, es decir, no nahuas. Así que se puede presumir que los territorios de procedencia de todos los objetos hallados en el Templo Mayor estaban ocupados en su mayoría por nahuas. Así, si una buena parte de los objetos enterrados provenía efectivamente del tributo que las comarcas sometidas pagaban a México, no se encontraba la totalidad del tributo a los pies de Tlaloc y de Huitzilopochtli. La lectura de las ofrendas no revela toda la geografía política del "imperio" azteca, pero proporciona en cambio valiosas indicaciones sobre la extensión de los territorios tributarios nahuatlizados. ¿Cuáles son?

Abundan los objetos procedentes de Guerrero, cuyos yacimientos de piedra verde siempre fascinaron a los hombres del Altiplano Central según se ha dicho. Incluso, en el Templo Mayor se encuentran objetos de estilo chontal (región de Taxco) cuya área de procedencia se consideraba más bien como un enclave independiente antes de las excavaciones de Eduardo Matos. También están presentes los objetos mixtecos, y en particular, esos "penates" de piedra dura que en realidad representan a Tlaloc (véase p. 596). Su presencia en el Templo Mayor confirma la pertenencia de los altiplanos oaxaqueños al orbe nahua.

El caso de los territorios de la costa del Golfo es más dudoso. Por una parte, la extrema abundancia de material marino procedente de las aguas del Atlántico (peces, corales y conchas...) está cargada de significado e impone la inclusión de las regiones orientales en el número de las regiones tributarias. Sin embargo, los objetos con el estilo de la costa del Golfo son relativamente escasos. Hay que decir que el área totonaca y, en cierta medida, el área huasteca se encuentran tan aztequizadas en la Época V que ya no se sabe muy bien lo que es de espíritu autóctono y lo que es de influencia mexicana. Así, los famosos portaestandartes apoyados en los escalones del tercer estadio de la pirámide de Huitzilopochtli guardan cierto parentesco con la estética de la costa del Golfo. Numerosas estatuas del mismo estilo, por cierto bastante rígido, fueron halladas en el estado de Veracruz. Pero, ¿es acaso el estilo totonaco el que se difundió hasta México, o se produjo lo contrario?

Se encuentran ausentes del Templo Mayor los objetos característicos del Occidente, que nunca estuvo sometido a México, y los objetos mayas, exógenos. En cambio, una extraña vasija de cerámica plomiza descubierta en 1994 procedente de la costa pacífica de Centroamérica o elaborada "al estilo de" demuestra que la gente de México experimentaba cierta afinidad con sus parientes lejanos de la frontera sureste.

La enseñanza de las fuentes escritas: miradas etnohistóricas

Una gran parte de nuestra capacidad de comprensión de Mesoamérica proviene de los textos recogidos en el siglo XVI, después de la Conquista. En su inmensa mayoría, estos escritos se refieren el mundo nahua del Altiplano Central. Hay en esto un motivo evidente: cuando Cortés emprende la Conquista de México desde Cuba, se dirige del modo más natural hacia el polo de poder mesoamericano, es decir México-Tenochtitlan. Y la capital azteca sirve de cabeza de puente para la penetración española. Así, el contacto inicial se estableció con los mexicas y los demás habitantes del Valle de México. Por este motivo, es más fácil hablar hoy de los aztecas: tenemos más documentos acerca de ellos.

272. El soberano mexica Motecuzoma representado en el Códice Florentino, manuscrito de Bernardino de Sahagún del siglo XVI.

¿Cuál es el valor de las informaciones recogidas en el siglo XVI? Hay que confesar que es inestimable. Detrás de las inevitables incomprensiones que surgieron entre dos mundos que no estaban preparados para encontrarse, a pesar de las maniobras políticas que apuntaron a someter a los indios y conllevaron comportamientos despectivos, a pesar del trauma inducido por la cristianización, hubo, sin embargo, un pequeño grupo de eruditos españoles, esencialmente religiosos, interesados en la causa de los indígenas. No sólo quisieron entender su cultura, sino que también la defendieron, tanto en las cortes españolas como en el lugar mismo. Y de modo recíproco, los indios de ese México convertido en la Nueva España se sintieron lo bastante seguros ante aquellas personas como para tenerles confianza y contarles sus cosas; así fue como entregaron los secretos de su lengua, la grandeza de sus soberanos, la historia de sus dioses, los mil y un detalles de su vida cotidiana.[31]

Entre los cronistas más notables del mundo azteca, citaremos a Sahagún, Motolinia, Olmos, Mendieta, Torquemada, todos ellos franciscanos, al dominicano Diego Durán y al jesuita Juan Tovar. También existen cronistas indígenas o mestizos como Tezozómoc, Ixtlixóchitl, Cristóbal del Castillo. Y llegaron hasta nosotros como anónimos numerosos textos en náhuatl transcritos en caracteres latinos. Además, numerosos manuscritos pictográficos, elaborados en el siglo XVI, a menudo subtitulados o anotados, nos ayudan a ceñir la complejidad de la civilización mexicana. Esta mina de informaciones, asociada con las observaciones etnográficas posteriores, nos permite entender en sus grandes líneas el funcionamiento de la sociedad azteca.

273. Caja de Motecuzoma; en el interior lleva en relieve los signos del poder. Época mexica.

El sistema económico

Sin los datos transcritos en el momento de la Conquista, el sistema económico de los antiguos nahuas quizá no se nos habría revelado en sus múltiples implicaciones, pues en efecto, es complejo. Existe, para empezar, lo que se podría llamar una economía de mercado. En todos los suburbios y a fortiori en las ciudades, se reserva un espacio sin construir para el mercado (*tianquiztli*). Este lugar, generalmente situado cerca del centro, recibe a los mercaderes que a veces son intermediarios profesionales, pero que también pueden ser simples particulares que llegan para vender un guajolote, algunos tomates de su huerto y el producto de su cosecha. Los mercados mexicanos provocaron la admiración general de los conquistadores, tanto por la variedad de sus productos como por la muchedumbre que atraían. De hecho, el gran mercado de Tlatelolco, en el norte de México, reunía cada día a "más de sesenta mil almas", según Cortés,[32] y entre veinte mil y cincuenta mil personas dependiendo de los días, según *El conquistador anónimo*.[33] Siempre hay que tener presente la desigualdad de la presión demográfica entre el Antiguo y el Nuevo Mundo. Al principio del siglo XVI, las mayores ciudades europeas, Sevilla y Génova, cuentan con alrededor de cincuenta mil habitantes; Londres y París tienen entre veinte mil y treinta mil habitantes. En el continente americano, estamos lejos de estas cifras: México y todos sus barrios insulares, incluyendo a Tlatelolco, tienen probablemente trescientos mil habitantes, quizá incluso el doble. En este terreno, se basa uno en el testimonio del conquistador anónimo que contó sesenta mil familias, lo cual no es incompatible con los datos de los mapas antiguos que poseemos (*Mapa de Uppsala*, *Plano en papel maguey*, por ejemplo). Si se cuentan cinco personas por casa, lo cual es un mínimo, se alcanza el estimado menor. Un número de diez personas por casa, que corresponde a un máximo, daría el estimado mayor. Con las ciudades de orillas del lago, de Tzompanco a Chalco, la aglomeración alcanza seguramente tres millones de individuos. Así que el espacio urbano está estructurado para acoger muchedumbres inimaginables en la Europa medieval. En los mercados se practica un sistema parecido al libre cambio, se conoce el trueque, pero en la práctica, el valor de los bienes se fija en referencia a patrones que cumplen la función de monedas. Abajo de la escala de valores, el grano de incienso es la unidad de precio más pequeña; la bolsa de copal, entidad de referencia, tenía supuestamente ocho mil granos. Para los productos de cierto precio, el patrón más estandarizado es la pieza de algodón, y su múltiplo la carga de veinte (*quachtli*). El metal, las piedras duras, las plumas preciosas, el cacao, también son monedas de cambio comunes.

Junto a los negocios que tenían lugar en el tianquiztli, los cuales dependían de la esfera individual y de la economía doméstica, existía un tipo de economía estatal, fundada en la contribución a base de trabajo de los ciudadanos. Todas las grandes obras que el visitante actual aún puede admirar, pirámides, edificios públicos, diques, calzadas, caminos, acueductos, provienen del trabajo forzoso. Al igual que las provincias conquistadas pagaban un tributo en señal de sometimiento y pertenencia a la entidad mexicana, los ciudadanos le pagan un tributo (*tequitl*) al poder político en forma de trabajo. La cantidad de trabajo debida no parece haberse fijado de manera limitativa, lo cual permite suponer que los ciudadanos eran potencialmente explotables a voluntad. En los primeros años de la colonización, los españoles se referirán de modo constante a este uso antiguo para justificar su negativa a pagarles a los obreros indígenas que empleaban para construir sus casas. Los sacerdotes y los guerreros, cuyas tareas, en principio, iban exclusivamente dirigidas al interés colectivo, estaban dispensados de esta obligación.

El derecho se vuelve confuso cuando se trata de la administración de los dominios estatales. En teoría, el problema de la propiedad está resuelto de una vez por todas: los nahuas sólo conocieron un derecho de uso que excluía el de propiedad. Dicho de otro modo, las tierras no son enajenables, le pertenecen de modo abstracto a la comunidad y el único derecho privativo es el de usufructo. Este último, que es transmisible y eventualmente alienable en caso de no haber descendencia, está, sin embargo, condicionado a su ejercicio: hay que trabajar la propia tierra para tener el derecho de cosechar sus frutos. Si una parcela se abandonaba por tres años, el usufructo caducaba y la tierra volvía a la comunidad. Ahora bien, algunos textos nos dicen que, durante las conquistas, se "nacionalizaban" amplios terrenos que pasaban a las propiedades del soberano. El fruto de esos dominios estatales servía para proveer la mesa del tlatoani y constituir reservas en caso de hambruna. ¿Quién trabajaba en esas tierras?, ¿dependían de las tareas de interés público a cargo de los ciudadanos? Es probable que no. En cambio, se perfila la figura de una especie de siervo crudamente llamado "la mano de la tierra". Esta categoría de trabajadores agrícolas subordinados a los dominios del soberano podrían provenir de *razzias* o incluso de la reducción al servilismo de una parte de las poblaciones conquistadas.

El sistema mexicano también reservaba un lugar privilegiado a una economía de importación y exportación, privada y monopolizadora. Una corporación extremadamente cerrada, conocida en México con el nombre de *pochteca*, mantenía esta economía. Los cronistas, que se interesaron en esos negociantes, fueron bastante prolijos al respecto. Esos pochtecas se dedicaban al comercio exterior, trataban con las zonas tropicales y, sobre todo, con los escalones orientales del territorio mexicano; se relacionaban con los mayas a partir de dos regiones preferentes: el Xicalanco, cerca de la laguna de Términos, y el Xoconochco, franja marítima pacífica de Chiapas. Ejercían una profesión muy especializada, ya que se dedicaban exclusiva-

274. Templo Calendárico, Tlatelolco. La ciudad gemela de México contaba con el mercado más grande de Mesoamérica.

mente al mercado de lujo. En efecto, la corporación detentaba un mercado cautivo: importaban los productos requeridos por el culto, el ceremonial y el prestigio, para uso exclusivo de los dignatarios. Sorprende efectivamente observar a qué grado la sociedad dirigente mexica depende, para manifestar su rango, de productos exóticos inasequibles en las tierras altas. En la primera fila de estas mercancías, se encuentran las plumas preciosas, utilizadas principalmente por la alta jerarquía militar. Los artesanos plumajeros de México, los *amanteca*, eran maestros en el trabajo de la pluma, que acomodaban un poco como un mosaico sobre escudos, insignias o incluso prendas de vestir, para componer los motivos distintivos de un rango o una función. Ahora bien, todas estas plumas pertenecen a aves de tierras calientes, de las cuales algunas especies, entre las más preciadas, como el trogón o el quetzal, sólo viven en las selvas húmedas de Centroamérica. Así que había que conseguirlas y los pochtecas se encargaban de ello. De igual modo, los negociantes llevaban a México oro de Panamá o de Costa Rica, telas de algodón, pieles de felinos, en particular la del jaguar, conchas de tortuga con las que se elaboraban palas para el chocolate, jade, conchas preciosas, ámbar y cristal de roca. Los comerciantes, que fletaban inmensas caravanas de cargadores, les añadían copal y hule, indispensables para los innumerables ritos religiosos, así como cacao, que era la bebida de lujo del Altiplano Central, y cuyo precio lo volvía exclusivo de una elite. Finalmente, los pochtecas importaban animales vivos destinados al jardín zoológico del tlatoani o a las necesidades del sacrificio (por ejemplo, en México se sacrificaban jaguares). Es claro que la importación es el objetivo principal de la corporación; sin embargo, para poder realizar el trueque, los caravanas de negociantes llevaban hacia la periferia productos del Altiplano Central, como pieles de venados y de conejos, cuerdas de fibra de agave, muy preciadas, obsidiana, pedernal y mica, así como productos comestibles que incluían el maíz azul de las tierras altas, muy apreciado.

Se puede ver a los pochtecas como los herederos de esos comerciantes que, desde los albores de Mesoamérica, ejercieron la misma función de intermediarios entre las bajas tierras tropicales y el altiplano: ya en Teotihuacan, los frescos exhiben unos dignatarios cubiertos de plumas preciosas o árboles con mazorcas de cacao. La conexión entre tierras tropicales y tierras altas ya está establecida, es muy probable que se encuentre entonces en manos de una corporación subordinada a las clases dirigentes.

Es verosímil que la instauración del poder nahua en Teotihuacan debió de haber incitado a los comerciantes a quedarse ahí. Me inclino a pensar que la denominación de la corporación es antigua, el nombre, que significa "las gentes de Pochtlan", remite a todas luces al árbol *pochotl*, el *yaxché* de los mayas, la inmensa ceiba de las tierras tropicales, desconocida en las tierras altas. Se puede suponer que la corporación se implantó primero en las tierras bajas, en la Época I, protegida por el poder olmeca, y que, en aquel momento, exportaba hacia el Altiplano Central. Más tarde, a principios de la Época III, debió de seguir a la migración del poder hacia el altiplano y se convirtió en una empresa de importación. Lo que es seguro, en todo caso, es que los gobernantes nahuas del Valle de México, sacerdotes y guerreros, no adquirieron in situ la costumbre de manifestar su poder llevando plumas preciosas. Al actuar de este modo, perpetuaban un uso que tiene sin duda un origen tropical. Pero, por ese mismo hecho, los negociantes se hacen indispensables y sus intereses privados se asientan de modo duradero en la trastienda del poder estatal. El testimonio de los cronistas acerca de los pochtecas de Tenochtitlan ilumina a posteriori los pormenores de un sistema de intercambios que es uno de los fundamentos de Mesoamérica.

A todos estos componentes económicos, se añade finalmente la economía "imperial" fundada en el tributo, que ya mencioné. Las contribuciones de las provincias sometidas aportaban una riqueza considerable a la Triple Alianza. Pero, gracias a todo lo que sabemos por los manuscritos del siglo XVI acerca de este tributo, podemos inferir los mecanismos de sometimiento que prevalecieron antes de la preponderancia de México. Por ejemplo, la circulación de ciertos objetos en Mesoamérica, espontáneamente atribuida al "comercio", podría imputarse a obligaciones tributarias. Para citar sólo un ejemplo, el traje ceremonial compuesto de mil seiscientas placas de espóndil rojo encontrado en 1994 en Tula en una ofrenda del Palacio Quemado[34] corresponde exactamente con las características de un objeto que es probable que venga del tributo. Visto así, el estudio de las ofrendas de ciertos sitios mayores puede permitir esbozar una geografía política del mayor interés. La etnohistoria puede darle algunas pistas a la arqueología.

La organización del trabajo

Las crónicas proveen numerosas informaciones sobre la vida prehispánica, que nos ayudan de modo considerable a revivir a los hombres y mujeres que casi siempre nos transmitieron objetos mudos y vestigios un poco enigmáticos. Sin cometer un error, se puede proyectar hacia el pasado una buena parte de lo que sabemos acerca de los aztecas, pues éstos son mesoamericanos entre los mesoamericanos y los modos de vida en Mesoamérica tendieron a perpetuarse. Sin querer entrar en el detalle de la vida cotidiana, se puede considerar que la jornada de un mexica es bastante parecida a la que conocieron los habitantes del Altiplano Central en las épocas anteriores.

Subrayemos primero que la división sexual del trabajo está muy marcada. En ese mundo en el que la dualidad es un principio que organiza al cosmos, es normal que el hombre y la mujer estén diferenciados al extremo. La mujer está relegada a la casa: es fundamentalmente la guardiana del hogar y sólo tiene a su cargo las tareas domésticas: barrer, cocinar, elaborar y cuidar la ropa (hilado, tejido, bordado). Le incumbe la educación de los hijos; sin embargo, los niños sólo viven con su madre hasta los seis o siete años. Las hijas permanecen a su lado hasta que se casan. La mujer encarna el sedentarismo: es raro que se aleje de su casa y aún más que salga de la ciudad o del pueblo. El hombre, en contraste, permanece más bien nómada y sólo rara vez se encuentra en su casa. Se hace cargo de las tareas del campo, de la milpa, que puede estar a varios kilómetros de su techo. Así que sale temprano por la mañana con un morral que le preparó su mujer. Se va a trabajar prácticamente en ayunas hasta el mediodía, y se interrumpe para ingerir su frugal almuerzo: un bule de atole y unas cuantas tortillas que recalentará sobre el fuego. Volverá antes del crepúsculo, pues nadie circula por la noche sin tener una necesidad imperiosa. La noche es el territorio de los muertos, que a veces vuelven para inquietar a los vivos: los mexicas les temen por encima de todo a las apariciones nocturnas, que siempre son de mal augurio. La comida de la noche es tan frugal como la del día. Es hora entonces de desenrollar los petates y de dormir sobre el suelo mismo.

Como los trabajos agrícolas no requieren todo el tiempo dedicado al trabajo, los hombres se entregan con frecuencia a la caza, de preferencia en batida; matan una liebre, una codorniz, a veces un venado. Llevan a sus hijos, a los que enseñan el manejo del arco y las técnicas para acercarse a la presa en contra el viento. El hombre también tiene la misión de buscar en el bosque la leña, un material de primera necesidad, pues en la casa el fuego tiene que arder de manera permanente.

Incluso en sus manifestaciones más urbanas, la vida mesoamericana permaneció como una vida predominantemente agrícola. Recordemos que aun los habitantes de Tenochtitlan tienen sus milpas cerca de la ciudad, unos campos artificiales hechos de lodo extraído del fondo de la laguna y depositado sobre unas redes de juncos trenzados llamadas *chinamitl*. Sin embargo, muy pronto se desarrolló una división del trabajo muy marcada y una extremada especialización de las tareas. El mundo azteca da de ello la mejor ilustración.

Por ejemplo, lancemos una ojeada al universo de los sacerdotes. Éstos forman una clase bastante cerrada, que recluta principalmente a los hijos de los dignatarios militares, por medio de escuelas específicas (*calmecac*). Sorprende observar la extrema sofisticación de esta jerarquía religiosa: hay sacerdotes especializados para todos los cultos, para todos los ritos, para llevar determinado tipo de antorcha durante tal fiesta, conducir a los cautivos al sacrificio, dirigir una danza o una procesión, ofrecer incienso a los dioses, decapitar las codornices y los guajolotes, soplar en un caracol o dibujar los trajes ceremoniales. Hay sacerdotes de barrio y ministros adscritos a cultos estatales; maestros y sacrificadores; arquitectos y confesores; sacerdotes de la lluvia y sacerdotes del fuego. Todos oran y hacen penitencia, pero en su infinita variedad, sus funciones dibujan el organigrama más extraño y más desconcertante que se pueda imaginar.

La jerarquía de los guerreros quizá no tenía nada que envidiarle a esta impresionante complejidad. Cada jefe tenía su título individual: en la cúspide, el "jefe de los hombres" era de algún modo el jefe del Estado mayor de los ejércitos, mientras que "el de la casa de las jabalinas" desempeñaba el papel de superintendente. Pero ¿qué decir del que "ensucia a los que están cerca de las espinas" (Huitznahuatlailotlac), del que "bebe sangre" (Ezuahuacatl) o del de "la serpiente de espejos" (Tezcacoacatl)? Jacques Soustelle, con justa razón, pudo establecer a este respecto una comparación con el mundo bizantino: pero curiosamente, las funciones, en su extremo particularismo, ocultaban la extrañeza de la denominación. En principio, la posición jerárquica descansaba en el valor guerrero. Después de sus clases en

275. Vasija policroma con la efigie del dios Tezcatlipoca enmedio de símbolos sacrificiales, Centro Histórico de México.

un colegio militar (*telpochcalli*) en el que los jóvenes reclutados se formaban para el ardor y la resistencia, los neófitos tenían que tomar cuatro cautivos para adquirir el rango de guerreros confirmados: se llamaban entonces *tequiua*, "los que toman parte en el tributo". Su ascenso podía proseguir hasta el círculo cerrado de los "caballeros águila" y los "caballeros jaguar". A diferencia de los sacerdotes, entregados al celibato para impedir el nepotismo y la esclerosis del sistema religioso, los guerreros podían casarse; su descendencia constituía el vivero de la elite gobernante. Un hijo de "noble" nacía *pilli*, es decir, literalmente hidalgo, "hijo de alguien". Esta ventaja de nacimiento, sin embargo, tenía que ser confirmada: la sociedad se mostraba más exigente con sus elites que con el pueblo. En caso de cometerse una falta, además de la pérdida del título y del rango, las sanciones penales eran más fuertes para los hijos de familias de dignatarios: la ebriedad en público, por ejemplo, era castigada con la muerte.

Junto a esta base social tripartita, sacerdotes-guerreros-agricultores, existe una constelación de profesiones especializadas que indudablemente eran objetos de un saber y de un poder importantes. Algunos barrios y algunos pueblos elegían su vocación por encontrarse cerca de determinadas materias primas. Los que estaban cerca de unas vetas de arcilla, se dedicaban a fabricar cerámica. Las poblaciones ribereñas de los estanques explotaban las cañas y hacían petates (*petlatl*), el único mobiliario mesoamericano. Los habitantes de tierras magueyeras cosechaban, producían e hilaban las fibras del agave para elaborar cuerdas. Otros, asentados cerca de unos nódulos de pedernal o unas vetas de obsidiana, tallaban puntas de flecha o cuchillos sacrificiales: unos se dedicaban a recoger el *pachtli*, especie de filamento epífito indispensable para decorar los templos, o también las flores, que los antiguos mexicanos utilizaban mucho. El trabajo de la madera había generado varios oficios: el carpintero confeccionaba vigas y dinteles; el que hacía canoas ahuecaba inmensos troncos para convertirlos en embarcaciones; los fabricantes de instrumentos esculpían tambores monoxilos, el sordo tambor vertical (*huehuetl*) y el tambor bitonal con lengüetas (*teponaztli*).

Ciertas profesiones requerían talentos específicos, sobre todo en el terreno artístico. Las danzas, obligatorias en casi todos los ritos, imponían la presencia de músicos, esencialmente percusionistas. La ciencia de los manuscritos transitaba por el pincel del escriba (*tlacuilo*). Los templos y los centros ceremoniales eran tributarios de la habilidad de los escultores. Dos especialidades artísticas estaban particularmente en boga en México en vísperas de la Conquista: la orfebrería y el arte plumario. Los maestros de ambas disciplinas poseían un estatuto social elevado. Observaban reglas propias de la profesión, vivían en un barrio reservado, se agrupaban en lo que parece posible llamar cofradías, dotada cada una de ellas de un dios tutelar, Xipe Totec para los orfebres, Coyotlinahual para los plumajeros. Las joyas de oro, los cascabeles de cobre y los adornos de plumas estaban reservados a la elite dirigente, así que los artesanos de piezas de arte obtenían naturalmente su posición social a partir de esta cercanía con el poder.

Si alguien se enfermaba, podía consultar al médico e incluso elegir entre varias escuelas de especialistas: si había perdido su alma, podía recurrir al chamán: si se había fracturado una tibia, el terapeuta le ponía unas tablillas. Si tenía diarrea, le recomendaban una poción o una tisana. Las mujeres embarazadas recibían el apoyo de las comadronas durante el alumbramiento. Así que existía una infinidad de oficios en el mundo mexicano: salineros, carboneros, talladores de piedra, recolectores de agujas de pino, adivinos que escrutaban el destino con la trayectoria de unos frijoles rojos, prostitutas, preparadoras de maquillajes y de productos cosméticos, etc. La lista de todas estas funciones sociales sugiere con fuerza una sola palabra: complejidad. Esta mirada al mundo azteca perdería mucho sentido si uno se imaginara que esta complejidad debe reservarse sólo al periodo anterior a la Conquista. Lo repetimos con insistencia: la idea desarrollista de un mundo olmeca arcaico que inicia un auge de civilización, la cual culmina treinta siglos después con los aztecas y la llegada de los españoles, es la idea más falaz que pueda haber: obedece a una perspectiva totalmente occidental. No nos engañemos: Mesoamérica, desde sus orígenes, es un área de alta complejidad sociocultural y el testimonio de los españoles acerca de la sociedad que descubrieron a partir de 1521 está cargado de profundidad histórica: en segundo plano, se perfilan efectivamente todas las culturas mesoamericanas.

El arte y el ciframiento de los símbolos

Sin los manuscritos pictográficos ejecutados después de la Conquista a petición de los cronistas, sin las descripciones de los mitos, los ritos y las ceremonias que nos dejaron un Durán o un Sahagún, nuestra comprensión del arte prehispánico estaría marcada con el sello del contrasentido. Lo que percibimos como objetos de arte tiene en realidad una función semántica. El contenido simbólico de un objeto siempre predomina sobre su tratamiento estético. Esto no significa desde luego que en Mesoamérica no haya pinturas, esculturas u objetos mobiliarios con una fuerte carga estética. Pero ésta se encuentra subordinada al mensaje simbólico, y jamás constituye la finalidad del objeto. En el México antiguo, seguramente no existe un arte por el arte y hecho más sorprendente aún, ¡ciertas realizaciones que se podrían calificar como obras maestras nunca tuvieron el propósito de ser vistas!

Tomemos un ejemplo: varios museos poseen magníficas representaciones del dios Tlaltecutli, el Señor de la Tierra. A veces representado como un monstruo terrestre con un hocico abierto en 180°, erizado de dientes y colmillos, a veces con los rasgos del sol poniente, por lo tanto nocturno, Tlaltecutli está abierto de brazos y piernas, con la cabeza hacia abajo, en la posición de los "dioses descendentes", a la manera de un ave rapaz que cae sobre su presa. Garras de águila y cráneos humanos componen sobre su cuerpo unos ornamentos macabros. Algunas de esas esculturas constituyen obras de primer nivel por el vigor de su trazo y la fuerza de los símbolos que concentran. En las salas de museos, se presentan en posición vertical, ofrecidas a la admiración de los visitantes. Con ello, esos objetos resultan completamente desnaturalizados, ya que la función de una representación de Tlaltecutli es la de estar en contacto con el suelo. Los escultores aztecas representaban por lo tanto al señor de la tierra sobre una losa que después era colocada horizontalmente, de frente al suelo, ¡y la parte esculpida oculta a la vista! La esencia de la obra era poner en contacto a Tlaltecutli con sus dominios, es decir el mundo ctónico. El rostro del dios nunca veía la luz del sol. En este caso, los imperativos de la comunicación con el mundo de los dioses ocultan completamente la dimensión del arte.

Decorar la parte invisible de un monumento es un procedimiento común en la época mexica. Inmensos sapos procedentes del Templo Mayor

(Museum für Volkerkunde de Berlín, Museo Nacional de Antropología de México) llevan bajo el vientre el glifo esculpido del jade, lo cual los asocia con agua y metafóricamente, con la sangre sacrificial. Este glifo queda totalmente fuera de la vista, por lo que no fue trazado por algún motivo estético, sino por obligación conceptual. Sin su chalchiuitl ventral, estos sapos carecerían de sentido, o en todo caso, éste no sería el mismo. La inmensa cabeza de Coyolxauhqui decapitada, la gran Coatlicue, la caja de ofrendas de Hackmack (Hamburgo, Museum für Völkerkunde), los cuauhxicalli de Berlín y de Viena, llevan de igual modo elementos esculpidos sobre su cara ciega, al igual que muchos otros objetos.

De estas observaciones, se desprende que resultaría vano, por ejemplo, analizar el sentido de una estatua a partir de una impresión visual. Lo importante es el código y éste no se puede asimilar a un lenguaje universal. El ciframiento de los símbolos se estableció en un contexto dado para transmitir un mensaje preciso, fundamentalmente religioso, pero que también se refiere a la ideología política, la historia tribal y la tradición milenaria. Esto demuestra la importancia de las informaciones obtenidas por los cronistas del siglo XVI que, aun si no lo entendieron todo, abrieron las pistas principales.

Representaciones de Tlaltecutli. 277. Parte inferior de la Caja de Hakmack. PÁGINA ANTERIOR. 276. Parte inferior del Cuauhxicalli de Berlín.

¿Qué podríamos entender de la gran estatua de Coatlicue si no conociéramos ni los mitos que la escenifican, ni el valor de los elementos simbólicos que la componen? Sin la clave de la historia ni el código del lenguaje, el monumento se vuelve incomprensible, literalmente monstruoso. Ahora bien, esta escultura es un impresionante condensado conceptual. La falda de serpientes entrelazadas se refiere en primer lugar al nombre de la vieja diosa madre, "la de la falda de serpientes". Por la manera en que se en-

trelazan las serpientes, como en un petate, indica algo más: el petate funciona como un glifo que, desde tiempos antiguos, denota la idea de poder. A modo de tocado, la diosa lleva dos cabezas de serpiente enfrentadas: esta alegoría materializa en realidad dos chorros de sangre que brotan de su cuello, pues la diosa está decapitada, como las mujeres sacrificadas durante los ritos agrarios. Es evidente que este doble chorro de sangre remite en abstracto al principio de dualidad que gobierna el pensamiento mesoamericano y, de manera más concreta, el "agua de jade" y el "agua de fuego" que forman el glifo trenzado de *atl tlachinolli*. Las dos serpientes remiten también al mito de la creación del mundo en que Quetzalcoatl y Tezcatlipoca se enfrentan, transformados en serpientes; dividen en dos a la Diosa Madre, tiran cada uno hacia sí, se llevan una mitad al cielo y hacen la tierra con la otra mitad.[35] Las garras y las plumas de águila delatan la voluntad mexica de aztequizar a Coatlicue al fusionarla con la diosa Cuauhciuatl, de origen norteño; así se encuentran asociadas la serpiente y las plumas, según una combinación probada desde la invención de Quetzalcoatl. El cráneo que la diosa madre lleva en la cintura es un atributo típicamente femenino: recuerda que las mujeres ocupan la mitad occidental del mundo, el lugar del crepúsculo que abre el acceso al mundo subterráneo, dominio de las tinieblas y de la muerte. La diosa tiene el pecho desnudo y muestra unos senos flácidos que son los de una anciana. Pero este rasgo naturalista se dobla con un símbolo mucho más oscuro: Coatlicue lleva un collar inmenso en el que alternan manos abiertas y corazones humanos. La lectura de estos atributos está lejos de ser inmediata, en efecto, éstos se refieren a una numerología simbólica fuertemente esotérica. La mano abierta (*maitl*) posee una relación conceptual con el número 5, cuyo nombre (*macuilli*) está forjado sobre la raíz "mano". Este número, como lo mostró magistralmente Jacques Soustelle, transmite la idea de superación e inestabilidad.[36] En cuanto al corazón, hay que recordar que, de los orígenes a la época tolteca, está representado por un glifo trilobulado que expresa con claridad su relación con el número 3. Este collar macabro y misterioso de Coatlicue no es sino una manera de figurar el binomio 3-5: el fuego y la sangre por una parte, la inestabilidad del centro por otra parte. Esta asociación

---

PÁGINA ANTERIOR. 278. La gran Coatlicue. Grabado de León y Gama, 1792.

del sacrificio inscrito en el simbolismo del 3 con la noción de pérdida y de entropía anotada por el número 5, parece una convención específicamente nahua. Se sabe que los mexicanos estuvieron particularmente conscientes de la precariedad del mundo en el que vivían. Se conoce el corpus de mitos relativos al Quinto Sol, quinto estado de la creación, también destinado a ser destruido. Se han estudiado poco, en cambio, los componentes iconológicos de esta concepción cosmológica en la escultura monumental. Sin embargo, se trata de un tema recurrente. Por ejemplo, la cara interna del pedestal de la estatua de Coatlicue adopta el mismo simbolismo 3-5: Tlaltecutli-Tlaloc aparece con la barra de tres puntos en la frente y un disco de turquesa en el vientre con el famoso glifo en quincunce que, en Mesoamérica, asocia el número 5 con la piedra azul. La famosa "Coatlicue del metro" encontrada en 1967 que, por lo demás, es una criatura compleja más bien masculina, asocia las manos, el corazón y los tres puntos en línea. También hay que tomar en cuenta un fenómeno que generalmente se ignora: mientras que los historiadores del arte estudian objetos prehispánicos pieza por pieza, como entidades en sí mismas y como creaciones autónomas, se puede, por el contrario, juzgar indispensable entenderlos en su contexto y su entorno de relaciones. Obedeciendo a un código mesoamericano, un objeto azteca sólo tiene sentido en relación con los demás objetos con los que se asocia. Así, uno debe interrogarse acerca de una curiosa alternancia que, desde la época de Teotihuacan, hace aparecer sobre la frente de Tlaloc o la del dios de la tierra una barra decorada, a veces con tres discos de chalchiuitl, a veces con cinco. Es posible que el sentido de esta diferencia se encuentre en un apareamiento de dos figuraciones, una marcada con el 3, la otra con el 5. Quizá la casualidad de las excavaciones improvisadas haya dejado célibes algunas piezas que estaban hechas para vivir en pareja, y que, por el hecho de su viudez, perdieron una buena parte de su significación original.

Para limitarnos a otro ejemplo, el celebérrimo Calendario Azteca, también llamado Piedra del Sol, proporciona una excelente demostración de la complejidad del arte mexica. El monumento, que es un enorme disco de 3.58 m de diámetro tallado en relieve en un monolito rectangular, representa ciertamente la imagen del dios solar, Tonatiuh; pero abunda en detalles iconoglíficos, por lo que al mismo tiempo expresa toda una concepción del cosmos y del tiempo.

Éste es un sol de movimiento que exhibe su nombre, 4 ollin, bajo la forma de un enorme glifo antropomorfizado. Se sabe que la palabra *ollin* designa, en una misma cadena semántica, el hule, la pelota de juego hecha con esta materia elástica y el movimiento de esa pelota, que le sirve de imagen al movimiento solar y cósmico. La noción de movimiento, a la manera de la pelota que inevitablemente pierde vuelo si no se lanza de nuevo,

279. La Piedra del Sol, también llamada Calendario azteca. Grabado de Carl Nebel, 1840.

incluye entonces en la mente nahua el final del movimiento. De aquí proviene el sentido de "temblor de tierra" que también lleva la palabra ollin. El sol del monolito es entonces un sol entrópico, un sol que jadea, siempre amenazado por el agotamiento y, por lo mismo, siempre sediento de sangre humana: su lengua es un cuchillo sacrificial y, de cada lado de su rostro, unas garras de águila —que se cierran sobre unos corazones humanos y combinadas con el triple punto de la sangre sacrificial— recuerdan el carácter predador del astro heliaco.

Ese sol devorante es un sol mítico que se inscribe en un orden de sucesión temporal. Los cuatro glifos que lo rodean aluden a los cuatro soles —es decir a las cuatro eras— que precedieron el mundo actual: el sol de viento, el sol de jaguar, el sol de agua y el sol de fuego. Todos acabaron en catástrofes brutales: huracán mágico que convirtió a los hombres en monos, irrupción de las tinieblas durante las cuales los jaguares devoraron a los humanos, inundación diluviana que transformó a los hombres en peces y erupciones volcánicas de las que sólo se salvaron los guajolotes. El sol azteca es por lo tanto el quinto sol, heredero de una larga tradición cataclísmica, también condenado a un trágico porvenir.

El rostro de Tonatiuh está en el centro del disco: hay ahí un símbolo adicional, otra notación del concepto de inestabilidad. Pues el centro, asociado con el número cinco, es el lugar en que se cruzan los ejes del mundo y se anulan las fuerzas. Este sol del centro articula el paso entre el día y la noche; está en una posición de equilibrio entre su ser cenital, representado en la parte superior del monumento, y su ser subterráneo, representado en la parte inferior: las dos cabezas de serpiente están rematadas con el glifo de voluta de una constelación nocturna.

Este sol reina asimismo sobre la mecánica del calendario: el dios del fuego cósmico también es el dios del tiempo. En el primer círculo que rodea el rostro-glifo están representados, de izquierda a derecha, los veinte signos del calendario adivinatorio; en el segundo círculo, se repite 52 veces (cuarenta aparentes y doce disimuladas bajo los rayos que marcan a los cuatro orientes) el glifo de quincunce, que significa a la vez turquesa y año. Por lo tanto, esta cinta anota el ciclo de 52 años, al cabo del cual coinciden el año solar y el ciclo adivinatorio.

Este sol, finalmente, no escapa a la regla de la composición dual y a la celebración del binomio agua-fuego. Si se detalla el análisis, todo el monumento podría leerse como una evocación del principio dual de la guerra sagrada. Por ejemplo, el ritmo de la corona del astro está marcado por ocho rayos que se identifican bien y ocho glifos trapezoidales que requieren una decodificación iconológica: se trata de la cabeza de ocho espinas sacrificiales, clavadas en el círculo de los años y dirigidas hacia el centro del monolito. En sí mismas, las espinas evocan la ofrenda de la sangre y recuerdan que el sol en persona tuvo que sacrificarse para dar nacimiento al movimiento cósmico. Pero, en detalle, son símbolos sincréticos que aglomeran el signo del fuego (el quincunce, es decir, la turquesa) y el signo del agua preciosa bajo la forma de tres plaquetas y de una cuenta de jade. El monumento está circunscrito por dos serpientes que le dan la vuelta, cuyas cabezas se hacen frente, y cuyas colas enmarcan un cartucho calendárico (13 caña) que puede corresponder al año de su erección (1479, durante el reinado de Axayacatl) o a una fecha mitológica. Estas dos serpientes son unos *xiuhcoa*, "serpientes de turquesa", de las que salen llamas: pero su cuerpo está compuesto de mariposas de fuego y cuentas de jade. Señalemos que esas dos serpientes que se juntan constituyen una constante arquitectónica azteca: se encuentran en el *coatepantli*, "el muro de serpientes" que delimita el recinto sagrado del Templo Mayor, en las rampas de las escaleras que dan acceso a la cúspide de las pirámides, en los frisos de las banquetas de las salas reservadas para los guerreros, etcétera.

Si la expresión no estuviera gastada, se podría decir que este monumento es un texto. Juega con los glifos y los detalles icónicos para transmitir un mensaje que rebasa con mucho el aspecto anecdótico que recuerda la tradición. Es un verdadero condensado filosófico acerca del espacio y el tiempo, el movimiento, la energía, el sacrificio, la díada creadora, sin olvidar la ideología política mexica. ¿Qué se hubiera podido leer y entender en él sin Olmos y Sahagún, sin Durán y Tezozómoc, sin todos los cronistas eruditos del siglo XVI que supieron captar las últimas sombras de esta civilización interrumpida? El mundo azteca no es toda Mesoamérica, pero su conocimiento evita muchos contrasentidos y nos abre muchas puertas ante el camino de la comprensión del mundo precortesiano. En este sentido, el lugar que ocupa el pueblo mexica en la historia de Mesoamérica de ningún modo es una usurpación. Herederos de un largo linaje, nos ofrecen el hilo conductor de una genealogía que al filo de los siglos, siempre vio coexistir antiguos sedentarios con inmigrantes de origen nómada y mezcló la austeridad de los altiplanos con la exuberancia de las costas tropicales.

12

EL SIGLO XVI: EL SEGUNDO MESTIZAJE

La Conquista

El fin del mundo azteca es una historia conocida, quizá demasiado como para no estar enterrada bajo cierto academicismo dividido entre el enfoque cínico y la fibra patética. Recordemos los hechos: el 21 de abril de 1519, las diez naves de Hernán Cortés anclan ante una larga playa de arena blanca. Ahí, el conquistador quiere fundar, bajo la invocación de la Vera Cruz, la primera ciudad de Nueva España. De inmediato, unos indígenas suben a sus canoas y se acercan a las embarcaciones españolas. Los suben a bordo y se prosternan ante las corazas relucientes de los recién llegados. Al enterarse de que los indios son súbditos del emperador Motecuzoma, Cortés muestra su alegría, pues ya se siente fascinado por el renombre del soberano azteca. Lejos del altiplano donde se levantan las pirámides de México-Tenochtitlan, Cortés sueña con el fabuloso poderío del imperio mexicano. Cortés no es ningún novato en la aventura americana: pasó siete años en Santo Domingo y ocho en Cuba antes de montar la expedición mexicana. Conoce el entorno, el clima, los indios, los vericuetos de la administración española y las rivalidades de la vida insular. México lo atrae irremediablemente. Él lleva su Conquista en sí mismo. Tiene su plan. Al día siguiente, viernes santo, Cortés desembarca. Lo acompañan quinientos soldados, dieciséis caballos, diez cañones, trece arcabuces y 32 arbaletas. También ha traído de Cuba a un centenar de indios caribes.

Dos años después, el 13 de agosto de 1521, mientras que Cuauhtemoc, el último soberano azteca, cae en manos de los españoles, el vicemperador Tlacotzin se rinde ante Cortés. México ahora no es sino un montón de ruinas humeantes sobre las que flotan el olor de la muerte y el estandarte del conquistador.

La brutal rapidez del derrumbe azteca siempre ha intrigado a los historiadores, con justa razón. En efecto, ¿cómo entender que un puñado de militarotes, al avanzar en tierras ignotas, hayan podido volverse en tan poco tiempo los dueños de un territorio tan vasto como el imperio mexicano, con sus millones de sujetos y de culturas arraigadas en una tradición milenaria? La pregunta merece plantearse. Como uno se imaginará, ha recibido las respuestas más diversas a través de las épocas.

Es imperativo eliminar todas las interpretaciones alrededor del tema de la decadencia de la sociedad nahua: al revés de lo que pudieron pensar algunos, la irrupción de los conquistadores no actuó como reveladora de un mal profundo ni como catalizadora de un proceso letal ya iniciado. No es legítimo considerar el sacrificio humano, de cuya antigua codificación ya hemos hablado, como una puesta en escena de autodestrucción mórbida. Tampoco hay muchos elementos para apuntalar el argumento de una agonía de la autoridad jerárquica o de una subterránea disgregación social. En cuanto a los fermentos de disensión que Cortés habría detectado entre los totonacos de la costa o los nahuas de Tlaxcala, en nada constituyen un preludio al derrumbe del sistema político mesoamericano: era ancestral la enemistad entre México y Tlaxcala, fuertemente ritualizada y canalizada en la "guerra florida", y de todas formas fueron necesarios cuatro meses de ásperas negociaciones, en las que alternaban amenazas y persuasión para que Cortés lograra convencer a los totonacos de Cempoala de que lo acompañaran en su marcha hacia México.

¿Sufrieron entonces los mexicanos una desventaja militar? Su inferioridad en materia de armamento parece comprobada. Los aztecas manejaban flechas, lanzas y hondas, van al combate con suntuosos adornos de plumas, ropas de algodón forradas, escudos de mimbre y macanas con filo de obsidiana. Los españoles tienen cañones, mosquetes, corazas, caballería y perros. La muerte ruidosa que escupían las armas de fuego aterró de inmediato a los indígenas, pues en la América prehispánica se desconocía la pólvora y Cortés no se privaría de mostrar en el momento oportuno de qué

---

280. PÁGINA ANTERIOR. Ejemplo de arte plumaria indígena del siglo XVI. Escuela franciscana de Pedro de Gante, San José de los Naturales.

modo el hombre blanco ejerce su poder sobre el fuego y el trueno. Para los autóctonos, que no alcanzan a describirlos de otro modo que como "venados grandes como casas", los caballos son criaturas monstruosas, tanto más aterradoras cuanto que aniquilan la eficacia de las estrategias tradicionales reducidas a maniobras de infantería. Sin embargo, la importancia real del papel de los caballos debe ponderarse por su número casi simbólico: cuando el 8 de noviembre de 1519, Cortés avanza sobre la calzada de Iztapalapa al encuentro del emperador Motecuzoma, lo siguen sólo doce jinetes. Los perros, vistos por los indígenas como felinos domesticados, también contribuyeron a sembrar el pánico en sus indígenas: ciertamente, el México antiguo conoce varias especies de perros, pero se trata de razas muy pequeñas y muy pacíficas. Esos perros prehispánicos, incapaces de ladrar y entrenados como animales de corral para fines de consumo, no tenían desde luego nada en común con los poderosos animales de mortales colmillos que acompañaban a los españoles. El perro, por el miedo que provocaba entre los mexicanos, será empleado además como medio de coerción en los primeros tiempos del virreinato.

Pero la inferioridad material y técnica de los aztecas no basta para explicar su derrota militar. Ésta se puede atribuir sobre todo al hecho de que los invasores practican "otra" guerra, una no convencional que se burla de la sujeción muy codificada de las prácticas mexicanas. En un campo de batalla, los aztecas buscan sobre todo tomar cautivos vivos para el sacrificio. Los españoles, a su vez, imponen su fuerza por todos los medios y no dudan en dar muerte de manera indiscriminada: las masacres de Cholula o de México lo atestiguan. Los mexicanos nunca combatirán en el mismo terreno que Cortés: incluso el espíritu de "resistencia" de hombres tan clarividentes como Cuitlahuac y Cuauhtemoc en México o el joven Xicotencatl en Tlaxcala genera actitudes militaristas totalmente inadaptadas a la situación inédita producida por la intervención española.

Una parte del éxito de los conquistadores también puede atribuirse a causas biológicas. Al final del verano de 1520, un poco más de un año después del desembarco de Cortés, una epidemia de viruela se extendió en todo México y cundió la muerte. Si ha de creerse el testimonio del cronista Ixtlixóchitl, un esclavo negro llegado de Cuba habría introducido la viruela. A diferencia de los españoles, bastante resistentes a la plaga, los autóctonos no eran inmunes a esta nueva enfermedad, hasta entonces desconocida en el Nuevo Mundo. La hecatombe es impresionante. En muchos lugares del México central, el contagio precede a los ejércitos españoles. Por ejemplo, Oaxaca se ve golpeada por la mortal enfermedad más de un año antes de ver a los primeros conquistadores. En México, la fulgurante infección diezma a la población. Elegido al principio de septiembre de 1520 para sucederle a Motecuzoma, el emperador Cuitlahuac desempeñará sus funciones sólo unas semanas; también a él se lo llevará la mortal epidemia.

¿Es posible estimar el número de las víctimas de viruela en las filas indias en 1520 y 1521? La indicación del conquistador Bernardino Vázquez de Tapia, quien afirma que con seguridad, un indio de cada cuatro murió, es exagerada. Pero los muertos ciertamente debieron de contarse por decenas de miles. Sin embargo, este elemento no pudo ser determinante. Aun si los estragos causados por la viruela aminoraron indiscutiblemente la capacidad de resistencia de los aztecas, aun si a la epidemia se le añaden los efectos,

281. Pirámide de Cempoala, Veracruz, donde Cortés obtuvo el apoyo de los totonacas.

también mortales entre los autóctonos, de la gripe y el catarro nasal, el factor demográfico juega todavía, pese a todo, en favor de los mexicanos. Veamos las cifras: cuando el ejército de Cortés llega a Tlaxcala, tiene aproximadamente cuatrocientos soldados españoles y debe librar batalla contra cuarenta mil guerreros tlaxcaltecas; más o menos con el mismo número de hombres —apoyados, es verdad, por unos cuantos miles de refuerzos indígenas— entran en México los españoles. Y cuando Cortés vuelve a Veracruz, el 4 de mayo de 1520, para expulsar de México a Pánfilo de Narváez, su rival, apoyado por el gobernador de Cuba, le encarga el mando de México a su lugarteniente Alvarado ¡y le deja como única guardia una fuerza de ochenta soldados! ochenta soldados españoles, aislados en ese país inmenso, ¡para controlar a una aglomeración de más de trescientos mil habitantes! Y aun con todos los refuerzos que Cortés pudo llevarse a Veracruz, el ejército de los conquistadores nunca pasará de seiscientos soldados. Curiosamente, este puñado de hombres venció a los mexicanos que, aun diezmados por las epidemias, siempre fueron más numerosos que los españoles.

¿Acaso hay que evocar entonces alguna secreta resignación producto de una tendencia de los mexicanos a aceptar un fin del mundo inscrito en sus creencias? La resistencia heroica que los habitantes de Tenochtitlan les oponen a los españoles durante el sitio de la ciudad basta para demostrar que en ningún momento la valentía india fue vencida por algún fatalismo derrotista. Sin embargo, el fin de los tiempos aztecas parece haber sido anunciado por la intermediación de los presagios que, durante los últimos diez años del reino de Motecuzoma, inquietaron profundamente a los dirigentes y al pueblo.

Un misterioso incendio abrasa el templo del dios del fuego. El agua de la laguna empieza a borbotear y las aguas invaden las casas. He aquí que en pleno día un cometa atraviesa el cielo, de oeste a este. He aquí que una mujer noble resucita al cuarto día para anunciarle al tlatoani el fin próximo de su reino. Y todas las noches, durante cerca de un año, una columna de fuego se eleva en el horizonte e ilumina las tinieblas. Monstruosos hombres de dos cabezas surgen y desaparecen como por encanto, mientras se escuchan los lúgubres sollozos de la diosa Ciuacoatl.

Todos estos prodigios son alarmantes, pues en un mundo donde la casualidad no tiene cabida, estas señales sólo pueden ser epifanías del destino. Así que la inquietud del soberano es grande cuando unos cazadores le llevan una curiosa grulla ceniza que capturaron en la laguna. Cosa extraordinaria, tiene algo así como un espejo en la frente. Motecuzoma se inclina sobre él y ve un cielo lleno de estrellas.

> Como vio esto Motecuzoma espantóse, y la segunda vez que miró en el espejo que tenía el ave, de ahí un poco vio muchedumbre de gente junta que venían todos armados encima de caballos. Y luego Motecuzoma mandó llamar a los agoreros y adivinos, y preguntólos: "¿No sabéis qué es esto que he visto? Que viene mucha gente junta". Y antes que respondiesen los adivinos, desapareció el ave, y no respondieron nada.[1]

En realidad, uno se puede preguntar si la premonición del derrumbe final se nutre de una información verdadera. En la estela de Cristóbal Colón, quien descubre las Lucayas el 12 de octubre de 1492, los navíos españoles recorren pronto el mar Caribe. Desde 1511, Cuba se vuelve el pivote de las Indias occidentales. Ahora bien, sólo hasta 1517, con la expedición de Hernández de Córdoba, un barco español da la vuelta, por primera vez, a la península yucateca. ¿Pudo el mundo mexicano ignorar durante veinticinco años lo que ocurría en las Antillas? Es completamente improbable. Los mundos americanos no eran mundos cerrados y la noticia de la instalación de los blancos seguramente había llegado hasta México. Los dirigentes aztecas sabían a todas luces qué poder de hierro y de pólvora hacían reinar los recién llegados. Se entiende mejor entonces la preocupación que sobrevuela las últimas décadas del imperio y el abatimiento de Motecuzoma cuando se entera por la noche de que se acercan las velas españolas. A su modo de ver, se ha vencido el plazo. Ahora sabe que tendrá que hacerse a un lado ante esos hombres con caparazones de metal brillante llegados de otro lado de los mares.

Los historiadores en busca de explicaciones todavía manejaron algunas ideas: por un error trágico, los españoles habrían sido confundidos con dioses o bien Motecuzoma, al traicionar a su pueblo, le habría dado las llaves de su reino a su celador. Una misteriosa correspondencia calendárica, según la cual Cortés llegó a México en un año 1 caña, signo de Quetzalcoatl, también habría turbado las mentes, al sugerir que volvía el dios. El problema parece de otra naturaleza. El fundamento del poder nahua, de ca-

282. Desembarco de Cortés. Viñeta de apertura del libro XII del Códice Florentino.

si treinta siglos, reside en su capacidad de integrar a poblaciones diversas. Ahora bien, he aquí que se presentan a las puertas de Mesoamérica unos hombres blancos, sujetos de un monarca lejano y poderoso. Esta vez, el invasor está fuera de su alcance. Ya no se trata de una simple horda de guerreros batalladores, que guían alguna tribu migrante chichimeca. Con los conquistadores, es todo el Viejo Mundo el que llega a las fronteras del poder mexicano. Y entonces, la máquina se agarrota y revela su impotencia. La fuerza del poder azteca es una fuerza de atracción, no de repulsión. Pero esta vez, la dinámica no puede operar. Más allá del ser físico de los soldados españoles, los mexicanos habrían tenido que adueñarse del trono de Carlos V, de sus tierras y de su dios. De repente, se invierte el movimiento que hace siglos llevó a los aztecas al poder: lo exterior cerca a lo interior. Arrastrado en una dinámica inexorable, el mundo azteca se satelizará alrededor de la corona española.

El 8 de noviembre de 1519, a la desembocadura de la calzada de Tlalpan, a unos pasos del Templo Mayor de México, Motecuzoma recibe a

Cortés; ambos se inclinan respetuosamente el uno ante el otro y los españoles son conducidos con pompa al "palacio de Axayacatl", que fue elegido para ser su residencia. Ninguna violencia trastorna una atmósfera de grandeza y de solemnidad. Una semana después, con un pretexto irrisorio, Cortés toma preso a Motecuzoma, a pesar de haberle demostrado su estima, quizá incluso su amistad. La Conquista de México ha tomado un giro decisivo. Durante cinco meses, Cortés se dedica a consolidar su poder. Entonces interviene Narváez, el fundador de La Habana, el amigo del gobernador de Cuba. Llega para disputarle a Cortés su conquista mexicana. Cortés viaja a Veracruz para deshacer a su rival. Mientras tanto, se desencadena el drama: en México, los aztecas se preparan para festejar a Huitzilopochtli. Por un motivo desconocido —perfidia o reflejo de pánico—, Alvarado ordena la masacre de todos los indios reunidos para la celebración. México se alza contra los españoles.

El divorcio se consuma. El 24 de junio, Cortés, vencedor de Narváez, vuelve a Tenochtitlan, que encuentra en una situación desastrosa. Motecuzoma morirá unos días después en circunstancias oscuras. El 30 de junio, los españoles se ven obligados a huir: es la Noche Triste, la retirada sangrienta cuando Cortés pierde más de la mitad de sus hombres. El conquistador necesitará más de un año para volver a formar sus tropas y preparar el asalto final. Desde Tlaxcala, donde se refugió primero, y luego en Texcoco, cerca de México, organiza el sitio de la capital azteca. Como México es una isla, hace construir trece bergantines para sostener navalmente el bloqueo que le impone a la ciudad. La resistencia de los mexicas, sostenida por el arrojo de su último emperador, Cuauhtemoc, se revela a la vez inteligente y heroica. Pero, el 13 de agosto de 1521, después de meses de combates encarnizados, cae México, agotada y arruinada. Así se consuma la amenaza temida durante milenios. En la sombra del destino, acechaba el cataclismo. El Quinto Sol muere tras la irrupción del "afuera". El mundo azteca perece, incapaz de neutralizar una muerte venida de otra parte.

Sobre los escombros de la antigua capital, se inicia el secundo mestizaje. Rebautizado como Nueva España, el país se doblega a las exigencias de sus nuevos dueños. Pero Cortés está lejos de ser el hombre de saco y cuerda que describió una historia falaz. Hábil y sutil, aleccionado por el fracaso antillano que vivió como actor de primera fila, llega a México con una idea en la cabeza: el mestizaje. Por lo demás, la aplicará con su propia persona al vivir en concubinato con varias mujeres indígenas, como la famosa Malinche y la hermosa Tecuichpo, una de las hijas de Motecuzoma, y tener un hijo con cada una de ellas. Cortés no desea en modo alguno recrear en México una segunda España a expensas de los indios. Su proyecto — ¿acaso es realmente quimérico?— es suscitar la emergencia de un nuevo mundo que reuniría lo mejor de las dos culturas, mediante la fusión de una Castilla despojada de sus atrasos medievales y de un mundo azteca liberado de la idolatría. Esto explica la política cortesiana de deferencia hacia las autoridades tradicionales, de respeto por los usos y costumbres indígenas, y de inserción en la historia prehispánica. Por ejemplo, cuando algunos le susurraban al oído que desplazara la capital de la Nueva España a otro sitio, opta sabiamente por reconstruirla ahí mismo: le parece necesario conservar el simbolismo del lugar y sobreponer, según la tradición nahua, la nueva ciudad a la antigua. Neomesoamericano, Cortés le apuesta a la continuidad, no a la ruptura.

Su llamado a las órdenes mendicantes va en el mismo sentido. Para cristianizar a los indios, el capitán general de la Nueva España rechaza cualquier idea de recurrir al clero secular. Por el contrario, llama a los franciscanos, porque conoce su sensibilidad. Aprecia su rechazo a la corrupción de las costumbres y su visión sublimada del indio, que los frailes perciben como al hombre nuevo, libre de todas las contaminaciones del Viejo Mundo, en el que podrá encarnarse el ideal evangélico. Los hermanos menores, que llegan desde 1524, obrarán con eficacia en favor de la protección de los indios, y se dedicarán a convertirlos, sin impedir que sigan siendo indios. Predicación en lengua vernácula, elaboración de crónicas para valorar la historia y la tradición cultural de los habitantes de México, fundación del Colegio de Tlatelolco para formar a la elite autóctona (1536), creación de un teatro evangelizador en náhuatl, invención de una música sagrada con instrumentos prehispánicos, procesiones que combinan danzas y cantos rituales, adaptación de ciertas prácticas católicas para volverlas más accesibles; todo se hizo para que los indios se apropiaran del cristianismo importado. Así que no debe sorprender que haya nacido una religión sincrética: ni totalmente cristiana, ni totalmente pagana, ¡sino lo bastante ambigua como para que, en el mismo movimiento, la aceptaran tanto Roma como los indígenas! El mestizaje de sangres, muy tímido al principio, se dobló con un mestizaje cultural bastante fulgurante.

Del tesoro de Motecuzoma a los objetos del contacto

El oro en la épocas IV y V se usaba sólo para ornamentos corporales: anillos, collares, bezotes, narigueras, orejeras. 283. Nariguera llamada yacameztli, cultura mexica, Cuenca de México. 284. Nariguera procedente de Teotitlán del Camino, Oaxaca.

En los grandes museos europeos se encuentran valiosas colecciones de objetos "aztecas", y como no se dispone de datos serios acerca de su procedencia, se dice que todas éstas deben haber pertenecido al "tesoro de Moctezuma". Sin duda, varias fuentes han probado que Cortés recibió de Motecuzoma cierto número de presentes cuando llegó a Vera Cruz. Tales regalos eran sobre todo objetos rituales y adornos militares, hechos de plumas y de piedras finas; pero se encontraban unas pequeñas joyas de oro. Cortés gustó de enviar todos esos presentes a España. De cualquier modo, tuvo la prudencia de añadir, para Carlos V, un disco de oro que representaba al sol, "grande como una rueda de carro" que pesaba 3,800 pesos, así como un "disco de plata" que, para la imaginación española, era una figuración de la luna. Alonso Puerto Carrero y Francisco de Montejo llevaron esos objetos a España, y contamos con su inventario, que se anexa a la *Primera Relación* fechada en Vera Cruz y firmada el 10 de julio de 1519, es decir antes de la marcha hacia México.[2] La crónica de Bernal Díaz del Castillo comprende también la descripción de los presentes de Motecuzoma[3] mientras que una versión indígena consignada por Sahagún describe los adornos divinos ofrecidos a Cortés por los mensajeros de Motecuzoma despachados a toda prisa hacia Vera Cruz.[4] Unos meses antes, Diego Velázquez, el gobernador de Cuba que tenía interés en México y había montado la expedición de Juan de Grijalva (1518), envió a España los primeros objetos mexicanos bajo la forma de unas cuantas joyas de oro y pedrería, obtenidas por el navegador en la embocadura del río Tabasco y del río de Banderas.

Más tarde, se dieron otros intercambios de regalos con Cortés, pero también muchos hurtos. Se sabe el modo en que el tesoro del tlatoani mexica fue tapiado en el "Palacio de Axayacatl" que hospedó a los españoles, para sustraerlo a su codicia. Se sabe que Cuauhtemoc, el sucesor de Motecuzoma, fue torturado para que revelara el secreto del "tesoro de los aztecas". La historia insistió lo suficiente en la sed de oro que animó al ejército de Cortés como para que no sea necesario volver a ella. La búsqueda de las riquezas mexicanas no estuvo exenta de brutalidad: templos vaciados de sus estatuas, casas violadas y robadas, joyas arrancadas de la nariz y de las orejas de los indios, y la lista de daños de la avidez no pertenece solamente a una leyenda negra.

Cortés procede a un segundo envío en mayo de 1522, después del saqueo de México, para liberarse del quinto del rey: a los treinta mil pesos de oro fundido, añade piezas de orfebrería, joyas, obras maestras de plumajería. Reúne otros objetos de pluma para donarlos a iglesias, monasterios y distintas personalidades.[5] En la práctica, esta segunda expedición no llegó íntegra a su destino. Dos de los tres barcos que salieron de Vera Cruz en junio de 1522 fueron interceptados en el mar de las Azores por un pirata francés, a quien los textos españoles llaman Juan Florín (que quizá sea Jean Fleury de Honfleur, al servicio de Francisco I). En una de sus cartas a Carlos V, Cortés lamenta ese desvío, ¡pero se alegra irónicamente de que los franceses puedan apreciar así la grandeza de la corona imperial![6]

Por lo tanto, es indudable que unos objetos mexicanos precolombinos llegaron a España desde 1519, y a Francia en 1522. Tenemos varios testimonios de la sorpresa y la admiración que produjeron en el Viejo Mundo. Pedro Mártir, el cronista de Indias, levanta una primera lista en diciembre de 1519. En un texto famoso, el pintor Alberto Durero da cuenta en términos en extremo admirativos, de una exposición organizada en Bruselas durante el verano de 1520. Gonzalo Fernández de Oviedo pudo ver algunos de esos objetos en Sevilla; Bartolomé de las Casas dejó una descripción detallada de los que vio en Valladolid. Esos objetos aztecas polarizan entonces una intensa curiosidad entre los eruditos y los príncipes europeos: de inmediato, viajan, cambian de manos, cruzan fronteras, son regalados, vendidos y robados. En pocas palabras, su pista se vuelve casi imposible de seguir, como lo mostró con mucha claridad Christian Feest en su valioso estudio.[7] Existen inventarios y descripciones, pero siempre demasiado someros como para identificar objetos precisos: se mencionan penachos de plumas verdes, escudos con incrustaciones de oro, piezas de algodón bordadas y decoradas con plumas preciosas, cetros, bastones de mando, espantamoscas, manípulos y mitras. Cortés menciona por ejemplo, sin más detalles, el envío de "dos libros de los que aquí tienen los indios"; ¿cómo saber de qué códice se trata? Así que en torno a ese "tesoro de Motecuzoma" se constituyó un mito: todos los objetos aztecas preservados en los museos europeos provendrían del envío de Cortés. Una especie de vaga tradición oral serviría como garantía de esta interpretación, que señala varias ramificaciones. La conexión Habsburgo explicaría la llegada de los objetos mexicanos a Alemania, Austria y Flandes: serían regalos de Carlos V para su hermano Fernando I. La conexión italiana hallaría su origen en las relaciones privilegiadas establecidas desde el patronato de 1492 entre la corona española y el Vaticano. Los objetos franceses, por su parte, se habrían conseguido por medio de los corsarios del rey. En esta tradición, existe más carga afectiva que verdad histórica. La genealogía de ciertos objetos se remonta efectivamente hasta el siglo XVI, pero nunca hasta 1521. De hecho, en la mayoría de los casos, la procedencia de los objetos es imposible de establecer.

La verdad sobre las obras maestras aztecas de los museos europeos debe considerar una realidad inevitable: el mestizaje. Cualesquiera que hayan sido sus modalidades, la interconexión de ambos mundos modificó los comportamientos y los modos de pensamiento tanto de unos como de otros. Así que los mexicanos se vieron tocados por rasgos culturales europeos desde el momento del contacto. Esto es notable en materia artística: los artistas indígenas descubren no sólo la perspectiva —que es una revolución mental—, sino también un modo de representar el cuerpo y el rostro humano; se encuentran ante un modo de empleo del espacio completamente nuevo, combinado con una gramática de motivos desconocidos. La producción artística mexica se vio influida muy pronto por la presencia española, primero de manera imperceptible y luego con más claridad, antes de que los caracteres indígenas se volvieran residuales en el interior de un estilo globalmente europeizado. Obnubilados por el relato del envío de Cortés, convencidos de que algunos conquistadores se dedicaron a coleccionar objetos aztecas que transportaron a Europa, los historiadores del siglo XIX no dieron detalles: consideraron indistintamente todos los objetos "paganos" como prehispánicos, mientras que sólo los objetos religiosos eran considerados como obras coloniales. Esta opinión sobrevivió hasta nuestros días, a pesar de las evidencias. Ya es tiempo de restablecer algunos matices en esta percepción que confundió indebidamente objetos prehispánicos, objetos de transición y objetos de contacto.

Existen en los museos europeos piezas aztecas precolombinas, pero fueron bastante pocas: la mayoría son objetos arqueológicos de piedra o cerámica exhumados durante el siglo XIX, época cuando sólo un puñado de eruditos se interesaba por la historia precortesiana; los objetos rescatados del "tesoro de Motecuzoma", por su parte, se cuentan con los dedos de una mano. Por ejemplo, se puede considerar como un objeto prehispánico que formó parte de los envíos de Cortés, el escudo de plumas del Museum für Völkerkunde de Viena. Más que un arma de guerra, es un objeto de gala como los llevaban los altos dignatarios del ejército mexica. Se trata de un escudo circular de setenta centímetros de diámetro, hecho de un armazón de caña cubierto con un mosaico de plumas finamente pegadas sobre papel de agave. La composición representa a un animal fantástico cubierto de plu-

285. El Xochipilli de Tlalmanalco, Estado de México. Ejemplo de objeto de transición.

mas azules, cuyos contornos están delimitados por finas láminas de oro delicadamente cosidas en el armazón. Delante de su hocico abierto lleva el signo de la guerra sagrada (*atl tlachinolli*) y destaca sobre un fondo de plumas rosas. El animal en cuestión es a todas luces un *ahuizotl*, especie de nutria que vive en el lago de México, y adornada con complejas cualidades míticas. Como un tlatoani mexicano llevó ese nombre, uno se puede preguntar si ese escudo de gala de calidad excepcional fue el escudo distintivo de este soberano. La otra interpretación posible consiste en verlo como la representación del dios de los plumajeros, Coyotlinahual, que puede adoptar los rasgos de un coyote emplumado. Sin embargo, en esta hipótesis, el glifo de la guerra sagrada se volvería incomprensible, proferido por el dios de una corporación de artesanos; el signo, en cambio, cobraría sentido en boca del gran jefe guerrero que fue Ahuizotl.

Es imposible reconstruir el recorrido de este objeto durante el siglo XVI. Sólo se sabe con certeza que está presente en 1595 en la colección del archiduque Fernando de Tirol, reunida a partir de 1567 en Innsbruck y luego en el castillo de Ambras. Pero, aun sin huellas escritas, es obvio que se trata de un objeto prehispánico realizado según cánones y técnicas puntualmente conformes a los que aplicarían los amantecas aztecas. Otro escudo de plumas de origen prehispánico se encontraba en Austria, en el castillo de Laxenburgo, cerca de Viena; hoy se encuentra en las colecciones del Castillo de Chapultepec en México, adonde fue llevado por Maximiliano en 1864. Por desgracia, está bastante maltratado.

Otra categoría de objetos rara vez considerados, corresponde al periodo de transición entre la era prehispánica y la era colonial, que corre de 1520 a 1530. Recordemos que en los primeros años de la Conquista, México ya sólo cuenta unos cuantos miles de españoles, frente a veinte o veinticinco millones de indígenas; recordemos también que, en 1530, sólo hay alrededor de cincuenta franciscanos evangelizadores. De esta situación resulta un tiempo latente en el que la religión antigua sigue practicándose, pero cuando la fabricación de los "ídolos" empieza a ser influida estilísticamente por los modelos venidos de Europa. Por ejemplo, se ven el águila y el jaguar de la díada prehistórica lastrados con un zoclo a la occidental. Este periodo, por breve que sea, generó unas cuantas piezas notables. A mi juicio, se pueden citar dos, que son ejemplares: el Xochipilli de Tlalmanalco y el Quetzalcoatl de pórfido del Museo del Hombre de París.

En el primer caso, los atributos glíficos tradicionales del dios del juego (la flor, el glifo *tonalo* con sus cuatro círculos en cuadro, las barras verticales rojas y negras) se combinan con componentes netamente occidentales que se remiten a la vez al grafismo y a la economía general de la escultura. Observemos para empezar, que el asiento sobre el que se encuentra Xochipilli, "el príncipe de las flores", está sobredimensionado en relación con los tradicionales *icpalli* empleados en el mundo mesoamericano.

El icpalli, reservado a los dignatarios, es normalmente un taburete bajo. Aquí, Xochipilli está encaramado sobre un verdadero trono: el icpalli debió de amplificarse cuando los mexicas observaron que los españoles empleaban el asiento alto. Para no quedarse atrás, el artista le dio una importancia considerable a lo que tenía que ser el equivalente de un trono. Luego, Xochipilli está representado con el rostro cubierto por una máscara, convención desconocida en esta forma en el mundo prehispánico. Aparte de Xipe Totec, siempre representado cubierto con la piel de un sacrificado, los dioses llevan pinturas faciales y no máscaras. El hecho de que el dios del juego se represente con una máscara se debe más bien a un sustrato conceptual europeo. Finalmente, las flores en relieve que cubren su cuerpo desnudo tampoco corresponden a los estándares prehispánicos: en lugar de una flor estereotipada, glifo inmutable y repetitivo, el artista se complació en grabar varias flores de aspectos muy diferentes, algunas de perfil, otras de frente. Más aún, algunas son margaritas muy inspiradas en los modelos occidentales: otras no pueden negar su filiación con la flor de lis, cara a algunos conquistadores. Con su mariposa chupadora posada en la corola, las grandes rosetas que adornan los cuatro lados del icpalli tampoco tienen equivalentes estilísticos en la tradición prehispánica.

La magnífica estatua de Quetzalcoatl, semihombre semiserpiente, ingresó en las colecciones del Museo de Etnografía de París hasta 1883; en el siglo XIX perteneció a los coleccionistas Eugène Boban y Alphonse Pinart, pero carece de una genealogía previa comprobada. Es única en su tipo. Se conocen numerosas representaciones de Quetzalcoatl bajo su forma de serpiente emplumada: enroscado sobre sí mismo, generalmente lleva, grabado detrás de la cabeza, el glifo 1 caña, su nombre calendárico. En algunas esculturas, una cabeza humana emerge del hocico abierto del ofidio. Pero la estatua del Museo del Hombre es la única que representa al dios mesoamericano bajo la forma combinada del hombre y de la serpiente, en una figura

286. Estatua de Quetzalcoatl del Museo del Hombre. Otro ejemplo de objeto de transición.

completa. En efecto, además del rostro masculino visible entre los colmillos de la serpiente, el artista representó los brazos, las manos, la pierna y el pie derechos, así como la extremidad del pie izquierdo del hombre-dios. Por lo demás, se distingue la cabeza de la serpiente con sus colmillos y su lengua bífida, así como los cascabeles de la cola y los anillos delicadamente cubiertos con plumas ondulantes. Las partes humanas recibieron un tratamiento particular: un pulido muy fino que las distingue claramente de las partes animales.

El añadido de los miembros humanos en el cuerpo de la serpiente enroscada sobre sí misma no corresponde a ninguna tradición prehispánica. Más aún, la manera misma de hacer el pie, como volteado hacia un lado, es una convención que sólo se observa en manuscritos poshispánicos como el *Códice Florentino* o el *Códice Mendocino*. En ellos, se observa la voluntad del artista indígena de emplear la tercera dimensión descubierta en los efectos de la perspectiva europea, pero transpuesta a las costumbres gráficas prehispánicas que se insertan sólo en las dos dimensiones del plano. Al fondo, ese pie de Quetzalcoatl tratado en bajorrelieve aparece más bien como un glifo aplicado sobre la estatua de bulto. Los puristas notarán por añadidura que los rasgos de Quetzalcoatl dejaron de ser totalmente indígenas. Sin embargo, no cabe duda de que es efectivamente la estatua de un dios precolombino: Quetzalcoatl lleva sus bien conocidas orejeras de gancho, insignias de su calidad divina.

Estos objetos de transición son raros en virtud de la brevedad de su época de producción, apenas diez años. Pero son testigos de un momento capital y, a fin de cuentas, conmovedor. Se advierte en ellos la labor de penetración de influencias externas sin que éstas hayan intervenido en el cuerpo de las creencias religiosas. El fondo se mantiene, pero la forma ya evoluciona. Esos objetos llevan los últimos fuegos de la civilización mexica.

El caso de los objetos de contacto es radicalmente distinto. Después de 1529-1530, les resultó difícil a los indígenas fabricar estatuas de sus dioses. Los religiosos habían acabado por imponer una política de destrucción de los ídolos y una prohibición patente se cernía sobre la religión autóctona. Sin embargo, el arte mexicano, que había provocado la admiración de todas las cortes europeas, era poderosamente apreciado en el Viejo Mundo y los príncipes buscaban sin cesar con qué llenar sus gabinetes de curiosidades. La prohibición oficial a los indios de poseer ídolos imposibilitaba de facto el tráfico de objetos prehispánicos. Éstos estaban condenados al fuego de los autos de fe o a la desesperante soledad de los escondrijos amurallados. Por lo tanto, se instauró en la Nueva España una especie de artesanado de lujo, un verdadero mercado de curiosidades, que exportó hacia Europa objetos representativos del genio artístico mexicano. Dos tipos de objetos se fabricaron de modo más específico —además de los manuscritos que se mencionarán más adelante—. Por una parte, siguieron realizándose objetos que carecían de carga religiosa, al modo de ver de los españoles, y que por lo tanto no eran sospechosos de transmitir alguna idolatría: éste fue el caso de los objetos de plumas, adornos guerreros en su origen.

Altamente apreciada en Europa, la plumajería mexicana fue muy solicitada. Por desgracia, la pluma preciosa es un material extremadamente frágil, y muy pocas de todas las maravillas que entraron entonces en España fueron preservadas. El famoso "penacho de Motecuzoma" conservado en Viena aparece como sobreviviente. No es seguro que haya formado parte de los envíos de Cortés,[8] pero aun si es un objeto de contacto, se adecua a un modelo prehispánico y es innegable que en su tiempo, constituyó un adorno de gran valor. Para su parte radial, se emplearon las plumas caudales del quetzal, que eran las más buscadas en Mesoamérica. En efecto, cada ave sólo tiene dos, así que hubo que matar más de doscientos especímenes para realizar este atavío, que también tiene plumas azules de cotinga, plumas rosas de espátula y plumas cafés de piaya. Se discutió mucho el destino del objeto: ¿se trata de un tocado, de una capa que se llevaba sobre los hombros o de un adorno para el pecho? ¿O bien de un abanico o un estandarte? Se sostuvieron todas estas interpretaciones desde 1878, fecha del redescubrimiento del objeto en el Castillo de Ambras. En realidad, todas ellas pecan de etnocentrismo. Una vez más, hay que devolver el objeto a su contexto: los dignatarios aztecas iban a la guerra con "armas" distintivas de su rango, compuestas de un escudo ornamentado y de un *tlamamalli tlauiztli*, especie de armazón de mimbre, que se llevaba en la espalda y se fijaba al cuerpo con correas cruzadas sobre el pecho. Sobre este armazón, se colocaban esos famosos penachos de plumas desplegadas en media luna o incluso en círculo casi completo, al ponerse el centro de la aureola detrás de la cabeza del guerrero. Los conquistadores inventaron una bonita palabra para designar a este objeto, que carecía de equivalente en la cultura prehispánica: resplandor. Los códices del siglo XVI lo han representado innumerables veces (por ejemplo, Lienzo de Tlaxcala, 29, 48, 52, 53, 56, 64, 68, 77, 80; *Códice Florentino*, VIII, fol. 34r/v; IX, fol. 5r/v; etcétera.)

De igual modo, el "abanico" de Viena representa un objeto empleado en la época prehispánica, sin que el ejemplar que llegó hasta nosotros sea precortesiano en sí mismo. Llamado "moscadores" (espantamoscas) por los conquistadores, esos magníficos círculos de plumas eran objetos rituales de parada cuyo nombre azteca, *ecaceuaztli*, "lo que da viento fresco", muestra que pertenecen efectivamente a la categoría de los abanicos. El ejemplar de

Viena es el único en su categoría que ha subsistido. Sin embargo, lleva una banda con espigas y dos motivos centrales de estilo y de factura muy europeizados.

Por otro lado, se elaboraron objetos inéditos, desprovistos de sentido en relación con las creencias prehispánicas, pero de una naturaleza que realzaba el talento y la habilidad original de los artesanos mexicas. Esos objetos, creados especialmente para compradores extranjeros, halagaban de buena gana el gusto renacentista de la época, a fuerza de dragones emplumados y arabescos rebuscados, al mismo tiempo que atestiguaban cierto relumbrón en la elección de las materias primas: el oro, el jade, los mosaicos de turquesas, las incrustaciones de nácar o de coral; apuntaban a responder al deseo de ostentación de los ricos coleccionistas europeos. En esta categoría se incluyen armas de fantasía, instrumentos musicales como los tambores de lengüetas (*teponaztli*), miniaturas, joyas, espejos de obsidiana, objetos de madera cubiertos de mosaico de piedra dura, así como piezas sin antecedentes prehispánicos probados que cultivaban una mera singularidad, como esos candiles de venado grabados con motivos extraños que tienen el Museo del Quai Branly de París (antes Museo del Hombre) y el Museum für Völkerkunde de Berlín.

Tenemos pruebas, en varios inventarios de la época, de la presencia de esos objetos mexicas del siglo XVI en los gabinetes de curiosidades europeos. Por ejemplo, entre los Medici, se sigue la huella de una "máscara de la India de turquesa sobre madera" que perteneció a Cosme I, duque de Florencia, a través de los sucesivos registros que datan de 1553, 1640, 1665, 1744, 1770 y 1783. Se cree reconocer ahí a la máscara actualmente exhibida en el Museo Pigorini de Roma.[9] Los dos mangos de cuchillo cubiertos de mosaico de turquesa de ese mismo museo se encuentran también en la colección del marqués Ferdinando Cospi, en Bolonia, en 1667. La colección del Castillo de Ambras está en el origen del actual fondo mexicano del Museum für Völkerkunde de Viena. Gracias al famoso inventario establecido en 1596, se puede juzgar la antigüedad de su presencia en suelo austriaco. Ahora bien, aparte del "escudo de Ahuizotl" y algunas contadas excepciones, esos objetos provenientes de los gabinetes de curiosidades europeos no son prehispánicos. Son creaciones en el sentido propio del término, de inspiración compleja, destinadas esencialmente para probar una maestría técnica, elaboradas para responder a una curiosidad exterior e indiferente al significado del contenido. Así, no se pueden considerar como prehispánicos ni los *atlatl* "ceremoniales" decorados con grabados y chapa de oro, ni los objetos de mosaico de turquesa, ni los tambores de madera antropomorfos o zoomorfos, ni los espejos de obsidiana pulida, ni ciertas esculturas de piedra fina conservadas en varios grandes museos europeos y estadounidenses.

El asunto se complica en la medida en que se añaden a esos objetos de contacto que ya habían perdido cualquier función ritual, cultural o simbólica unas imitaciones del siglo XIX cuyos inventores forzaron mucho lo insólito, realizando objetos propiamente imposibles. Nuestra visión del arte mexica puede verse seriamente alterada por ello. Así que parece conveniente considerar que un objeto que carece de antecedentes prehispánicos o de sentido en el sistema simbólico mesoamericano, es un objeto posterior a la Conquista: ciertamente, éste resulta interesante para la historia del arte, incluso en sus pleitos con las falsificaciones, pero no necesariamente para la antropología del mundo mesoamericano.

Los manuscritos pictográficos

Naturalmente, toda la Mesoamérica que conoció la escritura conoció el libro. Se emplearon dos tipos de soporte: el papel, fabricado a partir de la fibra de la corteza del ficus, y la piel de venado, finamente estucada. Los manuscritos estaban enteramente trazados y pintados con pincel por una corporación especializada, los *tlacuilo*. Prácticamente todos los colores eran de origen mineral. Tenemos la prueba de la existencia de esos libros precolombinos, aunque muy pocos llegaron hasta nosotros, después de haberse salvado de las hogueras, los desórdenes de las guerras y las injurias del tiempo. Son bandas de cuero dobladas en acordeón y pintadas sobre uno o ambos lados, sólo el *Códice de Dresden* es de papel indígena.

Este último parece el único códice maya atribuible al periodo prehispánico; a todas luces, es yucateco y tardío (Época V). El caso de los otros dos códices mayas conocidos está más discutido: el estilo del *Códice Peresiano* (Biblioteca Nacional de París) evoca más bien la época poshispánica, mientras que el *Códice Trocortesiano* (Madrid) es considerado por un buen número de especialistas como dudoso.

287. Códice Borbónico, lám. 14. Este manuscrito es una copia poshispánica de un tonalamatl prehispánico, utilizado en la lectura de los destinos humanos.

Para el mundo nahua, sólo tres documentos se imponen como precolombinos: el *Códice Borgia* (Vaticano), el *Códice Fejérváry-Mayer* (Liverpool) y su alter ego estilístico, el *Códice Laud* (Biblioteca Bodleiana de Oxford). De contenido ritual, estos tres manuscritos reflejan las creencias del Altiplano Central (Valle de México o cuenca de Tlaxcala). La región mixteca también nos legó el *Códice Nuttal* (Londres) y el *Códice Bodley* (Oxford), así como el *Códice Colombino* (México) y el *Códice Becker 1* (Viena), que son dos partes de un mismo original. Todos proceden del género genealógico-histórico; los relatos giran principalmente en torno a la figura de un jefe mítico llamado 8 venado o "Garra de jaguar". Finalmente, la procedencia del *Códice Vindobonensis* se sigue discutiendo: algunos ven en él un origen atlántico (región de Veracruz) y dicen que es uno de los libros que Cortés envió en 1519; otros lo clasifican entre los manuscritos mixtecos, lo cual es más arriesgado, pues el valioso libro ya estaba en manos de Manuel I, rey de Portugal y cuñado de Carlos V, en 1521, mientras que el contacto con Oaxaca apenas está establecido.

Si bien este legado prehispánico no es impresionante en términos cuantitativos, es inestimable en términos cualitativos, ya que nos proporciona las referencias indispensables para evaluar el contenido de los manuscritos coloniales. En efecto, el encuentro entre el sistema de escritura pictográfica y las convenciones escriturales y pictóricas europeas fue muy fecundo; generó cientos de manuscritos que se vinculan con diferentes géneros.

En primer lugar, se señala un grupo de documentos que, según se dice, son copias de originales prehispánicos. Es el caso del *Tonalamatl Aubin* y de la primera parte del *Códice Borbónico*, que reproducen el calendario adivinatorio mexicano con sus veinte trecenas sometidas a múltiples influencias divinas. El *Códice Vaticano B*, de contenido religioso, sigue un modelo bastante cercano al del *Códice Borgia*. El *Códice Boturini* corresponde, por su parte, a una crónica: relata la migración de los aztecas desde la isla inicial hasta Colhuacan.

Al ver que los mexicas usaban pinturas para consignar sus tradiciones, los religiosos interesados en la historia y la cultura prehispánicas lograron que ciertos indios convertidos elaboraran manuscritos pictográficos relativos a sus antiguas creencias, a sus ritos y sus fiestas: así nacieron por ejemplo el *Códice Vaticano A* y el *Códice Magliabecchi*. Otros documentos toman la forma de anales que enumeran las fechas y los acontecimientos correspondientes (*Anales de Tula*, *Códice Azcatitlan*, etc.). La petición española también pudo emanar de autoridades civiles: la *Matrícula de los Tributos* fue establecida porque el poder español, que había sustituido al del tlatoani azteca, deseaba conocer la naturaleza exacta de los impuestos en la época prehispánica. Dicha *Matrícula*, lo mismo que la versión incluida en el *Códice Mendocino*, nos informa de modo magistral acerca de la composición del imperio mexicano.

Por su parte, los indígenas, al ver que los españoles atribuían un papel importante a la escritura, concibieron documentos pictográficos subtitulados en español o en lengua vernácula transcrita en el alfabeto latino. Por ejemplo, construyeron genealogías para defender sus títulos y privilegios. Con más frecuencia, establecieron mapas para que se respetaran los límites territoriales de sus comunidades. Éstos se unen a menudo con relaciones odográficas en las que se describe la historia del pueblo desde la época de la migración. La *Historia tolteca-chichimeca*, procedente de la región poblana, es un excelente ejemplo de ello. En esta etapa, es difícil evaluar la participación de la tradición jurídica prehispánica y la del aporte europeo, pues ambas fuentes se fusionaron de modo estrecho.

El encuentro entre ambas culturas también le dio vida, en el siglo XVI, a un género completamente original: los catecismos pictográficos. Se dice que estos catecismos llamados "testerianos" fueron imaginados por Jacobo de Testera, fraile franciscano francés oriundo de Bayona; transcriben con pictogramas las palabras de los oraciones principales y los temas fundamentales de las creencias católicas. Cierto número de símbolos y de signos cristianos pudieron ser integrados directamente como ideogramas: así, una corona representa a la virgen María, una llave evoca a San Pedro, la famosa cruz en forma de X designa a San Andrés, mientras que la rejilla, instrumento de suplicio de San Lorenzo, representa a este último. Pero este sistema ideográfico no bastaba para expresarlo todo, así que los franciscanos se dedicaron a introducir el fonetismo en las convenciones glíficas. Por ejemplo, para transcribir el *Pater Noster*, se les ocurrió dibujar una pequeña bandera (*pan-tli*) sobre una piedra (*te-tl*) seguida de un cacto (*noch-tli*) que también remata a una piedra. La lectura fonética —algo aproximada, naturalmente— da *pan-te-noch-te*. Asimismo, para transcribir a San Francisco se ven dibujados una pequeña bandera (*pan-tli*), dos pequeñas conchas (*cil-*

lin) y un cuenco (*com-itl*) que rematan un murete de adobe (*xam-itl*), lo cual se lee *xan-pan-cil-co*. Desde luego, la notación fonética se aplicó para transcribir las lenguas vernáculas, náhuatl y otomí en particular. De hecho, el sistema aplicado en los manuscritos "testerianos" siempre permaneció indígena, es decir esencialmente icónico: lo figurativo ocupa un lugar importante en ellos y los catecismos aparecen como sorprendentes historietas en las que se encuentra el espíritu de los antiguos códices prehispánicos. La apuesta de este invento franciscano, que estimuló grandemente a los tlacuilos indígenas, fue menos pragmática que sagrada: hombres como Pedro de Gante, Bernardino de Sahagún y Andrés de Olmos entendieron perfectamente, como etnólogos experimentados, que transcribir las enseñanzas de la Iglesia en el lenguaje de los glifos antiguos era una excelente manera de sacralizar el cristianismo ante los autóctonos, pues en el México precortesiano, los libros siempre habían tenido que ver con la religión.

El encuentro en México entre los estilos y los sistemas de representación del Viejo y del Nuevo Mundo desembocó en un mestizaje progresivo de las convenciones pictográficas. Primero, el descubrimiento del fonetismo les abrió paso a nuevos glifos: el *Códice Mendocino* de 1540-1541 emplea glifos toponímicos inéditos que integran elementos que tomaron un valor fonético. Así, el glifo de la ciudad de Mixtlán, "el lugar de las nubes", se compone de dos partes: una nube para *mix-*(*tli*) y unos dientes (*tlantli*) cuyo valor fonético transcribe la partícula locativa *tlan*. El diminutivo *-tzin* se "traduce" del mismo modo mediante la parte posterior de un cuerpo humano (*tzintli*): aparece en Tullantzinco, Teocaltzinco, Totoltzinco, Matlatzinco, etc. Otro ejemplo de la irrupción de la trascripción fonética es la vírgula de la palabra —antiguamente reservada a la manifestación del poder— que anota el sonido *nahuac*, que significa "cerca de", apoyándose en un parentesco fonológico entre esta preposición y el idioma *nahuatl* expresado por el glifo de la palabra. Todo esto constituye la famosa escritura de tipo "rebus" que los investigadores creían, hasta los años ochenta del siglo pasado, un rasgo característico de una "evolución" de la escritura indígena hacia el fonetismo. Pero, no se ha detectado ningún indicio del uso fonético de los signos en los vestigios precolombinos, y hoy, las huellas del fonetismo presentes en los códices poshispánicos se reconocen de modo unánime como el producto de la intrusión española, aun si unos escribas mexicanos realizaron la labor de adaptación del código glífico.

Después, la perspectiva europea que instaura una jerarquía de los planos en la profundidad de campo generó otra forma de apropiación: la perspectiva diferencial inscrita en el plano. Evidenciada y notablemente estudiada por Joaquín Galarza,[10] esta perspectiva indígena es una verdadera transposición. Adaptada al sistema pictográfico tradicional, emplea la variación de las dimensiones de las figuras y los glifos para anotar la importancia jerárquica de los temas y los personajes, y en todos lados indica el sentido y el orden de lectura del documento. Lo que le parece desordenado al lector europeo, sorprendido primero por los dibujos pies contra cabeza, por la confusión de los ángulos y la no homogeneidad de los calibres, adquiere un profundo sentido cuando se restituye la genealogía de esas convenciones nacidas del contacto; la misma existencia de esta "perspectiva indígena" en los manuscritos prehispánicos del siglo XVI demuestra la vitalidad de la cultura india que, aun bajo el yugo español, permanece fundamentalmente creativa.

Si en los años 1540, la parte prehispánica de la concepción y del rasgo predomina todavía en gran medida sobre los préstamos europeos, es verdad que la tendencia de la occidentalización se afirmará en el último tercio del siglo. Los escribas indígenas de la tercera generación, por ejemplo los que dibujan y pintan el *Códice Florentino* o el *Manuscrito Durán* en 1579, ya están instalados en un contexto europeo: ilustran libros; ya no trabajan en el marco de un manuscrito de estructura tradicional. Sin embargo, aun si esos artistas de finales del siglo dominan, al modo europeo, las técnicas del segundo plano, los volúmenes, los degradados de colores, los sombreados, su acercamiento al contenido permanece ampliamente indígena: el glifo, con su carga simbólica heredada de una tradición más que milenaria, sigue muy presente y las importaciones glíficas occidentales a menudo son capturadas para utilizarse en dibujos con resonancia prehispánica. Tomaremos un solo ejemplo: en el libro X del *Códice Florentino* dedicado a "los vicios y virtudes desta gente indiana", los informadores de Sahagún describieron a toda la sociedad indígena al enumerar sucesivamente las cualidades de los "buenos" y los defectos de los "malos". De esta manera, desfilan la buena y la mala prostituta, el vendedor de frijoles bueno y el malo, y así sucesivamente para todos los oficios. Ahora bien, numerosos retratos están ilustrados con dos viñetas. Muy a menudo, entre la representación de lo bueno y de lo malo, no hay mucha diferencia: ¡sólo cambia el segundo plano! Pero de modo sutil, este segundo plano de invención occidental incluye valores que sólo tienen sentido en relación con las creencias prehispánicas: los buenos tienen derecho a un fondo basado en apacibles paisajes con hierba, mientras que los malos están representados con un segundo plano de montañas que evocan los paisajes chichimecas del norte (*véase* el sastre, *Códice Florentino* X, fol. 23r; el agricultor, fol. 28v; la cocinera, fol. 38r, etc.). La oposición bueno-malo, quizá proveniente de la enseñanza religiosa de los franciscanos, halla, por la magia de los pinceles indígenas, la vieja oposición entre el mundo áspero y salvaje del norte y el mundo civilizado del Altiplano Central, oposición que se presenta a través de varias díadas antagónicas como aridez-fecundidad, nomadismo-sedentarismo, etc. Como se ve, sería ilusorio aplicar rejas de lectura demasiado occidentales a la producción gráfica indígena del siglo XVI, el mestizaje es profundo; y debe guiar nuestra mirada.

El arte cristiano indígena

El México prehispánico siempre tuvo sus artistas, aun si la intención no era la de hacer arte por el arte, sino la de servir a una religión o un poder a través de temas y cánones rigurosamente impuestos. Así que el México colonial también encontró en las filas indígenas a unos artistas de primer plano. El conquistador Bernal Díaz del Castillo dice en 1568:

> Tres indios hay ahora en la ciudad de México tan primísimos en su oficio de entalladores y pintores, que se dicen Marcos de Aquino y Juan de la Cruz y el Crespillo, que si fueran en el tiempo de aquel antiguo o afamado Apeles, o de Micael Angel, o Berruguete, que son de nuestros tiempos, y también les pusieran en el número de ellos.[11]

¡Se puede disentir de la opinión de Manuel Toussaint, a quien le parece que las exageraciones de Bernal Díaz hacen reír![12] La idea misma de que, en el siglo XVI, no podía haber artistas en México salvo los pintores europeos estuvo ciertamente de moda entre los historiadores de arte hasta los años cincuenta del siglo XX, pero es falsa en términos históricos. Es verdad que no existe una cantidad considerable de frescos, cuadros o esculturas atribuibles a artistas indígenas, pero además de la prueba del tiempo, esas obras tuvieron que sufrir las agresiones de pinturas sobrepuestas, incluso destrucciones intencionales con motivo del escaso prestigio que tuvo el "estilo indio" durante el virrreinato de los siglos XVII y XVIII, y después bajo la Independencia (siglos XIX y XX). Sin embargo, si se escrutan los textos, abundan los testimonios entusiastas; si uno abre los ojos, se imponen las pruebas. El mayor argumento en cuanto al talento de los pintores nahuas reside a mi juicio en la existencia de presiones extremadamente fuertes de los pintores originarios de Europa para impedir que los indios ejercieran los oficios de pintor, grabador y dorador. Primero, el virrey Velasco impone, en 1552, un "examen" de los pintores indígenas, acusados de hacer imágenes "oprobiosas porque carecen de la perfección que requiere el servicio de Nuestro Señor Dios".[13] En términos generales, ¡se acusa a los indios de darle un estilo indígena a las imágenes pías! Luego, en 1557, aparecen las ordenanzas que reglamentan la profesión de pintor y de dorador; estos textos, de hecho, reservan el ejercicio del arte a los no indios al instaurar una autorización previa que sólo puede ser entregada por la corporación de los pintores y doradores de tradición hispánica. Del mismo modo, está prohibido el comercio de las obras realizadas por los indios fuera de la corporación.

Aquí tenemos un ejemplo de una medida que va más allá de una voluntad monopólica de apropiación de un mercado cautivo: es patente la dimensión antiindígena de estas disposiciones. Esto demuestra por lo menos tres cosas: ¡que entonces había artistas indígenas, que contaban con un estilo y que tenían éxito! Es evidente que se trasluce en filigrana un ataque dirigido contra el poder franciscano, ya que casi todos esos pintores nahuas obraban en el marco de la famosa escuela creada por Pedro de Gante en el convento de México.

De origen flamenco, nacido en 1480, Pedro de Gante es un personaje de estatura excepcional. Hermano lego que por humildad rechazará el sacerdocio toda su vida, pertenece al convento de Gante cuando su superior se lo lleva con él a la aventura mexicana. Será uno de los tres primeros religiosos que desembarcarán en Nueva España a finales del año 1523; ya no dejará México, que se convertirá en su patria. Apasionado por los problemas educativos, desde la fundación del convento de San Francisco de México abre una escuela reservada para los hijos de los notables indígenas, en

288. Detalle de una pared de la iglesia del convento agustino de Ixmiquilpan, Hidalgo, que ilustra el tema prehispánico de la "guerra sagrada".

donde les enseña a leer y escribir. Al percatarse de los talentos artísticos de los indios, pronto añade a esta enseñanza el aprendizaje de la música, de las artes y los "oficios mecánicos". Instalada en el mismo terreno del convento de San Francisco, pero organizada como un mundo aparte y exclusivamente destinada a los indígenas, esta primera "escuela de las bellas artes" del continente americano se conoce con el nombre de San José de los Naturales, por la suntuosa capilla abierta edificada en este lugar para recibir a los indios. Después de la creación del colegio de Santa Cruz de Tlatelolco en 1536 por iniciativa de Sahagún, ahí se transfirieron las humanidades, y el colegio de San José dirigido por Pedro de Gante funcionó sobre todo como un centro artístico donde se realizaron "las imágenes y retablos para los templos de toda la tierra".[14] Junto con los pintores, escultores y doradores, también se formaban arquitectos y carpinteros que eran iniciados, entre otras cosas, en los misterios de la bóveda, o también orfebres y fundidores capaces de cincelar patenas o de fundir campanas. La tradición franciscana le atribuye a Pedro de Gante la construcción y la decoración de un centenar de iglesias en todo México; esto habla de la actividad artística de este fraile de talentos múltiples que, a pesar de su tendencia a tartamudear, fue un gran orador en náhuatl y durante toda su vida fue el objeto de una gran veneración por parte de los indígenas. Sus funerales en San José en 1572 dieron lugar a un memorable despliegue de fervor, en el cual desfilaron, rezaron y danzaron durante varios días todas las cofradías indias que había creado. Lloraron su muerte lejos de la Ciudad de México hasta en los pueblos más alejados, ya que en todas partes se reverenciaba al hermano flamenco como a un benefactor de los indios.

La escuela de San José estaba organizada alrededor de unos talleres donde prácticamente moraban los artistas indígenas. Otros, una vez formados, se iban a las obras para participar en la construcción de las iglesias y los monasterios; pero siempre volvían hacia este polo de dinamismo artístico y de convivencia que era la institución de Pedro de Gante. El hermano daba los modelos: grabados tomados de los libros de la biblioteca del monasterio, cuadros importados de España o de Flandes o estatuas que habían llegado a México en las fundiciones de los conquistadores. Los indios no se conformaban con copiar de nuevo: adaptaban, interpretaban, recreaban, de ahí ese arte sagrado indígena, totalmente europeo en sus modelos, pero en gran parte original en su tratamiento.

El sello de los artistas indios está visible en todo el arte mexicano del siglo XVI. Pero es evidente que tiene su lugar predilecto en los edificios de culto. Más que en la pintura de caballete, es en el arte del fresco que se despliega mejor la habilidad de los tlacuilos, al encontrar una antigua vocación prehispánica: pinturas en grisalla de Huejotzingo y Tepepulco, marcadas por la austeridad franciscana; códice genealógico escrito sobre los muros del monasterio de Cuernavaca; frescos suntuarios del convento agustino de Actopan que evoca un palacio del Renacimiento y en que los modelos italianos no logran disimular la pincelada del indio; policromía flamígera de Ixmiquilpan en que, en un combate épico librado contra las fuerzas del mal, los centauros sostienen arcos chichimecas, los guerreros aparecen vestidos con atavíos prehispánicos y las cabezas de los sacrificados ruedan entre ramos de flores, en que la mirada entrenada reconoce fácilmente las aguas entrelazadas de *atl tlachinolli*.

La impronta de los artistas indígenas también está grabada en la piedra. Las fechas prehispánicas, con sus glifos de la época "pagana", se incrustan en los muros de las iglesias, con el pretexto de anotar las fechas del inicio de las obras: por ejemplo, se lee 3 pedernal en Tlalmanalco, 4 conejo sobre la pila bautismal de Acatzingo; en el fondo de la capilla abierta de Cuilapan, una compleja inscripción asocia el año 1555 con los glifos 11 serpiente y 6 caña del año 10 caña, así como con el día 11 muerte del año 10 pedernal. En Tlaxcala, en la capilla de la Tercera Orden, frente a una madona muy italiana, el ángel de la Anunciación emplea la vírgula de la palabra nahua para saludar a la virgen. En Coixtlahuaca, en Oaxaca, esta misma vírgula prehispánica está asociada con los símbolos de la Pasión. En Tecamachalco (Puebla), una piedra grabada conmemora la conclusión de la iglesia en 1591: se ve un águila con las alas desplegadas, sobre una roca acribillada con flechas, con el tocado de la diadema antigua de los tlatoanis nahuas, profiriendo el glifo de la guerra florida con las aguas entrelazadas. Aquí, el glifo de la piedra verde transforma las fuentes bautismales en un antiguo *cuauhxicalli* (iglesia de Calixtlahuaca). Allá, son guerreros-águila y guerreros-jaguar que montan guardia en el Gólgota (convento de Tecaxic). En Angahuan y en Uruapan, en Michoacán, un verdadero encaje de piedra adorna el pórtico de las iglesias: extrañas flores mestizas forman sabias guirnaldas que configuran el glifo prehispánico de la ciudad (*tepetl*). Flora imaginaria también, pero seguramente mexicana, sobre los capiteles del

289. Fachada de la iglesia franciscana de la Huatapera, Uruapan, Michoacán.

claustro superior de Acolman. Sobre las pilastras y archivoltas de la capilla abierta de Tlalmanalco sonríen unos personajes de los que se dice que son los antiguos jefes indígenas: enarbolan falsos aires de emperadores romanos pero encima de ellos, los cráneos, las manos cortadas y los huesos cruzados recuerdan que esos muertos se encuentran efectivamente en el Mictlán de los antepasados nahuas y no en el Paraíso cristiano.

¿Cómo no ver esta insistente presencia de la mano indígena en todo el arte del siglo XVI, en las cruces de los atrios y en las fachadas de las iglesias, en las columnatas de los "palacios" y en las fuentes de las plazas públicas?[15] Pues el talento de los indios convertidos y formados por las órdenes mendicantes no se concentraba en el estricto terreno de lo sagrado: se les busca para construir las moradas oficiales y las casas de los ricos españoles. El Palacio de Gobierno de Tlaxcala, por ejemplo, lo demuestra. Y se puede observar —en Mérida, en Guadalajara, en Puebla— que esos escultores eméritos no vacilaban tampoco en colocar como guardianes en la entrada de las casas privadas unos guerreros indígenas inmortalizados en el tezontle.

Infinitamente más confidencial y más intimista fue el ingreso del arte plumario al servicio de la imaginería cristiana. La escuela de Pedro de Gante, sin embargo, le dio mucha amplitud a esta disciplina en la que se encontraban la técnica precolombina y la fe neocatólica de los indios. Aquí también, los frailes proporcionaban el modelo, un grabado o una imagen, y los artistas concebían a partir de este prototipo un mosaico de plumas en el que los colores brillantes del colibrí daban un brillo incomparable. Por desgracia, quedan muy pocas obras plumarias del siglo XVI. Pero las suficientes como para poder apreciar la naturaleza de este trabajo extremadamente original. Tenemos algunos ejemplos de cuadros. El más conmovedor, fabricado en 1539 bajo la supervisión de Pedro de Gante en San José de los Naturales, era de hecho un regalo destinado al papa Pablo III. Los indios querían darle gracias así al soberano pontífice por su bula de 1537, que reconocía sin rodeos que los indios eran humanos, dotados de razón, aptos para ser convertidos, y que tenían derecho a que se respetara su libertad. En la idea de Pedro de Gante, el envío también debía servir para probar el talento artístico de los mexicanos. Por desgracia, el regalo de los artistas de San José al parecer nunca llegó a manos del papa. ¿Quizá haya que achacárselo a los piratas? Hoy se encuentra en el museo de los Jacobinos, en la ciudad francesa de Auch; parece haber permanecido en Francia, pero sólo se le conoce desde 1987. El cuadro, sobre un fondo de plumas azules, desarrolla el tema de la misa de San Gregorio. Cuando uno de los asistentes dudaba, en el momento de la misa, acerca de la presencia verdadera de Cristo en la Eucaristía, el papa Gregorio el Grande le habría pedido a Cristo que se manifestara, y éste habría aparecido, sobre el altar, mostrando los instrumentos de su Pasión y los estigmas de la Crucifixión.

El museo de Tepotzotlán posee un gran Cristo Salvador del mundo inspirado en una iconografía bizantina. El contorno reproduce una inscripción en alfabeto cirílico que, al no entenderse, sólo conservó su función decorativa. El rostro del Salvador es bastante indígena. El Museum für Völkerkunde de Viena guarda a un pequeño San Jerónimo, realizado a base de amarillo y café, muy respetuoso del modelo occidental, su estética es muy elegante.

Los indígenas también se dedicaron a la confección de objetos de culto y de ropas sacerdotales que en su tiempo, tuvieron gran renombre. Sólo conocemos algunos relicarios con fondo incrustado de plumas preciosas y unas cuantas mitras de mosaico de plumas. Estos objetos, de los que sólo sobrevivieron siete ejemplares, aparecen como extremadamente sofisticados. Un primer modelo recupera el tema de la misa de San Gregorio y añade en la parte superior el Cristo Salvador del Mundo, que originó el cuadro de Tepotzotlán. El revés es un descenso de la Cruz. En esta familia de objetos, la mitra de la catedral de Milán es la que mejor se conserva. Por otra parte condensa, hasta en sus ínfulas notablemente conservadas, todo el encanto del arte indígena del siglo XVI. Perteneció al Papa Pío IV (1559-1566). Un objeto bastante comparable, amarillo sobre fondo gris, fue adquirido en 1982 en Alemania por la Sociedad Hispánica Americana de Nueva York. Se puede preferir la mitra de Florencia (Museo de la Platería), que es una obra de una minucia y de un cuidado extremos; el artista añadió una Santa Cena debajo de la misa de San Gregorio; las ínfulas reproducen la Ascensión y la Asunción. Perteneció al gran duque de Toscana y se encontraba en Roma antes de 1571. Detrás del tono de las plumas, hoy marchito, uno imagina el antiguo esplendor del objeto. Dos mitras comparables existen en El Escorial y en el Museo de Textiles de Lyon.

Un segundo tema sirve de inspiración para la decoración de las mitras de Viena (Museum für Völkerkunde) y de Toledo (Tesoro de la catedral). Es un árbol de Jesé bajo la forma de una viña con la descendencia de David en el revés, y los evangelistas y los apóstoles principales en el derecho. Los tonos azules y verdes se destacan sobre un fondo gris y amarillo de una elegancia suntuosa.

El arte mestizo del siglo XVI, incluyendo el arte indocristiano, aún se conoce poco. Muchos frescos, disimulados por enlucidos o capas de yeso esperan al restaurador. Muchos objetos conservados en Europa quizá todavía no se hayan reconocido como mexicanos. Y un buen número de obras conocidas quizá no se hayan apreciado todavía como lo merecen. Se está realizando una labor de reevaluación y de reapropiación totalmente legítima. Hay que recordar que el mundo indígena no desaparece en Mesoamérica como en las Antillas, en unos cuantos años: tarda casi un siglo en derrumbarse, bajo los embates de las epidemias. El siglo XVI, en México, aún es un siglo indígena: el náhuatl sigue siendo la lengua franca y las formas artísticas le son deudoras, todavía en una buena parte, a una herencia prehispánica que marca cada obra con el sello de la diferencia.

290. Ejemplo de pintura mestiza del siglo XVI. En el escudo, la corona de espinas circular se relaciona con el signo prehispánico del agua y los tres clavos de la crucifixión se vinculan con el fuego. Hospital de Jesús, Centro Histórico de la Ciudad de México.

CONCLUSIÓN

La cronología de la historia precortesiana de México y Centroamérica deja de ser errática desde el momento en que se reconoce que no hay Mesoamérica sin la presencia de los nahuas. Con sus mitos y sus creencias, su lengua, su capacidad de integración, su ardor guerrero, su gusto por el poder y la diseminación, los nahuas, bajo el nombre de olmecas, se encuentran en el origen del gran movimiento cultural mesoamericano que se dibuja hacia 1200 a.C. Cuando nos es dado penetrar en esta historia gracias a los vestigios arqueológicos, nos encontramos ya en el Quinto Sol, el de los fundadores nahuas de Mesoamérica. La dinámica cultural que entonces comienza se va a descomponer en dos momentos: el primer periodo corre sobre un poco más de dieciocho siglos y va desde los olmecas hasta la caída de Teotihuacan, entre 650 y 700 d.C. Es la época de los paleonahuas, después, se observa un eclipse que dura siete u ocho generaciones; aún indeciso al final del siglo VII, este retroceso nahua es patente durante los siglos VIII y IX. Entonces, surge un nuevo impulso, nutrido con aportes norteños, que afirmará la dominación nahua, aplastante hasta la irrupción española: es la época de los neonahuas provenientes de la ola tolteca. Al revés de lo que se creyó por mucho tiempo, los nahuas de la generación posterior a Teotihuacan no son muy distintos culturalmente de sus antecesores. Es el corte engendrado por el derrumbe político de los poderes nahuas en Mesoamérica entre 650-700 y 900 el que instaura esta división; entre ambas épocas, no hay ruptura propiamente dicha; se trata más bien de un periodo latente en la fase de ascensión. El brutal declive político que se observa entonces no niega cierta forma de continuidad cultural: el éxito tolteca es incomprensible sin un profundo sustrato cultural y demográfico.

En cambio, lo que sigue siendo un tema poco conocido y lo que hasta hoy constituye el enigma principal de la historia precolombina de México es precisamente el motivo del derrumbe de los paleonahuas. Mucho más que el "misterio" de la desaparición de los mayas en el siglo X, sumergidos de hecho por la toltequización generalizada de Mesoamérica, es el eclipse nahua de los siglos VIII y IX el que permanece como la incógnita mayor de la cronología prehispánica. En la práctica, ha sido poco estudiada, pues la mayoría de los autores antiguos no la vieron como una crisis en un continuo, sino como una articulación —átona y vacía— entre dos periodos cualitativamente, es decir étnicamente, distintos. Hoy, son muy escasos los especialistas que aún se aferran a este esquema del siglo XIX. La continuidad nahua en Mesoamérica es un hecho, pero los motivos de la caída de Teotihuacan, Kaminaljuyú, Monte Albán y otras grandes metrópolis mesoamericanas permanecen borrosos, aun si se han reciclado todos los argumentos que antes sirvieron para los mayas: crisis de la producción agrícola ligada al aumento de la presión demográfica, crisis social que engendró una revuelta contra las autoridades tradicionales, crisis moral y pérdida de la fe en el destino del grupo, etc. Recordemos, sin embargo, que el derrumbe de los paleonahuas debe ponerse en paralelo con el auge de las ciudades mayas, cuyo desarrollo culmina entre 650 y 850, sin que se sepa si dicho auge es la consecuencia del vacío político creado por el desvanecimiento nahua o si la competencia maya pudo contribuir a arruinar la autoridad de los antiguos dueños de Mesoamérica. En el interior de este proceso de nahuatlización, que es el eje mayor alrededor del cual se ordena la evolución cultural mesoamericana, se pueden observar unas variaciones: esos cambios determinaron la división de la cronología en cinco épocas.

La Época I (1200 a 500 a.C) coincide con una dispersión bastante general de los rasgos culturales olmecas, que lleva a considerarla como una fase integrativa de Mesoamérica. Los arqueólogos le llaman a esto un "horizonte". Hay que entender que lo olmeca no es propiamente dicho un "estilo", sino la asegurada firma de una civilización. Podemos identificar en ella algunas características propias de las tierras calientes, pero eso no significa que podamos reducir lo olmeca a este territorio. El poder olmeca se reparte de igual manera en el Altiplano como en las franjas costeras, entre el este como en el oeste del Istmo, entre el lado atlántico como en el lado pacífico.

La Época II (500 a.C. a 200 d.C.) es más bien una fase de florecimiento de estilos regionales, pero la efervescencia cultural parece ser más importante en las tierras bajas, sobre todo en el norte del Istmo de Tehuantepec y en la costa pacífica de Centroamérica. El centro de gravedad del área mesoamericana se encuentra entonces claramente al este del Istmo.

La Época III (200 a 900 d.C.) se caracteriza en un primer tiempo por la transferencia del poder a manos de los nahuas del Altiplano Central (Teotihuacan, pero también Cholula y Monte Albán). La naturaleza de la producción cultural se ve modificada, a pesar de que las influencias tropicales llegadas de la costa permanecen importantes. El paso del poder de las tierras bajas hacia las tierras altas se acompaña de una reubicación geográfica de la concentración de poder en favor del occidente del Istmo. En la dinámica maya de los siglos VIII y IX, se puede observar una especie de reacción a este fenómeno, un intento de recuperación del poder por parte de las tierras tropicales del este. El fin de la Época III está marcado por una verdadera rivalidad entre el área nahua, que declina, y el área maya, en plena prosperidad.

Con las épocas IV y V (900-1521) se confirman la dominación nahua y el desvanecimiento de los mayas que, poco a poco, se funden en la nebulosa mesoamericana. El poder central sube hacia el norte, hacia la frontera chichimeca; se instala primero en Tula y después baja en el siglo XIII hacia el Valle de México, en donde se asienta.

La Época IV se puede calificar legítimamente como horizonte tolteca: toda Mesoamérica, de Nicaragua a Sinaloa, se encuentra irrigada por esta nueva savia nahua, hecha de entusiasmo militar, conciencia étnica y un gusto por el orden que cultiva los valores austeros por encima de todo. Al manejar con perfección el equilibrio entre tradición y modernidad, los nuevos dueños norteños de Mesoamérica conocen un éxito considerable: en la Época IV, el territorio mesoamericano alcanza una amplitud máxima. En efecto, todo el Occidente mexicano se abre a la penetración tolteca después de unos veinte siglos de aislamiento; la Huasteca adopta a su vez a los dioses mexicas, mientras que un bilingüismo paritario se instaura en las tierras altas mayas de Guatemala.

La Época V manifiesta una tendencia a fraccionarse: mientras que los aztecas, que toman el control de la cuenca de México, aseguran un estrecho dominio de todo el México Central, el área maya-yucateca recupera cierta autonomía y las colonias nahuas de Centroamérica se constituyen como regiones *de facto* independientes. En cuanto al Occidente, permanece, al igual Michoacán, fuera de la atracción de México-Tenochtitlan.

La historia de Mesoamérica es entonces producto de varios factores, que interactúan a varios niveles. A través de las épocas, se siguen sin cesar, desde luego, las huellas de la lucha de los nahuas por afirmarse frente a los autóctonos; pero también hay que tomar en cuenta el peso de la rivalidad histórica entre las tierras calientes y los altiplanos, que siempre mantendrán relaciones mutuas casi dialécticas. Por otra parte, no se podría minimizar la importancia del Istmo, que dibuja una especie de frontera interior y divide a Mesoamérica en dos entidades geográficas y culturales que tienen cada una su polo de atracción: las tierras recorridas por los nómadas del norte por un lado, las tierras del oro de Sudamérica por el otro. Finalmente, no se puede silenciar el impacto de los antagonismos internos en la comunidad nahua, cuya aptitud para la efervescencia es un rasgo de carácter constitutivo: el espíritu competitivo entre los grupos, que constituye en sí mismo un fermento de dinamismo, indujo indiscutiblemente comportamientos conflictivos que fueron importantes factores de desestabilización.

Todos estos elementos se combinan para escribir una historia que no es totalmente lineal, pero que, sin embargo, conserva una excelente legibilidad a pesar de la complejidad de los componentes étnicos mesoamericanos y la imprevisibilidad inherente a las manifestaciones humanas, que rara vez se desprenden de la irracionalidad.

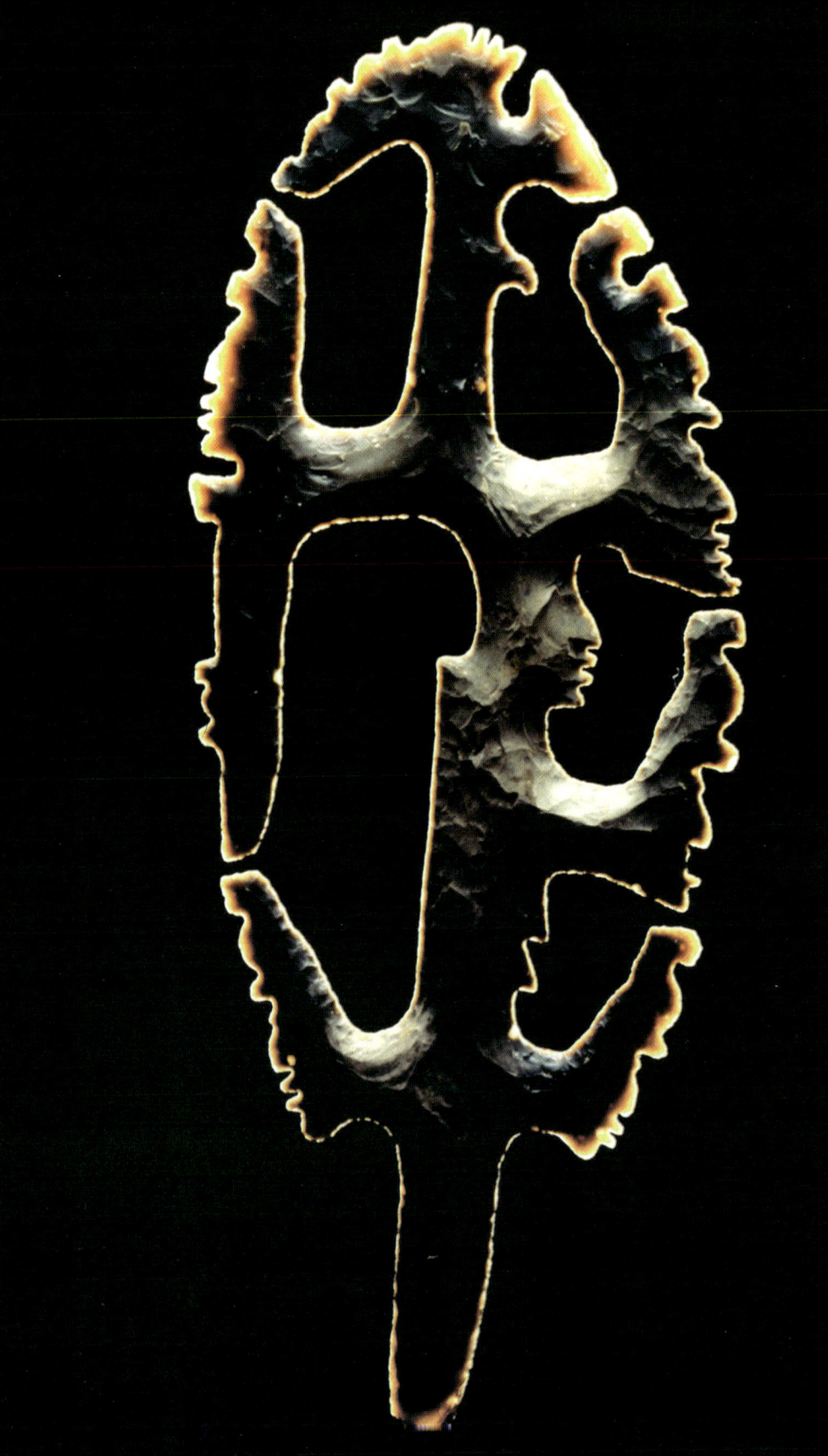

ANEXOS
NOTAS. GLOSARIO. ÍNDICE DE ILUSTRACIONES. BIBLIOGRAFÍA. ÍNDICE TOPONÍMICO. ÍNDICE DE MAPAS

ADVERTENCIA

NOTA SOBRE LA TOPONIMIA

A diferencia de los sitios nahuas que conocemos con frecuencia por su nombre prehispánico, los sitios mayas que fueron abandonados largo tiempo llevan nombres arbitrarios. Casi siempre, sus descubridores tuvieron que forjar denominaciones convencionales. Algunos sitios son designados por un nombre español, en general el de un lugar cercano, una hacienda vecina o un detalle emblemático: es el caso, por ejemplo, de Quiriguá, Palenque, Santa Rosa, Piedras Negras, Altar de Sacrificios, Naranjo, Caracol, El Mirador, etc. Pero predominó la tendencia de inventar topónimos ficticios, casi siempre en lengua maya yucateca, a partir de detalles distintivos. Así, Calakmul significa "las dos pirámides", Bonampak "los muros pintados", Yaxhá "el agua verde", Uaxactún "las ocho piedras", y así sucesivamente.

Esta necesidad moderna de bautizar los sitios mayas no debe engañar: los pseudonombres mayas carecen de cualquier profundidad histórica.

SOBRE LA ACENTUACIÓN DE LAS PALABRAS NAHUAS

Desde hace medio siglo se ha acostumbrado en México acentuar las palabras nahuas. Tal práctica corresponde a un deseo de hispanización del vocabulario indígena, expresión de una lógica de integración del patrimonio lexico. Desde un punto de vista más científico, este uso no tiene fundamento: por ser un idioma aglutinante, el náhuatl no maneja las palabras como entidades separadas como el castellano; dentro de una trama sonora continua, cada palabra viene asociada con elementos "determinantes" —prefijos y/o sufijos— que llevan muchas informaciones contextuales y, luego, nombres, pronombres, adjetivos, verbos y adverbios se combinan y se juntan para formar una frase siempre compleja. La acentuación del idioma náhuatl es más bien un ritmo dado al conjunto de la frase. La introducción del vocabulario náhuatl en el marco de la tipología fonética española (palabras agudas, llanas, esdrújulas…) es una convención opcional. Aquí se ha conservado el uso del siglo XVI, sin los acentos castellanos.

---

291. "Excéntrico" de pedernal. Copán, Honduras. Cultura maya. Época III.

NOTAS

PRIMERA PARTE
HACIA UNA MESOAMÉRICA MESTIZA

Unidad y heterogeneidad
1 Swadesh, 1967.

El sustrato común de Mesoamérica
[1] Kirchhoff, 1943.
[2] Matos Moctezuma, 1988; López Luján, 1993.
[3] Duverger, 1983:199 y ss.; Graulich, 1991: 121-143.
[4] Duverger, 1983.
[5] *Leyenda de los Soles*, 1975.
[6] Hernández, 1576.
[7] Förstemann, 1910.
[8] Thomas, 1904.
[9] Bowditch, 1910.
[10] Teeple, 1930.

La periferia y el exterior de Mesoamérica
[1] Mac Neish, 1950.
[2] Michelet, 1996.
[3] Hosler, 1994.
[4] De la Fuente, 1995: 173-189 (La Ventilla, sector 2).

SEGUNDA PARTE
HACIA UNA CRONOLOGÍA AUTÓCTONA

Estudio crítico del problema cronológico
[1] Paddock, 1970: 90.
[2] Wolf, 1959.
[3] Ichon y Hatch, 1982.
[4] Spinden, 1924.
[5] Marcus, 1992: 139.
[6] Marcus, 1992: 435-445.
[7] El nombre de este sitio fue inventado en 1965 (S. Miles) al traducir al quiché el nombre castellano de Piedra Parada. Pero Abaj Takalik es una mala traducción; por eso, desde unos años, se propuso el uso de la forma Takalik Abaj, supuestamente más apegada al quiché. De todas maneras, no es de ningún modo el nombre prehispánico del sitio.

Los orígenes
[1] Las fechas muy antiguas, del orden de 200 000 años a. C., dadas a algunos sitios tales como Calico, en California del sur (EEUU) se obtuvieron con el método de dosificación de uranio-torio aplicado a unos microcarbonatos incrustados en unos cantos preparados, en los que algunos especialistas creen reconocer la mano del hombre. Si bien semejante antigüedad no es imposible, permanece siendo una conjetura. La discusión, de todos modos, no cabe en este trabajo, pues no se

puede vincular Mesoamérica con vestigios materiales tan antiguos.
[2] Lorenzo y Mirambell, 1981.
[3] Niederberger, 1987, t. I: 189.
[4] Aveleyra, 1964.
[5] Mac Neish, Peterson y Flannery, 1970.
[6] Hammond *et al.*, 1979.
[7] Cartwright Gerhardt, 1988: iii.

La Época I: el horizonte olmeca
[1] Martínez Donjuan, 1982 y 1986.
[2] Willey, 1978: 44.
[3] Estrada Belli, Francisco, ponencia en el 52° ICA, Sevilla, 2006.
[4] Rathje y Sabloff, 1973.
[5] Drucker, Heizer y Squier, 1959.
[6] Sahagún, 1975: 98-100 (libro II, cap. XX).
[7] Stirling, 1943; Drucker, Heizer y Squier, 1959.
[8] Thompson, 1962.
[9] Gay, 1971.
[10] Drucker, Heizer y Squier, 1959.
[11] Medellín Zenil, 1960.
[12] Niederberger, 1987, t. I: 266.
[13] *Ibid.*, 282.
[14] Ortiz y Rodríguez, 1994.
[15] Magni, 2003.
[16] Oliveros, 1974.

La Época II: los florecimientos regionales
[1] Schöndube, 1980: 147.
[2] Baudez, 1970: 38.
[3] De la Fuente, 1984; Wicke, 1971; Magni, 2003.
[4] Agrinier, 1960.
[5] Girard, 1969.
[6] Parsons, 1967.
[7] Bernal, 1971; Bernal y Seiffert, 1978.
[8] Schavelzon, 1983.
[9] Millon, 1973.
[10] Cabrera y Sugiyama, 1991.
[11] Sugiyama, 1993.
[12] Magaloni, 1993.
[13] Rubín de la Borbolla, 1947.
[14] Bernal, 1982.
[15] Spranz, 1967.
[16] Harold Mc Bride, 1969.
[17] Comunicación personal.

La Época III: la Mesoamérica bipolar
[1] Noguera, 1975: 132.
[2] Rattray, 1993.
[3] Sugiyama, 1993.
[4] Millón, 1973.
[5] Magaloni, 1993.
[6] En particular, Sahagún, 1975: libro VII y *La leyenda de los Soles*.
[7] Gómez y King, 2004.
[8] Caso y Bernal, 1965: 906-909.
[9] De la Fuente, 2005.
[10] Marcus, 1992.
[11] Romano, 1975.
[12] Gutiérrez Solana y Hamilton, 1977: 28.
[13] Medellín Zenil, 1960.
[14] Díaz Oyarzábal, 1986.
[15] Gay, 1967.
[16] Olmedo y González González, 1986.
[17] Ortiz, 1993: 352.
[18] Stirling, 1943: 34.
[19] Fash, 2004.
[20] Schele, 1986: lám. 66.
[21] Matos Moctezuma, 1987: 24.
[22] Berlin, 1958.
[23] Proskouriakoff, 1960.
[24] Thompson, 1965.
[25] Por ejemplo, Baudez y Becquelin, 1984.
[26] Morley, 1975: 204.
[27] Schellhas, 1904.
[28] Morley, 1956: 300; Soustelle, 1982: 250, etc.
[29] Ruppert, 1940.
[30] Marcus, 1976.
[31] Gendrop, 1983.
[32] Ichon, 1977.
[33] Carot, 1994.
[34] Diguet, 1898.
[35] Deraga y Fernández, 1983.
[36] Galván, 1991.
[37] Valdez, 1994.
[38] López Mestas y Ramos de la Vega, 1994 y 1997.

[39] Cabrero y López Cruz, 1997.
[40] Mountjoy y Weigand, 1975.
[41] Mountjoy, 1982.
[42] Von Winning, 1974.
[43] Sáenz, 1966.
[44] Fernández, 1983.
[45] Schöndube, 1980: 211-216.
[46] Duverger *et al.*, 1993: 134.

La Época IV: el horizonte tolteca
[1] Acosta, 1976: 137.
[2] Thompson, 1970.
[3] Meighan, 1976.
[4] Du Solier, 1946.
[5] Linné, 1934.
[6] Gamio, 1921.
[7] Lothrop, 1927.
[8] Oliveros, 1976:55.
[9] Caso, 1928.
[10] Baudez, 1970: 105-134.
[11] Sahagún, 1975: 600.
[12] Graulich, 1984.
[13] Baudez, 1970: lám. 59.
[14] Sáenz, 1961.
[15] Hosler, 1994.
[16] Sahagún, 1975: 196 (libro III, cap. III).

La Época V: el horizonte azteca
[1] Duverger, 1987: 399-402.
[2] *Ibid.*: 151-157.
[3] Tezozómoc, 1975: 62-63.
[4] Meighan y Foote, 1968.
[5] Lister, 1949.
[6] Williams, 1992.
[7] Pendergast, 1981.
[8] Sauer y Brand, 1932; Kelly, 1945; Ekholm, 1939 y 1942.
[9] Tello, 1968-1987.
[10] Kelly, 1945 y 1949.
[11] Rosado Ojeda, 1948.
[12] Lévine, 1998.
[13] Torquemada,1975: libro III, caps. XXXIV-XLI.
[14] Sahagún, 1975: 159.

[15] Barlow, 1949.
[16] Bernal y Simoni-Abbat, 1986: 333.
[17] Museo de Antropología de Xalapa, 1992: 30 y 164-165.
[18] Drucker, 1943.
[19] Caso, 1932; *idem*, 1969.
[20] El pájaro cuco, muy común en Europa, es conocido por tener la costumbre de aprovechar nidos ya hechos por otras especies.
[21] Caso y Bernal, 1965; Noguera, 1975: 197-205.
[22] Matos Moctezuma, 1986: 81-83.
[23] Díaz Pardo y Teniente-Nivón, 1991: 33-104.
[24] Matos Moctezuma, 1982: 143-150; Polaco, 1991: 171-212.
[25] Sahagún, 1975: 608-609.
[26] Batres, 1902.
[27] López Luján, 1993.
[28] Matos Moctezuma, 1986; Broda, 1987.
[29] *Leyenda de los Soles*, 1975: 121.
[30] Román Berrelleza, 1990.
[31] Duverger, 1993.
[32] Cortés, 1981: 63.
[33] *Conquistador anónimo*, 1971: 392.
[34] Cobean, 1994.
[35] Thévet, 1905: 25.
[36] Soustelle, 1948.

El siglo XVI: el segundo mestizaje
[1] Sahagún, 1975: 723-724 (libro XII, cap. I).
[2] Cortés, 1981: 24-27.
[3] Díaz del Castillo, 1980: 65-69 (caps. XXXIX-XL).
[4] Sahagún, 1975: 725-727 (libro XII, cap. IV)
[5] *Documentos cortesianos*, I, 1990: 232-249.
[6] Cortés, 1981: 201.
[7] Feest, 1990.
[8] *Idem*.
[9] Nicholson, 1983: 171.
[10] Galarza, 1972.
[11] Díaz del Castillo, 1980: 170.
[12] Toussaint, 1990: 23.
[13] Citado por Toussaint, *ibid.*: 218.
[14] Mendieta, 1980: 608.
[15] Duverger, 2002.

GLOSARIO

El origen de las palabras se indica con una letra entre paréntesis: (N) para el náhuatl, (M) para el maya y (T) para el taíno.

ADOBE: bloque de arcilla y tierra sin cocer, de forma paralelepipédica, secado al sol, ampliamente utilizado en las construcciones prehispánicas. La forma, de tipo ladrillo, es un rasgo mesoamericano solamente compartido por el norte del Perú (área mochica). Las otras áreas usan del bajareque, del adobe cónico (Andes) o de la tierra cruda encofrada (norte de México).

AHUEHUETE (N): *Taxodium mucronatum*. Especie de ciprés autóctono del Altiplano Central mexicano, de una longevidad excepcional; crece de preferencia en las zonas húmedas. Etimología: "el viejo del agua".

AHUIZOTL (N): octavo soberano mexica. Reinó de 1486 a 1502.

ALTEPETL (N): apócope del binomio *alt tepetl*, "el agua, la montaña" que designa a la ciudad nahua.

ALTIPLANO: tierras templadas ubicadas entre 900m y 2700 m de altura. Arriba empiezan las tierras frías.

AMANTECA (N): nombre de los artesanos plumajeros de la época azteca.

ANÁHUAC (N): como producto de un despropósito, esta palabra nahua acabó por convertirse, en el vocabulario mexicano actual, en sinónimo de Altiplano Central. En realidad, es un término genérico que significa "cerca del agua".

ATL TLACHINOLLI (N): "el agua, el fuego". Expresión de una díada simbólica presente en el corazón de la religión y la cosmovisión mesoamericanas. Aquí, el agua es una metáfora de la sangre sacrificial, y el fuego el símbolo de la conquista guerrera, en referencia a la costumbre de incendiar el templo principal de toda ciudad conquistada. La fórmula concentra así la esencia de la lógica y de la práctica sacrificiales. Este concepto aparece de modo casi obsesivo en el arte mesoamericano, en que adquiere las formas más diversas, de las más abstractas a las más naturalistas.

ATLATL (N): lanzadardos. Arma guerrera y de caza de las poblaciones mesoamericanas.

AXAYACATL (N): sexto soberano mexica. Reinó de 1469 a 1482.

AXOLOTL (N): larva del amblistoma, especie de salamandra propia de los lagos del Valle de México, que tiene la propiedad de reproducirse en estado larvario.

AZTECA (N): esta palabra designaba a los habitantes de México en el momento de la llegada de Cortés (1519). Con este nombre, recordaban que eran "la gente de Aztlán", mítico lugar de origen de la tribu; esta denominación evocaba así de modo discreto su pasado migratorio norteño. Los *azteca* se llamaban también *mexica*, es decir "habitantes de México", o también *tenochca*, "habitantes de Tenochtitlan". Hablaban el náhuatl. De manera general, la expresión "civilización azteca" abarca a todos los pueblos nahuas del centro de México de los siglos XIV y XV de nuestra era.

BAKAB (M): árboles cósmicos de la mitología maya. Son cuatro y sostienen la bóveda celeste.

BAKTUN (M): periodo cronológico de 144 000 días, que corresponde a 400 años de 360 días; empleado por los mayas para la cuenta larga (véase esta palabra).

BALAM (M): nombre maya del jaguar.

BALCHÉ (M): bebida fermentada con bajo contenido de alcohol que se obtiene por maceración de frutas en contacto con la corteza del balché (*Lonchocarpus longistylus*).

BEBÉ-JAGUAR: criatura mitad humana, mitad felina, cuya boca tiene las comisuras hacia abajo, como un bebé que llora. Característico de la cultura olmeca (Época I).

BIZNAGA (N): *Mamillaria sphaerica*. Especie de enorme cactus esférico característico de los desiertos del norte. Corrupción de la palabra nahua huitznahua.

BULE: vasija compuesta formada de dos elementos globulares superpuestos, que deriva de la forma de la calabaza.

CACAHUATE (N): *Arachis hypogea L*. Leguminosa tropical originaria de Mesoamérica. Cacahuate deriva del náhuatl *tlalcacáhuatl*, literalmente "el cacao de tierra".

CACAHUATL (N): *Theobroma cacao*. El árbol de cacao, originario de las tierras bajas mesoamericanas, donde crece en todas partes por debajo de los 600 m de altura. Las mazorcas que encierran las semillas se adhieren directamente al tronco. Las semillas de cacao servían comúnmente de moneda. El cacao fue introducido en Europa a principios del siglo XVI con su nombre nahua.

CACIQUE (T): palabra tomada por los españoles de la lengua taína de las Antillas Mayores (Cuba, La Española, Puerto Rico) para designar a todos los jefes indígenas.

CAJETE (N): viene del náhuatl *caxitl*, escudilla. La palabra cajete designa todas las vasijas arqueológicas que tienen una forma de escudilla abierta o hemisférica con fondo cóncavo o plano.

CALPULLI (N): subdivisión territorial de la ciudad prehispánica. Barrio.

CARBONO 14: el C14 es un isótopo radioactivo del carbono, presente en todos los seres vivos, cuyo ciclo de desintegración, conocido con precisión, empieza desde la muerte de un organismo. Al medir el número de átomos de C14 que quedan en una muestra de vestigio orgánico como el hueso o la madera, se logra determinar su edad. Globalmente confiables, los fechamientos con C14 implican, sin embargo, márgenes importantes de incertidumbre. Por otra parte, no se pueden aplicar sino a residuos orgánicos; en la práctica, en arqueología mesoamericana, sólo se fechan carbones.

CEIBA (T): *Ceiba pentandra*. (familia de las bombáceas). Árbol gigantesco de las selvas tropicales, que puede alcanzar 60 m de alto. Los mayas le llaman *yaxché*, mientras que los nahuas le llaman *pochotl*. Los mayas, que lo consideraban como árbol sagrado, siempre plantaban uno en el centro de sus pueblos.

CEMI (T): antepasados divinizados en la religión taína de las Antillas. Objeto que es su representación.

CENOTE (M): corrupción de la palabra maya *dzonot*, pozo. En Yucatán, derrumbe de la piedra cársica que da acceso a la red freática, normalmente subterránea. Todos los asentamientos humanos de Yucatán se dieron cerca de cenotes.

CENTEOTL (N): "el dios del maíz". Dios de la joven mazorca asociada con el ciclo de la vegetación.

CENTZON TOTOCHTIN (N): "los cuatrocientos conejos". Divinidades de la ebriedad, asociadas con la luna y el pulque.

CENTZON HUITZNAHUA (N): "los cuatrocientos meridionales". Divinidades arcaicas y

múltiples de los autóctonos del Altiplano Central. Quizá provenientes del panteón prenahua.
CIHUACOATL (N): literalmente "serpiente-mujer". Título del vicesoberano azteca.
CIHUATETEO (N): nombre dado a las mujeres muertas de parto y divinizadas. Acompañaban al sol en su curso descendente y tenían el poder de volver a la tierra al abrigo de la noche, en ciertos periodos del año. Siempre representadas con adornos macabros.
COA: nombre mexicano del palo plantador, única herramienta agrícola del mundo prehispánico. Si bien se dice que fue importada de Santo Domingo en el siglo XVI, esta palabra podría ser de origen nahua y estaría asociada entonces con la serpiente (*coatl*).
COATLICUE (N): "la de la falda de serpientes". Vieja diosa telúrica, madre de Huitzilopochtli.
CÓDICE: nombre genérico de los manuscritos antiguos, pre o poshispánicos. Sólo existe un número muy pequeño de manuscritos mexicanos precortesianos, pero varios cientos de códices coloniales (siglos XVI al XVIII) de contenido muy interesante.
COHOBA (T): droga psicotrópica inhalada por los chamanes de las Antillas Mayores para dialogar con los difuntos y circular en el más allá.
COPAL (N): incienso autóctono tomado de la savia de varios árboles del tipo *Bursera*, que crecen en las selvas tropicales.
COYOLXAUHQUI (N): "la de cascabeles pintados en el rostro". Vieja deidad lunar del Altiplano Central. En el mito azteca, es muerta y desmembrada por Huitzilopochtli.
COYOTLINAHUAL (N): "el que se convirtió en coyote". Dios protector de los plumajeros.
CRESTERÍA: cresta de remate en los templos mayas. Elemento ornamental que realza la verticalidad de las construcciones.
CUAUHTEMOC (N): "el águila que desciende". Último soberano mexica elegido en 1520.

Prisionero de Cortés, fue ahorcado en 1524 durante la expedición de Las Hibueras.
CUAUHXICALLI (N): literalmente "la calabaza del águila". Recipiente ceremonial, generalmente de piedra, destinado a recibir el corazón de los sacrificados.
CUENTA LARGA: método de inscripción calendárica empleado por los mayas, que fija las fechas contando el tiempo transcurrido desde una fecha 0 convencional. Se contabilizan primero los *baktun* (400 años de 360 días), luego los *katun* (20 años de 360 días), después los *tun* (años de 360 días), los meses de 20 días, y los días. De manera convencional, se escribe por ejemplo 9.12.19.0.0, lo que significa 9 veces 144 000 días más 12 veces 7 200 días, más 19 veces 360 días, 0 meses y 0 días. Es una fecha que corresponde a un final de año. El año siguiente se anotaría 9.13.0.0.0, el siguiente 9.13.1.0.0, y así sucesivamente.
CUITLACOCHE (N): degeneración del grano de maíz, provocada por un hongo (*Ustilago maydis*). Comestible apreciado en México desde la época prehispánica. Viene de *cuitlatl*, "excremento".

CHAC (M): dios maya del agua y la lluvia.
CHAC-MOOL (M): palabra forjada a finales del siglo XIX por los arqueólogos mayistas, para designar un tipo de estatua antropomorfa que muestra a un personaje masculino semirrecostado sobre la espalda, con las piernas flexionadas, el torso hacia un lado, y una especie de copa para ofrendas entre las manos. Asociado con el horizonte tolteca (siglos X-XIII).
CHALCHIHUITL (N): jade. La palabra tiene un sentido amplio y designa todas las piedras duras de color verde o emparentado con el verde en la percepción indígena (el espectro va del azul lechoso al verde muy oscuro). Asociado simbólicamente con el agua y la sangre sacrificial.

CHALCHIUHTLICUE (N): "la de la falda de jade". Diosa del agua y la vegetación, protectora de lagos y ríos.
CHEN (M): pozo.
CHENES (M): literalmente, la región de los pozos. En la antigua tipología de las culturas mayas, designaba a la vez una región y un estilo arquitectónico simbolizado por los sitios de Hochob y Dzibilnocac, al norte del estado de Campeche.
CHÍA (N): *Salvia sp.* La chía se cuenta entre las plantas cultivadas en Mesoamérica. Con sus semillas, se hacía una pasta que se consumía comúnmente en el Altiplano Central.
CHIBCHA: familia lingüística de los Andes colombianos que se expandió en Centroamérica.
CHICHIMECAS (N): pueblos de cazadores nómadas del norte de México, exteriores a Mesoamérica. La palabra no designa una etnia en particular, sino más bien un modo de vida y una organización social fundados en la migración y asociados con los territorios desérticos que se extienden al norte del paralelo 21.
CHIMALLI (N): escudo de guerra o de gala de forma circular.
CHIMALPOPOCA (N): "el escudo humeante". Tercer soberano azteca. Reinó a principios del siglo XV.
CHINAMPA (N): terrazas elevadas formadas sobre las franjas lacustres o las extensiones pantanosas mediante la aglomeración de lodo tomado del fondo del agua, sobre entramados de madera o de mimbre. Esta técnica panmesoamericana, que se encuentra desde Nayarit hasta Belice, está presente desde el inicio del primer milenio a.C. Se ha mantenido el uso de chinampas hasta nuestros días al sur de la ciudad de México, en la región de Xochimilco.
CHOCOLATE (N): los mesoamericanos consumían chocolate en forma de una bebida espumosa, cuyo sabor amargo se reforzaba si era necesario con chile. De ahí su nombre de *xocoatl*, "el agua agria". Durante toda la época prehispánica, el chocolate fue una bebida de lujo, reservada para la elite dirigente. Tenía supuestas virtudes afrodisiacas.
CHONTAL (N): término genérico empleado por los nahuas para designar a los no nahuas. La literatura arqueológica, según un uso antiguo, aplica esta palabra a tres grupos étnicamente distintos: uno en la región de Taxco, Guerrero; otro en el bajo Usumacinta, y el último, al norte de los lagos de Nicaragua y de Managua.
CHULTÚN (M): en el mundo maya, cisterna practicada en el suelo, destinada al almacenamiento de las aguas de lluvia.

DESGRASANTE: arena que se añade al barro destinado a la fabricación de cerámica.
DIOS VIEJO: véase Huehueteotl.
DUHO (T): metate antropozoomorfo asociado entre los taínos con el trance chamánico.

EHECATL (N): dios del viento, asociado con Quetzalcoatl.
ESPEJO HUMEANTE: véase Tezcatlipoca.
EXCÉNTRICO: en el vocabulario de los arqueólogos mexicanos, esta palabra designa un objeto ceremonial de obsidiana, trabajado por presión, a modo de obtener bordes finamente dentados que componen complejos motivos alrededor de perfiles humanos. Característicos de la Época III (Teotihuacan, área maya).

FLORERO: tipo de vasija de cuello largo, en general de pequeñas dimensiones, frecuente en Teotihuacan; característico de la Época II.
FUEGO NUEVO: ceremonia que se celebra al final de un ciclo calendárico de 52 años, que consiste en encender de nuevo las fogatas para iniciar un nuevo periodo de 52 años. También se dice gavilla o atadura de los años.

GOLFO (Costa del): tomado de modo absoluto: costa del Golfo de México (Veracruz y Tabasco).

HUAXTECOS (N): corrupción de la palabra *cuexteca*, "la gente del cuero", con el que los nahuas designaban a un grupo mayense del norte de la costa del Golfo de México.
HUAUHTLI (N): amaranto. Planta cultivada en Mesoamérica por sus semillas oleaginosas, de las que se extrae una pasta. Los españoles le llamaron alegría.
HUEHUECOYOTL (N): "el viejo coyote". Dios de la música y de la danza.
HUEHUETEOTL (N): "el dios viejo". Dios del fuego representado bajo los rasgos de un anciano arrugado y desdentado, de nariz aguileña.
HUITZILOPOCHTLI (N): "el colibrí zurdo". Dios tribal de los aztecas, de atributos solares y guerreros. Guía de su migración, es de origen septentrional.

ICPALLI (N): asiento ceremonial bajo en forma de taburete.
ICZOTL (N): izote. Especie de palma salvaje del género *yucca*, común en los desiertos del norte de México.
ISTMO: tomado de modo absoluto: el Istmo de Tehuantepec.
ITZA (M): rama del pueblo mexicano que se asentó en el norte de Yucatán hacia el siglo IX y se mezcló con los mayas locales. Su capital es Chichén Itzá.
ITZCOATL (N): "la serpiente de obsidiana". Cuarto soberano azteca. Toma el poder en 1428, después de la victoria de México sobre Azcapotzalco, y asienta el poderío de los aztecas en el Altiplano Central.
IXTLE (N): fibra textil extraída del agave.

KATUN (M): en el calendario maya, periodo de 7 200 días que corresponde a 20 años de 360 días.
KIN (M): nombre del día en maya. También significa sol.
KU (M): también se escribe *cu*. Templo construido sobre una pirámide. Palabra de origen discutido.

LACANDONES (M): grupo maya actual que habita el alto Usumacinta.

MAGUEY (T): nombre mexicano del agave. Etimología discutida. Quizá de origen taíno. El agave se llama *metl* en náhuatl.
MAIZI (T): maíz. Cereal principal de la América prehispánica. La palabra es de origen taíno (Antillas) o tupí (Amazonia).
MALACATE (N): peso de huso de piedra o cerámica para hilar el algodón o la fibra de agave.
MAME (M): grupo maya meridional de las tierras altas, que ocupa el este de Chiapas y el oeste de Guatemala.
MANGUE: grupo indígena asentado en la costa pacífica de Honduras, Nicaragua y el norte de Costa Rica. Representa la rama más meridional del filo otomangue.
MANÍ (T): nombre taíno para el cacahuate.
MARCADOR: sobre un terreno de juego de pelota, los marcadores son piedras esculpidas que definen ejes o metas. Los marcadores de suelo son discos colocados sobre el suelo. Se les encuentra en el eje central, en medio y a veces en los extremos de la calzada de juego. Los marcadores de pared son piedras de espiga (anillos de la época tardía) clavadas a varios metros del suelo.
MATLATZINCA (N): grupo indígena de cepa otomangue que ocupa el alto valle de Toluca, al oeste de México.

MAXTLATL (N): especie de taparrabo anudado que llevaban todos los hombres en Mesoamérica.

MAYA: nombre dado por los españoles a un pueblo mesoamericano que ocupaba una parte de la costa del Golfo de México, la península de Yucatán, Chiapas y las tierras altas de Guatemala. La palabra designa también la lengua hablada por los mayas. Paradójicamente, ésta no es de origen maya.

MAZAHUA (N): grupo indígena sedentario vecino de los otomíes, que habitan el alto valle del río Lerma, al norte de Toluca, en la frontera del área chichimeca.

MEXICA (N): "habitantes de la ciudad de México". Por extensión, designa la cultura de los nahuas colocados bajo el control de México. Véase aztecas.

MEZQUITE (N): *Prosopis juliflora*. Mimosácea espinosa que abunda en los desiertos del norte de México.

MICTLAN (N): "el lugar de los muertos". Especie de infierno mesoamericano subterráneo, frío y oscuro, situado en el norte.

MICTLANTECUTLI (N): "el señor del lugar de los muertos". Dios de la muerte, del norte y de la noche.

MILPA (N): campo cultivado.

MIXCOATL (N): "la serpiente de nubes". Dios de la caza.

MIXE: grupo indígena emparentado con los zoques, de filiación mayense, que ocupa el centro del Istmo de Tehuantepec.

MIXTECOS (N): "la gente de las nubes". Nombre dado por los nahuas a un pueblo de cepa otomangue que ocupa el oeste de Oaxaca.

MOLCAJETE (N): hispanización del náhuatl *molcaxitl*, "tazón de salsa". Tazón cuyo fondo estriado permitía aplastar el chile y el tomate verde para preparar la tradicional salsa-condimento de los mesoamericanos.

MOTECUHZOMA (N): "el que se enoja como un señor". También se encuentran las grafías Moctezuma o Montezuma. De hecho, existen dos soberanos aztecas con este nombre. Motecuhzoma, llamado Ilhuicamina ("el que lanza flechas hacia el cielo") es el quinto soberano de la dinastía mexica (1440-1469). Motecuhzoma, llamado Xocoyotzin ("el joven"), noveno soberano mexicano, fue elegido en 1502; él se encontraba a la cabeza de México cuando llegó Cortés en 1519. Apresado por los españoles, muere asesinado el 27 de junio de 1520.

NAHUA (N): pueblo de origen nómada, sedentarizado en Mesoamérica. Su lengua pertenece al filo utoazteca.

NAHUALLI (N): se escribe también *nagual*.
1. Animal considerado como la encarnación de un hombre o un dios.
2. Brujo o chamán que puede tomar la apariencia de su doble animal.

NANAHUATL (N): "el pustuloso". Dios tribal de los paleonahuas del valle de México. Conocido como personaje contrahecho, se sacrificó en Teotihuacan para dar nacimiento al Sol.

NAPPATECUTLI (N): "el señor de las cuatro direcciones". Avatar de Tlaloc.

NEZAHUALCOYOTL (N): "el coyote que ayuna". Soberano de Texcoco (1431-1472) que firmó con México y Tlacopan el acuerdo fundador de la Triple Alianza. Poeta y protector de las artes.

OBSIDIANA (hidratación de la): método de fechamiento. Al estar enterrada, la obsidiana, que es una roca volcánica vitrificada, absorbe la humedad contenida en los sedimentos circundantes en cantidades ínfimas, pero según un proceso que se presume constante. La medida en el microscopio de las zonas alteradas en las orillas de una navaja es entonces susceptible de dar la edad del objeto.

OCCIDENTE: oeste de México. Área cultural específica de la frontera de Mesoamérica.
OCELOTL (N): *Felis onca*. Jaguar. Es el felino más grande de América.
OCTLI (N): véase pulque.
OLLIN (N): literalmente: "hule, caucho". Signo del movimiento. Su glifo está compuesto de una esfera (pelota de juego) al centro de una X aplanada que representa la intersección de los ejes del mundo.
OLMECAS (N): "la gente del hule". La palabra "olmeca" designa hoy más una época que un pueblo. Se habla del horizonte olmeca para el periodo que va de 1200 a 500 a.C. La civilización olmeca parece obra de los primeros nahuas de Mesoamérica.
OTOMANGUE: familia lingüística mesoamericana repartida desde el norte del Altiplano Central, con los otomíes, hasta el norte de Costa Rica, con los mangues. Incluye en particular a los mixtecos y los zapotecos de Oaxaca.
OTOMÍ: nombre dado por los nahuas a un grupo indígena sedentario del Altiplano Central, de antigua implantación.

PACHTLI (N): *Tillandsia usneoides*. Planta epífita de color verdoso, café o gris que pende de las ramas de los árboles. Llamada vulgarmente "barba española". Sobre el Altiplano Central, el pachtli era recolectado para la decoración de los templos y ciertos usos ceremoniales.
PAME: grupo indígena vecino de los otomíes, pero que permaneció nómada en el norte de México.
PASTILLAJE: técnica de decoración de la cerámica, que emplea elementos modelados aplicados en relieve sobre la pieza.
PATOLLI (N): juego prehispánico que se juega con frijoles sobre un tablero dividido en casillas, en forma de cuadro con una cruz inscrita.

PETÉN: tierras bajas del norte de Guatemala.
PÉYOTL (N): *Lophophora williamsii*. Pequeño cactus hemisférico de los desiertos del norte de México, con virtudes alucinógenas, empleado en los ritos chamánicos de los chichimecas.
PINTURA AL NEGATIVO O NEGATIVA: tipo de decoración de cerámica generalmente bicroma, en que el motivo se obtiene cubriendo ciertas zonas del objeto antes del barniz o la pintura. El motivo aparece así del mismo color del fondo, en negativo, en relación con el color aplicado.
PIPIL (N): literalmente: "los nobles". Nombre de los nahuas de Centroamérica.
PLOMIZA (cerámica): tipo de cerámica monocroma barnizada característica de la Época IV, de color gris, naranja o café verdoso. A veces tiene reflejos metálicos que le han dado su nombre. *Plumbate* en inglés, *plombée* en francés.
POCHTECA (N): en la sociedad mexica, nombre de los comerciantes que aseguraban los intercambios entre el Altiplano Central y las tierras bajas tropicales.
POPOLOCA (N): término genérico que significa "los que balbucean", aplicado por los nahuas a los que no hablaban su lengua. El grupo tradicionalmente conocido como popoloca en el norte de Oaxaca es de tronco otomangue.
PORTADORES DE AÑO: dícese de los cuatro signos del día susceptibles de comenzar un año solar. En México, en vísperas de la Conquista, los portadores de año son los signos caña, pedernal, casa y conejo. Los cuatro signos se combinan con trece números para dar los 52 inicios de año del ciclo.
PULQUE: bebida alcohólica de color blanco, ligeramente babosa, extraída de la savia fermentada del *Agave atrovirens*. Sólo se consumía en el Altiplano Central. La palabra que se crea al parecer en el siglo XVI es de origen discutido. Los aztecas le llamaban *octli*.

PURÉPECHA: otro nombre de los tarascos de Michoacán.
PUUC (M): literalmente, la región de los cerros. En la antigua tipología de las culturas mayas, nombre dado a una región y a un estilo arquitectónico correspondiente a los sitios del suroeste del estado de Yucatán: Uxmal, Kabah, Labná, etcétera.

QUELITES (N): hispanización de la palabra nahua *quilitl*. Designa las plantas y hierbas salvajes generalmente de la familia del amaranto, consumidas por tradición por los sedentarios del Altiplano Central.
QUETZAL (N): *Pharomacrus mocino*. Ave de las selvas húmedas, muy preciada por sus largas plumas caudales, de un magnífico color verde. Entre los nahuas, en lenguaje metafórico, la pluma del quetzal es el símbolo de lo precioso.
QUETZALCOATL (N): "la serpiente de plumas verdes". Una de las divinidades más complejas de Mesoamérica. Dios del este, de la luz, del saber y de la escritura. Quetzalcoatl es también protector del clero. En su gesta imaginada por los toltecas (Época IV), se opone en una simetría simbólica a Tezcatlipoca, divinidad tutelar de los guerreros asociada con el norte, la noche y la brujería.
QUICHÉ (M): rama de la familia maya que pertenece al grupo kekchí, originario de las tierras bajas y asentado en el altiplano guatemalteco desde el siglo IX.

RÍO BEC: en la antigua tipología de las culturas mayas, nombre dado a un estilo arquitectónico y a una región centrada alrededor del sitio de Río Bec, a caballo sobre el sur de los estados de Campeche y Quintana Roo.

SACBÉ (M): literalmente "camino blanco". Vías de comunicación rectilíneas establecidas entre los sitios mayas de Yucatán.
SERIE INICIAL: se dice de una inscripción calendárica en cuenta larga (véase esta palabra).
SERPIENTE EMPLUMADA: véase Quetzalcoatl.

TAÍNOS: cultura de las Antillas Mayores (Cuba, Santo Domingo, Haití, Puerto Rico), que floreció de 850 d.C. hasta la llegada de los europeos.
TALUD-TABLERO: término arquitectónico relativo al sistema constructivo de las pirámides escalonadas mesoamericanas. Éstas comprenden siempre varias partes superpuestas, retraídas las unas en relación con las otras. Cada parte tiene una fachada vertical, el tablero, que se desencaja de un talud de pendiente más o menos marcada. El tablero está delimitado por bordes salientes. Puede estar decorado con motivos arquitectónicos (nichos, pequeñas columnas, elementos escultóricos, etcétera).
TARASCOS: grupo indígena sedentario asentado en Michoacán, al noroeste del Altiplano Central. Su lengua no se vincula con ningún filo lingüístico mesoamericano, y el origen de este grupo étnico permanece misterioso.
TECPATL (N): cuchillo sacrificial de pedernal u obsidiana. La lámina, en forma de hoja de laurel, es de doble filo. Para servir de arma sacrificial, le ponían un mango de madera, del que se han encontrado muy contados ejemplares.
TECUCIZTECATL (N): "el de la concha". Dios tutelar de las poblaciones sedentarias no nahuas de la cuenca de México. Competidor de Nanahuatl en Teotihuacan, su sacrificio da nacimiento a la Luna.
TECUTLI (N): señor. Título de los dignatarios más altos de las sociedades nahuas, que constituían una especie de "nobleza" de origen

guerrero. El nombre, por lo general, es llevado por varios dioses.

TECHCATL (N): piedra generalmente prismoidal colocada de manera vertical para servir de apoyo a las víctimas humanas durante los sacrificios. Los sacrificados eran puestos de espaldas al *techcatl*, con el pecho hacia el cielo, listo para recibir el cuchillo del sacrificador.

TEOCALLI (N): templo. Término genérico. Literalmente: "casa de los dioses". El teocalli incluye la pirámide, el templo erigido sobre la pirámide y el espacio sagrado que la rodea.

TEONANACATL (N): literalmente hongo divino. Nombre nahua del psilocibe mexicano, pequeño hongo alucinógeno originario de la sierra oaxaqueña, consumido en principio en contextos ritualizados.

TEPANECA (N): grupo nahua asentado en los alrededores de Tlacopan, ciudad miembro de la Triple Alianza con Texcoco y México.

TEPONAZTLI (N): tambor monóxilo en el que estaban recortadas dos lengüetas que se percutían con palillos. El instrumento, bitonal, se colocaba en posición horizontal delante del músico.

TERMOLUMINISCENCIA: abreviado como TL. Técnica de fechamiento que se aplica principalmente a la cerámica. El barro, mezclado con arena (desgrasante) debe cocerse a temperaturas entre 600 a 800 °C para volverse cerámica. Durante el cocimiento, la estructura de los cristales de cuarzo y feldespato contenidos en el desgrasante se modifica. Los cristales calentados tendrán la facultad de atrapar partículas radioactivas alfa, beta y gama. Las partículas alfa y beta corresponden a la radioactividad natural del entorno, mientras que las partículas gama corresponden a la radiación cósmica. Ahora bien, esta última es constante en el tiempo. Así que entre más antiguo es un fragmento de cerámica, mayores son las radiaciones gama que recibió. Al medir la dosis de radiación gama de un fragmento, se puede conocer su edad. Para medir este parámetro, se calientan en el laboratorio, por encima de los 450 °C, los cristales del fragmento que se quiere fechar. Las "trampas" se vacían entonces, y se observa una emisión luminosa que corresponde a la emisión de la totalidad de las partículas radioactivas almacenadas. Esta emisión es medida; una vez sustraída a la suma de las radiaciones alfa y beta del barro y del sedimento de enterramiento (medidas obtenidas por espectometría de masa y por dosimetría in situ), se puede obtener el valor de la intensidad gama, de la que se deducirá la edad de la muestra.

TEZCATLIPOCA (N): "el espejo humeante". Dios de ascendencia septentrional, asociado con la noche, la guerra y la brujería.

TIERRAS BAJAS: tierras de clima tropical ubicadas entre el nivel del mar y 600 m de altura. Abarcan las zonas costeras y la península de Yucatán.

TILMATL (N): capa indígena llevada sobre los hombros.

TIZOC (N): séptimo soberano mexica. Reinó brevemente de 1482 a 1486. Murió envenenado.

TLACAELEL (N): personaje influyente. Lleva el título de cihuacoatl. Número dos del poder mexicano bajo los reinados de Itzcoatl, Motecuhzoma el Viejo y Axayacatl.

TLACUILO (N): a la vez pintor y escriba. Los *tlacuiloque* son autores de los manuscritos pictográficos indígenas.

TLACHTLI (N): juego de pelota de los nahuas. Literalmente: "el espectáculo". Existían varias formas de juego y varios tipos de campo. Sin embargo, el *tlachtli* se practica siempre con una pelota de hule que se disputan dos equipos.

TLALOC (N): dios del agua y de la lluvia. Asociado con el este y la fecundidad vegetal. Sobre el Altiplano Central, gobierna múltiples dioses de las montañas llamados tlaloques.

TLALTECUTLI (N): "el señor de la tierra". Dios del sol nocturno. Presenta rasgos femeninos y ctónicos. Forma pareja con Tonatiuh.

TLAQUIMILOLLI (N): paquetes sagrados compuestos de varias capas de tela que envuelven el símbolo de un dios (papel, piedra dura, osamentas, puntas de flecha, espejo de pirita, lámina de obsidiana, bola de plumas, etc.). La tradición de los tlaquimilolli es de origen chichimeca.

TLATOANI (N): soberano de los nahuas. Literalmente: "el que habla, el que tiene la palabra". Los cronistas del siglo XVI lo tradujeron impropiamente como "emperador". Motecuhzoma es el tlatoani de los aztecas durante la llegada de Cortés.

TLAZOLTEOTL (N): "la diosa de la mancilla". Diosa erótica, quizá de origen huaxteco. Protectora del acto de procreación y del alumbramiento. Preside un rito de confesión.

TOLTECA (N): En sentido estricto, son los habitantes de Tula o Tollan, ciudad del Altiplano Central, al norte de México, fundada por nahuas en el siglo IX. En sentido más amplio, se les llama toltecas a todos los nahuas de la Época IV (900-1300).

TONALAMATL (N): "libro de los destinos". Manuscrito pictográfico que registra el *tonalpohualli*, compuesto de veinte láminas que describen las numerosas influencias que pesan sobre cada trecena y cada uno de los días.

TONALLI (N): concepto complejo vinculado entre los nahuas con la noción de calor y energía.
1. Concentración de energía individual portadora de vida.
2. Destino de cada ser humano.
3. Día del calendario adivinatorio que encierra el destino de los recién nacidos. Cada nombre de día es un binomio compuesto de un número del 1 al 13 y de un signo tomado en una serie de 20.

TONALPOHUALLI (N): literalmente "cuenta de los destinos". Calendario ritual de 260 días, nacido de la combinación de 13 números y de 20 signos, que sirven para atribuir un nombre y un destino a los recién nacidos. Ciclo dividido en veinte trecenas.

TONAME (N): literalmente: "la gente del calor". Familia nahua que se asentó en la costa de Nayarit hacia el siglo IX.

TONATIUH (N): nombre del sol y del dios que personifica al sol diurno. Forma pareja con Tlaltecutli.

TOTONACA (N): literalmente: "la gente del calor". Grupo indígena emparentado con la familia maya que ocupa el centro de la costa del Golfo de México.

TUN (M): nombre maya para la turquesa. Designa también el año de 360 días empleado en la cuenta larga. Véanse también: *katun, baktun.*

TUNA: fruta comestible del nopal. Etimología discutida: de origen taíno (Antillas Mayores) o nahua (emparentar con *tonalli*). Sin embargo, la palabra empleada por los aztecas es *nochtli*. Equivalente simbólico del corazón de los sacrificados.

TZOLKIN (M): literalmente: "cuenta de los días". Palabra maya forjada de modo arbitrario a principios del siglo XX para designar el calendario de 260 días de los mayas. Véase *tonalpohualli.*

TZOMPANTLI (N): monumento mesoamericano en que se exponían los cráneos de los sacrificados. Las cabezas de las víctimas se presentaban ensartadas por las sienes en perchas horizontales.

TZOTZ (M): literalmente "los murciélagos". Grupo étnico maya que abarca varios subgrupos repartidos en medio círculo entre el Atlántico y el Caribe, al sur de la península de Yucatán.

UINAL (M): nombre del "mes" de veinte días entre los mayas.

UTOAZTECA: familia lingüística norteamericana que incluye a los yutes (en el estado de Utah) como sus representantes más septentrionales, y los aztecas (o nahuas) como sus representantes más meridionales.

XIPE TOTEC (N): "Nuestro Señor el Desollado". Dios protector de un extraño rito de desollamiento humano, convertido en la época azteca en divinidad tutelar de los orfebres.
XIUHCOATL (N): "serpiente de turquesa". Arma de Huitzilopochtli, es a la vez un rayo de sol y un bastón de mando.
XIUHTECUTLI (N): "el señor de la turquesa". Dios del fuego cósmico, protector del año.
XIUITL (N): nombre de la turquesa entre los nahuas. Designa también el año solar de 365 días. Se aplica también a la hierba verde.
XOCHIPILLI (N): "el Príncipe de las Flores". Dios del juego.
XOLOTL (N): dios-perro asociado con la muerte y el inframundo.

YÁCATA: palabra tarasca que designa los templos indígenas en la región michoacana. Las yácatas son pirámides de plano circular o semicircular.
YACATECUTLI (N): "el Señor de la Nariz". Dios tutelar de los pochtecas.
YOALLAHUA (N): "el Bebedor Nocturno". Dios murciélago asociado con Xipe Totec.
YOALLI EHECATL (N): "la noche, el viento". Expresión de una díada religiosa que gobierna las cargas simbólicas de dos espacios míticos, el norte y el este. La noche representa al mundo chichimeca, mientras que el viento, figura de Quetzalcoatl, está asociado en este caso con el este, es decir, con la Costa del Golfo, civilizada, luminosa y exuberante.
YOPI: grupo indígena de filiación hokana, emparentado con los siux, asentado en la costa de Guerrero. También llamados tlapanecos.

ZAPOTECOS (N): "la gente de Zapotlán". Nombre dado por los nahuas a un pueblo de tronco otomangue, que ocupa el este de Oaxaca.
ZOQUE (M): grupo indígena de la familia maya, emparentado con los tzotz, que ocupa el norte y el centro del Istmo de Tehuantepec.

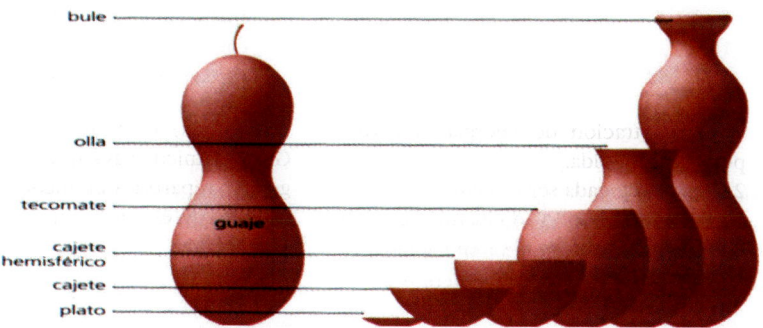

Génesis de las formas cerámicas a partir del guaje

ÍNDICE DE ILUSTRACIONES

Créditos fotográficos (los números remiten a las referencias de las ilustraciones).

Michel Zabé: Portadilla, 2, 9, 18, 22, 27, 28, 38, 51, 52, 53, 56, 65, 70, 75, 76, 80, 85, 86, 87, 88, 97, 104, 105, 110, 111, 112, 113, 118, 128, 139, 140, 141, 144, 146, 148, 149, 152, 156, 157, 160, 162, 165, 168, 170, 171, 172, 173, 175, 184, 189, 193, 194, 199, 200, 214, 216, 218, 219, 220, 221, 222a, 222b, 225, 227, 228, 233, 234, 242a, 242b, 242c, 242d, 243, 244a, 244b, 246, 247, 249, 250, 257, 258a, 258b, 259, 260, 261, 265, 266, 268, 270, 271, 273, 275, 280, 283, 284, 285, 288, 289, 291.

Ediciones Coyoli: 3, 4, 5, 6, 7, 8, 11, 16, 21, 33, 36, 37, 41, 44, 47, 50, 58, 59, 60, 66, 67, 69, 71, 78, 83, 109, 115, 120, 132a, 132b, 133, 143, 147, 150, 151, 158, 159, 163, 169, 180, 198, 202, 206, 209, 210, 211, 213, 224, 226, 236, 237, 240, 248, 253, 256, 263, 264, 269, 272, 274, 281, 282, 286, 287, 290.

Javier Hinojosa: 77.

Portadilla: Ofrenda 4 de La Venta, Tabasco. Horizonte olmeca. Época I. MNAH, México.

1. "Bailador". Detalle de un cajete policromo procedente de Coamiles, Nayarit. Época V. Dibujo original de Isabelle Favarel-Garrigues, CRAP, Paris.
2. Placa de madera con mosaico de turquesa (18 x 42 cm); Cueva Cheve, La Cañada, Oaxaca. Detalle de una escena de combate. Época V. Museo de las Culturas de Oaxaca.
3. Representación simbólica del árbol. Las raíces tienen forma de *cipactli*, el mítico cocodrilo, monstruo de la tierra. Detalle del *Códice Borgia*, lámina 51. Época V.
4. Paisaje tropical de la costa del Pacífico; marismas de San Blas, Nayarit.
5. La cuenca de México y los volcanes. Vista tomada desde Amecameca.
6. Maguey en las cercanías de Teotihuacan (1973). Se puede observar el trabajo del tlachiquero que carga el aguamiel en barriles sobre su burro para llevarlo al tinacal.
7. Biznaga, cacto emblemático de las llanuras del norte. Este ejemplar de Hidalgo tiene más de 200 años. La palabra es una corrupción hispánica del antiguo náhuatl *uitznahua* que designaba a los innumerables dioses del norte en la cosmovisión mexica. Los aztecas denominaban a la planta como *teocomitl*, "olla divina".
8. Tulum, Quintana Roo. Sitio maya frente al Caribe mexicano de la Época V.

9. Estatuilla de madera (altura: 40 cm); El Manatí, Veracruz. Horizonte olmeca. Época I. MNAH, México.
10. Tira de la peregrinación (*Códice Boturini*), lámina 4. Manuscrito del periodo del contacto (1530-1540). Migración de los aztecas en tierra chichimeca; las biznagas sirven de primera piedra sacrificial.
11. Detalle de la fachada del Templo Principal de Kohunlich, Quintana Roo. Mascarón grande del dios solar. Estuco inciso polícromo. Cultura maya. Época III.
12. Los veinte signos del *tonalpoualli* nahua. La primera línea horizontal corresponde a los signos del este; abajo vienen los signos del norte (2ª), del occidente (3ª) y del sur (4ª). Época V.
13. Los veinte signos del *tzolkin* maya. La primera línea horizontal corresponde a los signos del este; abajo vienen los signos del norte (2ª), del occidente (3ª) y del sur (4ª). Época III.
14. Permanencia del glifo *malinalli*: El Baúl, Estela 1, *ca.* 200 a.C.; *Códice Laud*, *ca.* 1500 d.C.; Placa de Leyde, cultura maya, *ca.* 350 d.C.; *Códice Laud*, *ca.*1500 d.C. Dibujos de Ricardo Real de León.
15. Permanencia del glifo *cipactli*: Monte Albán, Estela 12, *ca.* 500 a.C.; Kaminaljuyú, Estela 11, 100 a.C./100 d.C.; *Códice Laud*, *ca.* 1500 d.C. Dibujos de Ricardo Real de León.
16. Ejemplo de glifo complejo; Tetitla, Cuarto 16, Teotihuacan. Pintura sobre estuco. In situ.
17. Estelas 12 y 13 de Monte Albán, Oaxaca, *ca.* 500 a.C. Estas inscripciones calendáricas se cuentan entre las más antiguas de Mesoamérica. según Piña Chan, 1993.
18. Lápida de Zaachila, Oaxaca. Piedra grabada (60 x 38 cm). Los glifos se combinan con escenas figurativas. Se interpreta el conjunto como la representación de un casamiento real o simbólico (arriba) y la reiteración de un casamiento de los ancestros reales o míticos (abajo). Época III. MNAH, México.
19. Ejemplos de glifos icónicos mayas. Copán, Quiriguá y Yaxchilán. Aunque su forma es muy elaborada, tienen el mismo contenido semántico que los glifos abstractos correspondientes. Aquí se ven los glifos del periodo cronológico llamado *baktun* (400 años de 360 días), según Morley, 1915.
20. Láminas 25, 26, 27 y 28 del *Códice de Dresden*. Manuscrito maya de principios del siglo XVI pintado sobre papel indígena. En la sección superior, la procesión de cargadores de dioses bajo la forma del tlacuache, a través del espacio-tiempo, tiene resonancias en las láminas 30-32 del *Códice Fejérváry-Mayer*, manuscrito nahua de la Época V. Los signos del *tonalpoualli* marcan los cuatro rumbos del cosmos; la caminata (registro superior) se hace de derecha a la izquierda en el sentido poniente (signo *manik*), norte (signo *ik*), este (signo *caban*) y sur (signo *eb*), según Villacorta, 1930.
21. Ofrenda 58 del Templo Mayor de Tenochtitlan en proceso de excavación (1980). Se ve un rostro de pez sierra, un cráneo humano y varios artefactos, entre los que se encuentran objetos de las ilustraciones 265 y 266.
22. Ofrenda encontrada en Palenque, Chiapas. Dentro del cajete recubierto con su tapadera se encontraron falanges de jaguar, una bolita de jade, un prisma de obsidiana y mucho cinabrio. Cultura maya. Época III. Museo de Sitio de Palenque.
23. Representación de sacrificio humano. Panel 4 (noreste) del juego de pelota sur de El Tajín, Veracruz. Piedra grabada en bajo relieve. Principios de la Época IV, según Kampen, 1972.

24. Monumento 3 de la Finca Bilbao, Santa Lucía Cotzumalhuapa, Escuintla, Guatemala. Un personaje ricamente ataviado, junto con la muerte de pie, ofrece un corazón humano al sol que baja del cielo para devorarlo. Época III. Museo Nacional de Arqueología y Etnología, Ciudad de Guatemala, según Parsons, 1969.
25. Detalle de la Estela 11 de Piedras Negras, Petén, Guatemala. En el pecho abierto de la víctima acostada en la piedra sacrificial, sobresale el corazón representado bajo su característica forma tripartita, con un atado de plumas verdes, metáfora de la sangre sacrificial. Cultura maya. Época III, según Robicsek, 1975.
26. Estela 21 de Izapa, Chiapas. Sacrificio por decapitación. El sacrificador toma la cabeza del cautivo por el mechón de los guerreros. Época II. Dibujo según el original de David Vanderborght, CRAP, París.
27. Orejeras circulares de jadeíta; Palenque, Chiapas. La forma circular y el material tienen un contenido simbólico; en este caso conllevan una relación con el agua. Cultura maya. Época III. MNAH, México.
28. Detalle de un tambor ceremonial de madera; Teotenango, Estado de México. De los picos de las dos aves salen los glifos de la guerra sagrada, *atl tlachinolli*: el águila está relacionada con el agua y el buitre con el fuego. Época V. MNAH, México.
29. Jaguar nocturno bebedor de sangre sacrificial. Pintura mural del Conjunto de los Jaguares, Pórtico 1, Teotihuacan. El caracol, marcado por el glifo de tres dientes y tres gotas de sangre, sintetiza la dualidad agua y fuego. Época III, según De la Fuente, 1995.
30. Relieve 4 de Chalcatzingo, Morelos. El jaguar se apodera del corazón del hombre. Época I. Horizonte olmeca, según Gay, 1971.
31. Escena de captura. Piedra de Motecuzoma I. Conquista simbólica de Tenayuca por el soberano mexica. El monolito de 2.24 m fue encontrado en 1988 en el Palacio del Ex Arzobispado; calle de la Moneda, Ciudad de México. MNAH, México, según Alcina Franch, 1992.
32. Serpiente emplumada. Altar O, Copán, Honduras. Cultura maya. Época III, según Maudslay, 1889.
33. Culto actual dedicado a la cabeza prehispánica del dios Huehueteotl, "el Dios Viejo", antiguo dios del fuego. El Baúl, Escuintla, Guatemala.
34. Representación solar. Interior del *cuauhxicalli* de Berlín (Museum für Völkerkunde). Cultura mexica. Época V, según Seler, 1902.
35. Representación solar. Piedra de los cuatro soles (53 x 45 cm). Peabody Museum, Yale University, New Haven, Conn. Cultura mexica. Época V, según Alcina Franch, 1992.
36. Cabeza del dios Xipe Totec. Occidente de México. Cerámica polícroma (altura: 21 cm). Presentada en vitrina como procedente de Nayarit; no obstante, la pieza ha sido publicada como originaria de Colima. Época V. Museo Regional de Guadalajara.
37. La diosa Tlazolteotl, divinidad erótica de origen huasteco, aparece aquí semidesnuda al lado del signo *ollin*, con sus distintivos símbolos: el *yacametzli* en la nariz, sus cabellos amarrados por una cinta de algodón con un huso clavado y una falda con motivos lunares. Códice Borgia, lámina 23.
38. Retrato de dignatario; Palenque. Piedra. El tocado de ave evoca el tema del caballero-águila. Cultura maya. Época III. Museo de Sitio de Palenque.

39. Guerrero águila. Pintura mural de Atetelco, Teotihuacan. Época III, según Matos, 1990.
40. Estela 2 de Monte Albán. Dignatario representado como "guerrero jaguar". Época III, según Marcus, 1992.
41. Cancha de juego de pelota; Yagul, Oaxaca. Época III.
42. Glifos de una inscripción calendárica. Lado oriente de la Estela E de Quiriguá, Guatemala. De arriba a abajo: *baktun, katun, tun, uinal, kin*. Cultura maya. Época III, según Morley, 1915, según Morley, 1915.
43. Motivo de la banda celeste donde estrellas alternan con cuchillos de sacrificio. Pintura mural, rojo sobre blanco; Mitla, Oaxaca, dintel del Patio I, Grupo del Arroyo. La representación es más simbólica que astronómica. Época V, según Seler, 1895.
44. Estela de Santa Lucía Cotzumalhuapan, Escuintla, Guatemala. Dos personajes, vestidos de manera idéntica, sujetan dos serpientes cuyos cuerpos se entremezclan para dibujar el motivo de la estera, símbolo del poder. En el centro, una cara masculina emerge de una cavidad ovalada que representa la cueva originaria del grupo. Época III. In situ.
45 y 46. Pareja águila-coyote. Izquierda, águila erguida sobre un glifo toponímico que parece corresponder a la ciudad de Tenochtitlan. Derecha, coyote emplumado sentado sobre el mismo glifo. Atetelco, Patio 3, Pórtico 1, Teotihuacan. Época III (500-600), según Séjourné, 1982.
47. Detalle de la lámina 7 del *tonalamatl* del *Códice Borgia*, manuscrito prehispánico nahua preservado en el Vaticano. De derecha a izquierda: 1ª columna, signos del oriente; 2ª, signos del norte; 3ª, signos del poniente; 4ª, signos del sur.
48. Mapa del sitio de Teotihuacan hecho por Désiré Charnay en 1880. Publicado en *Le Tour du Monde*, París.
49. Centro ceremonial de Toniná, Chiapas. Dibujo axonométrico de Omar Cabrera Acero.
50. Representación de la muerte. Detalle del Templo XII de Palenque, Chiapas. Cultura maya. Época III. In situ.
51. Máscara funeraria antropomorfa de piedra verde (altura: 22.5 cm); Teotihuacan. Época III. MNAH, México. Vista de perfil.
52. Vista frontal de la misma pieza (ancho: 28 cm).
53. Hombre con brazos cruzados; Costa de Oaxaca, ca. 650-850. Piedra (40 x 22 cm). El tema de los brazos cruzados es muy antiguo en la costa del Pacífico y se relaciona con el cautivo prometido para la muerte sacrificial. La pieza estaba en las colecciones del Museo de México a fines del siglo XIX. No sabemos por qué se encuentra hoy en el Museo de Sitio de Tenayuca, Estado de México.
54. Estela 11 de Kaminaljuyú, Guatemala. Época II, según Gay, 1971.
55. Lado norte de la Estela A de Quiriguá, Izabal, Guatemala. Dios-jaguar del sol nocturno. Cultura maya. Época III, según Maudslay, 1889.
56. Fragmento del mural de Tlacuilapaxco, Teotihuacan. Dignatario con tocado de serpiente de plumas rojas y vírgula de la palabra. Fase Tlamimilolpan, ca. 300-350. MNAH, México.
57. Estela de Reforma Morales; municipio de Balancán, Tabasco. Dos cautivos están arrodillados al pie de un jefe de guerra. Cultura maya. Época III, según Lizardi Ramos, 1961.
58. El dios Tlaloc cargando maíz. Pintura mural de Zacuala, Pórtico 3, Teotihuacan. Época III, según Séjourné, 1959.

59. Ciervo de cola blanca (*mazatl*), presa noble de los cazadores. Detalle del *Códice Fejérváry-Mayer*, lámina 26. Época V.
60. Edificio conocido como "Pirámide votiva"; La Quemada-Chicomoztoc, Zacatecas. El sitio, que ocupa un peñón, es un centro ceremonial asociado con una "fortaleza" amurallada.
61. Cerámica globular característica de Casas Grandes, Chihuahua. Dibujo de Carl Lumholz, 1895.
62. Motivo felino. Detalle de una cerámica Chiriquí, Panamá, según Lehmann, 1959.
63. Plato de estilo Nicoya; Guanacaste, Costa Rica, *ca.* 400 d.C. Esta cerámica polícroma está emparentada con la cerámica "Gavilán" de la costa de Nayarit, según Lothrop, 1926.
64. Pequeño sillón ceremonial en forma de felino llamado *duho* en taíno; San Rafael de Yuma, Altagracia, República Dominicana. Madera (40 x 18 cm). Época V (siglo XV). Museo del Hombre Dominicano, Santo Domingo. Fotografía cortesía de Lourdes Almeida.
65. Metate zoomorfo; Guanacaste, Costa Rica. Piedra (37 x 73 x 28 cm). Época IV. Museo Nacional de Costa Rica, San José. Fotografía cortesía de Lourdes Almeida.
66. Jaguar emplumado acostado sobre un metate. Pintura mural de Tetitla, Pórtico 13, Teotihuacan. Época III.
67. Trigonolito antropomorfo; San Pedro de Macorís, República Dominicana. Piedra tallada (23 x 18 cm). Época V. Museo del Hombre Dominicano, Santo Domingo. Fotografía cortesía de Lourdes Almeida.
68. Motivos grabados en relieve de cuatro "collares" taínos procedentes de Santo Domingo y Puerto Rico. Se observa el murciélago suspendido del plafón de una gruta identificada con glifos. Dibujos de Sabrina Honoré, CRAP, París.
69. Máscaras sobrepuestas del dios Chac. Detalle arquitectónico del Edificio XX, Chicanná, Campeche. Cultura maya. Época III.
70. "Patio de los esclavos" del Palacio de Palenque. Litografía sacada de un dibujo de Frederick Waldeck. Se nota la influencia del arte egipcio. Publicada en la obra de Waldeck y Brasseur de Bourbourg, *Monuments anciens du Mexique*, París, 1866.
71. Kabah, Yucatán. Interior de un edificio. Ejemplo de "bóveda" maya. Grabado según un dibujo de F. Catherwood, 1843.
72. El Palacio de Palenque durante la estancia de Désiré Charnay. Grabado publicado en *Le Tour du Monde*, París, 1880.
73. Estela 29; Tikal, Petén, Guatemala. Lleva la fecha maya más antigua de cuenta larga: 8.12.14.8.15, o sea, 292 d.C., de acuerdo con la correlación GMT, según Shook, 1960.
74. Monumento 101; Toniná, Chiapas, México. Lleva la última fecha maya de cuenta larga conocida: 10.4.0.0.0, o sea, 909 d.C., según la correlación GMT. Cortesía CEMCA, México.
75 y 76. Estas dos estatuas distan aproximadamente 23 siglos; no obstante llevan la misma postura, el mismo abanico de papel plegado en la parte posterior de la cabeza y las mismas dos protuberancias en el tocado. Se puede apreciar una cierta permanencia en el código icónico.
75. Hombre-jaguar acuclillado. Monumento 52 de San Lorenzo, Veracruz, descubierto en 1968. Andesita (93 x 45 x 36 cm). Horizonte olmeca. Época I. MNAH, México.
76. Xiuhtecuhtli, dios del fuego azteca. Escultura de piedra polícroma (40 x 17 x 18 cm) encontrada en 1970 en las esquinas de las calles Izazaga y Pino Suárez,

Ciudad de México. Cultura mexica. Época V. MNAH, México.
77. Cultivo de las raíces comestibles. *Códice Florentino*, Libro XI, capítulo 6, folio 128 r.
78. Cuezcomate; área de Chalcatzingo. Estos graneros de tipo prehispánico siguen en uso en Morelos.
79. Vasija cilíndrica con motivos incisos. Procede de Tlatilco. La representación del jaguar se combina con elementos glíficos: cruz olmeca, ceras flamígeras, línea de tres círculos. Época I, según Niederberger, 1987.
80. Gran figura olmeca antropomorfa; Puebla. Jadeíta (52.5 x 29 cm); glifos incisos; huellas de cinabrio. Época I. Museo Regional de Puebla. INAH, Puebla.
81. Personaje caminando con una antorcha en el hueco del brazo. Grabado sobre una cara del monumento de Las Victorias; Chalchuapa, El Salvador. Hoy en el Museo de Sitio de Tazumal, Santa Ana. Horizonte olmeca. Época I. Dibujo de Ricardo Real de León, según Boggs, 1950.
82. Personaje sentado con una antorcha en el hueco del brazo. Grabado sobre otra cara del monumento de Las Victorias. Dibujo de Ricardo Real de León, según Boggs, 1950.
83. Elemento arquitectónico en forma de T invertida. Piedra grabada con la efigie del jaguar. Recinto de los Jaguares; Tlacozotitlan, Guerrero. Horizonte olmeca. Época I.
84. Sarcófago de piedra procedente de La Venta, Tabasco. Lleva un relieve con la efigie de un jaguar con cejas flamígeras. Horizonte olmeca. Época I. La pieza fue robada a principios de los años sesenta, según Bernal, 1969.
85. Personaje olmeca sentado; sur de Veracruz. Piedra (127 x 73 x 50 cm). Época I. Museo de Antropología de Xalapa.

86. "Hacha" de jade tallada en relieve con figura de un personaje ricamente ataviado (altura: 20 cm). Procedencia desconocida. Horizonte olmeca, final de la Época I. Museo de Antropología de Xalapa.
87 y 88. Altar 5 de La Venta, Tabasco. Piedra (altura: 1.55 m). Dignatarios olmecas que cargan bebés. Vista de las dos caras laterales. Época I. Parque Museo La Venta, Villahermosa.
89. Monumento 15 de La Venta, Tabasco. Lleva arriba un glifo que es el antecedente del "glifo introductor" de las épocas posteriores y abajo, un jaguar que llora. Horizonte olmeca, según Drucker, 1952.
90. Anverso del "Jade de Cambridge" donde aparecen glifos incisos como la flor y las cinco gotas de sangre (6.5 x 2.6 cm). Horizonte olmeca. Época I, según Bushnell, 1964.
91. Pavimento 2 de La Venta (4.80 x 4.45 m). El norte está arriba. Horizonte olmeca. Época I, según Drucker, 1952.
92. Pavimento 1 de La Venta (6.60 x 4.85 m). El norte está arriba. Ambos son ofrendas masivas enterradas, compuestas con bloques de piedra dura que conforman glifos. Son verdaderas páginas de escritura. Horizonte olmeca. Época I, según Drucker, 1952.
93. Glifo número 1 del catálogo de glifos mayas de John Eric Thompson, según Thompson, 1962.
94. Personaje en una gruta. Relieve 1 de Chalcatzingo, Morelos (ancho: 3.25 m., altura: 2.75 m). Horizonte olmeca. Época I, según Gay, 1971.
95. Criatura híbrida que combina la serpiente, el jaguar y el águila. Dibujo tomado de una cerámica de Tlatilco, Cuenca de México, según Niederberger, 1987.
96. Escena de sacrificio. Relieve 2 de Chalcatzingo, Morelos. Horizonte olmeca. Época I, según Gay, 1971.

97. "Hacha" olmeca hueca de piedra verde incisa con personaje reptante (22.5 x 7.2 x 2 cm). Procedencia desconocida. Época I. MNAH, México.
98. Hacha antropomorfa con efigie del jaguar-bebé. Horizonte olmeca. Época I. MNAH, México, según Niederberger, 1987.
99. Desarrollo de una vasija tronco cónica de Chalcatzingo, Morelos. Al lado de un rostro de perfil están representadas dos manos; una empuña una antorcha y la otra atraviesa el glifo de la ciudad en señal de conquista. Horizonte olmeca. Época I, según Niederberger, 1987.
100. Monumento 10 de San Lorenzo, Veracruz. Piedra (altura: 1.20 m). Hombre jaguar con sus manos enfrentadas en el interior del glifo de la ciudad. Evocación simbólica de una (¿doble?) conquista, según Covarrubias, 1961.
101. Detalle de la Estela de Padre Piedra, Chiapas, que enseña el glifo de la captura. Dibujo de Daniel Llanos, CRAP, París.
102. Representación del *Mictlan*. *Códice Magliabecchi*, folio 66.
103. Detalle del Relieve 2 de Chalcatzingo en el que aparece el doble glifo agua y fuego que ornamenta el tocado del personaje principal. Horizonte olmeca. Época I, según Gay, 1971.
104. Monumento 2 de Potrero Nuevo. Altar sostenido por dos enanos. Basalto (96 x 129 x 65 cm). En Mesoamérica, los enanos son conocidos como acompañantes del dios del viento. Horizonte olmeca. Época I. Museo de Antropología de Xalapa.
105. Estatua de El Azuzul, Veracruz. Piedra (100 x 64 x 120 cm). Dignatario arrodillado. Existen dos estatuas absolutamente idénticas que expresan una idea de dualidad político-religiosa o simbólica. Horizonte olmeca. Época I. Museo de Antropología de Xalapa.
106. Rostro de perfil con la vírgula de la palabra. Pintura 7 de la cueva de Oxtotitlán, Guerrero. Horizonte olmeca. Época I, según Grove, 1970.
107. Sello procedente de Tlatilco con la probable representación del dios Eecatl. Horizonte olmeca. Época I, según Soustelle, 1979. Ex colección de Miguel Covarrubias.
108. Relieve rupestre del Monumento 1 de Abaj Takalik, Retalhuleu, Guatemala. Horizonte olmeca. Época I, según Orego Corzo, 1990.
109. Representación de Tlaloc, dios del agua y del fuego. *Códice Laud*, lámina 2. Manuscrito prehispánico nahua de la Época V.
110. Máscara de piedra dura con incisiones (15.5 x 13 cm) descubierta en 1983 en Arroyo Pesquero, cerca de La Venta. Horizonte olmeca. Época I. Museo de Antropología de Xalapa.
111. Pequeña figurilla femenina sentada con espejo de pirita sobre el pecho; La Venta. Jade y hematita (7.5 x 4.4 cm). Horizonte olmeca. Época I. MNAH, México.
112. Figurilla femenina. Cerámica con huellas de pintura roja del lado izquierdo; Tlatilco. Época I. MNAH, México.
113. Botellón de forma compuesta. Cerámica café pulida; Tlatilco, *ca*. 500 a.C., MNAH, México.
114. Estela 3 de La Venta, Tabasco. Piedra (altura: 4.26 m). A la derecha está el personaje que se ha llamado "Tío Sam". Horizonte olmeca. Época I, según Drucker, 1959.
115. Cabeza colosal 1 de San Lorenzo Tenochtitlan, Veracruz. Piedra (altura: 2.85 m). Peso estimado en 20 toneladas. Museo de Antropología de Xalapa, Veracruz.
116. Hombre águila. Estela de San Miguel Amuco, Guerrero. Horizonte olmeca. Época I, según Soustelle, 1979.

117. Relieve rupestre de Xoc, Chiapas, donde se observa un "caballero águila". Horizonte olmeca. Época I, según Soustelle, 1979.
118. Rostro de la muerte. Detalle de la Estela 50 de Izapa, Chiapas. Época II. (Véase, ilustración 128).
119. Desarrollo de los glifos de la Estatuilla de Tuxtla, Veracruz. Son característicos de la Época II, según Wicke, 1971.
120. Vasija de silueta compuesta llamada bule; Huitzilapa, Jalisco. Cerámica bicroma, rojo y crema. Material de tumba de tiro. Época II. Museo Regional de Guadalajara.
121. Estela D de Tres Zapotes, Veracruz. Piedra (altura:1.47m), según Stirling, 1943.
122. Verso de la Estela C de Tres Zapotes, Veracruz, con un gran glifo *ollin* que encabeza un jaguar que llora, según De la Fuente, 1973.
123. Anverso de la misma estela. Lleva un glifo introductor y la fecha 7.16.6.16.18 que correspondería al primer siglo de nuestra era. Época II, MNAH, México, según De la Fuente, 1973.
124. Son las conocidas 17 cabezas colosales procedentes de San Lorenzo, La Venta y Tres Zapotes. Sus alturas son las siguientes: San Lorenzo 1: 2.85 m, SL2: 2.69 m, SL3: 1.78 m, SL4: 1.78 m, SL5: 1.86 m, SL6: 1.67 m, SL7: 2.70 m, SL8: 2.20 m, SL9: 1.65 m, SL10: 1.80 m, La Venta 1: 2.41 m, LV2: 1.63 m, LV3: 1.98 m, LV4: 2.26 m, Tres Zapotes-Monumento A: 1.47 m, TZ Monumento Q: 1.47 m, TZ Cobata: 3.40 m, según De la Fuente, 1975.
125. Detalle de un fémur humano grabado procedente de la tumba 1 de la Estructura 1-H del sitio de Chiapa (hoy Chiapa de Corzo), Chiapas. Se ve un caimán con sus patas anteriores (*cipactli*) y el rostro de un hombre barbudo con brazos; sus manos son garras de caimán. Época II, según Agrinier, 1960.
126. Hombre de pie con la vírgula de la palabra saliendo de su boca. Estela 9 de Kaminaljuyú, Guatemala, encontrada en el montículo C-III-6. Basalto (altura:145 cm; ancho: 32 cm). Época II. Museo Nacional de Arqueología y Etnología, Guatemala.
127. Estela 10 de Kaminaljuyú, Guatemala. Fue encontrada quebrada y enterrada junto con la Estela 11. Basalto grabado e inciso. Época II. Museo Nacional de Arqueología y Etnología, Guatemala, según Miles, 1965.
128. Estela 50 de Izapa, Chiapas. Piedra (1.49 x 1.11 m). Esqueleto sentado sobre un glifo y personaje jalando una cuerda. Época II. MNAH, México.
129. Génesis del llamado "glifo introductorio" y del glifo del año. Primera columna, ejemplos de la Época II: Izapa estela 9, estela 18, prototipo del glifo introductorio. Segunda columna, ejemplos mayas, Época III: Palenque, casa C; Quiriguá, zoomorfo P; Quiriguá, estela E. Tercera columna, ejemplos teotihuacanos, Época III: Kaminaljuyú, vasija Tzakol, cámara funeraria II, montículo B; Monte Albán, vasija de Cerro de Atzompa; ejemplo de la Época IV, Xochicalco, estela 2. Cuarta columna, ejemplos de la Época V: *Códice Colombino* según Caso, 1928; *Códice Nuttall 99*; Cara inferior de una piedra mexica esculpida. Dibujos de Ricardo Real de León.
130. Estela 25 de Izapa, Chiapas. Época II. Dibujo según el original de David Vanderborght, CRAP, París.
131. Jaguares acuclillados sobre pedestal, Costa del Pacífico de América central. Piedra. Izquierda: altiplano de Guatemala (1.60 m); derecha: Ocotepeque, altiplano de Honduras (1.28 m); Época II, según Hay, 1940.
132. Monolitos de Monte Alto; Escuintla, Guatemala. El Monumento 11 es un ejemplo de *potbelly figure* (altura: 1.70 m). El

Monumento 3 es una cabeza colosal con rasgos felinos (altura: 1.60 m). Época II.

133. "Danzante" de Monte Albán, Oaxaca. Época II. In situ.
134. Cautivo sacrificado por ablación del corazón. El órgano vital es representado por un glifo trifoliado del cual sale un chorro de sangre. Monumento 3 de San José Mogote, Oaxaca. Época II, según Marcus, 1992.
135. Losa grabada procedente de la fachada del Templo Principal de Dainzú, Oaxaca. El personaje, a veces descrito como jugador de pelota, es probablemente un sacrificado: parece decapitado y está rodeado por un flujo de sangre. Época II, según Bernal, 1978.
136. Ejemplos de glifos del *tonalpohualli* relacionados con un glifo sobrepuesto llamado "portador de año". Este último designa al signo calendárico como nombre del año. Utilizado en Monte Albán desde la Época II, Arriba: estelas 12 y 3; abajo: estela 16 y lapida 14, según Caso, 1928.
137. Estela de Cuicuilco. Andesita (altura aprox.: 4 m). Este monumento en forma de columna fue descubierto en 1996. Corresponde a la primera ocupación del sitio. Las ampliaciones ulteriores de la pirámide circular lo conservaron en posición erguida. Época II. Cortesía de Mario Pérez Campa.
138. Ofrenda de consagración depositada en el lado este del Templo de Quetzalcoatl en Teotihuacan: las nueve víctimas sacrificiales tienen las manos atadas detrás de la espalda. Época II, según Matos, 1990.
139. Cajete trípode; Chupícuaro, Guanajuato. Cerámica tricroma (10.8 x 21.3 cm). Época II. Museo Regional de Michoacán. INAH, Morelia.
140. Figura femenina de pie; Chupícuaro. Cerámica polícroma (altura: 25 cm). Época II. Museo Regional de Michoacán. INAH, Morelia.
141. Pequeñas figurillas, masculinas y femeninas, encontradas en El Opeño, Michoacán, (altura aprox.: entre 10 y 12 cm.). Los hombres son conocidos como "jugadores de pelota". La disposición de los objetos corresponde a una ambientación puramente museográfica. Época II. MNAH, México.
142. Seis ejemplos de tumbas de tiro del Occidente de México. Tumbas de cámara única: Los Chiqueros, Ixtlán, Nayarit (profundidad: 2 m); Comala, Colima (profundidad: 2 m); tumba 2, El Piñón, Bolaños, Jalisco (profundidad: 3.5 m). Tumbas con dos cámaras: tumba 1, Las Cebollas, Nayarit (profundidad: 6.15 m); Santa María del Oro, Nayarit (profundidad: 4 m). Tumba con tres cámaras: Etzatlan, Jalisco (profundidad: 10 m). Dibujos de Ricardo Real de León.
143. Acrópolis de Tikal, Petén, Guatemala. El lugar está ocupado en su configuración ceremonial desde 500 a.C.
144. Pilastra con relieve antropomorfo de perfil modelada en estuco y con huellas de policromía; Palenque. Cultura maya. Época III. Museo de Sitio de Palenque.
145. Cabeza de serpiente emplumada empotrada en la fachada del Templo de Quetzalcoatl en Teotihuacan, según Matos, 1990.
146. Estatuillas de jade en miniatura (6 x 3.3 x 2.6 cm) procedentes del Entierro 3 de la Pirámide de la Luna, Teotihuacan, *ca.* 300.
147. Pilastra serpentiforme, Teotihuacan. En este dibujo hecho por Léon Méhédin en 1865, en el sitio de Teotihuacan, figura una columna compuesta por varios elementos empotrados: abajo, una cabe-

za colosal de serpiente con su espiga para fijarla en el suelo; arriba, una sucesión de anillos glíficos conformando la cola del crótalo. El dibujante indica que la pilastra mide 2.60 m de altura, desde la base inferior de la cabeza (sin espiga) hasta arriba. El paradero de esta importante pieza es desconocido. Archivo de la Biblioteca Municipal de Rouen, Francia.
148. Vasija trípode cilíndrica procedente del entierro 14 del Palacio de Tetitla, Teotihuacan. Cerámica estucada y pintada (diámetro: 16.5 cm). La escena muestra a un sacerdote ataviado con plumas en el ceremonial sacrificial; lleva un cuchillo curvo de obsidiana con un corazón humano en la punta del cual brotan tres gotas de sangre. La inmensa vírgula de la palabra de la izquierda es un símbolo de poder. Época III, fase Xolalpan, 350-600. MNAH, México.
149. Vasija trípode cilíndrica con tapadera; Teotihuacan. Decoración al pastillaje. Cerámica de color café claro (altura: 23 cm; diámetro: 19 cm). Fase Tlamimilolpa, *ca*. 350. Museo de la Cultura Teotihuacana, Teotihuacan.
150. Composición icónica donde aparece el glifo toponímico de Tenochtitlan. Pintura mural de Atetelco, Patio Norte, Corredor 2, Teotihuacan. El nopal con su tuna florida está en medio de un signo *ollín* y de dos cuchillos ensangrentados. Arriba, una garra representa el águila y dos corrientes de "agua preciosa" salen de una gruta. Época III. Dibujo de Santos Villasánchez, según Séjourné, 1982.
151. Jaguar con rasgos de Tlaloc tallado en un bloque de piedra; Teotihuacan. Época III. Dibujo de Léon Méhédin, 1865. Archivo de la Biblioteca Municipal de Rouen, Francia.
152. Estado actual de la misma pieza, hoy depositada en el MNAH, México.
153. Pilar 9 del "Palacio de Quetzalpapalotl" en Teotihuacan. Se puede ver un águila erguida sobre un nopal. Época III, según Acosta, 1964.
154. Jaguar acostado sobre un metate, con un penacho de plumas verdes, comiendo corazones humanos. Pintura mural de Tetitla, Pórtico 13, Teotihuacan. Época III, según De la Fuente, 1995.
155. Glifos pintados sobre el suelo estucado del Patio de los Glifos; La Ventilla, Teotihuacan. Excavaciones de Eduardo Matos y Rubén Cabrera, 1993. Época III, según Gómez, 2004.
156. Serpiente de obsidiana, figuración simbólica del rayo (largo: 35 cm). Entierro 6 de la Pirámide de la Luna, Teotihuacan. Se encontraron nueve del mismo tipo; formaban pares con cuchillos ondulantes de obsidiana del mismo tamaño y fueron colocados en forma radial en el centro del entierro. Esta ofrenda de consagración, fechada en 300 d.C., recibió 12 individuos sacrificados. Época III.
157. Elemento arquitectónico en forma de jaguar. Piedra estucada y pintada (97 x 97 x 74.5 cm). La pieza fue encontrada rota, en los escombros del área de Xalla, Teotihuacan, *ca*. 350-400. MNAH, México.
158. Serpiente-jaguar de doble cabeza. Detalle de un altar; Cholula, Puebla. Piedra. Época III.
159. Templo de las Serpientes Emplumadas; Xochicalco, Morelos. Relieve llamado "de la correlación calendárica". Del glifo 9 casa salen manos que sujetan por un lado el glifo nahua 10 mono y por el otro el glifo "zapoteco" 1 agua. In situ.
160. Maqueta del templo, Monte Albán, Oaxaca. Piedra. Época III. MNAH, México.
161. Serpiente emplumada. Pintura mural de Atetelco, Patio Pintado, Teotihuacan. Época III, según De la Fuente, 1995.

162. Dintel de piedra de Huajuapan de León, Oaxaca. Serpiente con elementos glíficos (largo: 3.30 m). Época III. MNAH, México.
163. Tumba 105 de Monte Albán, Oaxaca. Pintura del muro norte. Caminan dos parejas ricamente ataviadas, distinguidas por su glifo nominal. En el registro superior se percibe un enorme glifo "agua y fuego".
164. Plano de la Tumba 5 de Suchilquitongo, Oaxaca (largo: 10 m). El norte está arriba. Época III, según De la Fuente, 2005.
165. Vasija en forma de cangrejo; Valle de Oaxaca. Cerámica gris (10.2 x 16.3 cm). Época III. MNAH, México.
166. Estela 1 de Macuilxochitl, Oaxaca. Frente a la cara del personaje que lleva un tocado con el glifo del año está un glifo tripartita de significado sacrificial: combina la flor, la cruz olmeca y las tres gotas de sangre. Época III, según el *Corpus antiquitatum americanensium*, México, 1973.
167. Detalle del friso de un panel del juego de pelota norte de El Tajín, Veracruz. Transición Época III-Época IV, según Kampen, 1972.
168. Estatuilla masculina de cara sonriente; Cultura Remojadas, Veracruz. Cerámica con huellas de pintura (altura: 35 cm). Época III. Museo de Antropología de Xalapa.
169. Yohualichan, Puebla. Las pirámides con nichos de este sitio ubicado en la Sierra de Puebla tienen semejanza con las de El Tajín. Época III.
170. "Yugo", área totonaca. Estilo de El Tajín, Veracruz. Piedra con relieves (13 x 39 x 43 cm). Los tres cráneos, que son cabezas de cautivos sacrificados, tienen los característicos pelos de los guerreros. Época III (700-900). Museo Amparo, Puebla.
171. "Palma" totonaca en el estilo de El Tajín, centro de Veracruz. Piedra dura tallada en relieve (altura: 36 cm). Época III. Museo de Antropología de Xalapa.
172. Maqueta de templo, Guerrero. Piedra dura azul oscuro (altura: 15 cm). Época III-IV. MNAH, México.
173. "Estela de Acapulco". Piedra basáltica (altura: 1.80 m). Representa a Tlaloc, dios nahua de la lluvia. Último periodo de la Época III. MNAH, México.
174. Cabeza monumental. Monumento 2 del Cerro de las Mesas, Veracruz. Piedra (altura: 1.75 m). Época III, según Stirling, 1953. Algunos autores lo llaman Monumento 4.
175. Estela de San Miguel Chapultepec; Cerro de las Mesas, Veracruz. Piedra (138 x 82 cm). Época III. MNAH, México. Es muy parecida a la Estela 5 del Cerro de las Mesas.
176. Disco solar con rasgos de jaguar; Cara Sucia, Ahuachapan, El Salvador. Piedra. (altura: 60 cm). Museo Nacional, San Salvador. Época III, según Hay, 1940.
177. Monumento 9 de Bilbao; Santa Lucía Cotzumalhuapa, Escuintla, Guatemala. Estela de piedra (2.75x1.22 m). Finca Bilbao. Época III, según Parsons, 1969.
178. Estela 4 del Cerro de las Mesas, Veracruz. Piedra (altura: 1.67 m). Época III. Según Stirling, 1953.
179. Monumento 21 de Santa Lucía Cotzumalhuapa, también conocido como Monumento 21 de Bilbao; Escuintla, Guatemala. Gran monolito de piedra tallado en bajorrelieve (4 x 3.4 m). Época III, según Parsons, 1969. In situ.
180. Cabeza de serpiente en una cueva. Detalle de una estela de piedra procedente de Las Ilusiones, Santa Lucía Cotzumalhuapa, Escuintla, Guatemala. Época III.
181. "Palma" grande proveniente de Quelepa, San Miguel, El Salvador. Piedra (altura: 49 cm; ancho: 16.5 cm). Fue en-

contrada en las excavaciones de la Estructura 29, Ofrenda 24. La deidad representada probablemente es Eecatl. Museo Nacional, San Salvador. Finales de la Época III, según Andrews, 1976.
182. Personaje revestido con los atributos de Tlaloc en relación con la fecha 8 *mazatl*. Monumento 2 de El Baúl, Santa Lucía Cotzumalhuapa, Escuintla, Guatemala. Época III, según Parsons, 1969.
183. "Piedra hongo" característica del sur de Guatemala y costa de Chiapas (altura: 37 cm). Son en realidad manos de mortero transformadas por el código icónico, con una extremidad circular (agua) y otra que lleva tres puntas (fuego). En el caso de esta ilustración se agrega la simbología del jaguar. Esta tradición regional es común a las épocas II y III, según Shook, 1952.
184. Hombre acuclillado en un pedestal grabado con signos glíficos. Piedra (130 x 27 x 18 cm). San Mateo, valle de Comitán. Cultura no maya de Chiapas de la Época III. Tradición compartida por la costa de Chiapas y la de Guatemala. Museo Regional de Chiapas. INAH, Tuxtla Gutiérrez.
185. Guerrero con vírgula de la palabra en relación con un águila. Motivo inciso de una vasija cilíndrica de estilo teotihuacano procedente de Tiquisate, Escuintla, Guatemala. Época III.
186. Gobernante sobre un trono flanqueado por dos cautivos con las manos atadas. Parte central del Monumento 65 de Kaminaljuyú, Guatemala. Época III.
187. Cara principal de la Estela 31 de Tikal, Petén, Guatemala. El señor representado está acompañado por dos guerreros teotihuacanos tallados en las caras laterales de la estela. Época III, según Soustelle, 1982.
188. Edificio 6E-144-2° de Tikal. Se pueden observar los fuertes rasgos teotihuacanos de esta arquitectura. Época III. Dibujo de Ricardo Real de León, según Gendrop, 1980.
189. Tapa de bóveda pintada en rojo sobre fondo blanco. Divinidad sentada; Dzibilnocac, Campeche. Piedra estucada (58 x 35 x13 cm). Cultura maya. Época III. Museo Regional de Yucatán, Palacio Cantón, Mérida.
190. Estela de Yaxhá, Petén, Guatemala. Lleva la efigie del dios Tlaloc esculpido en un estilo muy nahua. Principios de la Época III, según Greene, 1972.
191. Mascarón de piedra de la Pirámide del Adivino; Uxmal, Yucatán, *ca.* 400 d. C. Dibujo de Ricardo Real de León.
192. Escena mítica, probablemente relacionada con el viaje al más allá. Hueso inciso procedente de la tumba del Templo I, Tikal, Petén, Guatemala. Cultura maya. Época III, según Trik, 1962.
193. Espinas de manta raya grabadas con personajes de pie. Material de ofrenda; Comalcalco, Tabasco. Cultura maya tardía. Época III.
194. Pintura mural de Cacaxtla, Tlaxcala. Guerrero-águila. El sitio de Cacaxtla comprueba la presencia maya en el Altiplano mexicano alrededor del 800 d.C. In situ.
195. Tres ejemplos de fechas de cuenta larga. Las antiguas inscripciones mayas ofrecían la posibilidad de usar indiferentemente el glifo abstracto o su forma icónica. A la izquierda, Estela 24 de Naranjo (cifras no-icónicas y glifos abstractos); en el centro, Placa de Leyden (cifras no-icónicas y glifos icónicos); a la derecha, Templo de la Cruz, Palenque (cifras icónicas y glifos abstractos). De arriba a abajo: glifo introductorio; periodos cronológicos: *baktun, katun, tun, uinal* y *kin*; nombre del día. Época III.
196. "Alfabeto" de Diego de Landa. Testimonio ejemplar de la incomprensión del

sistema de escritura maya por parte de los españoles. Hacia 1566, según Duverger, 2002.
197. Ejemplo de glifo icónico maya. Motivo inciso en cerámica; Copán, Honduras. Época III. Cortesía de René Viel.
198. Centro ceremonial de Uxmal, Yucatán. Cultura maya. Época III.
199. Detalle de la fachada de un templo de Placeres, Campeche. Un anciano, de frente, lleva a manera de tocado el glifo escalonado de la ciudad y sus manos sostienen glifos calendáricos. Relieve en estuco polícromo. Cultura maya. Época III. MNAH, México.
200. Vasija trípode cilíndrica procedente de Becán, Campeche. Cerámica (16.5 x18 cm). Fue encontrada en la cámara 3 de la estructura XVI-sub. El estilo de la decoración de las paredes es maya, mientras que la estatuilla colocada en el interior tiene rasgos teotihuacanos. Cultura maya. Época III (400-550). Museo Regional de Yucatán, Palacio Cantón, Mérida.
201. Murciélago con las alas extendidas. Motivo de un fragmento de vaso pintado con negro sobre rojo. Valle del Ulúa, Comayagua, Honduras. Cultura maya. Época III, según Gordon, 1898.
202. Estela B de Copán, Honduras. Soberano enarbolando el bastón de mando labrado en altorrelieve. La cara principal está dirigida hacia el oriente; la cara lateral norte lleva la fecha 9.15.0.0.0 4 *ahau* 13 *yax* (siglo VIII). Cultura maya.
203. Escena de captura. Los dos gobernantes de Yaxchilán prenden a dos cautivos que llevan su nombre sobre sus piernas. Dintel 8 de Yaxchilán, Chiapas. Piedra grabada. Cultura maya. Época III, según Proskouriakoff, 1964.
204. Cara sur del Altar Q de Copán, Honduras. Bloque de piedra paralelepípeda donde están representados 16 gobernantes sentados sobre sus glifos onomásticos. Cultura maya. Época III, según Pérez Campa, 2006.
205. Estela 13 de Seibal, Petén, Guatemala. De la boca del personaje sale la voluta florida de la palabra que lo califica como un *tlatoani* nahua. Cultura maya. Siglo VIII, según Piña Chan, 1980.
206. Ejemplo de arquitectura ceremonial yucateca. Palacio de Sayil, Yucatán. Época III.
207. Edificio 2 de Hochob, Campeche. Cultura maya. Época III, según Gendrop, 1983.
208. Edificio 2 de Chicanná, Campeche. Cultura maya. Época III, según Gendrop, 1983.
209. Mascarón de mosaico de piedra del dios Chac. Detalle de la fachada del Palacio de Labná, Yucatán. Época III.
210. Fachada del edificio llamado Codz Pop en Kabah, Yucatán. Los mascarones del dios Chac integran elementos glíficos relacionados con el agua y el fuego.
211. Detalle de la fachada interior del Cuadrángulo de las Monjas; Uxmal, Yucatán. Arriba de la puerta se encuentra la maqueta de un templo. Cultura maya. Época III.
212. Estela 2 de Aguateca, Petén, Guatemala. Dignatario representado como "caballero águila". Lleva un escudo y un *maxtlatl* con la efigie de Tlaloc y un tocado con el glifo del año característico de los nahuas del altiplano. Cultura maya. Época III, según Piña Chan, 1980.
213. Base de la alfarda de la Escalinata Jeroglífica de Copán, Honduras. Este motivo (ancho: 1.20 m) se repite doce veces de cada lado de la escalinata de 20 m de altura. Es una evocación de los trece cielos de la cosmogonía mesoamericana: el dintel del Templo 26 que remataba la pirámide constituía el decimotercer nivel. Cultura maya. Época III.

214. Hueso de venado grabado en relieve (25 x 4.5 cm). Se supone que representa al último gobernante de Copán. Parte de una ofrenda del Templo 11 de la Acrópolis; Copán, Honduras. Cultura maya. Época III. Museo de Copán.
215. Centro ceremonial de Palenque, Chiapas. Cultura maya. Época III. Dibujo axonométrico de Omar Cabrera Acero.
216. Monumento 1 de Tortuguero; Macuspana, Tabasco. Estela con inscripción calendárica de cuenta corta 1 *ahau* 3 *kankin* (altura: 2 m). La estela combina el altorrelieve del jaguar con el grabado de los ocho carteles glíficos. Se la identifica como la estela más occidental del área maya. Época III. Museo Regional de Antropología Carlos Pellicer, Villahermosa.
217. Detalle de un sarcófago de piedra tallada procedente de las excavaciones de La Lagunita; El Quiché, Guatemala, según Ichon, 1977.
218. Hombre acuclillado, área de Tequilita, Nayarit. Cerámica polícroma (75 x 40 x 40 cm). Época III. Museo Regional de Nayarit. INAH, Tepic.
219. Figura femenina sentada con piernas abiertas. Todo su cuerpo lleva tatuajes; área de Tequilita, Nayarit. Cerámica polícroma (altura: 73 cm). Época III. Museo Regional de Nayarit. INAH, Tepic.
220. Gran vasija trípode en forma de calabaza; Colima. Cerámica roja bruñida (altura: 20 cm; diámetro: 35 cm). Fase de transición Época II y III. Museo Universitario de Arqueología de Manzanillo, Colima.
221. Mujer sedente; área de Etzatlan, Jalisco. Cerámica polícroma (altura: 55 cm). Época III. Museo Amparo, Puebla.
222. Maqueta de una casa con personajes; Nayarit. Cerámica polícroma (altura: 34 cm), *ca*. 300. Fachada lateral y fachada principal. Museo Regional de Antropología Carlos Pellicer, Villahermosa.
223. Olla antropomorfa que representa a una mujer. Procede de la Tumba 6 de El Grillo, Tabachines, Jalisco. Cerámica con baño rojo (altura: 24 cm), según Galván, 1991.
224. Columna en forma de atlantes (altura: 4.60 m). Pórtico del Templo de la Estrella de la Mañana; Tula, Hidalgo.
225. Detalle de una estatua femenina procedente de Teotenango, Estado de México. Piedra con huellas de pigmentos (182 x 67 x 26 cm). El tocado tiene una característica forma en U, relacionada con el agua. Época IV. Museo Arqueológico del Estado de México, Teotenango.
226. Templo de los Guerreros; Chichén Itzá, Yucatán. Época IV.
227. Incensario con la efigie de Tlaloc; Balamkanché, Yucatán. Cerámica polícroma en rojo, azul y blanco (altura: 29.5 cm). Época IV. Museo del Pueblo Maya, Dzibilchaltún.
228. Detalle de una urna funeraria de base anular; Ixil, El Quiché, Guatemala. Cerámica polícroma con relieves modelados (78 x 61 cm). Época IV. Museo Popol Vuh, Ciudad de Guatemala.
229. Estela redonda antropomorfa característica del estilo del área Chontales; Copelito, Nicaragua. Piedra con relieves (altura: 1.50 m). Época IV, según Richardson, 1940.
230. Otra estatua de estilo Chontales; La Libertad, Nicaragua. Piedra con relieves (altura: 1.50 m). Época IV, según Richardson, 1940.
231. Cerámicas en miniatura. Ofrendas depositadas en las faldas de los volcanes de la Cuenca de México. Excavaciones de Désiré Charnay en Nahualac, 1880. Época IV. Publicado en *Le Tour du Monde*, París.
232. Cerámicas en miniatura. Ofrendas depositadas en las faldas de los volcanes de la Cuenca de México. Excavaciones de Désiré Charnay en Tenenepanco, 1880.

Época IV. Publicado en *Le Tour du Monde*, París.
233. Cajete trípode; Michoacán. Cerámica bicroma, rojo sobre bayo: motivo de la greca escalonada al exterior y línea ondulada al interior (14 x 26.3 cm). Época IV. MNAH, México.
234. Vasija de cerámica plomiza en forma de perro (12.8 x 17.3 x 10.2 cm); Hidalgo. Época IV. Horizonte tolteca. Fundación Televisa.
235. Columna serpentiforme. Pórtico de El Castillo; Chichén Itzá, Yucatán. Época IV, según Holmes, 1895.
236. Columna serpentiforme. Pórtico del Templo de los Guerreros; Chichén Itzá, Yucatán. Época IV.
237. Autosacrificio del pene. Bajorrelieve del Panel 5 del juego de pelota sur de El Tajín, Veracruz. Época IV.
238. Desarrollo de los cuatro lados de la Estela 1 de Xochicalco, Morelos (altura de la parte grabada: 1.20 m). Época IV, según Sáenz, 1961.
239. Pinzas para depilar (altura: 6 y 7 cm) y cascabeles de cobre (entre 2 y 3.5 cm), Michoacán. Época IV, según Hosler, 1994.
240. Esta lámina (48) del *Códice Vindobonensis* presenta la bajada del cielo de Quetzalcoatl bajo su forma de Eecatl, dios del viento. Manuscrito prehispánico nahua de la Época V. Biblioteca Nacional de Viena, Austria.
241. Árbol florido con picaflores y mariposas, símbolo del más allá de los guerreros. Alfarda de la escalinata del templo norte del juego de pelota de Chichén Itzá, Yucatán. Época IV, según Bernal, 1984.
242. Altar de Chalco, Valle de México. Piedra basáltica grabada (50 x 72 x 68 cm). El monumento cuadrangular lleva glifos diferentes en sus cuatro caras: un ave sobre un árbol florido, un espejo humeante y dos símbolos más abstractos relacionados con el calendario, *ca.*1300. MNAH, México.
243. Cuchillo de sacrificio antropomorfo. Ofrenda 52, Templo Mayor (lado este), México-Tenochtitlan. Pedernal, concha, hematita y obsidiana (26.5 x 7.3 cm). Este *tecpatl* es uno de los 52 cuchillos que se encontraron en la ofrenda. Dicha cifra se relaciona obviamente con los 52 años del ciclo mesoamericano. Museo del Templo Mayor.
244. Copa bicónica perteneciente a una ofrenda masiva de mil vasijas encontrada en 1940 en la ex plaza del Volador, en el centro de la Ciudad de México. Cerámica polícroma (19 x 14 cm). En el registro superior alternan motivos vinculados con la muerte: huesos entrecruzados y cráneos. En el registro central está representado el cielo nocturno (estrellas). Al pie, los motivos evocan al sacrificio humano (bolitas de pluma blanca). Cultura mexica. Época V. MNAH, México.
245. Lado posterior del "teocalli de la guerra sagrada", monolito que describe la fundación de México. Se observa al águila agarrando las tunas de un nopal surgido de la laguna. Cultura mexica. Época V, según Alcina Franch, 1992.
246. Maqueta de un templo; Cholula. Cerámica con pintura (39.5 x 23 cm). Época V. Museo Regional de Puebla.
247. Tapa de una caja de una ofrenda mexica; Tizapán, Ciudad de México. Piedra con pintura (20 x 20 cm). En su interior se ha conservado el estuco original, pintado con motivos polícromos: una grande *chalchiuitl* azul con llamas blancas y cuatro glifos de Tlaloc para representar los cuatro rumbos del universo. La caja contenía una figurilla de Xilonen, diosa del maíz. MNAH, México.

248. Templo circular dedicado al dios del viento. Sitio de Calixtlahuaca, en la cuenca de Toluca, de fuerte rasgo mexica. Época V. Foto tomada en 1973, antes del crecimiento de la ciudad de Toluca.
249. Vasija vertedera con asa de estribo; Michoacán. Cerámica bicroma, rojo sobre bayo (19.5 x 25 cm). Época V. MNAH, México.
250. Vasija erótica con vertedera tubular y asa de estribo; Michoacán. Cerámica polícroma (25 x 25 cm). Cultura tarasca de la Época V. Museo Regional de Michoacán. INAH, Morelia.
251. Incensario antropomorfo que representa el dios Chac; Mayapan, Yucatán. Cerámica polícroma. Cultura maya. Época V, según Robiseck, 1972.
252. Escena de una ofrenda al sol. Pintura mural de Santa Rita Corozal, Belice. Muro oeste del Monticulo 1. El personaje de la derecha lleva dos cabezas cortadas sangrantes; el de la izquierda parece bailar con sonajas (*chicahuaztli*) en la mano, según Gann, 1900.
253. Mascarón de Chac/Huehueteotl. Templo de los Frescos; Tulum, Quintana Roo; ángulo sur. Cultura maya. Época V.
254. "Sello" procedente de El Chanal, Colima. Representa la figura de una serpiente relacionada con el viento, según una codificación icónica nahua. Época V, según Field, 1974.
255. Petroglifo de Coamiles, Nayarit (altura: 1.50 m). Parece representar un sacrificio por flechamiento. Época V.
256. Trípode polícromo con soportes en forma de ave de rapiña; Guanacaste, Costa Rica. Época V. Museo Nacional de Costa Rica, San José.
257. Gran vasija de alabastro (*tecali*); Isla de Sacrificios, Veracruz (altura: 34.2 cm; diámetro: 16.9 cm). Época V. MNAH, México.
258. Diosa con tocado complejo que lleva la imagen de un dios descendente característico del inframundo; norte de Veracruz. Piedra (altura: 1.33 m). Cultura huasteca. Época V. Museo Municipal Arqueológico de Tuxpan, Veracruz.
259. Vasija con asa de canasta y vertedera; norte de Veracruz. Cerámica bicroma, negro sobre blanco. Cultura huasteca. Época V. Museo Municipal Arqueológico de Tuxpan, Veracruz.
260. Detalle del motivo central del cajete trípode de la figura siguiente. Representa una mariposa de fuego antropomorfa. (Véase ilustración 283).
261. Gran cajete trípode polícromo con soportes en forma de garra de jaguar (diámetro: 34.6 cm; altura: 13.5 cm). Tumba 1 de Zaachila, Valle de Oaxaca. Época V. MNAH, México.
262. Águila con vírgula de la palabra; Mitla, Oaxaca. Grupo de la Iglesia, Patio A, dintel oeste. Pintura mural en el estilo de los códices. Época V, según Seler, 1895.
263. Mitla, Oaxaca. Grupo de la Iglesia. La iglesia, fundada en el siglo XVI, está construida en medio de un grupo de "palacios" mixtecos, lo que atestigua el valor sagrado y ceremonial de esta parte del sitio prehispánico. Época V.
264. Tzompantli, Templo Mayor de Tenochtitlan. Cultura mexica. Época V.
265 y 266. Pequeños objetos de alabastro encontrados en la ofrenda 58 del Templo Mayor de México (lado norte). El primero representa a una serpiente estilizada (10 x 2.6 cm) y el otro, a un *chicahuaztli* (12 x 2.6 cm), sonaja ritual para invocar a la lluvia. Museo del Templo Mayor.
267. Parte inferior de la cabeza monumental de la diosa Coyolxauhqui. Se ven los glifos entrelazados "agua y fuego" que simbolizan la guerra sagrada. Cultura mexica. Época V. MNAH, México, según Nicholson, 1983.

268. Altar de los guerreros, México-Tenochtitlan. Piedra (65 x 160 x 118 cm). El monumento es de la época mexica, pero de inspiración tolteca. Fue encontrado en 1897 en el ángulo suroeste del Zócalo. MNAH, México.
269. Recinto de los Guerreros Águila, Templo Mayor de Tenochtitlan, Ciudad de México. Piedra estucada y pintada. Detalle de la banqueta. Cultura mexica. Época V.
270 y 271. Lápida de Huitzuco, Guerrero. El monumento, que tiene la forma y las dimensiones de una piedra de sacrificio, presenta una particularidad: sus dos caras llevan el mismo motivo simbólico, el *zacatapayolli*, bola de zacate, donde se colocaban las púas del autosacrificio. Pero, por un lado, el glifo está de perfil (270) y, por el otro, está visto desde arriba (271). Piedra (163 x 66 x 39 cm). Cultura mexica. Época V. MNAH, México.
272. Representación del *tlatoani* mexica Motecuzoma. *Códice Florentino*, libro VIII, capítulo 1, folio 2v.
273. "Caja de Motecuzoma". Piedra con relieves (22 x 24 x 24 cm). Caja de ofrenda encontrada en Tlatelolco cuya tapa interior tiene los glifos del poder: la diadema, la nariguera de turquesa y la vírgula de la palabra. Por esto la tradición la vincula con el último soberano azteca. Registra las fechas 11 tecpatl (exterior) y 5 coatl (interior). MNAH, México.
274. Templo Calendárico; Tlatelolco, Distrito Federal. El tablero está decorado con paneles que registran los veinte glifos del calendario adivinatorio (*tonalpohualli*). Aquí aparecen los signos 1 *mazatl* y 2 *tochtli*. Época V.
275. Olla de cerámica polícroma característica de la Época V (25.5 x 22.5 cm). En este ejemplar, procedente de las excavaciones realizadas en 1900 en la calle de las Escalerillas de la Ciudad de México, se ve el dios azteca Tezcatlipoca rodeado de motivos sacrificiales. MNAH, México.
276 y 277. Tlaltecutli, representación solar femenina y nocturna. 276. Cara inferior del *cuauhxicalli* de Berlín. 277. Cara inferior de la Caja de Hackmack, Museum für Völkerkunde, Hamburgo, según Alcina Franch, 1992.
278. La gran Coatlicue. Grabado de León y Gama publicado en 1792 en *Las dos piedras*.
279. La célebre Piedra del Sol o Calendario azteca, según un grabado de Carl Nebel, viajero alemán que escribió: *Viaje pintoresco y arqueológico sobre la parte más interesante de la República mejicana (1829-1834)*, publicado en México en 1840.
280. Arte plumaria del siglo XVI. Escuela franciscana de Pedro de Gante. Detalle de un supuesto cubre cáliz circular (diámetro: 28 cm). Se ve el glifo prehispánico del campo cultivado atravesado por una coa y rodeado de agua. El sentido parece más toponímico que simbólico. MNAH, México.
281. Cempoala, Veracruz, donde Cortés consiguió la alianza con los totonacas en 1519.
282. Desembarco de Cortés en la playa de Chalchiuhcuecan, Veracruz. Viñeta que abre el libro XII del *Códice Florentino*.
283. Nariguera de oro en forma de mariposa (7.5 x 7.7 cm); Ciudad de México. Los símbolos combinan el *yacametzli*, lunar y acuático, en forma de U; la mariposa de fuego, solar y celeste, y el *tecpatl* del sacrificio humano. El objeto proviene de una ofrenda mexica excavada en 1900 en la calle de las Escalerillas. Principios del siglo XVI. MNAH, México.
284. Nariguera de oro (4.5 x 6.5 cm); Teotitlán del Camino, Oaxaca. Época V. MNAH, México.

285. Xochipilli, "el príncipe de las flores", dios del juego sobre un asiento ceremonial; Tlalmanalco, Estado de México. Piedra (altura total con trono: 1.75 m). Objeto de transición: 1520-1530. MNAH, México.
286. Quetzalcoatl. Pórfido (44 x 25 x 23 cm); Valle de México. Hacia 1530. Museo del Hombre, hoy Museo del Quai Branly. Prestado al Museo del Louvre, París.
287. *Códice Borbónico,* lámina 14. Se ve la serie de trece días (trecena) que empieza con 1 perro gobernada por Xipe Totec, dios de la renovación de la vegetación. En frente está Quetzalcoatl bajo su forma de serpiente. Copia de un *tonalamatl* prehispánico (1530-1540). Biblioteca del Palacio Borbón, Asamblea Nacional, París.
288. Pintura del interior de la iglesia del convento agustino de Ixmiquilpan, Hidalgo. Aunque del siglo XVI, la temática del mural es prehispánica: representa la "guerra florida" entre guerreros indígenas.
289. Fachada de la iglesia franciscana de la Huatapera; Uruapan, Michoacán. Trabajo indígena. Siglo XVI.
290. Ejemplo de arte mestizo. Pintura mural del Hospital de Jesús fundado por Hernán Cortés en 1528, en el lugar de su primer encuentro con Motecuzoma. Centro histórico de la Ciudad de México. Siglo XVI.
291. "Excéntrico" de pedernal (31 x 12.5 cm); acrópolis de Copán, Honduras. Procede de una ofrenda escondida debajo de la escalinata hieroglífica. Cultura maya. Época III (700-800). Museo de Copán.
292. Plato de cerámica con motivo inciso que representa dos peces; Tlatilco, Cuenca de México. Época I. MNAH, México, según Niederberger, 1987.

Los pequeños colibríes de las viñetas de las páginas 20 y 170 fueron tomados de un tiesto de cerámica de Coamiles, Nayarit. Época V.

BIBLIOGRAFÍA

Acosta, Jorge R.
1956-1957 "Interpretación de algunos de los datos obtenidos en Tula, relativos a la época tolteca", *Revista Mexicana de Estudios Antropológicos*, vol. XIV, pp. 75-110.
1976 "Los toltecas", en *Los señoríos y estados militaristas*, México, SEP-INAH, pp. 137-158.

Agrinier, Pierre
1960 *The Carved Human Femurs from Tomb 1, Chiapa de Corzo*, Provo, New World Archaeologial Foundation.

Aguilera, Carmen
1985 *Flora y fauna mexicana. Mitología y tradiciones*. Col. Raíces Mexicanas, León, España, Ed. Everest.

Alcina Franch, José, Miguel León-Portilla y Eduardo Matos Moctezuma
1992 *Azteca Mexica*, Madrid, Quinto Centenario.

Andrews V, Edward Wyllys
1976 *The Archaeology of Quelepa*, El Salvador, Nueva Orleans, Tulane University Press.
1986 "Olmec Jades from Chacsinkin, Yucatan and Maya Ceramics from La Venta, Tabasco", en *Research and Reflections in Archaeology and History*, Nueva Orleans, Tulane University Press, pp. 11-49.

Andrews, George
1969 *Edzna, Campeche, México. Settlement Patterns and Monumental Architecture*. Eugenia, University of Oregon.

Aveleyra Arroyo de Anda, Luis
1964 *El sacro de Tequixquiac*, México, INAH.

Barlow, Robert H.
1949 *The Extent of the Empire of the Culhua Mexica*, Berkeley, University of California Press.

Batres, Leopoldo
1902 *Exploraciones arqueológicas en la calle de las Escalerillas*, México, Tip. La Europa.

Baudez, Claude F.
1970 *Amérique centrale*, Ginebra, Nagel.

Baudez, Claude-François y Pierre Becquelin
1984 *Les Mayas*, París, Gallimard.

Bell, Betty (ed.)
1974 *The Archaeology of West Mexico*, Ajijic, Jalisco, Sociedad de Estudios Avanzados del Occidente de México, A.C.

Benítez, Fernando
1967-1980 *Los indios de México*, 5 tomos, México, Era.

Benson, Elizabeth P. (ed.)
1973 *Mesoamerican Writing Systems*, Washington D. C., Dumbarton Oaks, Trustees for Harvard University.

Benson, Elizabeth P. y Gillett G. Griffin
1989 *Maya Iconography*, Princeton, Nueva Jersey, Princeton University.
Berlin, Heinrich
1958 "El glifo-emblema en las inscripciones mayas", *Journal de la Société des Américanistes*, t. XLVII, pp. 111-119.
Bernal, Ignacio
1968 *El mundo olmeca*, México, Porrúa.
1971 "Los jugadores de pelota de Dainzú, Oaxaca", *Journal de la Société des Américanistes*, t. XL, pp. 300-301 y 4 fig.
1982 "Teotihuacan", en *Los orígenes de México,* México, Salvat, pp. 221-270.
Bernal, Ignacio y Andy Seiffert
1978 *The Ballplayers of Dainzu*, Graz, Akademische Druck - u. Verlagsanstalt.
Bernal, Ignacio y Mireille Simoni-Abbat
1986 *Le Mexique, des origines aux Aztèques*, París, Gallimard.
Beyer, Herman
1927 Reseña de "Blom y La Farge, Tribes and Temples", *El México antiguo*, II, vol. 11-12, pp. 305-313.
Blom, Franz y Oliver La Farge
1926-1927 *Tribes and Temples*, Nueva Orleans, Tulane University, 2 vols.
Boone, Elizabeth H. y Gordon R. Willey (eds.)
1988 *The Southeast Classic Maya Zone*, Washington D.C., Dumbarton Oaks.
Borah, Woodrow y Sherburne F. Cook
1963 *The Aboriginal Population of Central Mexico on the Eve of the Spanish Conquest*, Berkeley, University of California Press.
Bove, Frederick J.
2004 "La dinámica de la interacción de Teotihuacan con el Pacífico de Guatemala", en *La costa del Golfo en tiempos teotihuacanos: propuestas y perspectivas. II Mesa Redonda de Teotihuacan*, México, INAH, pp. 685-713.

Bowditch, Charles P.
1910 *The Numeration, Calendar Systems and Astronomical Knowledge of the Mayas*, Cambridge, Mass.
Brambila, Rosa y Ana María Crespo (coords.)
1991 *Querétaro prehispánico*, México, INAH.
Brambila, Rosa y Rubén Cabrera (coords.)
1998 *Los ritmos de cambio en Teotihuacan: reflexiones y discusiones de su cronología*, México, INAH.
Braniff, Beatriz
1975 "Arqueología del norte de México", en *Los pueblos y señoríos teocráticos*, vol. I, México, SEP-INAH, pp. 217-272.
Broda, Johanna
1987 "Templo Mayor as Ritual Space", en *The Great Temple of Tenochtitlan*, Berkeley, University of California Press, pp. 61-123.
Brüggemann, Jürgen Kurt
1978 *Estudios estratigráficos en Tlapacoya, Edo. de México, 1973*, México, SEP-INAH.
Brüggemann, Jürgen K. *et al.*
1991 *Zempoala: estudio de una ciudad prehispánica*, México, INAH.
Cabrera Castro, Rubén *et al.*
1991 *Teotihuacan 1980-1982. Nuevas interpretaciones*, México, INAH.
Cabrera, Rubén, Saburo Sugiyama y George Cowgill
1991 "The Temple of Quetzalcoatl Project at Teotihuacan: A Preliminary Report", *Ancient Mesoamerica*, vol. 2 (1), pp. 77-92.
Cabrero G., María Teresa y Carlos López C.
1997 *Catálogo de piezas de las tumbas de tiro del Cañón de Bolaños*, México, UNAM.
Campbell, Lyle y Terrence Kaufman
1976 "A Linguistic Look at the Olmecs", *American Antiquity*, vol. 41, núm. 1, pp. 80-89.
Carot, Patricia
1994 "Loma Alta: antigua isla funeraria en la ciénaga de Zacapu, Michoacán", en E.

Williams y R. Novella, *Arqueología del Occidente de México: nuevas aportaciones*, Zamora, El Colegio de Michoacán, pp. 93-122.

Carrasco Pizana, Pedro
1950 *Los otomíes. Cultura e historia prehispánicas de los pueblos mesoamericanos de habla otomiana*, México, UNAM.

Cartwright Gerhardt, Juliette
1988 *Preclassic Maya Architecture at Cuello*, Belice, Oxford, BAR Internacional Series.

Casas, Fray Bartolomé de las
1951 *Historia de las Indias*, México, Fondo de Cultura Económica, 3 vols.

Caso, Alfonso
1927 "Las ruinas de Tizatlán, Tlaxcala", *Revista Mexicana de Estudios Antropológicos*, vol.1, pp. 139-172.
1932 "La tumba 7 de Monte Albán es mixteca", *Universidad de México*, vol. 4, núm. 20, pp. 117-150.
1969 *El tesoro de Monte Albán*, México, INAH.

Caso, Alfonso e Ignacio Bernal
1965 "Ceramics of Oaxaca", en *Handbook of Middle American Indians*, vol. 3, part. 2, Austin, University of Texas Press, pp. 871-895.

Charnay, Désiré
1885 *Les anciennes villes du Nouveau Monde*, París, Hachette.

Chefs d'oeuvre de l'Amérique précolombienne (catálogo de exposición).
1947 París, Musée de l'Homme.

Clark, John E. (coord.)
1994 *Los olmecas en Mesoamérica*, México, El Equilibrista y Turner Libros.

Cobean, Robert H.
1990 *La cerámica de Tula, Hidalgo*, México, INAH.
1994 "Ofrendas toltecas en el Palacio Quemado de Tula", *Arqueología mexicana*, vol. I, núm. 6, pp. 77-78.

Codex Borbonicus
1974 Ms. de la Biblioteca de la Asamblea Nacional de París, Graz, Akademische Druck-u. Verlagsanstalt [facsímil].

Codex Borgia
1976 Ms. Messicano 1 de la Biblioteca Apostólica Vaticana, Graz, Akademische Druck-u. Verlagsanstalt [facsímil].

Codex Cospi
1968 Ms. de la Biblioteca Universitaria de Boloña (Calendario messicano, cod. 4093), Graz, Akademische Druck-u. Verlagsanstalt [facsímil].

Codex Dresdensis
1975 Ms. R310 de la Sächsische Landesbibliothek de Dresde, Graz, Akademische Druck-u. Verlagsanstalt [facsímil].

Codex Fejérváry-Mayer
1971 Ms.12014 du Free Public Museum de Liverpool, Graz, Akademische Druck-u.Verlagsanstalt [facsímil].

Codex Laud
1966 Ms. Laud Misc. 678 de la Biblioteca Bodleiana, Oxford, Graz, Akademische Druck-u.Verlagsanstalt [facsímil].

Codex Magliabechiano
1970 Ms. de la Biblioteca Nacional de Florencia, Graz, Akademische Druck-u.Verlagsanstalt [facsímil].

Codex Mendoza
1938 Ms. conservado en la Biblioteca Bodleiana, Oxford, edición de James Cooper Clark, Londres, Waterlow and Sons, 3 vols. [vol. III: facsímil].

Codex Nuttall
1975 Ms. conservado en el Museo Británico, Londres; reproducción del facsímil del Peabody Museum, Nueva York, Dover Publications.

Codex Telleriano-Remensis
1899 Ms. mexicain 385, Biblioteca Nacional de París, edición del duque de Loubat, París, Imp. Burdin.

Codex Vaticanus A
1979 Ms. 3738 de la Biblioteca Apostólica Vaticana, Graz, Akademische Druck-u. Verlagsanstalt [facsímil].

Codex Vaticanus B
1972 Ms. 3773 de la Biblioteca Apostólica Vaticana, Graz, Akademische Druck-u. Verlagsanstalt [facsímil].

Codex Vindobonensis
1974 Ms. Mexicanus 1 de la Biblioteca Nacional de Viena, Graz, Akademische Druck-u. Verlagsanstalt [facsímil].

Códice Boturini (Tira de la peregrinación)
1975 Ms. 35-38 de la Biblioteca Nacional de Antropología e Historia, México, SEP.

Códice Florentino
1979 Ms. de la Biblioteca Medicea Laurenziana de Florencia, México, Archivo General de la Nación, 3 vols. [facsímil].

Coe, Michael D.
1965 "The Olmec Style and its Distribution", en *Handbook of Middle American Indians*, vol. 3, Austin, University of Texas Press, pp. 739-775.

Coe, Michael D. y Richard A. Diehl
1980 *In the Land of the Olmec*, Austin, University of Texas Press, 2 vols.

Coe, William R.
1967 *Tikal: A Handbook of the Ancient Maya Ruins*, Filadelfia, University Museum, University of Pensilvania.

Coggins, Clemency C. y O. C. Shane III (coords.)
1984 *Cenote of Sacrifice: Maya Treasures from the Sacred Well at Chichen Itza*, Austin, University of Texas Press.

Conquistador anónimo, El
1971 en García Icazbalceta, Joaquín, *Colección de documentos para la historia de México*, México, Porrúa, t. I, p. 368-398.

Contreras, Eduardo
1966 "Trabajos de exploración en la zona arqueológica de Ixtlán del Río, Nay.", *Boletín del INAH,* núm. 25, pp. 5-10.

1967 "Trabajos en la zona arqueológica de Ixtlán del Río, Nay. Temporada 1967", *Boletín del INAH,* núm. 29, pp. 25-29.

Cortés, Hernán
1963 *Cartas y documentos*, México, Porrúa.
1981 *Cartas de relación*, México, Porrúa.

Covarrubias, Miguel
1946 "El arte 'olmeca' o de La Venta", *Cuadernos americanos,* año V, núm. 4, pp. 153-179.

1948 "Tipología de la industria de piedra tallada y pulida de la cuenca del río Mexcala", en *El Occidente de México*, Cuarta Reunión de Mesa Redonda. Sociedad Mexicana de Antropología, México, pp. 86-90.

Crónica mexicáyotl. Vease Tezozómoc.

Del nomadismo a los centros ceremoniales
1975 México, SEP-INAH.

Deraga, Daria y Rodolfo Fernández
1983 "Las tumbas de tiro de El Moralete, Colima", *El Occidente de México*, XVIII Mesa Redonda de la Sociedad Mexicana de Antropología, Taxco, pp. 79-80.

Díaz del Castillo, Bernal
1980 *Historia verdadera de la conquista de la Nueva España* (1568), 12ª. ed., México, Porrúa.

Díaz Oyarzábal, Clara Luz
1986 "La presencia teotihuacana en las estelas de Tepecuacuilco", en *Arqueología y etnohistoria del estado de Guerrero*, México, INAH-Gobierno del Estado de Guerrero, pp. 203-208.

Díaz-Pardo, Edmundo y Edmundo Teniente-Nivón
1991 "Aspectos biológicos y ecológicos de la ictiofauna rescatada en el Templo Mayor, México", en Oscar Polaco (coord.), *La fauna en el Templo Mayor*, México, INAH, pp. 33-104.

Dibble, Charles E.
1971 "Writing in Central Mexico", en *Hand-*

book of Middle American Indians, Austin, University of Texas Press, vol. 10, pp. 322-332.

Diguet, Léon
1898 "Note sur certaines pyramides des environs d'Ixtlan", *L'anthropologie*, París, vol. IX, pp. 660-665.

Di Peso, Charles
1974 *Casas Grandes. A Fallen Trading Center of the Gran Chichimeca*, Flagstaff, The Amerind Foundation.

Documentos cortesianos
1990-1992 Edición de José Luis Martínez, México, INAH-Fondo de Cultura Económica, 4 tomos.

Drucker, Philip
1943 *Ceramic Sequences at Tres Zapotes, Veracruz*, Mexico, Washington D. C., Smithsonian Institution.
1943 *Ceramic Statigraphy at Cerro de las Mesas, Veracruz*, Mexico, Washington D. C., Smithsonian Institution.

Drucker, Philip, Robert Heizer y Robert J. Squier
1959 *Excavations at La Venta, Tabasco, 1955*, Washington, Smithsonian Institution.

Durán, Fray Diego
1967 *Historia de las Indias de Nueva España e Islas de la Tierra Firme*, México, Porrúa, 2 vols.

Du Solier, Wilfrido
1946 "Primer fresco mural huasteco", *Cuadernos americanos*, vol. 5, núm. 6, pp.151-159.

Duverger, Christian
1978 *L'Esprit du jeu chez les Aztèques*, París-La Haye, Mouton-Ehess.
1983 *La flor letal*, México, Fondo de Cultura Económica.
1987 *El origenen de los aztecas*, México, Grijalbo.
1993 *La conversión de los indios de Nueva España*, México, Fondo de Cultura Económica.
1994 *Art taïno*, París, Connaissance des Arts.
1999 *Mesoamérica. Arte y antropología*, México, Conaculta.
2002 *Agua y fuego. Arte sacro indígena de México en el siglo XVI*, México, Américo Arte Editores.
2005 *Cortés*, México, Taurus.

Duverger, Christian et al.
1993 "Approche chronologique du site de Coamiles, Nayarit (Mexique). Datations par thermoluminescence et par carbone 14", *Journal de la Société des Américanistes*, vol. LXXIX, pp. 105-140.

Ekholm, Gordon F.
1939 "Results of an Archaeological Survey of Sonora and Northern Sinaloa", *Revista Mexicana de Estudios Antropológicos*, vol. III, núm. 1, pp. 7-10.
1942 "Excavations at Guasave, Sinaloa", *Papers of the American Museum of Natural History*, núm. 38-2, Nueva York, pp. 23-139.

Ekholm, Susanna M.
1969 *Mound 30a and the Early Preclassic Ceramis Sequence of Izapa, Chiapas*, Mexico, Provo, Brigham Young University.

Fash, William L.
1991 *Scribes, Warriors and Kings: The City of Copan and the Ancient Maya*, Londres, Thames and Hudson.
2004 "El legado de Teotihuacan en la ciudad maya de Copán, Honduras", en *La costa del Golfo en tiempos teotihuacanos: propuestas y perspectivas. II Mesa Redonda de Teotihuacan*, México, INAH, pp. 715-729.

Feest, Christian F.
1990 *Vienna's Mexican Treasures*, Viena, Museum für Volkerkunde.

Fernández, Rodolfo
1983 "Hallazgos recientes en El Ixtepete", *El Occidente de México*, XVIII Mesa redonda de la Sociedad Mexicana de Antropología, Taxco, p. 81.

Flannery, Kent V.
1976 *The Early Mesoamerican Village*, Nueva York, Academic Press.

Florentine Codex. General History of the Things of the New Spain de Fray Bernardino de Sahagun
1950-1974 texto náhuatl y trad. inglesa de C. Dibble y A. Anderson, Santa Fe, University of Utah and School of American Research, 13 vols.

Fortsmann, Ernst W.
1901 *Commentar zur Mayahandschrift der königlichen öffentlichen Bibliothek zu Dresden*, Dresde [trad. inglesa *Commentary on the Maya Manuscript in the Royal Public Library of Dresden*, Cambridge, Harvard University, Peabody Museum, 1906].

Fuente, Beatriz de la
1984 *Los hombres de piedra. Escultura olmeca*, México, UNAM.

Fuente, Beatriz de la (coord.)
1995 *La pintura mural prehispánica en México. I. Teotihuacan*, México, UNAM-IIE, 2 tomos.
1998-2001 *La pintura mural prehispánica en México. II. Área maya*, México, UNAM-IIE, 4 tomos.
2005 *La pintura mural prehispánica en México. III. Oaxaca*, México, UNAM-IIE, 2 tomos.

Galarza, Joaquín
1972 *Lienzos de Chiepetlan*, México, MAEF.
1980 *Estudios de escritura indígena tradicional azteca-náhuatl*, México, INAH.

Galván Villegas, Luis Javier
1991 *Las tumbas de tiro del valle de Atemajac*, Jalisco, México, INAH.

Gamio, Manuel
1921 *Álbum de colecciones arqueológicas*, México, Escuela Internacional de Arqueología y Etnología Americanas.

García García, María Teresa
2005 *Texcoco cultural*, edición especial, vol. 1, núm. 8, Texcoco.

García Moll, Roberto y Daniel Juárez Cossío
1986 *Yaxchilán. Antología de su descubrimiento y estudios*, México, INAH.

Gay, Carlo
1967 *Mezcala Stone Sculpture: The Human Figure*, Nueva York, The Museum of Primitive Art.
1971 *Chalcacingo*, Graz, Akademische Druck-u. Verlagsanstalt.

Gendrop, Paul
1983 *Los estilos Río Bec, Chenes y Puúc en la arquitectura maya*, México, UNAM.

Girard, Rafael
1969 "Descubrimiento reciente de esculturas preolmecas en Guatemala", *Verhandlungen des XXXVIII Internationalen Amerikanistencongreses*, Múnich, vol. I, pp. 203-213.

Gómez Chávez, Sergio
2002 "Presencia del occidente de México en Teotihuacan. Aproximaciones a la política exterior del Estado teotihuacano", en *Ideología y política a través de materiales, imágenes y símbolos. I Mesa Redonda de Teotihuacan*, México, INAH-Conaculta, pp. 563-625.

Gómez Chávez, Sergio y Timothy King
2004 "Avances en el desciframiento de la escritura jeroglífica de Teotihuacan", en *La costa del Golfo en tiempos teotihuacanos: propuestas y perspectivas. II Mesa Redonda de Teotihuacan*, México, INAH, pp. 201-244.

González Rul, Francisco
1988 *La cerámica en Tlatelolco*, México, INAH.

Goodman, J. T.
1897 "The Archaic Maya Inscriptions", Apéndice de la publicación de Alfred Maudslay, *Biología Centrali-Americana*, Londres.

Graulich, Michel
1984 "Quelques observations sur les sculptures mésoaméricaines dites chac-

mool", *Annales du Vlaams Institut voor Amerikaanse Kulturen*, Mechelen, Belgium, pp. 51-72.

1991 "L'inauguration du temple principal de Mexico en 1487", *Revista española de antropología americana*, Madrid, vol. 21, pp. 121-143.

Grove, David C.

1987 *Ancient Chalcatzingo*, Austin, University of Texas Press.

Gruzinski, Serge

1991 *L'Amérique de la Conquête peinte par les Indiens du Mexique*, París, Flammarion-UNESCO.

Gutiérrez Solana, Nelly y Susan K. Hamilton

1977 *Las esculturas en terracota de El Zapatal, Veracruz*, México, UNAM.

Hammond, Norman et al.

1979 "The Earliest Lowland Maya: Definition of the Swasey Phase", *American Antiquity*, vol. 44, núm. 1, Washington, pp. 92-109.

Handbook of Middle American Indians

1964-1976 editados bajo la dirección de R. Wauchope, Austin, University of Texas Press, 16 vols.

Healy, Paul

1974 "The Cuyamel Caves: Preclassic Sites in Northeast Honduras", *American Antiquity*, núm. 39, pp. 435-447.

Hernández, Franscisco

1960 *Historia de las plantas de Nueva España* (1576), en *Obras completas*, México, UNAM, 1960.

Hers, Marie-Areti

1989 *Los toltecas en tierras chichimecas*, México, UNAM.

Historia de Jalisco, t. I.

1980 Guadalajara, Gobierno del Estado de Jalisco.

Historia tolteca-chichimeca

1976 Mss. 46-50 y 54-58 de la Biblioteca Nacional de París; facsímil, texto náhuatl y traducción española, ed. preparada por P. Kichhoff, L. Odena Güemes y L. Reyes García, México, INAH-SEP.

Hosler, Dorothy

1994 *The Sounds and Colors of Power. The Sacred Metallurgical Technology of Ancient West Mexico*, Cambridge, The MIT Press.

Ichon, Alain

1977 *Les Sculptures de La Lagunita, El Quiché, Guatemala*, Guatemala, Institut d'Ethnologie de París y CNRS.

Ichon, Alain y Marion P. Hatch

1982 *Archéologie de sauvetage dans la vallée du Río Chixoy. 4. Los Encuentros*, Guatemala, Institut d'Ethnologie de París y CNRS.

Kelley, Charles J.

1971 "Archaeology of the Northern Frontier: Zacatecas y Durango", en *Handbook of Middle American Indians*, Austin, University of Texas Press, vol. 11, pp. 768-801.

Kelly, Isabel

1938 *Excavations at Chametla, Sinaloa*, Berkeley, University of California Press.

1945 *Excavations at Culiacan, Sinaloa*, Berkeley, University of California Press.

1945-1949 *The Archaeology of the Autlan-Tuxcacuesco Area of Jalisco*, Berkeley, University of California Press, t. I: 1945; t. II: 1949.

1980 *Ceramic Sequence in Colima: Capacha, an Early Phase*, Tucson, University of Arizona Press.

Kidder, Alfred V., Jesse D. Jennings y Edwin M. Shook

1946 *Excavations at Kaminaljuyu, Guatemala*, Washington, Carnegie Institution.

Kirchoff, Paul

1943 "Mesoamérica: sus límites geográficos, composición étnica y caracteres culturales", *Acta Americana*, vol. I, pp. 92-107. Reproducido en *Dimensión an-*

tropológica, año 7, vol. 19, mayo/agosto 2000, pp. 15-30.

Kubler, George
1984 *Arquitectura mexicana del siglo XVI*, México, Fondo de Cultura Económica [1ª. ed. en inglés: New Haven, Yale University Press, 1948].

Landa, Fray Diego de
1966 *Relación de las cosas de Yucatán* (1566), México, Porrúa.

L'Art taïno
1994 Catálogo de la exposición del Petit Palais, París, París-Musées.

Las lenguas de México
1975 México, SEP-INAH.

Lastra de Suárez, Yolanda
1975 "Panorama de los estudios de lengua yutoaztecas", en *Las lenguas de México*, México, INAH, vol. I, pp. 155-225.

Laurencich Minelli, Laura
1993 "I due antichi atlatl messicani del Museo Nazionale di Antropología e Etnologia di Firenze", *Archivio per l'Antropología e la Etnologia*, vol. CXXIII, pp. 391-403.

León y Gama, Antonio de
1978 *Las dos piedras (Descripción histórica y cronológica de)* (1792), México, Manuel Porrúa.

Lévine, Daniel
1998 *Archéologie du Mexique. Les cultures préhispaniques de l'Ouest mexicain: l'Etat de Colima*, París, Ed. Artcom.

Lévine, Daniel (coord.)
1992 *Amérique, continent imprévu*, París, Bordas.

Leyenda de los Soles
1975 en *Códice Chimalpopoca*, México, UNAM, pp.119-142.

Lienzo de Tlaxcala
1979 México, Cosmos.

Linné, Sigvald
1934 *Archaeological Research at Teotihuacan, Mexico*, Estocolmo, Ethnology Museum of Sweden.

Lister, Robert H.
1949 *Excavations at Cojumatlan, Michoacan, Mexico*, Albuquerque, The University of New Mexico Press.

López Aguilar, Fernando
2005 *Símbolos del tiempo*, Pachuca, Cultura Hidalgo.

López Austin, Alfredo
1973 *Hombre-Dios: religión y política en el mundo náhuatl*, México, UNAM.

López Austin, Alfredo, Leonardo López Luján y Saburo Sugiyama
1991 "El templo de Quetzalcóatl en Teotihuacan. Su posible significado ideológico", *Anales del Instituto de Investigaciones Estéticas*, vol. 62, pp. 35-52.

López Luján, Leonardo
1993 *Las ofrendas del Templo Mayor de Tenochtitlan*, México, INAH.

López Mestas, Lorenza y Jorge Ramos de la Vega
1994 "Tumba de tiro en Huitzilapa, Jalisco", *Arqueología mexicana*, vol. II, núm. 17, pp. 59-61.
1997 "La tombe de Huitzilapa. Tradition des tombes à puits", en *Reflets de la vie: art de l'Occident du Mexique*. Catálogo de la exposición del Carré du Louvre, París, pp. 13-17.

Lorenzo, José Luis
1967 *La étapa lítica en México*, México, INAH.

Lorenzo, José Luis y Lorena Mirambell
1981 "El Cedral, San Luis Potosí, México: un sitio con presencia humana de más de 30 000 a.C", *Actas de la Union Internacional de Ciencias Prehistóricas y Protohistóricas. Comisión XII*, México, INAH, pp. 112-124.

Los pueblos y señorios teocráticos
1975-1976 México, SEP-INAH, 2 vol.

Lothrop, Samuel K.
1926 *Pottery of Costa Rica and Nicaragua*, Nueva York, Museum of the American Indian, Heye Foundation.

1927 "Pottery Types and their Sequence in El Salvador", *Indian Notes and Monographics*, vol. I, núm. 4, Nueva York, Museum of American Indian, Heye Foundation, pp. 165-220.

Mc Bride, Harold
1969 "The Extend of the Chupicuaro Tradition", en *The Nathalie Wood Collection of Pre-Columbian Ceramics from Chupícuaro, Guanajuato*, Mexico, Los Angeles, UCLA, pp. 33-49.

Mac Neish, Richard S.
1950 "A Synopsis of the Archaeological Sequence in the Sierra de Tamaulipas", *Revista Mexicana de Estudios Antropológicos*, XI, pp. 79-96.

Mac Neish, Richard S., Frederick A. Peterson y Kent V. Flannery
1970 *The Prehistory of the Tehuacan Valley*, vol. 3: *Ceramics*, Austin, University of Texas Press.

Magaloni, Diana
1993 "Metodología para la seriación de la pintura mural teotihuacana: técnica y lenguaje visual", en *Taller de discusión de la cronología de Teotihuacan*, México, INAH-CET, pp. 280- 1-18.

Magni, Caterina
2003 *Les Olmèques. Des origines au mythe*, París, Ed. du Seuil.

Maler, Teobert
1901-1903 *Researches in the Central Portion of the Usumatzintla Valley*, Cambridge, Harvard University-Peabody Museum.
1908a *Explorations of the Upper Usumatzintla and Adjacent Region*, Cambridge, Harvard University-Peabody Museum.
1908b *Explorations in the Department of Peten, Guatemala, and Adjacent Region*, Cambridge, Harvard University-Peabody Museum.
1911 *Explorations in the Department of Peten, Guatemala: Tikal*, Cambridge, Harvard University-Peabody Museum.

Marcus, Joyce
1976 *Emblem and State in the Classic Maya Lowlands*, Washington, D. C., Dumbarton Oaks.
1992 *Mesoamerican Writing Systems*, Princeton, Princeton University Press.

Martínez Donjuan, Guadalupe
1982 "Teopantecuanitlán, Guerrero: un sitio olmeca", *Revista Mexicana de Estudios Antropológicos*, vol. XXVIII, pp. 123-132.
1986 "Teopantecuanitlán", *Arqueología y etnohistoria del Estado de Guerrero*, México, INAH-Gobierno del Estado de Guerrero, pp. 55-80.

Matos Moctezuma, Eduardo
1986 *Vida y muerte en el Templo Mayor*, México, Océano.
1987 *Cacaxtla*, México, Citicorp.
1988 *Obras maestras del Templo Mayor*, México, Fomento Cultural Banamex.
1990 *Teotihuacan. La metrópoli de los dioses*, Milán, Jaca Book.

Matos Moctezuma, Eduardo (coord.)
1979 *Trabajos arqueológicos en el centro de la ciudad de México (antología)*, México, INAH.
1982 *El Templo Mayor: excavaciones y estudios*, México, INAH.

Matrícula de Tributos
1980 Cod. 35-52 del Museo Nacional de Antropología e Historia de México, Graz, Akademische Druck-u. Verlagsanstalt [facsímil].

Maudslay, Alfred P.
1889-1902 "Archaeology", en *Biologia Centrali-Americana, I-VI*, Londres.

Medellín Zenil, Alfonso
1950 *Arqueología de Remojadas*, Xalapa, Universidad de Veracruz.
1960 *Cerámica del Totonacapan. Exploraciones arqueológicas en el Centro de Veracruz*, Xalapa, Universidad de Veracruz.

Meighan, Clement W. (ed.)
1976 *The Archaeology of Amapa, Nayarit*, Los Ángeles, University of California.

Meighan, Clement W. y Leonard J. Foote
1968 *Excavaciones at Tizapán el Alto, Jalisco*, Los Ángeles, University of California.

Mejía Pérez Campos, Elizabeth (ed.)
1992 *Comalcalco*, México, INAH.

Mendieta, Gerónimo de
1980 *Historia ecclesiástica indiana* (1596), México, Porrúa.

Michelet, Dominique
1996 *Río Verde, San Luis Potosí*, México, CEMCA.

Miller, Arthur G.
1973 *The Mural Painting of Teotihuacan*, Washington, D. C., Dumbarton Oaks.

Miller, Mary Ellen
1986 *The Murals of Bonampak*, Princeton, Princeton University Press.

Millon, René, Bruce Drewitt y George Cowgill
1973 *Urbanization at Teotihuacan, Mexico*, vol. 1: *The Teotihuacan Map*, Austin, University of Texas Press.

Morley, Sylvanus G.
1975 *An Introduction to the Study of the Maya Hieroglyphs* (1915), Nueva York, Dover Publications.
1956 *The Ancient Maya* (1946), Stanford, Stanford University Press.

Motolinia, Fray Toribio de
1979 *Historia de los indios de la Nueva España*, México, Porrúa.

Mountjoy, Joseph B.
1982 *Proyecto Tomatlan de salvamento arqueológico*, México, INAH.

Mountjoy, Joseph B. y Phil C. Weigand
1975 "The Prehispanic Settlement Zone at Teuchitlan, Jalisco", *Actas del XLI Congreso Internacional de Americanistas*, México, INAH, vol. I, pp. 353-363.

Muller, Florencia
1990 *La cerámica de Cuicuilco B. Un rescate arqueológico*, México, INAH.

Museo de Antropología de Xalapa
1992 Veracruz, Gobierno del Estado.

Navarrete, Carlos
1974 *The Olmec Rock Carwings at Pijijiapan, Chiapas, Mexico and Other Olmec Pieces from Chiapas and Guatemala*, Provo, Brigham Young University.

Nicholson, Henry B.
1983 *Art of Aztec Mexico. Treasures of Tenochtitlan*, Washington, D.C., National Gallery of Art.

Niederberger, Christine
1976 *Zohapilco*, México, INAH.
1987 *Paléopaysages et archéologie pré-urbaine du Bassin de Mexico (Mexique)*, México, CEMCA, 2 tomos.

Noguera, Eduardo
1970 *La Quemada y Chalchiuites, Guía oficial*, México, INAH.
1975 *La cerámica arqueológica de Mesoamérica*, México, UNAM.

El Occidente de México
1948 IV Reunión de Mesa Redonda. México, Sociedad Mexicana de Antropología.

Ochoa, Lorenzo
1984 *Historia prehispánica de la Huaxteca*, México, UNAM.

Oliveros, José Arturo
1974 "Nuevas exploraciones en El Opeño, Michoacán", *The Archaeology of West Mexico*, Ajijic, pp. 182-201.
1975 "Arqueología del Estado de Nayarit", en *Los pueblos y señoríos teocráticos*, México, SEP-INAH, vol. I, pp. 175-186.
1976 "Nayarit", en *Los señoríos y estados militaristas*, México, SEP-INAH, pp. 53-59.

Olmedo Vera, Bertina
1992 *Le Città degli Dei. 10 culture precolombiane del Messico*, Rimini, Meeting-Jaca Book.

Olmedo Vera, Bertina y Carlos J. González González
1986 "Proyecto Templo Mayor: piezas antropómorfas de estilo Mezcala", en *Ar-

queología y etnohistoria del Estado de Guerrero, México, INAH-Gobierno del Estado de Guerrero, pp. 255-263.

Olmos Aguilera, Miguel
2005 *El viejo, el venado y el coyote. Estética y cosmogonía*, Tijuana, El Colegio de la Frontera Norte.

Orrego Corzo, Miguel
1990 *Investigaciones arqueológicas en Abaj Takalik, año 1988*, Guatemala, Instituto de Antropología e Historia de Guatemala.

Ortiz C., Ponciano
1993 "Algunos elementos teotihuacanos en la Costa del Golfo: Matacapan, Ver. Un ejemplo de enclave teotihuacan", en *Taller de discusión de la cronología de Teotihuacan*, México, INAH, pp. 339-357.

Ortiz, Ponciano y María del Carmen Rodríguez
1994 "Los espacios sagrados olmecas: el Manatí, un caso especial", en *Los olmecas en Mesoamérica*, México, El Equilibrista-Turner Libros, pp. 68-91.

Paddock, John (ed.)
1970 *Ancient Oaxaca. Discoveries in Mexican Archeology and History*, Palo Alto, Calif., Stanford University Press.

Palerm, Ángel y Wolf, Eric
1972 *Agricultura y civilización en Mesoamérica*, México, SEP-Setentas.

Paradis, Louise I. *et al.*
1991 "Le style Mezcala decouvert en contexte au Guerrero, Mexique", *Journal de la Société des Américanistes*, vol. 77, pp. 199-212.

Parsons, Lee Allen
1967 « An Early Maya Stela on the Pacific Coast of Guatemala », *Estudios de cultura maya*, México, vol.6, pp. 171-198.
1969 *Bilbao, Guatemala. An Archaeological Study of the Pacific Coast Cotzumalhuapa Region*, Milwaukee, Milwaukee Public Museum, 2 vols.

1986 *The Origins of Maya Art: Monumental Stone Sculture of Kaminaljuyu, Guatemala, and the Southern Pacific Coast*, Washington, D.C., Dumbarton Oaks.

Pascual Soto, Arturo
1990 *Iconografía arqueológica de El Tajín*, México, Fondo de Cultura Económica-UNAM-IIE.
2006 *El Tajín. En busca de los orígenes de una civilización*, México, UNAM-IIE-INAH.

Pendergast, David M.
1981 "Lamanai, Belize: Summary of Excavation Results, 1974-1980", *Journal of Field Archaeology*, vol. 8, pp. 29-53.

Piña Chan, Román
1968 *Jaina. La casa en el agua*, México, INAH.

Polaco, Oscar J. (coord.)
1991 *La fauna en el Templo Mayor*, México, INAH.

Popol-Vuh
1976 11ª. ed., México, Porrúa.

Porter, James B.
1989 "Olmec Colossal Heads as Recarved Thrones", *Res*, nos. 17-18, pp. 22-29.

Porter, Muriel N.
1956 "Excavations at Chupícuaro, Guanajuato, México", *Transactions of the American Philosophical Society*, n.s. 46, part V, Filadelfia, The American Philosophical Society, pp. 515- 637.
1969 "A reappraisal of Chupícuaro", en *The Nathalie Wood Collection of Pre-Columbian Ceramics from Chupícuaro, Guanajuato*, México, Los Ángeles, UCLA, pp. 5-15.

Proskouriakoff, Tatiana
1960 "Historical Implications of a Pattern of Dates at Piedras Negras, Guatemala", *American Antiquity*, t. 25-4 o 24-4, pp. 454-475.

Quirarte, Jacinto
1973 *El estilo artístico de Izapa*, México, UNAM.

Rathje, William y Jeremy Sabloff,
1973 "El descubrimiento de un jade olmeca en la isla de Cozumel, Quintana Roo, México", *Estudios de Cultura Maya*, México, vol. 9, pp. 85-91.

Rattray, Evelyne C.
1993 "Fechamientos para radiocarbono de Teothihuacan", en *Taller de discusión de la cronología de Teotihuacan*, México, INAH, pp. 137-166.

Robertson, Donald
1959 *Mexican Manuscript Painting of the Early Colonial Period. The Metropolitan Schools*, New Haven, Yale University Press.

Román Berrelleza, Juan Alberto
1990 *Sacrificio de niños en el Templo Mayor*, México, INAH.

Romano, Arturo
1975 "Los cráneos deformados de Zapotal I, Veracruz", en *XIII Mesa Redonda de la SMA*, México, Sociedad Mexicana de Antropología, pp. 57-64.

Rosado Ojeda, Vladimiro
1948 "Interpretación de la grada jeroglífica de El Chanal, Colima", en *El Occidente de México*, México, SMA, pp. 72-73 y lám. X.

Rubín de la Borbolla, Daniel
1947 "Teotihuacan: ofrendas de los templos de Quetzalcoatl", *Anales del INAH*, México, vol.2, pp. 61-72.

Ruiz Gallut, María Elena y Arturo Pascual Soto (eds.)
2004 La costa del Golfo en tiempos teotihuacanos: propuestas y perspectivas. II Mesa Redonda de Teotihuacan, México, INAH.

Ruppert, Karl
1977 "A Special Assemblage of Maya Structures", en *The Maya and their Neighbors* (Misceláneas ofertas a Alfred Tozzer), Nueva York, Dover Publications, pp. 222-231.

Ruz Lhuillier, Alberto
1973 *El templo de las inscripciones, Palenque*, México, INAH.

Sáenz, César A.
1961 "Tres estelas en Xochicalco", *Revista Mexicana de Estudios Antropológicos*, vol. XVII, pp. 39-65.
1966 "Exploraciones en El Ixtepete, Jalisco", *Boletín del INAH*, vol. 23, pp. 14-18.
1975 "Xochicalco, Morelos", en *Los pueblos y señoríos teocráticos*, México, SEP-INAH, vol. I, pp. 55-102.

Sahagún, Fray Bernardino de
1975 *Historia general de las cosas de Nueva España*, México, Porrúa.

Sanders, Wiliam y Barbara J. Price
1968 *Mesoamerica. The Evolution of a Civilization*, Nueva York, Random House.

Sanders, William T.
1970 "The Population of the Teotihuacan Valley, the Basin of Mexico and the Central Mexican Symbiotic Region in the Sixteenth Century", en *The Teotihuacan Valley Project. Final Report*, Filadelfia, Pennsylvania State University, vol. 1, pp. 385-457.

Sanders, William T. y J. N. Michel S. (eds.)
1977 *Teotihuacan and Kaminaljuyu. A Study in Prehistoric Culture Contact*, Filadelfia, Pennsylvania State University Press.

Sauer, Carl y Donald Brand
1932 *Aztatlan, Prehistoric Mexican Frontier on the Pacific Coast*, Berkeley, University of California Press.

Schavelzon, Daniel
1983 *La pirámide de Cuicuilco* (1922-1980), México, Fondo de Cultura Económica.
1980 *El complejo arqueológico mixteca-Puebla*, México, UNAM.

Schele, Linda
1986 *The Blood of Kings*, Nueva York, G. Brasiller and Kimbell Art Museum.

Schellhas, Paul
1904 *Representations of Deities in the Maya Manuscripts*, Cambridge, Peabody Museum Papers, vol. 4, núm. 1.

Schmidt, Paul
1986 "Secuencia arqueológica de Xochipala", en *Arqueología y ethnohistoria del Estado de Guerrero*, México, INAH-Gobierno del Estado de Guerrero, pp. 107-116.

Schöndube B., Otto
1975a "Arqueología de Colima", en *Los pueblos y señoríos teocráticos*, México, SEP-INAH, vol. I, pp. 153-174.
1975b "Arqueología de Jalisco", en *Los pueblos y señoríos teocráticos*, México, SEP-INAH, vol. I, pp. 187-206.
1980 "Época prehispánica", en *Historia de Jalisco*, Guadalajara, Jalisco, Gobierno del Estado de Jalisco, t. I, pp. 111-258.

Sejourné, Laurette
1966 *Arqueología de Teotihuacan. La cerámica*, México, Fondo de Cultura Económica.
1970 *Culhuacan, arqueología del Valle de México*. México, INAH.

Seler, Eduard
1980 *Comentarios al Códice Borgia*, México, Fondo de Cultura Económica.

Los señoríos y estados militaristas
1976 México, SEP-INAH.

Sharer, Robert J. (ed.)
1974-1978 *The Prehistory of Chalchuapa*, El Salvador, Filadelfia, University of Pennsylvania Press, 3 vols.

Smith, A. Ledyard
1950 *Uaxactún, Guatemala: Excavations of 1931-1937*, Washington, Carnegie Institution.
1972 *Excavations at Altar de Sacrificios: Architecture, Settlement, Burials and Caches*, Cambridge, Harvard University.

Solís, Felipe
1981 *Escultura del Castillo de Teayo, Veracruz*, México, México, UNAM.

Soustelle, Jacques
1937 *La Famille Otomi-Pame du Mexique Central*, París, Institut d'Ethnologie.
1940 *La Pensée cosmologique des anciens Mexicains*, París, Hermann.
1948 "Observations sur le symbolisme du nombre 5 chez les anciens Mexicains", in *Actes du XXVIII° Congrès international des Américanistes*, París, Société des Américanistes, pp. 495-503.
1955 *La Vie quotidienne des Aztèques à la veille de la conquête espagnole*, París, Hachette.
1979 *Les Olmèques*, París, Arthaud.
1982 *Les Maya*, París, Flammarion.

Spinden, Herbert J.
1924 *The Reduction of Maya Dates*, Cambridge, Harvard University.

Spranz, Bodo
1967 "Descubrimientos en Totimehuacan", *Boletín del INAH*, no. 28.

Stephens, John L.
1963 *Incidents of Travel in Yucatan* (1843), Nueva York, Dover Publications.
1969 *Incidents of Travel in Central America, Chiapas and Yucatan* (1841), Nueva York, Dover Publications.

Stirling, Matthew W.
1943 *Stone Monuments of Southern Mexico*, Washington, D.C., Smithsonian Institution.

Strebel, Hermann
1885-1889 *Alt Mexico. Archäologische Beiträge zur Kultengeschichte seiner Bewohner*. Verlang von Leopold Vos, Hamburgo y Leipzig, 2 vol.

Sugiyama, Saburo
1993 "Cronología de eventos ocurridos en el templo de Quetzalcóatl, Teotihuacan", en *Taller de discusión de la cronología de Teotihuacan*, México, INAH, pp. 233-250.
2002 "Militarismo plasmado en Teotihuacan", en *Ideología y política a través de materiales, imágenes y símbolos. I Me-*

sa Redonda de Teotihuacan, México, INAH-Conaculta, p.185-209.

Swadesh, Morris
1967 "Lexicostatistic Classification", en *Handbook of Middle American Indians*, Austin, University of Texas Press, vol. V, pp. 79-115.

Teeple, John E.
1930 *Maya Astronomy*, Washington D.C., Carnegie Institution.

Tello, Fray Antonio
1968-1987 *Crónica miscelanea de la Santa Provincia de Xalisco* (1652), Guadalajara, UDG-Gobierno del Estado de Jalisco, 4 tomos.

Tezozómoc, Hernando Alvarado,
1975 *Crónica mexicana*, México, Porrúa.

Tezozómoc, Fernando Alvarado,
1975 *Crónica mexicáyotl*, México, UNAM.

Thévet, André
1905 "Histoyre du Mechique. Ms. français inédit du XVI° siècle, publié par Edouard de Jonghe", *Journal de la Société des Américanistes de Paris*, París, Nouvelle série, tome II, pp. 1-41.

Thomas, Cyrus
1904 "Maya Calendars Systems", en *Bureau of American Ethnology, 22nd Annual Report*, Washington D. C., p.197-307.

Thompson, John Eric S.
1935 *Maya Chronology: the Correlation Question*, Washington, Carnegie Institution.
1948 *An Archaeological Reconnaissance in the Cotzumalhuapa Region, Escuintla, Guatemala*. Washington, Carnegie Institution.
1950 *Maya Hieroglyphic Writing: An Introduction*, Washington, Carnegie Institution.
1962 *A Catalog of Maya Hieroglyphics*, Norman, University of Oklahoma Press.
1965 "Maya Hieroglyphic Writing", en *Hanbdook of Middle American Indians*, Austin, University of Texas Press, vol. 3, pp. 632-658.

1970 *Maya History and Religion*, Norman, University of Oklahoma Press.

Tolstoy, Paul y Louise Paradis
1970 "Early and Middle Preclassic Culture in the Bassin of Mexico", *Science*, vol. 167, Washington D.C., pp. 344-351.

Torquemada, Fray Juan de
1975 *Monarquía indiana* (1615), México, Porrúa, 3 vols.

Toussaint, Manuel
1990 *Pintura colonial en México* (1934), México, UNAM.

Urcid, Javier
2001 *Zapotec Hieroglyphic Writing*, Washington D. C., Dumbarton Oaks Research Library and Collection.

Vaillant, Georges C.
1950 *Aztecs of Mexico*, Londres, Penguin Books.

Valdez, Francisco
1994 "Tumbas de tiro en Usmajac (Jalisco). Hacia una reorientación de la temática", *Trace*, no. 25, pp. 96-110.

Vega Sosa, Constanza (coord.)
1979 *El recinto sagrado de Mexico-Tenochtitlan. Excavaciones 1968-1969 y 1975-1976*, México, INAH.

Viel, René
1993 *Evolución de la cerámica de Copán, Honduras*, Tegucigalpa, Instituto Hondureño de Antropología e Historia-CEMCA.

Weiant, C.W.
1943 *An Introduction to the Ceramics of Tres Zapotes, Veracruz*, Washington, Smithsonian Institution.

Whitecotton, Joseph W.
1985 *Los zapotecos. Príncipes, sacerdotes y campesinos*, México, Fondo de Cultura Económica.

Wicke, Charles R.
1971 *Olmec. An Early Art Style of Precolumbian Mexico*, Tucson, University of Arizona Press.

Williams, Eduardo
1992 *Las piedras sagradas. Escultura prehispánica del Occidente de México*, Zamora, El Colegio de Michoacán.

Willey, Gordon
1978 *Excavations at Seibal, Department of Peten, Guatemala. Artefacts*, Cambridge, Harvard University Press.

Winning, Hasso von
1974 *The Shaft Tomb Figures of West Mexico*, Los Ángeles, Southwest Museum Papers.

Wolf, Eric
1959 *Sons of the Shaking Earth*, Chicago, University of Chicago Press.

Wolf, Eric R. (ed.)
1976 *The Valley of Mexico*, Albuquerque, University of New Mexico Press.

Yadeun, Juan
1993 *Toniná*, México, El Equilibrista-Citibank.

Zepeda García-Moreno, Gabriela
1994 *Ixtlán, ciudad del viento*, Tepic, INAH.

ÍNDICE TOPONÍMICO*

Abaj Takalik - Retalhuleu, Guatemala; 77, 191, 212, 216, 263-264, 288, 291, 308, 315-317, 350, 416, 426, 428, 430, 456, 682, 702, 724.
Acámbaro; 31, 337.
Acanceh - Yucatán, México; 426, 428, 432.
Acapulco; 45, 102, 200, 202-203, 411, 706, 729.
Acatzingo; 671.
Acolman; 34.
Actopan; 546, 588, 671, 734.
Aguateca - Petén, Guatemala; 428, 473, 708.
Ahualulco - Jalisco, México; 484, 490, 492, 503.
Ajusco; 251.
Aké - Yucatán, México; 428, 567.
Altamira - Campeche, México; 428.
Altamira - Chiapas, México; 200, 428.
Altar (Desierto del); 31.
Altar de Sacrificios - Petén, Guatemala; 348, 428, 432, 472-473, 511, 681, 726.
Alta Vista - Zacatecas, México; (véase Chalchiuites).
Altun Ha - Belice, Belice; 428, 433, 480.
Alvarado (Laguna de); 224, 296, 398-399, 412-413, 419, 589.
Amapa - Nayarit, México; 484, 513, 533, 573, 723.

Amatique (Bahía de); 481.
Amazonas; 157.
Ameca - Jalisco, México; 484, 494-495.
Amecameca; 696.
Angahuán; 671.
Anse aux Meadows; 195.
Antigua, Guatemala; 424.
Antonio Escobedo - Jalisco, México; 495.
Apachital - Veracruz, México; 402, 412.
Aparicio - Veracruz, México; 399, 412..
Apoalan; 211.
Armeria - Colima, México; 484, 488.
Arroyo Pesquero - Veracruz, México; 702.
Atemajac; 496, 503, 719.
Atetelco; 91, 118-119, 360, 363, 367, 372, 390, 699, 705-706.
Atitlán (Lago de); 565.
Atlihuayan - Morelos, México; 232.
Atotonilco, Hidalgo, México; 546, 553.
Autlán - Jalisco, México; 347, 484, 496, 574, 720.
Azcapotzalco - D. F., México; 508, 519, 546, 548, 558, 689.
Aztatlán - Nayarit, México; 185, 484, 513, 522, 725.
Aztlán; 553, 556-557, 564, 685.

---

* Los topónimos en negritas corresponden a sitios arqueológicos.

Bagaces; 578.
Bajío; 31, 152, 337, 342, 502, 513, 561, 584.
Balakbal - Campeche, México; 447, 473.
Balamkanché (Grutas de) - Yucatán, México; 512, 709.
Balancán - Tabasco, México; 428, 699.
Banderas; 161, 484-485, 651.
Banwari-Trace; 161.
Barriles - Chiriquí, Panamá; 159.
Barton Ramie - Cayo, Belice; 428, 473, 480.
Becán - Campeche, México; 426, 428, 450, 471, 708.
Behring; 193-195.
Bilbao - Escuintla, Guatemala; véase Santa Lucía Cotzumalhuapa.
Bolaños - Jalisco, México; 346, 484, 489, 497, 704, 715.
Bonampak - Chiapas, México; 84, 139, 232, 428, 454, 478, 681, 723.
Buritaca; 158

Caballito Blanco - Oaxaca, México; 324.
Cacaxtla - Tlaxcala, México; 37, 108, 139, 232, 386, 434-435, 546, 707, 722.
Cahyup - Baja Verapaz, Guatemala; 428.
Calakmul - Campeche, México; 19, 426, 428, 462, 473, 681.
Calixtlahuaca - Estado de México, México; 508, 546, 559, 586, 598, 671, 711.
Camotas; 493.
Campana San Andrés - La Libertad, El Salvador; 421, 428.
Campeche; 174, 428-430, 447, 450, 466, 471, 473, 510, 580, 688, 692, 700, 707-708, 714.
Cancuen - Petén, Guatemala; 428, 473.
Cancún - Quintana Roo, México; 33, 428.
Capacha - Colima, México; 205, 282-283, 344, 720.
Caracol - Cayo, Belice; 428, 462, 480, 529, 681.
Cara Sucia - Ahuachapan, Salvador; 417, 706.
Cartago; 156.

Casas Grandes - Chihuahua, México; 153-154, 700, 718.
Castillo de Teayo - Veracruz, México; 412, 586, 726.
Catemaco; 412, 415.
Cempoala - Veracruz, México; 412, 588, 642, 644, 712.
Centispac; 484, 573.
Cerritos; 522.
Cerro de Atzompa - Oaxaca, México; 703.
Cerro de la Campana - Oaxaca, México; véase Huijazoó.
Cerro de la Estrella; 549.
Cerro de las Mesas - Veracruz, México; 77, 191, 212, 290, 380, 412-415, 417-419, 508, 589, 706, 718.
Cerro El Vigía; 299.
Cerros - Corozal, Belice; 244, 428, 480.
Coamiles - Nayarit, México; 8, 10, 126, 161, 484-485, 501, 503, 513, 530, 533, 572-573, 696, 711, 713, 718.
Coatepec; 615-617.
Cobá - Quintana Roo, México; 348, 428, 432, 467, 471, 481, 570.
Cobata; 298-299, 301, 703.
Coclé - Panamá; 9, 159.
Cojumatlán - Michoacán, México; 484, 513, 522, 561, 721.
Colhuacan - Distrito Federal, México; 508, 520, 546, 549, 553, 663.
Colima; 8, 30, 108, 139, 141, 159, 200, 280, 282, 338, 341-342, 344, 346-348, 484-485, 488- 490, 492-494, 496, 500, 562, 571, 575-576, 698, 704, 709, 711, 717, 720-721, 725-726.
Comala - Colima, México; 346, 492, 704.
Comalcalco - Tabasco, México; 428, 433-434, 465, 479, 510, 707, 723.
Comitán; 580, 707.
Copán - Copán, Honduras; 9, 67, 69, 97, 110, 174-175, 213, 257, 283, 348, 386, 425-426, 428, 430, 432, 439, 442, 454-455, 459-460, 462, 473-476, 482, 681, 697-698, 708-709, 713, 718, 727.

ÍNDICE TOPONÍMICO

Copelito - Nicaragua; 514, 709.
Copilco; 179, 329.
Cortés (Mar de); 32.
Coxcatlán - Puebla, México; 199.
Coyoacán; 546, 558.
Coyotlatelco; 519, 521.
Coyuca de Benítez; 409.
Cozamaloapan; 419
Cozcatlán; 577.
Cozumel (Isla de) - Quintana Roo, México; 213, 511, 567, 725.
Cruz del Milagro - Veracruz, México; 412.
Cuchumatanes (Sierra de los); 482.
Cuello - Orange Walk, Belice; 204, 348, 428, 480, 716.
Cuernavaca; 51, 671.
Cuetzalán; 582.
Cueva Cheve - Oaxaca, México; 16, 696.
Cuicuilco - Distrito Federal, México; 77, 179, 191, 285, 289, 292, 328-331, 490, 704, 723, 725.
Cuilapan - Oaxaca, México; 141, 671.
Cuitzeo; 31, 337, 340, 342.
Culiacán - Sinaloa, México; 8, 51, 513, 720.
Cuyamel - Colón, Honduras; 283-284, 720.
Cuyuxquihui - Veracruz, México; 412, 589.

Chacmool - Quintana Roo, México; 428, 567.
Chacmultún - Yucatán, México; 428.
Chaco; 153.
Chacsinkin - Yucatán, México; 212, 714.
Chairel (Laguna); 588.
Chalahuite - Veracruz, México; 212.
Chalcatzingo - Morelos, México; 91-92, 198, 214, 216, 224, 227, 234, 238-241, 243-244, 248, 250, 252, 261, 264, 297, 698, 701-702, 720.
Chalchihuites - Zacatecas, México; 8, 152, 154-156, 337, 503, 537.
Chalchuapa - Santa Ana, Salvador; 9, 212, 222, 265, 283, 320, 416, 428, 508, 530, 701, 726.
Chalco-Estado de México, México; 330, 337, 542, 546, 549, 557, 622, 710.
Chamá - Baja Verapaz, Guatemala; 422, 428, 482.
Chametla - Sinaloa, México; 484, 513, 720.
Champotón - Campeche, México; 428, 510.
Chan Chich; 480.
Chapala (Lago de); 8, 31, 45, 47, 342, 484-485, 488, 496, 502, 513, 561.
Chapultepec - Distrito Federal, México; 414, 543, 546, 553, 555, 655, 706..
Chiapa de Corzo - Chiapas, México; 303, 308, 428, 703, 714.
Chicanná - Campeche, México; 174, 428, 466-467, 469, 700, 708.
Chichén Itzá - Yucatán, México; 9, 84, 90, 110, 175, 428, 459, 467, 469-470, 507, 509-511, 523, 526-529, 535, 539, 567, 614, 689, 709-710, 717.
Chichicastenango; 568.
Chicomoztoc - Zacatecas, México; véase La Quemada.
Chinautla; 570.
Chinkultic - Chiapas, México; 422, 432, 454, 479-480.
Chiriquí - Panamá; 158-159, 700.
Cholula - Puebla, México; 50, 130, 191, 336, 354, 380-385, 508, 516, 522, 546, 549, 559, 584-586, 589, 592, 643, 678, 705, 710.
Choluteca - Honduras; 516, 577.
Chontales - Nicaragua; 408, 452, 510, 514-515, 578, 709.
Chuitinamit - Baja Verapaz, Guatemala; 428, 570.
Chupícuaro - Guanajuato, México; 191, 308, 320, 336-340, 344, 347, 704, 722, 724.

Dainzú - Oaxaca, México; 77, 248, 317, 321, 325, 327, 704, 715.
Dicha Tuerta - Veracruz, México; 402, 412.
Diquis (delta del) - Costa Rica; 159.
Dos Pilas - Petén, Guatemala; 67, 473.

Dzibanché - Quintana Roo, México; 428.
Dzibilchaltún - Yucatán, México; 348, 426, 428, 459, 709.
Dzibilnocac - Campeche, México; 428-429, 688, 707.

Ecab - Quintana Roo, México; 567.
Edzná - Campeche, México; 67, 348, 428, 432, 470-471, 714.
Ek Balam - Yucatán, México; 428.
El Arbolillo - D. F., México; 331.
El Azuzul - Veracruz, México; 258, 260, 412, 702.
El Baúl - Escuintla, Guatemala; 58-59, 99, 291, 292, 308, 310, 316-317, 416-419, 421, 428, 511, 697-698, 707.
El Caballo Pintado - Puebla, México; véase Las Bocas.
El Caimito; 162.
El Cedral; 194, 721.
El Cocuite - Veracruz, México; 399, 412.
El Chanal - Colima, México; 484, 571, 575, 711, 725.
El Grillo-Tabachines - Jalisco, México; 489, 709.
El Manatí - Veracruz, México; 38, 148, 253, 285, 412, 697, 724.
El Meco; 428, 567.
El Mirador - Petén, Guatemala; 348, 428, 443, 473, 681.
El Moralete - Colima, México; 489, 717.
El Opeño - Michoacán, México; 280-281, 294, 342-344, 484, 704, 723.
El Palmar - Quintana Roo, México; 428, 466.
El Perú - Petén, Guatemala; 112.
El Pital - Veracruz, México; 406.
El Resbalón - Nayarit, México; 484, 490.
El Tabasqueño - Campeche, México; 428.
El Tajín - Veracruz, México; 8, 81, 84, 353, 377, 398-399, 402-405, 407, 412, 422, 448, 508, 529-530, 589, 697, 706, 710, 724.
El Tamuín - San Luis Potosí, México; 139, 412, 514, 587-588.

El Taste; 522.
El Trapiche - Santa Ana, Salvador; véase Chalchuapa; 289, 320.
El Viejón - Veracruz, México; 212, 256, 412.
El Zapotal - Veracruz, México; 399-400, 412.
Epatlán; 214.
Etzatlán-Jalisco, México; 281, 346, 484, 490, 494-495, 575, 704, 709.

Finca Pantaleón; 416.
Flores - Petén, Guatemala; véase Tayasal.

Galindo; 174, 490.
Gheoh-Shih - Oaxaca, México; 198.
Gila; 153.
Granada; 33-34, 157, 577.
Gran Lago Salado; 44, 152.
Guachimontón; 490.
Guadalajara; 19, 26, 29, 196, 281, 484, 489-490, 501, 575, 580, 673, 698, 703, 720, 727.
Gualupita - Morelos, México; 220, 224.
Guanacaste - Costa Rica; 23, 51, 156, 212, 224, 577, 700, 711.
Guanajuato; 26, 308, 336, 485, 704, 722, 724.
Guápiles - Limón, Costa Rica; 9, 159.
Guasave - Sinaloa, México; 513, 571, 718.
Guayabo de Turrialba - Cartago, Costa Rica; 158.
Guaymas; 44.
Guaytán; 432, 473.

Hatzcap Ceel; 291-292.
Hidalgo; 38, 506-507, 520, 669, 696, 709-710, 713, 716, 721.
Hochob - Campeche, México; 428, 445, 466-467, 469, 688, 708.
Holmul - Petén, Guatemala; 213, 428.
Hormiguero - Campeche, México; 428, 465.
Huajuapan de León; 390, 706.
Huamelulpan; 211.
Huatusco - Veracruz, México; véase

Quauhtochco; 586, 598.
Huehuetenango; 565, 568.
Huejotzingo; 671.
Huexotla - Estado de México, México; 548.
Hueyapan; 218, 296.
Huijazoó - Oaxaca, México; 393.
Huitzilapa - Jalisco, México; 293, 489-491, 703, 721.
Huitzuco - Guerrero, México; 616, 712.

Ichpaatún - Quintana Roo, México; 428, 471, 511, 567, 569.
Iglesia Vieja - Morelos, México; 216.
Iguala; 586.
Ihuatzio - Michoacán, México; 563.
Irapuato; 580.
Irazú; 30.
Isla de Sacrificios - Veracruz, México; 412, 580, 589, 711.
Isla Tiburón; 44.
Itzimté - Campeche, México; 463.
Ixcuintla; 522.
Ixil - El Quiché, Guatemala; 428, 709.
Iximché - Chimaltenango, Guatemala; 428, 570.
Ixmiquilpan; 546, 580, 669, 671, 713.
Ixtapalapa; véase Iztapalapa.
Ixtepete - Jalisco, México; 489, 501-502, 718, 725.
Ixtlán del Río - Nayarit, México; 530, 717.
Izalco; 30.
Izamal - Yucatán, México; 428, 433, 567.
Izapa - Chiapas, México; 9, 77, 84, 90, 191, 211, 257, 284, 288, 291-292, 296, 308-317, 319-320, 328, 351, 380, 394, 403, 413, 416-417, 421, 425, 428, 430, 437, 454, 468, 476, 508, 511, 580, 698, 703, 710, 718, 723, 725.
Iztaccíhuatl; 382, 546.
Iztapalapa; 546, 643
Izúcar; 214.

Jaína (isla de) - Campeche, México; 141, 428, 471-472, 724.
Jalpa; 497.
Jerécuaro; 337.
Jiquilpan; 342, 484.
Jonuta - Tabasco, México; 472, 479.
Juxtlahuaca - Guerrero, México; 211, 224, 232, 241, 260.

Kabah - Yucatán, México; 175-176, 428, 469, 691, 700, 708.
Kaminaljuyú - Guatemala, Guatemala; 59, 136, 191, 214, 235, 257, 291, 292, 304-308, 310, 312, 316-317, 320, 325, 328, 350, 353, 380, 403, 422-424, 428, 430, 432, 456, 468, 511, 677, 697, 699, 703, 707, 720, 724-725.
Kohunlich - Quintana Roo, México; 54, 348, 428, 465, 467, 697.

La Amelia - Petén, Guatemala; 473.
La Democracia - Escuintla, Guatemala; 318.
La Lagunita - El Quiché, Guatemala; 428, 483, 709, 720.
La Libertad, Nicaragua; 515, 709.
La Mata; 212, 280.
La Muñeca - Campeche, México; 428.
La Pita; 159.
La Quemada - Zacatecas, México; 8, 152, 154-155, 484, 700, 723.
La Tolita; 160.
La Venta - Tabasco, México; 4, 9, 75, 78, 181, 210, 215-218, 220-222, 225, 227, 229-230, 232, 236-238, 240, 253-256, 260-263, 268-270, 272, 276-278, 298-299, 301-302, 304, 412, 428, 476, 696, 701-703, 714, 717-718.
La Ventilla - Estado de México, México; 110, 166, 360, 373-374, 377, 682, 705.
La Victoria - San Marcos, Guatemala; 91, 200, 689.
Labná - Yucatán, México; 175, 428, 468, 471, 691, 708.
Laguna de los Cerros - Veracruz, México;

212, 412.
Lamanai - Orange Walk, Belice; 428, 480, 570, 724.
Las Bocas - Puebla, México; 214, 224.
Las Cebollas - Nayarit, México; 346, 484, 497, 704.
Las Chacras; 424.
Las Choapas; 412.
Las Hibueras; 577, 687.
Las Higueras - Veracruz, México; 139, 399, 412.
Las Ilusiones - Escuintla, Guatemala; 416, 419, 706.
Las Limas - Veracruz, México; 229, 263-265, 412.
Las Pilas; 490.
Las Victorias - Santa Ana, Salvador; 212-213, 265, 320, 323-325, 701.
Línea Vieja - Limón, Costa Rica; 156.
Loltún (Cuevas de) - Yucatán, México; 428, 432.
Loma Alta - Michoacán, México; 485, 715.
Los Bailadores; 490.
Los Cerros - Veracruz, México; 212, 244, 402, 412.
Los Encuentros; 482, 720.
Los Ídolos - Veracruz, México; véase Misantla.
Los Naranjos - Honduras; 213, 428.
Los Ortices - Colima, México; 338, 347, 484.
Lubaantún - Toledo, Belice; 428, 480.

Machaquilá - Petén, Guatemala; 428, 473.
Macuilxóchitl - Oaxaca, México; 327, 396, 706.
Magdalena; 484, 489, 494-495.
Malinalco - Estado de México, México; 546, 586, 598.
Maní - Yucatán, México; 428, 567, 689.
Maravatío; 337.
Matacapan - Veracruz, México; 412, 415, 724.
Matanchén; 485.
Mayapán - Yucatán, México; 213, 428, 565,

567, 711.
Mazapan; 518.
Mazatlán; 572.
Mérida; 212, 428, 567, 673, 707-708.
Mesa Verde; 153.
Metepec; 364, 378, 384.
Metztitlan; 580.
México Tenochtitlan - D. F., México; 382, 545, 548, 552, 554-556, 580, 615, 620, 641, 679, 710, 712, 727.
Mezcala - Guerrero, México; 409-411, 719, 723-724.
Mezcaltitán; 491.
Misantla - Veracruz, México; 402, 412, 589.
Misisipi; 151, 156, 588.
Mitla - Oaxaca, México; 114, 198, 324, 592-597, 699, 711.
Mixco Viejo - Chimaltenango, Guatemala; 428, 570.
Monte Albán - Oaxaca, México; 8, 37, 58-59, 66-67, 77, 86, 106, 126, 140, 191, 235, 312, 317, 321-328, 353-354, 376, 380-381, 386-387, 389-397, 422, 434, 454, 505, 508, 590, 593, 595, 677-678, 697, 699, 703-706, 716.
Monte Alto - Escuintla, Guatemala; 277, 308, 317-319, 419, 428, 704.
Morett - Colima, México; 345, 484-485.
Motul; 428.
Mountain Cow - Cayo, Belice; véase Tzimin Kax.
Mul Chic - Yucatán, México; 428, 454.
Musiépedro; 162.
Muyil - Quintana Roo, México; 428, 511.

Naco - Honduras; 428.
Nagarando; 578.
Nahualac - Estado de México, México; 516, 523, 709.
Napatecuhtlan - Veracruz, México; 399, 406.
Naranjo - Petén, Guatemala; 67, 428, 473, 681, 707.

Nayarit; 10, 24, 51, 101, 103, 126, 139, 141, 159-161, 204, 280, 341, 345-348, 485, 488-491, 496-498, 501, 503, 513, 522, 533-534, 572-575, 688, 694, 696, 698, 700, 704, 709, 711, 713, 718, 723.
Nazca; 160.
Nebaj - El Quiché, Guatemala; 422, 428, 433, 482-483.
Necaxa - Puebla, México; 214, 227, 280, 412.
Nestepe; 298.
Nevado de Colima; 30.
Nicaragua (Lago); 9, 45, 284, 688.
Nicoya; 9, 39, 160-161, 211-212, 283-284, 522, 571, 577-578, 700.
Nochistlan; 155, 484.
Nohmul - Orange Walk, Belice; 428, 480.
Nopiloa - Veracruz, México; 402, 406, 412.

Oaxaca; 16, 29, 39, 51, 66, 68, 83, 103, 109, 114, 126, 135, 141, 159, 178, 184, 197-198, 211, 248, 251, 264, 317, 320-322, 324-325, 327, 389-392, 394-397, 408, 452, 508, 522, 530, 571, 584-585, 589-590, 592-593, 595-596, 644, 650, 663, 671, 690, 691, 695, 696-697, 699, 704-706, 711, 713, 715-716, 719, 724.
Oaxtepec - Morelos, México; 546, 586.
Ocos - San Marcos, Guatemala; 205, 350, 428.
Ocotelulco - Tlaxcala, México; 139, 586.
Ocotepeque - Honduras; 703.
Ocotlán; 561.
Ocozocuautla - Chiapas, México; 214.
Ojo de Agua - Chiapas, México; 428.
Olinalá; 211.
Ometepe (Isla) - Nicaragua; 515.
Oraibi; 153.
Orinoco; 153.
Orizaba; 30, 61.
Oxkintok - Yucatán, México; 428, 432, 463.
Oxpemul - Campeche, México; 428, 466.
Oxtotitlán - Guerrero, México; 211, 241, 243, 261, 448, 702.

Pachuca; 26, 546, 580, 721.
Padre Piedra - Chiapas, México; 214, 250, 260, 702.
Palenque - Chiapas, México; 9, 67, 79, 87, 104, 132, 174-175, 180, 312, 354, 428, 432, 439, 445, 458, 462, 472, 477-478, 681, 697-700, 703-704, 707, 709, 725.
Palma Sola; 412, 589.
Panamá; 9, 24, 33, 157-159, 166, 205, 521, 532-533, 535, 625, 700.
Pantitlán; 553.
Pánuco - Veracruz, México.; 191, 412, 514, 588.
Paquimé - Chihuahua, México; véase Casas Grandes; 8, 152-154.
Paricutín; 30.
Parismina; 156.
Parral; 32.
Pasaco - Jutiapa, Guatemala; 421.
Pátzcuaro; 562-563.
Pecos; 153.
Peñitas - Nayarit, México; 484.
Periquillo - Colima, México; 576, 734.
Perote; 214, 406.
Petatlán; 211.
Petén Itzá (Lago); 430, 473, 570.
Petexbatún; 432, 473.
Pico de Orizaba; 30.
Picuris; 153.
Piedras Negras - Petén, Guatemala; 82, 84, 348, 428, 430, 439, 447, 472, 476, 511, 681, 698, 724.
Pijijiapan - Chiapas, México; 211, 428, 723.
Pinotepa Nacional; 102.
Placeres - Campeche, México; 447, 708.
Placeres de Oro - Guerrero, México; 411.
Pochtlan; 626.
Polol - Petén, Guatemala; 428, 463.
Pomona - Toledo, Belice; 291, 428.
Popocatépetl; 30, 38, 382, 384, 523, 546.
Potrero Nuevo - Veracruz, México; 243-245, 257-258, 412, 614, 702.
Poza Rica; 26.

Puebla; 29, 210, 214, 280, 336, 359, 365, 403, 508, 521-522, 546, 554, 592, 595, 671, 673, 701, 705-706, 709-710, 725.
Puerto Barrios; 480.
Puerto Cortés; 213.
Puerto Hormiga; 200.
Puerto Marqués; 202-203.
Punta Mita - Nayarit, México; 204.

Quauhtochco - Veracruz, México; 412, 586.
Quelepa - San Miguel, El Salvador; 289, 319, 416, 419, 421, 428, 707, 714.
Quepos; 156.
Querétaro; 38, 485, 508, 715.
Quiahuiztlan - Veracruz, México; 412, 589.
Quiriguá - Izabal, Guatemala; 69, 113, 137, 175, 312, 428, 446, 459, 465, 473-476, 681, 697, 699, 703.

Ranchito de las Ánimas - Veracruz, México; 406.
Ratinlixul - Alta Verapaz, Guatemala; 482.
Reforma Morales - Tabasco, México; 143, 699.
Remojadas - Veracruz, México; 8, 398-399, 401-402, 412, 706, 722.
Río Actopan; 588.
Río Ahuacatlan; 574.
Río Armeria; 488.
Río Balsas; 211, 279, 342, 408-409.
Río Blanco; 402, 413.
Río Bolaños; 497.
Río Cazones; 513.
Río Coahuayana; 342, 484, 488, 493.
Río Coatzacoalcos; 285, 412.
Río Chixoy; 428, 482, 511, 720.
Río de la Pasión; 431, 473, 511.
Río Grande; 32, 44, 484.
Río Guapo; 162.
Río Lerma; 31, 336, 340, 342, 485, 584, 690.
Río Mitla; 198.
Río Motagua; 428.

Río Nahualate; 421.
Río Papaloapan; 412.
Río Pánuco; 156, 513, 586.
Río Salado; 162, 327.
Río San Pedro; 513.
Río Santiago; 8, 46, 489, 513.
Río Tomatlán; 490.
Río Tuxpan; 212, 280, 398, 402.
Río Ulúa; 213, 283, 434, 482.
Río Usumacinta; 9, 212, 428, 432, 474, 476, 511.
Río Azul - Péten, Guatemala; 428, 451.
Río Bec - Quintana Roo, México; 428, 445, 467, 473, 692, 719.
Río Chiquito - Veracruz, México; 243, 245.
Rivas (istmo de); 522.

Saltillo; 31.
San Andrés de la Campana - El Salvador; véase Campana San Andrés.
San Bartolo - Péten, Guatemala; 139, 292.
San Blas; 24, 484, 513, 572, 696.
San Carlos; 156.
San Cristóbal de las Casas; 580.
San Gervasio - Quintana Roo, México; 213, 428, 511.
San Jerónimo - Guerrero, México; 191, 211, 674.
San José, Costa Rica; 9, 29, 143, 156, 700, 711.
San José - Orange Walk, Belice; 428, 473, 480.
San José Mogote - Oaxaca, México; 83, 91, 323-324, 704.
San José de los Naturales; 642, 670, 673.
San Juanito; 484, 495.
San Lorenzo - Veracruz, México; 188, 194, 205, 212, 216-217, 220-221, 243, 245, 250, 253-254, 263, 277-278, 285, 298-299, 301-302, 412, 664, 700, 702-703.
San Mateo - Chiapas, México; 420, 707.
San Martín Pajapán - Veracruz, México; 260.
San Miguel Amuco - Guerrero, México; 205, 211, 243, 281, 703.

San Miguel Chapultepec - Veracruz, México; 414, 706.
San Pedro de Macorís - Republica Dominicana; 700.
San Rafael de Yuma - Republica Dominicana; 700.
San Sebastián - Jalisco, México; 347, 484, 495.
Santa Cecilia Acatitlán - Estado de México, México; 598.
Santa Isabel Iztapan; 195
Santa Lucía Cotzumalhuapa - Escuintla, Guatemala; 82, 416-417, 698, 706, 724.
Santa María del Oro - Nayarit, México; 346, 704.
Santa Quitería - Jalisco, México; 490.
Santa Rita Corozal - Corozal, Belice; 566, 570, 711.
Santa Rosa Xtampak - Campeche, México; 348, 428.
Santiago Tuxtla; 298.
Sayil - Yucatán, México; 175, 428, 463, 465, 469-470, 708.
Sayula; 489.
Seibal - Petén, Guatemala; 212, 348, 428, 462-463, 473, 511, 708, 728.
Sierra Madre Occidental; 29, 44.
Sierra Madre Oriental; 29, 44.
Sierra Tarahumara; 32.
Simojovel - Chiapas, México; 214.
Sombrerete; 32, 735.
Suchilquitongo - Oaxaca, México; 393, 706.
Suchitoto; 521.

Tabachines; 489, 709.
Tamarindito; 473.
Tajumulco; 30
Takalik Abaj; véase Abaj Takalik.
Tala; 494.
Tamazula; 342.
Tambuco - Guerrero, México; 409.
Tampico; 580, 588.
Tamtok; 412.

Tancah - Quintana Roo, México; 428, 511, 567, 570.
Tancol - San Luis Potosí, México; 412, 522, 588,
Taos; 153.
Tayasal; 428, 570.
Tazumal - Santa Ana, Salvador; 421, 428, 434, 454, 483, 515, 701.
Teapa - Tabasco, México; 428.
Tecamachalco; 671.
Tecaxic; 671.
Tecoh; 567.
Tecoman; 484.
Tehuacán (Valle de) - Puebla, México; 197, 199-202, 205, 722.
Tehuantepec (istmo de); 26, 29, 224, 295, 303, 416, 521, 580, 678, 689-690, 695.
Tenam Puente - Chiapas, México; 479.
Tenayuca - Estado de México, México; 698-699.
Tenenepanco - Estado de México, México. 517, 523, 710.
Tenochtitlan - véase México Tenochtitlan.
Tenosique; 212.
Teopantecuanitlan - Guerrero, México. véase Tlacozotitlan; 722.
Teopanzolco - Morelos, México; 586, 598.
Teotenango - Estado de México, México; 90, 508-509, 586, 698, 709.
Teotihuacan - Estado de México, México; 8, 19, 28, 53, 64, 69, 77-80, 84, 86, 90-91, 96, 106, 110, 119, 127, 132, 138-139, 145, 160, 164, 166, 176, 178-179, 191, 201, 228, 232, 234-235, 237, 254, 280, 289, 321, 328, 330-336, 341, 353-356, 358-362, 364-370, 372-377, 379-382, 384-385, 388-391, 393, 409-410, 414-415, 421-422, 425-426, 430-431, 443-444, 455, 457, 485, 501-502, 505, 508, 517-518, 523, 525, 538, 546-548, 595, 604, 609-610, 617, 625-626, 636, 676-678, 688, 690, 692, 696-700, 704-706, 715, 718-719, 721-727.
Teotitlán del Camino - Oaxaca, México 650, 713.

Teotzapotlán; 593.
Tepantitla; 360, 363, 372.
Tepecoacuilco - Guerrero, México; 409.
Tepepulco; 546, 671.
Tepetzintla; 412.
Tepexi; 546.
Tepexpan; 195, 546.
Tepeyacac; 546, 553.
Tepic; 19, 26, 47, 161, 345, 484, 488, 553, 709, 728.
Tepotzotlán; 546, 674.
Tepozteco - Morelos, México; 586, 598.
Tequila; 490, 494.
Tequilita - Nayarit, México; 347, 484, 497, 709.
Tequixquiac; 196, 714, 546, 553.
Términos (laguna de); 224, 296, 428, 432, 511, 580, 624.
Tetelpan - Estado de México, México; 251.
Tetitla; 64, 160, 164, 237, 360, 363, 372-373, 697, 700, 705.
Teuchitlán - Jalisco, México; 484, 490, 501, 723.
Teúl; 484, 497.
Texcoco - Estado de México, México; 61, 195, 546, 548, 558, 584, 648, 690, 693, 719.
Ticomán - D. F., México; 191, 330-331.
Tiho; 428, 567.
Tikal - Petén, Guatemala; 9, 37, 67, 77, 130, 139, 183-184, 191, 235, 317, 348-351, 424-426, 428-433, 443-444, 449, 456, 462, 464, 472, 700, 704, 707, 717, 722.
Tila - Chiapas, México; 428, 479.
Tiquisate - Escuintla, Guatemala; 421, 428, 515, 707.
Tizapán - D. F., México; 586, 710.
Tizapán el Alto - Jalisco, México; 484, 561, 723.
Tizatlán - Tlaxcala, México; 139, 522, 592, 716.
Tlacopan - D. F., México; 546, 548, 558, 584, 690, 693.
Tlacotalpan; 212.

Tlacozotitlán - Guerrero, México; 8, 211, 215-216, 218, 222, 224, 230, 254, 701.
Tlailotlacan; 376
Tlajomulco; 496.
Tlalancaleca; 336.
Tlalmanalco; 546, 654-655, 671, 673, 713.
Tlaltenango; 497.
Tlamimilolpan; 138, 383, 699.
Tlapacoya - Estado de México, México; 194, 202, 214, 216, 224, 330-331, 546, 715.
Tlatelolco - D. F., México; 50, 546, 622, 624, 649, 670, 712, 719.
Tlatilco - D. F., México; 214, 216, 218, 220-221, 224-225, 234, 242, 262-263, 271-275, 280, 282-284, 331, 344, 701-702, 713.
Tlaxcala; 8, 108, 139, 280, 336, 434-435, 522, 546, 557, 559, 584-586, 592, 642-643, 645, 648, 659, 663, 671, 673, 707, 716, 721.
Tlillan Tlapallan; 542.
Tochpan; 581.
Tolimán; 574.
Toluca; 26, 508, 546, 559, 581, 689-690, 711.
Tomatlán - Jalisco, México; 484, 490, 533, 723.
Tonalá - Chiapas, México; 416, 421, 428.
Toniná - Chiapas, México; 129, 183, 185, 420, 426, 428, 432, 448, 462, 464, 472, 480, 699-700, 728.
Tortuga - Quintana Roo, México; 116, 428, 465.
Tortuguero - Tabasco, México; 428, 434, 479, 709.
Totimehuacan - Puebla, México; 336, 726.
Tres Islas - Petén, Guatemala; 428, 431, 473.
Tres Zapotes - Veracruz, México; 212, 214, 217-218, 220, 228, 241, 277, 291, 295-299, 301-302, 304, 412-413, 415, 703, 718, 727.
Trujillo; 283.
Tula - Hidalgo, México; 8, 38, 86, 101, 155, 379, 434, 506-509, 511, 516, 522-525, 528-529, 535, 537-539, 542-543, 546-548, 553, 612-616, 626, 664, 678, 694, 709, 714, 716.
Tulancingo; 508.

Tulum - Quintana Roo, México; 35, 175, 428, 511, 567-570, 696, 711.
Tuxcacuesco - Jalisco, México; 347, 484, 496, 574, 720.
Tuxpan - Veracruz, México; 412, 581, 711.
Tuxtepec; 581.
Tuxtla; 221, 289, 290-291, 296, 298, 302, 703.
Tuxtla Gutiérrez; 304, 428, 707.
Tzimin Kax, Cayo, Belice; 428, 480.
Tzintzuntzan - Michoacán, México; 563.
Tzompanco; 546, 553, 622.
Tzutzuculi - Chiapas, México; 211, 428.

Uaacbal - Campeche, México; 466.
Uaxactún - Petén, Guatemala; 213, 348-350, 428, 430-432, 437, 446, 459, 473, 681, 726.
Ucanal; 428, 511.
Uexotzinco; 546.
Ulúa - Honduras; 452, 481, 483, 708.
Uolantún - Petén, Guatemala; 430, 447.
Uruapan; 342, 564, 671-672, 713.
Usmajac; 489, 727.
Usulután - El Salvador; 294, 319, 428.
Utatlán - El Quiché, Guatemala; 428, 570.
Uxmal - Yucatán, México; 9, 174-175, 426, 428, 431, 444-445, 462, 467, 469-471, 511, 691, 707-708.
Uxpanapa; 279.

Valdivia; 200.
Valparaíso; 497.
Veracruz; 23, 38, 45, 74, 81, 84, 139, 141, 188, 210, 212, 216, 218, 220, 258, 263, 267, 278, 280, 290, 353, 376, 397-399, 401-402, 404, 412, 414, 417, 419, 448, 508, 522, 529, 571, 580-581, 586, 588, 592, 598, 604, 620, 644-645, 648, 663, 688, 697, 700-703, 706, 710-712, 718, 720, 722-723, 725-727.
Veraguas - Panamá; 159.
Villahermosa; 255, 428, 701, 709.

Xalapa; 588, 684, 701-702, 706, 722-723.
Xalitla - Guerrero, México; 83.
Xalixco; 484, 574.
Xaltocan; 546, 553.
Xamantún - Campeche, México; véase La Muñeca; 466.
Xcalak - Quintana Roo, México; 511.
Xcaret - Quintana Roo, México; 428, 567.
Xelhá - Quintana Roo, México; 428, 511, 567.
Xicalanco; 51, 580-581, 624, 736.
Xitle; 289, 328.
Xlapak - Yucatán, México; 469.
Xoc - Chiapas, México; 214, 243, 282, 428, 439, 703.
Xoconochco; 580, 624.
Xochicalco - Morelos, México; 86, 110, 312, 381, 385-388, 434, 454, 508, 531, 546, 703, 705, 710, 725.
Xochipala - Guerrero, México; 141, 726.
Xolalpan; 359, 362-363, 705.
Xolotlán; 578.
Xpuhil - Campeche, México; 428, 445.
Xunantunich - Cayo, Belice; 428, 473, 480.

Yagul - Oaxaca, México; 109, 321, 593-595, 597, 699.
Yaxchilán - Chiapas, México; 69, 137, 428, 430, 439, 454, 456, 462, 472, 477-478, 511, 697, 708, 719.
Yaxhá - Petén, Guatemala; 426, 428, 431, 473, 570, 681, 707.
Yaxuná - Yucatán, México; 428, 431.
Yayahuala; 360.
Yohualichan - Puebla, México; 399, 412, 706.
Yojoa (Lago de); 213.

Zaachila - Oaxaca, México; 68, 590, 593, 595, 697, 711.
Zacatenco - D. F., México; 330-331.

Zacuala; 145, 360, 699.
Zacualpa - El Quiché, Guatemala; 511, 521.
Zaculeu - Huehuetenango, Guatemala; 428, 511, 570.
Zamora; 342, 716, 728.
Zapatera (Isla de) - Nicaragua; 108, 515.
Zapotlán - Oaxaca, México; 126, 557, 593, 695.
Zihuatanejo; 211.

Zila; 428, 567.
Zinacantán; 452.
Zinacantla; 580.
Zitácuaro; 342.
Zohapilco; 202, 251, 723.
Zumpango del Río; 211.

ÍNDICE DE MAPAS

Mapa I.	México y Centroamérica;	8-9
Mapa II.	Cuenca caribeña;	33
Mapa III.	Filo otomangue;	42
Mapa IV.	Diferentes etnias;	42
Mapa V.	Filo macromaya;	43
Mapa VI.	Filo utoazteca;	43
Mapa VII.	Costa del Golfo;	412
Mapa VIII.	Área maya;	428
Mapa IX.	Occidente de México;	484
Mapa X.	Valle de México;	546
Mapa XI.	Valle de Oaxaca;	592

El primer mestizaje se terminó de imprimir en octubre de 2007, en Gráficas Monte Albán, S.A. de C.V., Fraccionamiento Agro Industrial La Cruz, El Marqués, 76240, Qro. Diseño de cubierta e interiores: Luis Almeida y Ricardo Real. Composición tipográfica: Bertha Méndez y Fernando Ruiz. Lecturas: Astrid Velasco, Concepción Rodríguez y Ana Segovia. Cuidado de la edición: Luis Almeida, Mayra González, Christian Duverger y Marcela González Durán.